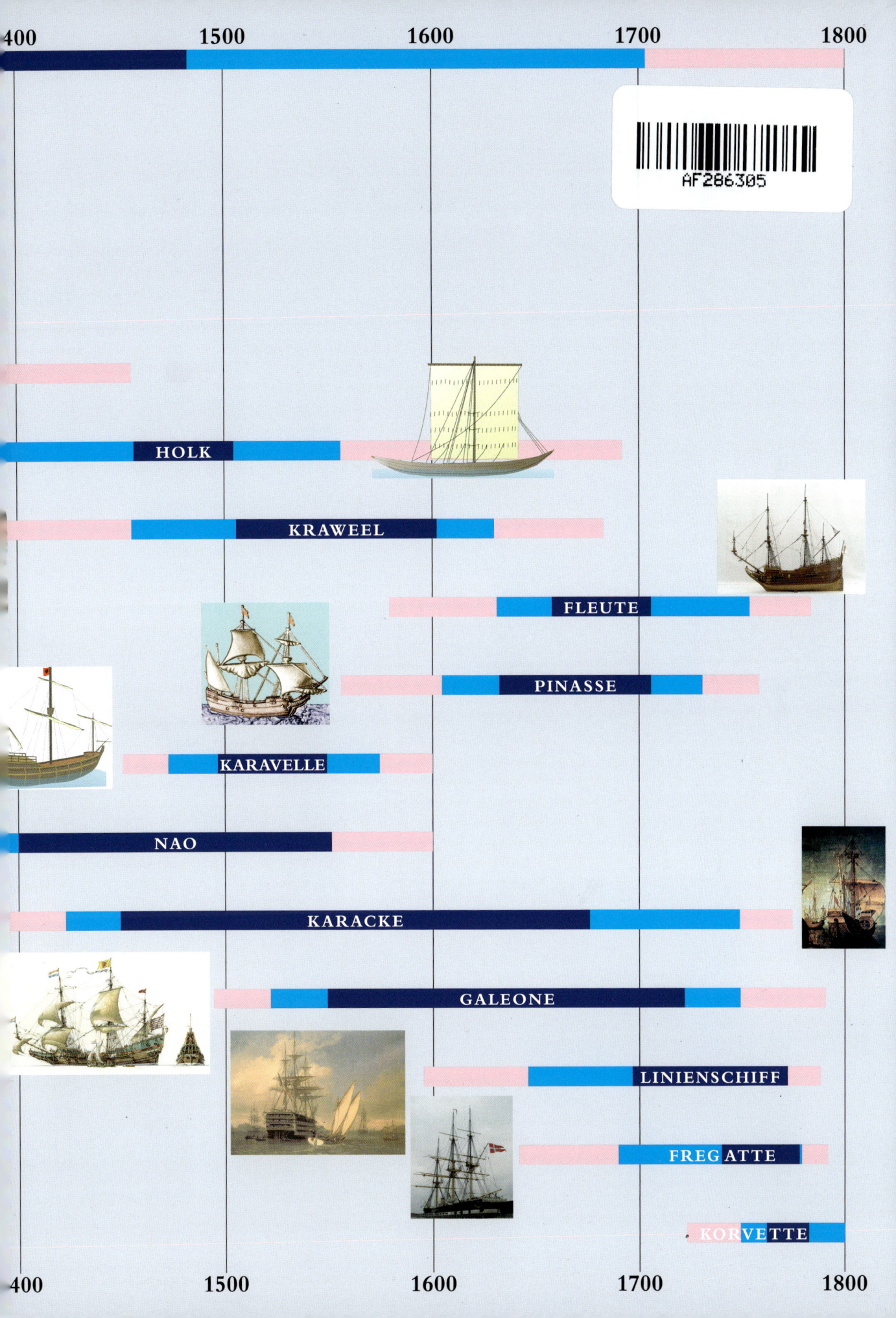

400 1500 1600 1700 1800

HOLK

KRAWEEL

FLEUTE

PINASSE

KARAVELLE

NAO

KARACKE

GALEONE

LINIENSCHIFF

FREGATTE

KORVETTE

400 1500 1600 1700 1800

Land in Sicht

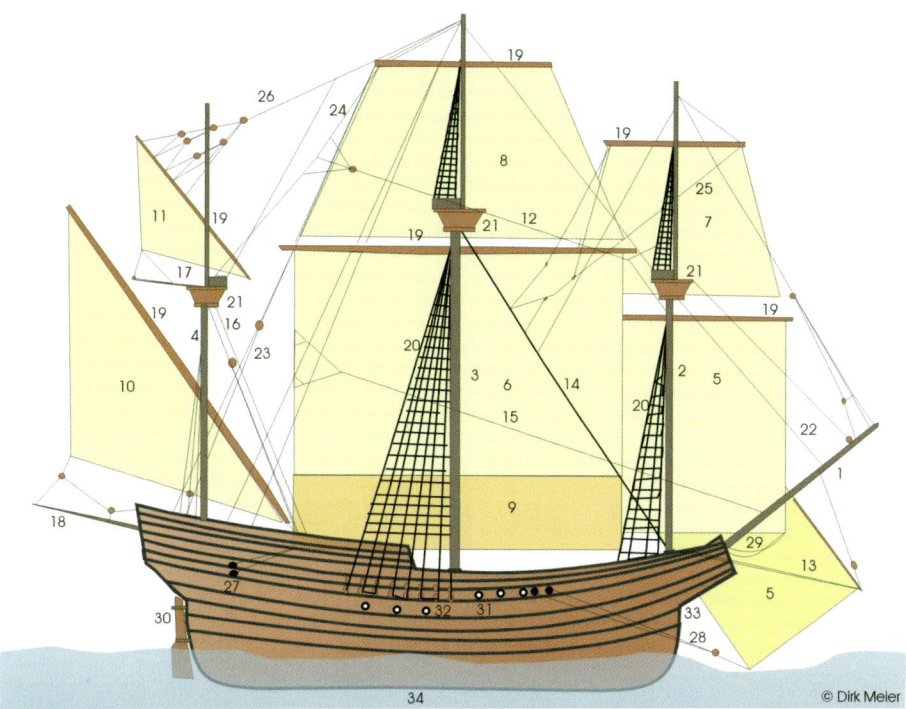

1 Bugspriet; 2 Fockmast; 3 Großmast; 4 Besanmast; 5 Focksegel ; 6 Großsegel ; 7 Vormarssegel; 8 Großmarssegel; 9 Bonnet; 10 Besan; 11 Besantopsegel; 12 Großmarssegelleine; 13 Blindebrasse; 14 Großstag; 15 Großmarsbugleine; 16 Besanstag; 17 Topjiggerstock mit Topsegelleine; 18 Jiggerstock mit Besanleine; 19 Rah; 20 Wanten; 21 Marse; 22 Fockstag; 23 Großbrasse; 24 Großmarsbrasse; 25 Fockmarsbrasse; 26 Stag; 27 Großschot; 28 Blindeschot; 29 Fockschot: 30 Ruder; 31 Rumpf; 32 Kanonenpforte; 33 Steven; 34 Kiel.

Karacke des 16. Jahrhunderts nach Jules van Beylen, Antwerpen.

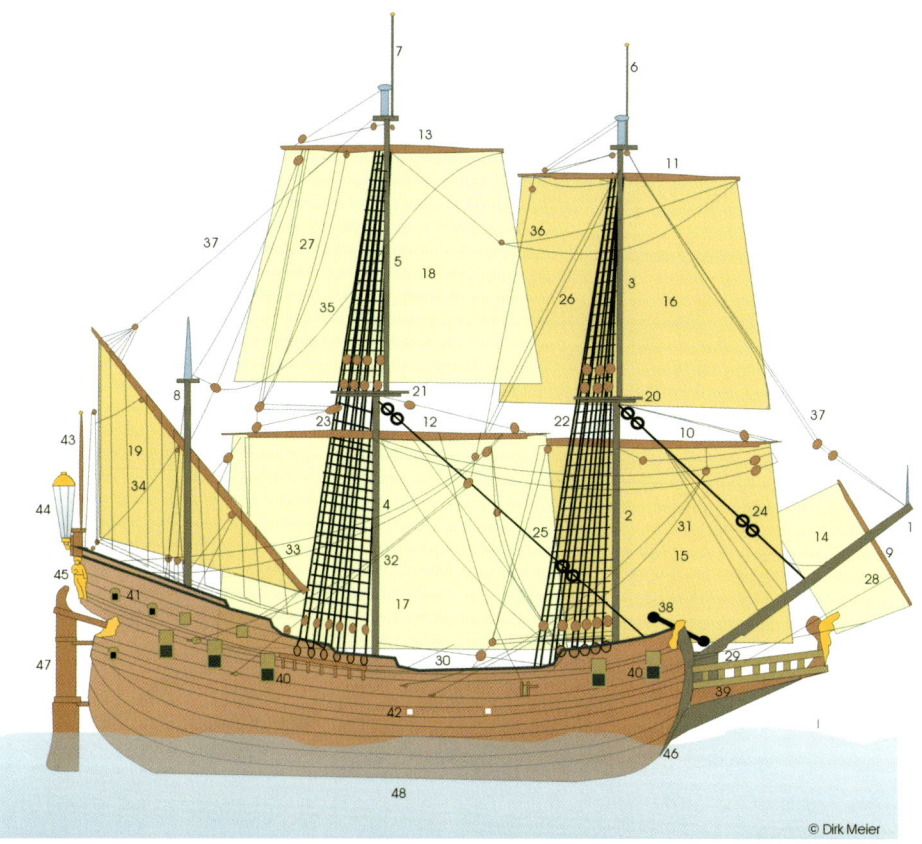

1 Burgspriet; 2 Vormast; 3 Vormaststenge; 4 Großmast; 5 Großmaststenge; 6 Flaggenstock; 7 Flaggenstock; 8 Besanmast; 9 Blinderah; 10 Fockrah; 11 Vormarsrah; 12 Großrah; 13 Großmarsrah; 14 Blinde; 15 Fock; 16 Vormarssegel; 17 Großsegel; 18 Großmarssegel; 19 Besansegel; 20 Marse; 21 Marse; 22 Wanten; 23 Wanten; 24 Vormaststag; 25 Großmaststag; 26 Vortopstag; 27 Haupttopstag; 28 Blindenbrasse; 29 Blindenschot; 30 Fockbrasse; 31 Fockbrasse; 32 Stag; 33 Großbrasse; 34 Besanbrasse; 35 Großmarsbrasse; 36 Großstengestag 37 Stag; 38 Anker; 39 Gallion mit Galionsfigur; 40 Kanonenstückpforte; 41 Kajütenluk; 42 Speigatt; 43 Fahnenmast; 44 Achterlaterne; 45 Heckverzierung; 46 Steven; 47 Ruder; 48 Kiel.

Fleute des 17. Jahrhunderts nach Jules von Beylen. Rigg vereinfacht, Gallion und Segel ergänzt.

Dirk Meier

Land in Sicht

Entwicklung der Seefahrt

BOYENS

ISBN 978-3-8042-1272-5

© 2009 by Boyens Medien GmbH & Co. KG, Heide
Alle Rechte vorbehalten
Gestaltung: Dörte Kromrei
Umschlaggestaltung: Norman Kracht
Herstellung: Boyens Buchverlag
Druck: Boyens Offset, Heide
Printed in Germany

Kong Kristian stod ved højen mast
i røg og damp;
hans værge hamrede så fast,
at gotens hjelm og hjerne brast.
Da sank hvert fjendtligt spejl og mast
i røg og damp.
Fly, skreg de, fly, hvad flygte kan!
hvo står for Danmarks Kristian
hvo står for Danmarks Kristian
i kamp?

König Kristian stand am hohen Mast
in Rauch und Qualm;
Sein Schwert hämmerte so fest,
dass Helm und Gehirn des Goten barst.
Da versanken alle feindlichen Achterdecks und Masten
in Rauch und Qualm.
„Flieht", schrien sie, „flieh, wer fliehen kann!
Wer kann gegen Kristian von Dänemark,
wer kann gegen Kristian von Dänemark
im Kampf bestehen?"

Johannes Evald 1779

Björn war ein großer Seefahrer
und war zeitweise auf Wikingfahrt,
zeitweise auf Handelsfahrt.

Egils Saga Kap. 21

Inhaltsverzeichnis

Die Geschichte der maritimen Kultur-landschaft an Nord- und Ostsee sowie der Schifffahrt und Häfen ist ein faszi-nierendes Thema. Über die Entwick-lung der Seefahrt in Nordeuropa bis zur frühen Neuzeit be-richtet dieses Buch. Das Foto von Ste-phan Peters zeigt den Windjammer Passat.

VORWORT

Die Geschichte der 2000 Jahre alten Kulturlandschaft an Nord- und Ostsee mit Schifffahrt und Häfen ist ein faszinierendes Thema. Wie diese maritimen Strukturen entstanden, darüber berichtet dieses allgemeinverständliche Buch exemplarisch. Ebenso nimmt es die Entwicklung der Schiffstypen sowie die Vorstöße der Wikinger in das Europäische Nordmeer und über die Flüsse in das Gebiet der Rus ins Visier. Die entscheidende Veränderung der maritimen Kulturgeschichte an Nord- und Ostsee vollzog sich im frühen Mittelalter, als sich Händler in Orten niederließen, die im Schnittpunkt von Landwegen, Flüssen und Seefahrtsrouten lagen. Schiffswege stellten die Verbindungen in Nordeuropa her, die Nordsee wurde zum *Mare Frisicum*, die Ostsee zum *Mare Balticum*.

Auf dem frühmittelalterlichen Handelsnetz konnte die Hanse aufbauen, Hafenstädte mit Kaianlagen entstanden, neue Schiffsformen, wie die Kogge oder der Holk, bestimmten nun das maritime Erscheinungsbild. Kaufleute fuhren bald nicht mehr auf den Schiffen, sondern ließen ihre Waren in Kontoren der neuen Seestädte umschlagen.

Weitere Impulse erreichten den Norden, nachdem die Kolonialmächte Portugal und Spanien mit ihren Schiffen neue Kontinente entdeckt sowie Handelsstützpunkte und Kolonien errichtet hatten. Die Niederlande erlebten ihr Goldenes Zeitalter und prägten nachhaltig die maritime Kultur des Nordseeraumes. Neue und größere Segelschiffe, Karavellen, Galeonen, Fleuten und Linienschiffe befuhren nun die Meere, und die Navigation machte entscheidende Fortschritte. Bis in das 19. Jahrhundert dominierten Großsegler die Handelsschifffahrt. Klipper und Windjammer bildeten Höhepunkte einer langen maritimen Schiffsbautechnik. Schifffahrt bedeutete aber immer auch ein Wagnis auf den Wellen, zahlreiche Schiffe gingen infolge von Stürmen unter oder strandeten an den Küsten. Die Faszination der Seefahrt aber ist bis heute ungebrochen. In einem Schnittpunkt dieser Geschichte liegt Schleswig-Holstein als schmale Brücke zwischen zwei Meeren.

Dem Verständnis des Textes dient ein Glossar am Ende des Buches, das seemännische Fachausdrücke erläutert. Museumstipps laden zur weiteren Vertiefung des Themas ein. Entsprechend der fachlichen Qualifikation des Autors, der seit 1988 küstenarchäologische Untersuchungen an der Nordseeküste Schleswig-Holsteins durchgeführt hat, liegt der Schwerpunkt des Buches auf der Herausbildung der maritimen Kulturlandschaft von der Wikingerzeit bis zum Mittelalter, ein Blick auf den maritimen Handel, den Seeverkehr und die Schiffsformen der frühen Neuzeit rundet das Buch ab, das eine exemplarische Einführung in die mehr als 2000 Jahre alte maritime Kulturlandschafts- und Seefahrtsgeschichte in Nordeuropa geben möchte.

Mein Dank gilt dem Boyens-Buchverlag, seinem Verlagsleiter Bernd Rachuth sowie der Buchgestalterin Dörte Kromrei für die anspruchsvolle Drucklegung dieses qualitätvollen Bandes und meinen Freunden an der Nordsee für die Unterstützung.

Dirk Meier

Die frühe Nutzung der Seen, Flüsse und Küsten

Die Geschichte der Nutzung der Flüsse und der Meeresküsten in Nordeuropa beginnt mit der Veränderung der Landschaft in der Nacheiszeit. Das wärmere Klima seit 9600 v. Chr. verdrängte die Kältesteppen der Tundra, Wald breitete sich aus und bedeckte ganz Mittel- und Nordeuropa. Die kälteliebenden Großtiere der Steppe verschwanden und mit ihnen die Großwildjagd. Waldtiere wie Auerochsen, Rothirsche, Elche, Rehe und Wildschweine prägten nun die Umwelt der Jäger und Sammler ebenso wie fischreiche Seen. Während der frühen Mittelsteinzeit (Mesolithikum) zwischen 9600 und 6800 v. Chr. folgten auf die Kiefernwälder mit Birken des Präboreals Mischwälder mit Haseln des Boreals, die schließlich ab 6500 v. Chr. dichte Eichenmischwälder des Atlantikums ablösten. In der Anfangsphase prägten neben Birke und Kiefer auch Erle und Ulme die noch lichten Wälder, Eichen wuchsen nur vereinzelt, und Wärme liebende Bäume wie Linden fanden sich erst später ein.

Mit dem wärmeren Klima schmolzen die Gletscher der letzten Eiszeit, der Meeresspiegel stieg an, und das Meer überflutete die flachen Sanderebenen des Nordseebeckens. Um 6500 v. Chr. schließlich hatte die Nordsee das heutige Küstenvorfeld erreicht und stieß dann in die Flusstäler und Niederungen zwischen den Geestkernen vor. Aus mitgeführten Sanden und dem Abbau der Geestkerne formte das Meer Nehrungen, an die sich mit verlangsamten Meeresspiegelanstieg ein Wattenmeer anschloss. In Nordfriesland erstreckten sich westlich einer von Mooren, Schilfsümpfen und Seen geprägten Umwelt eine Barrie-

reküste aus Geestkernen und Nehrungen. Diese Küstenlandschaft durchstreiften in der mittleren und jüngeren Steinzeit sowie der Bronzezeit Jäger- und Sammlergruppen. Seit etwa 500 v. Chr. entstanden in Niedersachsen und Schleswig-Holstein die ersten, seit Christi Geburt besiedelten Seemarschen[1].

Die Ostsee hatte zwischen 10 000 und 7000 v. Chr. mehrere Stadien von Eistauseen über das salzige Yoldia Meer, die ausgesüßte Ancylus See bis hin zum Litorina Meer durchlaufen[2]. In der Litorinazeit sorgten ein höherer Salzgehalt als heute und wärmere Durchschnittstemperaturen für eine hohe Artenvielfalt von Meeressäugern, Wasservögeln, Fischen, Muscheln und Schnecken. Es war so warm, dass Pelikane noch in der Gegend des heutigen Nordjütland vorkamen. Dort war durch das vordringende Meer ein weitläufiges Inselarchipel entstanden, das den mittelsteinzeitlichen Jägern und Sammlern der Maglemose Kultur (7200–7000 v. Chr), der Kongemose Kultur (6800–5400 v. Chr.) und der Ertebølle Kultur (5100–4100 v. Chr.) attraktive Nahrungsmöglichkeiten und Verkehrswege bot. Oft lagen diese Lagerplätze mit ihren einfachen Hütten auf verkehrsmäßig gut erreichbaren Inseln oder Halbinseln im Küstengebiet oder an Seen oder Flüssen im Binnenland. Im Laufe des weiteren Meeresspiegelanstiegs füllten sich die Mulden ebenso wie die Förden schnell mit Wasser und überfluteten viele dieser Küstenplätze, deren Bewohner sich vorher weiter in das Binnenland zurück gezogen hatten.

Die Gewässer boten Möglichkeiten zum Fischfang oder zum Sammeln von Muscheln. Unter den Funden gibt es Speere mit gezähnten Knochenspitzen oder Harpunen mit Silexklingen und große Angel-

Rekonstruktion eines frühmittelalterlichen Einbaums. Museum Oldenburger Wall. Foto: Dirk Meier.

Am Anfang der Seefahrtsgeschichte stehen mit Paddeln fortbewegte Einbäume, mit denen man sich auf Seen, Flüssen und kurzen Strecken an den Küsten fortbewegen konnte. Zeichnung: Jörgen Andersen, Haderslev Museum.

haken, mit denen Hecht und Wels erlegt wurden. Daneben wurden Fische auch mit Netzen gefangen, wie Funde aus den nordostdeutschen Mooren Friesack und Rotenklempow belegen[3]. Da die dichten Wälder eine Fortbewegung auf dem Lande erschwerten, waren für die mittelsteinzeitlichen Jäger verlässliche Fahrt- und Transportmöglichkeiten auf dem Wasser von großer Bedeutung, um ihre Nahrungsmittelversorgung sicherzustellen. Dafür fällten die Menschen mit ihren Steinäxten Bäume und höhlten sie zu Einbäumen aus oder bauten sich Kanus aus Rinde. Mit solchen kleinen Booten paddelten die Jäger und Sammler auf Seen und entlang der Küsten. Allerdings gibt es auch Hinweise, dass man offenes Wasser überquerte. So wurden in der Mittelsteinzeit weit vor der Küste liegende Inseln, wie die Hebriden und Mittelmeerinseln, erstmals besiedelt. In Siedlungen Westschwedens fand man Gräten des Lengfischs, einer nur am Meeresboden lebenden Art[4]. Dazu brauchten die Menschen widerstandsfähige Seefahrzeuge.

Die am besten erhaltenen mesolithischen Boote stammen aus Tybrind Vig von der Westküste der dänischen Insel Fyn[5]. Es handelt sich dabei um die Überreste zweier Einbäume, wobei der größere 9,50 m lang und 0,65 m breit ist und sechs bis acht Menschen samt ihrer Ausrüstung tragen konnte. Im Boot fand sich ein großer 35 kg schwerer Stein, der vielleicht als Ballast gedient hat. Die glatten Seiten der Einbäume waren gerundet, und das Heck wies eine quadratische Form auf. In beiden Booten fanden sich im Heck außerdem Reste einer kleinen Feuerstelle. Fortbewegt wurden die Boote mit verzierten Paddeln. Dieser einfache Bootstyp des Einbaums blieb über lange Zeit in Gebrauch. Der Begriff „Einbaum" leitet sich aus dem griechischen Wort μονόυλον (Monoxylon für: allein) ab. Der Rumpf dieser Boote ist aus einem einzigen Baumstamm gefertigt, wobei mitunter die Bordwände durch eingesetzte Spanten verstärkt und durch das Aufsetzen eines Plankenganges erhöht sein konnten. Oft kommen auch aus dem Stamm gefertigte Querbänke vor.

Jüngere Funde von Stammbooten aus dem Norden sind u. a. aus Vaale, Kr. Steinburg, und Leck, Kr. Nordfriesland, Schleswig-Holstein, bekannt, die nach Radiokarbondatierungen vermutlich aus der nachchristlichen Eisenzeit stammen[6]. Das Boot von Vaale war 1878 beim Mergelgraben gefunden worden, wie einem Brief von Thomas Gerling vom 23. März des gleichen Jahres an das Museum Vaterländischer

Altertümer in Kiel entnommen werden kann[7]. Dieser fand beim dortigen Direktor, Prof. Dr. Conrad Handelmann, sogleich Beachtung, hatte doch 1863, somit nur wenige Jahre zuvor, im Moor von Nydam auf Alsen an der Flensburger Förde Conrad Engelhard ein vollständiges Plankenboot bergen können, das 1877 als Nydam Schiff in das Kieler Museum gekommen war. Handelmann begab sich daher baldigst zur Fundstelle im Südwesten des Kreises Steinburg. Das in einer 1,50 m tiefen Moorkuhle an der Basis eines alten Wasserlaufs gefundene Boot lag bereits zur Hälfte frei. Da eine ganze Bergung missglückte, brachte man nur Teile ins Museum. Der Bootskörper, in den mittels von Holznägeln Spanten eingebaut waren, wies etwa eine Länge von 14 m und eine Breite von 80 cm auf. An den Bordoberkanten befanden sich Klampen mit Löchern, die für Ruderdollen bestimmt gewesen sein dürften.

Während das Boot von Vaale im 19. Jahrhundert für die Zeit sehr sorgfältig geborgen und dokumentiert wurde, gilt das für das ähnliche, 1953 bei Regulierungsarbeiten an der Lecker Au entdeckte Stammboot von Leck weit weniger. Trotz des guten Zustands unterblieb eine Konservierung des Fundes, so dass bis auf wenige Fragmente, Zeichnungen und Fotos von diesem Boot heute im Archäologischen Landesmuseum in Schleswig nichts mehr vorhanden ist[8]. Vermutlich war es ursprünglich etwa 11,46 m lang, 1,31 m breit und besaß eine Seitenhöhe von 51 cm, wobei das Boot völliger war als der Vaaler Einbaum. Auch beim Lecker Boot waren wie in dem von Vaale Spanten eingebaut, und es wies massive Klampen an den Innenseiten der Bordoberkanten auf. Somit wäre denkbar, dass diese Boote auch gerudert wurden, wenn auch Paddeln wohl die gebräuchlichste Art der Fortbewegung bildete, wie eine Passage der *Germania* des römischen Historikers Publius Cornelius Tacitus (*58, †116) zeigt, der in seiner Schilderung der Lebensumstände der Suionen schreibt:

Die Form ihrer Schiffe ist insofern eigentümlich, als beide Enden des Rumpfes dergestalt eingerichtet sind, dass sie stets einen Bug zum Auflanden bieten. Sie verwenden keine Segel, noch bringen sie Riemen in Reihen an den Seiten an. Das Ruderwerk ist vielmehr frei beweglich, wie man es von manchen Flüssen her kennt, und variabel, so dass es bald in die eine, bald in die andere Richtung gebraucht werden kann[9].

Solche Stammboote dienten dem Transport von Waren und Baumaterial entlang der Küste. In der baumlosen Seemarsch etwa war der Transport für Eichenholz für den Bau der Wohnhäuser von der Geest her von evidenter Bedeutung. Während dabei der Mittschiffsbereich in erster Linie zur Lagerung der Fracht diente, erfolgten Antrieb und Steuerung wohl mit Stakstangen. Ebenfalls zur Jagd und zum Fischfang fanden solche Boote Verwendung, wie indirekt archäozoologische Funde von Marschensiedlungen der ersten nachchristlichen Jahrhunderte belegen. Knochen von Seehunden, Kleinwalen und Stör in Süderbusenwurth, Dithmarschen, zeigen, dass die Siedler mit Booten auf die Nordsee hinaus fuhren[10]. Über Priele gelangten sie in das Landesinnere und bis zur Geest, wo sie Wildschweinen und Rothirschen nachstellten. Zur Überfahrt weiter offener Seestrecken waren diese Boote jedoch nicht geeignet und taugten somit kaum zu Kriegsfahrten, wie wiederholt postuliert wurde[11].

Maritime Fernverbindungen der Bronzezeit

Mit der Nordischen Bronzezeit (1800–530 v. Chr.) tauchen erstmals geritzte Schiffsdarstellungen im Norden auf. Diese sind Ausdruck einer mit dem Wasser vertrauten seefahrenden Bevölkerung und stehen am Anfang einer langen Schiffsbautradition. Die Verbindungen dieser Zeit reichten von Nordeuropa über viele Zwischenstationen bis in den mediterranen

Raum, wo sich seit dem 2. Jahrtausend v. Chr. mit den ägäischen Palaststaaten die ersten städtischen Hochkulturen auf europäischem Boden herausgebildet hatten[12]. Bronze wurde in dieser Zeit zum Wertmesser für Prestige und Macht. Bestimmte Kampf- und Kriegstechniken ebenso wie Waren verbreiteten sich in ganz Europa. Pferde und Wagen fanden ebenso Bewunderung. Doch auch nachdem die

Einbäume, Paddel und Wrackteile an der schleswig-hol- steinischen Nord- seeküste. Die Karte gibt die Landschaft um ca. 700 n. Chr. wieder.
Grafik: Dirk Meier.

13

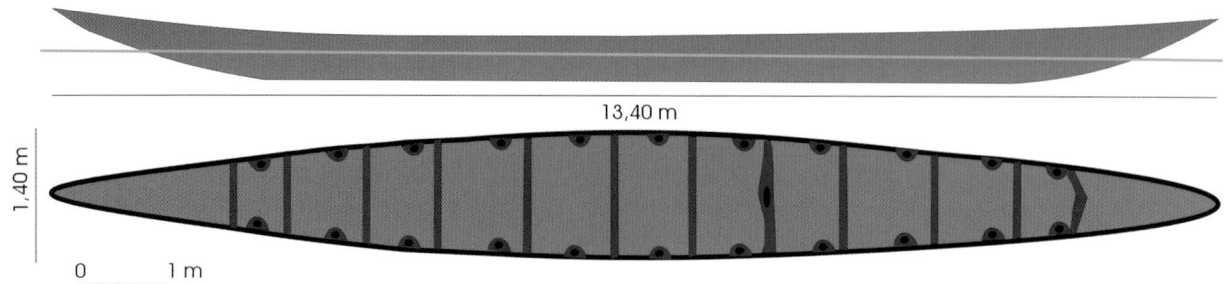

13,40 m

1,40 m

0   1 m

Rekonstruktion des Stammbootes von Leck, Nordfries-land.
Grafik: Dirk Meier.

Bronze im ägäischen Raum zu zirkulieren begann, dauerte es noch lange, bevor Metallgegenstände als Tauschobjekte gegen Bernstein, Tierhäute oder Wolle im Norden auftauchten und die Menschen hier selbst Waffen und andere Gegenstände aus Bronze herstellten. Das Netz der Fernverbindungen in der waldreichen Landschaft Europas führte vom Ostseeraum zur Donau ebenso wie entlang der Nordseeküsten und des Atlantiks, über Rhein und Rhône. Im südlichen England tauschten die Leute der Wessex-Kultur (2000–1600 v. Chr.) Güter mit dem europäischen Festland. Infolge solcher Beziehungen gelangte Bernstein aus dem Ostseeraum, Schmuck und Dolche vom Kontinent sowie Gold aus Irland in das südliche England. Für die weitreichenden Verkehrswege brauchte man neben Wagen Boote und Schiffe[13].

Die Veränderungen, die sich zwischen 2500 und 1300 v. Chr. in Europa abspielten, waren zunächst eher kultureller und gesellschaftlicher, weniger wirtschaftlicher und politischer Natur. So blieb die urbane Zivilisation auf den ostmediterranen Raum und den Vorderen Orient beschränkt und berührte Europa nicht. Nach Mittel- und Nordeuropa hingegen gelangten nur einzelne Luxusgüter. Die Gesellschaft beruhte auf einer Agrarwirtschaft. Selbst der Besitz einfacher Dinge, wie bronzener Rasiermesser, konnte den Menschen Achtung einbringen. Allmählich gelangten jedoch neue Ess- und Trinkgewohnheiten, Kleidung, Möbel, Waffen und Prestigeschmuck in den Norden. Dennoch wurden die Menschen im Norden nicht von diesen Importen abhängig, sie lebten vielmehr am Rand der

in der Bronzezeit bekannten Welt und gerieten in ihren weit ausstrahlenden Einfluss. Im Laufe dieses Prozesses wurde Skandinavien vom passiven Importeur zum aktiven Partner. Neben den Verbindungen zwischen Jütland und dem Rhein sowie dem Oberlauf der Donau wurden nun diejenigen zwischen den dänischen Inseln und der Oder sowie der Donau für den Norden bedeutend.

Entlang der Ostsee ebenso wie im Mittelmeer liefen die maritimen Verkehrswege entlang der Küsten, doch konnten in der mediterranen Welt aufgrund segel- und ruderbarer Schiffe größere Distanzen leichter überbrückt werden. Dieses war eine wesentliche Voraussetzung für die Zunahme des maritimen Fernverkehrs in der zweiten Hälfte der späten Bronzezeit, im 14. Jahrhundert v. Chr. Aus dieser Zeit stammt das größere vor Kap Ulu Burun in der heutigen Südtürkei gesunkenen Schiffe, das auch eine reichere Ladung aufweist: Kupferbarren im Gewicht von etwa 10 Tonnen, eine Tonne Zinnbarren, fast 200 syrische Glasbarren, Bronzegeräte und -waffen, Ebenholz, Elfenbein, Straußeneier, Schmuck, vorderorientalische und mykenische Siegel, eine hölzerne Schreibtafel, vor allem aber Keramik verschiedener Herkunft, so mykenische, zyprische und 140 sogenannte kanaanäische Transportgefäße, die auch Gewürze und Tafelgeschirr beinhalteten. Menge, Qualität und Bandbreite der Ladung erinnern dabei an Listen im Gabentausch vorderasiatischer Königshöfe. Vermutlich war ein großer Teil der Ladung für einen Herrscher im Ägäisraum bestimmt. Jedenfalls reichte das Metall für die Bewaffnung eines durchschnittlichen Heeres aus.

Das kleinere um 1200 v. Chr. gesunkene Schiff von Kap Gelidonya hatte Kupferbarren im Gesamtgewicht von etwa einer Tonne geladen, dazu kam etwas Bronzeschrott, geringe Mengen an Zinn und Blei sowie Hammer- und Ambosssteine. Vermutlich war ein Bronzeschmied an Bord, der bei Bedarf bestimmte Produkte anfertigen konnte. Unterschiedlich schwere Bleigewichte, die denen in der Levante, auf Zypern und Kreta gleichen, deuten an, dass Routen und Handelsumfang vorbestimmt waren. Vermutlich fuhr das Schiff mit seiner geringen Ladung in Kenntnis des vorhandenen Kundenpotentials von Hafen zu Hafen, allerdings weniger aufgrund von Bestellungen, sondern im Gelegenheitshandel.

Die beiden Schiffe waren zweifellos auf den üblichen Schifffahrtsrouten unterwegs, die man für die späte Bronzezeit aus den vorderasiatischen Schriftzeugnissen und Funden erschließen kann. Diese reichten von Ägypten nach Palästina und Syrien sowie Zypern, entlang der kleinasiatischen Südküste über Rhodos nach Kreta, ferner von Ägypten entlang der nordafrikanischen Küste nach Kreta sowie weiter in den Süden des griechischen Festlandes, vor allem zur Peloponnes. Von dort ebenso wie vor allem von Kreta aus segelten Schiffe in den Westen nach Italien, Sizilien und Sardinien, teilweise vielleicht sogar bis zur iberischen Halbinsel. Der Umfang dieser von Osten nach Westen hin ausdünnenden Handelsgüter entsprach jedoch bei weitem noch nicht dem der klassischen Antike mit ihrer massenhaften Verbreitung attischer Keramik oder Tafelgeschirr, das in der römischen Kaiserzeit in der gesamten antiken Welt verhandelt wurde. In der minoisch-mykenischen Welt hingegen weisen nur die wichtigen Palast-Zentren Kretas und des Festlandes sowie ihre Hafenorte einen nennenswerten Import auf. Von dort wurden im Rahmen eines Verteilungssystems einige dieser Waren auf kleinere Gemeinwesen oder durch Gabentausch an andere ägäische Herrscher verteilt[14].

Ägyptisches Schiff mit Rahsegel aus der Grabkammer des Menna, Ackerschreiber des Pharaos (1422– 1411 v. Chr.). Foto: wikimedia.

Mit dem Zusammenbruch der ägäischen Palast-Zivilisationen und ihres gelenkten Handels im östlichen Mittelmeerraum und dem dortigen Beginn der Eisenzeit um 1300 v. Chr. geriet diese Welt in einen Umbruch[15]: In Griechenland, das bei einem gravierenden Bevölkerungsschwund verbunden mit einer ökonomischen Krise Angriffen von außen ausgesetzt war, wurden um 1200 v. Chr. Burgen wie die von Mykene, von Tiryns und Gla ebenso wie die Paläste von Kreta zerstört[16]. Alles weist dabei auf gut bewaffnete und aggressive Angreifer hin, die man in den sog. Seevölkern sehen muss, deren Flottenvorstöße und Kriegszüge in Ägypten in Schrift und Bild überliefert sind. So finden sich in Theben auf den Tempelmauern von Medinet Habu Szenen von den Land- und Seeattacken. Der Angriff der Seevölker veranlasste den Pharao Ramses III. (*1221; †1156 v. Chr.) in seinem 8. Regierungsjahr zu folgendem Bericht:

Die Völker der Meere schlossen sich auf ihren Inseln zu einer Verschwörung zusammen. Sie hatten den Plan, die Hand auf alle Länder der Erde zu legen. Kein Land hielt ihren Angriffen stand. Von Hatti [gemeint ist das kleinasiatische Reich der Hethiter] an wurden zu gleicher Zeit vernichtet: Quadi, Karkemiš, Azawa [kleinasiatische Königreiche] und Alašija [Königreich auf Zypern]. Ihr Lager schlugen sie an einem Ort in Amurru [Amoriter in Vorderasien] auf. Sie zerstörten die Länder so, als ob sie nie existiert hätten. Sie kamen, bereiteten ein Feuer vor ihnen und sagten: „Vorwärts nach Ägypten.“ Verbündet waren mit ihnen die Peleset [Philister], Tjeker, Šekeleš [aus Sizilien?], Danu [Region um Adana] und Wašaš. Ihre Herzen waren voller Vertrauen: „Unsere Pläne gelingen“, sagten sie zuversichtlich[17].

Ihr maritimer Vorstoß, der erste einer schriftlich dokumentierten Geschichte, scheiterte jedoch am Heer Ramses III. Die dargestellten Fremdvölker gehören zu den Peleset/Pulesata (*Plst/Pwlsata*), Tjeker (*Tkr*), Danu/Danua (*Dnw*) und den Waschasch (*Wašaš*), die einen Helm mit Federkrone tragen. Die Träger eines Hörnerhelms ohne Aufsatz sind die Scherden. Die *Šekeleš* tragen Stirnbänder. Alle meist bartlosen Menschen der Fremdvölker werden einheitlich mit einem kurzen Rock dargestellt. Oft tragen sie einen Panzer; ihre Bewaffnung besteht aus einem runden Schild, Speer, Lanze und Schwert. Ihre galeerenförmigen Schiffe sind einheitlichen Typs, mit Segeln, Ruderern und einem auffälligen Vogelkopf an beiden Enden. Nach den Details der Kleidung und den Schiffen stammen die Fremdvölker aus dem mediterranen Raum und nicht aus dem Norden, wie man früher glaubte[18].

Ebenso in Mitteleuropa häufen sich in dieser Zeit während der Urnenfelderkultur mit dem Bau von Befestigungsanlagen Hinweise auf weniger stabile und geordnete gesellschaftliche Verhältnisse, die auf Kämpfe um Gebietsansprüche hindeuten[19]. Auch einige der skandinavischen Schiffsbilder geben Kriegsfahrten wieder. Diese kommen auch zusammen mit Menschen vor, die mit Waffen in Form von Pfeil- und Bogen, Schwertern und Äxten dargestellt sind, wenn letztere u.a. auch zu kultischen Handlungen verwendet wurden[20]. Andere symbolisieren hingegen die Fahrt ins Jenseits oder zeigen Götter, finden sich doch auch Darstellungen von Sonnenringen oberhalb der Menschen auf den Booten. Die Sonne war zweifellos von zentraler Bedeutung in der Bronzezeit, wurde sie doch mit vielen Spiralen immer wieder abgebildet. Die Menschen glaubten, dass sie mit einem Wagen über den Himmel gezogen wurde. Ferner belegen die Ritzungen indirekt die Bedeutung der Flusswege und Küstenfahrten. In Rogaland im südwestlichen Norwegen etwa, wo mangels geeigneter Landpassagen in das gebirgige Hinterland die Fluss- und Küstenfahrt wichtiger war, zeigen mehr als 70 Prozent aller Bilddarstellungen Schiffe.

Seeschlacht im Nildelta zwischen den Streitkräften von Ramses III. und den „Seevölkern“. Dieser erste große historisch dokumentierte maritime Angriff scheiterte. Umzeichnung Wandrelief im Tempel von Medinet Habu in Theben um 1198–1166 v. Chr.

Die Ausmaße der auf den Felsen abgebildeten Boote im südlichen Schweden sind oft verschieden und reichen von Spannbreiten von 10 cm bis über 4 m. Eines der größten Felsbilder ist das Brandskogsboot in Uppland, das allerdings erst am Übergang zur Eisenzeit entstanden ist. Dessen beide hoch aufragenden Steven enden in schwungvollen, Elchen ähnlichen Tierköpfen. Am Bug befindet sich ferner ein gebogener Rammsteven, während achtern die Kielplanke ein wenig über die Stevenlinie reicht. In ihm stehen sechs bekleidete Männer oder knien im Inneren mit jeweils einem Paddel in den Händen. Unterhalb des Hecks erkennt man einen weiteren Mann, der das Fahrzeug gleichsam zu tragen scheint. Wenn dieses Boot auch aus dem Übergang zur Eisenzeit stammt, so erinnert der Doppelsteven doch an den bronzezeitlichen Bootsbau.

Mehrfach vereinigen sich zahlreiche dieser Boote zu kleinen Gruppen. Kurze Striche deuten dabei die Mannschaftsstärke an, wenn diese auch manchmal übertrieben erscheint. Weitere Darstellungen solcher Boote mit Doppelsteven finden wir auf bronzenen Rasiermessern der jüngeren Bronzezeit[21]. Zur Bauweise der Schiffe im Norden geben diese Zeugnisse leider nur wenige Hinweise. Manches deutet bei den größeren Beispielen auf eine Planken- oder Klinkerkonstruktion hin, bei kleineren Beispielen könnte es sich auch um Rinden- oder Fellboote handeln.

Man könnte weiter über die Konstruktion dieser Boote mutmaßen, wenn nicht 1921 bei Entwässerungsarbeiten in einem kleinen Torfmoor nahe des Hofes Hjortspring auf der dänischen Insel Alsen an der Flensburger Förde Holzteile gefunden worden wären. Die Finder benachrichtigten das Dänische Nationalmuseum in Kopenhagen, das 1921 und 1922 weitere Bruchstücke eines Bootes und andere Funde bergen konnte. Dazu gehören acht einschneidige Eisenschwerter und etwa 140 Pfeilspitzen. Außerdem fand man etwa 30 Speerspitzen aus Knochenmaterial, 50 lan-

Das Boot von Tanum; Provinz Bohuslän (Schweden), mit Männern, die Äxte schwingen. Foto: wikimedia.

ge Holzschilde, mehrere Holzteller und Gefäße sowie eine Bronzenadel und Bronzebeschläge. Zusammen mit dem Boot kamen ferner Reste von Holzpaddeln unterschiedlicher Maße und Formen zutage, die wohl je nach Personen und Position auf dem Boot individuell angepasst waren. Zwar wurde dieses selbst bei den Baggerarbeiten größtenteils zerstört, doch ließ sich das im Nationalmuseum Kopenhagen ausgestellte Boot rekonstruieren. Bei einer Nachgrabung auf der Fundstelle wurden 1987 weitere Bootsteile entdeckt, die nach einer Radiokarbondatierung zwischen 350 und 300 v. Chr. im Moor niedergelegt wurden[22].

Der Bootstyp stammt noch aus der späten Bronzezeit, wenn das Boot auch in der frühen Eisenzeit gebaut wurde. Dieses ausgereifte Boot dokumentierte zu seiner Zeit den Höhepunkt der skandinavischen Bootsbautradition, die nach Felsbildern weit in die Bronzezeit zurückreicht. Es dürfte sich aufgrund seiner Konstruktion und der Waffenfunde um ein Kriegsboot zum schnellen Übersetzen einer Kriegerschar über ein größeres Gewässer handeln. Es ist 19 m lang, 2 m breit, 70 cm hoch, wobei die Länge des eigentlichen Bootsraumes 13,60 m beträgt. Am Bug und Heck endet das Boot jeweils in zwei übereinanderliegende, schnabelartige Steven, die dem Hjortspringboot sein bekanntes Profil geben. Der Schiffsboden besteht aus

Skandinavische Felszeichnungen von Booten. Die Boote 1–11 stammen von Bildfelsen aus Östergötland, Schweden. Die Darstellungen 3–6 ähneln mit ihren Doppelsteven dem Hjortspringboot. Auf dem Boot von Tanum (12) schwingen zwei Männer ihre Äxte in einer Auseinandersetzung oder zum Ritual. Das von Kriegern gepaddelte Boot von Branskog, Uppland, weist verzierte Stevenköpfe auf. Grafik: Dirk Meier.

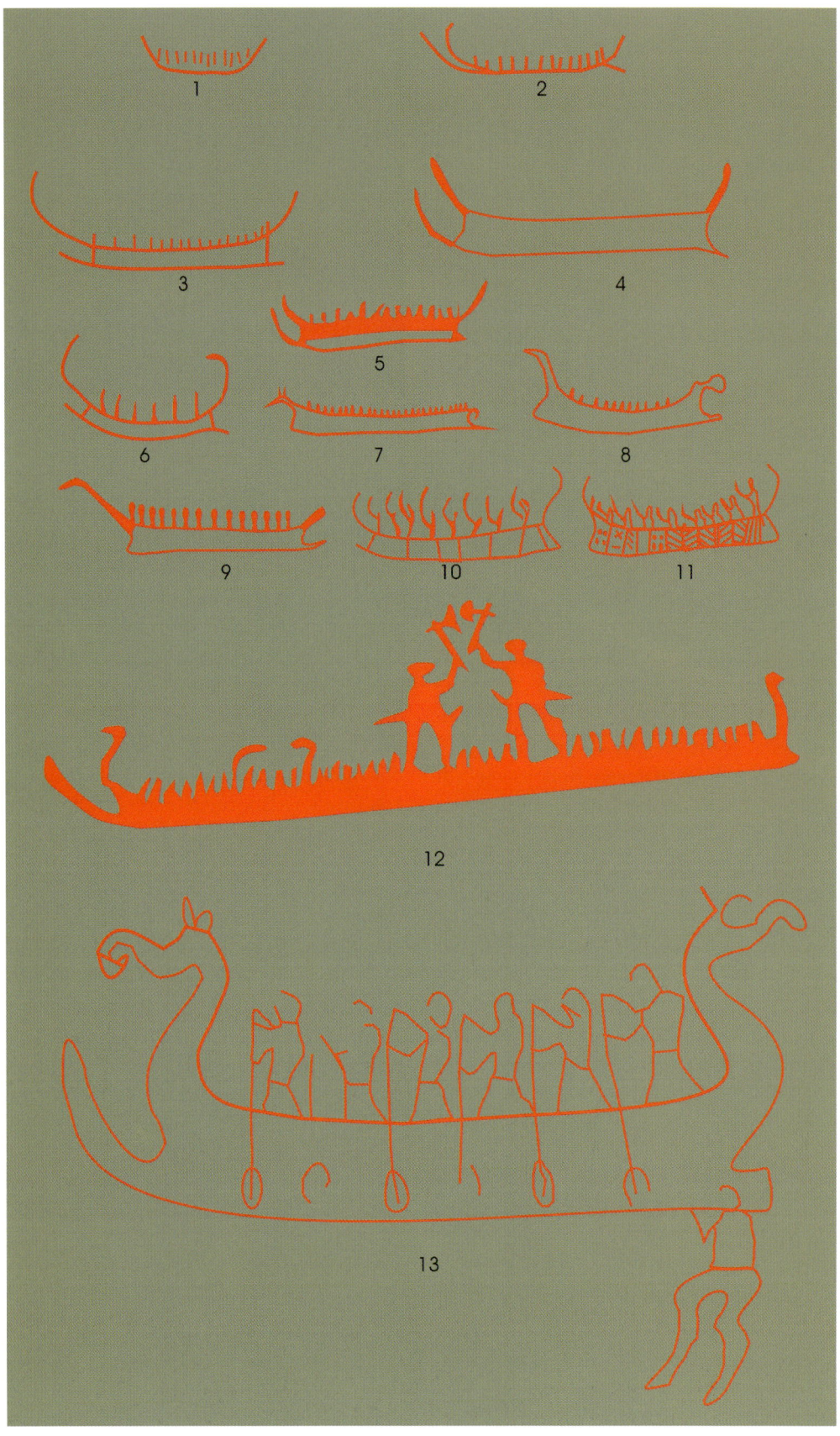

einer breiten Kielplatte mit je zwei, auf beiden Seiten in Klinkerbauweise aufgesetzten Setzborden, wobei die oberen Setzborde eine verdickte Reling zur Erhöhung der Stabilität des Bootskörpers aufwiesen. Die je aus einem Stück bestehende Kielplatte sowie die Relingplanken setzen sich an beiden Enden des Bootes in den frei ausladenden Schnäbeln fort. Die Relingplanken bestehen aus nur wenige Zentimeter starkem Lindenholz. Alle Bauteile waren dabei mit Seilen zusammengenäht, und die Stöße sowie Nähte wurden mit einer Baumharzmasse abgedichtet. Der Verstärkung des Bootes dienten im Inneren zehn Spanten aus dünnen Haselzweigen. Da es weder Ruderlöcher oder Ruderdollen noch eine Einrichtung zur Aufnahme eines Mastes besaß, handelt es sich eher um ein großes Kanu, dessen bis 20 Mann starke Besatzung das Boot mit Stechpaddeln antrieb. Das deshalb geringe Freibord wirkte sich negativ auf die Hochseetüchtigkeit des Bootes aus, das zudem nur eine geringe Zuladung aufnehmen konnte. Jedoch waren die Leichtbauweise, das geringe Gewicht, die gute Manövrierfähigkeit und die vergleichsweise hohe Geschwindigkeit des Hjortspringbootes für Seen, Fjorde und Flüsse ideal.

Bereits in den 1940er Jahren wurde eine erste fahrfähige Rekonstruktion des Hjortspringboots angefertigt, die jedoch seit 1947 verschollen ist. Eine zweite erfolgte in den 1970er Jahren in Deutschland im Maßstab 1:2. Schließlich fertigte der eigens gegründete Verein *Hjortspringbådes Laug* in den Jahren 1991–1999 einen weiteren Nachbau an, der den Namen *Tilia Alsie* erhielt. Als Rohmaterial für den Nachbau dienten vier Lindenstämme mit zusammen 18 Tonnen Gewicht. Das fertige Boot hat ein Gewicht von etwa 530 kg, trägt voll ausgelastet 24 Mann und weist zusammen mit der Nutzlast eine Wasserverdrängung von 2500 kg auf. Bei Experimenten erreichte eine geübte Mannschaft eine Höchstgeschwindigkeit von 8,2 Knoten (etwa 15,2 km/h) und eine Reisege-

schwindigkeit über längere Strecken von etwa 6 Knoten (etwa 11 km/h). Außerdem zeigte sich das Boot auch unter erschwerten Wetterbedingungen mit einem Meter Wellengang und einer Windgeschwindigkeit von 10 m in der Sekunde als unerwartet handlich[23].

Hinweise solcher Küstenfahrten in der Bronzezeit geben auch Funde vom Meeresgrund, wie der an der Mündung des Odiel in Spanien, der Schwerter enthielt, die in der späten Bronzezeit entlang der gesamten Atlantikküste von Spanien bis hin zu den Britischen Inseln verbreitet waren; auch der vom Cap d'Agde an der französischen Südküste östlich von Narbonne stammende Fund wies zahlreiche Metallgegenstände aus der Zeit um 700 v. Chr. auf, die vielleicht für die Britischen Inseln bestimmt waren[24].

Maritime Verbindungen im nördlichen Europa der Eisenzeit

Für die weitere Entwicklung der maritimen Schifffahrt und des Fernhandels in Nordeuropa war der Kontakt mit den Römern von großer Bedeutung. So standen die Gebiete südlich und östlich des Rheins seit 50 v. Chr. unter römischer Herrschaft, deren Flotten Flüsse und Nordsee befuhren. Die Anfänge dieser sog. Germanischen Flotte reichen dabei in die Jahrzehnte um Chr. Geb. zurück, als die Feldherren Drusus und Germanicus zwischen 12 v. Chr. und 17 n. Chr. versuchten, Germanien bis zur Elbe zu erobern. Um den Widerstand der germanischen Stämme zu brechen, wurden diese Vorstöße als kombinierte Aktionen zusammen mit den Legionen geplant. Während ein Teil der Truppen vom Niederrhein auf dem Landweg nach Osten vordrang, wurde ein anderer Teil auf Schiffen über die Nordsee in die Mündungen der Flüsse Ems und Weser gebracht und flussaufwärts an Land gesetzt, von wo aus sie in das Landesinnere vordringen sollten. Diese verschiedenen Versuche

Für die Geschichte der germanischen Stämme war der Kontakt mit den Römern von großer Bedeutung. Die Karte zeigt den römischen Limes am Niederrhein um 50 n. Chr. Vom Rhein aus erfolgten maritime Vorstöße der Römer in den Norden. Wichtige Flottenbasis der Römer in den heutigen Niederlanden war Traiectum. Seit dem 3. Jahrhundert sicherten die Römer die Küsten Galliens und Englands durch Kastelle des Litus Saxonicus gegen maritime Überfälle der Sachsen, Franken und Friesen. Grafik: Dirk Meier.

scheiterten jedoch, weil sich die weiten Vorstöße der Flotte als zu kostspielig erwiesen und viele Schiffe in den für die Römer unbekannten Gefahren des Wattenmeeres der Nordseeküste untergingen[25]. Nach dem Ende dieser römischen Angriffskriege blieb das Aktionsgebiet der Germanischen Flotte auf den Lauf des Rheins begrenzt, wo seit 20 n. Chr. Köln-Alteburg zum Hauptstandort der nördlichen Rheinflotte wurde, die ihre Aktivität auf die Stromgrenze bis zur Nordsee konzentrierte, ein weiterer Flottenstützpunkt befand sich in Mainz[26].

Die römischen Kriegsschiffe waren meist geruderte Galeeren mit Rahsegeln, wie sie seit Jahrhunderten im mediterranen Raum verwendet wurden. Wie alle Rahsegler waren die Galeeren auf achterliche Winde angewiesen, die das Schiff vorwärts trieben. Neben Grabsteinen, anderen Bildquellen und schriftlichen Nachrichten geben archäologische Funde wertvolle Informationen zur römischen Schifffahrt. So kamen 1981/82 in Mainz bei Ausschachtungsarbeiten eines Hotelbaus mehrere Schiffe zum Vorschein, die heute im Museum für Antike Schifffahrt in Mainz ausgestellt sind[27]. Neben Kriegsgaleeren kannte man Frachtschiffe und Flussprahme, die vor allem auf dem Rhein eingesetzt wurden, der die wesentliche Verkehrsachse zur römischen Provinz Britannia bildete. So gelangten keramisches Tafelgeschirr, Amphoren mit Olivenöl oder Marmor aus Carrara in die römische Provinz. Im späten 3. Jahrhundert war jedoch der Hafen *Londiniums* (Londons) weitgehend verlandet, und der Import reduzierte sich stark. Von den Verkehrsverbindungen auf der südlichen Nordsee profitierten auch die an den Küsten siedelnden barbarischen Stämme.

Die südlichen Niederlande, das nördliche Belgien ebenso wie das nördliche Westdeutschland westlich des Rheins bildeten seit 89 n. Chr. die Provinz *Germania Inferior*, deren Hauptstadt *Colonia Claudia Ara Agrippinensium* (Köln) war. In den Niederlanden folgte der Limes dem Niederrhein (*Nederrijn*), dem Krummen Rhein (*Kromme Rijn*) und dem Alten Rhein (*Oude Rijn*), der bei Katwijk in die Nordsee mündete. Die römischen Quellen nennen auch erstmals die Bewohner dieser Küstenabschnitte. Danach siedelten im Gebiet der Rheinmündung und der römischen Provinz Belgica um 50 v. Chr. die Bataver (*Batavi*), die um 12 v. Chr. von Drusus unterworfen wurden, und seitdem Bundesgenossen der Römer waren. Nach einem niedergeschlagenen Aufstand 69/70 wurden sie als *civitas Batavorum* in das Römische Reich eingegliedert. Nördlich des Limes entlang der holländischen Küste wohnten die Cananefaten, zu denen der Vorort *Forum Hadriani* gehörte. Tacitus zufolge waren diese mit den Batavern verwandt und unterstützten daher 69 n. Chr. deren Aufstand. Die letzte

Erwähnung der Cananefaten stammt aus der *Cosmographia* des Julius Honorius aus dem 4. Jahrhundert. Weiter im Norden nennt Tacitus zwischen Elbe und Weser die Chauken[28]. Die jüngsten Erwähnungen der Chauken im 4. Jahrhundert sind umstritten, vermutlich waren sie in dieser Zeit bereits im Stamm der Sachsen aufgegangen. Wie er weiter ausführt, siedelten Friesen östlich des Rheins, entlang des damaligen *Lac Flevo* und der Nordseeküste. Eine erste, wenn auch unsichere Erwähnung der Sachsen findet sich bei Ptolemaios um 150 v. Chr., nach ihm wohnten die großen Chauken bis zur Elbe, denen dann bis zur kimbrischen Halbinsel die Sachsen (*Saxones*) folgen[29]. Ferner erwähnt er drei von Sachsen besiedelte Inseln *in der Gegend der Elbmündung*, die sich jedoch nicht sicher lokalisieren lassen. Vielleicht meinte er auch die großen Ostseeinseln Fünen und Seeland und brachte deren Lage durcheinander.

Im Jahre 285 oder 286 erscheinen die Sachsen dann zusammen mit den Franken (*Franci*) bei Eutrop († nach 390) als diejenigen, *welche die See unsicher machen*[30]. Das Ziel dieser Seeräuberfahrten bildeten die südlichen und östlichen Teile Britanniens und die Kanalküste des nördlichen Gallien[31]. Im 4. Jahrhundert galten vor allem die Sachsen aufgrund ihrer maritimen Überfälle als eine der gefährlichsten Gegner Roms. In den *epistulae* des römischen Kaiser Julianus Apostata (*331, †363) und beim Historiker Paulus Oroisus (*385, †420) werden sie als *die streibarsten von den Völkerschaften jenseits des Rheins und am westlichen Meere* bezeichnet[32]. Einige Jahrhunderte später nennt der englische Mönch Beda Venerabilis (*673, †735 v. Chr.) die *Fresones* als benachbarte Stämme der *Antiqui Saxones* (Altsachsen) und *Bructeri/Boructarii* (fränkische Brukterer)[33]. Zwischen diesen Stämmen hatte bereits in der zweiten Hälfte des 3. Jahrhunderts ein enges Verhältnis bestanden.

Gegen diese maritimen Überfälle der Germanen schützte entlang der Nordsee-

Im Museum für Antike Schifffahrt, Mainz, sind die am Main gefundenen Römerschiffe ausgestellt. Das Foto zeigt den Nachbau einer Galeere (Mainz 1). Foto: Dirk Meier.

küste und der Küste des Ärmelkanals südlich des Rheins ebenso wie in England teilweise von germanischen Hilfstruppen besetzte Kastelle des zwischen etwa 170 und 400 v. Chr. bestehenden *litus Saxonicum* die römischen Gebiete. An der belgischen und südholländischen Küste waren dabei die Anlagen von Oudenburg, Aardenburg und Brittenburg, vermutlich auch die infolge der Küstenlinienveränderungen nicht mehr nachweisbaren Lager von Domburg, Ouddorp und Oostvorne im Rhein-Maas-Scheldeästuar einbezogen. Trotz dieser Grenzverteidigung durchbrachen zwischen 240 und 270 v. Chr. mehrfach germanische Stämme den römischen Limes am Rhein in den Niederlanden. Erst in den Jahrzehnten um 300 gelang es den Kaisern Diokletian (*236, †245) und Konstantin (*237/285, †337), die Rheingrenze wieder herzustellen und auszubauen. An die Stelle großer Truppenverbände, der Legionen und Flotten, traten nun kleinere Garnisonen, zu denen Fußtruppen, Reiterverbände und Flotteneinheiten in befestigten Stützpunkten gehörten[34].

Weitere Vorstöße der Alemannen, Sachsen und Franken in den Jahren 352 bis 355 führten dann zu einem Zusammenbruch der gesamten römischen Rheinfront. Der römische Kaiser Julian Apostata (*331, †363) befestigte den Rheinlimes erneut und bereitete einer weiteren Landnahme germanischer Stämme zunächst ein Ende. Hatte die römische Grenzverteidigung am Rhein sich bis um 400 n. Chr. bewährt, brach sie vollkommen zusammen, nachdem während der Schwächeperiode des Weströmischen Reiches Hunnen und germanische Stammesgruppen der Alanen, Sueben und Vandalen zu Silvester des Jahres 406/407 den Rhein bei Mainz überschritten, die Stadt zerstörten und weiter zogen. Nach dieser vernichtenden Niederlage der römischen Grenztruppen setzten später auch Alemannen und Franken über den Rhein[35].

Diese mehrhundertjährigen, nicht nur kriegerischen Kontakte der Germanen mit dem Römischen Imperium hatten weitreichende Folgen für die ökonomischen und sozialen Verhältnisse der Stämme, die zu größeren Einheiten verschmolzen. Eine der wichtigen Kontaktzonen im Nordseeraum war dabei das Rheinmündungsgebiet. Römische Militärausrüstungen und Luxuswaren, Naturalien und Vieh gelangten durch Raub und Plünderung, aber auch durch zurückgekehrte Söldner nach Germanien. Von der Rheinmündung aus kamen diese Güter entlang der Nordseeküste in den Norden, wo das nördliche Elbe-Weser-Gebiet zusammen mit der südlichen Nordseeküste Schleswig-Holsteins ein relativ einheitliches Kulturgebiet bildete. Vermutlich operierten hier auch römische Händler entlang der Küsten. Ein Handelspunkt war hier die über die Wesermündung erreichbare Heidenschanze bei Sievern am Rande des Geestrandes der Hohen Lieth des Landes Wursten. Die aus zwei Ringwällen mit Kammertoren bestehende Anlage war um 50 v. Chr. bis in das späte 1. Jahrhundert ein Treffpunkt für Händler[36]. Andere Ringwälle, wie der von Archsum auf Sylt und Trælbanken, deuten hingegen eher auf kultische Zentren hin[37]. Ferner unterstreichen zahlreiche römische Funde von den nordniederländischen Terpen, der Wurtsiedlung Feddersen Wierde im Land Wursten[38] oder der Warft Tofting[39] an der Eidermündung diese Kontakte.

An der Ostseeküste bestand ein weiteres System solcher frühen Handelsorte, die sich unter der Kontrolle von Eliten befanden. Aus der allgemeinen Entwicklung im Norden ragt dabei insbesondere die Region um Gudme auf Fünen heraus[40]. Im Südosten der dänischen Insel lag ein eisenzeitliches Machtzentrum, zu dem an der Küste bei Lundeborg ein Schiffsgelände gehörte. Wie die archäologischen Untersuchungen in Gudme ergaben, reichte der Einflussbereich dieser Region über Fünen hinaus. Der Name Gudme bedeutet „Götterheim" und deutet wie ähnliche Namen (Gudhjem auf Bornholm, Gudhem bei

Falköping in Schweden, Albjerg, Galbjerg, Gudbjerg) auf ein Kultzentrum hin, das sich am heute weitgehend verlandeten Gudme Sø (Gudmesee) befunden haben dürfte. Diese These unterstützt das zwischen Gudme und Lundeborg gelegene Gräberfeld Møllegårdsmarken mit über 2000 Urnengräbern. Am Südrand des Ortes Gudme wurde 1993 die sog. Gudme Kongehal (Königshalle) ausgegraben. Diese besteht nach Ausweis der großen Pfos-

tengruben aus zwei großen Hallenbauten. Die größere der beiden Hallen war 47 m lang und 8 m breit. In der kleineren Halle fand man eine silberne Maske.

Weitere wertvolle Funde, so vor allem aus Gold, wurden 1883 und zuletzt 1991 in der Nähe Gudmes entdeckt. Bei Lundeborg wurden u. a. Figürchen aus Goldblech gefunden. Diese Depotfunde stammen aus der Zeit von 200 bis 550 v. Chr. somit aus einem Zeitraum, in dem ähnlich prospe-

Legende:
● Vermutete und belegte Opferplätze der römischen Eisenzeit
● Opferplätze mit maritimen Auseinandersetzungen des 5. Jahrhunderts
✳ Zentrum, Handelsort des 5. Jahrhunderts
◄—► wichtige Seeroute

In der Eisenzeit gab es in Skandinavien verschiedene Machtzentren, unter denen vor allem Gudme auf der dänischen Insel Fyn herausragte. Diese kontrollierten auch die Seerouten. Grafik: Dirk Meier.

23

rierende Zentren in Dankirke an der Westküste Jütlands bei Ribe, Sorte Muld, Dej-
bjerg in Jütland[41], Strøby, Kalmargården
und Stevns auf der Insel Sjælland[42] in Dänemark, Fallbygden in Västergötland[43],
Helgö, Slöinge, Borg und Uppåkra in
Schweden existierten. Dieses Netz von
Handelsstützpunkten mit Schiffslandeplät-
zen, teilweise größeren Residenzhallen als
Machtdemonstration der Eliten, einem
Heiligtum, Werkstätten, Horten sowie umliegenden Agrarsiedlungen und Gräberfeldern deutet auf maritime Fernkontakte
hin[44]. Meerengen und Fjorde wie der Limfjord oder der Kleine und Große Belt waren dabei von besonderer Bedeutung[45].
Wer die Belte zur See beherrschte, der besaß die Kontrolle der Ostseezugänge. Eine
weitere wichtige Schifffahrtspassage bildete der Limfjord zwischen der Nordsee im
Westen, dem Skagerrak im Norden und
dem Kattegat im Osten.

Die Verbindungen zwischen diesen Zentren schufen große ruderbare Boote, wie
sie in den Mooropferfundplätzen Dänemarks archäologisch belegt sind. Der sicher
wichtigste eisenzeitliche Schiffsfund in
Nordeuropa kam 1859 bis 1863 im Nydam Moor (dän.: *Nydam Mose*) auf der
Halbinsel Sundeved an der Flensburger
Förde bei Ausgrabungen von Carl Engelhard von 1859 bis 1863 zutage. Engelhard
wurde 1825 in Kopenhagen geboren und
absolvierte erst mit 23 Jahren sein Abitur.
Danach studierte er an der Universität Kopenhagen Sprachen und Kunstgeschichte.

An der Flensburger Gelehrtenschule wurde er dann 1851 Gymnasiallehrer für Englisch, Französisch und Kunstgeschichte.
Später spielte er eine entscheidende Rolle
beim Ausbau des Flensburger Vorge-
schichtsmuseums und dessen archäologischer Sammlung, dessen Leiter er von 1851
bis 1864 war. Die Sammlung bestand aus
etwa 2000 Exponaten aus Angeln, dem
Sundeved, Alsen und von der Insel Æro sowie aus der Stadt Schleswig. Weitere wichtige Funde stammten aus dem von Engelhard 1859 ausgegrabenen Thorsberger
Moor sowie dem Nydam Moor, wo er
1859 bis 1863 in den Schulferien tätig war,
bevor ihn der Krieg des Deutschen Bundes
gegen Dänemark 1864 zur Einstellung der
Grabungsarbeiten zwang. Engelhard ver-
steckte zunächst seine Sammlung archäologischer Funde vor der preußischen Obrigkeit, konnte jedoch nicht verhindern,
dass diese 1867 dem Kieler Museum zuge-
sprochen wurde. Noch im selben Jahr
wechselte Engelhard nach Kopenhagen
und arbeitete wieder als Lehrer, wo er sich
als Assistent am Nationalmuseum der Verwaltung der Sammlung widmete und weitere Ausgrabungen in den Mooren von
Kragehul und Vimose leitete. Infolge seiner
Verdienste um die dänische Vorgeschichte
wurde er 1869 zum Honorarprofessor berufen und erhielt 1879 die Ehrendoktor-
würde der Universität Kopenhagen[46].

Seine spektakulärste Grabung ist sicher
die von Nydam. Das heute noch 12 Hektar große Nydam Moor liegt nahe des Ortes Øster Sottrup etwa 8 km von der Stadt
Sønderborg entfernt. Das Moor wurde in
der römischen Eisenzeit als Opferplatz für
Ausrüstungsgegenstände und Schiffe genutzt. Die versenkten Gegenstände wurden dabei in einer symbolischen Handlung
zerstört. Heute befinden sich die Funde
von Nydam im Archäologischen Landesmuseum auf Schloss Gottorf und im Dänischen Nationalmuseum in Kopenhagen[47].
Bei den Ausgrabungen der Jahre 1863 und
1880 wurden mehrere Schiffe gefunden:
ein Eichenholzboot (Nydam A), das im

Das zwischen 310–320 n. Chr. datierte Nydam-Boot gehört zu den herausragenden archäologischen Funden der Eisenzeit in Nordeuropa. Die Zeichnung stammt aus der Publikation des Ausgräbers Conrad Engelhard. Original von Magnus Petersen im Nationalmuseet, Køpenhavn.

Zuge des Krieges von 1863 zerschlagen wurde, das große, ebenfalls 1863 freigelegte Eichenholzboot (Nydam B), ein Boot aus Kiefernholz (Nydam C) und ein weiteres Boot (Nydam D), das ebenso wie Nydam C nicht mehr erhalten ist. Das große Nydam-Boot (Nydam B) kam nach dem Ende des Krieges des Deutschen Bundes gegen Dänemark in deutschen Besitz, wurde 1877 in das Museum Vaterländischer Altertümer nach Kiel gebracht und überstand den Zweiten Weltkrieg infolge seiner Auslagerung am Plöner See. Schließlich kam es in das Archäologische Landesmuseum Schleswig-Holstein auf Schloss Gottorf nach Schleswig in die eigens eingerichtete Nydam-Halle. Sowohl nach dem Ersten als auch nach dem Zweiten Weltkrieg wurde das Nydam-Boot als Teil der damaligen Flensburger Sammlung (*Flensborgsamlingen*) vergeblich von dänischer Seite zurückgefordert.

Das große Nydam-Boot B diente wohl ebenso wie die anderen als schneller Truppentransporter. Es besaß eine Länge von 22,84 m und eine maximale Breite von 3,26 m. Die einteiligen Planken zogen sich über den ganzen Rumpf hin. Anders als bei dem schon erwähnten Hjortspring-Boot wies das schlank gebaute Hochseefahrzeug einen echten, nach oben gezogenen Bug auf, der mit der Bodenplanke verbunden war. In der Nähe des Bugs befanden sich zwei geschnitzte hölzerne Masken mit langen Bärten. Die in Klinkerbauweise überlappenden Planken verbanden eiserne Niete, was dem Rumpf große Festigkeit gab. Zur Dichtung fanden gewebter Wollstoff und Teer Verwendung. Der Aussteifung des Rumpfes dienten Eichenspante, die wie beim Hjortspring-Boot an Zapfen gebunden waren. Diese Klampen bildeten gleichzeitig die Auflage für die Ruderbänke (Duchten). Wie die auf die Reling geschnürten, verzierten Astdollen belegen, erfolgte der Antrieb mit Rudern anstelle von Paddeln. Das Boot besaß keine Segeleinrichtungen. Die Besatzung bestand aus etwa 36 Ruderern und sicher weiteren

Männern. Das Bauholz des Bootes wurde zwischen 310 und 320 v. Chr. gefällt, wobei es den Begleitfunden nach zwischen 340 und 350 v. Chr. geopfert wurde. Nach der Herkunft des Holzes wurde das Boot wohl irgendwo in Schleswig-Holstein, Dänemark oder Schonen gebaut.

Bei späteren Ausgrabungen durch das Dänische Nationalmuseum kamen noch zahlreiche Waffen in Form von Schwertern, Schilden, Speeren, Lanzen, Äxten, Bögen und Pfeilen, Gürtelschnallen sowie Schmuck aus der späten Eisenzeit zutage. Die Schiffe wurden offensichtlich zu drei verschiedenen Anlässen geopfert und stellen eventuell Siegesopfer für die erfolgreiche Abwehr maritimer Angriffe über See dar.

Das wirft schlaglichtartig einen Blick auf die kriegerischen Ereignisse der Eisenzeit in Skandinavien. Während der frühen römischen Zeit existierten dort zahlreiche Kleinregionen, die im 3./4. Jahrhundert zu größeren Stammesgruppen verschmolzen. Das geschah nicht nur friedlich, denn im 5. Jahr-

Das Nydam-Boot steht heute im Archäologischen Landesmuseum in Schleswig. Foto: Erik Christensen.

Die Einfahrt in den inneren Haderslev Fjord, Dänemark, sicherte bei Æ Lei eine um 403 n. Chr. bestehende Sperre aus in den Untergrund eingerammten Pfählen. Zeichnung: Jörgen Andersen, Haderslev Museum.

hundert kam es wohl vor allem zwischen der Ostküste Jütlands und dem südlichen Schweden und Norwegen zu Auseinandersetzungen, wie eine Verteilung der zentralen Plätze und Mooropfer erkennen lässt[48]. Seit dem 6. Jahrhundert könnten dann kleine Königreiche entstanden sein. Bei dieser Entwicklung spielte zweifellos die Beherrschung der Seerouten eine wichtige Rolle.

Inwieweit hingegen mit Booten des Nydam-Typs entlang der Nordseeküste Sachsen und Angeln nach Süden vorstießen, um dann auch über den Kanal nach England hinüber in die Themse zu setzen, ist eine andere Frage. Der byzantinische Historiker Procopius berichtet jedenfalls von den Schiffen der Angeln in England um das Jahr 560 n. Chr. folgendes: *Diese Barbaren benutzen kein Segel zum Fahren, nur Ruder.* Auch das Schiff im Grab von Sutton Hoo[49] weist – gefundenen Resten nach zu urteilen – noch keinen belegbaren Mast auf. Diese reiche Grablege war wohl für

den ostanglischen König Raedwald errichtet worden, der 617 oder 625 starb.

Wann das Segeln im Norden aufgekommen ist, bleibt einstweilen unklar, im Zusammenhang mit den Überfällen auf die Küsten der römischen Provinzen seit dem 3. Jahrhundert, den Auseinandersetzungen im Nord- und Ostseeraum des 5. Jahrhunderts und dem Beginn der Wikingerzeit dürfte dies der Fall gewesen sein. Auf den Bildsteinen der Insel Gotland jedenfalls, die in die Zeit zwischen 400 und 600 n. Chr. datieren, sind noch große mit Rudern fortbewegte Boote abgebildet, die zwar mit ihren hohen Steven an beiden Enden, ihrem breiten Rumpf und hohen Freiborden seetüchtig sind, aber keine Segel aufweisen[50]. Entlang der Küsten waren diese Boote jedoch ideal, sie konnten in Flüsse einfahren und auf jeden flachen Strand auflaufen. Spätestens in der zweiten Hälfte des 1. Jahrtausends n. Chr., vielleicht aber auch schon vorher, wurden große

Ruderboote mit Segeln ausgerüstet. So erscheinen nun auch auf den gotländischen Bildsteinen des 8. bis 12. Jahrhunderts Schiffe mit Segeln mit bis zu zehn Ruderern und zwei Steuerleuten[51].

Zu den frühen Segelschiffen des Nordens gehört ein Fund gut erhaltener Schiffsplanken, der von der 1945 durchgeführten Kanalisierung der Kongeå im südlichen Dänemark stammt. Wahrscheinlich hat dieses Schiff eine Rolle im Verkehr zwischen Dänemark und den südlichen und nördlicheren Nordseeküsten gespielt. Das Schiff weist noch Elemente auf, die als Ableitung des Nydam-Typs interpretiert werden können, allerdings besitzt dieses Schiff erstmals eine nachweisbare gute Befestigung der Spanten an der Außenhaut des Schiffes. Das im 7. oder 8. Jahrhundert gebaute Schiff von Gredstedbro könnte das älteste Beispiel eines Segelschiffs sein, das vor der Küste von Ribe fuhr.

Dunkle Jahrhunderte: Das Nordmeer der Midgard

Die Männer schoben das aus Holz gezimmerte Schiff
zur freudig erwarteten Fahrt hinaus.
Einem Vogel gleich fuhr das Schiff
mit schäumender Bugwelle vom Winde getrieben
über das Meer

heißt es in dem Epos (III, 215) über den Helden *Beowulf* („Bienen-Wolf"). Mit seinen 3182 Versen in angelsächsischen Stabreimen gehört es zu den bedeutendsten Werken in angelsächsischer Sprache, das nur in einem einzigen, in der British Library aufbewahrten Manuskript erhalten ist[52]. Wie bei vielen anderen mittelalterlichen Texten ist für das Epos kein zeitgenössischer Titel überliefert, sondern es wird seit dem 19. Jahrhundert nach seinem Helden *Beowulf* genannt. Der Text wurde wohl von zwei verschiedenen Schreibern um 1000 v. Chr. niedergeschrieben. Das im

späten Westsächsisch mit Spuren anderer angelsächsischer Dialekte verfasste Gedicht selbst dürfte jedoch älter sein. Ursprünglich war es wohl im 8. Jahrhundert in einem Dialekt der Angeln, dem Merzischen, verfasst worden und war vielleicht schon mit diesen im 5./6. Jahrhundert als mündliche Erzählung nach England gelangt. Die zeitlich nicht festlegbare sagenhafte Geschichte des Epos spielt in Dänemark und Schweden in der Vorzeit, wobei man anhand erwähnter Königsnamen von *Hygelac* und *Offa* das 5./6. Jahrhundert angenommen hat[53]. Für diese Zeit bestand wohl eine maritime Hegemonie dänischer Kleinkönige an der südöstlichen Nordsee und der südwestlichen Ostsee[54].

Die Erzählung berichtet vom jungen Helden Beowulf vom Volk der *Geatas*, bei denen es sich wohl um die Gauten oder Goten im heutigen Schweden, aber auch um Jüten handeln könnte. Dieser fuhr mit seinen 14 Gefährten nach Dänemark, um dessen König *Hrothgar* im Kampf gegen das menschenverschlingende Ungeheuer *Grendel* beizustehen, das er ebenso besiegt wie dessen rachesüchtige Mutter. Reich beladen mit Dankgeschenken von *Hrothgar* kehrt *Beowulf* nach Hause zu seinem Lehnsherrn zurück. Der zweite Teil der Geschichte spielt mehrere Jahrzehnte später. Der zum König der *Geatas* aufgestiegene *Beowulf* muss sein Land gegen einen feuerspeienden Drachen verteidigen – mit Ausnahme eines Gefährten allein gelassen, findet er dabei den Tod und wird als Held mit seinem Schiff bestattet.

Für unsere Schilderung der Seefahrtsgeschichte des Nordens wirft dieses Epos erstmals im Dunkel einer nicht schriftlich fixierten Vergangenheit Licht auf eine Gesellschaft, die Wert auf Ehre, Mut und Tapferkeit legte und in der Krieger königliche Gefolgschaftsdienste leisteten. Der Einzelne steht jedoch auch unter dem Einfluss eines übermächtigen Schicksals, das von Göttern bestimmt wird, wobei sich Helden gegen die Macht von Ungeheuern und gegen die Elemente bewährten. Allerdings

Der Kampf des Gottes Thor mit der Midgardschlange, der die Welt umspannenden Seeschlange. Öl auf Leinwand von Johann-Heinrich Füssli von 1788. Quelle: wikimedia.

werden in dem schon in christlicher Zeit niedergelegten Epos heidnische und christliche Traditionen miteinander vermischt. Die Ungeheuer bewohnen in der nordischen Mythologie auch das Meer, das als ein dunkles und kaltes Element erscheint[55].

Das fürchterlichste Untier ist die Schlange *Midgard* (altnord. *Miðgarðsormr*), welche die ganze Welt umspannt. Sie wurde von *Loki*, dem Kind zweier Riesen, gezeugt und gehört mit *Hel* als der Herrscherin der Unterwelt und dem *Fenriswolf* zu den drei germanischen Weltfeinden. Der für die Seefahrer so wichtige Wetter- und Donnergott *Thor* begegnete ihr dreimal und versuchte sie zweimal zu töten. So ruderte er zusammen mit dem widerstrebenden Riesen *Hymir* auf das Meer hinaus, wobei er einem von *Hymirs* Stieren den Kopf abriss und diesen an seine Angelleine band. Nachdem das Monster anbiss, zog *Thor* es aus dem Wasser und wollte es mit seinem Hammer *Mjölnur* erschlagen. *Hymir* erschrak jedoch beim Anblick der Midgardschlange so sehr, dass er die Leine kappte und diese entkam. Voller Wut über *Hymirs* Feigheit erschlug er den Riesen und kehrte allein ans Ufer zurück. Während seines Aufenthaltes in *Utgard*, einem Gebiet außerhalb der Welt der Menschen und der Götter, traf Thor die Riesenschlange ein zweites Mal, wenn auch in verwandelter Form einer Katze. Dem Gott wurde die Aufgabe gestellt, diese zu stemmen, was er nicht schaffte. Das dritte und letzte Mal traf Thor zur Zeit des die Welt zerstörenden Endkampfes der Götter (*Raganrök*) auf das Untier[56]. Diesmal konnte er es töten, starb aber kurz darauf selbst an dessen Gifthauch.

Aus dem Meer kam aber nicht nur die Welt verschlingende Schlange, sondern auch das Leben. So waren einst die Götter *Odin*, *Hörnir* und *Lodur* am Meeresstrand entlang gegangen und zwei an das Land gespülten Baumstämmen begegnet, denen sie menschliche und weibliche Gestalt verliehen. So entstanden die ersten Menschen, und diese waren es, die später das Meer mit seinen Ungeheuern befuhren. Beowulfs Stärke erhält dadurch einen besonderen Nachdruck, dass er als „Sieger über das Meer" erscheint. Dazu bediente er sich einer Waffe, nämlich eines vortrefflichen Segelschiffes. Erst mit solchen seetüchtigen Schiffen ließen sich die Meere befahren und weite Distanzen überbrücken. Sie konnten zudem mit ihren hohen Freiborden – anders als Ruder- oder Paddelboote – besser den Naturkräften mit ihren hohen Wellen widerstehen. Ruder- oder Paddelboote eignen sich hingegen nur zur Küstenfahrt.

Franken, Friesen und Wikinger als Träger des Handels

Nach dem Abzug der römischen Truppen vom Rheinlimes und der schleichenden Selbstauflösung der römischen Verwaltung zu Beginn des 5. Jahrhunderts drangen germanische Stämmen verstärkt über den Rhein. Sie kamen im nördlichen Gallien in einen Raum, in dem germanische Föderaten lebten. Die von Friesen und anderen Stämmen getragene Landnahme zielte auf das Rhein-Maas-Schelde-Ästuar und mittelholländische Flussgebiet als wesentlichem Verkehrsraum[57]. Die vom Rhein bis zur Weser reichende *Frisia Magna* zerfiel dabei in zahlreiche einzelne, durch Meereseinbrüche getrennte Gaue (*terrae*)[58]. Wichtige friesische Siedelzentren waren die durch die Middelzee getrennten Regionen von Wester- und Oostergo[59]. Ausweis des durch Handel und Raub erworbenen friesischen Reichtums sind die zahlreichen Terpen und Wierden in den nördlichen Niederlanden mit reichen Importfunden des 1. Jahrtausends n. Chr. Mit der Ausbreitung der fränkischen Macht zwischen 688 und 720 geriet zunächst das friesisch besiedelte Rheinmündungsgebiet, unter Karl Martell dann 734 die Regionen bis zur Lauwerszee und seit Karl dem Großen um 780 auch der Küstenraum bis zur Weser unter die Herrschaft der Karolinger[60]. Bereits um 600 war Maastricht mit Bischofssitz und Münze ein wichtiger Stützpunkt der Merowinger gewesen. Das schon in römischer Zeit bedeutende Utrecht wurde unter Dagobert I. (*623, †639) in das Fränkische Reich eingegliedert und 695 zum Bistum erhoben.

Die strategische Bedeutung dieser Küstenregionen unterstreicht der Fernhandel. Während des 6. und dem Beginn des 7. Jahrhunderts erfolgte zunächst ein Austausch von Prestigeobjekten, wie Glas, Bronzegeschirr, Edelmetalle oder Pelze zwischen den Herrschern und lokalen Machtzentren in England oder Sütjütland[61]. Seit dem 7. Jahrhundert nahm dann der Austausch von Agrarprodukten, Gebrauchsgütern und speziellen Handwerksprodukten zu. Seit dem Ende des 7. Jahrhunderts stand dabei der friesische Handelsort Dorestad am Zusammenfluss von Lek und Krummen Rhein bei Wijk bij Duurstede, über den die Masse des Warenverkehrs nach England verlief, unter Kontrolle der merowingischen Könige. Von dieser Handelsniederlassung aus befuhren friesische Kaufleute die Küstengebiete der Nordsee mit Holken als flachgängigen Segelschiffen[62]. Mit Domburg auf Walcheren, Medemblik, Emden, Bremen, Stade, Hamburg, und Ribe kristallisierten sich weitere wichtige Fernhandelszentren heraus[63]. Diese bildeten mit kleineren Umschlagplätzen ein dichtes maritimes Verkehrsnetz[64].

Damit hatte sich in Nordeuropa eine entscheidende Wendung in der maritimen Seefahrts- und Küstengeschichte vollzogen. Ursprünglich basierte die maritime Kultur im Nord- und Ostseeraum auf reinen Agrargesellschaften. Nun gaben Kaufleute ihre ländliche Siedlungsweise auf und ließen sich bevorzugt in Orten nieder, die speziell auf den Handel ausgerichtet waren. Diese befanden sich im Schnittpunkt von Land-, Fluss- und Seewegen. Die Küstenlandschaft und das dahinter liegende Binnenland waren dabei auf vielfältige Weise miteinander verknüpft. So entstanden seit dem 7./8. Jahrhundert in Nordeuropa die Grundlagen einer Nord- und Ostsee umspannenden maritimen Kultur mit verschiedenen, untereinander verbundenen

Waage zur Ermittlung des Wertes von Hacksilber und Münzen. Museum Oldenburger Wall. Foto: Dirk Meier.

Handelsgüter an der Nord- und Ostseeküste wechselten oft im Tausch ihren Besitzer. Im Norden führten die Kaufleute Klappwaagen mit sich, um Güter gegen Hacksilber oder verschiedene Währungen zu wiegen. Oft gelangten Güter auch durch Raub in fremde Hände. Grafik: Benjamin Hillmann.

Verkehrszonen, die teilweise an die der Eisenzeit anknüpften. Im Schnittpunkt von Seeverbindungen, Küstenfahrt und Binnenschifffahrt auf den Flüssen gelangten Waren von Byzanz nach Nordeuropa, von den friesisch besiedelten Küstengebieten nach England und Skandinavien.

Friesische Händler schlossen sich dabei zu Schutzgemeinschaften zusammen, drangen in den Ostseeraum vor und siedelten dabei in Haithabu, Birka und Sigtuna in Schweden, wo eine friesische Gilde bis in das 11. Jahrhundert existierte. Hier kamen sie in Kontakt mit schwedischen, norwegischen und dänischen Wikingern. Das Wort *Wikinger* leitet sich vermutlich von dem altnordischen *víkingr* ab, das „Seekrieger, der sich auf langer Fahrt weit von der Heimat entfernt" bedeutet. *Víking* bedeutet zunächst nur die weite Schiffsreise, sekundär dann auch die „Kriegsfahrt zur See an entfernte Küsten". Das Wort ist älter als die Wikingerzeit und geht bereits auf die Angelsachsen zurück. Die Nachrichten über die Überfälle von Skandinaviern an den nordfränkischen Küsten zur Merowingerzeit nennen die Wikinger Seekönige, Seegauten und Seekrieger[65].

An der südlichen Ostseeküste siedelten slawische Stämme, wie die Abodriten im östlichen Holstein und Mecklenburg, die Wilzen, Ranen oder Pommeranen in Pommern. Weiter im Osten befanden sich baltische und finnourgrische Stämme sowie das Gebiet der Rus. Auch Städte, wie Köln, Mainz und Strasbourg hatten ihre eigenen friesischen Viertel. Friesische Münzen, sog. *Sceattas*, waren weit verbreitet und machten die Nordee zum *Mare Frisicum*[66].

Dabei wurde im frühen Mittelalter unter Handel nicht immer das gleiche verstanden wie heute. So gab es neben der auf Gewinn ausgerichteten Tätigkeit von Händlern weitere Formen des Warenverkehrs. Getreue brachten den Herrschenden Geschenke dar und wurden von diesen mit Waffen oder Schmuck belohnt. Empfang und Verteilung von Geschenken war Teil eines gesellschaftlichen Systems[67]. Hohe Geistliche tauschten ebenfalls Geschenke aus. Gaben und Gegengaben spielten auch innerhalb des Adels eine Rolle. Neben diesem friedlichen Warenaustausch konnten Güter auch auf andere Art ihren Besitzer wechseln. Durch Raub, Plünderung oder das Aufbringen von Schiffen kamen manche Güter gewaltsam in neue Hände.

Der Ausbau dieser Verkehrsnetze wurde nun zu einer politischen und ökonomischen Aufgabe ersten Ranges. Zusammen mit der Geldwirtschaft ermöglichte der Schifftransport den Fernhandel. Die archäologischen Funde im Nord- und Ostseegebiet belegen, dass beispielsweise Mühlsteine aus rheinischer Basaltlava ne-

ben Gefäßen aus norwegischem Speckstein, Eisen aus Schweden, Quecksilber aus
Südeuropa, Kämme und Tuche aus den
Frieslanden neben Pelzen und Sklaven aus
dem Osten verhandelt wurden und im frühen Mittelalter massenhaft arabische Münzen, sogar Seide in den Ostseeraum gelangten. Alle diese Waren hätten ohne den
Schiffsverkehr auf Flüssen, entlang von
Küsten und über das Meer nicht so schnell
eine weite Verbreitung gefunden.

Den verschiedenen Währungen nach zu
schließen, existierten unterschiedliche
Wirtschaftsräume. Dabei spielte während
des frühen Mittelalters im Nord- und Ostseeraum der Tauschhandel eine große Rolle, wenn auch Ware mit Edelmetall aufge-
wogen wurde. Zahlungsmittel war gewo-
genes, gehacktes Silber, teilweise auch
Münzgeld. Um die Bonität einer Ware zu
prüfen, führten daher viele Kaufleute in
Nordeuropa kleine Klappwaagen mit sich.
Die nordischen Länder um die Ostsee herum bilden gemeinsam mit den südlich des
Meeres von Slawen bewohnten Gebieten
ein Währungsgebiet, das auf einer Ge-
wichtsgeldwirtschaft basierte und sich damit von Süd- und Westeuropa unterschied,
wo es eine schon seit längerer Zeit einge-
führte Münzgeldwirtschaft gab.

Zugleich mit der Ausbreitung des Handels und der fränkischen Macht erfolgte
eine anglo-irische Mission der Küstengebiete durch Bonifatius (*672/676, †754)
und Willehad (*740, †789). Letzterer begann sein Wirken als Missionar im Gronin-
ger Humsterland, nachdem er zuvor das
Grab des Bonifatius in Dokkum, Oostergo,
besucht hatte, der dort angeblich 754 ermordet worden war[68]. Diese politischen
Veränderungen im Küstengebiet, besonders das Ausgreifen des Fränkischen Reiches, mögen eine der Ursachen für eine
maritime Auswanderung von Friesen gewesen sein. So zielte eine in schriftlichen
Quellen nicht erwähnte friesische Landnahme auf die äußeren Seemarschen und
Geestinseln nördlich der Eider, da das südliche Dithmarscher Küstengebiet bis zur

Elbmündung seit dem 7. Jahrhundert von
Sachsen besiedelt war[69]. Hier blieb ebenso
wie in anderen Küstenbereichen die auf
Viehhaltung ausgerichtete ländliche Wirt-
schaftsweise dominierend. Wurten wie
Wijnaldum in Westergo, Hogebeintum in
Oostergo, Leens in Groningen, Niens in
Butjadingen, Wellinghusen und Hassenbüttel in Dithmarschen oder Elisenhof bei
Tönning in Eiderstedt weisen als Beispiele
solcher agrarisch strukturierten Dorfwurten eine mehr oder minde runde Form
auf[70].

Der Reichtum der Küstengebiete zog
aber auch gewaltsame Überfälle an, wie sie
während des 9. Jahrhunderts durch Wikin-

*Den Süden des
festländischen
Nordseeküstenge-
bietes kontrollierten
Friesen und Fran-
ken, den Norden
die Skandinavier.
Vom Rheinmün-
dungsgebiet führten
wichtige Handels-
routen zu den an-
gelsächsischen Kö-
nigreichen.
Grafik: Dirk Meier.*

ger erfolgten. Gegen diese versuchten sich die Franken durch Wehranlagen und die Verpflichtung der Friesen bei der Normannenabwehr zu sichern[71]. Unter Ludwig dem Frommen erhielten Skandinavier auch zeitweise friesische Küstengebiete als Lehen, um sie vor weiteren Einfällen zu schützen.

Sagas, Gesetze und Bildsteine als maritimhistorische Quelle

Mit der Wikingerzeit (800–1000 n. Chr.) erhellen erstmals schriftliche Quellen die Seefahrt ebenso wie maritime Landnahmen und kriegerische Auseinandersetzungen in Nordeuropa. Die wesentlichen Schriftzeugnisse sind die altisländischen Sagas, die herausragende und künstlerisch wertvollste Literatur. Unter den schriftlich niedergelegten Sagas (von *segja*, „sagen, erzählen"; Pl. *sögur*) werden Aussagen, Mitteilungen und Berichte verstanden, die meist genealogisch oder biographisch angelegt sind. Obwohl die Verfasser der Saga wie die der Sage oft anonym sind, handelt es sich bei der Saga nicht um eine Volks-

Die altisländischen Sagas liefern wertvolle Informationen zu den Seereisen und maritimen Landnahmen der Wikinger im Norden. Zu dieser Quellengruppe gehört auch die Edda. Das Titelblatt dieses Manuskriptes der Edda zeigt Odin, Heimdallr, Sleipnir und andere Gestalten der nordischen Mythologie. Quelle: wikimedia.

dichtung, sondern um anspruchsvolle, künstlerische Literatur[72].

Ihren Ursprung hat die altisländische Literatur in der mündlichen Überlieferung von Götter- und Heldensagen. Nach der Übernahme des Christentums um 1000 wurden Klosterschulen und Bischofssitze wie Skálholt und Hólar auf Island zu Zentren der Bildung und Sagadichtung. Im Unterschied zu Mitteleuropa schrieben die Chronisten im Norden jedoch nicht in Latein, sondern zunehmend in ihrer eigenen Sprache. Dabei gehört die Gesetzessammlung der Grágás von 1118 zu den ältesten isländischen Schriftzeugnissen. Der bekannteste Historiker und Schriftsteller dieser Zeit, Ari Þorgilsson (*1067/68, †1148), verfasste mit dem Íslendingabók (Das Buch von den Isländern) eine Geschichte der Isländer, die von der ersten Landnahme bis in seine Zeit reichte[73].

Eine ebenso große Bedeutung hat das Landnámabók (Das Buch von der Besiedlung Islands), was in drei erhaltenen Fassungen aus dem 13. Jahrhundert die Geschichte der Landnahme ebenso wie die Verwandtschaftsbeziehungen von über 400 Personen aus der sog. Landnahmezeit Islands beschreibt. Die älteste und einzige vollständig erhaltene Fassung, das Sturlubók von Sturla Thóðarson (*1214, †1284) entstand wohl zwischen 1275 und 1280. Die zweite, nicht mehr vollständige Version, das Hauksbók, stellte 1306 bis 1308 Haukr Erlendsson (†1331) zusammen. Die dritte Fassung, das fragmentarisch erhaltene, aber sich am ursprünglichen Text orientierende Melabók, kann vermutlich Snorri Markússon zugeschrieben werden. Teile des Melabók tauchen wieder in dem von Þórður Jónsson aus Hítardalur verfassten Þórðarbók, einer Version des Landnámabók des 17. Jahrhunderts, auf. Ferner zu erwähnen ist das Skarðsárbók, das 1636 von Björn Jónsson anhand des Sturlubóks und des Hauksbóks verfasst wurde.

Neben dem Íslendingabók und dem Landnámabók finden wir Hinweise zu Schiffen und deren Fahrten vor allem in den Königs- und Isländersagas. Der bekannteste Text der Königssagas, die Heimskringla, wurde von Snorri Sturluson (*1178, †1241) zu Beginn des 13. Jahrhunderts verfasst. Unter den Iskändersagas (Íslendinga sögur) werden anonyme Erzählungen der Zeit zwischen 1200 und 1350 verstanden, die neben Familiengeschichten aus der Zeit der Besiedlung Islands, Fehden, Rechtsschlichtungen, Gesetzen, Ordnungsvorstellungen, Ächtungen und Verbannungen, Sagen oder fiktive Begebenheiten schildern. Im Mittelpunkt der Isländersagas stehen Männern und Frauen aus der wohlhabenden Oberschicht des neu besiedelten Island zwischen 970 und 1030, die sich als Nachkommen der ersten Siedler der Landnahmezeit ansahen. Zu diesen gehört beispielsweise die Egils Saga, die eventuell von Snorri Sturluson aufgeschrieben wurde[74]. Die Vorstellungswelt der Nordleute erhellen auch die sog. Lieder-Edda des Codex Regius, einer Sammlung von Götter- und Heldensagen[75].

Zwar ist den Sagas teilweise der Wert als gesicherte historische Quelle abgesprochen worden, doch sollte man diese differenziert betrachten, denn sie werfen Licht auf eine überwiegend schriftlose Zeit und beinhalten Informationen zu Schiffen und Reisen[76].

Weitere Hinweise zu Ausrüstung, Schiffen und Fahrten enthalten vor allem gesetzliche Regelungen. Von zentraler Bedeutung ist das Leidang (altnordisch „leiðangr"), nach dem zufolge bestimmte regionale Einheiten ein Schiff zu bauen, auszurüsten und zu bemannen hatten[77]. Nach der Heimskringla Snorris führte Håkon I. der Gute (*920, †961) die Leidangspflicht ein. Vermutlich begann das Leidang als eine Übereinkunft zwischen dem König und der organisierten Bauerschaft der Großen auf den Thingversammlungen[78]. Allerdings ist Snorris Beschreibung eine Rückprojektion der ihm bekannten zeitgenössischen Verhältnisse auf das 10. Jahrhundert. Vermutlich nahm die Leidangspflicht ihren Ausgangspunkt unter der dä-

Der Bildstein Hammars I. aus dem 8. Jahrhundert im Freilichtmuseum von Bunge auf Gotland. Dieser Bildstein gehört zur Gruppe der Steine mit phallischem Kopf und trapezförmigem Rumpf. Die einzelnen Motive sind im Unterschied zu den älteren Steinen nicht mehr geritzt, sondern als Reliefs ausgeführt. Neben Segelschiffen sind Männer auf Pferden, die von Frauen mit Trinkhörnern empfangen werden, zu sehen. Das Schiff dient dabei der Überfahrt ins Totenreich und dem Empfang des Kriegers in Walhall, der Halle der Gefallenen. Andere Motive, wie Odins achtbeiniges Pferd Sleipur, entstammen der Götter- oder Heldenüberlieferung. Foto: Jürgen Howaldt.

nischen Oberhoheit über die südöstlichen Teile von Viken am Oslofjord[79]. Vom Ende des 12. bis zum 14. Jahrhundert jedenfalls ist die Leidangspflicht mit Schiffsbezirken im Zusammenhang mit administrativen Gebietseinteilungen dann in allen skandinavischen Ländern überliefert. Diese wurde seit dem Ende des 12. Jahrhunderts als jährliche Abgabe nach Vermögen und Landbesitz festgelegt und war als Grundsteuer an die Landpacht des Königs gebunden. Daneben gab es weitere Regelungen, wie etwa das Gulathingslov[80] aus dem Ende des 11. Jahrhunderts als der ältesten Gesetzessammlung Norwegens, das auch Bestimmungen zur Landesverteidigung enthält, das Frostathingslov[81] des norwegischen Königs Håkon Håkonsson (*1217, †1262) oder das Bylov des norwegischen Königs Magnus Håkonsson lagabøte (*1263, †1280), das als eine der größten gesetzgeberischen Leistungen des skandinavischen Mittelalters auch das Seerecht berücksichtigt. Diese Regelungen gehören aber schon in das hohe Mittelalter.

Zu den historischen Überlieferungen des Nordens zählen auch die Runensteine, die sowohl Runenritzungen als auch Bildzeugnisse enthalten. Von den etwa 5000 bis 6000 Runensteinen sind allein über 3000 im heutigen Schweden gefunden worden, wo sie wohl zuerst im Bohuslän oder im Ostfold aufkamen. Seit dem 8. Jahrhundert tauchen erstmals auf diesen Segelschiffe auf. In Schweden und Norwegen sind Bildsteine seit dem 4. Jahrhundert, in England seit dem 7. Jahrhundert und in Dänemark seit dem 9. Jahrhundert zu finden. Ähnlich der römischen Grabstelen erlauben sie einen Einblick in die Wertvorstellungen und Leistungen einzelner Personen, die aufgrund ihres Standes eine Rolle in der überlieferten Geschichte spielten. Neben von Angehörigen oder Verehrern gesetzten Gedenksteinen gibt es Selbstdarstellungen, wie die eines schwedischen Wikingers, der von sich schreibt, dass Ulf in England dreimal Tributgeld erhalten hat. Das erste Mal war mit Toste, einem Wikinger aus der Provinz West Götaland, das zweite mit Thorkel, ein dänischer Jarl, und das dritte mit Knut dem Großen (*995, †1035).

Segeln bei Wind und Wetter

Segeln ist abhängig vom Wind und der Windrichtung. Bei den Wikingerschiffen mit ihren Rahsegeln, deren Konstruktion wir noch behandeln, war der achterliche Wind, der *byrr*, der günstigste. Sie segelten somit „vor dem Wind". Bei ungünstiger Windrichtung musste man „halsen", somit das Ruder umlegen, das Schiff durch den Wind führen und das Segel auf die anderen Schiffsseite herüberholen. Allerdings konnte man am Wind segeln (*beita*), nicht jedoch kreuzen. Segeln war eine Sache der Erfahrung und der Wetterbedingungen. Der norwegische *Kongespejlet* (Königsspiegel) des 13. Jahrhunderts rät daher, nicht nach Anfang Oktober[82] und nicht vor April[83] auf große Seefahrten zu gehen. In Island war es für Handelsschiffe verboten, nach dem 8. September (*Jónsmessa*) abzusegeln, da es bei den Nordstürmen zu gefährlich war[84].

Bei Sturm reffte man das Segel mit angebrachten Schoten (Tauen) vom Schiffsdeck aus. Wenn man daran zog, wurde das Segel von unten hinauf in Falten gelegt. Falls der Wind dafür zu stark war, wurde die Rah abgesenkt und das Segel unten gerefft. Durch Verknüpfung der Reffbänder, von denen ein Leidangsschiff nach dem Frostathingslov (VII, 4) mindestens sechs haben sollte, ließ sich das Segel auf ein Minimum seiner Fläche reduzieren[85]. Wenn der zu stark schwankende Mast den Mastschuh stark belastete und den flachen Kiel beschädigte, musste man das Segel bergen und den Mast umgelegen oder ihn sogar notfalls kappen, was aber bei Sturm kaum möglich war[86]. Wollte man den Tiefgang verringen, blieb nichts anderes übrig, als die Ladung über Bord zu kippen[87]. Treibanker gab es nicht, um das Schiff rechtwinklig zu den Wellen zu halten.

Auch die Strömung (*fløðar*) spielte eine Rolle, da diese das Schiff abhängig von der Geschwindigkeit in der Strömungsrichtung versetzte. Über Strömungen heißt es in der Saga von Olav dem Heiligen (*995, †1030): *Zwei Sommer später fuhr Eyvindr úrarhorn von Westen von Irland los und wollte nach Norwegen. Aber weil der Wind zu stürmisch war und die Strömung unbefahrbar, wandte sich Eyvindr nach Osmondwall [Insel Hoy] und lag dort einige Zeit des Wetters wegen fest.* Und in der Saga von Olav Tryggvason wird berichtet: *Darauf segelte Óláfr von Westen zu den Inseln und legte sich in einen Hafen, weil der Pentlandsfirth nicht besegelbar war.*

Küstenschifffahrt

Schifffahrt in der Wikingerzeit bedeutete im wesentlichen Küstenschifffahrt. Bei der Fahrt entlang der norwegischen Küste unterschied man zwischen dem außerhalb der Schären befindlichen Fahrwasser (*þjóðleið hit ytra, útleið* oder *hafleið*) sowie dem innerhalb der Schären befindlichen Kurs (*þjóðleið hit innra* oder *innleið*). Man segelte in der Regel tagsüber und suchte abends eine geschützte Bucht als Ankerplatz auf. Zur Navigation dienten Landmarken wie charakteristische Landschaftsformationen, Inseln, Berge, Bäume, Flussmündungen oder alte Grabhügel. So heißt es schon im Beowulf (Vers 3156–3158): *Es errichteten dann die Leute... einen Hügel auf dem Kap. Der war hoch und breit, den Wogenfahrenden weithin sichtbar.* Im Jahre 1432 reiste der venezianische Kaufmann Pietro Querini von den Lofoten nach Süden und berichtete darüber, dass dabei die ganze Zeit nach Warten gesteuert worden sei[88]. Künstliche Kennzeichen bezeichnete man als *viti*. So wurde auf den Orkneys bei Annäherung eines Schiffes Feuer entzündet (*slá eldi í vita*). An einzelnen Untiefen standen Baken, Bäume oder Steinhaufen, wenn man der Edda Glauben schenkt:

Der Tag scheint, Hrimgerd:
dich säumte hier
Atli zum Untergange.
Ein lächerlich Wahrzeichen
wirst du dem Hafen
Wie du da stehst ein Steinbild.

Ferner existierten oft nicht sehr genaue Segelanweisungen. Diese mündlichen Erzählungen bezogen sich aber mehr auf Landmarken als auf eine astronomische Navigation oder Himmelsrichtungen. Zudem werden keine Längen-, sondern Zeitmaße angegeben, da sich die zurückgelegten Strecken nicht messen ließen[89]. So eine Küstenbeschreibung findet sich bei Ottar und Wulfstan in seinem Bericht an König Alfred den Großen (*847, †899) über die Fahrt ins Weiße Meer. Am Hof Alfreds war man dabei, die *Historiae adversum Paganos* des Orosius (*385, †420) ins Englische zu übersetzen. Dieser hatte sein Werk mit einer Beschreibung der bekannten Welt eingeleitet, aber Europa nördlich der Alpen weggelassen. Diese Lücke füllten nun Ottar für Norwegen und Wulfstan für die Ostsee. Die Schilderung des Großbauers und Kaufmann Ottars ist aufgrund seiner persönlicher Seefahrtserlebnisse zwischen 870 und 890 wertvoll. Seine Reiseschilderung zum Nordkap und anschließend nach Kaupang und Haithabu wird hier leicht verkürzt wiedergegeben:

Ottar erzählte seinem Herrn, dem König Alfred, dass er von allen Nordmannen am weitesten nördlich wohne. Er sei, sagte er, am Lande entlang durch die Westsee [Nordsee] nordwärts gefahren und berichtet, das Land erstrecke sich dort sehr weit gegen Norden, sei aber ganz wüst außer an wenigen Plätzen, wo hier und da Finnen hausen, um im Winter Jagd und im Sommer Fischfang zu treiben.

Einmal habe er, wie er erzählte, feststellen wollen, wie weit das Land im Norden reiche und wohin man im Norden der Wüstenei käme. Deshalb steuerte er nahe dem Lande genau nach Norden. Auf dem ganze Wege ließ er drei Tage lang das wüste Land zur Rechten, die offene See zur Linken liegen. Dann befand er sich soweit im Norden, wie die Walfischjäger zu gehen pflegten. Er aber fuhr weiter nach Norden, so weit, wie er in abermals drei Tagen gelangen konnte. Dann wandte sich das Land nach Osten oder die See ins Land hinein – das wusste er nicht. Wohl aber wusste er, dass er dort auf West- oder Westnordwestwind wartete. Darauf segelte er nahe dem Lande nach Südosten so weit, wie er in vier Tagen segeln konnte. Dort musste er weiter auf Nordwind warten, weil sich das Land nach Süden umwandte oder die See ins Land hinein – das wusste er nicht. Dann segelte er nahe dem Lande genau südwärts ins Land hin-

35

1 Kleiner Belt
2 Großer Belt

Die Steuerleute der Wikingerzeit orientierten sich nach mündlichen Segelanweisungen. So eine Küstenbeschreibung findet sich bei Ottar und Wulfstan in seinem Bericht an König Alfred den Großen (*847, †899). Zwischen 870 und 890 segelte Ottar entlang der norwegischen Westküste und von Kaupang nach Haithabu, was er nach fünf Tagen erreichte, wobei er nachts ankerte. Wulfstan konnte hingegen an der weniger gefährlichen Ostseeküste auch nachts segeln. Grafik: Dirk Meier.

ein. Er lief in den Fluss ein, weil sie aus Besorgnis vor Feindseligkeiten nicht darüber hinaus zu segeln wagten, denn auf der anderen Seite des Flusses war das Land völlig bewohnt. Seitdem er sein eigenes Heim verlassen hatte, war er bebautem Lande nicht mehr begegnet, denn auf der ganzen Reise war Land zur Rechten nur von Fischern, Vogelstellern und Jägern bewohnt gewesen, und diese waren sämtlich Finnen. Zur Linken hatte er stets offene See gehabt.

Dort nun hatten die Bjarmer ein wohlbebautes Land, dessen Betreten ihnen aber nicht erlaubt wurde. Das Land der Terfinnen war wüst; nur Jäger, Fischer und Vogelsteller hausten dort. Die Bjarmer berichteten ihm sowohl über ihr eigenes Land wie die umliegenden Gebiete mancherlei. Was davon wahr sei, wußte er nicht. Finnen und Bjarmer schienen ihm ungefähr die gleiche Sprache zu reden. Hauptsächlich wandte er sich hierher, weil er einmal das Land erforschen wollte, dann aber auch wegen der Walfische und Walrosse, weil die in ihren Hauern sehr gutes Elfenbein haben. Einige von diesen Hauern brachte er dem König mit…

Ottar berichtete, der Landesteil, wo er wohnte, heiße Halogaland; nördlicher als er wohne kein Mensch. Ferner sei im Süden des Landes ein Hafen, der „Sciringes heale" [Kaupang in Südnorwegen] heiße. Dorthin meinte er, könne man, wenn man nachts vor Anker liege und tags günstigen Wind habe, kaum in einem Monat segeln, und der Reisende müsse diese ganze Zeit am Lande entlang fahren. Auf der Steuerbordseite habe er dann zunächst Irland, dann die Inseln zwischen Irland und unserem Lande liegen, dann unser Land, bis er nach Sciringssal [Kaupang] kommt. Auf der Backbordseite liege während der ganzen Fahrt Norwegen. Südlich von Sciringssal gehe ein großes Meer [Ostsee] ins Land hinein, das breiter sei, dass es kein Mensch überblicken könne. Und auf der anderen Seite liegen oben davor Jütland und weiterhin Sillende [Schleswig]. Dieses Meer gehe viele Hundert Meilen ins Land hinein.

Von Sciringssal aus ist er seiner Angabe nach in fünf Tagen nach dem Hafen gesegelt, den man Hæthum [Haithabu] nennt. Er liegt zwischen Wenden, Sachsen und Angeln und steht unter dänischer Herrschaft. Als er von Sciringssal aus dort hinsegelte, hatte er auf der Backbordseite Dänemark [das damals dänische Südwestschweden], auf der Steuerbordseite ein drei Tagereisen breites Meer. Und während der anderen zwei Tage, ehe er nach Hæthum kam, habe er auf der Steuerbordseite Jütland, Sillende und viele Inseln gehabt. In diesen Gegenden wohnten die Angeln, bevor sie in unser Land gelangten. Und in denselben zwei Tagen hatte er die zu Dänemark gehörenden Inseln auf der Backbordseite…
The Old English Orosius, Anhang

Wir erfahren also, dass Ottar für weiteren Gewinn neben seinen Einkünften aus der Landwirtschaft auf Fang- und Handelsfahrten entlang der Küsten segelte. Tierische Produkte wie Walrosszähne und Felle ließen sich gut umsetzen. Dass diese Fahrten nach Norden zu seiner Zeit üblich waren, geht aus dem Hinweis über die Routen der Walfänger hervor. Da dieser Raum zum Wirtschaftsgebiet Norwegens gehörte, ist sein Hinweis auf eine Forschungsfahrt wenig glaubhaft, zumal er sich mit den ein-

heimischen Samen (von ihm als Finnen bezeichnet) ohne Dolmetscher verständigen konnte. Seine Beschreibung als „nördlichster Norweger" ist nicht ganz wörtlich zu nehmen, auch wenn er unweit der Siedlungsgrenze der Wikinger zu seiner Zeit gesiedelt haben dürfte. Weit nördlich seiner Heimat erfolgte bald eine Ansiedlung weiterer norwegischer Wikinger.

Dem Bericht können wir ferner die Dauer der Küstenfahrt zwischen seinem Heim in *Hålgoland* (Halogaland) und Nordnorwegen, dem Handelsplatz *Sciringssal* (Kaupang) in Südnorwegen und *æt Hæðum* (Hæthum, Hedeby, Haithabu) entnehmen. So nahm die Reise entlang der Küste Norwegens bis Kaupang, nächtliches Ankern und schlechtes Wetter eingerechnet, etwa einen Monat in Anspruch. Weitere Hinweise gibt Ottar für die Fahrt nach Haithabu: Diese dauerte fünf Tage und fünf Nächte, wobei er die ersten drei Tage Dänemark an Backbord und das offene Meer an Steuerbord hatte. Die letzten beiden Tage lagen die zu Dänemark gehörenden Inseln an Backbord und Gotland, Schleswig und viele Inseln an Steuerbord. Vermutlich segelte Ottar entlang der Westküste von Bohuslän, Blekinge und Schonen sowie durch den Kleinen oder den Großen Belt an Seeland vorbei, bis er nach 375 bzw. 400 Seemeilen von Kaupang aus gerechnet Haithabu erreichte. Auf dieser Reise segelte Ottar tagsüber, während er nachts an geschützten Stellen ankerte. Nur so konnte er durch die Gewässer mit ihren Schären an der Westküste des heutigen Schweden und den Untiefen an der dänischen Küste sicher navigieren. Bei 16 Stunden unter Segel am Tag könnte bei günstigen Winden das Schiff fünf Knoten gelaufen sein. In Dänemark und Schweden lassen sich anhand von Wracks mehrere solcher Ankerplätze lokalisieren. Oft befanden sich hier auch lokale Strandmärkte in der Nähe, wie an den Mündungen der Förden, so bei Lynæs im Isefjord.

Auch an der Südküste der Ostsee gab es solche natürlichen Häfen, wie bei Prerow, Hiddensee und am Peenemünder Haken, und auf Gotland finden sich viele wikingerzeitliche Naturhäfen oder Anlaufplätze an den Küsten. Diese Außenhäfen werden zwar meist nicht in den Schriftquellen genannt, lassen sich aber anhand archäologischer Funde oder der Ortsnamen identifizieren. In Dänemark wurden diese im späten Mittelalter als „ungesetzliche Häfen" zu Konkurrenten der Städte und spielten eine lokale Rolle im mittelalterlichen Warenaustausch. Die Landsicht und die guten nächtlichen Ankermöglichkeiten waren bis in das 13. Jahrhundert für die küstennahe Schifffahrt wichtig. Dies belegt das Itinerarium in König Waldemars Steuerverzeichnis, das *Jordebog* (Erdbuch) von 1230. Die hier niedergelegte Beschreibung der Seeroute von Blekinge in Schweden nach Reval in Estland führt nicht über die offene Ostsee, sondern entlang der Küste über Öland, Gotland und den Schären bis in die Gegend des heutigen Stockholm. Von dort geht es weiter über Åland nach Finnland, dann die kürzeste Strecke über die finnische Bucht zur Nordküste von Estland, um dann Reval zu erreichen.

Inwieweit die Wikinger das Lot kannten, ist ungewiss. Auf dem Teppich von Bayeux bedienen die Männer auf einem der Segelschiffe vielleicht ein Lot oder wohl eher lange Stangen. Deutlich ist zu erkennen, dass die Schiffe bemalte Planken und verzierte Segel aufweisen. Sie laufen auf den flachen Strand und machen mit einem Anker fest. Ausschnitt des 1070 oder 1082 gefertigten Teppichs von Bayeux.

Für das frühe Mittelalter kennen wir jedoch auch den Reisebericht von Wulfstans Schifffahrt, die ihn von Haithabu nach Truso in die Danziger Bucht führte. Das Segelschiff benötigte sieben Tagen und Nächte. Man segelte allerdings auch in der Nacht, da das Seegebiet an der südlichen Ostseeküste weniger gefährlich war. Der von Wulfstan als Wendland (Land der Wenden, also der Slawen) bezeichnete Küstenabschnitt der südlichen Ostseeküste, den er während dieser Reise an Steuerbord liegen hatte, ist flach, wobei die Tiefe von der Küste weg zum Meer gleichmäßig zunimmt und keine Riffe vorhanden sind. Die Schiffe konnten hier Tag und Nacht in Küstennähe segeln, wenn man durch Ausloten Tiefen von 10 bis 20 m nicht verließ. Wurde das Wasser flacher, steuerte man zur See, bei größeren Tiefen hielt man sich dichter unter Land. Konnte man so auch gut den Küsten folgen, ließ sich diese Technik nicht anwenden, wenn man die offene See queren musste, um zu weiter entfernt liegenden Handelszentren zu gelangen.

Über die Dauer von Seereisen berichten weitere mittelalterliche Quellen. So brauchte ein Schiff nach der Vita Anskarii, der Lebensbeschreibung des Heiligen Ansgars, für die 580 Seemeilen lange Strecke von Haithabu nach Birka bei unterbrochener Fahrt während der Nacht 20 Tage. Adam von Bremen gibt im 11. Jahrhundert für die 1100 Seemeilen von Dänemark nach Nowgorod 30 unterbrochene Tage an. Schon diese beiden Beispiele sind ein Indiz für die perfekten Schiffe, deren durchschnittliche Geschwindigkeit bei 30 Seemeilen (55,56 km) am Tag oder bei 60 Seemeilen (etwa 111,12 km) lag, wenn auch nachts gesegelt wurde.

Die Entfernungen in diesen Segelanweisungen werden meist als Segeldauer ohne Geschwindigkeit des Schiffes angegeben, und auch die Richtungen sind nach den Haupthimmelsrichtungen nur grob beschrieben. Schon deshalb nahm man bei Fahrten außerhalb des näheren Heimatbereichs auch Lotsen (isländ.: *leiðsögumaðr*,

altschwed.: *léðhsagari*) an Bord, für die der Steuermann verantwortlich war[90]. Für die Tiefenmessung in den flachen Küstengewässern benutzte man das Lot, wenn dieses auch nicht in den nordischen historischen Quellen erwähnt wird[91]. Lot und Peilstock kannten aber die Angelsachsen, wenn diese auch nicht durch archäologische Funde in Skandinavien belegt sind[92]. Erst Olaus Magnus setzt im 16. Jahrhundert dann in seiner Schrift *Historia de gentibus septentrionalibus* den Gebrauch des Lots als selbstverständlich voraus[93]. Als Peilstock diente der *forkr*, eine Stange zum Abstoßen des Schiffes vom Lande oder von anderen Schiffen.

Hochseeschifffahrt

Hochseeschifffahrten, besonders die über das Europäische Nordmeer, bedeuteten oft tage- oder wochenlange Abwesenheit von Anlegemöglichkeiten und mussten ohne Landsicht durchgeführt werden. Wie in der Küstenfahrt boten auch hier die zunächst mündlich wiedergegebenen und später schriftlich fixierten Segelanweisungen, wie die des isländischen Landnámabók[94], eine Hilfe:

So sagen kluge Männer, dass es von Kap Stad in Norwegen nach Kap Horn [Vesturhorn] in Ostisland sieben „dægr sigling" westwärts sei und von Snæfellsnes nach Grönland, dort, wo die Entfernung am kürzesten ist vier „dægr" [Tage] Hochsee nach Westen. Und so wird berichtet, dass man, will man von Bergen recht-west nach Hvarf auf Grönland segeln, eine „tylft" südlich an Island vorbei segeln muss. Von Reykjanes in Südisland nach Jölduhlaup in Irland ist es fünf „dægr" Hochsee nach Süden.; aber von Langanes in Nordisland nach Svalbard in der großen Meeresbucht ist es vier „dægr" Hochsee nach Norden." Landnámabók in der Fassung des Sturlubók (1275–1280) von Sturla Thóðarson (1214–1284).

Die Zeiteinheit auf See bildete die Segelentfernung des *dægr*, die man in einer Zeitspanne von 12 Stunden berechnete[95]. Die Lage von *Jölduhlaup* bleibt unklar, aber mit *Svalbard* ist Spitsbergen gemeint, wobei die „große Meeresbucht" wohl eine an der Westküste der Insel ist. Ferner gibt das Landnámabók an, dass ein von Norwegen kommendes Schiff auf dem Wege nach Grönland 100 bis 120 km südlich von Island bleiben solle. In dieser Entfernung könnte man den 2119 m hohen *Öräfajökul* am küstennahen Südrand des Vatnajökull noch sehen. In der Fassung der Hauksbók wird die Fahrt nach Grönland beschrieben:

Von Hernar von Norwegen soll man rechtwest nach Hvarf auf Grönland segeln, und dabei wird so weit nördlich der Shetlands gesegelt, dass diese nur dann gerade noch zu sehen sind, wenn die Sicht sehr gut ist, und so weit südlich der Färöer, dass die See bis zur Mitte der Berge reicht, und so weit südlich von Island, dass man von dort Vögel und Wale bemerkt.
Landnámabók in der Fassung des Hauksbók (1306–1308) von Haukr Erlendsson (†1331).

Hernar wurde wohl die 170 km nördlich von Bergen in einem Seitenarm des Nordfjords gelegene Insel Hennøy (heute zur Gemeinde Bremanger) genannt[96]. *Hvarf* (Kap Farvel) ist die Südspitze Grönlands.

Wenn man nach der Segelanweisung so weit nördlich der Shetland-Inseln bleiben wollte, musste man aber einen West-Süd-West-Kurs einhalten. Dieser verlief etwa 70 km nördlich der Shetlands und 70 km südlich der Färöer an diesen vorbei. Die Angaben über Island lassen eine Entfernung von ungefähr 100 km vermuten. Dabei verschweigt das Hauksbók, dass in dieser Entfernung Island in Sichtweite ist. Der Kurs musste dann in Höhe der Färöer nach Nordwest geändert werden. Diese Seeroute nach Island ging ebenfalls über die Shetlands und die Färöer, war aber mit 700 km ohne Landsicht wesentlich länger als die direkte Passage von Stad in Norwegen nach Südisland ist.

Der Kurs über die verschiedenen Inseln begann hingegen meist bei dem erwähnten Hernar. Östlich von Hernar liegen 800 m hohe Berge, die auf dem Kurs zu den Shetlands etwa 80 km lang zu sehen waren. Aus 70 km Entfernung kann Unst auf den Shetlands gesichtet werden, so war – bei guten Sichtverhältnissen – nur die Hälfte des Kurses (etwa 15 Stunden bei geeignetem Wind) ohne Landsicht zu bewältigen. Von Unst zu den Färöern waren es 300 km, davon waren bei guter Sicht nur 140 km ohne Landsicht. Diese Angaben gelten aber nur für sehr gute Sichtverhält-

Die Sagas geben einige Hinweise zu den Fahrten über das Europäische Nordmeer. So dauerte es 7 Tage Segeln vom Kap Hernar in Norwegen zum Kap Versturhorn auf Island, 4 weitere bis zur Südspitze Grönlands. Von dort führte der Seeweg weiter nach Rykanes (Reykavik). Wollte man von Norwegen direkt nach Grönland segeln, wählte man einen südlicheren Kurs, bei dem man die Berge von Shetland und den 2119 m hohen Öräfajökul auf Island im Blick hatte. Natürlich konnte man auch unterwegs auf den Inseln Station machen. Die Zeiteinheit auf See bildete die Segelentfernung des ‚dægr‘, die man in einer Zeitspanne von 12 Stunden berechnete. Grafik: Dirk Meier.

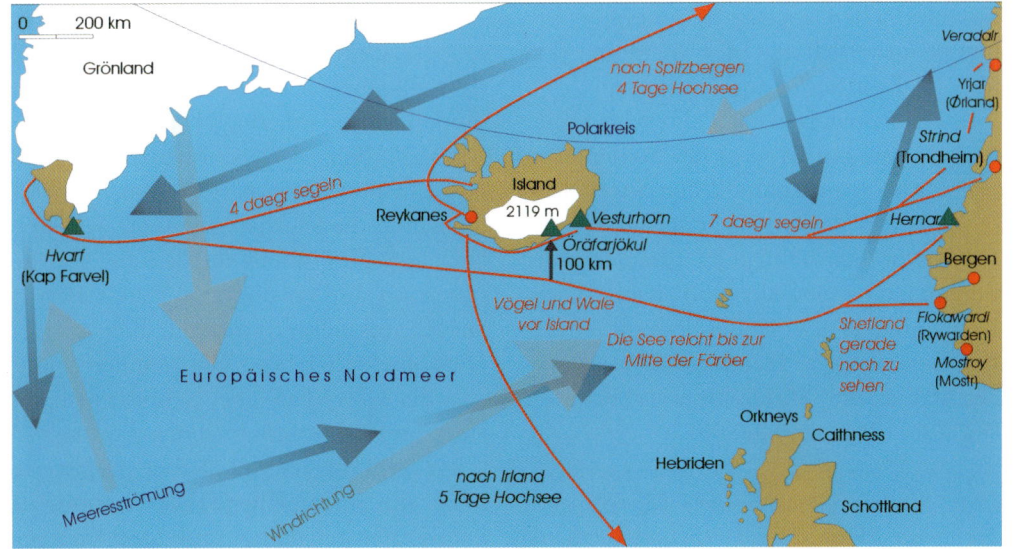

nisse. Außerdem ließ man nach der Segelanweisung die Inseln im großen Abstand.

Wie das Landnámabók angibt, fuhr *Flóki
Vilgerðarson* von *Flókavarði* bei *Ryvarden*, der
Grenze zwischen Horda- und Rogaland,
auf seiner Fahrt nach Island zunächst nach
den Shetlands. *Auðr en djúpauðga* (die Ge-
scheite) segelte zunächst nach den Hebriden, von da zur schottischen Halbinsel
Caithness, dann nach den Orkneys und
weiter über die Färöer nach Island, wobei
sie auf den einzelnen Inseln Station machte[97]. Die 300 bis 400 Landnehmer, welche
das Landnámabók für Island erwähnt, kamen mit etwa 250 Fahrten von Norwegen,
wobei für 70 Fahrten Abfahrtsorte genannt
werden. Diese reichen von *Vík* am Oslofjord im Süden bis zu den Lofoten im Norden[98]. Besonders oft kommen Abfahrtorte
in den Regionen von *Sogn*, *Hordaland* und
Agder vor. Dazu gehören *Flókavarði*, *Dals-
fjörðr* (ein Fjord in Sogn), *Mostr*, *Strind* (Strin-
da, ein Ortsteil von Trondheim, *Veradalr* und
Viggja. *Hernar* wird noch nicht erwähnt. Das
Landnámabok nennt hingegen *Yrjar* (Ør-
land) nicht, das aber dennoch ein wichtiger
Abfahrtshafen für die Islandfahrt war. Trotz
dieser zahlreichen Abfahrthäfen für die Is-
landfahrten, lässt sich aus diesen Angaben
ebenso wenig wie aus den Sagas auf die be-
vorzugte Islandroute schließen. Denn die
historischen Quellen berichten über die
Zwischenpunkte der Reise nur, wenn dies
fürs Geschehen wichtig ist, ansonsten be-
gnügte man sich mit der Wendung, dass
über die Fahrt nichts zu erzählen sei.

Bei der umgekehrten Fahrt von Island
nach Norwegen hatte es der Steuermann
leichter, da man kaum an der langen Fel-
senküste Norwegens vorbeisegeln konnte.
Gleichwohl musste man die genauen Positionen der Anlegestellen und Häfen finden.
Die Fahrtziele der Isländer bestimmten dabei die jeweiligen Handelsaussichten, wie
der isländische Skalde Snorri Sturluson
(*1179, †1241) schreibt:

*Eines Sommers geschah es, dass ein seegängiges
Schiff von Island kam, das Isländern gehörte.*

*Das Schiff war beladen mit Mänteln, die ver-
kauft werden sollten, und die Isländer steuerten
ihr Schiff nach Hardanger, weil sie erfahren hatten, dass dort die meisten Leute anzutreffen sei-
en.*
Saga von König Harald Graumantel,
Kap. 7.

Neben den Handelsaussichten waren auch
andere Gründe für solche Fahrten aus-
schlaggebend, wenn man etwa den König
aufsuchen und Teil seiner Hofgesellschaft
in Trondheim werden wollte. In Konflikt-
fällen mied man hingegen eher den königlichen Hof. Daneben besuchte man
auch eigene Clanangehörige[99]. Eine weitere Segelanweisung für das Europäische
Nordmeer enthält die Hamburger Kirchengeschichte (Gesta Hammaburgensis
ecclesiae pontificum) des Magisters Adam
von Bremen, die um 1075 niedergelegt
wurde. In dieser beschrieb er die Fahrt
von Friesen an den Orkneys vorbei nach
Island (IV, 40).

Diese Reisen machte man nach Möglichkeit im Sommerhalbjahr bei gutem
Wetter, das allerdings auf dem Europäischen Nordmeer schnell umschlagen
konnte. Im Nebel war man hilflos, und
später war dann eine Positionsbestimmung
meist nicht mehr möglich. Dies sollte beispielsweise für den norwegischen König
Håkon Håkonsson (*1204, †1263) fatale
Auswirkungen haben. Als 1262 die Schotten die Orkneys angriffen, fuhr er 1263
nach allgemeiner Mobilmachung mit einer
großen Flotte von Bergen über die Shetlands im August nach Schottland. Aufgrund
des schlechten Wetters zerstreuten sich seine Schiffe, die Schlacht gegen die Schotten
bei Largs ging unentschieden aus. Er zog
sich dann für den Winter auf die Orkneys
zurück, erkrankte dort und starb am 15.
Dezember 1263. Das Unternehmen zeigte,
dass die Herrschaft über Schottland nicht
länger aufrechterhalten werden konnte.

Die Hilflosigkeit im Nebel erschwerte
noch die unzureichende Navigation, da
man Entfernungen nur grob nach Breiten-

graden und Meilen maß[100]. Nach dem Rimbegla, einer isländischen Abhandlung aus dem 12. Jahrhundert macht die *tylft* 12 *vikur sjávar*, somit einen Breitengrad aus, so dass eine *tylft* etwa 100 bis 120 km entspricht. In anderen Quellen wird die Umsegelung Islands mit Frachtschiffen mit 12 *tyftir* angegeben, was realistischen 210 geographischen Meilen entspricht. Nach der Rimbegla machen zwei Breitengrade ein *dægr sigling* aus. Da für größere Entfernungen über See die Strecken oft in *dægr* angegeben werden, lassen sich Durchschnittsgeschwindigkeiten berechnen. Vor der Erfindung des Logs ließ sich die zurück gelegte Strecke somit nur ungefähr bestimmen.

Dies galt auch für die Zeit. Der Tag wurde in *eyktir* eingeteilt, das dem vierten Teil des Tages entsprach, was infolge der variierenden Tageslängen allerdings relativ war. Aus Distanz und Kurs musste der Steuermann seine Position auf See vielmehr abschätzen. Dabei versuchte man auch, die Höhe der Sonne zu bestimmen, wie eine Nachricht über eine 1267 durchgeführte Reise in die Baffinbucht belegt: *Die Sonne war, wenn sie im Süden stand, nicht höher, als dass der Schatten des der Sonne zugewandten Schiffsbords einen querschiffs auf dem Deck liegenden Mann ins Gesicht traf*[101]. Die oberste Planke des Schiffes wurde daher *sólborð* (Sonnenbord) genannt.

So bezeichnete man die vier Himmelsrichtungen als *Norðri, Suðri, Austri* und *Vestri*. Den Gesichtskreis teilten vier Hauptachsen (*höfuðætt*) und vier weitere Achsen (insgesamt somit acht, *ættir*). Diese benannte man nach der Nord-Süd-Achse und nach ihrem Verhältnis zum Festland. Nordosten war demnach *landnorð*, Südosten *landsuðr*, Nordwesten *útnorðr* sowie Südwesten *útsuðr*. Die Winde wurden dementsprechend *landnyrðingr, landnorðingr, útsynningr* und *úrnorðingr* genannt.

Im Sommer konnte man aufgrund der hellen nordischen Polarnächte nicht nach Sternen navigieren. Bedeckte sich der Himmel, bot nur der Seegang einen An-

haltspunkt. Blieb hingegen der Himmel bedeckt, war man auf sich allein angewiesen, denn so berichtet die Grænlendinga saga im Kap. 2: *Da ließ der Fahrtwind nach und sie gerieten in Nordwind und Nebel. Sie wussten nicht, wo sie sich befanden, und das währte mehrere Tage*[102]. Das richtungslose Umhertreiben wird in den Sagas *havilla* genannt. Dabei segelte man möglichst in Sichtweite vom Land. Zur Positions- und Kursbestimmung musste man sich daher an Sonne und Sternen orientieren. Einen richtigen Kompass gab es noch nicht. So wird im Landnámabók von Flóki Vilgerðarson gesagt, er habe Raben mitgenommen, weil zu jener Zeit die Seefahrer in den Nordländern keinen „leiðarstein" [Wegstein] besaßen[103].

Ein solcher „Leitstein" wurde zwar im 12. Jahrhundert von Alexander Neckam[104] beschrieben. Aber das Wort *leiðarstein* taucht erst im Landámabók in der 1307 geschriebenen Fassung des Hausbóks auf. Dort wird ein Kompass in der Geschichte des Flóki erwähnt, aber gesagt, dass dieser zur Landnahmezeit unbekannt war. Ab wann solche „Wegsteine" im Norden eingesetzt wurden, ist nicht bekannt, doch kann man in Anlehnung an das Wort *leiðarstjarn* (Wegstern für Polarstern), das dies zur isländischen Landnahmezeit um 870 noch nicht der Fall war. Andere, nicht nordische Berichte über den Kompass ab 1187 deuten auf dessen Einführung erst um 1300 hin[105].

Diese Schriftzeugnisse erhalten eine weitere Bedeutung, wenn man einen archäologischen Fund einbezieht, der im Jahre 1948 auf Grönland entdeckt wurde. Es handelt sich um das halbe Bruchstück einer ehemals runden Holzscheibe aus der Zeit um 1200 mit einem Durchmesser von sieben Zentimetern, die an ihrem Außenrand Kerben und in der Mitte den Teil eines Loches aufweist. Der Kapitän C. v. Sølver deutete dieses Holzfragment als Peilscheibe[106]. Nach seiner Interpretation habe sich in der Mitte ein Schattenstift befunden, so dass man aus dem Azimut[107] der

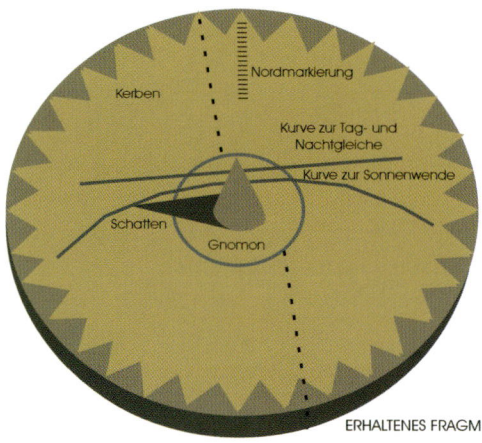

Zu den navigatorischen Hilfsmitteln gehörten neben dem erst nach 1300 belegten ‚leiðarstjarn‘ (Wegstern für Polarstern) einfache Peilscheiben. Ein halbes Bruchstück so einer runden Holzscheibe aus der Zeit um 1200 mit einem Durchmesser von sieben Zentimetern, die an ihrem Außenrand Kerben und in der Mitte den Teil eines Loches aufweist, wurde 1948 auf Grönland gefunden. In der Mitte befand sich vermutlich ein Schattenstift, aus dessen Schatten man die Nordrichtung bestimmte. Allerdings waren die Kerben am Rand unregelmäßig geschnitzt, wobei der eine Quadrant acht, der andere neun Kerben aufweist. Damit wären auf einem Vollkreis mehr als die vorausgesetzten 32 Kerben vorhanden. Grafik: Dirk Meier.

Sonne und dem Schatten des Stiftes die Nordrichtung habe bestimmen können. Allerdings waren die Kerben am Rand unregelmäßig geschnitzt, wobei der eine Quadrant acht, der andere neun Kerben aufweist. Damit wären auf einen Vollkreis mehr als die vorausgesetzten 32 Kerben vorhanden. Außerdem sei die Scheibe für diesen Zweck zu klein und ohne Amplitudentabellen sowie Kalender nicht verwendbar[108]. Dennoch geht man wohl nicht fehl in der Annahme, das dies eine Art Peilscheibe war.

In der Färörischen Geschichte von Niels Christopher Winther 1875 wird ohne Quellenangabe ein Sonnenschattenbrett (sólskuggafjöl) beschrieben, wobei die Länge des Schattens der Nadel einen Rückschluss auf den Breitenkreis zugelassen habe[109]. Der Autor hat diese Information wohl aus den handschriftlichen Aufzeichnungen des färöischen Pastors Johan Henrik Schröter (*1771, †1851) entnommen, dessen Zuverlässigkeit teilweise bezweifelt wird[110]. Erst 1267 ist Abschätzung einer nördlichen Breite sicher belegt:

… dann fuhren sie am Tage der Jakobsmesse eine große Tages-Ruderstrecke nach Süden auf Króksfjarðarheiði zu; dort fror es zu der Zeit nachts. Die Sonne schien jedoch Tag und Nacht, und sie war nicht höher, wenn sie im Süden stand, als dass sie einem Manne, der sich in einem Sechsruderer von der Bordwand an quer

legte, den Schatten von der Bordwand, die der Sonne zugewandt war, ins Gesicht warf[111].

Ein anderes Hilfsmittel, den Sonnenstand zu ermitteln, war der legendäre *sólarstein* (Sonnenstein), von dem in verschiedenen Quellen die Rede ist. So habe König Olav der Heilige bei Schneetreiben und bedecktem Himmel die Sonnenstandsbestimmung seines Gastgebers Sigurðr mit so einem *sólarstein* überprüft. Das klingt nicht realistisch, denn selbst das Material Cordierit, das der Archäologe Thorkild Ramskou als *sólstein* identifiziert haben will, besitzt diese Eigenschaften nicht. Vielmehr bedarf es eines klaren Zenits, wenn auch die tief stehende Sonne bedeckt sein kann. Kein Nachweis belegt im übrigen, dass ein solcher *sólstein* an Bord mitgeführt wurde. Stattdessen berichtet die Grænlendinga saga[112] von Bjarni:

Aber sie steuerten nun doch aufs Meer hinaus, als sie segelfertig waren und segelten drei Tage, bis dass das Land unter der Kimm [Horizont] war. Aber da legte sich der Fahrtwind, und es kamen Nordwinde und Nebel auf. Und sie wussten nicht, wohin sie fuhren, und das dauerte viele Halbtage. Danach sahen sie die Sonne und konnten die Himmelsrichtungen feststellen. Grænlendinga saga, Kap. 2, übersetzt von Felix Niedner.

Bjarni, der aus einer der reichsten Familien des Landes stammt, hätte sicher einen *sólstein* mitgeführt, wenn es diese Navigationshilfe gegeben hätte. Ein *sólarstein* findet sich hingegen ohne nähere Beschreibung über einhundert Jahre hinweg in Inventarlisten von Klöstern, ob sie allerdings denen der Olavs saga gleichen, ist unklar. Vielleicht handelt es sich weniger um brauchbare Sonnen- als vielmehr um magische Steine[113].

Bleibt somit die Verwendung von Sonnensteinen und Sonnenkompass ungewiss, so gab es mit den archäologisch ebenso wie historisch bezeugten Wetterfahnen (veðrviti) sichere Navigationshilfsmittel. Die ältesten dieser Wetterfahnen weisen eine Trapezform mit zwei rechten Winkeln auf. Ab 1000 gestaltete man die Außenseite rund. Einige dieser bronzenen Exemplare, wie die von Söderala, sind prächtig verziert und vergoldet. Neben ihrer navigatorischen Funktion dienten sie somit auch als Wimpel oder Stander[114]. Schriftquellen bezeugen ihre Befestigung am Mast, wie die Saga Olavs des Heiligen ausführt: *Er ließ Segel und Mast niederholen, den veðrviti abnehmen und das ganze Schiff oberhalb der Wasserlinie mit grauem Stoff verkleiden*[115], um es als Kaufmannsschiff zu tarnen. Das lässt dies den Schluss zu, dass solche *veðrviti* nur auf Kriegsschiffen üblich waren. Aus mehreren Belegstellen lässt sich entnehmen, dass die *veðrviti* bei einigen Schiffen am Mast, bei anderen am Steven angebracht wurden[116].

Diese beschriebenen Hilfsmittel und Beobachtungen genügten zu einer sicheren Navigation natürlich nicht. Man war sich dessen bewusst, denn, so heißt es in der Ólavs saga helga:

Aber als sie sich verabschiedeten, König Ólav und Þórarinn, da fragte Þórarinn: Nun kommt es so, Herr König, wie es nicht unwahrscheinlich ist und oft geschehen kann, dass wir die Grönlandfahrt nicht ausführen können, dass es uns nach Island oder anderen Ländern verschlägt – auf welche Weise soll ich dann mit diesem König verfahren, dass es euch gut dünkt?"
Ólavs saga helga, Kap 85.

Eine andere Stelle hebt die Zielsicherheit eines Schiffsführers besonders hervor. Von Þórarinn rammi heißt es: *Er war lange zur See gefahren und er war so fahrtglücklich, dass er immer den Hafen traf, den er wollte*[117].

Das nahe Land hinter dem Horizont erkannte man an Vögeln. So gibt eine Segelanweisung für die Fahrt von Norwegen nach Grönland an, dass man so weit südlich von Island segeln solle, dass man Vögel vom Land sehe (*hafa fugl of landi*)[118]. Auch hatte man – wie schon erwähnt – zu diesem Zwecke selbst Vögel an Bord. Flóki ließ auf der Fahrt von den Shetlands nach

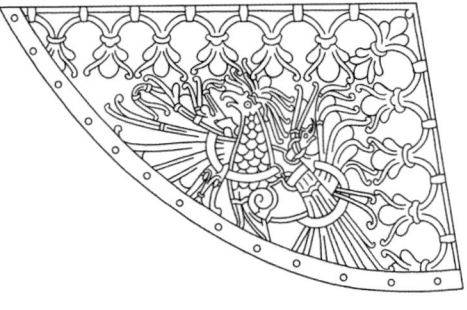

Island Raben aufsteigen, um festzustellen, in welcher Richtung das Land liege[119]. Diese Methode kannte schon der römischer Naturforscher Plinius[120].

Aufgrund der rasch umschlagenen Witterungsbedingungen und der nicht genauen Navigation blieben die Fahrten über das Europäische Nordmeer zwar gefährlich, bedeuteten aber kein unkalkulierbares Risiko, denn die meisten Fahrten verliefen ohne erwähnenswerte Zwischenfälle. Das diese Unternehmungen möglich waren, verdankten die Nordleute ihren guten Schiffen.

Flussschifffahrt

Die Flussschifffahrt in Skandinavien ist aufgrund der bescheidenen Wasserläufe weniger bedeutend als in Mitteleuropa. Auf den Flüssen benutzte man im Sommer leichte Boote, während im Winter die Flüsse zufroren und man sich mit gezogenen Schlitten fortbewegen konnte. Die Samen im heutigen Lappland besaßen genähte Boote, die sich leicht tragen ließen. Die Tradition dieser leichten Boote reicht weit zurück. So erwähnt der Kaufmann

Die aus Metall hergestellten Schiffsfahnen bestehen aus einem Viertelkreis, die entweder auf den Mastspitzen, wie auf dem Teppich von Bayeux dargestellt, oder auf den Drachenköpfen auf den Vordersteven der Schiffe saßen und abgenommen werden konnten. Die älteste der bisher gefundenen Fahnen ist die im sog. Mammenstil verzierte Schiffsfahne von Heggen, bei Modum nahe von Oslo, Norwegen. Quelle: Smith, A. G. 1999: Viking Designs, Dover Publications (New York 1999).

Die Schiffe und Boote der Wikinger lassen sich hinsichtlich ihrer Größe und Funktion unterscheiden. So gab es Langschiffe (Grabschiffe von Oseberg und Gokstad, Skuldelev II und V), Fracht- oder Handelsschiffe (Skuldelev I, Skuldelev III) sowie kleine Fischerboote, Fähren (Skuldelev VI) und kleine Ruderboote (Færing). Grafik: Dirk Meier.

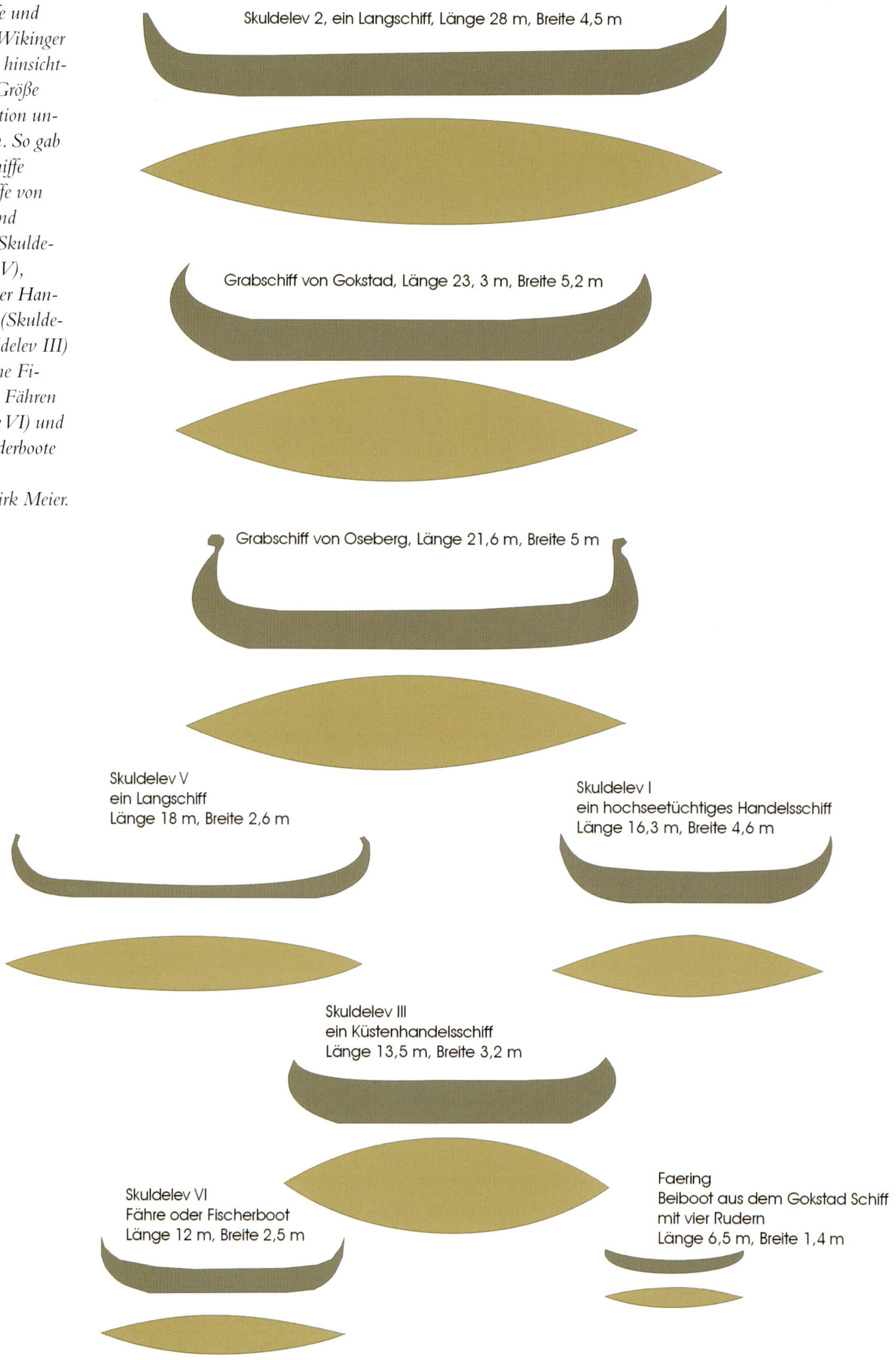

Skuldelev 2, ein Langschiff, Länge 28 m, Breite 4,5 m

Grabschiff von Gokstad, Länge 23, 3 m, Breite 5,2 m

Grabschiff von Oseberg, Länge 21,6 m, Breite 5 m

Skuldelev V
ein Langschiff
Länge 18 m, Breite 2,6 m

Skuldelev I
ein hochseetüchtiges Handelsschiff
Länge 16,3 m, Breite 4,6 m

Skuldelev III
ein Küstenhandelsschiff
Länge 13,5 m, Breite 3,2 m

Skuldelev VI
Fähre oder Fischerboot
Länge 12 m, Breite 2,5 m

Faering
Beiboot aus dem Gokstad Schiff
mit vier Rudern
Länge 6,5 m, Breite 1,4 m

Ottar Ende des 9. Jahrhunderts, dass die Kvänen, ein nordskandinavisches Volk, ihre leichten und kleinen Boote von dem heutigen Nordschweden über das Land trugen, um damit die Norweger an der Atlantikküste zu überfallen. Neben den leichten Booten existierten Prahme und Fähren.

Stammbäume dienten auch in der Wikingerzeit zur lokalen Fischerei. Auch Boote mit geklinkerten, also übereinander verzimmerten Planken sind durch Funde entlang von Flüssen belegt und zwar vor allem aus den Bootsbestattungen von Valsgärde oder Vendel in Uppland, Schweden. Für die Fährfahrt dienten in erster Linie Flöße aus aneinandergebundenen Baumstämmen, aber auch spezielle Boote, auf die wir noch zu sprechen kommen. Auf Flößen wurden schwerere Waren den Fluss hinab zum Umladen transportiert. Anschließend wurden die Flöße auseinandergenommen und das Holz für andere Zwecke verwendet.

Schiffstypen

Hinsichtlich der Größe und Funktion lassen sich die Schiffe in Skandinavien der Wikingerzeit in Langschiffe, Lastschiffe (Knorr) und kleinere Schiffe unterscheiden[121]. Anhand der Größe und Form erkannten die Seeleute schon von weitem, mit wem sie es zu tun hatten, denn so heißt es im Kap. 22 der 1220 bis 1240 niedergelegten isländischen Egils saga[122]: *Kveidulf und sein Sohn Skallagrim spähten im Sommer immer gut aus auf ihrer Fahrt an der Küste. Kein Mann sah so scharf wie Skallagrim. Er erblickte Hallvard und Sigtrygg auf ihrer Segelfahrt und erkannte ihr Schiff wieder, da er es früher, als Þorgils darauf fuhr, gesehen hatte.*

Allen skandinavischen Schiffstypen war gemeinsam, dass sie für Rudern oder Rudern und Segeln, aber nie ausschließlich für das Segeln konzipiert waren. Daher hatten Lastschiffe im Verhältnis zu den Waren eine große Mannschaftszahl an Bord[123]. Die Größeneinteilung der Langschiffe erfolgte in der Wikingerzeit Skandinaviens nach der Zahl der Ruderer, bevor man diese seit dem späten Mittelalter nach der Tragfähigkeit (*skipslæst*) berechnete[124]. Dabei existierten folgende Grundtypen:

• **Langschiffe**

Nach der Art ihres Stevenschmucks unterschied man in der Wikingerzeit die Langschiffe (*langskip*) nach den Drachenköpfen (*Dreki*) und denen mit schneckenförmigen Spiralen (*Snekka*). Die Größe dieser Kriegsschiffe (*herskip*) teilte man nach der Zahl der Rudersitze (*sessa*) oder der Räume (*rúm*) einer Seite ein[125]. Die Größe reichte von kleinen 13 Ruder- bis 35 Rudersitzern. Anfangs war der Zwanzigsitzer das häufigste Leidangsschiff[126]. Ein Schiff mit 30 Rudersitzen auf einer Seite nannte man „*þritugsessa*", eines mit 25 Sitzen *halfþritugt skip*, eins von 35 Sitzen *halffertugt* skip. Aus den Angaben über *Ormurin skammi*, einem Dreizigsitzer und dem großen Drachenschiff des norwegischen Königs Haralds III. Hardrada (*1015, †1066), einem Fünfunddreizigsitzer, ergibt sich eine Zahl von 60 bzw. 70 Riemen[127]. Noch größere Schiffe waren selten. So wird dem schon erwähnten Håkon Jarl ein Vierzigsitzer sowie dem dänischen König Knut dem Großen (*995, †1035) in den Schriftzeugnissen ein Sechzigsitzer zugeschrieben, was aber nicht den Tatsachen entsprechen muss[128]. Herzog Skúli (1239) soll einen Sechsunddreißigsitzer und Bischof Håkon Erlingsson einen Fünfundvierzigsitzer besessen haben. Die Sitzzahl allein ist noch kein Hinweis auf die Größe. So hatte die *Mariussúð* des Königs Sverre Sigurdsson (*1151, †1202) 32 Sitze und galt als das größte Schiff im Lande[129]. Alle diese genannten Langschiffe gehören bereits an die Übergangszeit zum Hochmittelalter. Zu ganzen Flotten vereinigt, müssen diese ein malerisches und furchterregendes Bild gewesen sein. So wird die Flotte Knuts des Großen (*995, †1035) geschildert, der von England aufbrach, um Olav den Heiligen

(*995, †1035) aus Dänemark zu vertreiben:

Knut der Mächtige hatte ein Heer zusammen, um das Land verlassen zu können. Er hatte eine außerordentlich große Streitmacht und wunderbar große Schiffe. Er selbst hatte ein Drachenschiff. Das war so groß, dass es 60 Ruderbänke zählte, und darauf waren vergoldete Drachenköpfe. Jarl Håkon hatte auch ein Drachenschiff. Dieses zählte 40 Ruderbänke. Auch dieses trug vergoldete Drachenköpfe. Aber die Segel waren blau, rot und grün gestreift. Diese Schiffe waren überall über der Wasserlinie bemalt, und ihre ganze Ausrüstung war die prächtigste. Noch manch andere Schiffe hatten sie, groß und herrlich ausgerüstet.
Heimskringla, Ólafs saga helga. Kap. 147. Übersetzt von Felix Niedner.

Schon von weitem waren die königlichen Schiffe anhand ihrer vergoldeten Drachenköpfe zu erkennen. Zum Aufeinandertreffen zweier solcher Flotten kam es am 9. September des Jahres 1000. Diese Schlacht zwischen der dänischen Flotte Sven Gabelbarts und der des schwedischen Königs Olofs Skötkonungs, unterstützt von abtrünnigen Norwegern unter Erik Håkonsson – der den Tod seines Vaters Håkon Jarl rächen wollte – auf der einen, und christlichen Norwegern unter der Herrschaft Olav Tryggvassons auf der anderen Seite, fand in der Svolderbucht bei der Insel Svolderoie statt. Der Ort lässt sich heute nicht mehr genau lokalisieren. Manches spricht dafür, dass es sich um das Seegebiet bei der Insel Vilm im Greifswalder Bodden an der Ostsee oder das Oderhaff handelt, da die Flotte König Olavs sich auf der Rückreise vom polnischen Königshof befand. Aber auch die Greifswalder Oie oder eine Insel im dänischen Öresund kommen in Frage. Jedenfalls gerieten die Schiffe des norwegischen Königs Olav Tryggvason bei der Insel Svolderoie in einen Hinterhalt der vereinigten schwedisch-dänischen Flotte. Zu den norwegischen Verbündeten gehörte der polnische König Boleslav

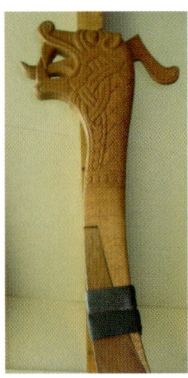

Die Langschiffe wiesen oft verzierte Steven in Form von Drachenköpfen oder anderen Tieren auf. Königliche Schiffe besaßen auch vergoldete Steven. Diese Stevenköpfe ließen sich, wie bei diesem Modell im Haithabu Museum, abnehmen.
Foto: Dirk Meier.

Chroby, dessen Jarl Sigvaldi jedoch Tryggvason verriet, indem er nach Beginn der Schlacht seine Schiffe zurück zog und sich nicht am Kampf beteiligte. So waren der zahlenmäßigen Überlegenheit der Dänen und Schweden die Norweger nicht mehr gewachsen. König Olav Tryggvason beging mit einem Sprung in das Meer Selbstmord, womit die Schlacht entschieden war. Danach spielten die Norweger im Ostseeraum keine Rolle mehr. Die in dieser Schlacht eingesetzten königlichen Schiffe waren besonders eindrucksvoll, wie die Heimskringla Snorri Sturlusons berichtet[130]:

Da gingen nun die Herrscher alle auf den Holm mit großem Gefolge, und sie sahen, wie eine Menge Schiffe zusammen auf die See hinaussegelten. Und jetzt entdeckten sie darunter ein besonders großes und glänzendes Schiff. Da sagten beide Könige: ,Dort drüben ist ein besonders glänzendes Schiff. Das mag der Omurin langi [die lange Schlange Midgard, Schiff des norwegischen Königs Olav Tryggvason] sein.' Darauf erwiderte Jarl Erich und sprach: ,Nein, das ist der Ormurin langi nicht.' Und es war, wie er sagte, denn es war das Schiff Eindridis von Gjemse. Kurz darauf sahen sie ein Schiff heransegeln, das war noch viel größer als das erste. Da sagte König Svend: ,Jetzt ängstigt sich Olav Tryggvason. Er wagt nicht, mit dem Drachenhaupte auf seinem Schiff zu segeln.' Da versetzte Jarl Erich: ,Das ist auch nicht das Königsschiff. Ich kenne dieses Schiff und das Segel. Denn das Segel ist bunt gestreift. Das gehört Erling Skjalgsson. Lasst es nur segeln. Denn besser ist für uns eine Lücke und ein Loch in König Olavs Flotte, als dieses wohlausgerüstete Schiff da ist.' Eine Weile darauf sahen sie und erkannten die Schiffe Jarl Sigvaldis, die auf sie zu nach dem Holm steuerten. Weiter sahen sie drei Schiffe heransegeln, und eins war besonders groß. Da rief König Svend, seine Mannen sollten auf die Schiffe gehen, denn ,dort' meinte er ,kommt der Ormurin langi gefahren.' Da sagte Jarl Erich: ,Sie haben viele andere große und prächtige Schiffe außer dem Ormurin langi. Gedulden wir uns noch.' Nun sprachen gar manche

Männer: ,Jarl Erich will sich nicht schlagen und seinen Vater nicht rächen. Es wird eine große Schande für uns werden, und man wird es in allen Ländern erzählen, wenn wir hier mit einer solchen Kriegsmacht liegen, während König Olav hier vor unser aller Augen auf das hohe Meer fährt.' Als sie so eine Weile untereinander geredet hatten, da sahen sie, wie vier Schiffe heransegelten. Eines von ihnen aber war ein gewaltiges Drachenschiff und ganz vergoldet.
Heimskringla. Ólafs saga Tryggvasonar. Kap. 101. Übersetzt von Felix Niedner.

Anhand archäologisch dokumentierter Schiffe könnte der *Omurin langi* (Lange Wurm) des König Olav Tryggvason von Norwegen zwischen 45 und 55 m lang und maximal 8 m breit gewesen sein. Das Schiff wurde von 68 Mann auf 34 Bänken, bei doppelter Besatzung vielleicht sogar von 136 Mann gerudert und besaß etwa eine Segelfläche von 200 m². Snorri zählt dazu noch ungefähr 45 reine Kämpfer auf. Der *Omurin langi* war wohl das größte bis dahin in Norwegen gebaute Schiff und war durch seinen am Steven und Heck vergoldeten Drachenkopf schon von weitem zu erkennen[131]. So besingt auch Þorbjörn Hornklofi in der Schlacht am Hafrsfjord: „*Von Ost kamen Kiele / Kampflüstern / mit gähnenden Häuptern / und goldenem Bildwerk*"[132] und Guþorm Sindri bezeichnet diese in einem Gedicht „Goldschmuck-Gäule" und die Schiffe der dänischen Gegner „Drachen"[133].

Dass die Schiffe teilweise bemalt waren geht auch aus dem Bericht des Skalden Sigvats hervor, der ein Augenzeuge der Schlacht bei Nesjar war. Dieser erwähnt, dass Jarl Sveinn die Köpfe am „*schwarzen Steven*" habe abhauen lassen, um sich von den Enterhaken des Königsschiffes zu befreien[134]. Auch die Schiffe der Flottenführer König Knuts des Großen waren oberhalb der Wasserlinie ganz bemalt, sein eigenes Schiff hatte dazu noch einen vergoldeten Drachenkopf[135], ebenso wies der Drachenkopf auf dem Schiff seines Mitstreiters Håkon Jarl eine Vergoldung auf. Neben der Größe und den Drachenköpfen bildeten auch die Segel wichtige Unterscheidungsmerkmale. So war das Segel des Drachenschiffs von Håkon blau, rot und grün gestreift[136]. Das Segel von Hareks Schiff war *weiß wie frisch gefallener Schnee und rot und blau gestreift*[137].

Zu ganzen Flotten vereinigt, gaben die wikingerzeitlichen Langschiffe – wie in der Schlacht von Svolder – ein furchterregendes Bild ab. Die Schiffe des christlichen norwegischen Königs Olav Tryggvason gerieten hier am 9. September des Jahres 1000 bei der Insel Svolder in einen Hinterhalt der vereinigten schwedisch-dänischen Flotte unter Sven Gabelbart und Olof Skötkonung, in dessen Verlauf die norwegische Flotte besiegt wurde. Flaggschiff des norwegischen Königs war der Omurin langi (die lange Schlange Midgard). Öl auf Leinwand von Otto Sinding (1842–1909). Quelle: wikimedia.

Dieser Nachbau eines hochseetüchtigen Langschiffs im Wikingermuseum Roskilde ist dem Grabschiff von Gokstad nachempfunden. Foto: Dirk Meier.

Besonders repräsentative Langschiffe erhielten auch einen Namen, wie der *Tranann* (Kranich) des norwegischen Königs Olav Tryggvason[138]. Sein aus Hålogaland (Helgeland) aus Nordnorwegen mitgebrachtes Schiff nannte er „Wurm", das er durch den Neubau des schon erwähnten „Langen Wurms" ersetzen ließ. Das Schiff *Karlhöfði* (Mannshaupt), das statt des Drachenkopfes einen geschnitzten Königskopf trug, gehörte Olav dem Heiligen. Er besaß auch ein angeblich mit Gold verziertes Schiff namens *Vísundur* (Wisent) mit einem Wisenthaupt als Steven[139]. König Håkon Håkonsson nannte sein Schiff *Krosssúðina*. Neben Göttergestalten und Tieren benannte man Schiffe auch nach dem Stifter. So hieß die von König Sveinn geschenkte Knorr *Sveinsnautr*. *Halfdanarnautr* hingegen war der Name eines Räubers[140]. Im späten

Mittelalter trugen Schiffe oft den Namen ihres Eigentümers wie *Reimarssúð* (1370) oder *Álfsbúza* (1392). Nach der Christianierung Skandinaviens tauchen neue Namen auf, wie *Postolasúð, Krossúð, Ólafssúð, Katrínarsúð* oder *Sunnifasúð*, bevor dann im 15. Jahrhundert Heiligennamen, wie *Pétr sanctus*, erscheinen.

Nachbauten haben die Hochseetauglichkeit solcher Langschiffe bewiesen. Besonders spannend war das Rennen des rekonstruierten sog. Gokstad Schiffes gegen die „Santa Maria" 1893 zur Weltausstellung in Chicago quer über den Atlantik. Mit einer durchschnittlichen Geschwindigkeit von 9,3 Seemeilen pro Stunde war das Wikingerschiff deutlich schneller war als die Karavelle mit 6,3 sm/h.

Die zu Beginn des 13. Jahrhunderts gebauten Langschiffe besaßen teilweise zwei

Riemenreihen, eine höhere Bordwand und ein Kastell, so dass sie die gegnerischen Schiffe von oben bekämpfen konnten, aber von diesen nicht so leicht zu entern waren[141]. Sie waren aber auch schwerfälliger und lagen tiefer im Wasser. In der Seeschlacht bei Fimreite am 15. Juni 1184 zwischen den norwegischen Königen Sverre Sigurdsson und Magnus V. gelang es der Besatzung der *Maríusúð* nicht, rechtzeitig vom Land los zu kommen. Die *Kristsúð* war als reines Kampfschiff das größte und auch das letzte dieser Bauart, das mit mehr als 30 Sitzen gebaut wurde. Die Konstruktion zeigte deutlich, dass aufgrund der Schwerfälligkeit der Nutzen eines Kampfschiffes nicht mehr gegeben war[142]. Vielleicht auch deshalb fiel es den Bürgerkriegsparteien Bagler und Bikebeiner im Vergleich von Kvitsøy 1209 leicht, von nun an bei Seeschlachten keine größeren Schiffe als Fünfzehnsitzer einzusetzen. Skúli hielt sich nicht an diese Regel, indem er Schiffe mit 15 Rudersitzen baute, die ebenso groß waren wie Zwanzigsitzer[143].

• Handelsschiffe

Anders als die Langschiffe waren die Handelsschiffe (*kaupskip*) auf Tragfähigkeit hin ausgelegt und daher daher breiter als auch hochbordiger. Ihre Größe berechnete man nach nicht nach Ruderern, sondern nach Lasten (*læst*)[144]. Aufgrund ihrer Völligkeit

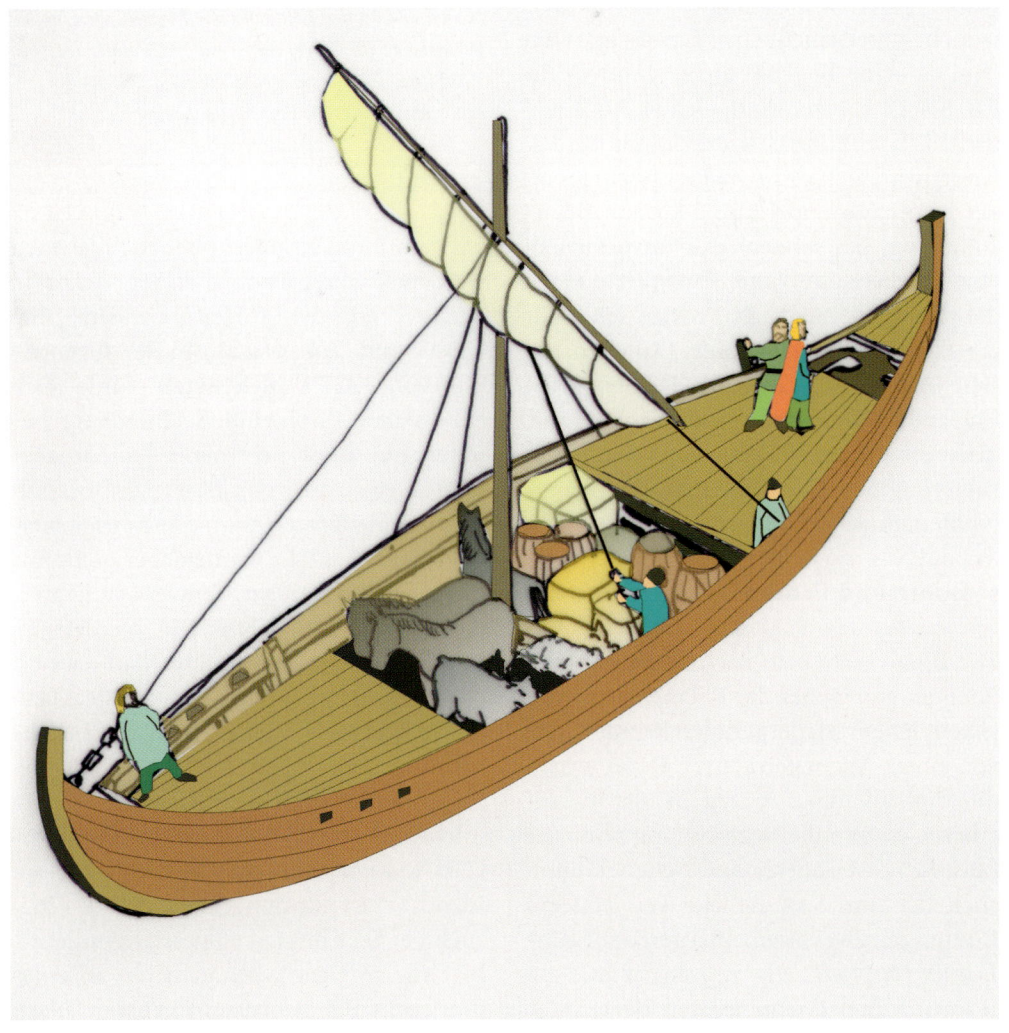

Die Handelsschiffe der Wikingerzeit, wie diese Knorr, waren auf Ladekapazität und Seetüchtigkeit ausgelegt. Geschwindigkeit und Manövrierfähigkeit waren schlechter als bei den Langschiffen. In der Mitte besaßen sie einen Laderaum, am Bug und Heck hingegen ein Deck. Auf dieser Zeichnung sind die Ruderbänke weggelassen, die sich im Heck- und Bugbereich befanden. Grafik: Dirk Meier, nach James Graham-Campbell 1980.

wurden sie eher gesegelt als gerudert und besaßen daher meist nur vorn und achtern Riemenlöcher. Oft war der Mast nicht umlegbar[145]. Hinsichtlich der Größe unterschied man *karven* und *skuten*. *Karven* besaßen selten mehr als 13 bis 15 nutzbare Spantenzwischenräume (*rúm*) und wurden sowohl für Handelszwecke als auch im Krieg eingesetzt. So bekamen die Hålogaländer in Nordnorwegen 1315 die Erlaubnis, ihre Leidangspflicht mit diesem Schiffstyp zu erfüllen. Die größten Handelsschiffe bildeten der *Knorr*, die *Busse* und der *Byrding*[146]. Die *Busse* war ursprünglich ein Kriegsschiff, bevor man diesen Begriff im 13. und 14. Jahrhundert ausschließlich auf Handelsschiffe übertrug, wie sich aus den englischen Zolllisten für norwegische Handelsschiffe ab 1300 ergibt[147]. Busse und Knorr waren wohl ähnlich groß, müssen jedoch unterschiedliche Typen gewesen sein, da beide Begriffe nicht synonym für das gleiche Fahrzeug auftauchen. Am Ende des 13. Jahrhunderts hatte die Busse den Knorr verdrängt. Als *Byrding*, die kürzer als der Knorr war und 12 bis 20 Mann Besatzung trug, bezeichnete man ursprünglich eine für die Küstenfahrt konzipierte Handelsschute, die auch als Proviantschiff für die Flotte eingesetzt wurde. Daneben befuhr man mit ihr auch die Routen nach England, den Färøern und nach Island. Teilweise wurden *Byrdinge* auch durch Verlängerung des Kiels und Umbau zu Langschiffen umgebaut[148].

• Boote und Fähren

Die Boote teilte man nach der Anzahl der Riemen ein, wobei die Riemenpaare von jeweils einem Mann gerudert wurden. Die von einem Mann geruderten Boote waren die *bátr*. Allerdings taucht in altschwedischen Gesetzen die Bezeichnung *þværaþer bater* für Zweiruderer auf. Selten kommt auch bei zum Seehundfang verwendeten Booten mit zwei Riemenpaaren der Name *Ferærðr bátr* vor[149]. Als *sexæringr* wurde ein Boot mit drei Riemenpaaren bezeichnet,

Neben den großen Schiffen waren verschieden große Ruderboote (færinger) im Einsatz, die nach der Zahl ihrer Riemen eingeteilt wurden. Modell im Haithabu Museum. Foto: Dirk Meier.

das zwar meist gerudert, aber auch gesegelt werden konnte. Wenn man das *sexært* in der Inventarliste von Skarð aus dem Jahre 1259[150] mit dem *selabatur* in der Inventarliste von 1327[151] gleichsetzt, wurde auch ein solches Boot zum Seehundfang benutzt. Ein Boot mit vier Riemenpaaren hieß *áttæringr* oder *skip áttært*. Ein Boot mit fünf Riemenpaaren nannte man *teinsæringr* oder *skip teinært*. Es wurden aber nicht immer alle fünf benutzt. Teilweise war auch die Bemannung größer. So werden im Kap. 9 der Grettis saga sechs Mann auf einem *teinsæringr* erwähnt. Der sechste Mann führte wohl das Steuer. An anderer Stelle nennt die Saga sogar 12 Mann. In anderen Sagas werden 15 bis 25 Mann auf einem solchen Boot erwähnt[152]. Was dadurch erklärt werden kann, dass solche Boote auf Island in der Sturlungenzeit (1180–1262) auch bei Seekämpfen eingesetzt wurden[153]. In einigen Sagas wird auch ein *tolfæringr* (mit sechs Riemenpaaren) genannt. Nach der nicht historischen Króka-Refs saga fuhren auf einem solchen Boot 60 Mann von Dänemark nach Norwegen[154]. Jedes größere Schiff führte mindestens ein, meist aber zwei Boote mit sich. Eines zog man im Schlepp, während sich das andere meist hinter dem Mast auf dem Deck befand. Mit Ruderbooten wurden auf kurzen Strecken auch die zum Rudern wenig geeigneten Handelsschiffe geschleppt.

Ein weiterer kleiner Bootstyp bilden die Fähren (*eikjur*, flachbodiges Boot) zum Übersetzen an Flüssen und Meerengen. So war an oft benutzten Verkehrswegen über kleinen Flüssen oft ein Tau gespannt, an dem ein Floß oder eine *eikja* befestigt war[155]. Die größeren Fähren (*farskip; ferja*) besaßen einen Fährmann, der gegen Entgelt Menschen, Vieh und Fracht über eine Meerenge oder eine größeren Fluss setzte.

Schiffe, die größer als die *tolfæringr*, aber kleiner als Langschiffe waren, bezeichnen die Quellen nicht nach der Anzahl der Riemen oder Ruderbänke, sondern nach der Anzahl der Ruderer auf einer Schiffsseite. Nicht immer waren aber die Benennungen eindeutig, was auch darauf zurück zu führen ist, dass die Riemenpaare nicht von einem Mann gehandhabt wurden und die Ruderer auf den Decksbalken saßen. Sicher belegt sind zwei Grundtypen: Der *karfi* besaß meist ein Segel und war leicher sowie von geringerer Tragfähigkeit als die Langschiffe gleicher Größe, mit denen er manchmal auch verwechselt wurde. Daneben gab es Schuten (*skúta*)[156], die meist ein Segel führten. Gesegelt wurden auch die

leichten und schnellen *léttiskútur* sowie die *hleypiskútur*, welche man als kleine Transportboote, Späherschiffe (*njósnarskútur*) oder Begleitschiffe von Flotten einsetzte. In der schon erwähnten Seeschlacht von Svold legte der Jarl Eirik seine *smáskútur* im Halbkreis um die Flotte Königs Olavs des Heiligen, um das Entkommen der Feinde durch Schwimmen zu verhindern[157]. Wie die *karfar* konnte man diese schmucklosen Boote leicht über Land ziehen, was sich bei Kämpfen auf Binnengewässern ebenso wie im Flusshandel bewährte[158].

Schiffbau

Der Schiffbau der Wikinger ist durch Schriftquellen ebenso wie durch archäologische Funde, darunter die Grabschiffe

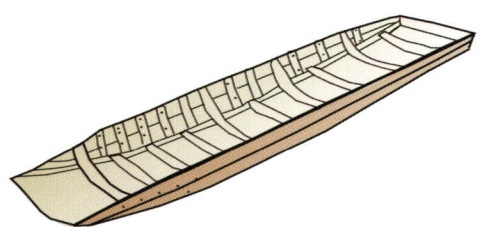

Zu den kleinen Booten gehörten auch Fähren und Prahme, wie diese Rekonstruktion einer flachbodigen Fähre vom Ende des 11. Jahrhunderts aus dem südlichen Dänemark zeigt. Grafik: Dirk Meier.

Ruderboote in der Tradition der Wikinger sind bis in die frühe Neuzeit auf Island und Grönland benutzt worden. Dieser Nachbau Wikingerschiffsmuseums Roskilde zeigt ein Ruderboot in der Bauart der Wikinger, wie er noch in der frühen Neuzeit zum Fischfang eingesetzt wurde. Foto: Dirk Meier.

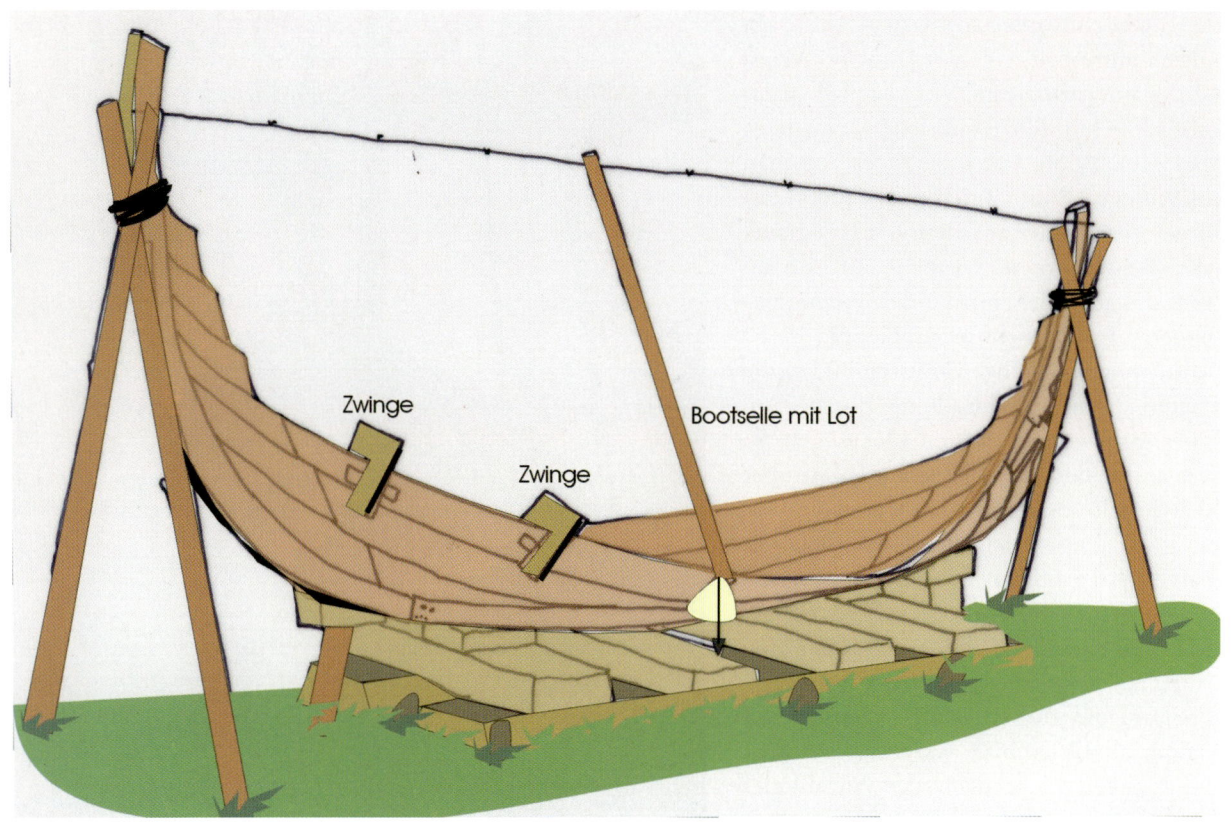

Zwinge

Zwinge

Bootselle mit Lot

Am Beginn des Bootsbaus stellte man den Kiel auf ein gezimmertes Gerüst und befestigte dann Vorder- und Achtersteven sowie die ersten Plankengänge. Der Rumpf wurde zusammengesetzt, indem man die Steven am Kiel befestigte. Diese fehlen bei diesem Blockbild noch.
Grafik: Dirk Meier, nach James Graham-Campbell 1980.

von Oseberg und Gokstad in Norwegen[159] sowie Wracks von Skuldelev und Haithabu gut belegt. Die Schiffe baute man unter freiem Himmel oder im Schutz eines Daches (hróf) oder auch Bootshauses (naust). Vor dem Bau des Schiffes wurde ein Balkengerüst erbaut, wie Snorri Sturluson in der Heimskringla beschreibt. Im Landslov (III, 2), Bylow (III, 2) sowie dem Gulathingslov (§ 306) erfahren wir näheres über die Bauweise. Im letzteren heißt es:

Nun löst man das Schiff von den Landfesten und ein Mann nimmt seine Halbbank nicht ein, da soll man seinen Riemen aufrichten und eine Buße von drei Mark ihm zu Handen feststellen. Eine Witwe soll ihren Anteil des Proviants und alle Ausrüstung zum Schiff bringen und dem Schiffsführer anbieten, wenn sie keinen Mann für sich an der Riemenschlinge hat. Nun sind sie nicht startklar, wenn auf einem Zwanzigsitzer [vierzig Ruderer] fünf Plätze oder mehr unbesetzt sind. Nun soll der Landherr oder Amtswalter, der das Landesachtel zu betreuen hat, die fünf Riemenschlingen besetzen und nicht weniger. Nun sollen sie ihre Mannschaft anderen Schiffen anbieten, wenn sie nicht seeklar werden. Wenn diese sie nicht übernehmen, da sind sie straffrei, wenn sie zu Hause bleiben, und sie sollen dann den Proviant dem Amtswalter übergeben, für den König aufzubewahren. Wenn sie heimkommen und Anspruch auf Mannschaftsgestellung erheben und sie nicht bekommen, da sollen sie vom Kiel abschlagen und ihr Schiff verkürzen, wie sie Mannschaft dafür haben. Aber sie dürfen es nicht kürzer machen, als dass man es noch nach den Ruderbänken benennen kann. Wenn es weniger sind, als dass sie einen Dreizehnsitzer bemannen können, da sollen die auf das Thing fahren und sich zur Aufrechnung anbieten mit anderen Männern… Gulathing § 301, übersetzt von R. Meißner.

Nun wird das Schiff vom Alter heimgesucht, und sie sollen ein anderes bauen. Da sollen sie es dort bauen, wo sie es gebaut haben wollen, und weder Acker noch Wiese beschädigen. Nun soll des Königs Land dazu genommen werden, wenn es vorhanden ist. Ist es nun nicht vorhanden, so soll man eine Stelle in der Mark eines jeden nehmen, der dazu bereit ist. Und wenn man mehrere Schiffe bauen soll, da soll man nicht die Mark eines [einzigen] Mannes beschädigen. Nun verteilen sie den Baubedarf untereinander. Die, welche erlosen, den Kiel oder die Steven zu stellen, die mittlere Beplankung oder die Stevenplanken, sie bezahlen eine Mark, wenn eines fehlt. Oberbordstück am Vordersteven und das zugehörige Spant für jedes Holz, das da fehlt, da soll man büßen mit drei Öre und das Holz heranschaffen, auch wenn es später sei. Drei Öre sind festgesetzt für jedes Innenholz, das quer über das Schiff geht. Ein Öre für jeden Balken, doch auch ein Öre, wenn nur eine Klaue fehlt. Drei Öre für den Mast und ebenso für die Ra und ebenso für alle Langhölzer, wenn sie im Innern des Schiffes liegen. Nun

soll es einen Öre gelten für jede Bordplanke, die man haben muss, doch auch einen Öre, wenn nur eine Elle fehlt.; und man soll das Stück liefern, wenn es auch später sei. Ein Öre für jeden Nagel und Beschlagknopf. Ein Öre für jeden Eimer Teer. Ein Öre für jede Plankenabdichtung [siðrauðr], nach Fritzner nur an dieser Stelle verwendet und nicht bekannt) und auch ein Öre, wenn nur eine Elle fehlt. Ein Öre für jede [nicht gelieferte] Mahlzeit (der Bauleute). Ein Öre für jeden Pfennig, den die Bauleute verdienen sollen. Nun soll man alle Schiffbauer anfordern, die innerhalb des Viertels sind, bis es genug sind. Jeder Stevenbauer ist straffällig mit sechs Mark, wenn er sich dem entzieht, die Arbeit zu übernehmen. Nun haben sie den Kiel auf das Gebälk der Unterlage gelegt und den Bau begonnen. Wenn da einer von ihnen fortläuft von dem Bau: Läuft ein Stevenbauer oder ein Bordbauer davon, da ist der Stevenbauer oder der Bordbauer friedlos, weil er dem König

Das Schnittmodell zeigt die Bauweise eines typischen Wikingerschiffs mit der typischen Klinkerbauweise der übereinander gelegten Planken. Der Mast war in einem Loch, der Mastspur, im Kielschwein verankert, das aus einem schweren Stück Holz bestand und dessen Gewicht stützte.
Grafik: Dirk Meier, nach James Graham-Campbell 1980.

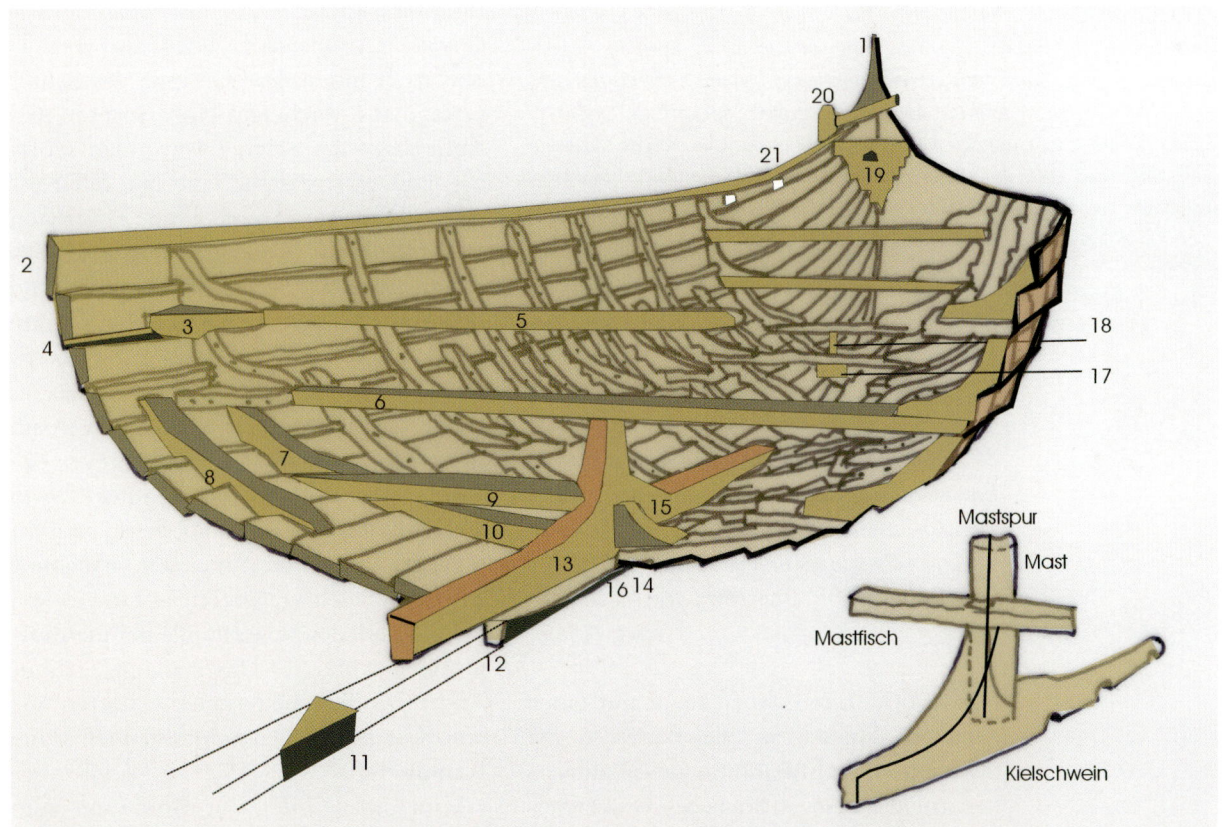

1 Achersteven, 2 obere Plankenreihe, 3 Biteknie, 4 Stringer, 5 Querbalken (Bite), 6 Mastfisch, 7 Biteknie, 8 Auflanger, 9 Bite, 10 Spant, 11 Kiellasche, 12 Kiel, 13 Kielschwein, 14 Kielschweinknie, 15 Mastspur, 16 Kielgang, 17 *snelle*, 18 Bite, 19 Schott, 20 Ruder mit Pinne, 21 Riemenpforte.

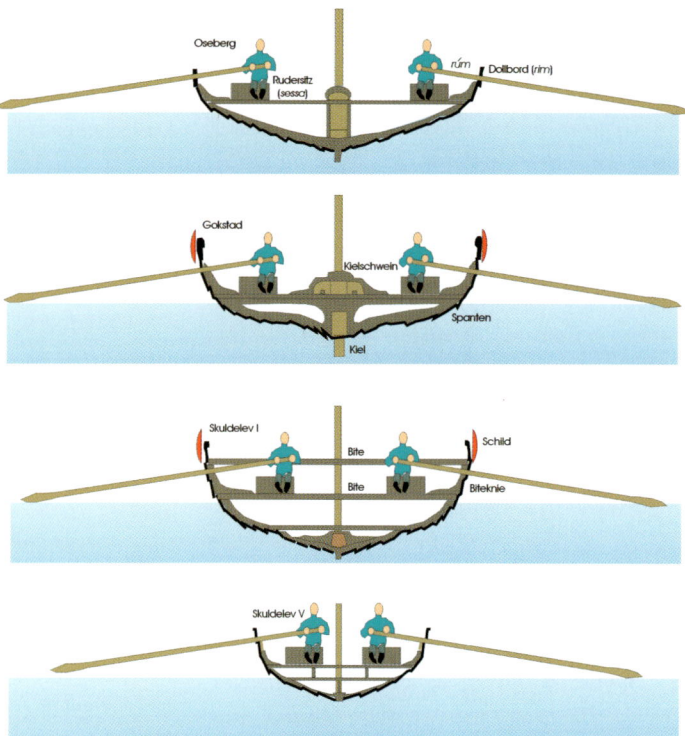

Die Querschnitte mittschiffs von vier Wikingerschiffen zeigen bei ähnlichen konstruktiven Merkmalen die Entwicklung auf. Bei den Schiffen des 9. Jahrhunderts (Osberg-Schiff um 820 und Gokstad-Schiff um 895–900) wurde in der Höhe der Biten der Mast durch einen schweren „Mastfisch" gestützt. Später fiel dieser weg und den Mast stützte ein oberer Querbalken (Skuldelev I). Die etwa 200 Jahre später gebauten Langschiffe Skuldelev I und V weisen ein komplizierteres System von Spanten und Biten auf. Während das Gokstad-Schiff und die von Skuldelev hochseetüchtige Kriegsschiffe waren, war das von Oseberg wohl nur für die Grablege gebaut worden. Grafik: Dirk Meier.

die Landesverteidigung schädigt. Nun sollen die Bauleute ihr Geld verdienen: Der Stevenbauer zwei Öre zu sechs Ellen an den Werktagen zwischen den Sonntagen und der Bordbauer 1 Öre. Gulathing § 305, übersetzt von R. Meißner.

Diese Vorschriften geben nicht nur einen genauen Einblick in die Bauweise der Schiffe und die Entlohnung der Handwerker, sondern belegen auch, dass bei Verweigerung der Arbeit Strafen drohten. Die Schiffbauer (*skipasmiðir*) waren in *stafnasmiðr* (Kielbauer) sowie *filungar* (für die

Schiffswandung) eingeteilt, wobei bei großen Drachenschiffen noch ein *höfuðsmiðr* (Bauleiter) dazu gehörte, der doppelt soviel Gehalt wie die *filungar* bezog. Neben den Handwerkern kamen Gehilfen und Zulieferer hinzu, wie diejenigen, die Stämme für den Kiel lieferten, Zimmerleute für die Bearbeitungen der Hölzer und Schmiede. Andere schafften das Bauholz, meist Eiche[160], herbei. Daneben fanden auch Föhrenholz[161], Lindenholz[162], Buchenholz[163], Birkenholz[164], Bergahorn[165] und Eschenholz[166] Verwendung. Verzierte oder geschnitzte Balken am Steven bestanden in der Regel aus Buche. Rundhölzer waren immer aus Tannenholz.

Die Baumstämme spaltete man mit dem Beil und halbierte sie in viele gleichlange, stabile, keilförmige Bretter. So ließen sich aus einem Stamm von einem Meter Durchmesser 16 Planken von je 25–30 cm Breite herstellen. Nachdem der Schiffsrumpf fertig war, wurden die Spanten eingezogen; man baute das Schiff also von außen nach innen. Das Gerippe des Schiffs bestand aus weicherem Holz. Spanten und Außenhaut des Schiffes verbanden Holznägel oder festgezurrte Taue. Die aufeinander geklinkerten, sehr dünn gefertigten und kalfaterten Planken hielten Eisennieten zusammen. Die dickste Planke befand sich in der Wasserlinie. Den Kiel verstärkte eine darunter angenagelte Bohle. Achtern und am Bug endete das Schiff in hohen, oft verzierten Steven, die man auch von einem älteren Schiff übernahm[167]. Die Steven bestanden meist aus mehreren Stücken, wie dem unteren Teil *undirhlutr*, den darauf bis über die Wasserlinie ruhenden, manchmal mit Eisen beschlagenen Teil *barð* sowie dem *stál*, auf dem der Stevenkopf – beispielsweise ein geschnitzter Drachenkopf – ruhte. Anders als die mediterranen Galeeren waren diese nordischen Schiffe jedoch keine Rammschiffe.

Vom geraden Teil der Bordwand zum Steven hinaus war oft eine geschnitzte Buchenbohle (*brandr*) angesetzt. Als während eines Bürgerkrieges im frühen 13. Jahrhundert die norwegische Partei der Ribbunge ihre Schiffe nicht retten konnten, hackten sie diese ab und nahmen sie mit[168]. Þórir Skeggjason brachte die *brandr* seines Knorr sogar über der Haustür an.

Die Plankenverbände der Außenhaut greifen bei der *súð* genannten Bauweise klinkerartig ohne Lücke übereinander oder waren bei der *fellisúð* Konstruktion zu einer glatten Außenseite ineinander gefügt. Letztere Bauweise ist jedenfalls von dem Langschiff *Ormurin langi* sicher überliefert, denn die Skalden rühmten die glatte Bauweise des Schiffes, das wie aus einem Baum gemacht aussah[169]. Allerdings kommen auch beide Bauweisen nebeneinander vor. So sind bei manchen die oberen Planken glatt gefugt, die darunter liegenden hingegen in Klinkerbauweise. Die Verbindungen bestanden aus Holzdübeln, Nägel oder Nieten. Oft verstärkten auch Eisenklammern die Schiffshaut. Zur Kalfaterung zwischen den Planken verwandte man Kuhhaare oder Wolle, die mit flüssigem Teer oder Pech bestrichen wurden oder wie beim Gokstad-Schiff zwischen den Fugen einklemmte. Oft wurden die Plankengänge der Schiffe oberhalb der Wasserlinie bemalt.

Die Riemenöffnungen befanden sich im Oseberg-Schiff in der obersten Planke (*rim, skjaldrim*), wo auch die Schilde befestigt waren, beim Gokstad-Schiff hingegen in der dritten Planke von unten. Die Schilde, die sich beim Oseberg-Schiff zur Hälfte überlappten, waren oft mit wechselnden Farben bemalt. Beim Segeln wurden die Öffnungen der Riemen mit runden Scheiben verschlossen.

An die dickste Plankenreihe (*meginhúfr*) in der Wasserlinie setzten die obersten Teile der Spanten an, die aus mehreren Stücken zusammengesetzt waren. Diese waren lediglich an den Planken festgezurrt, da die Schale des Rumpfes aufgrund der aneinander befestigten Planken in sich stabil war. Die Spanten dienten aber der zusätzlichen Stabilisierung des Schiffquerschnittes bei Wellengang. Der untere, aus einem Stück

gefertigte Teil der Spanten reichte nur bis zur Wasserlinie und war mit dem Kiel nicht fest verbunden. Nur die Spantenstücke oberhalb der Wasserlinie hatte man an der Außenhaut festgenagelt. Das hatte den Vorteil, dass Kiel und Spanten sich bei den elastischen Bewegungen des Schiffes voneinander unabhängig bewegen konnten.

Über den Spanten waren die Knie (*knê*) oder Biten zur Stärkung der oberen Plankengänge und zum Festhalten der Querbalken oder Deckbalken angebracht[170]. Auf den Decksbalken lagen die Dielen des Decks. Die großen Frachtschiffe besaßen unter den Decksdielen einen Stauraum für Ausrüstung, Ladung, Tiere und Mannschaften. Kleinere Fahrzeuge besaßen ohne durchgehendes Deck in der Mitte lediglich einen offenen Lastraum. Das Vorder- und Hinterdeck verbanden Gänge an der Bordwand und mittschiffs zum Mast. Auf dem vorderen und hinteren Teil des Schiffes lag noch ein erhöhtes Halbdeck (*lypting*) als Platz des Schiffsführers. Feste Sitzeinrichtungen existierten nicht, die Ruderer saßen wohl auf Seekisten, in denen sie ihre Habe verstauten. Im Bug- und achterlichen Bereich des Schiffes diente ein über die Schiffswand herausragender Spant (*kraptar*) für das Festmachen der Tampen.

Trotz aller Erfahrung der Zimmerleute passierten auch Baufehler. Bei dem Schiff, wo die Stöße übereinander lagen, ordnete der norwegische König Sverre (*1151, †1202) gegen den Rat des Schiffsbaumeisters an, es in der Mitte auseinander zu schneiden und um 6 m zu verlängern[171]. Das verminderte jedoch die Stabilität des Schiffes derart, dass es nach der Seeschlacht bei Fimreite vom 15. Juni 1184 nicht mehr eingesetzt wurde und man am Ende die ganze Plankenhaut teeren musste[172]. Diese Teerung musste man jeden Herbst wiederholen, um das Schiff im Frühjahr wieder einsatzbereit zu haben.

Der skandinavische Bootsbau beeinflusste auch die Schiffe der Slawen an der südlichen Ostseeküste, die vor allem die Klinkertechnik übernahmen. Anders als die Skandinavier verwendeten die slawischen Stämme kaum Eisen- sondern bevorzugt Holznieten. Beide Bautraditionen vermischten sich jedoch oft, wie Funde aus dem südlichen Skandinavien und der südlichen Ostseeküste zeigen. Für den slawischen Bootsbau sind ferner die Teerabdichtung oder Kalfaterung mit Moos oder Wolle sowie ein flacher Boden typisch. Bei Ralswiek auf Rügen kamen die Reste dreier nahe beieinander liegender Schiffe bei archäologischen Ausgrabungen zwischen 1966 und 1968 zutage[173]. Diese hatten vermutlich im 9./10. Jahrhundert die Ostsee befahren und waren dann aus dem Wasser des Großen Jasmunder Boddens auf Land gezogen und abgewrackt worden. Die aus Eiche bestehenden Planken waren wie bei den Wikingerschiffen in Klinkertechnik zusammengefügt. Zur Verbindung der in der Länge zusammengesetzten Planken dienten eiserne Niete. Die übergreifenden Planken waren mit Teer und Pech abgedichtet. Holznägel befestigten die Planken auf den Spanten. Für andere Verbindungen wurden auch Eisennägel benutzt. Das eine dieser Boote wies ein Länge von 14 m und eine Breite von 3,40 m auf; das zweite war 9,50 m lang und 2,50 m breit. Diese Schiffe ließen sich gut segeln und bei Flaute von acht bis zehn Ruderern fortbewegen. Die Nutzlast dürfte etwa ein bis zwei Tonnen betragen haben. Bei ei-

nem Unwetter wurden die Schiffe dann von höher auflaufenden Wasserfluten überspült und mit Sand zugedeckt.

Schiffe slawischer Tradition wurden auch an dem zwischen Nørre und Sønder Sknekkeberg gelegenen Fundplatz im Norden der süddänischen Insel Falster wurden im späten 11. Jahrhundert gebaut und repariert. Der Name mit dem Bestandteil *Sknekk* deuten dabei auf den Bau von Kriegsschiffen *(sknekkjas)* der Wikingerzeit und des Mittelalters hin. In den archäologischen Grabungen wurden 1700 Teile von mehreren Schiffen geborgen, deren Planken Holzdübel miteinander verbanden.

• **Der Mast**

Der Mast eines Wikingerschiffs war meist aus einem geteerten Tannen- oder Föhrenstamm gefertigt, den man daher *oftkolsvartir viðir* ("kohlschwarzer Mast") nannte. Die Befestigung des Mastes war außerordentlich wichtig, da man bei Seegang einen sich elastisch verwindenden Schiffskörper haben wollte. In den historischen Quellen sind die verschiedenen technischen Entwicklungen nicht überliefert, sondern wir kennen nur die fertige Lösung. In der Regel stand der Mast mittschiffs oder kurz vor der Mitte, war senkrecht oder etwas schräg nach hinten geneigt. Letztere Lösung verlieh ihm bei achterlichen Winden höhere Stabilität. Bei manchen Schiffen fehlte daher der Bakstag. Anhand verschiedener Aufzeichnungen wissen wir, dass der Mast eines Zwanzigruderers meist 60 und der eines Dreißigruderers 80 Fuß hoch war[174]. Bei kleinen Schiffen ging der Mast durch ein Loch in einem Querband und stand in einer Vertiefung des Kiels. Bei großen Schiffen stand der Fuß in einen dem Kiel aufgesetzten Balken (*kerling*, Kielschwein). Dieses war beim Gokstad-Schiff 40 cm dick und 60 cm breit und reichte über 4 Spanten. Bei diesen war das Querband, durch den der Mast reichte, mit einen Balken verstärkt, denn ansonsten wäre bei der

Höhe des Mastes und der kurzen Strecke zwischen Kiel und Deck die Belastung infolge der Hebelwirkung zu groß gewesen. Im Kielschwein fixierte ein Holzkeil den herausnehmbaren Mast. Dazu besaß das Loch im Kielschwein vorne eine abgerundete Spur, die ein Umlegen des Mastes ohne Anheben bis auf das erste Auflager ermöglichte, was ein häufiges Umlegen erleichterte. Oben auf dem Mast befand sich meist ein Mastkorb und am Topp wehte eine Fahne.

Den Mast hielten Wanten und Stage aus Hanf oder Seehundsleder. Dazu gehörten das Bugstag und die Haupttaue, davon je eines oder mehrere auf der Back- und Steuerbordseite. Hinzu kamen beim Am-Wind-Segeln noch ein oder zwei Hilfstaue auf der Luvseite (*stöðingar*). Im Reisebericht des Ottar sind die Masttaue 60 *elna*, somit ca. 36 m lang. Sie bestanden meist aus Walrosshaut, einer begehrten Importware aus Grönland.

• Das Segel

Das ein- oder mehrfarbige Rahsegel hatte die Form eines Rechtecks. Daneben gab es auch einfarbige Segel, wie der Skalde Sig-vat, der die Flotte Knuts des Großen sah, in seinem Preisgedicht beschreibt. Die gewöhnlichen Segel bestanden aus Wolle, die grau bis braun waren. Nur pigmentlose Wolle ließ sich einfärben, die kostbareren Segel waren aus Leinen. Zu den wertvollsten gehörten Purpursegel oder gestickte Segel, wie das vermutlich rote Segel des Osebergschiffs. Für die Stickerei fand wohl auch Golddraht Verwendung[175]. Wie die russische Nestorchronik u. a. im Zusammenhang mit einem Feldzug Olegs nach Konstantinopel 907 erwähnt, wurde als wertvollstes Segeltuch *pavoloken* eingesetzt, vermutlich ein feines Leinen. Olegs Schiff werden auch „seidene Segel" zugeschrieben, die aber als Prunksegel wohl aus Leinen mit aufgenähter Seide oder verzierten Stoffen (*pell*) bestanden.

Die Segel wiesen meist zusammengenähte Stoffbahnen auf, die auf den damaligen Gewichtswebstühlen gefertigt wurden. Daneben gab es auch aus kleineren Stoffstücken zusammengesetzte Segel. In den Saum des Segels wurde zur Verstärkung ein Tau genäht[176]. Bei den der Leeseite abgebildeten Netzstrukturen, wie bei den gotländischen Bildsteinen, handelt es sich wohl um Taue, die den Wind-

Der Teppich von Bayeux zeigt das stattliche Schiff des Herzogs William von der Normandie, das bemalte Planken, einen Drachenkopf, einen verzierten Achtersteven und kostbare Segel aufweist. Der Top des Mastes schmückt ein Kreuz.
Quelle: wikimedia.

druck auf das Segel auffingen und so die Reißfestigkeit erhöhen sollten[177]. Auf der Luvseite abgebildete Netzstrukturen bilden wohl aufgenähte Verstärkungen in Form weiterer Stoff- oder Lederstreifen[178]. Die auf den Münzen von Haithabu abgebildeten Schiffe hatten wie die Königsschiffe wohl meist Leinensegel[179]. Bei den archäologisch untersuchten Schiffwracks von Skuldelev im Roskilde Fjord bestand das Segel aus Wolle einer besonders langhaarigen Schafrasse, die stark wasserabweisend war. Dieses Material, *vadmál* genannt, war zugleich Zahlungsmittel und Wertmaßstab.

Die Darstellung der Segel auf dem Teppich von Bayeux wird unterschiedlich interpretiert, sie könnten an der Unterseite zur Verringerung der Segelfläche zu einer Spitze zusammengebunden worden sein, wenn es sich nicht um eine schlechte perspektivische Darstellung handelt[180]. Neben senkrechten Streifen kamen auch quadratische Stoffstücke und sich kreuzende Diagonalstreifen (*með vendi*) vor, wie sie auf gotländischen Bildsteinen und alten Münzen zu sehen sind. Bei einigen Segeln waren die Stoffbahnen vielleicht diagonal angeordnet, was aber mehr Material verbrauchte[181]. Später wurde in der Mitte des Segels senkrecht eine Leine (*Gording*) hinabgezogen.

Wie sich aus den unterschiedlichen Bezeichnungen und Darstellungen entnehmen lässt, besaßen verschiedene Schiffe individuelle Segel. Diese waren oft mit einer Mischung aus Ocker, Fett oder Teer imprägniert. Das Segel war an der Rah des Mastes befestigt. Diese wurden vor allem bei am Wind Kursen mit einem *áss* gespreizt. Von einem solchen *áss* heißt es in den Quellen, dass es so weit über die Bordwand hinausragte, dass es einen Mann auf einem vorbeisegelnden Schiff von Bord schlagen konnte. Somit waren die Segel unten sehr breit. Wenn keine Segel gesetzt waren, lagen Rah und *áss* mittschiffs auf Ständern. Die Rah war meist ein rundes Stück Tannenholz. Nach dem Hissen wurde das an-

dere Ende dann als Backstag hinten beim Ruder befestigt. Mit den Schoten an den unteren Ecken des Segels ließ sich dieses entsprechend des Windes verstellen. Eine Passage der Sigurðar saga belegt, dass die Norweger so hart am Wind segeln konnten, dass die Rah dem Kiel fast parallel war. Bei Starkwind oder Sturm konnte man das Segel reffen, indem man es mit Bändern zusammenband, während bei schwachen Winden unten querliegende Stoffsteifen (Bonnets) angebunden wurden.

• **Die Schiffräume**

Die Ruderbänke unterteilten das Schiff in Abteilungen (*rúm*), nach deren Zahl und Größe das Schiff klassifiziert wurde. Zu jeder Ruderbank gehörte ein Deckbalken und ein Spant, dem unter Deck eine gleiche Anzahl als Schlafraum- oder Aufbewahrungsort entsprach. Das kleinste Langschiff war die *þrettánsessa* mit 13 dieser Spantenzwischenräumen (*rúm*), während das Drachenschiff des Königs Knuts des Großen 60 *rúm* besaß. Die *Omrum langi* hatte in jedem Halbraum acht Mann, während im Drachenschiff des Königs Håkon Håkonsson in jedem *rúm* vier Mann lagen. Bei den Langschiffen werden in historischen Quellen folgende, durch Hauptdecksbalken abgegrenzte Abteilungen erwähnt[182]:

Lypting: Ein erhöhtes Deck am Heck für den Rudergast, wo sich der Häuptling mit seinen Mannen aufhielt.

Fyrirrúm: Der Raum vor dem erhöhten Deck am Heck.

Krapparúm: Der größte Raum das Schiffes, in dessen Mitte der Mast stand und wo sich die gemeine Mannschaft aufhielt.

Austrrúm: Kleine Räume, in denen am Bug und Heck das Lenzen des Schiffes erfolgte.

Stafn: Kleiner Platz am Vordersteven als leicht erhöhtes Deck, wo sich der Ausguck, der Bannerträger und der Stallmeister aufhielten.

Söx: Vermutlich eine Art Vorschanze zwischen *Austrrúm* und *Stafn,* bei den Drachenschiffen *rausn* genannt.

• Riemen und Ruder

Man ruderte die Schiffe mit gehobelten und geteerten Riemen, die meistens in der Mitte des Schiffes kürzer als an Bug und Heck waren[183]. Während des Ruderns lag der Riemen bei kleineren Booten an Keipen, die an einer Verstärkung am obersten Gang, dem *rim* oder Dollbord, eingefügt waren oder an Dollen mit Ruderschlaufen aus Walrosshaut oder Weidengerten als Widerlager befestigt waren. Bei größeren Schiffen wurden die Riemen durch Ruderlöcher in einer der obersten, verstärkten Plankenreihen gesteckt. Diese wiesen einen Schlitz auf, damit sich das breitere Ruderblatt hindurch stecken ließ. Ein Drittel des Riemens war beim Rudern innenbords. Bei den hochseetüchtigen Schiffen konnten Riemenklappen die Riemenlöcher verschließen[184]. Wo nicht die Decksbalken als Rudersitze benutzt wurden, war für jedes Ruderpaar eine Ruderbank vorhanden. Auf den Langschiffen hatte jeder Ruderer eine eigene Ruderbank, wobei jeder Mann einen Riemen führte. Da aber die Ruderbänke mehrfach besetzt waren,

Die Langschiffe, wie das Gokstad-Schiff, besaßen verschließbare Öffnungen für die Riemen.
Foto: Dirk Meier.

konnten für höhere Geschwindigkeiten auch zwei oder drei Mann einen Riemen führen. Nach den Ruderbänken einer Seite bezeichnete man im Altnorwegischen die Schiffe, im Altschwedischen hingegen nach allen Sitzen, so dass ein altnorwegischer Zwanzigruderer im Altschwedischen einem Vierzigruderer entsprach[185].

Das Steuer, welches beim Gokstad-Schiff 3,30 m lang und 42 cm breit war, befand sich an der rechten Seiten des Schiffes (Steuerbord), wobei Rudergast davor quer zur Schiffsachse mit dem Rücken zur linken Seite des Schiffes saß (Backbord)[186]. Das erste sichere Beispiel eines Steuerruders am Heck eines Drachenschiffes ist auf dem Siegel der Stadt Bergen von 1299 zu sehen. Auf einem Siegel von 1329 findet sich wieder die frühere Befestigung[187]. Im Ruderblatt war ein Loch durchgebohrt, durch das ein Weidenstrang oder Tau gesteckt war, das durch einen Kegel an der Außenwand des Schiffes führte und das Ruderblatt vom Schiffsrumpf abhielt. Oben am Steuerruder befand sich ein wei-

Das Steuer, welches beim Gokstad-Schiff 3,30 m lang und 42 cm breit war, befand sich an der rechten Seite des Schiffes (Steuerbord), wobei der Rudergast davor quer zur Schiffsachse mit dem Rücken zur linken Seite des Schiffes saß (Backbord). Foto: Dirk Meier.

teres Loch, durch das die Ruderpinne gesteckt wurde. Da das Steuer tief unter den Kiel reichte, musste das Seil losgebunden werden, wenn man in flache Gewässer einfuhr beziehungsweise wenn man das Schiff treiben ließ oder vor Anker lag.

• **Der Anker**

Als Anker diente ursprünglich bei Booten ein schwerer Stein mit einem Loch zum Durchziehen des Ankertaus. Schon früh wurde aber im Norden der eiserne Anker der Römer übernommen, wie sich an der Übernahme des lateinischen Fremdwortes *ancora* in die skandinavische Sprache zeigt, der altnordisch *akkeri*, irisch *accaire*, altschwedisch *akkæri* oder *ankare*, angelsächsisch *ancor* genannt wird. Dieser bestand aus einem Schaft mit zwei Ankerklauen sowie einem rechtwinklig zu diesen eingefügten hölzernen Ankerstock. Letzterer war beim Gokstad-Schiff aus Eiche und 2,75 m lang. Das obere Ende des Ankers besaß ein Öhr mit einem Ring, durch den man das Ankertau oder eine Kette zog.

Am unteren Ende befand sich ein festes Auge, an dem sich ein Tau mit einer Boje festmachen ließ, der die Lage des Ankers an der Wasseroberfläche markierte. Mit diesem Tau konnte man auch den Anker wieder bergen. Damit wurde auch der Anker vom Grunde gelöst, wenn sich das Schiff nicht am Ankertau über die Position des Ankers ziehen ließ. In späterer Zeit diente auch ein Ankerspill zum Hochziehen des Ankers[188]. Manchmal wurden auch mehrere dieser leichten Anker gesetzt[189]. Wenn kein Platz zum Hin- und Herdrehen des Schiffes (Schwojen) am Ankertau war, brachte man einen zweiten Anker in die entgegengesetzte Richtung aus. Später wiesen viele Schiffe, wie das Grabschiff von Ladby auf Fünen oder die auf dem Teppich von Bayeux dargestellten Langschiffe des Herzogs William Stockanker aus Eisen auf.

• **Reparaturen von Havarien**

Nach langen und oft gefährlichen Seereisen sowie nach Gefechten wiesen die Schiffe meist mehr oder minder große Schäden auf. Oft mussten die stark beanspruchten Teile des Bootes, wie Masten, die Ra, Riemen und Steuerruder, Taue oder Segel auch auf der Fahrt mit der Bordausrüstung repariert werden. Aber auch beim Einlaufen in den Hafen oder in engen Gewässern konnte es zu Havarien kommen, für die das Bylov des Königs Magnus Håkonsson lagabøte (*1263, †1280) als eine der größten gesetzgeberische Leistung des skandinavischen Mittelalters, Schadenstarife nennt[190]. Das erforderte eine ständige Beobachtung der Schäden und deren Reparatur. Im Gulathingslov heißt es dazu:

Nun sendet der König seine Leute in das Fylke, das Schiffszeug und die Männer zu prüfen, und diese oder der Schiffsführer bezeichnen das Schiff als nicht seeklar. Aber die jeweils andere Seite bezeichnet es als seeklar. Da soll man Männer aus einer anderen Schiffsgestellung berufen, die sollen beschwören, ob das Schiff seeklar ist oder

Der Anker des um 925 n. Chr. datierten Ladby-Schiffes auf Fünen. Foto: Dirk Meier.

Im Winter fanden die Schiffe Schutz in Bootshäusern, wo auch Reparaturen ausgeführt wurden. Museum Oldenburger Wall. Foto: Dirk Meier.

nicht. Aber wenn sie nicht schwören wollen, da sollen jene ihr Schiff zu Wasser bringen und ihr Fahrzeug prüfen. Sie sollen es fünf Nächte zur Dichtung liegen lassen und dann ausschöpfen. Wenn nun ein Mann das Schiff durch Schöpfen trocken halten kann hinaus auf die Küstenfahrstraße, da ist das Schiff seeklar.
Gulathingslov § 310.

Bei Sturm und hohem Seegang schützte man die niedrigen Freiborde kleiner Handelsschiffe mit aufgesetzten Seitenspanten (*vígi*). Diese ähnelten den auf Kriegsschiffen als Brustwehr dienenden Borderhöhungen (*víggyrdill*). Da sich durch heftiges Schlingern die Planken lockern konnten, wurde unter dem Kiel ein Tau als Quergurt (*þergyrðingar*) durchgezogen und auf Deck festgeschnürt[191].

• Besatzung und Ausrüstung

Wie solche Schiffe ausgerüstet waren, geht aus der späteren Überlieferung des Frosta-

thingslov hervor, das nach eigener Aussage König Håkon Håkonssons (*1217, †1262) für den Rechtsbezirk des Frosathings in Norwegen erlassen haben soll[192]. Die Besatzung wurde in norrøn *skipssǫgn*[193], *skipshöfn*[194], *sveit*[195], *skipverjar*[196], oder *skiparar* genannt. Ursprünglich rüsteten die „Großmänner" auf den großen Höfen, später auch der König und seine Jarle Schiffe aus. Nachdem *Gulahtingslov*[197] gab es einen Schiffsführer (*stýrimaðr, skipstjórnamaðr, skipdróttinn, skipherra*), der bei Kriegsschiffen meist unverheiratet und ohne eigenen Hausstand war. Er wurde auf Kriegsschiffen in der Regel vom König ernannt und hatte unbeschränkte Befehlsgewalt[198]. Das galt jedoch nicht für alle Schiffsführer, denn es sind auch Fälle überliefert, wo man in einer gefährlichen Lage die Mannschaft am Mast zusammenrief und über das weitere Vorgehen abstimmte[199]. Besonders bei Handelsschiffen war die Befehlsgewalt des Schiffsführers eingeschränkt, da diese oft, ebenso wie die Ladung, mehreren Eigentümern gehörten. Alle Beteiligten konnten beispielsweise Einspruch gegen das Auslaufen erheben, wenn sie das Schiff für nicht seetüchtig oder überladen hielten. Ebenso diskutierte man auch den Kurs des Schiffes[200]. Für die gefährliche Islandfahrt über das Europäische Nordmeer waren auch mehrere Steuerleute an Bord.

Die *hásetar* mussten abwechselnd Segel und Steuerruder bedienen, das Schiff lenzen und Wache halten. Das Fahrwasser beobachteten *stafnbúar*, den Feind *sjónarvörðr*. Daneben gab es spezielle Wachaufgaben in gefährlichen Gewässern. *Bergvörðr* beobachteten die Schären, *rávörðr* das Segel. An Land war der *bryggjuspörð* für die Landungsbrücke und der *strengvörðr* für das Ankertau zuständig. Über die Nachtwache entschied das Los. Schwerstarbeit für die Mannschaft bildete das Lenzen bei zuviel Wasser im Schiff. Daher konnte man nur mit einer großen Besatzung sicher auslaufen.

Bei den Kriegsschiffen standen die besten Kämpfer vorne auf dem Schanzdeck, da im Wasser die Schiffe Steven auf Steven direkt aufeinander zuliefen. In einem Leidangschiff (*leiðangrskip*), das in Zeiten der Königsherrschaft zu stellen war, war jede Ruderbank mit zwei Mann zu besetzen[201]. So unterstreicht das *Gutlathingslov*, dass für einen Monat von Mehl und Butter für zwei Abteilungen (*tvennom sveitum*) vorhanden sein muss, da ansonsten die Verpflegung knapp ist. Beispielsweise bekam der Bauer Harek von König Olav Tryggvason ein Boot, *auf dem 10 oder 12 Männer rudern konnten. ... Der König gab Harek auch 30 Männer mit, tüchtige und wohlbewaffnete Burschen*[202]. Auf einem Boot mit sechs Ruderbänken fanden somit neben dem Bauer 30 Männer mit Ausrüstung Platz. Über den „Langen Wurm" heißt es, dass am Steven der königliche Bannerträger mit zwei Männern, auf dem vorderen Deck etwas mehr als zwölf Männer und im Vorraum vor dem Hauptdeck 30 Männer standen. Dazu muss man noch die Rudermannschaft rechnen. Das waren 68 Mann für eine Schicht und bei einer Ablösung 136 insgesamt. *Jarl Erling hatte ein Schiff mit 32 Ruderbänken und dementsprechenden Schiffsraum. Auf diesem fuhr er auf Víking oder wenn er den Heerbann aufbot. An Bord waren dann 240 Mann oder mehr*[203]. Normalerweise ruderte ein Mann mit einen Riemen. Um eine höhere Geschwindigkeit zu erreichen, konnten aber auch mehr Männer eingesetzt werden. In der Schlacht König Sverres gegen die Bagler 1199 bei Strindsjøen ließ der König vier Mann an jedem Riemen einsetzen, als er Bagler verfolgte[204].

Der Platz zwischen den Spanten (*rúm*) war der Aufenthaltsort des Mannes, auf Deck zum Rudern, unter Deck als sein Stauraum und während der Fahrt seine Schlafstätte[205]. Hier fanden meist drei bis vier Mann Platz[206]. Vereinzelte Angaben über acht Mann, wie beim *Ormurin langi*, sind sicher zu hoch gegriffen[207]; das erfolgte wohl nur auf kurzen Expeditionen[208]. Für das leibliche Wohl der Besatzung diente ein Schiffskoch (*matsveinn, matgerðarmaðr,*

hásetar, hömlumenn)[209]. Aufgrund der nicht vorhandenen Feuerstellen sollte er nach dem *bylov* des Magnus Håkonsson dreimal täglich an Land gebracht werden: Einmal, um Wasser zu holen, die beiden anderen Male, um zu kochen[210]. Auf einem Schiff gab es auch ein Schiffsgericht (*mót*), das von den *reiðumenn* auf See am Mast, an Land an der Landungsbrücke zusammengerufen wurde[211].

Die Schiffsbesatzung war meist in Vorratsgemeinschaften (*mötunautar*) eingeteilt. Nach dem § 300 des Gulathingslov musste sich jeder Ruderer mit Mehl und Butter für zwei Monate zufrieden geben. Außerdem gehörten getrocknete Heilbuttstreifen (*riklingr*)[212] und Stockfisch (*skreið*) sowie vermutlich Brot dazu. Für die Islandfahrt waren für zwei Mann drei Bierfässer mit Wasser vorgesehen. Aber man nahm noch zusätzlich *drykkr* mit, was wohl Bier oder Molke war[213]. Außerdem gab es Kochkessel (*búðarketill*) an Bord. Wenn die Nahrungsmittel auf der Heimfahrt knapp wurden, durfte man an Land gegen Entgelt zwei Rinder eines Bauern schlachten.

Wie bereits erwähnt, wurde bei der Küstenfahrt an gefährlichen Abschnitten nur tagsüber gesegelt und nachts geankert, wobei meist der Mast umgelegt und das Schiffsdeck überzeltet wurde. So hatten nach der Egils saga *Hallvard und Sigtrygg ihr Schiff überzeltet und sich zum Schlaf niedergelegt* (Kap. 27). Diese Zelte standen wohl quer zum Schiffsdeck, denn die Zeltöffnung war der Schiffswand zugekehrt[214]. Meist befand sich je eines auf dem Vorder- (*stafntjald*) und eines auf dem Hinterdeck (*lyptingartjald*), das auf dem Königsschiff dem König zugewiesen war. Diese bestanden aus mehreren, beim Zelten zusammengeknüpften Einzelstücken. An den Enden der Zelte standen zwei sich kreuzende Giebelbretter, durch die oben eine lange horizontale Stange hindurch gesteckt wurde, über die man das Zeltdach warf. Im Zelt konnte auch Licht angezündet werden. An den Zeltenden befanden sich jeweils zwei mit geschnitzten Drachenmotiven, sich oben kreuzende Windbretter. Diese ähnelten den Stevenköpfen, die man nach dem Landnáma abnehmen musste, wenn man zum Land fuhr, um die Landgeister nicht gegen sich aufzubringen. Am Bord schliefen die Schlafgenossen (*húðfat-félagar*) in Doppelschlafsäcken (*húðfat*). In den königlichen Grabschiffen von Gokstad und Oseberg waren zwei Betten, darunter eines mit kostbar verzierten Bettpfosten, vorhanden[215].

Zum Ausschöpfen von Wasser dienten Kellen (*austr*) und Kübel (*austrbytta*). Das Lenzwasser wurde in eine Rinne (*dælea*) gekippt, die quer durch das Schiff und dann nach außen lief[216]. Kleine Boote besaßen ein kleines Loch im Rumpf, das mit einem Zapfen (*farnagli*) verschlossen wurde, aus dem man das Wasser an Land ablaufen lassen konnte. Im norwegischen Königsspiegel des 13. Jahrhunderts heißt es:

Nimm zwei- bis dreihundert Ellen Vadmel (Stoff) mit dir an Bord, die zur Ausbesserung des Segels dienen mögen, wenn es notwendig wird, viele Nadeln und genügend Fäden oder Segelbänder; wenn es auch nebensächlich erscheint, so etwas zu erwähnen, so tritt doch oft der Bedarf dafür ein. Viele Nägel musst du auch immer mit dir an Bord haben, und zwar so große, wie für das Schiff passend sind, das du gerade hast, sowohl Spieker als auch Nietnägel. Gute Lotleinen [korrekte Übersetzung wäre Suchhaken], Zimmermannsbeile, Hohlmeißel und Bohrer und alle anderen Werkzeuge, die zur Schiffsarbeit nötig sind.
Königsspiegel Kap. 4, Übersetzung von Meißner 1944, 39.

Die Liste ist unvollständig, da verschiedene Geräte, wie Hammer und Amboss, fehlen. Letzteren warf im Seegefecht des Jarl Håkons gegen die sog. Jomswikinger, ein Söldnerbund im Bereich der südlichen Ostseeküste (vermutlich auf Wolin), ein Mann gegen seinen Gegner. Vorher hatte ein Kämpfer auf ihm die Parierstange seines Schwertes repariert[217]. Auf Kriegsschiffen führte man auch Enterhaken mit, die

in der schon erwähnten Seeschlacht bei Svolder eingesetzt wurden.

Unter Deck befanden sich zwischen den Spanten Kisten, die jeweils zwei Männern zur Aufbewahrung ihrer Ausrüstung und Geräte dienten. Die Kleidung auf See bildeten meist zusammengenähte Häute (*skinnklæði*.)[218]. Die Männer waren bewaffnet und besaßen Schwert, Schild, mindestens einem Speer, Bogen und mindestens zwei Dutzend Pfeile. Von König Olav Tryggvason heißt es in der schon erwähnten Seeschlacht von Svolder, er habe während des Kampfes immer mit beiden Händen Speere geworfen[219].

Schiffe als religiöse Symbole und Zeichen der Macht

Schiffe waren im frühen Mittelalter weit mehr als bloße Transportmittel. Sagas und Bildsteine unterstreichen ihre Bedeutung in der Mythologie ebenso wie die Anordnung der Gräber durch eine Steinreihe in Schiffsform auf den wikingerzeitlichen Gräberfeldern wie in Lindholm Høje am Limfjord, mit seinen schiffsförmigen Steinsetzungen aus der Zeit zwischen 800 und 1000 n. Chr., sowie die Bestattungen in Booten unter Hügeln[220], wie wir sie vor allem von den königlichen Gräbern her kennen. Das Schiff diente der letzten Überfahrt nach Walhall, in die Welt der Götter. Gut gearbeitete Schiffe bedeuteten herausgehobenes Prestige. Diese Grabform reicht auf eine ältere Tradition zurück, wie die Darstellungen auf gotländischen Bildsteinen des 5. und 6. Jahrhunderts[221] und das Schiffsgrab des 627 gestorbenen ostangelsächsischen Königs Raedwald von Sutton Hoo[222] belegen.

In Skandinavien sind Schiffe mit Kammeraufbauten für Grablegen des 8. bis 10. Jahrhunderts von mehreren Fundorten in Norwegen überliefert[223]. In Schweden befinden sich die bekanntesten Bootsgräber in Vendel und Valsgärde mit bis zu 10 m langen Booten[224]. Diese mit drei bis sieben

Schiffe waren im frühen Mittelalter weit mehr als bloße Transportmittel, so unterstreichen die Bildsteine und Sagas ihre Bedeutung in der Mythologie, ebenso wie die Gestaltung der Gräber durch eine Steinreihe in Schiffsform auf den wikingerzeitlichen Gräberfeldern wie in Lindholm Høje am Limfjord, mit seinen bekannten schiffsförmigen Steinsetzungen aus der Zeit zwischen 800 und 1000 n. Chr.
Quelle: Meier 1984, 88.

Ruderpaaren versehenen Mannschaftsboote kamen in Binnen-, Fjord- und Küstengewässern zum Einsatz. Die noch kleineren Boote mit weniger als fünf Metern Länge wurden auf Flüssen oder als Beiboote verwendet.

In Oseberg im südwestlichen Norwegen konnte erstmals von Gabriel Gustafson und Haakoon Shetelig 1904–1905 unter einem Grabhügel beim Oseberg-Hof, einem Bauernhof am westlichen Ufer des Oslofjords zwischen Tønberg und Horten in Norwegen, ein königliches Grabschiff ausgegraben werden, das reichste der Wikingerzeit[225]. Die dendrochronologischen Altersbestimmungen ergaben, dass das Schiff aus im Jahre 820 gefällten Eichen gebaut war und die Grabkammer hinter dem Schiff aus dem Jahr 834 stammte.

Das etwa 21,60 m lange und 5 m breite Langschiff aus Eiche war an Bug- und Hecksteven mit Schnitzereien versehen. Von der Kielunterkante bis zur Bordkante mittschiffs ist das Schiff nur 1,60 m hoch, der Tiefgang beträgt 0,75 m und das Freibord lag somit bei 0,85 m. Das Schiff gleicht zwar der Konstruktion anderer Langschiffe dieser Zeit, ist aber weniger stabil gebaut und war für höhere Beanspruchung nicht geeignet. Zudem ließen sich die Ruderlöcher der 15 Paar Riemenöffnungen während des Segelns nicht schließen. Der etwa 10 m hohe Mast wird nur schwach gestützt und das Kielschwein ist zu kurz. Die darüber liegende schwache Masthalterung war gesprungen und wurde von zwei Eisenbändern zusammengehalten. Der Raum unter den fest montierten Bodenbrettern war nicht zugänglich, so dass sich kaum Vorräte mitnehmen ließen. Daher war das Schiff nicht für längere Fahrten bestimmt. Zu den gefundenen Ausrüstungsteilen gehörten ein breites Steuer, ein Anker aus Eisen, eine Gangplanke und ein Schöpfeimer. Das Schiff war zwar mehrere Jahre in Gebrauch, war aber wohl schon länger nicht mehr benutzt worden, ehe man es 834 in den Grabhügel einbrachte. Viele Riemen ebenso wie den Mast hatte man extra für die Grablege in aller Eile nachgebaut[226]. Zusammen mit den reichen Grabfunden ist das Schiff heute zusammen mit denen von Gokstad und Tune im Wikingerschiffsmuseum von Bygdøy in Oslo zu sehen.

In der Grabkammer fanden sich die Skelette zweier Frauen, von denen die eine bei ihrem Tod etwa 60–70 Jahre, die andere 25–30 Jahre alt war. Aus dem Begräbnisaufwand, dem verzierten Schiff und den vielen Beigaben wird es die Grablege einer sehr wichtigen Persönlichkeit gewesen sein. Zunächst ging man davon aus, dass es sich bei der älteren der beiden Frauen um die Königin Åsa aus dem Geschlecht der Ynglinger[227], die Mutter Halvdans Svates (*810, †860), eines norwegischen Kleinkönigs, und die Großmutter von Harald Schönhaar (†933) handelte. Per Holck von der Anthropologischen Abteilung des Anatomischen Instituts an der Universität Oslo vermutet nach DNA-Analysen jedoch, dass ihre Vorfahren aus dem Schwarzmeerraum stammten[228]. Zwar fanden sich in dem Grab keine Edelmetalle, jedoch dafür reich verzierte Gegenstände des täglichen Gebrauchs, darunter vier reich verzierte

In Oseberg im südwestlichen Norwegen konnte erstmals von Gabriel Gustafson und Haakoon Shetelig 1904–1905 unter einem Grabhügel beim Oseberg-Hof, einem Bauernhof am westlichen Ufer des Oslofjords zwischen Tønberg und Horten in Norwegen, ein königliches Grabschiff ausgegraben werden. Die dendrochronologischen Altersbestimmungen ergaben, dass das Schiff aus im Jahre 820 gefällten Eichen gebaut war und die Grabkammer hinter dem Schiff aus dem Jahr 834 stammt. Quelle: Meier 1984, 33.

Das etwa 21,60 m lange und 5 m breite Langschiff aus Eiche war verziert und an Bug- und Hecksteven mit Schnitzereien versehen. Vermutlich wurde dieses Schiff extra für die Grablege gebaut. Von der Kielunterkante bis zur Bordkante mittschiffs ist das Schiff nur 1,60 m hoch, der Tiefgang beträgt 0,75 m und das Freibord lag somit bei 0,85 m. Das Schiff gleicht zwar der Konstruktion anderer Langschiffe dieser Zeit, ist aber weniger stabil gebaut und war für höhere Beanspruchung nicht geeignet. Auf dem Foto erkennt man die breite Konstruktion des Schiffes und den mächtigen Mastfisch.
Foto: Dirk Meier.

Schlitten, ein vierrädriger Wagen mit kunstvollen Schnitzereien, Bettpfosten und Truhen, sowie Landwirtschafts- und Haushaltsgeräte. Teilweise entstammen die Verzierungen der skandinavischen Mythen- und Sagenwelt. Unter den Textilienfunden waren wollene Kleidung, Seide und schmale Bildteppiche zu erwähnen.

Das bei dem Bauernhof von Gokstad am Sandefjord, Vestfold, Norwegen, 1880 von Nicolay Nicolaysen ausgegrabene sog. „Gokstad Schiff" ist 23,30 m lang und 5,20 m breit. Die Höhe von der Unterkante des Kiels bis zur Bordwand beträgt 1,95 m, die Höhe über der Wasserlinie 1,10 m. Das Schiff weist einen Tiefgang von etwa 0,85 m auf. Eine angefertigte Kopie des Schiffes besagt eine Tragfähigkeit von 31,78 Registertonnen[229]. Dieses anhand der Fälldaten der Bauhölzer zwischen 895 und 900 datierte Schiff gehörte zu den hochseetüchtigen Langschiffen. Dessen Kiel besteht aus einem einzigen durchgehenden Balken. Der gut gearbeitete Bug-

steven war unvollständig, da das Oberstück im Boden verrottet ist. Die Seiten des Schiffes bestehen auf jeder Seite aus 16 Planken, die mit gedrehtem und geteertem Tierhaar abgedichtet waren. An der oberen, dickeren Planke konnten auf jeder Seite 32 Schilde aufgehängt werden, da sich zwei Mannschaften (insgesamt 32 Ruderer) beim Rudern ablösten. Das rechteckige Segel kann man mit einer Fläche von rund 110 m² annehmen, was eine Geschwindigkeit bei achterlichem Wind von 12 Knoten erlaubte. Außer dem Schiff fand man noch drei kleine Boote, ein Zelt, einen Schlitten und Reiterzubehör. Vermutlich wurde das Grab in früherer Zeit geplündert, da es längst nicht den Reichtum wie das Oseberg-Grab aufwies.

Das Tuneschiff wurde 1867 im Hügel von Båthaugen in Rolvsøy, Provinz Østfold, entdeckt und vom Historiker Oluf Rygh (*1833, †1899) freigelegt. Das nur fragmentarisch erhaltene, wohl 22 m lange und 4,35 m breite Schiff wurde um 890 gebaut und bildete wohl die Bestattung eines sozial herausgehobenen Wikingers. Da das Grab geplündert worden war, fehlen reiche Beigaben[230].

Zu den weiteren Wikingerschiffsgrabfunden gehört das Ladbyschiff (dän. *Ladbyskibet*) nahe des Kerteminde Fjords im Nordosten der Insel Fünen, das 1934 bis 1937 durch den Konservator Gustav Rosenberg und den Apotheker Poul Helweg Mikkelsen ausgegraben wurde und dessen Grabhügel man wieder rekonstruiert hat[231]. Nach den Beigaben stammt das Grab aus der Zeit um 925. Dieses einzige bisher aufgefundene wikingerzeitliche Schiffsgrab Dänemarks ist nahezu exakt in Nord-Süd-Richtung ausgerichtet. Von dem auf seinem Kiel ruhenden Schiff sind nur der Abdruck in der Erde und eiserne Nägel der Beplankung erhalten. Der Rumpf war etwa 22 m lang und 3 m breit. Bei einer Mittschiffshöhe von rund einem Meter besaß es einen Tiefgang von nur 50 cm. Da das Schiff aufgrund des schlanken Rumpfes unter Segeln leicht kentern konnte, wurde es überwiegend von bis zu 32 Ruderern fortbewegt, die 16 Riemen bedienten. Am Vordersteven befanden sich in einer Reihe zehn kleine, aufgerollte eiserne Bänder, ursprünglich wohl Mähnenlocken im Nacken eines geschnitzten Drachenkopfes. Der Achtersteven wies krumme Eisenbeschläge mit lanzenähnlichen Eisenspitzen auf, die zum Schwanz des Drachens gehörten. Am Vordersteven lag ein eiserner Anker mit einer 10 m langen Ankerkette.

Ursprünglich befand sich in der Schiffsmitte wohl die Bestattung eines bedeutenden Wikingers, die jedoch geplündert war. Im unversehrteren Vorschiff wurden elf kleine Pferdeskelette gefunden. Eines davon lag in der Schiffmitte nahe des vermuteten eigentlichen Grabes und war wohl das Reitpferd des hier Bestatteten. Unterhalb der Pferdeskelette befanden sich Skelette von Hunden. Ferner wurden Pferdegeschirr, Steigbügel, Kopfgeschirr, Trensen, Zügel, Beschläge und Schnallen für Leder-

Das sog. „Gokstad Schiff" ist 23,30 m lang und 5,20 m breit. Die Höhe von der Unterkante des Kiels bis zur Bordwand beträgt 1,95 m, die Höhe über der Wasserlinie 1,10 m. Das Schiff weist einen Tiefgang von etwa 0,85 m auf. Dieses dendrochronologisch zwischen 895 und 900 datierte Schiff gehörte zu den hochseetüchtigen Langschiffen. Die Seiten des Schiffes bestehen auf jeder Seite aus 16 Planken, wobei an der oberen Planke auf jeder Seite die Schilde aufgehängt werden konnten. Foto: Dirk Meier.

1880 wurde beim Bauernhof von Gokstad am Sandefjord, Vestfold, Norwegen, von Nicolay Nicolaysen ein Schiffsgrab freigelegt. Deutlich erkennt man auf dem Foto die Grabkammer.
Quelle: wikimedia.

riemen ebenso wie verziertes Geschirr für vier Jagdhunde gefunden. Daneben kamen gröbere und feinere Textilreste, geflochtene Goldfäden, Silberfäden und kleine, von Gold- und Silberfäden umkränzte Goldblechplatten kostbarer Kleidung zutage. Zwar fehlte ein Schwert, aber belegt sind ein Schildbuckel und 45 Pfeilspitzen. Hinter den Pferden auf der Steuerbordseite

befand sich eine kleine Axt. Kostbar waren auch die versilberten Eisenstangen mit knopfartigen Erhöhungen aus Silber, die mit Blatt- und Tierornamentik verziert waren. An Tafelgeschirr sind ein großes, eisenbeschlagenes Holzgefäß, gröberes Küchengeschirr, eine Bronzeschale und Silberteller mit eingeritzten Bandschlingen und Randvergoldung belegt.

Zu den weiteren wichtigen Schiffsgräbern gehört das Bootkammergrab, das Friedrich Knorr vom Museum Vaterländischer Altertümer (heute: Archäologisches Landesmuseum Schleswig) 1908 südlich des Halbkreiswalls von Haithabu ausgegraben hat[232]. Im Unterschied zu den anderen wikingerzeitlichen Schiffsbestattungen besteht diese aus einer großen unterirdischen Kammer unterhalb des Schiffes. In der westlichen Hälfte der Grabkammer fand man einen Toten mit reichen Grabbeigaben: Hochwertige Waffen, Reitzeug, Pferde, persönlicher Schmuck und Tafelgeschirr deuten auf einen gehobenen Stand des Bestatteten hin. Ein Becher als Teil des Trinkgeschirrs stammt aus dem karolingi-

Das einzige Schiffsgrab Dänemarks ist das Ladbyschiff (dän. Ladbyskibet) nahe des Kerteminde Fjords im Nordosten der Insel Fünen, das 1934 bis 1937 durch den Konservator Gustav Rosenberg und den Apotheker Poul Helweg Mikkelsen ausgegraben wurde und dessen Grabhügel man wieder rekonstruiert hat. Nach den Beigaben stammt das Grab aus der Zeit um 925.
Foto: Dirk Meier.

schen Frankenreich. Das dem Toten mitgegebene Schwert wurde vermutlich nach karolingischen Vorbildern im Norden gefertigt. Von einer Bohlenwand getrennt, befand sich eine weniger reiche Bestattung im östlichen Teil der Kammer. Der hochgestellten Persönlichkeit sind wohl zwei Begleiter in den Tod gefolgt. Östlich neben der Holzkammer lagen drei nach Westen ausgerichtete Pferdeskelette. Im Unterschied zu anderen Funden entsprechender Grabschiffe war über dem Bootkammergrab kein großer Hügel aufgeworfen worden, sondern man hatte das Schiff mit Steinen und Sand angefüllt und nur mit einem niedrigen Hügel umgeben. Von dem Schiff waren bei der Ausgrabung nur noch die eisernen Nieten erhalten. Mit einer rekonstruierten Länge von 17 bis 20 m und einer Breite von 2,70 bis 3,50 m entspricht es in seinen Ausmaßen dem Schiff von Ladby.

Die Grabbeigaben verdeutlichen den kulturellen Austausch zwischen Skandinavien und dem Frankenreich, ein Prozess, in dem die Seefahrt eine entscheidende Rolle spielte. Das Bootkammergrab entstammt dabei einer Zeit, als Waffen, gläserne Trinkbecher und Gürtelbeschläge karolingischer Form noch gebräuchlich waren, zugleich aber Reitzeugformen auftauchten, die in Reihengräbern des südwestlichen Ostseegebietes und in Mittelschweden für die erste Hälfte des 10. Jahrhunderts nachgewiesen sind. Aufgrund dieser Zeitstellung wurde verschiedentlich vermutet, dass in dem Bootkammergrab der schwedische Eroberer Haithabus, König Olaf, mit zwei seiner Getreuen bestattet wurde. Nach den Annalen von Lund müsste dann die Anlage des Grabes 906 erfolgt sein, da Olaf in diesem Jahr verstarb. Mangels unsicherer historischer Quellen lässt sich diese Verknüpfung mit einer schwedischen Herrschaft in Haithabu jedoch nicht sicher belegen[233].

Sind die Schiffe von Oseberg und Gokstad auf Grund ihres Längen-Breiten-Verhältnisses von 4,1:1 und 4,7:1 als relativ breit zu bezeichnen, gehören die Funde von Sutton Hoo in Ostengland, Ladby auf Fyn und das Bootkammergrab bei Haithabu mit einem Verhältnis von 5,7:1 bis 6,4:1 den Typ schlank gebauter Schiffe, die von 30 bis 40 Mann gerudert wurden und als Kriegsschiffe eingesetzt wurden.

Kanäle, Wracks und Schiffssperren

Um die Schifffahrt in den Küstengebieten zu erleichtern, verband man an günstigen Stellen Landengen mit Kanälen. Nachgewiesen ist so ein künstlicher Schifffahrtsweg auf der Insel Samsø, den an der schmalsten Stelle der 1000 m lange, 11 m breite und 1,25 m tiefe, mit seitlichen Holzplanken eingefasste Kanhave Kanal durchquerte. Dieser verband einen an der Ostküste gelegenen Naturhafen mit dem offenen Wasser im Westen der Insel. Die Hölzer der Einfassung datieren den Bau um das Jahr 726, wobei spätere Reparaturen in den 40er und 50er Jahren des 8. Jahrhunderts erfolgten. Das mittlere Limfjordgebiet mit dem Skagerrak verband der heute von Meeresablagerungen zugeschwemmte Sløj-Kanal.

Viele Schiffe erreichten nie ihr Ziel, versanken oder strandeten. In Stürmen gingen Schiffe ebenso auf der offenen See verloren wie vor allem in Küstennähe, in den Meerengen, an den Schären oder Sunden wie dem Kleinen und Großen Belt mit seinen Strömungen. Die Lage solcher Wracks können auch Wege zu noch nicht bekannten Anlaufstellen und kleineren Umschlagplätzen im frühen Mittelalter zeigen. Schwierig ist es hingegen, die genaue Herkunft der Wracks zu bestimmen. Viele der bekannten Wracks wurden auch absichtlich als Seesperren in den Fjorden versenkt.

Der größte Teil dieser Anlagen – wie bei Skuldelev im Roskilde-Fjord mit seinen versenkten Schiffen – gehören in das 8. bis 12. Jahrhundert, doch zeigen die Befunde von Æ Lei im inneren Fjord von Haderslev, dass solche Hindernisse bereits um 403 n. Chr. errichtet wurden. Die Sperre in Form eines Pfahlfeldes besaß in der Mitte einen Durchlass für Boote. Die 737 schon bestehende Seesperre zwischen der Insel Hestholm und der Halbinsel Reesholm in der inneren Schlei in Schleswig weist in die Phase des ältesten Danewerks, das als langgestreckter Wall die schmalste Stelle Jütlands zwischen der Schlei im Osten und den Mooren im Westen gegen Angriffe aus dem Süden sicherte[234]. Die Schleisperre und der Kanhave Kanal auf Samsø[235] dienten als militärische Sicherung, die im Verbund mit den Ankerplätzen und Häfen von Kriegsschiffen zu sehen sind und der Verteidigung des frühen dänischen Königreiches dienten. Vor allem die Ausgrabungen der Wracks aus der Seesperre von Skuldelev im Roskildefjord haben das heutige Bild des wikingerzeitlichen Schiffbaus geprägt[236].

Hier, an der engsten Stelle des hier 2 km breiten Fjords, konnten eine Reihe von Wikingerschiffen des 11. Jahrhunderts ausgegraben werden. Diese Rinne hatte man wohl – nach der Radiokarbondatierung der Wracks zu schließen – um 1000 ± 100 Jahre n. Chr. abgesperrt, um den königlichen Ort Roskilde zu schützen. Bei den Untersuchungen stellte sich heraus, dass hier fünf Schiffe auf dem Grund des Fjords ruhten. Die Schiffe waren von den Masten und Decksplanken befreit, mit Steinen beladen und dann versenkt worden. Nach den Leitern der Ausgrabungen, Olaf Olsen und Ole Crumlin-Pedersen, wurden die Schiffe wahrscheinlich zwischen 950 und 1050, nach Reinhard Barth etwa zwischen 1030 und 1050 gebaut. Jedenfalls hatten sie

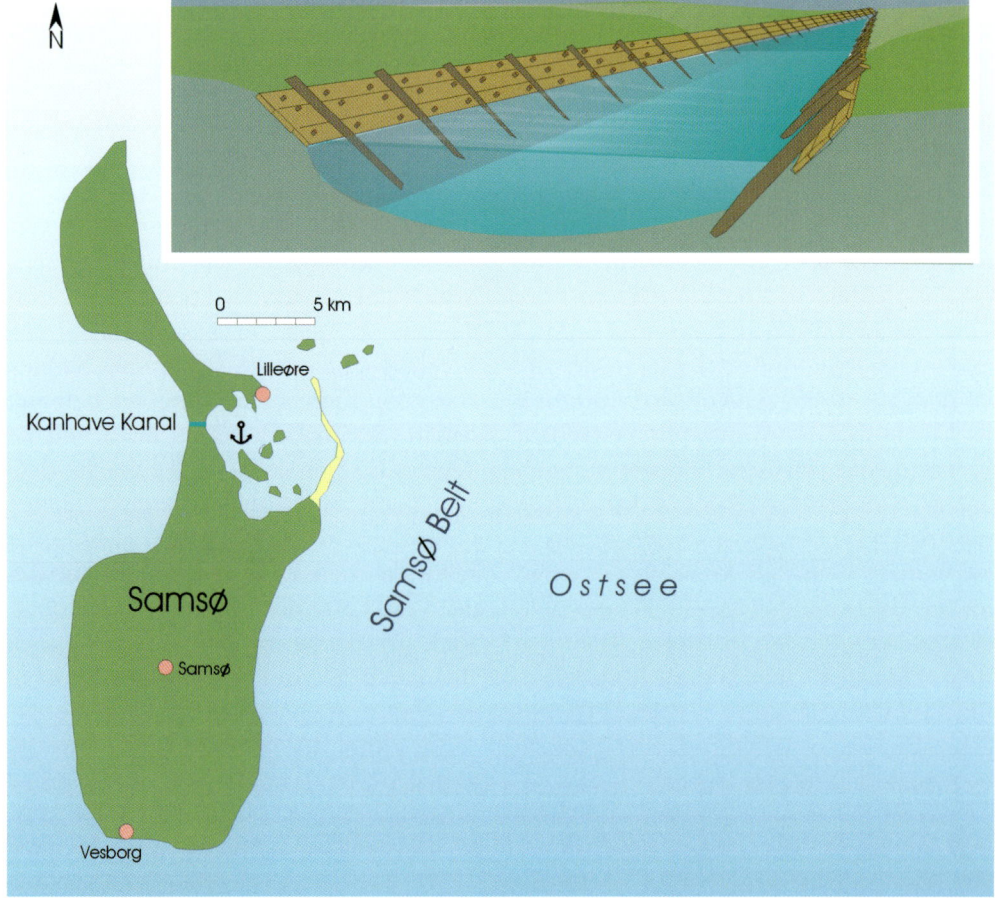

Der 1000 m lange, 11 m breite und 1,25 m tiefe Kanhave Kanal auf der Insel Samsø verband einen an der Ostküste gelegenen Naturhafen mit dem offenen Wasser im Westen der Insel. Die Hölzer der Einfassung datieren den Bau um das Jahr 726, wobei spätere Reparaturen in den 40er und 50er Jahren des 8. Jahrhunderts erfolgten. Grafik: Dirk Meier.

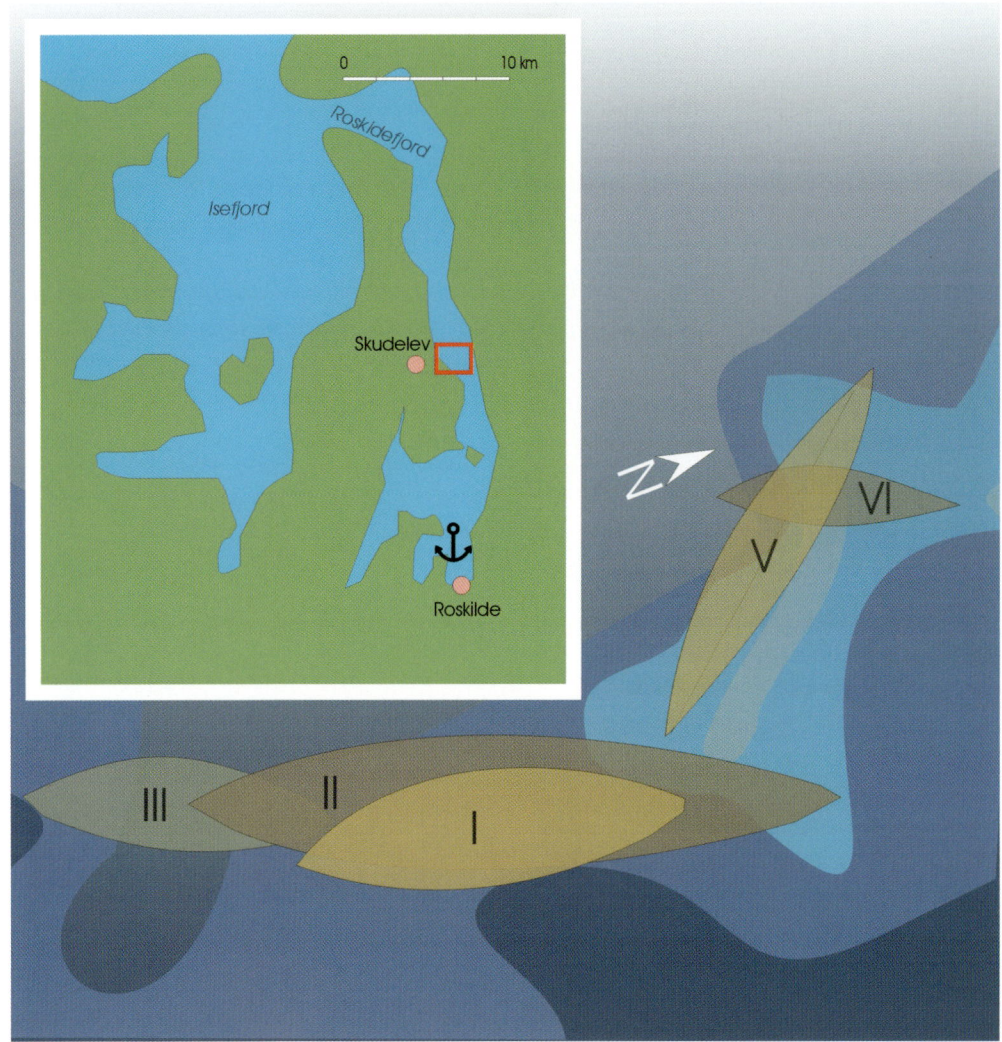

zum Zeitpunkt der Versenkung schon ausgedient. Zunächst wurden die Schiffe I, III und V versenkt, dann ein oder zwei Jahre später die Schiffe II und VI[237].

Die Bedeutung dieses Fundes liegt in seiner Vielfalt. So konserviert der Schiffsfriedhof von Skuldelev unterschiedliche Schiffstypen, die in der Wikingerschiffshalle in Roskilde ausgestellt sind. Bei Erweiterungsbauten des Museums wurden 1996 weitere Schiffe entdeckt. Die rekonstruierten Schiffe haben Maßstäbe für die Typologie der Wikingerschiffe gesetzt:

Skuldelev I ist ein 16,30 m langes und 4,60 m breites Hochseehandelsschiff (Knorr) der Zeit im 1030. Dieser widerstandsfähige, schwere, hochbordige Schiffstyp ermöglichte mit seiner Ladekapazität für Güter und Tiere Fahrten über das Europäische Nordmeer und den Nordatlantik. Aufgrund der nur vier Riemenpaare wurde das Schiff fast ausschließlich gesegelt. Der Rumpf des Schiffes war rund und lief an Bug ebenso wie am Heck spitz zu. Aufgrund seines Freibordes ließ sich das Schiff auch außerhalb fester Hafenanlagen be- und entladen. Die glatten Kiefernholzplanken in Klinkerbauweise verbanden Stahlnägel. Auf den fast geraden Kiel befinden sich aufgesetzte, getreppte Spanten, die bis an den Querbalken reichen. Darüber sind zur Versteifung der

Skuldelev I ist ein 16,30 m langes und 4,60 m breites Hochseehandelsschiff (Knorr) der Zeit im 1030. Dieser widerstandsfähige, schwere, hochbordige Schiffstyp ermöglichte mit seiner Ladekapazität für Güter und Tiere Fahrten über das Europäische Nordmeer und den Nordatlantik. Foto: wikimedia.

Skuldelev II gehört zu den seetüchtigen Langschiffen. Bemannt wurde das 28 m lange, 4,50 m breite, um 1042 erbaute Schiff mit 70 bis 80 Kriegern. Das Schiff besitzt 37 bis 40 treppenartig gearbeitete Spanten, die direkt an den Planken anliegen. In der Konstruktion ähnelt dieses Langschiff den fast 200 Jahre älteren Langschiffen von Oseberg und Gokstad. Foto: wikimedia.

Außenhaut Seitenspante eingebaut. Das Vorschiff und das Achterschiff trugen ehemals ein erhöhtes Vor- und Achterdeck. Mittschiffs befindet sich der 5,50 m lange Frachtraum mit 30 bis 35 m³ Ladevolumen. Bei dieser Bauweise blieben Waren und Reisende ganz den Elementen ausgesetzt. Ein kräftiges Kielschwein und zwei Querbalken hielten den Mast, der ursprünglich ein breites Rahsegel trug. Zum seitlichen Fixieren der Segelhörner dienten die im Vorschiff angebrachten Spieren. Ein Nachbau dieses Schiffes, der *Saga Siglar*, umsegelte 1984 bis 1986 die Welt, um dann leider 1992 im Mittelmeer zu sinken.

Skuldelev II gehört zu den seetüchtigen Langschiffen, mit denen die Wikinger ihre Kriegsfahrten unternahmen. Bemannt wurde das 28 m lange und 4,50 m breite Schiff mit 70 bis 80 Kriegern. Analysen des Holzes zeigten, dass das Schiff etwa 1042 bei Dublin gebaut wurde. Mit 64 Mann an den Riemen konnte dieses Schiff über längere Strecken eine Durchschnittsfahrt von 5 bis 6 Knoten halten, wobei unter Segel bei günstigem Wind Geschwindigkeiten bis 20 Knoten möglich waren. Das Schiff besitzt 37 bis 40 treppenartig gearbeitete Spanten, die direkt an den Planken anliegen. In der Konstruktion ähnelt dieses Langschiff den fast 200 Jahre älteren Langschiffen von Oseberg und Gokstad. Dieses Schiff wurde gebaut, um bei einem Minimum an Eigengewicht ein Maximum an Stärke zu erreichen. Bei seiner Versenkung war das Schiff alt und undicht.

Skuldelev III ist ein kleines Frachtschiff, das aber mit seiner Länge von 13,50 m und Breite von 3,20 m bei einer Höhe von 1,40 m (mittschiffs) vor allem für die Küstenfahrt an Nord- und Ostsee geeignet war. Man konnte es auch die Flüsse hinaufsegeln und über kurze Strecken über Land ziehen. Diese kleine Knorr war wohl für die im Roskilde-Gebiet gebaute Schiffe typisch. Von der größeren Knorr (Skuldelev I) unterscheidet sich das Schiff außer in den Abmessungen durch einteilige Steven mit Plankenansätzen und durch fehlende Seitenspante. Skuldelev III besaß acht aus Eiche gearbeitete Plankengänge. Auf den nicht geraden Kiel sind insgesamt elf Spante gesetzt. Den feststehenden Mast halten das Kielschwein und die Querbalken, welche fest mit dem Schiffskörper verbunden sind. Mittschiffs befindet sich ein 4 m langer offener Laderaum von 10 m³ Ladevolumen (bis Oberkante der Reling), der 4,6 Tonnen fassen konnte. Die drei Riemenöffnungen an Backbord und zwei an Steuerbord im vorderen Bereich deuten auf nur 5 bis 6 Mann Besatzung hin. Ein Nachbau, die *Roar Ege*, erwies sich als seetüchtiges und wendiges Handelsschiff, das 8,5 Knoten unter Segeln erreichte; gerudert aber nur 2 Knoten. Das Schiff war leicht zu segeln und konnte einiges an Fracht aufnehmen, auch wenn es langsamer als die großen Langschiffe war.

Skuldelev V ist mit 18 m Länge und 2,60 m Breite ein kleineres Kriegsschiff. Es wurde vermutlich von Bauern aus der Umgebung von Roskilde im Rahmen ihrer Leidangsverpflichtung gebaut. Mit 13 Ruderpaaren und einer Besatzung von etwa 30 Kriegern gehörte es zu den Dreizehnsitzern als kleinste Langschiffe der Kriegsflotte. Es war ideal für die dänischen Gewässer geeignet. Bei gutem Wind konnte es 6 bis 12 Knoten erreichen. Auf jeder Seite hat das Schiff sieben Plankengänge. Über jedem der 16 Spanten liegt ein Querbalken, auf dem sich die Decksplanken befanden. Insgesamt besaß das Boot 26 Riemenlöcher. Wie Reparaturen und Spuren des Verschleißes des bei seiner Versenkung schon alten Schiffes an der Unterseite der Bodenplanken und am Kiel zeigen, hatte man das Schiff im Laufe der Zeit unzählige Male auf den Strand gezogen. Ein Nachbau des Schiffes, die *Helge Ask*, erreichte bei Testfahrten eine Geschwindigkeit von 14 Knoten.

Skuldelev VI diente wie die Skuldelev-Schiffe I und III für die friedliche Handels-

Skuldelev III ist ein kleines Frachtschiff (Knorr), das aber mit seiner Länge von 13,50 m und Breite von 3,20 m bei einer Höhe von 1,40 m (mittschiffs) vor allem für die Küstenfahrt an Nord- und Ostsee geeignet war. Von der größeren Knorr (Skuldelev I) unterscheidet sich das Schiff außer in den Abmessungen durch einteilige Steven mit Plankenansätzen und durch fehlende Seitenspante. Foto: Dirk Meier.

und Verkehrsfahrt. Das 11,20 m lange Ruder- und Segelboot war wohl für die Fischerei gebaut worden und besaß nur ein kleines Segel. Das Boot wurde ursprünglich in Norwegen aus Kieferplanken gebaut und später umgebaut, um mehr Lasten transportieren zu können, wofür man die Ruder verringerte.

Die maritime Kulturlandschaft der Nordseeküste

Das Nordseegebiet der Küstenländer England, der Niederlande, Deutschlands, Dänemarks und Norwegens weist unterschiedliche Küsten- und Ufertypen auf. Entlang der Nordseeküste dehnen sich ständig wandelnde, von Prielen durchzogene Watten, Außensände, Nehrungen und Seemarschen aus[238]. Bis zur Bedeichung der Marschen seit dem 12. Jahrhundert wurden diese in regelmäßigen Abständen

Mit der Ausbreitung der fränkischen Macht zwischen 688 und 720 geriet zunächst das friesisch besiedelte Rheinmündungsgebiet, unter Karl Martell dann 734 die Regionen bis zur Lauwerszee und seit Karl dem Großen um 780 auch der friesisch besiedelte Küstenraum bis zur Weser unter die Herrschaft der Karolinger. So wurde aus dem friesischen ein fränkisch-friesischer Handel, der die Küstengebiete der Nordsee verband. Grafik: Dirk Meier.

bei höheren Wasserständen überflutet. Sturmfluten führten zur Ausgestaltung neuer Meeresbuchten, während in anderen Küstenabschnitten Meeresarme verlandeten. Vor allem das südliche Küstengebiet mit den Flussmündungen des Rheins, der Schelde, der Maas, der Ijssel, der Ems, der Elbe und der Eider war immer wieder Veränderungen ausgesetzt, auf die sich die Schifffahrt einzustellen hatte. Hingegen

formten die nördlichen Küstengebiete der Nordsee, wie in England, Schottland und Norwegen, Steilküsten. Möglichkeiten einer Anlage von Häfen boten hier nur die weit in das Landesinnere führenden Flussmündungen oder Fjorde an den Bereichen, wo das Land flach zum Meer abfiel. Ausgangspunkt des Nordseehandels im frühen Mittelalter war das Rheinmündgebiet, von wo aus sich die Seerouten des fränkisch-friesischen Fernhandels nach Irland, England, entlang der von Friesen und Sachsen besiedelten Nordseeküste bis hin nach Dänemark erstreckten[239]. Für Adam von Bremen war die Nordsee daher das *Mare Frisicum*[240].

- **Das mittelholländische Flussgebiet und Dorestad**

Seit dem 4./5. Jahrhundert n. Chr. drangen verstärkt germanische Stämme über den Rhein in die römischen Provinzen vor. Dazu gehörten entlang des Unterrheins vor allem Friesen und Franken[241]. Die Friesen siedelten nach Tacitus ursprünglich zwischen dem rechten Rheinufer, der Nordsee und dem als *Lacus Flevo* bezeichneten Binnensee, dem frühen Vorläufer der späteren Zuiderzee bzw. des heutigen Ijsselmeeres[242]. Die römischen Autoren führten die Friesen meist zusammen mit anderen Stämmen an, den *Chamavi*, *Dulgubini*, *Chasuarii*, *Chatti* und *Chauci*, aus denen die Konföderation der Franken erwuchs[243]. Einige Jahrhunderte später nennt der Mönch und Historiker Beda Venerabilis (*673, †735) die *Fresones* (Friesen), die *Antiqui Saxones* (Altsachsen) und die *Boructarii* (fränkische Brukterer) als benachbarte Stämme[244]. Ein enges Verhältnis hatte bereits seit der zweiten Hälfte des 3. Jahrhunderts zwischen Franken und Sachsen bestanden. So wurden beide Völkerschaften ebenso wie die Friesen als Seeräuber bezeichnet, als sie im Jahre 285/286 n. Chr. einen Raubzug an die Küsten des römischen Gallien unternahmen. Nach dem Rückzug des römischen Militärs an der Wende vom 4. und 5. Jahrhundert n. Chr. kam dann die gesamte Region des Rheinmündungsgebietes und mit ihr die Küstengebiete nach und nach unter die Kontrolle der Friesen. Über die friesische Landnahme in diesem Küstengebiet berichten keine historischen Quellen. Dass in Jütland Friesen siedelten, erwähnt eher nebenbei erstmals der dänische Geschichtsschreiber Saxo Grammaticus in seiner um 1200 verfassten *Gesta Danorum*.

Kleinfriesland bezeichnet er dabei als das Gebiet, das eingewanderte Bevölkerungsgruppen in Besitz nahmen. Aber auch aus archäologischen Funden aus Gräberfeldern und Siedlungen lässt sich auf eine Anwesenheit von Friesen schließen[245]. Dass diese Landnahme über den Seeweg erfolgte, ist nicht zweifelhaft. Entlang des nördlichen Ufers der Eidermündung und den äußeren Seemarschen Nordfrieslands folgten die Schiffe den Prielen und Flüssen. Die Besatzungen liefen mit ihren flachbodigen Schiffe an Land und gründeten Siedlungen.

Auch während der unruhigen Völkerwanderungszeit war der Verkehr auf dem Rhein nie völlig zum Erliegen gekommen. Die im Mündungsgebiet des Rheins land-

Im Stromspaltungsgebiet des Rheins, und zwar an der Stelle, wo sich der Fluss in den Krummen Rhein (Kromme Rijn) und den Lek teilte, hatten die Friesen mit Dorestad ein wichtiges Handelszentrum gegründet, das 695 endgültig unter die Kontrolle der Franken geriet. Der Lek lief weiter südwestlich in die aus Nordfrankreich her kommende Maas, deren breite Nordseemündung die Römer Helinium nannten. Über den Krommen Rijn erreichte man den Alten Rhein (Oude Rijn) oder die Vecht, die weiter nördlich ins Almere führte, einen Vorläufer des heutigen Ijsselmeeres. Grafik: Dirk Meier.

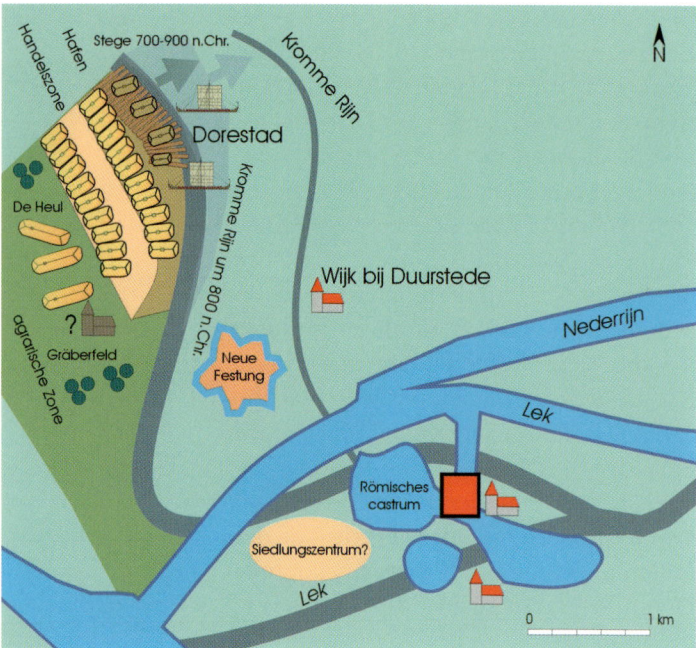

Die Siedlung der Kaufleute von Dorestad lag nahe der heutigen Hoogstraat von Wijk bij Duurstede. Dort bildete der Krumme Rhein im frühen Mittelalter eine große Schleife, wobei sich der Fluss immer weiter nach Osten verlagerte. Entlang der Flussschleife hatten sich die Händler niedergelassen. Das flache Sandufer ermöglichte das Auflaufen der Schiffe an den Strand. Infolge der Verlagerung der Flussschleife nach Osten bildete sich eine sumpfige Niederung, die mit hölzernen Stegen überbrückt wurde, um weiterhin das Be- und Entladen der Schiffe zu ermöglichen. Zur Versorgung des emporiums diente eine Agrarzone mit Bauernhöfen. Schematische Darstellung. Grafik: Dirk Meier.

nehmenden Friesen und Franken kannten die Bedeutung dieser wichtigen Wasserstraße und lieferten sich hier daher im 7. und 8. Jahrhundert Auseinandersetzungen um deren Kontrolle. In dieser Zeit mündete der Alte Rhein weiter nördlich als heute nahe des ehemaligen römischen Limeskastells von Valkenburg (bei Leiden) in die Nordsee und durchbrach hier die nordsüdlich verlaufenden Dünen. Später versandete diese Mündung. Folgten die Schiffer dem Alten Rhein (*Oude Rijn*) oder Krummen Rhein (*Kromme Rijn*) in das Landesinnere, passierten sie ein Moorgebiet, das sich hinter den höher aufgelandeten Uferrücken erstreckte. Ziel der Reise war im frühen Mittelalter die Handelsnie-

derlassung Dorestad nahe des heutigen Utrecht[246].

Dort hatten die Friesen im Stromspaltungsgebiet des Rheins, und zwar an der Stelle, wo sich der Fluss in den Krummen Rhein und den Lek teilte, ein Handelszentrum gegründet. Der Lek lief weiter südwestlich in die aus Nordfrankreich herkommende Maas, deren breite Nordseemündung die Römer *Helinium* nannten. Südlich der Maas setzte sich die Moorlandschaft bis zur Mündung der Schelde fort. Seit dem 4. Jahrhundert n. Chr. hatte die stürmische Nordsee das Moorgebiet überschwemmt und mit Meeresablagerungen aus Sanden und Tonen bedeckt, auf denen Seemarschen aufwuchsen[247]. Im Schnittpunkt dieser Verkehrswege wuchs der Ort schnell heran. Der älteste Kern von Dorestad aus dem 7. Jahrhundert befand sich vermutlich im Bereich des auf einer römischen Karte, der sog. Peutingerschen Tafel, eingetragenen römischen Kastells *Levafanum*, das in späterer Zeit durch den Lek zerstört wurde. Von dort verlagerte sich der Siedlungsschwerpunkt weiter nach Norden. Damals befand sich Dorestad an der Grenze des spätmerowingischen Machtbereichs und war abwechselnd in friesischer oder fränkischer Gewalt.

Seit 690 begannen unter dem fränkischen Hausmeier Pippin militärische Offensiven, die schließlich die selbständige Rolle der friesischen Elite in Dorestad beendeten. Im Jahre 695 musste sich der Anführer der Friesen, Radbod (*679, †719), endgültig der fränkischen Macht beugen. Zwischen 688 und 720 wurde Friesland bis zum Fluss Vlie erobert, bis 734 gerieten alle friesischen Zentren bis zum Lauwers unter fränkische Kontrolle, und Dorestad entwickelte sich nun zum bedeutendsten Stützpunkt der fränkischen Macht in diesem Raum. So ließ Pippin, nachdem er Herrscher über das südlich des Rheins gelegene Friesland geworden war, 695 ein Bistum für den Missionar Willibrord aus Northumbrien in Utrecht errichten. Von nun an begann die systematische Einrichtung eines Kontrollnetzes für Friesland südlich des Rheins durch fränkische Truppen, angelsächsische Missionare und neu angesiedelte Menschen, welche die Quellen *homines Franci* nennen. Zwar kam es in der Folgezeit noch zu Aufständen, an der Herrschaft der Franken über das Rheinmündungsgebiet änderte das aber wenig.

Wenn Dorestad zum Zankapfel zwischen Friesen und Franken geworden war, dann weniger wegen seiner Funktion als ein friesischer Hauptort, sondern vielmehr aufgrund seines Hafens, der im Laufe des 7. Jahrhunderts zur Hauptdrehscheibe des Handels zwischen dem Hinterland an Rhein und Mosel sowie England und Skandinavien geworden war. Naturprodukte und landwirtschaftliche Erzeugnisse, Tuffstein, Holz, Getreide, Wein, aber auch Erzeugnisse des rheinischen Kunsthandwerks wie Keramik, Glas und Waffen sowie Sklaven, Metalle, Leder, Pelze und Bernstein aus Skandinavien wurden hier umgeschlagen. Der friesische Handel beschränkte sich somit nicht nur auf die Belieferung des binnenländischen Marktes und den Export eigener Produkte, sondern war auch ein Transithandel zwischen verschiedenen Regionen. Aus dem ursprünglichen friesischen Handel wurde so nach der fränkischen Eroberung Dorestads ein fränkisch-friesischer Handel. Die Erträge flossen in Form von Zöllen den merowingischen und karolingischen Königen zu. Spätestens seit Karl dem Großen (*747, †814) oder Pippin II. (*823, †864) bestand eine Zollverwaltung, die den Schiffsverkehr überwachte und Steuern erhob.

Daneben befand sich in Dorestad die ergiebigste Münzprägestätte des ganzen Frankenreiches. Erste fränkische Münzen waren hier bereits um 635 geprägt worden. Um 650 war hier der merowingische Münzmeister Madelinus ansässig. Diese Münzen, die Trienten und später die Denare, fanden eine weite Verbreitung in Friesland, Groningen und Zeeland. Um den Bedarf an Goldmünzen zu befriedigen, wurden zwi-

schen 650 und 690 auch eigene Münzen (Donrijp-Münzen) geschlagen. In der Karolingerzeit war die Münzstätte in Dorestad an der Herstellung friesischer Sceattas beteiligt. Anhand der Verteilung dieser Münzen lassen sich nicht nur die Handelrouten ablesen, sondern erstmals erscheint auch der Name des Herkunftsortes: *Dorest Ate*, *Dorest at* oder *Dorestado*.

Die Integration in das Frankenreich begünstigten die Aufwärtsentwicklung des Ortes, da diese den friesischen Händlern entlang des Rheins den Zugang in das Landesinnere ermöglichte[248]. Zudem begünstigte der nahegelegene Bischofssitz Utrecht die Entwicklung. Die Funktion Dorestads als Drehscheibe des fränkisch-friesischen Handels vom Rheinmündungsgebiet bis nach England, Nordeuropa und Skandinavien bestätigen neben den archäologischen Funden auch die schriftlichen Quellen. Um 800 wird Dorestad von Liudger (*742, †809), dem Missionar der Friesen, *vicus famosus* genannt und 834 *vicus nominatissimus*. Zur Zeit Karls des Großen erscheint Dorestad als Ort für Überfahrten nach England, 826 auch als Station auf dem Wege nach Skandinavien. Weitere Berichte bezeugen die Anwesendheit skandinavischer Händler aus Birka in Schweden und anderen Ostseezentren. Diese können nur auf dem Seewege nach Dorestad gelangt sein. Sogar in Italien erwähnt der Kosmograph von Ravenna (1, 11; 4, 23 u. 24) in seiner Beschreibung der damals bekannten Welt um 700 ein *sub Dorestate*, einen Ort im Rheinmündungsgebiet im Land der Friesen. Auch wenn Dorestad Ende des 9. Jahrhunderts aufgegeben wurde, hat sich der Name in dem benachbarten Ort *Wijk bij Duurstede* erhalten.

Wie bedeutend der Platz war, zeigt die Präsenz der königlichen Gewalt. So sind in den Schriftquellen königliche Amtsträger seit dem 9. Jahrhundert bezeugt, die mit der Erhebung der königlichen Einkünfte aus den Zöllen und der Münzprägestätte sowie dem Gericht betraut waren. Auch der Bischof von Utrecht verfügte über

Sog. Tatinger Kannen waren begehrte Luxusartikel. Museum Oldenburger Wall. Foto: Dirk Meier.

Friesische Sceattas. Quelle: Kramer u.a. 2000, 52.

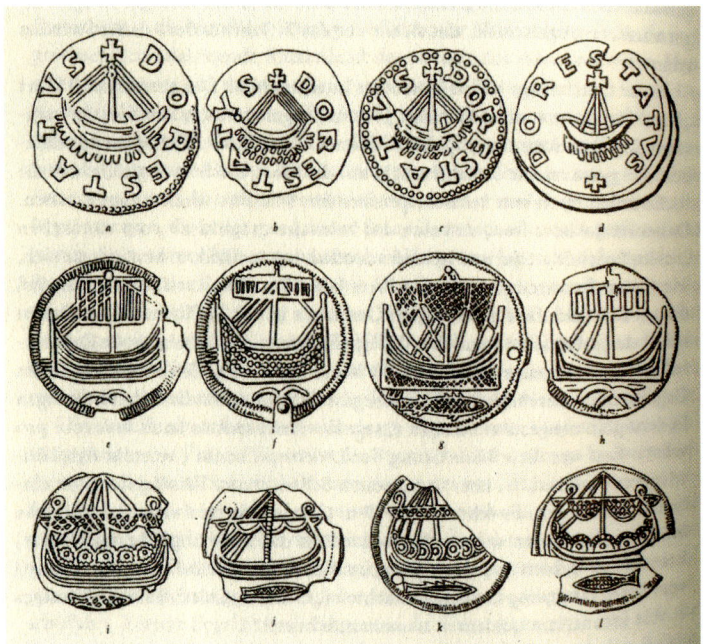

Auf karolingischen Münzen aus Dorestad erscheinen neben dem Ortsnamen (Dorestatus) auch Schiffe, wie der Holk, ein friesisches Flachbodenschiff, der als Zeichen friedlichen Handels und des Christentums ein Kreuz auf der Mastspitze führt. Solche Münzen hat man selbst in Birka in Schweden gefunden. Quelle: Meier 1984, 63.

Strom sich verschob, desto länger baute man diese Stege in den Fluss hinaus. Die ältesten dieser Landebrücken wurden am Ende des 7. Jahrhunderts errichtet, die jüngeren nach 725. Im 9. Jahrhundert scheinen die Bautätigkeiten zum Erliegen gekommen zu sein. Auf den nun bis 200 m langen und sehr breiten Stegen standen vermutlich Lagerschuppen. Diese immer wieder verlängerten Brücken belegen, wie sehr man an einem günstigen Hafen- und Handelsplatz festhielt.

Über diese Stege transportierte man die Waren zur dahinter liegenden Siedlung[250]. Diese bestand aus einem dicht bebauten Viertel, das sich auf einer Breite von 100 m bis 300 m und einer Länge von drei Kilometer den Fluss entlang zog, und einer dahinter liegenden, mehr aufgelockerten Bebauung. Das Uferviertel war in schmale, quer zum Fluss verlaufende Parzellen eingeteilt, die einen geschlossenen Komplex bildeten. Auf den hintereinander angeordneten Parzellen standen kleine Häuser. Parallel der Uferbebauung führte die Hauptstraße durch das Handelzentrum. Ferner durchliefen mehrere Querstraßen das Siedlungsareal. Zur Landseite (auf dem heutigen Gelände *De Heul*) befanden sich im frühen Mittelalter größere Höfe, die der Versorgung der Siedlung mit Nahrungsmitteln dienten. In der Nähe bestatteten die Menschen ihre Toten auf einem großen Gräberfeld. Vermutlich stand hier auch eine aus Holz errichtete Kirche. Weiter im Süden lagen noch zwei weitere Gräberfelder. Ein weiteres, bislang aber kaum untersuchtes Siedlungszentrum mag sich auf der Halbinsel zwischen Lek und Rhein am ehemaligen römischen *castrum* befunden haben. Vielleicht nutzte man hier beide Ufer als Anlegestellen.

Die Einwohnerzahl Dorestads lässt sich mit etwa 1000 bis 2000 Menschen nur grob schätzen. Diese waren in der Landwirtschaft, im Handel und handwerklichem Gewerbe tätig. Die landwirtschaftlichen Produkte konnten gegen handwerkliche Erzeugnisse und andere Waren um-

Einfluss in Dorestad. Diese verschiedenen Schriftquellen lassen daher eine Siedlung von großer räumlicher Ausdehnung und beträchtlicher Bevölkerungszahl vermuten, wobei die unterschiedlichen Bezeichnungen als *castrum* (Kastell), *emporium* (Handelsniederlassung), *portus* (Hafen) und *vicus* (Ort) auf eine Vielgestaltigkeit der Siedlung hindeuten.

Die Siedlung der Kaufleute lag nahe der heutigen Hoogstraat von Wijk bij Duurstede. Dort bildete der Krumme Rhein im frühen Mittelalter eine große Schleife, wobei sich der Fluss immer weiter nach Osten verlagerte und zu Beginn des 12. Jahrhunderts versandete. Die 1967 bis 1977 in der Hoogstraat von Wijk bij Duurstede durchgeführten Ausgrabungen legten einen Teil des nördlichen frühmittelalterlichen Hafengeländes frei[249]. Sie zeigen, dass der Fluss bei Inbetriebnahme des Hafens unmittelbar an seinem linken Ufer entlang strömte. Das flache Sandufer ermöglichte das Auflaufen der Schiffe an den Strand. Infolge der Verlagerung der Flussschleife nach Osten bildete sich eine sumpfige Niederung, die mit hölzernen Stegen überbrückt wurde, um weiterhin das Be- und Entladen der Schiffe zu ermöglichen. Je weiter der

gesetzt werden. Archäologische Funde zeigen, dass die Bewohner Textilien webten, aus Horn Kämme herstellten, Steinbearbeitung und Glasproduktion betrieben, Gegenstände aus Holz fertigten und auch Schiffe bauten. Im Uferviertel waren wohl spezialisierte Handwerker ansässig, die möglicherweise im Dienst der Besitzer der Uferparzellen standen. Die Existenzgrundlage Dorestads war jedoch der Seehandel. Dies zeigen auch die zahlreichen Importe, wie große Mengen rheinischer „Pingsdorfer Ware" und Reliefbandamphoren. Hinzu treten Tatinger Kannen, schwarzpolierte, mit Zinnfolie verzierte Weingefäße. Deren Verbreitung reicht vom Rheinmündungsgebiet über die östlichen Gebiete Englands, nach Süd- und Mittelskandinavien, Norwegen, den Ostseeraum bis in das Ladogaseegebiet. Dies trifft auch für bestimmte Gläser zu, die ebenfalls zur Tafelausstattung gehörten.

Aufgrund seiner Bedeutung als Fernhandelszentrum stand Dorestad seit der fränkischen Eroberung unter Aufsicht der fränkischen Herrscher und der Kirche. Die Rolle der Friesen in diesem frühmittelalterlichen Fernhandel wird in Dorestad aus den Grabungsbefunden nicht recht deutlich. Waren sie es, die das Flussviertel im nördlichen Hafenzentrum bevölkerten? Waren sie frei oder standen sie im Dienste des Adels oder der Kirche? Der Aktionsradius ihrer Handelsschiffe reichte jedenfalls bis nach Ribe in Jütland, vereinzelt auch in das skandinavisch und slawisch besiedelte Küstengebiet der Ostsee.

Das hier geschilderte Bild bezieht sich auf einen Zeitraum vom Ende des 7. bis zur Mitte des 9. Jahrhunderts. Dabei machte der Ort sicher eine Entwicklung durch. Denn während sich Dorestad im 7. Jahrhundert noch an der Grenze des spätmerowinigischen Machtbereichs befand, war dies in der Karolingerzeit nicht mehr der Fall. Die Ursachen des Endes dieser frühen Stadt sind in einer Kombination mehrerer Faktoren zu suchen. Bereits seit dem zweiten Viertel des 9. Jahrhunderts begann

ein ökonomischer Rückgang des Ortes. Die Auseinandersetzungen im Reich und der Verlust der politischen Einheit am Ende der Regierungszeit Ludwig des Frommen (*778, †840) begünstigte diese Entwicklung. Nach dessen Herrschaft hatten seit 834 mehrfach Normannen die Küstengebiete heimgesucht. Deren plötzlichen Überfällen vom Schiff aus hatten die Franken nur wenig entgegenzusetzen. Die Hilflosigkeit zeigt sich darin, dass Rorik (*820, †873), ein aus Jütland stammender Wikingerhäuptling, vorübergehend zwischen 839/841 bis 842 mit Dorestad belehnt wurde[251]. Rorik hatte sich als Vertreter der königlichen Gewalt aber dafür zur Normannenabwehr verpflichtet. Zwar gelang dies zunächst, doch schon 863 wurde Dorestad von einem erneuten und diesmal besonders katastrophalen Normanneneinfall heimgesucht und zerstört. Die schriftliche Überlieferung des Ortes erlosch.

An die Stelle Dorestads traten Orte wie Deventer (Provinz Overijssel) und Tiel (Provinz Gelderland). Nach Deventer hatte sich auch der Bischof von Utrecht zurückgezogen, der den wieder aufkeimenden Handel an sich binden wollte. Der Rückzug der königlichen und bischöflichen Macht hatte für Dorestad weitreichende Folgen. Die frühmittelalterlichen Zentren – wie Gent oder Antwerpen – die Bischofs- oder Fürstensitze wurden, entwickelten sich weiter zur mittelalterlichen Städten. Nicht so Dorestad, denn hier versandete der alte Rheinverlauf, weil die ursprüngliche Mündung durch die Ausdehnung der Dünen blockiert wurde. Die Schifffahrt verlagerte sich von Dorestad zur Maas- und Scheldemündung.

• England

Vom Rhein-Maas-Schelde-Delta führten die Seehandelsrouten nach England. Von Domburg, Quentowic (im heutigen Nordfrankreich) und Witla (Rotterdam-Vlaardingen) aus segelten die Schiffe entlang der

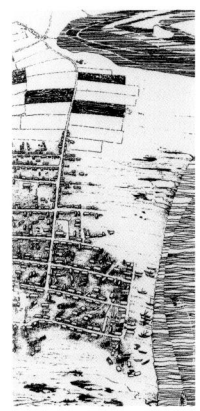

Rekonstruktion des Hafenortes Hamvic, Wessex, in der Mitte des 9. Jahrhunderts.
Quelle: Kramer u.a. 2000, 71.

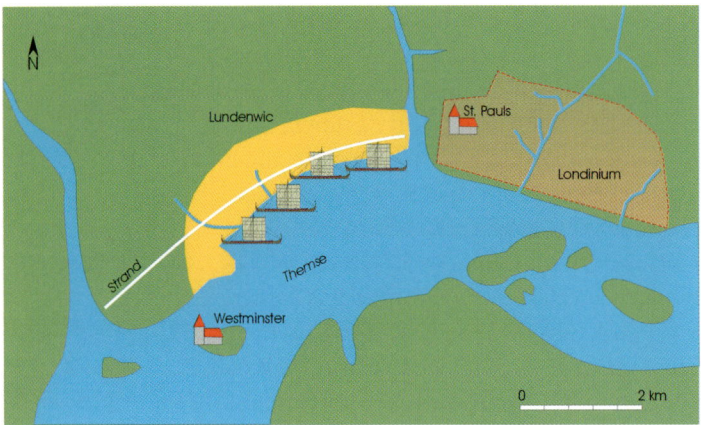

Von Quentowic aus konnten die Schiffe nicht nur nach Hamwic segeln, sondern auch auf einem s-förmigen Kurs entlang der Küste des heutigen Kent bis zu einer Küstenstation westlich von Dover und von dort weiter um die ostenglische Küste herum bis in die breite Themsemündung und kamen so nach London im Königreich Mercien[254]. Da die Kais des alten römischen *Londinium* verfallen waren, lag der frühmittelalterliche Handelsplatz etwas flussabwärts[255]. Im Bereich des alten, nicht völlig verlassenen Stadtzentrums befand sich auf dem Gelände der heutigen St.-Pauls-Cathedral der Bischofsitz. Um die ehemalige römische Stadt von dem neuen Handelszentrum zu unterscheiden, nannte man sie *Lundenburth*. Unmittelbar westlich der steinernen Mauern erstreckte sich an dem Flüsschens Fleet die neue, als *Lundenwic* bezeichnete Handelsniederlassung. Durch die Siedlung führte parallel der Themse eine Straße, die noch heute *Strand* genannt wird, bis zum heutigen Trafalgar Square. Während die Siedlung im Süden an die Themse grenzte, umgab im Norden ein Graben das Handelszentrum mit seinen rechteckigen Holzhäusern und Schotterstraßen. Südlich der Handelsniederlassung befand sich im Bereich des heutigen Westminster eine Insel. Importierte Keramik und Mahlsteine deuten auf Kontakte mit Nordfrankreich, weniger intensiv auch mit den friesischen Küstengebieten und dem Rheinland hin. Wie in Hamwic gibt es auch in London zahlreiche Hinweise auf eine gewerbliche Produktion. Als London später von den Raubzügen der Wikinger bedroht und schließlich erobert wurde, zog der größte Teil der Bevölkerung von Lundenwic in das benachbarte Lundenburth um.

Flussaufwärts des römischen Londinium, dessen Kais verfallen waren, lag der frühmittelalterliche Handelsplatz Lundenwic. Durch die Siedlung führte parallel der Themse eine Straße, die noch heute Strand genannt wird, bis zum heutigen Trafalgar Square. Im Bereich des alten, nicht völlig verlassenen Stadtzentrums von Londinium, das Lundenburth genannt wurde, befand sich auf dem Gelände der heutigen St.-Pauls-Cathedral der Bischofsitz. Grafik: Dirk Meier.

Küste bis Calais und nahmen dann die kurze Verbindung über den Ärmelkanal. Eine andere Möglichkeit der Überfahrt ging von Dorestad aus an Utrecht vorbei über den Alten Rhein. Hauptziele in England waren vier wichtige Häfen, die alle an Flussmündungen lagen und zu wichtigen Stützpunkten der sich entwickelnden regionalen Königreiche wurden: Hamwic (Southampton) für Wessex, London für Mercien, Ipswich für Ostanglien und York für Northumbrien[252].

Die anstelle des römischen *Clausentum* kurz nach 700 n. Chr. gegründete Handelsniederlassung Hamwic lag am Westufer des Flusses Itchen, der in den Ärmelkanal mündet[253]. Sie wird in den historischen Quellen als *mercimonium* (Markt) bezeichnet und dürfte auf Königsgut gegründet worden sein. Bislang sind nur drei Prozent des etwa 45 Hektar großen Siedlungsareals untersucht worden, Ausgrabungen im Hafengelände am westlichen Flussufer waren bislang nicht möglich. Vermutlich befanden sich hier Landungsstege. Mit einer Schotterdecke befestigte Straßen durchzogen das nur mit einem Graben umgebene Siedlungsareal mit kleinen Holzhäusern. Spätestens seit 720 n. Chr. wurden in Hamwic *Sceattas* als Zahlungsmittel für den Handel geprägt. Daneben verdienten die Bewohner Hamwics ihren Lebensunterhalt mit handwerklichen Tätigkeiten wie der Glasherstellung, der Textilproduktion und der Töpferei. Da in einem der sieben

Von der Themse aus gelangten die Schiffe in die Nordsee und konnten an der Ostküste Englands weiter nach Norden segeln. Über das Flüsschen Orwell führte der Weg nach Ipswich[256]. Am nördlichen Flussufer befanden sich Uferbefestigungen aus Holz, an denen die Schiffe anlanden konnten. Dahinter lag ein etwa sieben Hektar großes Siedlungsareal. Im Unterschied zu den anderen Handelsniederlassungen wurde das im frühen 7. Jahrhundert gegründete Ipswich im 9. Jahrhundert nicht aufgegeben, sondern blieb ohne nennenswerte Unterbrechungen bis heute bestehen.

Weiter im Norden erstreckte sich mit dem Humber das maritime Einfallstor Nordenglands. Über Humber und Ouse erreichten die Schiffe den schon in römischer Zeit wichtigsten Stützpunkt in Nordengland, das heutige York[257]. Nahe des ehemaligen römischen Militärlagers *Eburacum*, nur durch den Fluss Floss von ihm getrennt, befand sich etwas flussaufwärts die frühmittelalterliche Handelsniederlassung *Eoforwic*. Innerhalb des Militärlagers lag auch der Bischofssitz. Die zugehörige befestigte Stadt der Zivilbevölkerung, die *colonia*, erstreckte sich gegenüber auf dem Südufer der Ouse. Da im Hafenbereich des frühmittelalterlichen York bislang keine Ausgrabungen erfolgten, lassen sich über das ehemalige Schiffsgelände keine Angaben machen. Sicher aber befuhren seit der zweiten Hälfte des 8. Jahrhunderts Friesen die Seerouten bis in die Themse und den Humber.

- **Irische See und Irland**

Zwischen England und Irland erstreckt sich die Irische See. Diese kann man auf zwei Seewegen erreichen, entweder vom Ärmelkanal von Süden her oder um Schottland herum über den Atlantischen Ozean. Die Schiffe, die letzteren Seeweg im frühen Mittelalter nahmen, steuerten von den Hebriden her über die Isle of Man Irland an[258]. Für die Skandinavier war Dublin aufgrund seiner Lage an einer wichtigen Furt des Flusses Liffey attraktiv. Im Jahre 841 entstand dort eine erste, urkundlich erwähnte Siedlung (*Dyflin*) der Nordleute neben einer keltischen Siedlung. Nachdem die norwegischen Wikinger hier wieder vertrieben wurden, kehrten sie um etwa 917 zurück und gründeten eine Handelsniederlassung an der Stelle des heutigen Dublin. Die archäologischen Ausgrabungen in der Fishamble Street wiesen in dem sumpfigen Boden mehrere, von Flechtwerkwänden eingerahmte Parzellen mit kleinen Wohnhäusern und Nebenbauten nach. Wege aus Holzbohlen durchquerten das Siedlungsareal. In vielen der Häuser wurde Handwerksarbeit betrieben. Während des 10. Jahrhunderts wurde Dublin zu einer wohlhabenden frühen Stadt, ebenso wie andere Zentren rund um die Irische See, etwa Chester und Bristol. Die durch Handel reich gewordenen norwegischen Herrscher von Dublin weiteten schnell ihre Macht über die Irische See aus, eroberten die Isle of Man und entrissen den Dänen das Königreich York, das sie bis 952 behaupteten. Auseinandersetzungen der Wikinger in Irland selbst schwächten aber in der Folgezeit Dublin, das dadurch seine Vormachtstellung verlor.

- **Wattenmeergebiete zwischen Nordholland und der Elbe**

Von Dorestad aus konnten die Schiffe neben dem Seeweg entlang der nordholländischen Küste mit ihren Dünen auch den ungefährlicheren Flussweg über den Krummen Rhein nach Utrecht und von dort weiter über die Vecht bis in das *Almere* nehmen, einem Vorläufer des heutigen Ijsselmeeres[259]. Vor der Entstehung des Almere hatte sich hier in römischer Zeit ein von Mooren umgebener Binnensee, der *Lacus Flevo*, befunden, der nur über schmale Zuflüsse eine Verbindung zur Nordsee besaß. Um 800 hatten sich infolge von Sturmfluten die von der Nordsee her kommenden Priele so verbreitert, dass aus dem

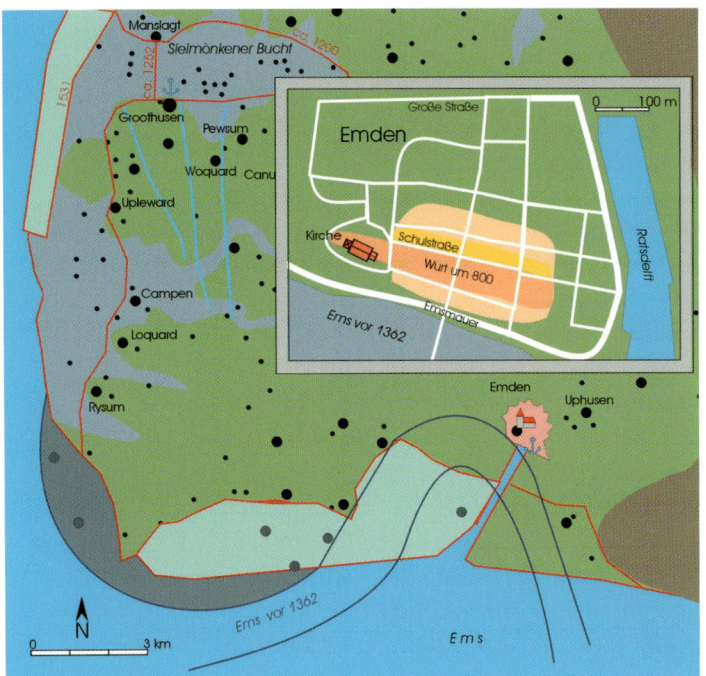

Emden

Große Straße

0   100 m

Kirche   Schulstraße
Wurt um 800

Ems vor 1362   Emsmauer

Ratsdelft

Manslagt
Sielmönkener Bucht
Groothusen   Pewsum
Woquard   Canu
Upleward
Campen
Loquard
Rysum

Emden   Uphusen

Ems vor 1362   Ems

N
0   3 km

Süßwassersee das salzhaltige Almere entstand. Infolge weiterer Sturmfluten wurden die Prielströme immer größer, so dass sich bis zum späten Mittelalter die salzige Zuiderzee mit einem großen Mündungstrichter herausbildete. Durch die Abdämmung der Zuiderzee entstand dann das heutige Ijsselmeer.

Im frühen Mittelalter passierten die Schiffe am Almere die Handelsniederlassung Medemblik im nördlichen Holland (Wesfriesland) und segelten dann über den Tidestrom des Vlie vom Almere in nordwestliche Richtung in die Nordsee. Vom Almere ging der Seeweg nach Nordwesten entlang der nordniederländischen Wattenküste. Die Strecken unter den friesischen Inseln und Sandbänken besaßen dabei ebenso wie die in den skandinavischen Schären den großen Vorteil, dass hier bei mittleren Windstärken eine wesentlich ruhigere See herrschte als auf dem offenen Meer. Über breite Meereseinbrüche und Flussmündungen konnten die Schiffe von der friesischen Küste her früher weit bis in das Landesinnere segeln. Eine dieser Meeresarme war die *Middelzee*, an dessen östlichem Ufer sich mit Leeuwarden eine

Handelsniederlassung befand. Dort lagen neben einer mit einer Kirche und Bauernhäusern bestandenen Terp zwei weitere, langgestreckte Wurten, die im 11./12. Jahrhundert die Handelsniederlassung des Ortes trugen. Aus allen dreien entwickelte sich im späten Mittelalter die Stadt Leeuwarden[260].

Segelten die Schiffe in die Ems, deren Mündung vor dem spätmittelalterlichen Dollarteinbruch schmaler als heute war, gelangten sie nach Emden[261]. Im frühen Mittelalter war dort auf dem östlichen Uferwall der Ems ein Straßendorf als Handelssiedlung entstanden. Von der damaligen Küste weiter entfernt als heute, befand sich der Ort in geschützter Uferlage des Flusses nahe der Mündung eines weiteren Wasserlaufs, der Ehe, die von der Geest bei Aurich in die Marsch führte. Im Schnittpunkt von Seeverbindungen und in das Hinterland führenden Wasserwegen war Emden somit als Umschlagplatz für den fränkisch-friesischen Nordseehandel sehr gut geeignet. Die Ems als wichtige Verbindung zur Nordsee gehörte – nach Ausweis der 17 friesischen Landgesetze (Küren) aus dem Ende des 12. Jahrhunderts – im 11. Jahrhundert zu den vier unter Königsschutz stehenden, in das Landesinnere führenden Wasserstraßen[262]. Ferner nennt die gleiche Quelle drei unter Königsschutz stehende Landstraßen, von denen eine entlang der Ems die Stadt Emden mit dem Bischofssitz Münster verband.

Die zwischen 1951 und 1959 durchgeführten archäologischen Ausgrabungen zeigten, dass der älteste Ortskern des 8./9. Jahrhunderts auf einer langgestreckten Wurt parallel des Emsufers lag. An der Wende zum 10. Jahrhundert begann der Wurtenausbau in nördliche Richtung, später auch nach Süden. Eine mit Hölzern befestigte Straße durchquerte die Wurt, von der ost-westlich verlaufende Wege zum Wurtrand verliefen. Zwischen der Wurt und der Ems erstreckte sich in frühmittelalterlicher Zeit eine etwa 100 m breite Wattzone. Da dieses Vorland bei

Hochwasser überflutet wurde und bei Niedrigwasser trocken fiel, konnten flachbodige Schiffe den Ort gut erreichen. Nachdem seit dem 11. Jahrhundert Kaianlagen üblich wurden, an denen Schiffe schwimmend anlegen konnten, vertiefte man den östlich der Wurt verlaufenden Priel. Zu dieser Zeit erstreckte sich auf der Wurt eine dichte Bebauung mit kleinen, aus Holz in Stabbauweise errichteten Häuser, die frühen Kaufleute- und Handwerkersiedlungen wie Haithabu ähnelte. Seit dem 12. Jahrhundert wurden die Gebäudekomplexe größer. Diese Weiterentwicklung zum zentralen Hafen- und Handelsmittelpunkt der Region verdankte der Ort seinem kontinuierlichen Wasseranschluss zur Ems und der Nordsee.

In seiner Anlage ähnelt das frühmittelalterliche Emden anderen Straßendörfern auf Langwurten, wie sie typisch für die friesisch besiedelte südliche Nordseeküste sind. Im Gegensatz zu den runden Wurten, deren Dörfer vor allem Landwirtschaft trieben, waren die Langwurten kleine Handels- und Handwerkersiedlungen. Charakteristisch für die Langwurten ist ihre Lage nahe von Flussmündungen oder Buchten mit in das Landesinnere führenden Flüssen oder Prielen. Die Häuser zogen sich in Form von sogenannten Einstraßensiedlungen direkt am Hafenufer entlang[263]. Als Straßendörfer bildeten sie zugleich Verkehrsknotenpunkte zwischen den Seerouten und dem dicht besiedelten, landwirtschaftlich orientierten Hinterland. Ihre wirtschaftliche Bedeutung lag in der Organisation des Nah- und Fernhandels. Hier wurden die einheimischen Produkte der Marsch gegen Importe des maritimen Fernhandels getauscht. Historische und archäologische Quellen deuten auf eine ländliche Oberschicht hin, die eine über den eigenen Bedarf hinausgehende, auf den Export ausgerichtete Produktion an sich zog und auch deren Vertrieb organisierte. Die Wasserwege erschlossen ihnen dabei den Fernhandel, der die ganze Nordseeküste umspannte. Die archäologischen

Ausgrabungen im Hinterland der Straßendörfer sind ein Spiegelbild dieser Entwicklung. Neben der Landwirtschaft als Haupterwerbszweig wurden hier auch gewerbliche Tätigkeiten ausgeübt. Fleisch, Wolle und Häute, Tuche, Knochen- und Geweihgeräte sowie Metallgeräte gehörten zum ländlichen Warenangebot, das die seegängigen Schiffe an Bord nahmen.

Manche dieser Langwurten büßten in spätere Zeit ihre Fernhandelsfunktionen ein, da sie ihren maritimen Anschluss verloren oder sich die wirtschaftlichen Anforderungen änderten. Dazu gehören Orte wie das im 8. Jahrhundert entstandene Groothusen in der ostfriesischen Krummhörn[264]. Vorbei an den ostfriesischen Inseln führte der Weg dann weiter in die Elbe und dann weiter nach Stade und Hamburg.

• Stade und Hamburg

Die Ursprünge Stades gehen auf die im 7. Jahrhundert von den Sachsen gegründete Schwingeburg mit anschließender, um 670 bestehenden Anlegestelle an der in die Elbe mündende Schwinge zurück[265]. Damit gehört Stade zu den ältesten Handelsplätzen Nordeuropas. Dies unterstreicht die Bedeutung der Elbe als Schifffahrtsweg schon in dieser Zeit. Eine urkundliche Erwähnung des Handelsortes als *Stethu* erfolgte erst 994 im Zusammenhang mit dem Überfall von Wikingern. Vermutlich seit dieser Zeit bis 1144 befand sich die Burg in Stade im Besitz der Udonen. Nachdem diese ab 1056 auch Grafen der Nordmark wurden, kaufte ihnen Erzbischof Adalbert von Hamburg-Bremen ihre Reichsunmittelbarkeit und Grafschaft ab und wurde so zu dessen Lehnsherr. 1145 kam die Grafschaft Stade dann in den Besitz Heinrichs des Löwen (*1129, †1195)[266].

Das frühstädtische Hamburg lag verkehrsgünstig nahe der Tideelbe im Schnittpunkt wichtiger Land- und Wasserwege. Bereits im 8. Jahrhundert befand sich auf der Geesthalbinsel zwischen Alster und Bille eine sächsische Siedlung mit einer

Modell der bislang archäologisch nicht sicher nachweisbaren Hammaborch, die den Kern des frühstädtischen Zentrums bildete. Modell: Helmsmuseum Hamburg.

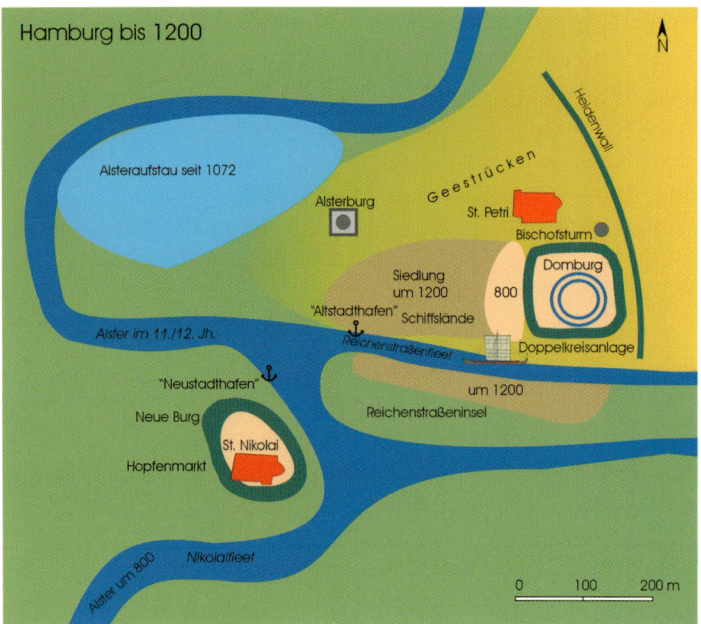

Das frühstädtische Hamburg lag verkehrsgünstig im Schnittpunkt von Land- und Wasserwegen nahe der Tideelbe. Im 8. Jahrhundert befand sich auf der Geesthalbinsel zwischen Alster und Bille eine sächsische Siedlung mit einer Doppelkreisanlage. Nachdem Karl der Große Nordelbien erobert hatte, ließ er dort 810 eine Taufkirche errichten. Inwieweit er den Ort auch befestigte bleibt unklar. Ludwig der Fromme machte 831 Hamburg zum Bistum, das 832 durch Papst Gregor IV. zum Erzbistum erhoben und mit Ansgar (801–865) besetzt wurde. In seiner Zeit bestand mit der Hammaborch eine Befestigung mit Wall und Graben, welche die aus Holz errichtete Missionskirche und ein Kloster schützte. Auf der Westseite lag eine Siedlung für Schiffskauf- leute, Handwerker und Fischer. Ein weiteres Schiffslände befand sich im Be- reich des heutigen Reichenstraßenfleets. Nach und nach weitete sich die Stadt aus. Grafik: Dirk Meier.

Doppelkreisanlage. Nachdem Karl der Große mit Hilfe seiner Verbündeten, der slawischen Abodriten, Nordelbien mit den drei Sachsengauen der Holsteiner, Stor- marner und Dithmarscher bis zum Dane- werk erobert hatte, ließ er 810 in Hamburg eine Taufkirche errichten. Ob er den Ort auch befestigte, bleibt unklar. Jedenfalls machte Ludwig der Fromme 831 Ham- burg zum Bistum, das 832 durch Papst Gregor IV. zum Erzbistum erhoben und mit Ansgar (*801, †865) besetzt wurde. In seiner Zeit bestand mit der Hammaborch (Ham = Ufer/Marsch) eine neue Befesti- gung mit Wall und Graben, welche die aus Holz errichtete Missionskirche (später Ma-

riendom) und ein Kloster schützte[267]. Auf der Westseite lag eine Siedlung für Schiffs- kaufleute, Handwerker und Fischer.

Archäologische Funde deuten dabei auf die Anwesendheit von Friesen hin, die in Ufernähe mit Kultivierungsarbeiten der Marsch begannen. Der Versorgung der Siedlung diente ein an der Nordseite ei- nes Prieles zwischen Alster und Bille (spä- teres Reichenstraßenfleet) gelegenes Schiffslände als Anlegestelle für flachbodi- ge Schiffe. Das hochwassergefährdete Are- al schützten hier Ufersicherungen aus Fa- schinen und eine Treppe von Baumstäm- men. Am anderen Ufer der Marscheninsel gründeten Schiffsleute im 9. Jahrhundert eine Einstraßensiedlung (spätere Rei- chenstraße), dessen lockere Bebauung mit Holzhäusern im 12. Jahrhundert einer re- gelmäßigeren Planung wich. Die Marsch wurde trocken gelegt und das Gelände mit Dung und Erde gefüllter Kästen auf- gehöht[268].

Nach Zerstörung der Hammaborch 845 durch dänische Wikinger wurde der Bi- schofssitz nach Bremen verlegt. Die wie- deraufgebaute Siedlung wurde dann 911 durch Slawen niedergebrannt. In den fol- genden Jahren stellte Erzbischof Adaldag (*900, †988) das Erzbistum wieder her, er- richtete eine neue Burg und verlieh dem neuen, größeren, von Handwerkern und Händlern bewohnten Ort das Marktrecht. Auch diese Siedlung fiel 983 einem slawi- schen Überfall zum Opfer. Der dann unter Erzbischof Unwan (†1029) beginnende Wiederaufbau dauerte bis in das 11. Jahr- hundert hin, wobei Erzbischof Bezelin (†1043) zwischen der sumpfigen Alster- niederung und der Domburg mit dem „Heidenwall" eine erste Stadtbefestigung mit Befestigungstürmen sowie einem Ha- fen an der Alsterschleife errichten ließ. Auf der anderen Seite der Alster lag eine vom sächsischen Herzog Bernhard II. (*990, †1059) errichtete Turmburg (Neue Burg). Damit waren die Grundlagen für die wei- tere ökonomische Entwicklung Hamburgs in der Amtszeit des Erzbischofs Adalbert IV.

(*1000, †1072) gelegt. Während der Erzbischof die Altstadt als Stadtherr regierte, stand ihm auf der anderen Alsterseite der Herzog als Stadtherr der Neustadt gegenüber. Die flachen Siedlungsgebiete sicherte hier ein Ringdeich vor Überflutungen. Ferner schützten aufgeschichtete Baumstämme vor Strömung und Wellen, die zugleich den Unterbau eines neuen Schiffsländes ähnlich des Altstadthafens bildeten. Da schon 1072 die unteren Alstermühlen bestanden, muss der für den Betrieb notwendige Staudamm an der alten Alsterfurt (Mühlendamm) zu dieser Zeit ebenfalls vorhanden gewesen sein und ist daher eine der ältesten Deichanlagen Hamburgs. Im Verlauf der skandinavischen Mission wurden die Handelsbeziehungen mit dem Norden weiter ausgebaut. Nachdem die Abodriten 1066 und 1072 Hamburg nochmals überfielen, verließen die Erzbischöfe endgültig Hamburg und residierten seitdem in Bremen. Nach diesen Zerstörungen dauerte es einhundert Jahre, bevor sich die Stadt unter den Schauenburgern weiterentwickelte, die 1106 die sächsischen Herzöge der Billunger als Stadtherren abgelöst hatten.

• Nordseeküste Schleswig-Holsteins

Von der Elbe nach Norden segelten die Schiffe weiter entlang des Dithmarscher Küstengebietes mit seinen Seemarschen und vorgelagerten Watten. Hier gab es keine speziellen Handelswurten, wohl aber konnten Schiffe über Priele zu einigen Wurtendörfern gelangen. Dithmarschen erscheint in der Kirchengeschichte Adams von Bremen (Buch II, 17[15]) um 1070 als *Tedmarsgoi* neben dem der Holsten (*Holcetae*) und Stormarn (*Sturmarii*) als einer der drei im Jahre 798 auf dem Sventanafeld bei Bordesholm durch die slawischen Abodriten als Verbündete Karls des Großen unterworfenen nordelbingischen Sachsengaue. Nachdem Karl deren Land erst den in Ostholstein siedelnden Abodriten versprochen hatte, gliederte er sie in das Frän-

kische Reich ein. Zur Sicherung seiner Macht ließ er 809 die Burg Esesfelth bei Itzehoe errichten. Verbunden mit dem Ausbau der fränkischen Macht war eine Missionierung, wie die Gründung der Kirchen in Meldorf um 820 für Dithmarschen, Schenefeld für Holstein und Hamburg für Stormarn zeigt. Ausgangspunkt der Mission war das 831 gegründete Bistum Hamburg und das 845 zum Erzbistum erhobene Bremen[269].

Eine der maritimen Anlaufstellen war das am Geestrand gelegene Meldorf. Beim Bau des Meldorfer Landwirtschaftsmuseums in der Marschenzone am Geestrand stieß man durch Zufall auf die Schwemmschichten eines versandeten Wasserlaufs. Auf ihm konnten im Mittelalter Schiffe von der Nordsee her kommend über den damaligen Mieleverlauf bis an den Geestrand bei Meldorf segeln, wo sich ein Hafengelände befand. Südwestlich und nordöstlich von Meldorf erstreckten sich ausgedehnte Seemarschen, in deren seewärtigen Gebieten über Priele gut zugängliche Dorfwurten lagen. Zu den im frühen Mittelalter gegründeten küstennahen Siedlungen gehört die Dorfwurt Wellinghusen bei Wöhrden. Hier war spätestens seit dem Ende des 7. Jahrhunderts eine Siedlung mehrerer Wohnstallhäuser als Flachsiedlung nahe eines etwa fünf Meter breiten Prieles entstanden. Das Prielufer war dabei möglicherweise für das Anlegen kleinerer Schiffe

In den schleswig-holsteinischen Nordseemarschen partizipierten ländliche Wurten, wie Wellinghusen in Dithmarschen, vom maritimen Fernhandel. Die 1994 durchgeführten Ausgrabungen legten an der Basis der späteren Dorfwurt an einem im 9. Jahrhundert mit Mist verfüllten Priel eine Flachsiedlung aus der Zeit um 700 n. Chr. frei. Über den Priel führte eine Brücke (im Vordergrund des Bildes). Kleine Boote konnten die Wurt von der Nordsee her erreichen.
Foto: Dirk Meier.

Nördlich der Eider lag die von Friesen im 8. Jahrhundert angelegte Wurtsiedlung Elisenhof bei Tönning, deren Bewohner vom Transitverkehr über die Eider und Treene mit dem anschließenden Weg nach Haithabu Profit zogen. Modell: F. Fischer, Museum der Landschaft Eiderstedt.
Foto: Dirk Meier.

hergerichtet worden. Dieser kleine, durch die Siedlung verlaufende Prielarm mündete in einen größeren Priel, über den aus die Schiffe von der Nordsee nach Wellinghusen gelangen konnten. Die in den Untergrund eingelassenen Pfähle und die Reste von Bohlen deuten auf einen parallel des Priels verlaufenden Steg oder eine Brücke hin. Eine der verbauten Bohlen wies eine Altersdatierung von 785 n. Chr. auf[270]. Auch die archäologischen Funde, etwa Wetzsteine aus Skandinavien, Kämme und Keramik aus Friesland, unterstreichen, dass die Bevölkerung vom Seehandel profitierte. Aufgrund der guten Verkehrssituation und der sicheren Lage auf einem hohen Uferwall in der umgebenen Seemarsch mit ausgedehnten Salzwiesen blieb die seit dem frühen 9. Jahrhundert mehrfach mit Mist und Klei aufgehöhte Wurtsiedlung bis in das späte Mittelalter besiedelt. Die Fernhandelskontakte büßte die Siedlung aber wohl seit dem Hochmittelalter zunehmend ein.

Ein wichtiger Verkehrsknotenpunkt war die Mündung der Eider. Nördlich der Flussmündung siedelten seit dem 8. Jahrhundert Friesen, deren maritime Landnahme sich der schriftlich überlieferten Geschichte entzieht[271]. Hinweise solcher Fernverbindungen bilden die Importe, wie Keramik und Kämme aus Friesland oder Wetzsteine und Steigbügel aus Skandinavien, Mahlsteine aus rheinischem Basalt und

Scheibenfibeln aus dem Frankenreich in der Marschensiedlung am Elisenhof bei Tönning, wo sich vom 8. bis 10. Jahrhundert mehrere Wohnstallhäuser auf den Abhängen eines Uferwalles nahe der Eider befanden. Ein Priel hatte ursprünglich in das Siedlungsgebiet gereicht, bevor man diesen mit Mist zuschüttete und in das Siedelareal miteinbezog[272].

Über Eider und Treene führte der Verkehrsweg weiter bis zum Handelsort Haithabu am östlichen Ende der Schlei. Der Eider und dann der Treene folgend konnten flachgängige Schiffe, wie der Holk, Hollingstedt erreichen, von wo aus sich die Waren nach Haithabu transportieren ließen, einem der wichtigsten Handelsplätze des 9. bis 11. Jahrhunderts in Nordeuropa[273]. Nördlich der Eider begann das Einflussgebiet des Dänenkönigs Siegfried (erwähnt 794–803) und dessen Nachfolger Göttrik (dän. Gudfred; Regierungsjahre 804–810), die sich hinsichtlich ihrer Macht jedoch nicht mit dem Fränkischen Imperium messen konnten. Zwar verfügten die Könige über eine Flotte, doch zwang die eigene militärische Schwäche das dänische Königtum des späten 8. und frühen 9. Jahrhunderts eher zu einem defensiven Verhalten gegenüber den Franken, wie es auch in den Begegnungen von Karl dem Großen mit König Göttrik zum Ausdruck kommt[274]. Letzterer schickte lediglich Boten zu Karl. Dessen Nachfolger Hemming (Regierungsjahre 810–811/12) akzeptierte die Eider als Grenze. Noch weiter nördlich erstreckte sich zwischen der Schlei und den unpassierbaren Mooren an der Treene mit dem seit 737 angelegten und um 800 ausgebauten Danewerk ein dänisches Verteidigungswerk gegen mögliche Angriffe von Sachsen, Slawen oder seit dem frühen 9. Jahrhundert dann fränkischen Heeren aus dem Süden.

Nahe des westlichen Endes des Danewerks lag an der Treene Hollingstedt, wo die von der Eider her kommenden Waren von den Schiffen auf Wagen umladen wurden[275]. Zwar berichtet die Knytlingasaga,

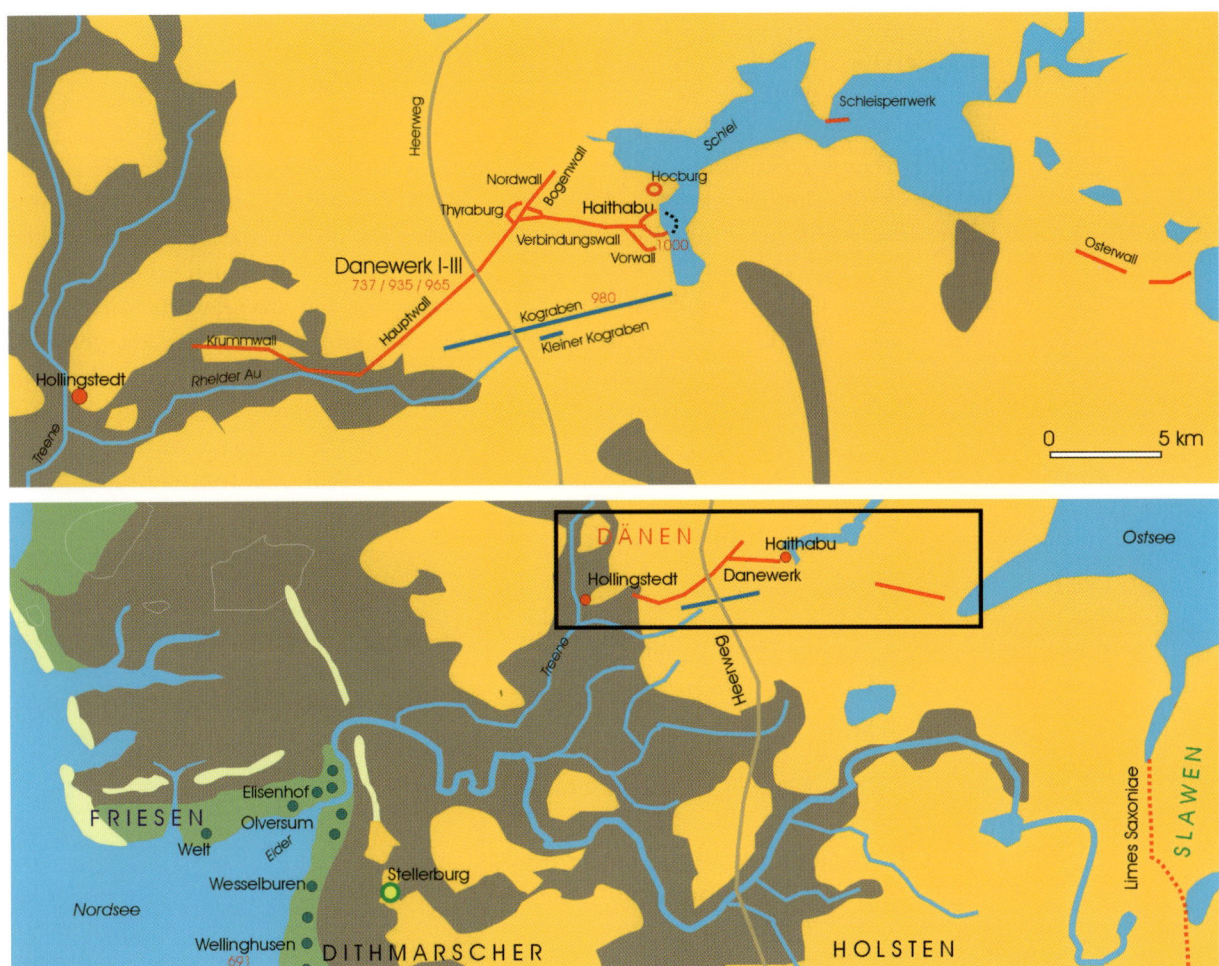

Über Eider und Treene führte an der schmalsten Stelle der jütischen Halbinsel eine West-Ost-Verbindung zum Handelsort Haithabu am östlichen Ende der Schlei. Den Flüssen folgend, konnten von Westen her flache Schiffe Hollingstedt an der Treene erreichen, wo die Waren auf Wagen umgeladen wurden. Nördlich der Eider und des Danewerks begann das dänische Einflussgebiet, südlich siedelten Sachsen, im Westen nördlich der Eider Friesen. Grafik: Dirk Meier.

dass der Dänenkönig Sven mit seinem Heer und einer Anzahl von Schiffen die Landenge von Schleswig nach Hollingstedt 1151 überquerte, doch handelte es sich dabei um leichtere Kriegsschiffe, die man getragen oder anders transportiert haben könnte. Die in die Treene mündende Rheider Au wäre zudem wohl ohne einen Ausbau mit Staustufen mit Ausnahme von Einbäumen für die Flussschifffahrt nicht geeignet gewesen. Für die letzte Strecke nach Haithabu hätte man immer noch Wagen benutzen müssen. Auch die

Deutung des Kograbens zwischen Rheider Au und dem Selker Noor als Kanal ist nicht nachweisbar[276]. Nördlich und südlich des vermoorten Tales der Rheider Au verliefen zwischen Hollingstedt und Haithbau wohl jeweils ein Landweg. Der nördliche führte am Geestrand nördlich des seit 727 bestehenden und bis 1180 ausgebauten Danewerks vorbei, bevor er dieses passierte und dann das Südtor des Haithabuer Halbkreiswalles erreichte. Der südliche führte vielleicht von Hollingstedt über das heutige Groß Rheide am

Geestrand bis zum Ochsenweg. Die Deutung der Ortsnamen Rheide als Reede (Schiffsliegeplätze) lässt dabei an ein Umladen der Waren von Einbäumen auf Karren oder Tragtiere denken.

Trotz dieser Einschränkungen bildeten Eider und Treene im frühen Mittelalter eine zentrale West-Ost-Verkehrsachse durch den Süden der jütischen Halbinsel an ihrer schmalsten Stelle. Mit den weitreichenden Handelsverbindungen verbreiteten sich nicht nur Waren sondern auch neue Glaubensvorstellungen. So gelangten auch Missionare in das Landesinnere. So verwundert es nicht, dass mit Meldorf 820 und Ribe 948 an der Nordseeküste dort Kirchen entstanden, wo Schiffe über Miele und Ribe Au anlanden konnten. Während das südlich der Eider gelegene Dithmarschen in kirchlicher Hinsicht zum 831 entstandenen Hamburger Bistum gehörte, war der Bereich nördlich . des Flusses dem 948 durch Otto I. gegründeten Bistums Schleswig unterstellt. Von der Eidermündung nach Norden führte der Weg entlang des nordfriesischen Küstengebietes mit seiner damals noch langgezogenen Nehrungsküste von Eiderstedt bis Amrum, die mehrere breite Priele durchbrachen, dann weiter entlang von Sylt bis nach Ribe an der jütischen Westküste.

• Nordseeküste Jütlands

Hatten im frühen Mittelalter die Schiffe die nördlichen Frieslande hinter sich gelassen, steuerten sie auf die jütische Küste zu, um dann in die kleine Mündung der Ribe Å (Ribe Au) zu gelangen. Von hier aus waren es noch etwa fünf Kilometer bis Ribe, jener skandinavischen Wikingersiedlung an der Nordsee, die die friesischen Schiffer auf ihrem Weg nach Norden als erste erreichten[277].

Ribe war wie so viele andere Handelsniederlassungen an einem Schnittpunkt von Land- und Wasserwegen entstanden. Um 700 lag am Flussufer der Ribe Å eine Siedlung, die sich bald zu einem kleinen

Umschlagplatz und Markt entwickelte. Händler kamen, stellten dort ihre Verkaufsstände auf, und Werkstätten entstanden. Ausgehobene Gräben teilten das Land in Parzellen ein. Vielleicht war diese Niederlassung zunächst nur während der sommerlichen Handelsaktivitäten bewohnt, möglicherweise aber auch schon ganzjährig. Rasch wuchs das Gewerbe. Glasperlen, Schmuck und Kämme wurden gefertigt. Von den Siedlungen des Umlandes trieben die Bewohner das Vieh heran. Aus dem kleinen Anlaufplatz wurde so schon bald das wichtigste frühstädtische Zen-

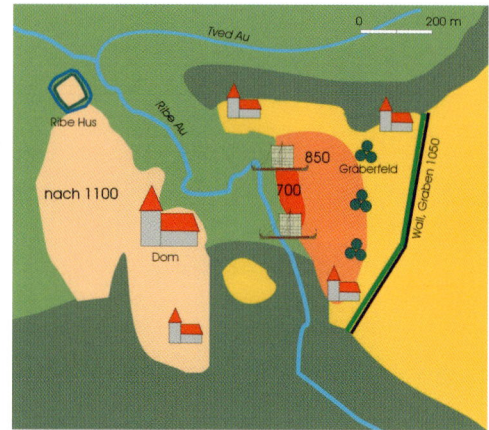

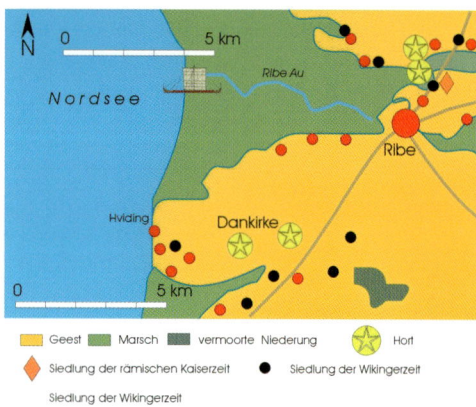

Den ersten Hafenort nördlich der Eider im dänischen Königreich Dänemark war das um 700 gegründete Ribe. Der Ort wurde auf einer Geesthalbinsel an der Ribe Au gegründet. Im hohen Mittelalter verlagerte sich die Stadt auf die andere Seite des Flusses. Ribe entstand in einer bereits in der Eisenzeit dicht besiedelten Küstenlandschaft, wo insbesondere das Zentrum Dankirke hervorragte.
Grafik: Dirk Meier.

*Das Modell im Museum „Ribes Vikinger" zeigt das frühmittelalterliche Schiffslände Ribes, wo Anfangs nur in den Sommermonaten Markt abgehalten wurde.
Foto: Dirk Meier.*

trum an der Westküste Jütlands. Die Entdeckung von 300 Sceattas, kleinen Silbermünzen, von denen einige in Ribe gefertigt wurden, deutet auf eine planende Hand hin, hinter der vielleicht der König stand. Seit dem frühen 8. Jahrhundert wurde Ribe so zu einem wichtigen Umschlagplatz zwischen Westeuropa und Skandinavien. Gläserne Trinkgefäße und Keramik aus dem Rheinland belegen beispielsweise den Import von Wein. Auf dem Markt erstanden die Händler Vieh. Südlich des Warenumschlagplatzes entwickelte sich eine Siedlung mit großen Pfostenhäusern und kleineren Hütten auf einer Geestzunge in Übergangslage zur vermoorten Niederung. Den Rand des Siedlungsareals begrenzte zunächst ein Graben, seit dem 10. Jahrhundert ein Wall. In der Mitte des 9. Jahrhunderts war Ribe bereits so bekannt, dass es Missionare wie Ansgar anlockte. Die weitere Entwicklung ging schnell: Bereits 948 wird Ribe als Bischofssitz genannt. Möglicherweise verlagerte sich schon in dieser Zeit der Sied-

lungsschwerpunkt auf die Südseite des Flusses. Über das gesamte Mittelalter hinweg bildete Ribe das wichtigste kirchliche und wirtschaftliche Zentrum an der Westküste Jütlands. Das verwundert nicht, denn nördlich von Ribe gibt es mit Ausnahme des Limfjordes keine größeren Flüsse oder in das Landesinnere führenden Fjorde.

• Über den Skagerrak nach Norwegen

Die Schiffe, die der jütischen Westküste weiter nach Norden folgten, mussten – wenn sie nicht durch den Limfjord in die Ostsee segelten – auf dem Wege nach Norwegen mit der Jammerbucht und dem Skagerrak zwei gefährliche Seegebiete durchqueren, in denen neben unberechenbaren Strömungen und Sandbänken nahe der Küste heftige Stürme auftreten können. Da sich hier bei starken Nordwestwinden eine mächtige Dünung zwischen Schottland und Norwegen ungehindert

Rekonstruktion eines Teils der Handelssiedlung Kaupang am Oslofjord. Quelle: Kramer u.a. 2000, 78.

auf die Küste zubewegt, erzeugt sie auf dem schnell ansteigenden Landgrund eine hohe Brandung, was bis heute vielen Schiffen zum Verhängnis wurde. Segler sollten daher bei auflandigen Winden diesen Küstenabschnitt meiden.

Auch die Besatzungen der Wikingerschiffe dürften froh gewesen sein, wenn sie den Skagerrak passiert hatten und im südlichen Norwegen den Fjord erreichten, an dessen Ende Kaupang lag. Gegen die See war das Innere des Fjords durch zahlreiche kleine Inseln geschützt[278]. Kaupang dürfte das *Sciringesheal* gewesen sein, das der norwegische Kaufmann Ottar beschrieben hatte. Der Name Kaupang, ursprünglich Markt bedeutend, gehört heute zu einem Bauernhof, in dessen Umkreis viele Grabhügel der Wikingerzeit liegen. Heute fällt hier eine Wiese flach zu den Ufern des Fjords hinab, die den Schiffen das Anlaufen erleichterte. Ehemals im Tidebereich auf dem flach auslaufenden Strand lagen befestigte Zugänge für zwei „Schiffsländen", die heute infolge der Landhebung auf dem Trockenen stehen. Die eine bestand aus Pfählen und aus Flechtwerk mit einer Steinlage, die andere aus einer langen Steinschüttung. Beide Steinlagen führten in den Bereich der Häuser am Ufer. In den archäologisch untersuchten sechs Gebäuden fanden sich Eisen- und Bronzeschlacke, Schmelztiegel und Abfälle der Glasperlenherstellung. Da keine Herde und Haushaltsabfälle gefunden worden sind, waren diese Gebäude wohl nicht ganzjährig bewohnt. Ebenfalls nachgewiesen ist eine Werkstatt zur Reparatur von Schiffen.

Die archäologischen Funde belegen ferner Kontakte mit dem Rheinland, England und dem Ostseeraum. Speckstein und Schiefer für Wetzsteine gelangten aus dem Hinterland nach Kaupang und wurden hier getauscht. Das Wrack eines Wikingerschiffs mit einer Ladung solcher Schieferwetzsteine ist ungefähr 15 km entfernt an der Küste bei Kålsund gefunden worden. Da der Ort nicht ständig bewohnt war und auch keine Befestigungsanlagen besaß, wie

sie für die unruhige Zeit des 10. Jahrhunderts üblich wurden, wurde Kaupang vermutlich vorher aufgegeben. Ursache dafür mag ein sich verändernder Meeresspiegel gewesen sein, aber auch der Rückgang des dänischen Einflusses in Südnorwegen.

Von Kaupang aus führte der Seeweg in das Ostseegebiet. Die Ausbreitung des von der Rheinmündung ausgehenden Fernhandels unterstreichen dabei die Verbreitung von Münzen. So konzentrieren sich die merowingischen Münzen (Trienten) des 7. Jahrhunderts noch auf den Nordseeraum, während sich die Sceattas dann im 8. Jahrhundert auch an den Küsten der Ostsee finden.

Die maritime Kulturlandschaft der Ostseeküste

Wie die Nordsee ist auch die Ostsee ein Flachwassermeer, wenn auch ohne ausgedehnte Wattflächen, da sich hier Ebbe und Flut weit weniger bemerkbar machen. Dabei unterscheiden sich die Küsten- und Ufertypen des südlichen Ostseeraums stark von den Felsenküsten Norwegens und Schwedens mit ihren Fjorden und Schären. So grenzt das Meer im südlichen Ostseegebiet an die mehr oder minder steil abfallenden Moränen der letzten Eiszeit, Hügelketten aus Gletscherschutt. Teilweise schneiden Förden, Buchten oder größere Mündungsdeltas – wie die der Oder oder Weichsel – weit in das Landesinnere ein oder schaffen Nehrungshaken Ausgleichsküsten wie in Mecklenburg und Vorpommern. Ähnlich wie Mecklenburg und das östliche Schleswig-Holstein ist auch die Küstenlinie Ostdänemarks beschaffen. Den Zugang zur Ostsee versperren hier die Inseln Fyn (Fünen) und Sjælland (Seeland), zwischen denen die Meerengen oder Sunde des Kleinen und Großen Belt sowie des Öresunds die maritimen Zugänge bilden. Dieser Naturraum bestimmte die Anlage der frühen Handelsplätze ebenso wie die Seerouten.

Legende:
- Handelsort, Ort
- Schiffsgrab
- Gräberfeld
- Heerlager
- Heerweg

Bergen — NORWEGEN — SCHWEDEN — Tune — Borre — Oseberg — Gokstad — Kaupang — Skagerrak — Bottnischer Meerbusen — Staraja Ladoga — Uppsala — Sigtuna — Birka — Helgö — Finnischer Meerbusen — Nowgorod — RUS — Aggersborg — Lindholm Høje — Fyrkat — Mammen — Århus — DÄNEMARK — Nordsee — Jelling — Ladby — Roskilde — Ribe — Nonnebakken — Trelleborg — Paviken — Köpingsvik — Grobin — Ostsee — Gnezdovo — Haithabu — Ralswiek — Arkona — Alt Lübeck — Dierkow — Reric — Menzlin — Wolin — Wiskiauten — Danzig — Truso — SLAWISCHE STÄMME — FRANKENREICH — Stade — Hamburg

0   100 km

Seit dem 8. Jahrhundert n. Chr. waren an wichtigen Schnittpunkten des Land-, Fluss- und Seeverkehrs frühe Umschlagplätze entstanden, die sich seit dem 9./10. Jahrhundert zu großen Handelsniederlassungen entwickelten[279]. Kennzeichnend für diese Orte war eine Verbindung von Fernhandel, Handwerk und Gewerbe. Zunächst mögen es bäuerliche Hofverbände gewesen sein, die vom Handel profitieren wollten, bevor seit dem 9. Jahrhundert die jeweilige Herrschaft ein Augenmerk auf diese Plätze warf. Zu den Hofverbänden gehörten eigene Anlegestellen.

Neben den Häfen der maritimen Handelsorte (emporien) gab es an flachen Küstenabschnitten zahlreiche Schiffslanden, wo die Schiffe direkt auf den Strand fuhren. Wie auf dem Teppich von Bayeux zu sehen, fuhren sie mit vollen Segeln auf den

Strand zu. Die Mannschaft navigierte dabei mit langen Stangen und Rudern, bis dann das Segel herabgelassen wurde. Nahe des Ufers wurde der Anker ausgebracht, und die Leute wateten in geschürzter Kleidung durchs Wasser, um die Ladung an Land zu schaffen. Dann legte man den Mast um. Die nordischen Sagas stimmen mit dem Teppich von Bayeux darin überein, dass die größeren Schiffe mit Tauen an Land oder ins Wasser gezogen wurden. Zudem konnten Rundhölzer (hlunar), auf Island auch Walrippenstücke, unter das Boot gelegt werden. So ließen sich Schiffe auf längeren Strecken auch rollen oder – wie bei den norwegischen Bootsschuppen – über feste Querhölzer schleifen. An Land wurden die Schiffe mit Pfählen gegen das Umfallen geschützt. In umgekehrter Weise vollziehen sich diese Arbeitsabläufe beim Auslaufen.

Rekonstruktion eines wikingerzeitlichen Bootsschuppens im Museum Oldenburger Wall. Foto: Dirk Meier.

Auch das Epos des Beowulf (III, 215) berichtet über ein Schiff, das an der Küste stand und ins Meer geschoben wurde. Wenn auch Alkuin von Schiffen spricht, die an Land gezogen wurden, so taucht doch in den in Latein abgefassten Schriftquellen viel öfter der Begriff *portus* auf, wobei zwischen Schiffsländen und Kaianlagen nicht unterschieden wird. Manchmal helfen aber die nordischen Ausdrücke, die mit den Begriffen Gestade und Landestellen die Orte bezeichnen, an denen Schiffe an Land gezogen wurden. Bei manchen Schiffsländen konnten die Ufer auf einfache Art befestigt sein, wie etwa aus Faschinen (Reisigbündeln) aus Flechtwerk mit aufgelegten Steinpackungen, aber auch verpflockte Stämme, Dämme oder einfache Einfassungen aus Pfählen mit Flechtwerk. Sinn dieser Anlagen war die Befestigung von Schlickböden im Watt oder der Hochwasserschutz. Im Unterschied zu Kaianlagen wiesen diese Befestigungen keine senkrechten Kanten zum Wasser hin auf. Häufig besaßen sie Durchlässe, um Schiffe an Land zu den Bootsschuppen zu schieben. In Skandinavien wurden diese festen Zugänge zu den Schiffsländen auf manchen Runensteinen als *bryggjur* (Brücken) bezeichnet.

Solche saisonal genutzten Schiffsländen hat es im nordischen Raum als einfachste und ursprünglichste Landeeinrichtung schon früher gegeben[280]. Während der Handelssaison im Sommer begnügten sich die Schiffer damit, ihre Boote an Land zu ziehen. Im Winter wurden kleine Fahrzeuge des Binnenverkehrs an Land einfach umgedreht. Größere Schiffe fanden Schutz vor den Unbilden der Natur in Bootsschuppen. Diese besaßen bootsförmig ausgebogene Längswände in Palisadenbauweise mit einem angeschütteten, hohen und mit Steinen abgedeckten Erdwall, wie der Fund aus der Zeit um 500 n. Chr. bei Killingviken südlich von Bergen andeutet. Die dem Wasser zugewandte Giebelseite war offen. Im Inneren war über die ganze Länge des Bauwerks eine mit Stein ge-

pflasterte Abflussrinne mit Seitenwänden in den Boden eingelassen. Darüber lagen Querbalken, auf denen das Boot trocken stand, während das Wasser gut abfließen konnte. Wie weitere norwegische Beispiele zeigen, reicht die Tradition der Bootshäuser *(naust)* bis in die ersten nachchristlichen Jahrhunderte zurück. Diese mit der Schifffahrt eng verbunden Bauten fanden in der Wikingerzeit eine weite Verbreitung. So gehören Bootsschuppen, Hof und Gräberfeld in Strandnähe bei archäologischen Funden auf den Orkneys eng zusammen. Auf Island und den Färöern waren solche Bootsschuppen noch im 19. Jahrhundert in Gebrauch. In dem beschriebenen Beispiel von Killingviken bot der Schuppen bereits in der Eisenzeit Platz für ein 25 m langes und 4,70 m breites Schiff. Auch im skandinavischen Ostseeraum waren solche Bootshäuser üblich[281].

Zwar gab es im frühen Mittelalter solche Schiffsländen auch noch an den größeren maritimen Umschlagplätzen, doch besaßen die meisten der frühmittelalterlichen emporien feste Kaianlagen in Form von Brücken und Stegen, an denen die Schiffe festmachten. Zeilenförmig angelegte kleine Häuser bildeten in diesen Handelszentren die zweckdienliche Bebauung für den sich stärker entwickelnden Fernhandel. Bereits in der ersten Phase dieser Handelsplätze waren in den Hofverbänden Erzeugnisse aus Knochen, Horn und Geweih gearbeitet worden. Daneben wurde Bunt- und Edelmetall verarbeitet sowie Eisengeräte produziert. Diese fanden beim Hausbau ebenso Verwendung wie beim Bootsbau. Neben der handwerklich-gewerblichen Produktion lieferten diese Hofeinheiten mit Viehhaltung und Ackerbau auch die benötigten Lebensmittel. Weitere Höfe im Umland traten bei der Erzeugung von Nahrungsgütern hinzu.

Kennzeichnend für die Handelsniederlassungen ist vor allem die enge ökonomische Verbindung zwischen Hinterland und Nahmarkt, Küsten- und Fernhandel. Das

Hinterland stellte die Ernährung der Bewohner in den Warenumschlagplätzen sicher. Von hier kamen auch Produkte wie Salz, Bernsteine, Hering, Eisenbarren, Tuche oder Stoffe, die in den Fernhandel gebracht wurden. Sicher gab es dabei verschiedene Verkehrszonen. Die Handelszone in der westlichen Ostsee umfasste Gotland, Schweden sowie Dänemark und reichte bis ins Nordseegebiet. Handelsgüter waren hier vor allem Eisenbarren und Geweihgeräte. Das Erz beispielsweise kam vor allem aus Südschweden. Daneben gab es Gefäße aus norwegischem Speckstein sowie Wetzsteine zum Schärfen von Messern aus Tonschiefer, der ebenfalls vor allem aus Norwegen stammte. Eine weitere Zone griff über Osteuropa hinaus und reichte über die großen Flusssysteme bis nach Byzanz. Mehr als 2000 vorwiegend arabische Silbermünzen aus mittel- und vorderasiatischen Münzprägestätten, auch byzantinischer und finno-ugrischer Schmuck gelangten so in das Ostseegebiet[282].

Mittler zwischen den verschiedenen Kulturen wurden die Fernhandelskaufleute auf ihren Schiffen. Bereits im 8. Jahrhundert hatten friesische Händler den Ostseeraum erreicht. Neben Friesen betätigten sich Dänen, Schweden und Slawen, ja sogar Araber als Händler. Sicher kennen wir die Verhältnisse in Wolin an der Dzwina. Es ist Adam von Bremen, der dort für das 11. Jahrhundert Quartiere fremder Kaufleute, so aus Sachsen und dem Gebiet der Rus (in diesem Fall Griechen) bezeugt. An anderen Orten, wie in Arkona, werden fremde Kaufleute nur als kurzzeitige Gäste erwähnt. Bei Gefahr fanden sie Schutz in der nahe gelegenen Stammesburg, die im Zusammenhang mit der dänischen Belagerung von 1168 erwähnt wird. Andererseits war es im Interesse der Kaufleute, in den Seehandelsplätzen die unmittelbare Nachbarschaft von militärisch-politischen Zentren zu meiden, um unabhängig zu bleiben. Absolut war diese jedoch nicht, wurde sie doch auch mit Abgaben erkauft.

Historische Überlieferungen rühmen oft den Reichtum und die Größe dieser Handelszentren, weshalb sie oft überfallen wurden. So berichten die Fränkischen Reichsannalen (*Annales regni Francorum*) über das Jahr 808, dass das *in oceani litore*, am Ozean (gemeint ist die Ostsee) gelegene Reric im Land des slawischen Stammes der Abodriten von dem dänischen König Göttrik überfallen wurde. Göttrik beließ es nicht bei der Plünderung des Ortes, sondern verschleppte die Kaufleute von dort *ad portum, qui Sliesthorp dicitur*, also zu einem Sliesdorf (Sliesvig) genannten Hafen, dem bekannten Haithabu am Ende der Schlei südlich der heutigen Stadt Schleswig, wo er sie neu ansiedelte. Die Kaufleute und ihre Kenntnisse waren offensichtlich unersetzlich. Mussten diese vorher den slawischen Fürsten Abgaben zahlen, fielen diese nun an den dänischen König. Diese erste schriftliche Erwähnung von zwei Seehandelsplätzen im südwestlichen Ostseeraum wirft ein schlagartiges Licht auf die ökonomische Struktur der Küstengebiete und lässt die Bedeutung der Seehandelsplätze erahnen.

• Haithabu

Zu den am besten untersuchten dieser emporien gehört Haithabu am Ende der etwa 35 km langen Förde der Schlei. Kurz vor Ende des Meeresarmes erstreckte sich im Süden der Schlei ein geschützter Meeresarm, das Haddebyer Noor. Hier lag eine der bedeutensten frühen Handelsniederlassungen Nordeuropas[283]. Zur Zeit seiner größten Ausdehnung bedeckte das im 10. Jahrhundert von einem Halbkreiswall geschützte Haithabu eine Fläche von 25 Hektar und wies eine Einwohnerzahl von etwa 1500 Menschen auf. Im Hafen machten die Schiffe an hölzernen Molen fest, die in das Hafenbecken mit seiner halbkreisförmigen Befestigung hineinragten. Der arabische Kaufmann At-Tartuschi, der um das Jahr 950 aus Tortosa in Spanien kommend Haithabu besuchte, gibt uns einen Eindruck dieser Stadt:

Hochburg
um 800

Runenstein

Haddebyer Noor

Palisaden

Halbkreiswall

Anleger
836-966

Bach

Wrack 2 um 965

um 800

Wrack 1 um 985

Haithabu
um 950

Wrack 3 um 1025

Danewerk

Graben

Wrack 3 um 1164

Bootkammergrab

Südsiedlung
ab 750

Gräberfeld/Gräber

0   200 m

Weg

Nahe des Endes der Schlei lag am Haddebyer Noor mit Haithabu eine der bedeutendsten frühen Handelsniederlassungen Nordeuropas. Zur Zeit seiner größten Ausdehnung im 10. Jahrhundert umgab ein Halbkreiswall eine Fläche von 25 Hektar. Im Hafen der etwa 1500 Einwohner umfassenden emporiums machten Schiffe an hölzernen Molen fest, die in das Hafenbecken mit seiner halbkreisförmigen Befestigung hineinragten. Grafik: Dirk Meier.

Schleswig ist eine sehr große Stadt am äußeren Ende des Weltmeeres. In ihrem Inneren gibt es Quellen süßen Wassers. Ihre Bewohner sind Siriusanbeter, außer einer kleinen Anzahl, welche Christen sind, die dort eine Kirche haben … Die Stadt ist arm an Gütern und Segen [Grund und Boden]. Die Hauptnahrung ihrer Bewohner besteht aus Fischen, denn sie sind dort zahlreich. Werden einem von ihnen Kinder geboren, so wirft er sie ins Meer, um sich die Ausgaben zu sparen …

Für Adam von Bremen war Haithabu ein wichtiger *portus maritimus*, somit ein Seehandelshafen. Umfassender als diese Berichte vermitteln die umfangreichen archäologischen Untersuchungen die Entwicklung und Wirtschaftsstruktur Haithabus[284]. So war zunächst südlich des späteren Halbkreiswalles in der zweiten Hälfte des 8. Jahrhunderts eine Siedlung entstanden. Im 9. Jahrhundert – somit in etwa zur Zeit, in der die Kaufleute aus Reric durch Göttrik angesiedelt wurden – verschob sich das Siedelzentrum weiter nach Norden an einen kleinen, in das Noor fließen-

den Bach, der seit dem 10. Jahrhundert kanalisiert und mit Planken eingefasst war. Mit Holzbohlen ausgelegte Straßen durchzogen das frühstädtische Zentrum. Beiderseits der Wege befanden sich kleine eingezäunte Areale, in denen Wohnhäuser, Werkstätten und Lagerhäuser lagen. Meist handelt es sich um kleine Rechteckhäuser mit zwei oder drei Räumen. Ausgrabungen, geophysikalische Untersuchungen und Taucheinsätze im Hafenbereich ergänzen unser Bild des Fernhandelsplatzes. So gab es dicht beieinander liegende Landungsbrücken, geschützt durch zwei Palisaden im Wasser mit breitem Durchlass. Der Bau der Landungsbrücken vollzog sich in mehreren Phasen und setzte nach 836 ein, die jüngste gefundene Landungsbrücke stammt aus dem Jahre 966. Die älteren Brücken im zentralen Hafenbereich waren in Ost-West-Richtung orientiert und zur Landseite hin auf das Straßensystem des 9. Jahrhunderts bezogen. Offensichtlich jünger als diese Brücken war das dicht davor im flachen Wasser liegende, nur in Resten erhaltene Wrack eines Wikingerschiffs (Wrack 1).

Im Jahr 934 besiegte der ostfränkisch-sächsische König Heinrich I. bei Haithabu den dänischen König Knut I., so dass das Land zwischen der Eider und der Schlei für etwa hundert Jahre an das Ostfränkische Reich kam bevor es 983 unter Harald Blauzahn wieder dänisch wurde. Nachdem schon um 850 eine erste Kirche errichtet wurde, deren Existenz zwar in den historischen Quellen belegt, aber archäologisch nicht nachgewiesen ist, wurde Haithabu 948 zeitweise Bischofssitz. Auf eine vorhandene Kirche deutet eine aus dem 10. Jahrhundert geborgene Glocke hin.

Nach der Mitte des 10. Jahrhunderts schützte die frühe Stadt zur Landseite hin ein 1300 m langer und heute noch 10 m hoher Halbkreiswall aus Erdsoden. Im Süden fand der Halbkreiswall seine Fortsetzung in der erwähnten bogenförmigen Palisade, die bis in das Noor hineinläuft. In dieser Zeit wurde vermutlich der zentrale

Blick auf den Halbkreiswall von Haithabu. In der Mitte des Bildes erkennt man rekonstruierte Häuser des Handelszentrums. Foto: Dirk Meier.

Hafenbereich, möglicherweise als Folge zunehmender Verlandung, aufgegeben und durch weiter am Rand gelegene Bereiche ersetzt. Nördlich des Halbkreiswalles befand sich mit der „Hochburg" eine Befestigungsanlage. Dennoch konnten diese Befestigungen Zerstörungen des Handelsplatzes nicht verhindern. Die Saga des norwegischen Königs Harald Hardrada berichtet, dass dieser im Verlauf seiner Kämpfe gegen den dänischen König Sven Estridsen im Jahre 1050 vor Haithabu mit einem Heer erschien und den Ort nieder brannte, der seit etwa 1000 wohl wieder zum Machtbereich des deutschen Kaisers gehörte.

1066 erfahren wir noch einmal durch Adam von Bremen von einer Plünderung Haithabus durch die Slawen. Das Ende der umfangreichen Besiedlung innerhalb

Rekonstruiertes Haus von Haithabu. Foto: Dirk Meier.

Blick von einem rekonstruierten Anleger auf einen Teil der Siedlungsfläche und die Hochburg im Hintergrund. Foto: Dirk Meier.

des Halbkreiswalles von Haithabu liegt somit zwischen 1050 und 1066 oder 1070, wenn man die jüngsten dendrochronologischen Datierungen berücksichtigt. In dieser Zeit begann auch die Übersiedlung der letzten Bewohner auf den Altstadthügel in Schleswig nördlich der Schlei. Allenfalls für eine sehr kurze Zeitspanne bestanden beide Siedlungen parallel. Es waren aber nicht die kriegerischen Überfälle, die zur Neugründung des heutigen Schleswig (*Sliaswich*[285]) führten, sondern vielmehr machtpolitische und verkehrstechnische Überlegungen. In dem neuen Zentrum wurden sehr schnell eine Domkirche und ein Königshof gegründet. Vor allem bot der neue Ort aber einen weiteren entscheidenden Vorteil: Das tiefere Fahrwasser erlaubte im Hochmittelalter den Transport der Waren auf den tiefergängigen Koggen, die das Noor nicht mehr anlaufen konnten.

Schleswig war ebenso wie Haithabu aber nicht nur auf den Fernhandel angewiesen, sondern vor allem auch auf die Versorgung mit Nahrungsmitteln aus dem ländlichen Umland. Zur Kulturlandschaft Haithabus gehörte ein auf die Landwirtschaft ausgerichtetes Hinterland, das durch Handelstätigkeiten mit dem Fernhandelsort verbunden war. Ländliche Siedlungen

lieferten landwirtschaftliche Produkte gegen Kämme und Schmuck, die in Haithabu hergestellt wurden. Neben diesem Nahhandel ist der Fernhandel das kennzeichnende Merkmal des frühmittelalterlichen Ortes. Denn Haithabu und Schleswig lagen am günstigen Schnittpunkt verschiedener Verkehrswege. Westlich der Stadt verlief die durch Jütland führende Nord-Süd-Wegeverbindung, der Heerweg. Von Westen her gelangten die Schiffe über Eider und Treene bis nach Hollingstedt, von wo die Waren – wie karolingisches Trinkgeschirr oder Mühlsteine aus Mayener Basalt – auf Wagen umgeladen und in das frühmittelalterliche Zentrum gebracht wurden. Ein frühmittelalterliches Schiffslände ist bislang nicht belegt, wohl aber archäologische Funde aus dieser Zeit in Hollingstedt[286]. Luxusgüter wie Silber und Seide gelangten aus dem Osten auf Schiffen über die Ostsee nach Haithabu und wurden dort gegen Waren aus Westeuropa eingetauscht.

• Birka und Sigtuna

Von Haithabu aus führten die Seefahrtsrouten über die Schlei in die Ostsee. Einer dieser Reisenden, der nicht handeln sondern das Christentum im Land der Svear, der Schweden, verbreiten wollte, war der fränkische Mönch Ansgar (*801, †865)[287]. Dieser war im Jahre 829 aufgebrochen, um nach Birka in Schweden zu segeln. Die Reise war sehr gefahrvoll. Einmal wurde das Schiff, auf dem er sich befand, von Seeräubern angegriffen, die ihm seine wertvollen Bücher und kirchlichen Gegenstände raubten. Sie zwangen den frommen Mann mit seinen Gefährten, das Schiff zu verlassen. Trotzdem erreichten sie – wie Rimbert, Ansgars Biograph, berichtet – Birka, wo sie von König Björn und Herigar, dem Vertreter des Königs in der Stadt, empfangen wurden. Herigar empfing die Taufe, und Ansgar kehrte nach Hause zurück. Um 950 segelte Ansgar erneut nach Birka, da er die Erlaubnis für den Bau einer

Modellhafte Vorstellung von Birka. Die Holzhäuser drängen sich innerhalb des Halbkreiswalls zusammen. Den Hafen schützt eine Holzpalisade. Deutlich erkennt man die Bootsanleger und rechts die alles beherrschende Burg. Quelle: Graham-Campbell 1998, 87.

Kirche erhalten hatte. Birka war damals bereits eine blühende Siedlung. Zu jener Zeit war der Mälaren kein See wie heute, sondern eine in das Landesinnere reichende Ostseebucht. Über einen schmalen Wasserarm im Gebiet der heutigen Stadt Södertälje konnten die Schiffe auf dem Seeweg den Handelsplatz erreichen, wenn sie vorher über eine schmale Landbrücke geschleppt wurden, auf der für diesen Zweck eine spezielle Bahn angelegt worden war.

Von dort erreichten die Schiffe auf dem Seeweg das auf der Insel Björkö gelegene Birka[288]. Hier war bereits im 8. Jahrhundert eine Siedlung entstanden, die in der Folgezeit an Bedeutung gewann. Im 10. Jahrhundert drängten sich vermutlich viele kleine Holzhäuser innerhalb eines halbkreisförmigen Befestigungswalles zusammen, der eine Fläche von sieben Hektar umschloss. Den Zugang zur etwa 900 Einwohner zählenden Stadt beherrschte im Süden die Hochburg. Hier fanden die Einwohner bei Gefahr Schutz. Auch der Hafen dürfte befestigt gewesen sein. Ihre Toten bestatteten die Bewohner auf Gräberfeldern im Osten und Süden der Stadt. Vor allem die Funde aus diesen Gräbern verdeutlichen die maritimen Fernverkehrsverbindungen Birkas. Schiffe aus Birka segelten bis Haithabu, an die südliche Ostseeküste und weit über die russischen Ströme nach Süden.

Die Existenz Birkas hing von seiner Erreichbarkeit zu Schiff ab. Diese war weniger günstig als in Haithabu, da am Ausgang des Mälarsees zur Ostsee eine Barriere blieb. Da das Land sich allmählich hob, wurde es immer schwieriger, die Schiffe über die Landenge zu ziehen. Daher segelten die Schiffe immer öfter durch die Einfahrt in den Mälarsee, an der heute Stockholm liegt. Hier mussten die Schiffe auf einem gewundenen Kurs zwischen unzähligen Schären und Inseln hindurchsegeln oder rudern. Auf diesem Seeweg kamen die Schiffe schneller zur Mündung der Fyriså, wo das neue Zentrum Sigtuna lag, das 980 gegründet worden war. Dieses befand sich anders als Birka in der Mitte des sich neu herausbildenden Machtbereichs und eignete sich somit besser als königliches Zentrum der Svear als ein isolierter Ort inmitten des Sees. Aufgrund dieser politischen und landschaftlichen Veränderungen verlor Birka seit dem Jahr 1000 rasch an Bedeutung.

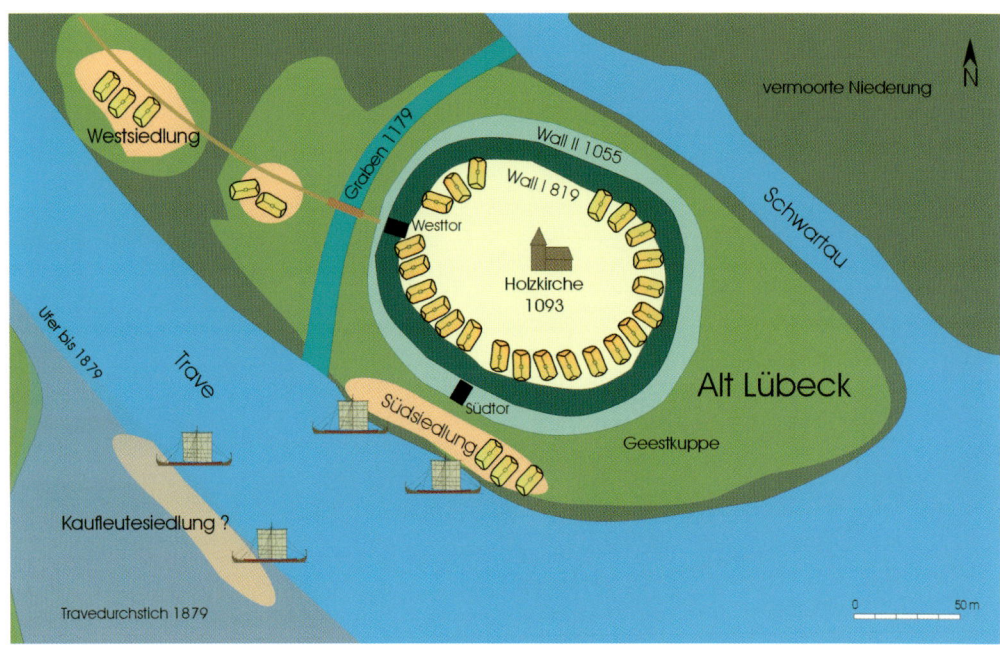

Der 819 gegründete Burgwall von Alt-Lübeck befindet sich auf einer Halbinsel im südöstlichen Holstein zwischen Trave und Schwartau. Die Rekonstruktion des gesamten Siedlungsgefildes wird infolge des 1879 erfolgten Travedurchstichs erschwert. Seit dem 11. Jahrhundert Residenzort der abodritischen Fürsten Gottschalk und Heinrich, zog der mit dem Schiff erreichbare Ort auch den Handel an sich. Grafik: Dirk Meier.

• Die südliche Ostseeküste

Die Weite der maritimen Fernhandelsverbindungen und die Schnelligkeit der Entwicklung hatte von westlichen Vorbildern ausgehend das Gebiet der westlichen und östlichen Ostsee erfasst – damit ein Gebiet, das ebenso wie Skandinavien nie Bestandteil des Römischen Imperiums gewesen war. Als Folge der Sachsenkriege Karls des Großen waren die slawischen Abodriten bereits am Ende des 8. Jahrhunderts in unmittelbaren Kontakt mit den die Ostsee beherrschenden Dänen gekommen. Diese Begegnung begünstigte auch die Bestrebungen slawischer Stämme, sich zu größeren Gruppen zusammenzufügen. Der Kontakt mit Dänen und Franken bewirkte außerdem wirtschaftliche und soziale Veränderungen[289]. Neben den Abodriten profitierten nun auch die Ranen, Woliner und Pomeranen vom Ostseehandel oder dem Seeraub.

Die westslawischen Stämme – die Wagrier in Ostholstein sowie die Abodriten, Wilzen und Rugier in Mecklenburg und Vorpommern – gründeten im Verlauf der immer wichtiger werdenden Seeverbindungen nun eine Reihe von Handelsniederlassungen an der Ostsee. Auch im Inland kam es zu Veränderungen. In Ostholstein etwa wichen viele kleine slawische Burgbezirke größeren Einheiten, wobei insbesondere die Burgen von Starigard/Oldenburg und Alt-Lübeck als Zentren adeliger Macht an Bedeutung gewannen. Der 819 gegründete Burgwall von Alt-Lübeck befindet sich auf einer Halbinsel im südöstlichen Holstein zwischen Trave und Schwartau[290]. Die Rekonstruktion des gesamten Siedlungsgefildes wird infolge des 1879 erfolgten Travedurchstichs erschwert. Seit dem 11. Jahrhundert Residenzort der abodritischen Fürsten Gottschalk und Heinrich, zog der mit dem Schiff erreichbare Ort auch den Handel an sich. Vermutlich kurz nach dem Regierungsantritt Heinrichs wurde um 1093 eine Holzkirche erbaut, die dann später durch eine Steinkirche ersetzt wurde. Gräber mit Goldschmuck weisen den Burgwall als administratives und säkulares Zentrum aus. Sowohl im Westen als auch im Süden der Burg entstanden zwei Vorburgsiedlungen, in denen sich handwerkliches Gewerbe sowie Nah- und Fernhandel konzentrierten. Die Bebauung der Südsiedlung bestand aus kleinen rechteckigen

Häusern, die überwiegend in Blockbauweise errichtet waren, zwischen denen befestigte Wege verliefen. Flechtwerkzäune trennten die einzelnen Areale voneinander. Zur besseren Anlandung der Schiffe war das flache Ufer der Trave befestigt. Im Zuge von Auseinandersetzungen zwischen Slawen, Sachsen und Dänen wurde die Burg zerstört. Danach schuf die deutsche Eroberung Ostholsteins 1138 neue politische und wirtschaftliche Bedingungen, wobei mit dem Ufermarkt auf dem bereits in slawischer Zeit besiedelten Altstadthügel von Lübeck ein neues Fernhandelszentrum entstand.

Die Abodriten waren als südliche Nachbarn der Dänen und östliche der Sachsen bereits für die Franken wichtige Bündnispartner und kommen daher mehrfach in den fränkischen Reichsannalen vor. Wie schon erwähnt, schildern die Reichsannalen auch, dass im abodritischen Herrschaftsgebiet an der Mecklenburger Küste im Jahre 808 der Handelsplatz Reric von dem Dänenkönig Göttrik zerstört wurde[291]. Zur Zeit des dänischen Überfalles standen die Bewohner Rerics in Abhängigkeit vom abodritischen Fürsten Dražko, der in der Hauptburg Mecklenburg residierte. Den Franken konnte dieser maritime Überfall nicht recht sein, denn Reric war einer der nächsten Ostseehäfen, dessen Entwicklung durchaus im Sinne der fränkischen Könige war. Nach archäologichen Untersuchungen dürfte der Ort Groß Strömkendorf an der Wismarer Bucht mit Reric zu identifizieren sein[292]. In der Nähe des in Ausgrabungen nur randlich erschlossenen Fernhandelszentrums lagen weiter östlich zwei Burgen, die zur gleichen Zeit wie der Handelsplatz bestanden. Dass in Mecklenburg solche Burgen in einer gewissen Entfernung von den Seehandelsplätzen lagen, belegen andere archäologische Untersuchungen. Noch weiter im Binnenland befand sich mit der Mecklenburg eine der Hauptburgen der slawischen Abodriten. Reric gehörte somit zu dem Burgbezirk der Mecklenburger, einer *civitas*, wie Adam von Bremen um 1070 solche Gebiete nannte. Nach siedlungsarchäologischen Forschungen zu schließen, erstreckte sich dieses Siedlungsgebiet über 20 km zwischen der Wismarer Bucht und dem Schweriner See.

Der Nachweis Rerics ist auch deshalb so schwierig, weil sich die Küstenlandschaft im Verhältnis zu der vor über 1000 Jahren geändert hat. So befinden sich die archäologischen Funde des einstigen Handelszentrums heute im Küstenabbruch. Diese Lage ist sehr ungewöhnlich, denn die bekannten Handelsniederlassungen von Rostock-Dierkow, Ralswiek, Menzlin und Wolin lagen alle mehr als 10 km vom Meer entfernt an Flussufern oder Ostseebodden, um vor Sturmfluten und plötzlichen maritimen Überfällen sicher zu sein. Entsprechendes gilt auch für nahezu alle skandinavischen Orte. Aufgrund des starken Küstenabtrags dürften jedoch einige in slawischer Zeit besiedelte Areale heute im Meer liegen. Möglicherweise erstreckten sich noch vor über 1000 Jahren in der Wismarer Bucht zahlreiche kleine Inseln, deren Reste noch in der Insel Walfisch sowie Untiefen zu erahnen sind. Diese Inseln brachen die Kraft der Ostseewellen, und die dazwischen verlaufenden Rinnen boten schiffbare Routen. Eine südlich der Insel Poel noch heute gut erkennbare Rinne von gegenwärtig mehr als 5 m Tiefe könnte in slawischer Zeit der einzige schiffbare Zugang zum Handelsplatz gewesen sein. Berücksichtigt man diese Topographie, wäre Reric in einer den anderen Seehandelsplätzen vergleichbaren typischen Schutzlage angelegt worden.

Archäologische Begehungen lassen den Schluss zu, dass die Händler- und Handwerkersiedlung eine Ausdehnung von 17 Hektar besessen hat und eine Hafen- oder Uferbefestigung besaß. Es ist durchaus möglich, dass Groß-Strömkendorf jenes Reric war, das der Dänenkönig Göttrik im Jahre 808 überfallen hatte. Das unübersichtliche Seegebiet zwischen den Inseln

Arabische Münzen (Dirhems) im Ostseeraum belegen die weiträumigen Handelskontakte. Inschrift: Kein Gott, außer Gott.

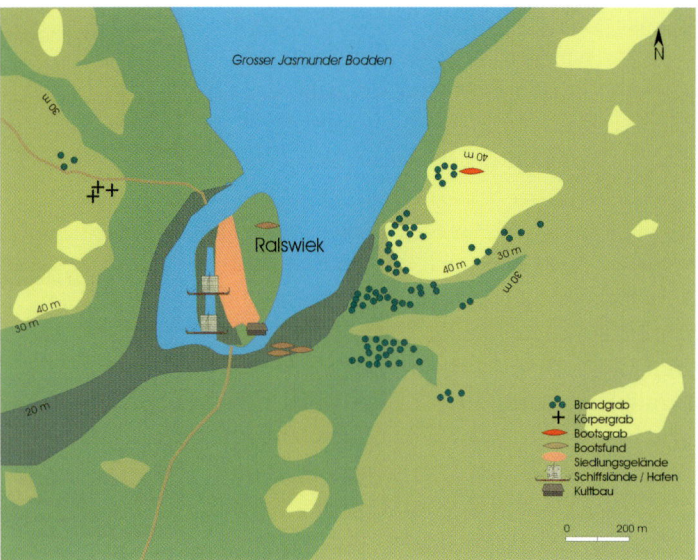

Am Südwestufer des Großen Jasmunder Boddens lag mit Ralswiek eine wichtige slawische Handelsniederlassung, wie mehrere Bootsfunde, ein Bootsgrab und Gräberfelder belegen. Grafik: Dirk Meier nach Herrmann 1985, 241.

mit den versteckten Fahrtrouten müssen seine Seeleute jedenfalls gekannt oder ausgekundschaftet haben. Die Ausgrabungen selbst lassen bislang nur wenig von der Siedlungsstruktur dieses Seehandelsplatzes erkennen. Immerhin fand man Reihen von nebeneinanderliegenden, in den Boden eingetieften Grubenhäusern, in denen Handwerker ihre Werkstätten hatten. Die Toten des Ortes wurden meist verbrannt und auf einem nahe gelegenen Gräberfeld bestattet. Neben den 44 entdeckten Brandgräbern wurden bislang auch 16 Körpergräber entdeckt. Von besonderer Bedeutung sind drei Gräber, bei denen die Lage von Nieten darauf schließen lässt, dass es sich um Bootsgräber handelt, wie sie in Skandinavien belegt sind. Diese Bestattungssitten belegen somit intensive Kontakte über die Ostsee hinweg, ähnlich wie die Schiffssetzungen in Menzlin bei Anklam[293] und das Schiffsgrab von Ralswiek auf Rügen schuf das Meer eine kulturelle Verbindung[294].

Auch an der Warnowmündung bei Rostock sind Seehandelsplätze zu vermuten, denn der Unterlauf der Warnow öffnete den slawischen Wilzen das Tor zur Ostsee[295]. Kein Wunder, dass daher im Umkreis von Rostock mehrere Schatzfunde des 9./10. Jahrhunderts geborgen wurden.

Nicht immer entstand ein großer Seehandelsort, sondern auch bäuerliche Hofverbände, die vom Fernhandel profitieren wollten, gründeten kleine Umschlagplätze – wie Dierkow bei Rostock auf dem östlichen Ufer der Warnow. In der im 8. und 9. Jahrhundert bestehenden Siedlung kamen neben slawischen Funden auch Reste von Trinkgeschirr aus dem Rheinland in Form sogenannter Tatinger Kannen oder Fibeln (Gewandschließen) aus Gotland ans Licht.

Wie die Warnow für den wilzischen Teilstamm der Kessiner das Tor zur See war, öffnete die Peene für das östliche Wilzengebiet den Zugang zur Ostsee. Umgekehrt ließen sich die über das Meer ankommenden Waren über die Flüsse in das Binnenland transportieren. Unweit der Peenemündung entstand daher im 9. Jahrhundert ein Handelsplatz bei Menzlin, der teilweise von Skandinaviern bewohnt war[296]. Dieser Ort galt für Adam von Bremen im 11. Jahrhundert als der „Seehafen" für die Schifffahrt im Odermündungsgebiet. Auch zu Menzlin gehörte im Hinterland eine bedeutende wilzische Burganlage, die wahrscheinlich sogar die 789 bezeugte Hauptburg des Wilzenkönigs Dragowit *(civitas Dragowiti)* war. Vermutlich lag diese im Gebiet des Tollensesees[297].

Verglichen mit den Gebieten der Abodriten und Wilzen befand sich für die entfernt im Binnenland schreibenden Chronisten des Franken- und Ottonenreiches die Insel Rügen im Abseits, weit vorgeschoben in der Ostsee. Für die Seeleute hingegen war Rügen von zentraler Bedeutung, wo mit Ralswiek und Arkona zwei wichtige Zentren lagen. Während Ralswiek[298] am Südwestufer des Jasmunder Boddens war, bildete Arkona[299] an der Nordspitze der Insel den befestigten Mittelpunkt einer *provincia*. Hafen und Siedlung befanden sich hier unweit der 1168 von den Dänen zerstörten Burg Arkona[300]. Deuten in Ralswiek Gräber mit Resten mit Wagenkästen auf enge Kontakte nach Skandinavien oder anhand ihrer Beigaben auf Bestattungen fremder Kaufleute hin, belegen 2211 vorwiegend arabische Münzen, die vor 844 geprägt wurden, die weiträumigen See- und Flusshandelswege bis hin nach Bulgar an der Wolga und nach Zentralasien[301].

Hatten die Seeleute Rügen umschifft, führte der Weg entlang der Insel Usedom bis nach Wolin im Bereich der Odermündung. Am westlichen Ufer der hier in die Ostsee mündenen Dzwina (Dievenow) erstreckte sich mit Wolin eines der größten emporien an der südlichen Ostseeküste. Über die Dzwina bestand durch das Große Haff ein Wasseranschluss zur Peene sowie zur Insel Usedom im Westen und vor allem zur Oder im Süden, wo die Schiffe Stettin erreichen konnten. Diese wichtigen Wasserverbindungen schnitten sich hier mit einem Landweg, der von der Elbe entlang der südlichen Ostseeküste über Menzlin führte. Auf ihrem Mecklenburger Teilstück wurde sie von Adam von Bremen im frühen 11. Jahrhundert *via regia*, Königstraße, in Pommern *via antiqua*, alte Straße, genannt. Der Chronist vermerkt ferner, dass die Reise von Hamburg auf dem Landwege nach Wolin sieben Tage dauerte, man aber durch das Meer bei *Schlesvik* (Schleswig-Haithabu) oder Oldenburg bis nach Wolin gelangen konnte. Die direkte Weiterfahrt von Wolin nach Nowgorod mit dem Schiff dauerte vierzehn Tage. An einer günstigen Stelle des Flussübergangs der Dzwina, wo sich *via antiqua* und Wasserstraßen kreuzten, lag die im 8./9. Jahrhundert gegründete Stadt Wolin, die bis in die zweite Hälfte des 11. Jahrhunderts ihre größte Blütezeit erlebte und dann verlassen wurde[302]. Von ihr berichtet der spanische Jude Ibrahim ibn Jakub[303], der mit einer arabischen Gesandtschaft zum deutschen Kaiser Otto I. reiste, dass *sie* [das Volk von Wetaba, also die Woliner] *eine mächtige Stadt am Ozean besitzen, die zwölf Tore hat. Außerdem Anlegestellen, wofür sie halbierte Stämme verwenden.* Die Einfahrt in die Flussmündung erleichterte ein Leuchtturm, vermutlich in Art eines weithin

scheinenden Feuers nach byzantinischem Vorbild, den Adam von Bremen in seiner Hamburger Kirchengeschichte (II, 19) als *olla Vulcani*, als Topf des Vulkans, bezeichnet. Wolin selbst aber rühmt er im gleichen Werk (II, 22): *Das ist die größte Stadt in Europa. In ihr wohnen Slawen gemeinschaftlich mit Angehörigen anderer Völker, Griechen und Barbaren, aber auch Zuwanderer aus Sachsen erhalten Wohnrecht, wenn sie sich nicht mit den Symbolen ihres Christentums hervortun.*

Noch phantasievoller schildert Helmold von Bosau in seiner 1170 verfassten „Chronik der Slawen" in dem Kapitel *De civitate Vineta* die Stadt. Er spricht von der Stadt bereits in der Vergangenheit. Also bezieht sich seine Beschreibung auf die Zeit vor der Zerstörung bis in die Mitte des 11. Jahrhunderts. Auch für ihn ist die Stadt, die er erstmals als *Vineta* bezeichnet, die größte der Slawen. Helmold machte dabei sehr freien Gebrauch von der Chronik Adams von Bremen und versah seine Schilderung

Am westlichen Ufer der hier in die Ostsee mündenden Dzwina (Dievenow) erstreckte sich mit Wolin eines der größten emporien an der südlichen Ostseeküste. An das mit einem Halbkreiswall geschützte Zentrum schlossen sich im Norden und Süden je ein weiteres Siedlungsareal an. Im weiteren Umland erstreckten sich außerhalb der Vorstädte noch mehrere Siedlungen und Gräberfelder. Grafik: Dirk Meier nach W. Filipowiak 1986, 5.

1 Ältester Siedlungsteil mit Halbkreiswall
2 Fischersiedlung
3 heidnischer Tempel
4 "Fischer" Vorstadt
5 Marktplatz im 12. Jahrhundert
6 Handwerkersiedlung Silberberg

Leuchtfeuer (Vulkantopf)
Hügelgräber
Körpergräber

Wolin

Hafen

Brücke

Dzwina

Galgenberg

7

0   1 km

mit einer moralischen Note. Diese Berichte ergänzte in einer noch malerischeren Beschreibung 1345 der Mönch Angelus von Stargard, die Legende über eine in der Ostsee versunkene sagenhafte Stadt, Vineta – das Atlantis der Ostsee, war geboren. Die Lage Vinetas ist durchaus umstritten[304], doch spricht vieles aufgrund seiner Größe und Bedeutung für Wolin.

Gelangten bei Wolin die Schiffe von Norden über die Ostsee kommend in die Dzwina, blickten die Schiffer auf eine langgestreckte Siedlung an einem flach zum Fluss abfallenden Hang. Das frühstädtische Zentrum umgab seit der Mitte des 9. Jahrhunderts nach der Zerstörung einer älteren Siedlung ein bis zu 8 m hoher Wall. Vor diesem verlief ein Graben. Zusätzlichen Schutz bot ein Sumpfgürtel. An dieses befestigte Zentrum schlossen sich im Norden und Süden je ein weiteres Siedlungsareal an. Die durch den Stadtkern verlaufende Straße führte im Norden und Süden durch ein Tor. Im weiteren Umland erstreckten sich außerhalb der Vorstädte noch mehrere Siedlungen zu beiden Seiten der Dzwina. Diese boten mit Landwirtschaft, Fischerei, Töpferei und Eisenerzeugung verschiedene Dienstleistungen für die frühe Stadt. Das Besiedlungsbild vervollständigen Gräberfelder wie das Hügelgräberfeld auf dem Galgenberg nördlich der Frühstadt und das zentrale Gräberfeld auf dem Mühlenberg mit seinen etwa 5000 bis 8000 Brandbestattungen und Körpergräbern[305].

Die von Norden her eintreffenden Schiffe erreichten als erste die nördliche Vorstadt mit ihrer Anlegestelle, wo auf dem seit dem 9./10. Jahrhundert mit einem Wall geschützten Silberberg eine Handwerks- und Kaufleuteniederlassung lag. Auf der höchsten Stelle des Silberbergs befand sich ein Marktplatz, der in historischen Quellen um 1140 als *forum et taberna* erwähnt wird. Um den Platz herum war das Gelände locker mit Grubenhütten bebaut. Ein umgestürztes Boot diente als Dach einer Werkstatt. Zahlreiche Feuerstellen sind Spuren von Schmieden, Gießereien,

Schmuck- und Geweihwerkstätten. Fische wurde geräuchert. Funde von Bootsnieten belegen ferner die Reparatur oder den Bau von Schiffen.

Weiter im Süden schloss sich an den Silberberg das eigentliche, durch einen Wall geschützte Stadtzentrum an. In dessen Hafenviertel mit seinen Kaianlagen erstreckte sich von der Mitte des 9. bis in das 12. Jahrhundert eine dichte Bebauung kleiner Häuser in Blockbautechnik oder Flechtwandbauweise mit festgelegten Parzellen und rechtwinklig angelegten, zum Fluss führenden Straßen. Zunächst wurden die Schiffe wohl an Land gezogen, bevor ein hölzerner Kai errichtet wurde. Dessen Spundwand zur Dzwina hin bestand aus halbierten Eichenstämmen, wie sie auch Ibn Jakub beschrieben hat. Die Vorderseite verstärkten Längsbalken, die landseitig verankert waren[306]. Diese technische Lösung ist auch von anderen slawischen Bauwerken des 9. und 10. Jahrhunderts bekannt, etwa vom Tempel im mecklenburgischen Groß Raden. Aufgrund des sumpfigen Untergrundes brachte man Faschinen (Reisigbündel) und Eichenhölzer auf, bevor man die zum Flussufer hin errichtete Kaimauer von innen her mit Erde ausfüllen und mit einem Bohlenbelag versehen konnte. Das Sacken des Kais durch die Wirkung von Wasser und Frost ließ sich aber dennoch nicht vermeiden. Zudem stieg der Wasserspiegel der Ostsee. Der normale Pegel der Oder liegt heute etwa 160 cm oberhalb des Wasserstandes in slawischer Zeit. Daher musste um 955 ein neuer Kai errichtet werden. Außerdem entstanden gegen Ende des 10. Jahrhunderts und im 11. Jahrhundert Anlegebrücken. Deren Bau dürfte eine Folge der gewachsenen Schiffsgrößen sein. Wenn sich diese Anlegestellen entlang des gesamten, durch Wälle geschützten Stadtzentrums zogen, so gehörte der Hafen zu den größten im Ostseeraum. Zum Hafengelände gehörte eine Werft, wie Funde von Ersatzteilen für Boote, Nieten und ein Steven zeigten.

Den Fluss Dzwina überquerte eine Brücke, die schriftlich zwar erst für 1124 bezeugt ist, aber schon im 9./10. Jahrhundert bestanden haben dürfte. Das gesamte Siedlungsensemble zog sich auf einer Länge von vier Kilometern entlang des westlichen Ufers der Dzwina und zählte vermutlich 6000 bis 8000 Einwohner. Ibn Jakub hat Wolin zwar selbst nicht gesehen, doch die Angaben, die er weitergibt, dürften bezüglich der Größe der Stadt nicht übertrieben gewesen sein. Dorthin kamen nach Adam von Bremen Angehörige verschiedenster Völker, Barbaren, Griechen und Sachsen zusammen. Wenn er dabei von Griechen spricht, denkt er wahrscheinlich an zur orthodoxen Kirche gehörenden Byzantiner und Russen. Als Barbaren dürften alle Baltenvölker in Frage kommen. Im Woliner Hafen lebte vermutlich auch ein norwegischer Kaufmann, der hier vielleicht seine Ware im Winter lagerte, um sie für die kommende Schifffahrtssaison vorzubereiten. Mehr als ein mit Runen verziertes Holzstäbchen hat dieser uns aber nicht hinterlassen. Zahlreiche Kämme friesischen Typs in der südlichen Vorstadt von Wolin mögen vielleicht an eine Ansiedlung von Friesen denken lassen.

Die Einwohner und Zugereisten, die sich nicht zum Christentum bekannten, huldigten bis zur Mission Pommerns durch Otto von Bamberg verschiedenen Göttern. Ein Beleg dafür ist der im Südteil der Stadt freigelegte, wohl einer lokalen Gottheit gewidmete Tempelbau des 9. Jahrhunderts, den die Besucher auf der höchsten Erhebung der Stadt erblicken[307]. Im 10. Jahrhundert wich der erste Bau einem noch prächtigeren Neubau. Im Umkreis des archäologisch nachgewiesenen Tempels fand man viele kleine Idole und Amulette. Vermutlich stand in dem Kultbau eine größere Statue, etwa die des viergesichtigen Svantevit, wie der Missionar Otto von Bamberg (*1060, †1139) sie nach Aussage seiner Biographen gesehen hat. Die Quellen aus der Zeit des christlichen Missionars erwähnen auch eine heilige, in einen Pfahl geschlagene Lanze, die öffentlich zur Schau gestellt wurde.

Die archäologischen Funde gestatten eine Differenzierung der einzelnen Stadtteile Wolins: So befanden sich im südöstlichen Stadtviertel ebenso wie in der südlichen Vorstadt und auf dem Silberberg zahlreiche Werkstätten von Handwerkern. In der Nähe des Hafens wurde vor allem Bernstein verarbeitet, der sich als Handelsgut großer Beliebtheit erfreute. In der Nähe des Stadtzentrums konzentrierten sich auch die Geweihwerkstätten. Hier wurden Kämme hergestellt, die friesischen und skandinavischen Formen gleichen. Auch Bronze wurde verarbeitet. Zahlreiche Töpfer fertigten Keramik für den heimischen Bedarf. Funde von importierten Waren unterstreichen die ausgedehnten Handelsbeziehungen des Odermündungsgebietes mit Skandinavien. Außer mit Salz, Fischen, Leder und Fellen wurde auch mit Eisen und Getreide gehandelt[308].

Alle aufkeimenden frühen Städte im Odermündungsgebiet verfügten über ein fruchtbares und ertragreiches Hinterland. Wolin geriet so in die Auseinandersetzungen um die Macht im Odermündungsgebiet zwischen Dänen und der aufkeimenden polnischen Zentralmacht. Wie Ibn Jakub berichtet, kam es 963 zu Kämpfen zwischen den Wolinern und Herzog

In einem Umfeld von Fischersiedlungen des 7. bis 10. Jahrhunderts lag auf einer Insel am Zusammenfluss von Weichsel und Mottlau im 10. Jahrhundert ein slawischer Burgwall mit einer Vorburgsiedlung als politisch administratives Zentrum, das sich aufgrund seiner verkehrsgünstigen Lage rasch entwickelte und auch deutsche Kaufleute anzog, die seit dem Ende des 12. Jahrhunderts in der Rechtstadt siedelten. Grafik: Dirk Meier.

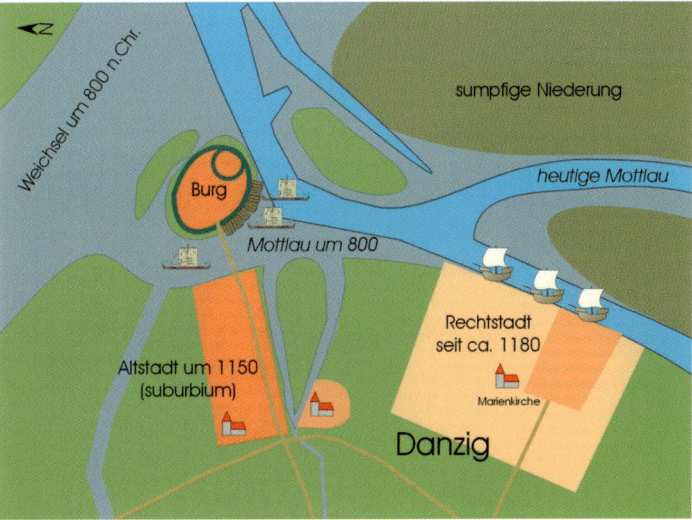

Mieszko I. von Polen. Nach der Niederlage der Woliner wurde der Handelsort nun zum wichtigsten Hafen des polnischen Piastenreiches. In dieser Zeit erlebte die Stadt noch einmal einen Aufschwung, bis seit der Mitte des 11. Jahrhunderts dynastische Unruhen innerhalb des polnischen Adels und Kriegszüge der Dänen zum endgültigen Niedergang Wolins führten. Bereits 1098 wird ein dänischer Überfall auf Wolin gemeldet, das die Dänen Jomsburg nannten. Mehrere im Umkreis des Ortes vergrabene Schatzfunde deuten indirekt auf diese unruhigen Zeiten hin. Endgültig wurde Wolin dann in den Kriegszügen 1173 und 1174 durch den dänischen König Waldemar zerstört, der sein Augenmerk auf das Odermündungsgebiet gerichtet hatte. Die von den Bewohnern verlassene Stadt wurde niedergebrannt und die Bevölkerung 1176 in das benachbarte Kamin umgesiedelt. Im hohen und späten Mittelalter verzeichnen die Quellen zwar wieder einen lokalen Handel in Wolin, ihre einstige Rolle als Handelsmetropole sollte die Stadt nie wieder erreichen[309].

Entlang der pommerschen Küste war nach Wolin im frühen Mittelalter Gdansk (Danzig) an der Mottlau der wichtigste Handelsort. Hier entstand in einem Umfeld von Fischersiedlungen des 7. bis 10. Jahrhunderts auf einer Insel am Zusammenfluss von Weichsel und Mottlau im 10. Jahrhundert ein slawischer Burgwall mit einer Vorburgsiedlung als politisch administratives Zentrum, das sich aufgrund seiner verkehrsgünstigen Lage schnell entwickelte. Für die Händler befanden sich bei der Burg ein Hafen mit Kaianlagen und Landungsbrücken. Seit der Mitte des 12. Jahrhunderts erweiterte sich dieses Siedlungsgefilde um ein *suburbium* mit eigenem Markt und Hafen (die sog. Altstadt) sowie in der Folgezeit durch den Zuzug deutscher Kaufleute um die deutsche Rechtstadt[310].

An der östlichen Seite am Ufer der Seitarms der Weichsel, der Nogat, lag als weiteres Handelszentrum Truso am Drusensee

nahe Elbing, das der schon erwähnte Wulfstan um 890 auf seiner Seereise von Haithabu aus erreichte. Von hier aus führte der Seeweg entlang der litauischen, lettischen und estländischen Küste sowie der russischen Flüsse bis weit in die Rus.

Von den Warägern zu den Griechen

Die weiten Reisen von der Ostsee über die russischen Flusssysteme in das Schwarze Meer und bis nach Byzanz bilden ein weiteres faszinierendes Kapitel des mit Schiffen und Booten durchgeführten Fernhandels[311]. Neben anderen Quellen belegen vor allem die Runensteine als schriftliche Hinterlassenschaft der Wikinger solche Fahrten. Zu den Inschriften gehört auch eine Gruppe von dreißig Steinen aus Zentralschweden. Diese Ingvar-Steine erwähnen Steuermänner, Schiffskapitäne und Navigatoren, die an einer Expedition unter dem Anführer Ingvar teilgenommen hatten. Sie erinnern auch an Ingvars Bruder Harald, dem von seiner trauernden Mutter ein Stein aufgestellt wurde. Ingvar war 25 gewesen, als er mit einer kleinen Flotte 1036 über die Flüsse in die Weiten der Russlands vorstieß. Der genaue Verlauf der Reise lässt sich aus den Quellen nicht erhellen. Sicher ist nur, dass sie in einer Katastrophe endete. Nur wenige Überlebende kehrten zurück. Auf dem im Schloss Gripsholm gefundenen Ingvar-Stein heißt es:

Tóla ließ diesen Stein errichten nach [zum Gedenken an] ihren Sohn Harald, Ingvars Bruder.

Sie fuhren mannhaft	*fern nach Gold*
Gaben im Osten	*dem Adler [die Speise]*
Sie starben im Süden	*in Serkland [Seidenland, Land der Sarazenen]*

Ein Runenstein von Sjusta in Uppland an *Spialbodi*, der seinen Tod in Nowgorod

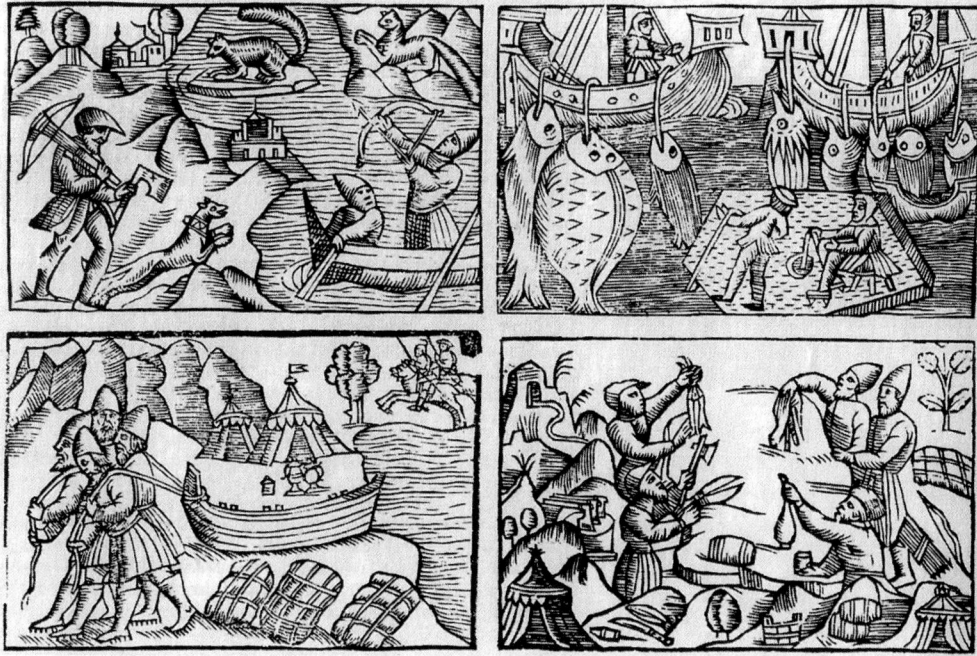

Olaus Magnus (*1490, †1557) beschreibt in seiner „Historia de gentibus septentrionalibus" von 1555 auch das Leben der Wikinger: Jagd, Fischfang, das Schleppen von Booten über Land und Handel. Quelle: Meier 1994, 100.

fand, und der von Ed in der gleichen Region erinnert an *Rognvald*, dem Führer einer Truppe von Männern in Griechenland. Viele dieser Seereisen gingen von Gotland aus, wo Großbauern einen großen Teil des Seeverkehrs zwischen Skandinavien und Russland besorgten. Für die Beurteilung der Handelsverbindungen Gotlands ist es wichtig zu wissen, dass es nur eine Passage vom schwedischen Festland zur Insel gab, wo man bei guter Sicht die Küste nicht aus den Augen verlor. Diese ging um die Nordspitze Ölands Richtung Osten zu der Gotland vorgelagerten Insel Karlsö. Auf deren höchster Erhebung befand sich ein Steinhügel als Seezeichen. Zudem bot die Bucht von Norderhamm den frühmittelalterlichen Schiffen günstige Landebedingungen. Von hier führte der Schifffahrtsweg weiter nach Grobin bei Libau im Baltikum.

Über den Finnischen Meerbusen waren vor allem schwedische Wikinger in die Gebiete der slawischen Rus im Süden vorgedrungen. Ihre Schiffe segelten bis zur Mündung der Newa, um von hier den Ladogasee zu erreichen. Vom südlichen Ladogasee gelangte man über den Wolchow und

das Lowat-Dnjepr-Flusssystem tief in die Siedlungsbiete der Rus hinein und dann weiter über das Schwarze Meer bis Byzanz. Von Wolin bis Nowgorod am Wolchow nördlich des Ilmensees dauerte die Reise etwa vierzehn Tage.

Die schwedischen Kaufleute, die in die Weiten Russlands vorstießen, wurden zum Träger eines vielfältigen Kulturaustauschs. Inwieweit die Wikinger dabei die Bildung des frühen russischen Staates und seiner Städte beeinflussten, ist ebenso umstritten wie die Deutung der Namen *Rus* und *Waräger*. Das Wort *Varjag* in russischen, *Varangoi* in byzantinischen Quellen leitet man ab von altisländisch „Angehöriger einer Schwurbruderschaft". Das Wort *Rus* hat seine Wurzeln wohl im balto-finnischen Ausdruck *Ruotsi*, was „Schweden" bedeutet, sich aber auch vom schwedischen Wort *ródr* herleitet, was die Bezeichnung für eine Rudermannschaft war. Auf Schiffen, die sich segeln und rudern ließen, waren schon schwedische Wikinger nach Russland gelangt[312]. Skandinavische Kaufleute bezeichnete man im alten Russland somit schlicht als Waräger, aber eben auch andere Russen, Söldner, Anführer, Flüchtlinge,

Die Warängergarde
in der Chronik des
Johannes Syklitzes
(12. Jahrhundert).
Quelle: wikimedia.

geehrte Gäste, Kaufleute, christliche Märtyrer, königliche Gäste, Statthalter oder Verwalter. Im 11. und 12. Jahrhundert tauchen Waräger oft als Leibwachen russischer Fürsten auf. Waräger traten somit in Russland in verschiedenen Funktionen auf. Der Araber Ibn Fadlan ist einer der ersten, der uns seine Eindrücke von einer Gruppe skandinavischer Kaufleute schildert, die er im Jahre 922 an der Wolga traf[313]:

Ich habe die Rus gesehen, als sie auf ihren Handelsfahrten ankamen und an der Wolga haltmachten. Ich habe noch nie perfektere Körper gesehen, hochgewachsen wie Dattelpalmen, blond und von rosiger Gesichtsfarbe; sie tragen weder Tuniken und Kaftane, doch die Männer tragen ein Kleidungsstück, das eine Seite des Körpers bedeckt und eine Hand frei läßt. Jedermann hat eine Axt, ein Schwert und ein Messer und trägt sie zu allen Zeiten bei sich…Jede Frau trägt an beiden Brüsten [gemeint ist das Kleid] *je ein Kistchen aus Eisen, Silber, Kupfer oder Gold … jede Kiste hat einen Ring, von dem ein Messer herabhängt. Die Frauen tragen Halsreife aus Gold und Silber … ihre geschätztesten Schmuckstücke sind grüne Glasperlen.*
Risalat

Soweit es sich bei diesen Kaufleuten um Skandinavier handelt, waren sie zunächst als Händler auf dem Wasserweg in das Innere Russlands gelangt. Ganz besonders begehrt waren wertvolle Pelze, die Spitzenpreise erzielten oder die man gegen Schwerter und Rüstungen, Schmuck, Bernstein oder Sklaven tauschte. Von der unteren Wolga gelangten arabische Silbermünzen, Perlen aus Bergkristall und Karneol, Kaurimuscheln, gläserne Öllämpchen, Reiterausrüstungen sowie Stoffe und Gewürze hierher. Da Erwerb, Transport und Verkauf wertvoller Handelswaren hohe Risiken barg, forderten die Kaufleute hohe Preise.

Als erstes Handelszentrum auf dieser langen Reise nach Süden erreichten die Kaufleute am Zugang zum Ladogasee Staraja

Ingvar-Stein von
Gripsholm.
Foto: wikimedia.

Ladoga (Alt-Ladoga). Im 8. Jahrhundert war hier am Schnittpunkt des Warenverkehrs von der Ostsee und aus dem Süden ein Umschlagplatz entstanden, der im 9. und 10. Jahrhundert zum wichtigsten Markt Nordrusslands wurde[314]. Neben dem Fernhandel besaß dieser auch Platz auch eine Funktion im regionalen Güteraustausch zwischen der einheimischen Bevölkerung und den Finnen des südöstlichen Ladogagebietes. Im Tausch gegen Pelze erhielten die Ladogafinnen Schmuck, Waffen, Stoffe und Geschirr. So entwickelten sich schnell Werkstätten, Gasthäuser für fremde Kaufleute und Wohnhäuser als Blockbauten. Ibn Fadlan beschreibt die Verwendung von Häusern ähnlicher Bauweise an der unteren Wolga als Unterkünfte von Kaufleuten. Im Umkreis des Ortes erstreckten sich zahlreiche Gräberfelder. Nach der Bekehrung der Einheimischen zum Christentum entstanden hier nicht weniger als acht Kirchen und Klöster. In Ladoga lebten sowohl Slawen als auch Finnen und Skandinavier. Hier traf sich auch der Rat der slawischen und finnischen Stämme. Dieser lud – folgt man der Nestor-Chronik aus der Zeit um 1113 – im Jahre 862 drei Brüder aus Skandinavien, vielleicht aus Dänemark, ein, um das Gebiet zu befrieden und zu beherrschen. Einer von ihnen, *Rurik (Rjurik *830, †879)* sollte angeblich bald die ganze nördliche und obere Rus unterwerfen. Mit der Verlegung der Hauptstadt nach Nowgorod 860 und dann nach Kiew blieb Ladoga aber ein autonomes Gebiet unter Roriks Nachkommen. Den beherrschenden Einfluss in der Stadt besaßen Kaufleute, Handwerker, fürstliche Verwalter und Krieger.

Vom Südende des Ladogasee aus folgten die Schiffe dem Wolchow bis nach Nowgorod. Die Flussschiffer passierten in der Flussebene zahlreiche slawische Siedlungen, bis sie nahe der Flussmündung in den Ilmensee die Inselfestung Hólmgardir erreichten, ein weiteres von Slawen und Skandinaviern bewohntes blühendes Marktzentrum des 9. und 10. Jahrhunderts.

Zwischen 862 und 879 wurde Nowgorod von Rurik regiert. Die Stadt dehnte sich seit der Mitte des 10. Jahrhunderts bis zur neuen Festung von Nowgorod aus. Im Schnittpunkt der Flussverbindungen wurde das gesamte Gebiet der Seen und Inseln, die „Pforten von Nowgorod", zum Mittelpunkt eines Staates, der sich im Gebiet der nördlichen Rus entwickelte. In der Mitte von Nowgorod lag die Zitadelle des Kreml, den im 10. Jahrhundert ein Erdwall umgab. Noch heute wird er von der im 11. Jahrhundert errichteten Kathedrale der Heiligen Sofia mit ihren goldenen Kuppeln und Türmen beherrscht. Ausgrabungen in der mittelalterlichen Stadt haben in

Über die russischen Ströme bestanden für die schwedischen Wikinger vielfältige Möglichkeiten, um von der Ostsee bis zum Schwarzen Meer und nach Byzanz zu gelangen. Dabei mussten allerdings auch Landpassagen bewältigt werden. Der bekannteste „griechische Weg" führte über den Dnjepr vorbei an Kiew. Noch weiter im Osten führte die Wolga nach Bulgar und Itil. In welchem Maße die Skandinavier bei der Bildung des russischen Staates eine Rolle spielten, ist umstritten.
Grafik: Dirk Meier.

In der Mitte von Nowgorod lag die Zitadelle des Kreml, den im 10. Jahrhundert ein Erdwall umgab und später eine Steinmauer.
Foto: wikimedia.

Auf dem Dnjepr passierten die Händler auf dem Wasserwege mehrere Befestigungen, die den Warenverkehr kontrollierten, darunter das bereits 907 in byzantinischen Quellen erwähnte, mit Wällen befestigte Siedlungs- und Burgzentrum von Černigov, um dann Kiew, das *Kænugardr* der Wikinger, zu erreichen[316]. Wie Nowgorod wurde auch Kiew im 10. Jahrhundert von Skandinaviern regiert. Die schon erwähnte Chronik des Mönchs Nestor berichtet im 12. Jahrhundert, dass der Skandinavier Rurik die Herrschaft über Kiew begründete und seine Nachfahren Helgi, Ingvar und dessen Frau Helga die Stadt regierten. Erst seit dem 10. Jahrhundert werden dann Herrscher mit slawischen Namen genannt. Seit dieser Zeit wurde der Name „Rus" für den sich entwickelnden russischen Staat gebraucht. Ausgrabungen in Kiew haben in eindrucksvoller Weise die schriftlichen Berichte der frühen Stadtentwicklung bestätigt. Die Niederlassung am Dnjepr entstand im Umkreis dreier Hügel. Auf einem von diesen war – noch vor Ankunft der Nordleute – im 9. Jahrhundert aus Holz ein großer Tempel errichtet worden. Am Fuße des Hügels siedelten sich seit dem späten 9. Jahrhundert Händler und Handwerker an. In der Folgezeit vergrößerte sich die Stadt schnell und wurde nun auch durch wirksame Befestigungsanlagen sowie einem Kreml als wehrhafter Zitadelle geschützt. Die Ausgrabungen wiesen Verwaltungsgebäude, Kultstätten und Wohnhäuser nach. Im Hochmittelalter löste Kiew dann als Zentrum des russischen Staates Nowgorod ab. Unabhängig vom skandinavischen Einfluss bildeten die See- und Flusswege eine wesentliche Grundlage für diesen Prozess.

einer bis zu sechs Meter mächtigen Schichtenfolge zahlreiche Wohnhäuser, Werkstätten, Straßen und archäologische Funde freigelegt[315]. Obwohl die Stadt offiziell von einem Fürsten regiert wurde, waren die Volksversammlungen (*veche*) der einzelnen fünf Verwaltungsbezirke wichtiger. Ob dieses Selbstverwaltungssystem skandinavischen oder slawischen Ursprungs war, ist umstritten.

Um weiter nach Süden zu gelangen, musste man den Ilmensee durchqueren und der Lowat folgen. Um von der Lowat auf die Düna (*Dvina*) und von ihr in den Dnjepr zu gelangen, waren bei dem Weg über Witebsk zwei größere Schleppstrecken zu Lande zu überwinden. Ein anderer Landweg führte über Gnezdowo und Smolensk zum Dnjepr.

Andere Möglichkeiten, von der Ostsee nach Kiew zu gelangen, bestanden über die Düna bis Witebsk und einer anschließenden Schleppstrecke oder über die Weichsel sowie kleinere russische Flüsse, wobei auch hier Landwege zu überbrücken waren. Folgte man der Weichsel weit nach Süden gelangte man über einen Landweg zum

Auf dem Stich des 16. Jahrhunderts erkennt man den Kreml mit der Sophienkirche im Zentrum des ummauerten Nowgorod.
Quelle: Meier 2004, 95.

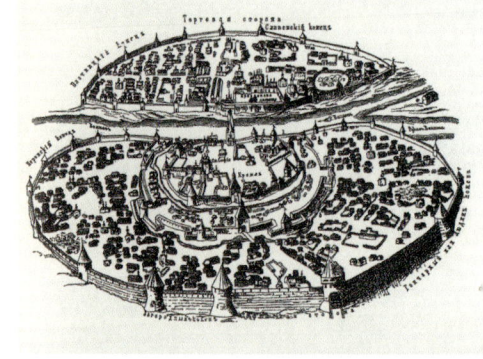

Djnestr, der wie der Dnjepr in das Schwarze Meer mündet.

Der Flussweg des Dnejpr südlich von Kiew hieß in den Quellen als wichtigste Verbindung nach Byzanz *Griechischer Weg*. Fror der Fluss im Winter zu, konnte man Waren auf Schlitten befördern. Etwa 40 km südlich von Kiew sicherte ein Signalturm auf dem Burgwall bei Vitičev, einem wichtigen Flussübergang, den Schifffahrtsweg des Dnjepr, der noch weiter im Süden durch das Gebiet der kriegerischen Nomaden, wie der Magyaren und Petschnegen, führte. Etwa 60 km vor der Mündung des Dnjepr in das Schwarze Meer war eine letzte Gefahr zu bestehen: Hier erstreckten sich neun Felsschwellen mit zahlreichen Steinbarrieren, tosendem Lärm und Strudeln sowie mehreren aufeinander folgenden Kaskaden, die einen Höhenunterschied von 33 m überwanden. Zwar hat ein Kraftwerkstaudamm die Flussmündung heute gänzlich verändert, aber die Stromschnellen wurden oft beschrieben, so 944 vom byzantinischen Kaiser Konstantin VII. Porphyrogennetos im Rahmen seiner Erläuterungen der außenpolitischen Strategien des Reichs[317]. Sie tragen hier so treffende Namen wie *Essupi* (der Verschlinger), *Baruforos* (Wogen-Fall), *Strukun* (der Rennende), *Gelandri* (der Gellende), *Ulvorsi* (Insel-Fall) oder *Leanti* (der Lachende). Den Namen einer weiteren Stromschnelle – *Aifur* (Immerlaut) – lesen wir auf einem schwedischen Runenstein in Pilgårds auf Gotland. Dieser war für den im Dnjepr ertrunkenen Waräger *Rafn* von seinen vier Brüdern errichtet worden. Aus den verschiedenen historischen Beschreibungen geht auch hervor, dass die Stromschnellen bei einer Erhöhung des Wasserspiegels als Folge der Schmelze im Frühjahr passierbar waren. Allerdings durfte man nicht zu lange warten, denn das Wasser wurde immer reißender. In jedem Fall aber war die Fahrt durch die Stromschnellen auch bei guten Reaktionen und einem manövrierfähigen Boot gefahrvoll. Porphyrogennetos zufolge wurden die Boote daher von den Rus

durch die Stromschnellen geführt, während die Besatzung am seichten Ufer nebenher und vor dem Boot watete. Auch die als Handelsware mitgeführten Sklaven mussten wohl aussteigen. Bei der vierten Stromschnelle, *Aifor*, führte man die Sklaven sechs Meilen über Land. Die Boote fuhren leer hindurch oder wurden über das Land getragen.

Für diese Fluss- und Landwege brauchte man spezielle Boote: Sie mussten sich für die Fahrten auf den Flüssen ebenso wie auf dem offenen Meer eignen und sich dazu noch ziehen lassen. Neben guten Segeleigenschaften sollten sie leicht zu rudern sein. Schwierig war es im frühen Mittelalter vor allem, die Boote über Land zu transportieren. Schon deshalb dürften diese kaum länger als 8 bis 10 m gewesen sein. Vielleicht zog man diese Boote mit Schleppseilen auf Schlittenkufen über mit Fett beschmierte Planken. Während dieser Zeit war die ganz mit dem Schleppen des Bootes beschäftigte Besatzung ein leichtes Ziel für Angriffe.

Die wohl auf diesen Flüssen eingesetzten Boote bezeichnete Porphyrogennetos auf Griechisch als *monoxyla* (Einhölzer) und dürften daher aus einem Baum gefertigt worden sein. Solche Boote wurden ober-

Ziel des „griechischen Weges" war die Metropole am Bosperus und Hauptstadt des Byzantinischen Reiches, Byzanz. Manuskript der Ottomanen des 15. Jahrhunderts, Universität Istanbul.

Quelle: Meier 2004, 96.

halb von Kiew hergestellt und nach dem Schmelzen des Eises den Dnjepr hinab geflößt. Die Rus kauften diese Einbäume als Grundlage und rüsteten sie mit Rudern und Ruderdollen sowie älterer, nicht mehr brauchbarer Stammboote aus. An die gesamte Länge der Einbäume wurden Plankenwände montiert, wie sie noch in der frühen Neuzeit bei den Kosaken bekannt waren. Diese leichten Boote ließen sich gut tragen.

Spezielle Schiffe für den Transport von Waren auf den Flüssen erwähnt auch der Araber Ibn Fadlan in seiner Schilderung der Bestattung eines Häuptlings der Rus im Jahr 922, der in seinem Schiff beigesetzt wurde. Diese Bestattungsform spiegelt eine skandinavische Sitte wieder. Mehrere solcher Bootsgräber sind bei Staraja Ladoga, Gnezdowo und in der Nähe der Wasserscheide des Dnjepr-Weges gefunden worden. Da es sich um Brandbestattungen handelt, erfahren wir aus den Funden nichts über das Aussehen dieser Boote, außer dass sie mit Eisennieten zusammengehalten wurden.

Nachdem die Boote die gefahrvollen Stromschnellen vor der Flussmündung hinter sich gebracht hatten, gelangten die Kaufleute über das Schwarze Meer nach Byzanz. Hier erblickten die Nordleute die größte Stadt, die sie je gesehen hatten, und die sie daher *Miklagardr* (große Stadt) nannten[318]. Die Metropole auf der Halbinsel des Goldenen Horns am Bosporos mit ihren mächtigen Umfassungsmauern aus Stein und ihren prächtigen Kathedralen, die alles überragende Hagia Sophia, der glänzende Hof des byzantinischen Kaisers und die exotischen Basare erschienen wie der Lohn aus einer anderen Welt. Vor allem war Byzanz die große Durchgangsstation des Handels und des Reichtums aus dem östlichen Mittelmeer, aus Nordafrika und den Weiten Asiens. Von Seidenstoffen über exotische Früchte, erlesene Weine, Gewürze und elegante Schmuckstücke reichte die vielfältige Palette der Waren. Viele der Skandinavier blieben hier, verdingten sich

als Söldner und kämpften im byzantinischen Heer. Kein geringerer als der Kaiser selbst umgab sich im späten 10. Jahrhundert mit einer Leibwache aus Wikingern, den *Varangoi*. Einer dieser mit Silber bezahlten Söldner mag jener *Halfdan* gewesen sein, der seinen Namen in Runenschrift in die Mauern der Hagia-Sophia-Kirche ritzte. Einer der bekanntesten Nordleute in der Leibwache des Kaisers war der spätere, schon mehrfach erwähnte norwegische König Harald Hardrada. Dieser unternahm in seiner Eigenschaft als byzantinischer Feldherr nicht nur Feldzüge bis nach Italien und nach Burgund, sondern soll sogar eine Affäre mit der Kaiserin gehabt haben.

Während die meisten schwedischen Wikinger auf ihren Flussreisen durch das Innere Russlands den Weg zum Schwarzen Meer nahmen, folgten einige Gruppen von Kaufleuten – vielleicht auch mit ihren Familien – den noch weiter nach Osten gehenden Routen. Von Staraja Ladoga konnte man den Landweg nach Beloozero nehmen, um über eine anschließende Flussroute zur Wolga zu gelangen. Eine andere Möglichkeit bestand über den Ilmensee und einen direkt zur Wolga führenden Landweg. An der Wolga lag Bulgar (Bolgar), der erste Markt, wo die Skandinavier auf die umfangreichen Silberlieferungen der arabischen Welt trafen[319].

So verfügten die seit 750 an die Macht gekommenen Abbasiden in Bagdad über große Silberminen in den Domänen ihres großen Kalifats. Der Silberhandel mit den Abbasiden kam im Laufe des 9. Jahrhunderts langsam zum Erliegen, nachdem die Minen versiegten und das Kalifat durch Bürgerkriege, Feldzüge und kostspielige Bauprojekte erschöpft war. Der Bedarf an Silber war unermesslich, wie über 60 000 gefundene Münzen in mehr als 1000 Horten in Skandinavien zeigen. Einen Teil der Münzen schmolzen die Wikinger sicher ein und gossen diese zu Barren oder Schmuck. Silber erhielten die Wikinger etwa in Byzanz im Tausch gegen Pelze,

Sklaven, Falken, Honig oder Wachs. Vom Markt in Bolgar führte die Wolga-Route in das Land der Chasar-Nomaden und zu deren Hauptstadt Itil am Kaspischen Meer. Skandinavische Kaufleute begegneten hier den Seidenkarawanen aus China und brachten diese Stoffe bis nach Schweden, wo deren Reste in den Gräbern von Birka gefunden wurden[320].

Europäisches Nordmeer und Nordatlantik

Die Kargheit des Lebens- und Wirtschaftsraumes in Norwegen ebenso wie die zunehmender königlicher Druck dürften den Ausschlag für zahlreiche Fahrten der Wikinger nach Schottland, über die Weiten des Europäischen Nordmeers und des Nordatlantik bis hin nach Island und Grönland gegeben haben. Im Kapitel über die Navigation haben wir bereits die maritimen Berichte der Sagas ausgewertet. Diese betonen den Wagemut der ersten Überfahrten, während spätere Fahrten über den Nordatlantik kaum noch erwähnenswert schienen[321]. Um die Orkneys, Island und Grönland zu erreichen, waren lange Seestrecken zu überwinden. Von Westnorwegen bis zu den Färöern sind es etwa 675 km, von den Färöern bis nach Island 450 km, von Westisland bis Ostgrönland 700 km und bis zur südwestlichen Westküste weitere 800 km. Voraussetzung für die Landnahmen jenseits des Meeres waren erfahrene Seeleute auf hochseetüchtigen Schiffen, die Mensch, Tiere und Fracht aufnehmen konnten, wie es das schon beschriebene Wrack I von Skuldelev, eine Knorr mit 35 Tonnen Ladekapazität[322].

Die ersten, welche die nördlichen Inseln im Atlantik erkundet hatten, waren irische Mönche gewesen. Der irische Mönch Dicuil, der um 825 im Frankenreich schrieb, berichtet uns im *Liber de mensura orbis terrae*, dem Buch über die Vermessung des Erdkreises[323], dass etwa seit dem Jahr 700 unerschrockene Mönche die Gewässer mit ihren zerbrechlichen Schiffen durchquerten, um sich auf den Inseln als Einsiedler niederzulassen. Die Nordleute, die diese auf den Färöern und Island trafen, nannten sie *papar* – Väter. Ihr Aussehen ließ die Mönche nichts gutes ahnen, denn bei der Ankunft der Wikinger flohen sie und ließen – wie der isländische Geschichtsschreiber Ari Þorgilsson (*1067/68, †1148) um 1120 im Íslendingabók berichtet – Bücher, Glocken und Krummstäbe zurück.

• Orkneys

Zu den ersten Inselgruppen, welche die norwegischen Wikinger auf ihren Fahrten über die Nordsee und den Nordatlantik erreichten, gehörten die vor der nordöstlichen Küste Schottlands gelegenen Orkneys und Shetland[324]. Die Inselgruppe der Orkneys soll bereits um 325 v. Chr. der Grieche Pytheas (*380, †310) auf seiner Nordfahrt besucht haben, jedoch bleibt unklar, ob er überhaupt die Straße von Gibralta passiert hat. Die Bewohner dieser *Cape Orcas* nannte er *Pretani*. Der römische Historiker Tacitus (*56, †116) berichtet in seiner

Der irische Mönch Dicuil, der um 825 im Frankenreich schrieb, berichtet uns im Liber de mensura orbis terrae, dem Buch über die Vermessung des Erdkreises, dass etwa seit 700 unerschrockene Mönche die Gewohnheit hatten, Gewässer mit ihren zerbrechlichen Schiffen zu durchqueren und sich dort als Einsiedler niederzulassen. Die Nordleute, die diese Mönche auf den Färöern und Island trafen, nannten sie papar – Väter. Diese Buchdarstellung zeigt eines dieser Boote. Quelle: wikimedia.

Zu den ersten Inselgruppen, welche die norwegischen Wikinger auf ihren Fahrten über die Nordsee und den Nordatlantik erreichten, gehörten die vor der nordöstlichen Küste Schottlands gelegenen Orkney Inseln und Shetland. Grafik: Dirk Meier.

ersten Raubzügen im 8. Jahrhundert und dem späten 10. Jahrhundert angesetzt – ist in der langen Zeit skandinavischen Einflusses nur eine relativ kurze Periode. Nach Snorris Heimskringla soll deren König Harald I. Schönhaar die Inseln 876 Røgnvald I. Eysteinsson aus Norwegen überlassen und ihn zum Jarl eingesetzt haben. So heißt es:

In einem Sommer segelte Harald Schönhaar nach Westen, um die Wikinger zu strafen, weil er ihre Verwüstungen müde geworden war, denn sie plünderten während des Sommers in Norwegen, verbrachten aber den Winter auf den Shetlands und Orkneys … er focht dort viele Schlachten und annektierte Land weiter im Westen als seither irgendein anderer König. In einer Schlacht fiel Ivar, der Sohn des Jarls Rognvald. Doch als König Harald aus dem Westen nach Hause segelte, übergab er dem Jarl Rognvald die Shetlands und Orkneys als Entschädigung für seinen Sohn. Jarl Rognvald gab beide Länder jedoch seinem Bruder Sigurd.
Snorris Heimskringla

Biographie des Iulius Agricola, dass eine römische Flotte 83 n. Chr. die britischen Inseln umsegelt und dabei die Inselgestalt Britanniens bewiesen habe[325]. Claudius Ptolemaios bezeichnet sie in seiner *Geographica* die Inseln *Orcades*.

Zur Ankunftszeit der Wikinger siedelten hier keltische Pikten. Neben Hinweisen einer friedlichen Koexistenz gibt es auch Anzeichen von gewalttätigen Auseinandersetzungen. Bevor sich Wikinger fest auf den Orkneys ansiedelten, hatte es bereits Wikingerüberfälle von See her gegeben, wie einer Passage aus der Saga König Olafs des Heiligen um 1230 entnommen werden kann[326]: *Es wird berichtet, dass in den Tagen Harald Schönhaars [um 870 bis um 940], des Königs von Norwegen, die Orkneyinseln besiedelt wurden, die zuvor meist Versammlungsort für die Wikinger gewesen waren.*

Der genaue Zeitpunkt der tatsächlichen Besiedlung ist jedoch umstritten. Die Epoche der eigentlichen Wikingeranwesenheit – gewöhnlich zwischen den

Die Saga wurde zwar zu einem späteren Zeitpunkt geschrieben, doch die Einsetzung von Jarlen als Grafen, die meist dem norwegischen Königshaus verbunden waren, markiert den Beginn direkter politischer Kontrolle von Norwegen aus. Der Macht der Jarle waren jedoch Grenzen gesetzt, denn die Plünderungen durch einzelne Kriegsherren setzten sich zweifellos noch eine Zeitlang fort.

Möglicherweise war aber der in der Heimskringla erwähnte Sigurd der Mächtige erster norwegischer Jarl auf den Inseln. Selbst vom norwegischen König Erik Blutaxt (*885, †954) wird nur berichtet, dass er auf den Orkneys und Hebriden herumzog. Wann die Norweger tatsächlich auf den Orkneys Fuß fassten, bleibt somit unklar, da auch entsprechende archäologische Funde fehlen. Eine der Hauptquellen ist die Orkneyinga saga[327], die jedoch aus der Sicht des 13. Jahrhunderts in Norwegen vergangene Ereignisse schildert.

Vor der norwegischen Landnahme könnten die Pikten bereits Christen gewesen sein, wie archäologische Funde andeuten[328]. Die Orkneyinga saga erwähnt jedoch die Pikten nicht, sondern vermittelt den Eindruck, dass Olav Tryggvason erstmalig das Christentum nach Orkney gebracht habe. Das Verhältnis zwischen Skandinaviern und den Pikten ist unklar, neben friedlichem Nebeneinander, scheint es auch zu Konflikten gekommen zu sein, jedenfalls verschwanden die piktischen Ortsnamen[329]. Während der Landnahmezeit fanden die norwegischen Siedler auf den Orkneys eine Landschaft vor, die zwar der Topographie Nordskandinaviens ähnelte, jedoch ein milderes Klima aufwies, was die Inselgruppe attraktiv für eine Besiedlung machte. Im Mittelalter verstand man unter den Orkneys nicht die Inselgruppe, sondern das Jarltum Orkney. Die norwegischen Jarle hielten sich hier bis 1231, bevor der schottische Einfluss übermächtig wurde.

• **Shetland**

Wie auf den Orkneys lebten auf den Shetland-Inseln zur Zeit der norwegischen Landnahme Pikten. Die hier im 9. Jahrhundert Land nehmenden Wikinger nannten die Inseln *Hjaltland*. Die im 10. Jahrhundert christianisierten Inseln wurden um 1195 dem norwegischen König unterstellt. Das später norwegisch-dänische Krongut auf den Shetland-Inseln gelangte als Sicherheitsleistung für die Mitgift des dänischen Königs Christians I. unter schottische Kontrolle. In der Folge wurde Shetland vom Königreich Schottland annektiert. Seitdem wuchs der schottische Einfluss auf die Inseln und das *Old Norn* als allgemein verbreitete Sprache der Nordleute starb im 19. Jahrhundert aus. Die erste Siedlungsphase der Wikinger hinterließ ihre Spuren im sog. Jarlshof auf der Südhauptinsel. Dieser ist Teil einer Gruppe von Gebäuden unterschiedlicher Zeitperioden mit verschiedenen Funktionen. Belegt sind

Wohnhäuser, Scheunen und Ställe. Wie die Höfe in Norwegen erhielten auch die auf den Shetland-Inseln errichteten Gebäude dicke Mauern aus Grassoden[330]. In der Nähe des Jarlshofs befand sich eine flache Bucht, wo Schiffe an Land gezogen werden konnten.

• **Färöer**

Von den Shetland-Inseln aus erreichte man im Nordatlantik auf halbem Wege zwischen Shetland und Island die Inselgruppe der Färöer Inseln. Die Eilande, in der Nähe des 62. Breitengrades gelegen und somit etwa 500 Kilometer unterhalb des Polarkreises, sind 300 km von Shetland, 450 km von Island und 675 km von der norwegischen Westküste entfernt.

Der legendenhafte und im Mittelalter weit verbreitete Bericht der *Navigatio Sancti Brendani*, der Seereise des irischen Heiligen Benhard (*um 484, †577), die er um 565 bis 573 mit zwölf Gefährten unternommen haben soll, erwähnt die *Terra Repromissionis*, eine verheißene Insel im Westen. Auf dem Weg zu den Brendan-

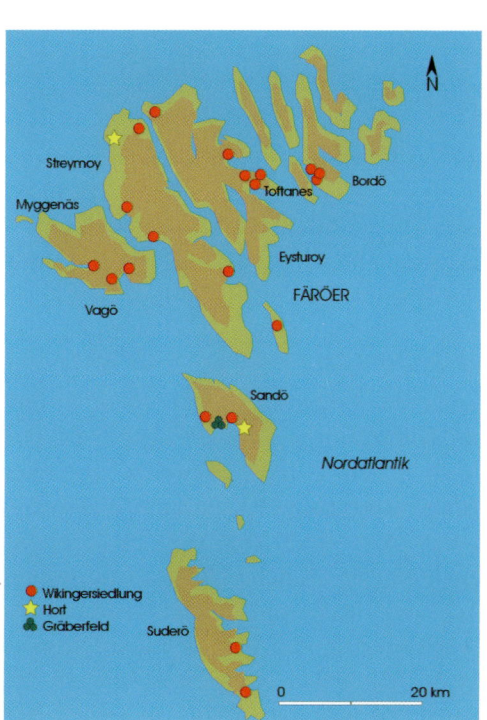

Vermutlich gelangten irische Mönche um 625 auf die Färöer. Kleine Einsiedlergruppen scheinen hier Hafer kultiviert zu haben, wie paläobotanische Untersuchungen auf Myggenäs belegen. Als die Färöer das erste Mal um 795 von den Wikingern aufgesucht wurden, fanden sie noch irische Mönche als Eremiten vor, die Hafer anbauten und Schafe hielten, so dass die Nordleute die Inselgruppe Færeyiar (Schafsinseln) nannten.
Grafik: Dirk Meier.

inseln, Phantominseln westlich des nördlichen Afrika, erlebte er allerhand Abenteuer und besuchte eine Vogelinsel, die man mit den Färöern identifiziert hat[331]. Die Beschreibung seiner Reise veranlasste bis ins 18. Jahrhundert Expeditionen zur Suche nach Brendans Insel. Ihre Lokalisierung wird nie möglich sein, denn die *Navigatio Sancti Brendani* ist ein festgesetzter inselkeltischer Erzähltyp, der die Reise in die Anderswelt beschreibt. Das Schiff des Heiligen wird als eine Curragh beschrieben, ein traditionelles irisches, mit einer Leinwand überzogenes und geteertes Boot mit einem leichten Holzgeripp und einer Leinwand. Es war ursprünglich mit Leder bespannt. Diese 4,80 bis 5,50 m langen und etwas weniger als 1 m breiten fast unsinkbaren Boote wurden lange an der westirischen Küste, besonders auf den Aran Islands zum Fischen und Angeln benutzt. Mit ähnlichen Booten könnten auch irische Mönche bei der Erkundung der Inseln im Europäischen Nordmeer gesegelt sein, da ihre Hochseetüchtigkeit in Versuchen bewiesen ist. So ist es auch der irische Mönch Dicuil, der in seiner Beschreibung des Erdkreises (*Liber de mensura orbis terrae*) schreibt:

Es gibt viele andere Inseln im Ozean nördlich von Britannien, die von der nördlichen britischen Insel in einer direkten Reise von zwei Tagen und Nächten erreicht werden können, wenn die Segel gefüllt sind und ein ständiger günstiger Wind weht. Ein strenggläubiger Priester erzählte mir, wie er an zwei Sommertagen und der dazwischen liegenden Nacht in einem zweisitzigen Boot dorthin gesegelt ist und eine der Inseln betreten hat
Dicuil, Liber de mensura orbis terrae VII, 14.

Es gibt eine andere Gruppe von kleinen Inseln, fast alle durch enge Wasserstraßen voneinander getrennt. Dort haben fast hundert Jahre lange Eremiten gelebt, die aus unserem Land, Irland, gekommen waren. Aber wenn die Inseln immer vom Anfang der Welt verlassen waren, so heute wegen der normannischen Piraten, die die Einsiedler vertrieben haben. Jetzt sind sie von unzähligen Schafen und diversen Seevögelarten bevölkert. Ich habe diese amtlich erwähnten Inseln nie gefunden.
Dicuil, Liber de mensura orbis terrae, VII, 15.

Vermutlich kamen somit irische Mönche um 625 mit den schon beschriebenen Lederbooten auf die Färöer. Kleine Einsiedlergruppen scheinen hier Hafer kultiviert zu haben, wie paläobotanische Untersuchungen auf Myggenäs belegen. Als die Färöer das erste Mal um 795 von den Wikingern aufgesucht wurden, fanden sie noch irische Mönche als Eremiten vor, die Hafer anbauten und Schafe hielten, so dass die Nordleute die Inselgruppe *Færeyiar* (Schafsinseln) nannten.

Die dann im 9. Jahrhundert von Norwegen aus einsetzende maritime Landnahme konzentrierte sich auf den schmalen Küstenstreifen. Nach der im 13. Jahrhundert auf Island geschriebenen Färingasaga[332] hieß der erste Siedler Grímur Kamban. Er soll in Funnigar gewohnt haben. Seine Ankunft wird um 825 angenommen. Ein anderer Siedler dieser Zeit ist Naddodur, dem die Entdeckung Islands um 850 zugeschrieben wird, als er auf dem Heimweg von Norwegen an den Färöern vorbei segelte. Nach der Färingasaga sollen dann vor der Herrschaft Harald Schönhaars (reg. 870–933) zwischen 885 und 890 viele Menschen auf die Inselgruppe geflohen sein. Ferner kamen aber auch Einwanderer aus Irland und Schottland, meistens Wikinger, aber auch mit ihren teilweise keltischen Frauen und Sklaven. Die Siedler waren Bauern, wobei es im Unterschied zu Island keine Oberschicht gab, so dass die färörischen Balladen auf eine orale Tradition zurück gehen. Frühestens um 900, sicher ab 970 bildete der Allthing auf Tinganes dann die Zukammenkunft der Bauern, auf dem alle Probleme besprochen wurden. Neben der Landwirtschaft dienten der Selbstversorgung die reiche Vogelwelt und der Fischfang. Hauptexportgut der Inseln war bis in das 19. Jahrhundert Wolle. Die Langhäuser der Nordleute waren aus Stein errichtet, besaßen meist nur einen Raum mit einer Feuerstelle in der Mitte und Bänken an den Wänden, wie sie in Kvívík, in Fuglafjørður, Gøta und Sandavágur aus-

gegraben wurden. Ferner sind zahlreiche Gräber der Wikinger mit Steinsetzungen, wie in Sandur, belegt[333].

• Island

Lavafelder und Gletscher bedecken fast drei Viertel der im Nordatlantik gelegenen Insel Island. Ackerland findet sich nur im Bereich des Küstengürtels und in den Tälern des Südens und Südwestens. Erste Beschreibungen eines Landes *Thule* im Norden finden sich bei Strabon (*63 v. Chr, †23 n. Chr.), die auf Pyhteas von Marseille zurückgehen. Nach Pyhteas sollte Thule sechs Tagesreisen nördlich von Britannien liegen, doch war wohl Norwegen gemeint. Tacitus berichtet in seiner Biographie des Iulius Agricola, dass eine römische Flotte die britischen Inseln umgesegelt und dabei die Inselgestalt Britanniens bewiesen habe[334]. Während der Fahrt seien die *orcades* (Orkney-Inseln) entdeckt worden. Dann folgt der Satz: *Nur in Sicht kam Thule, weil der Auftrag nur so weit reichte und überdies der Winter nahte.* Die Römer verstanden unter Thule somit eine Inselgruppe, die man von den Orkneys aus sehen kann, somit die Shetland-Inseln. Die bruchstückhafte antike Überlieferung verlieh Thule einen mythischen Charakter. Eine genauere erste Beschreibung der Insel hat uns erst der

Lavafelder und Gletscher bedecken fast drei Viertel der im Nordatlantik gelegenen Insel Island, die spätestens im 9. Jahrhundert von norwegischen Wikingern besiedelt wurde. Ackerland findet sich nur im Bereich des Küstengürtels und in den Tälern des Südens und Südwestens. Grafik: Dirk Meier.

Die Höfe der Skandinavier auf Island bestanden – wie in Stöng nachgewiesen – aus Gebäuden mit mehreren Räumen und dicken Grasmauern. Foto: Thomas Omston.

schon mehrfach erwähnte Mönch Dicuil um 825 hinterlassen:

Es ist jetzt dreißig Jahre her, seit Geistliche [clerici], die vom 1. Februar bis zum 1. August auf der Insel gelebt hatten, mir erzählten, dass nicht nur an dem Tag der Sommersonnenwende, sondern auch an den Tagen davor und danach die untergehende Sonne sich zur Abendstunde wie hinter einen kleinen Hügel versteckt, so dass es während dieser Zeit niemals dunkel wird, vielmehr ein Mann, was immer er tun möchte, und sei es, die Läuse aus seinem Hemd zu suchen, dies genauso vollbringen kann, wie im hellen Tageslicht. Die geschrieben haben, dass die See um Island herum gefroren ist, befinden sich im Irrtum…, doch nach einem Tag des Segelns von dort aus nach Norden finden sie das gefrorene Meer.
Dicuil, Liber de mesura orbis terrae.

Dieser und weitere Berichte von Reisen keltischer Heiliger, wie St. Brendan, in den Norden lassen darauf schließen, dass schon etwa 60 bis 70 Jahre vor der Ankunft der Wikinger eine Besiedlung Islands existiert, hat, die bislang jedoch nicht anhand archäologischer Funde gesichert ist.

Erste archäologische Belege für die Ankunft von Menschen in Island sind zwei römische Kupfermünzen aus der Zeit um 270–305 n. Chr. aus den Ruinen eines Bauernhofs aus der Landnahmezeit der Wikinger in der Nähe von Bragðavellir in Hamarsfjöður; die dritte – wohl aus dem gleichen Hort stammend – wurde am Strand von Hvalnes in Lón gefunden. Als einzige Hinterlassenschaften der Landnahmezeit der Nordleute zwischen 870 und 930 liegen sie im südöstlichen Island. Pollenprofile belegen, dass in dieser Zeit eine Landnahme bäuerlicher Siedler erfolgte, deren Viehherden die Vegetation veränderten. Die entsprechenden Funde enstammen einer Besiedlungsschicht in Þjórsárdalur in Südisland, die von Asche eines Ausbruchs des Vulkans Vatnaöldur gegen Ende des 9. Jahrhunderts bedeckt war. Ferner lieferten Ausgrabungen in Reykjavík zahlreiche ^{14}C-Datierungen, die deutlich älter als die aus den schriftlichen Überlieferungen bekannte Datierungen der Erstbesiedlung um 780 n. Chr. sind[335]. Die frühesten Daten gehen jedoch vermutlich auf die Nutzung alten Holzes zurück.

Allerdings erwähnt Ari Þorgilsson in seinem um 1125 geschriebenen Íslendingabók (Das Buch der Isländer) die Anwesendheit irischer Mönche, die im 9. Jahrhundert die Norweger *papar* (Priester) nannten[336]. Da sie nicht unter den neu angekommenen Heiden leben wollten, verließen sie die Insel. Auch das Landnámabók (Das Buch von der Besiedlung Islands) stimmt darin überein, dass *papar* im Siðar-Distrikt siedelten, als der Norweger *Ketill hinn fiflski* in Island ankam. Bislang ist die Anwesendheit irischer Mönche nicht durch archäologische Funde nachgewiesen, obwohl man auf der angeblich nach ihnen benannten Insel Papey im Südosten von Island sehr gründlich gesucht hat. Auch das Landnámabók vermerkt im übrigen in der Einleitung den Namen Thule, das nach Beda sechs Tage von Britannien entfernt lag.

Weiter heißt es im Landnámabók, dass ein Wikingerschiff mit dem Norweger oder Färinger Naddodur an Bord sich auf dem Seeweg nach den Färöern etwa um 860 infolge eines Unwetters beim heutigen Reyðarfjörður in Ostisland landete. Er nannte das neue Land *Snæland* (Schnee-land). Einige Jahre später überwinterte der Schwede Garðar Svavarsson in Húsavík in Nordisland und bezeichnete die Insel nach sich selbst *Garðarsholmur*. Ein Mitglied seiner Schiffsbesatzung mit dem Nanem Náttfari und zwei Sklaven, eine Frau und ein Mann, entliefen seiner Besatzung und siedelten sich in einem Tal in der Nähe von Húsavík an. Weil Náttfari nicht vornehm genug war, galt er jedoch nie als erster Siedler. Die Historizität dieser Ereignisse ist allerdings umstritten, da wohl die Route nach Island auf den Inseln nördlich von Schottland seit langem bekannt war[337].

Als dritter Besucher gilt Flóki Vilgerðarson, der planmäßig eine neues Siedlungsland suchte. Nach einem harten Winter, in dem seine Schafe aus Heumangel verhungerten, und einem weiteren Jahr fuhr Flóki nach Norwegen zurück. Erst viel später kehrte er nach Island zurück, wo er bis zu seinem Tod lebte. Da er von einem Berg im Nordwesten aus Treibeis erblickte, gab er Island seinen heutigen Namen (Eisland). Als offizieller Erstsiedler im Landnámabók wird Ingólf Arnason (*870, †930) genannt, der aufgrund von Totschlagsklagen mit seinem Ziehbruder *Hjörleifur Hróðmarsson*, ihren Familien und ihrer Habe 870 nach Island fuhr. Dort ließ er sich an der Südküste bei *Ingólfshöfði* in der Nähe des heutigen Skaftafell-Nationalparks nieder. Hjörleifur segelte weiter und erbaute nahe des heutigen Ortes Vik sein Haus. Er wurde von seinen irischen Sklaven erschlagen, die dann auf eine Inselgruppe vor der Küste flohen. Später erschlug Ingólfur die Sklaven. Da die Iren von den Wikingern „Westmänner" genannt wurden, benannte er die Inselgruppe nach ihnen. Er segelte dann weiter und verlegte seine Siedlung dorthin, wo die Pfeiler seines Hochsitzes an Land trieben, die er ins Wasser geworfen hatte, was in der Gegend des heutigen Reykjavík der Fall gewesen sein soll.

Bis heute gilt die Geschichte des Ingólfur mit der Landnahme 874 als Erstbesied-

lung Islands, obwohl diese etwas früher stattfand. Die folgenden Jahre zwischen 874 und 930 gelten dann nach dem Landnámabók als die sog. Landnahmezeit. Heute nimmt man jedoch an, dass dieses Buch weniger reale Vorgänge schildert als vielmehr die Landbesitzungen des 12. bis 13. Jahrhundert legitimieren sollte, da in dieser Zeit der größte Teil der bewohnbaren Flächen verteilt wurde. Das Besiedlungsbuch spricht von etwa 430 Landnehmern (*landsnamsmenn*), Männer und Frauen von Landnahmefamilien, die als erste Siedler Land in Besitz nahmen und bewirtschafteten, vorwiegend in der Ebene des Südlandes und in den Fjordtälern der anderen Landesteile.

Nach archäologischen Ausgrabungen haben dabei schon im 7. und 8. Jahrhundert Einwanderer aus Südwestnorwegen Siedlungen auf den Westmännerinseln angelegt, von denen das Landnámabók nicht berichtet. Fast alle Teile besiedelbaren Landes, weitgehend unter 200 m Höhe gelegen, waren offenbar innerhalb von zwei Generationen eingenommen. Sechzig Jahre nach der offiziellen Landnahme, also um 930, war Island vollständig besiedelt, wenn man der schriftlichen Überlieferung folgt. Schwer lässt sich der jeweilige Anteil von Siedlern oder ihre Anzahl nach Herkunftsländern bestimmen. Im Unterschied zu den Shetlands oder den

Bald nach der Landnahme fand 930 eine erste Versammlung eines Althing in Thingvellir statt, wo sich jährlich die Führungsschicht der Goden traf, um Recht zu sprechen und wo um 1000 das Christentum eingeführt wurde. Foto: Jette Arneborg.

Färöern erfolgte die Landnahme Islands nach Ansicht der mittelalterlichen Chronisten deshalb, weil die Unterwerfungspolitik des norwegischen Königs Harald Schönhaars freie Bauern vertrieb. Es kamen jedoch nicht alle der ersten Siedler aus Norwegen, sondern auch aus Britannien und Irland. Neben Unterdrückung in den Heimatländern dürfte vor allem Landknappheit eine entscheidende Rolle bei den gefahrvollen Fahrten in den Nordatlantik gespielt haben. Da ein großer Teil Islands mit Eis und Lava bedeckt war, konzentrierte sich die nordische Besiedlung auf die Küstenregionen und die breiten Täler, vor allem im Südwesten der Insel. Vermutlich kamen ca. 20 000 Menschen über den Nordatlantik, wobei die

Bevölkerung in der Landnahmezeit auf ca. 60 000 anwuchs. Jede Handbreit des fruchtbaren Bodens war bald von den nordischen Bauern besetzt, für spätere Neuankömmlinge blieb nur schlechteres Land. Die Höfe bestanden – wie in Stöng nachgewiesen – aus Gebäuden mit mehreren Räumen und dicken Grasmauern.

Bald nach der Landnahme entwickelten sich lokale Versammlungen unter der Leitung von Goden. Eine este Versammlung aller Goden fand 930 in einem Althing an den Felsen von Þingvellir statt, wo sich danach immer wieder jährlich die Führungsschicht traf, um Recht zu sprechen, und wo um 1000 das Christentum eingeführt wurde[338]. In diese Zeit fallen auch die wichtigen Entdeckungsfahrten nach Grönland.

• Grönland

Vermutlich um 900 war der Seefahrer Gunnbjörn Úlfsson (Gunnbjörn Ulfsson) auf einer Fahrt von Norwegen nach Island weit vom Kurs abgekommen und mit seinem Schiff auf eine westlich gelegene Küste an der Südspitze Grönlands zugetrieben worden. Da er nur Eisberge und eine öde Landschaft gesichtet hatte, ging er nicht an Land. Von dieser Geschichte hatte Eiríkr inn rauði (Erik der Rote) erfahren, dem der Hof Haukadalr am isländischen Breiðafjörðr (Breidafjord; nahe des heutigen Búðardalur im Nordwesten Islands) gehörte. Aufgrund eines Totschlags war er vom Althing für drei Jahre für friedlos erklärt worden[339]. Das Landnámabók berichtet ferner, dass er im Jahr 982 mit den Geächteten Þorbjörn (Thorbjörn), Eyjólfr (Eyjolf) und Styrr (Styr) von der Halbinsel Snæfellsnes nach Westen segelte, um Gunnbjörns Land zu suchen. Schließlich fand Erik bei seinen sich über drei Jahre erstreckenden Irrfahrten ein Land vor, das im Osten aufgrund steil abfallender Klippen und Eisschilde unwirtlich war, im Südwesten dagegen etwas bot, was er von Island her kannte: große, stellenweise mit

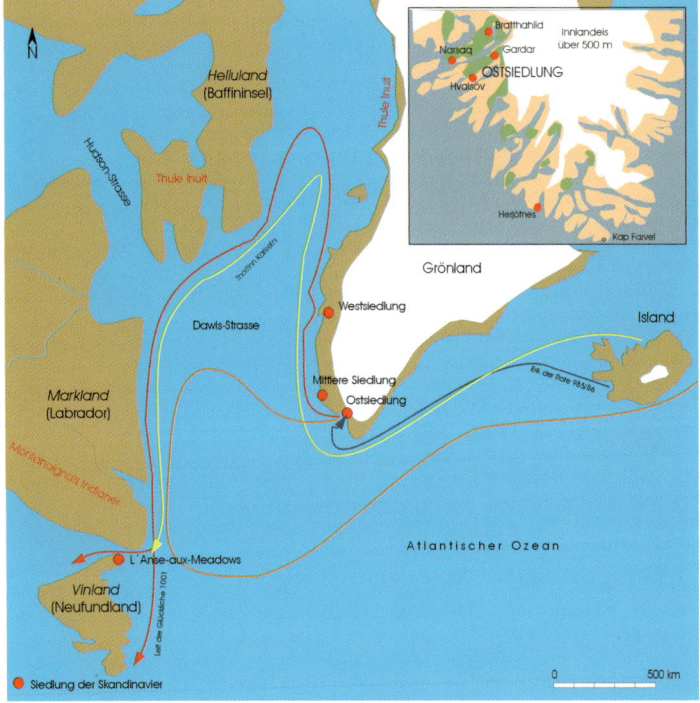

Das Landnámabók berichtet, dass 982 Erik der Rote von Island nach Westen segelte und Grönland entdeckte. Die archäologisch nachgewiesenen Siedlungen der Wikinger liegen an der Westküste Grönlands. Im folgenden Frühjahr segelte Erik weiter nach Norden und fuhr in einen großen Fjord ein, der später Eiríksfjörðr (Eriksfjord) genannt wurde (heute Tunulliarfikfjord). Am Ende des Fjordes, im klimatisch günstigsten Bereich Grönlands, etwa in Höhe des 61. Breitengrades, gründete er seinen Hof Brattahlíð (Brattahlid). Weitere Vorstöße der Nordleute erreichten um 1000 den nordamerikanischen Kontinent. Grafik: Dirk Meier.

Zwergbirke und -weide besetzte Grasflächen auf den Ebenen und flache Berghänge in den inneren Fjordabschnitten, eben ein grünes Land (Grönland). Er erreichte die grönländische Küste bei Miðjökull (Midjökul; vermutlich das heutige Ammassalik in Ostgrönland), auf der Suche nach einem Überwinterungsplatz, segelte von dort südwärts und umrundete das Kap Farvel. Auf einer der Südküste vorgelagerten Insel verbrachte er den ersten Winter. Nach dem Íslendingabók fand er dort bereits Siedlungsspuren vor, die möglicherweise von den *Skrælingar* stammten, wie die Nordleute die Inuit nannten. Im folgenden Frühjahr segelte Erik weiter nach Norden und fuhr in den Eriksfjord (*Eiríksfjörðr*; heute Tunulliarfikfjord) ein. Am Ende des Fjordes, im klimatisch günstigsten Bereich Grönlands, etwa in Höhe des 61. Breitengrades, gründete er seinen Hof Brattahlíð (Brattahlid). Von dort unternahm er mehrere Erkundungsfahrten, die ihn bis über den Polarkreis führten. Zweifellos war Erik der Rote nach drei Überwinterungen in der Lage, die wirtschaftlichen Möglichkeiten abzuschätzen, die sich viehhaltenden Bauern in dem eisfreien Landstreifen des Südwestens boten, dessen Sommer so warm sein konnten wie auf Island, teilweise sogar noch wärmer, deren Winter jedoch viel strenger waren. Im folgenden Jahr, 985, segelte er nach Island zurück.

Mit wenigen Sätzen über Erik den Roten schildert Ari Þorgilsson in seinem Isländerbuch den Beginn eines der erstaunlichsten Unternehmen mittelalterlicher Seefahrten, das im Jahre 985 oder 986 einsetzte:

Das Land, welches Grönland genannt wird, wurde von Island aus entdeckt und besiedelt. Erik der Rote hieß der Mann … er gab dem Land den Namen und nannte es Grönland; das, meinte er, würde den Leuten Lust machen, hinzufahren, wenn das Land einen so schönen Namen hätte.
Ari Þorgilsson, Islendingabók (um 1125).

Der Name „Grünland" war zwar übertrieben, doch wer heute im Sommer Grönland besucht, wird erstaunlich viel Grünland an den Küstenfjorden und Tälern des südgrönländischen Inlands finden. Zwischen dem Meer und der rauen Küste im Westen sowie den Gletschern im Osten bot das Grasland entlang der Fjorde den Lebensraum für die Siedlergruppen. Untersuchungen anhand von Gletscherbohrkernen in Grönland haben zwischen 600 und 1200 n. Chr. während des mittelalterlichen Klimaoptimums eine regional um etwa 1 °C höhere Durchschnittstemperaturen als heute nachgewiesen[340]. Im norwegischen Königsspiegel aus der ersten Hälfte des 13. Jahrhunderts wird von den grönländischen Höfen erzählt, *dass es in Grönland gute Weiden sind und große und gute Höfe, denn man hat dort Vieh und viele Schafe, und man macht dort viel Butter und Käse; davon lebt man hauptsächlich, und ebenfalls von Fleisch und Fang jeder Art, sowohl Rentierfleisch, Walfleisch, Seehundefleisch und Bärenfleisch*[341].

Den Versprechungen Eriks folgten etwa 700 Menschen auf 25 Schiffen zu dem 1300 km entfernten Ziel, von denen allerdings nach wochenlanger Seereise nur 14 Schiffe ihr Ziel erreichten, wie das Landnámabók und die Eiriks-Saga Rauda aus der zweiten Hälfte des 13. Jahrhunderts berichten. Sie umrundeten Kap Farvel und erreichten die geschützten Fjorde der

Das letzte norwegische Handelsschiff erreichte Grönland 1406. Dessen Kapitän Þórsteinn Óláfsson (Thorstein Olafsson) hielt sich einige Jahre auf Grönland auf und heiratete 1408 in der Kirche von Hvalsey (Foto). Dieser Bericht in der Nýi Annáll ist der letzte schriftliche Beleg von Nordleuten in Grönland.
Foto: Jette Arneborg.

Die Wikinger waren ein beliebtes Motiv der romantischen Kunst. Ausschnitt aus Christian Krogh: „Leif Eriksson entdeckt Amerika" (1893). Quelle: Koch 2008, 302.

Bucht von Julianehåb, wie sie heute genannt wird, wo sie einen sicheren Ankerplatz, gute Fischgründe und Weideland fanden. Hier entstand eine erste Siedlung, heute Ostsiedlung genannt[342].

Die Ostsiedlung ist die älteste Wikingersiedlung in Grönland, umfasste 192 Höfe und liegt in geschützter Lage am Ende des rund 100 km langen Eriksfjordes. Fruchtbare Böden und reiche Weidegründe ermöglichten hier eine gute Viehwirtschaft. Der norwegische Geistliche Ívarr Bárðason berichtete um die Mitte des 14. Jahrhunderts, dass in günstigen Jahren sogar Äpfel reif wurden. Die Ausgrabungen in Brattahlid und eines Gehöftes bei Narsaq in den 1950er und 1960er Jahren, geben eine gute Vorstellung vom Aussehen der Ansiedlungen. Danach bestand der typische Wikingerhof aus einer Gruppe von Gebäuden und neben Wohngebäuden umfasste Stallungen für Schafe, Ziegen sowie Rinder und – zumindest in der Frühzeit der Siedlungen – auch Pferde und Schweine. Daneben gab es eine Reihe von Scheunen und Wirtschaftsgebäuden. Neben Land- und Milchwirtschaft betrieben die Menschen Textilproduktion und gingen auf die Jagd. Die Hauptgebäude bestanden aus Langhäusern mit dicken Torfsodenmauern auf einem Felssteinfundament. Der einfache Dachstuhl bestand aus Treibholz oder Walknochen. Die Häuser be- und entwässerte ein Wasserleitungssystem. Bedeutendere Höfe besaßen manchmal eine eigene Kapelle und ein Badehaus. Zu den Höfen gehörten *Saeter*-Hütten als Almen auf den abseits gelegenen Weiden, von wo aus in den Sommermonaten die Heuernte eingebracht wurde und das Vieh weidete. In der Ostsiedlung lag auch mit Garðar (Gardar) auf einer fruchtbaren Ebene zwischen dem Eriksfjord und dem Einarfjord der Bischofssitz. Die Bewohner Grönlands, die seit 1000 Christen waren[343], nannten die Isländer *Grænlendingar*.

Etwa 300 bis 400 km nördlich der Ostsiedlung wurde am Godhåbsfjord (nahe des heutigen Kapsillit) die Westsiedlung gegründet. Sie war mit rund 90 Gehöften kleiner als die Westsiedlung und aufgrund ihrer nördlicheren Lage extremeren Klimabedingungen ausgesetzt. Noch weiter in den Norden (bis in die Höhe des 70. Breitengrades) führten die sommerlichen Fang- und Jagdfahrten, die für die Beschaffung von Exportgütern und die Versorgung mit Fleisch wichtig war. Hier jagte man Walross, Narwale, Robben, Eisbären, Moschusochsen und Karibus. Dieses Gebiet der *Nordrsetur* war mit geruderten Booten in 30 Tagen von der Westsiedlung und in 50 Tagen von der Ostsiedlung aus erreichbar. Hier trafen die Nordleute auch auf die Inuit der sog. Thule-Kultur.

Mit Ausnahme dieser sommerlichen Jagdzüge behielten die Wikinger während ihrer mehrhundertjährigen Siedlungszeit auf Grönland ihre angestammte landwirtschaftliche Siedlungsweise bei, in dem sie im Sommer das Vieh auf die Hochweiden trieben und Laubheu für die Stallfütterung im Winter einbrachten. Da sich das Klima jedoch im späten Mittelalter wieder verschlechterte, trug dieses zum Ende der Siedlungen bei. Irgendwann jedenfalls vor 1350 wurde die grönländische Westsiedlung aufgegeben. Ívarr Bárðarson (Ivar Bardarson), ein Priester aus Norwegen, segelte 1350 von der Ost- zur Westsiedlung, traf aber dort keinen lebenden Menschen mehr an. Er vermutete, dass die *Skrælingar* die Siedlung alle Einwohner getötet hatten. Das letzte norwegische Handelsschiff erreichte Grönland 1406. Dessen Kapitän Þórsteinn Ólafsson (Thorstein Olafsson) hielt sich einige Jahre auf Grönland auf und heiratete 1408 in der Kirche von Hvalsey Sigríðr Bjarnardóttir (Sigrid Björnsdottir). Dieser Bericht in der *Nýi Annáll* ist der letzte schriftliche Beleg von Nordleuten in Grönland. Der isländische Bischof Ögmundur will 1534 auf einer Seefahrt noch Menschen und Schafspferche an der Westküste gesehen haben. Im Stadtarchiv von Hamburg erwähnt ein zeitgenössischer Bericht, dass der Kapitän Gerd Mestemaker auf seinem Schiff, einem

Kraweel, 1541 die grönländische Westküste erreichte, aber *zu keinem lebenden Menschen kommen* konnte.

Gesichert ist, dass sich zwischen 1400 und 1850 infolge der Kleinen Eiszeit das Klima dramatisch verschlechterte, was in Grönland um etwa 0,5 bis 1 °C niedrigere Durchschnittstemperaturen als heute zur Folge hatte[344]. Häufige Missernten und Hungersnot begünstigten Krankheiten und führten schließlich zum Aussterben der bäuerlichen Familien. Die auf dem Friedhof von Herjulfsnes ausgegrabenen Skelette des späten 14. und frühen 15. Jahrhunderts sind daher deutlich kleiner als die auf dem Friedhof von Brattahlid ausgegrabenen älteren Funde. Auch die Kindersterblichkeit war höher[345]. Doch gibt es auch noch aus dieser Zeit Hinweise auf gut gefüllte Speisekammern in der Westsiedlung. Auch die Ausbreitung der Inuit nach Süden könnte zu Kämpfen geführt und damit das Ende der Siedlungen begünstigt haben, zumal deren so notwendige Kontakte nach Island und zum Kontinent weniger wurden, wenn nicht abbrachen. Die Pest und zunehmende Kälte zerstörten die letzten kargen Lebensgrundlagen der Nordleute. Als ein norwegisches Schiff 1721 unter Hans Egede Grönland erstmals wieder erreichte, fand er die Siedlungen verlassen vor.

• **Vinland – Nordamerika**

Die erste Erwähnung Vinlands findet sich in der Gesta Hammaburgensis, der Hamburger Bischofsgeschichte Adams von Bremen um 1076[346], worin es heißt: *weiterhin berichtete er [der Dänenkönig] über eine von vielen Inseln in diesem Ozean, die Winland genannt wird, weil dort Weinreben wild vorkommen, die guten Wein tragen...* Der Name Vinland rührt somit von Weinreben her, die Tyrkir, der Leif Eriksson begleitete, dort gefunden haben soll. Da *vin* im Altnordischen aber auch für Weide oder Farm steht, dürfte Weideland der richtige Begriff sein. Vielleicht wurde das Land nach anderen wilden Beeren benannt.

Von den Seereisen nach Vinland berichten die Sagas folgendes: Bjarne Herjulfsson war ein Bursche von 20 Jahren. Er hatte nach einem Sommeraufenthalt in Norwegen den Herbst in Island verbracht und dort erfahren, dass sein Vater nach Grönland gezogen war. Er fuhr sofort los, um ihm zu folgen. Nach dreitägigem gutem Segelwetter kam ein Sturm auf, und das Schiff verlor seinen Kurs. Nach weiteren vier Tagen schien wieder die Sonne. Bjarne und die Mannschaft segelten weiter nach Westen. Nachdem Land in Sicht gekommen war, stellte man fest, dass es sich nicht um Grönland mit seinen steilen Küsten und Gletschern handelte. Das Land machte einen freundlicheren Eindruck und wies kleine Hügel auf. Bjarne segelte entlang der Küste weiter, erblickte später eine bewaldetes Gebiet, kehrte nach zwei weiteren Tagen um und setzte Kurs auf Grönland[347].

Der Sohn Erichs des Roten, Leif Erikson, erfuhr von den Beobachtungen Bjarnes und rüstete 992 ein Schiff mit einer Besatzung von 35 Mann für eine Reise von Grönland nach Westen aus. Schließlich erreichte Leif eine Insel mit Gletschern und eine graslose Küste, die er *Helluland* (Baffininsel) nannte. Er segelte weiter und erreichte ein flaches, bewaldetes Land mit weißen Stränden, das den Namen *Markland* (Labrador) erhielt. Schließlich kamen sie in ein Land, dass sie Vinland (Neufundland) nannten. Hier wollten sie den Winter verbringen, da es hier genug Gras für mitgeführte Tiere und Holz für den Bau von Häusern gab. In den Flüssen und der See schwammen Lachse, die größer waren als in Norwegen. Das Winterklima war mild, und das Gras verwelkte kaum. Auch die Tag- und Nachtlängen waren ausgewogener als in Grönland. Nachdem sie hier überwintert hatten, segelten sie mit dem Anbruch des Frühlings nach Grönland zurück.

Die Sagas nennen noch die Orte *Bjarney* (Bäreninsel), *Furðustrandir* (Wunderstrand), *Straumfjorður* (Stromförde oder Bachförde), *Straumsey* (Strominsel) und *Hóp* (Haff) sowie ein *Land der Einbeinigen*. Leif Eriksson

Hans Egede, ein Pfarrer auf den norwegischen Lofoten, hatte vom grünen Land gehört, dessen Bewohner angeblich vom Christentum abgefallen waren. Am 3. Juli 1721 erreichte er mit einem Schiff die Westküste Grönlands, wo er auf Inuit traf. Stich von J. P. Trap 1868. Quelle: wikimedia.

1961 wurden bei L'Anse aux Meadows an der Spitze der Great Northern Peninsula eine Siedlung der grönländischen Wikinger ausgegraben. Ohne es zu wissen, hatten die Wikinger die Neue Welt entdeckt.
Foto: Dylan Kereluk.

und seine Mannen sollen sich an einem Ort in Vinland häuslich niedergelassen haben, den sie *Leifsbuðir* tauften, wie die Grönland-Saga berichtet.

Die Reiseberichte stießen daheim auf lebhaftes Interesse. Thorvald Karlsefni, Leifs Bruder, sprach sich für die Erforschung eines größeren Gebietes aus, wie es in der Saga Erichs des Roten heißt. Leif schlug vor, sein Bruder sollte mit dem gleichen Schiff wieder westwärts segeln. So unternahmen mit Thorvald 30 Männer die Fahrt und überwinterten dort. Den anschließenden Sommer verbrachte man mit der weiteren Erforschung der Küste und nach einem zweiten Winter in Vinland setze man die Reise fort. So erreichte man mit dem Segelschiff eine bewaldete Landspitze, die Thorvald sehr geeignet für den Bau einer Heimstätte erschien. In diesem schönen Land lauerten jedoch Gefahren. Es kam zu kriegerischen Auseinandersetzungen mit den *Skraelingern,* indianischen Einwohnern, in deren Verlauf Thorvald verwundet wurde und starb.

Der Saga von Erik dem Roten zufolge haben andere Grænlendingar im Norden Vinlands die Siedlung *Straumfjord* und weiter südlich die Siedlung Hóp in Neufundland gegründet. Dort wurde 1961 bei L'Anse aux Meadows an Spitze der Great Northern Peninsula eine Siedlung der grönländischen Wikinger ausgegraben und 1978 zum Weltkulturerbe erklärt. Die Siedlung war nur kurze Zeit bewohnt. Von Kämpfen mit den Indianern zeugen die Pfeilspitzen, die man zwischen den Knochen fand.

Die traurige Kunde von Thorvalds Tod gelangte mit Überlebenden nach Grönland, aber man gab das Unternehmen nicht verloren und blieb bei dem Entschluss, das neue Land zu besiedeln. Die dritte Expedition nach Vinland unter dem Anführer Thorfinn Karlsefni wurde ausgerüstet. Thorfinn war ein Mann von großem Reichtum, der den Winter bei Leif Erikson auf dessen Hof Brattahlid verbracht hatte. Die Grönland-Saga berichtet ferner

von einer Gruppe von etwa 160 Umsiedlern, darunter einigen Frauen, die sich auf die Reise begaben. Sie führten auch Vieh mit, ein weiteres Indiz dafür, dass man eine neue Kolonie gründen wollte. Nach gut verlaufender Überfahrt verbrachten sie den Winter in Vinland. Selbst die indianischen Einwohner zeigten sich friedlich. Die Indianer versuchten vor allem, ihre Pelze gegen die Waffen der Wikinger zu tauschen, wurden aber mit der ihnen unbekannten Milch von Kühen zufriedengestellt. Nach einem zweiten Winter kam es zu erneuten Auseinandersetzungen mit den Eingeborenen, in deren Verlauf mehrere Indianer ihr Leben verloren. Nach einer weiteren Überwinterung traten die Nordleute – wohl aus Furcht vor weiteren Kämpfen mit den zahlreicheren Indianern – die Heimfahrt nach Grönland an.

Die letzte in der Saga erwähnte Expedition führte ebenfalls nicht zu einer längeren Ansiedlung in Nordamerika. Freydis, eine uneheliche Tochter Eriks des Roten, hatte sich in Begleitung von zwei isländischen Brüdern, Helge und Finnboge, mit zwei Schiffen nach Vinland aufgemacht. Nach der Überwinterung brach unter den Siedlern Unfrieden aus. Freydis beschuldigte ihre Brüder der Vergewaltigung. Als Rache gab sie sich mit der Ermordung ihrer beiden Brüder nicht zufrieden, sondern erschlug mit einer Axt alle fünf Frauen in der Gruppe.

Vinland war der äußerste Punkt, den die Nordleute auf ihren Fahrten erreichten. Ohne es zu wissen, hatten sie einen neuen Kontinent entdeckt.

Raub- und Eroberungszüge der Wikinger

Die Langschiffe der Wikinger bewährten sich hervorragend bei den schnellen Attacken auf die Küsten Englands und des Frankenreiches, die seit dem Ende des 8. Jahrhunderts begannen und sich in der Folgezeit häuften. Zunächst war man auf leichte Beute aus, bevor später Teile Englands erobert wurden und sich hier skandinavische Wikinger ganz niederließen. Es ist oft diskutiert worden, ob die wikingerzeitlichen Burganlagen von Aggersborg und Fyrkat in Nordjütland, Nonnebakken auf Fünen und Trelleborg auf Seeland als maritim erreichbare Basislager für diese späteren dänischen Wikingerzüge dienten. Gemeinsamen ist allen diesen Anlagen ein kreisrunder Ringwall mit jeweils vier Toren in den Haupthimmelsrichtungen, sich kreuzenden Wegen im Inneren der Burg und dadurch geschaffene Viertel, in denen jeweils vier Langbauten standen.

Die um 981 errichtete und 1934 bis 1942 archäologisch untersuchte Trelleborg liegt nordwestlich von Slagelse auf einer ehemaligen Landzunge, die in ein unzugängliches Sumpfgelände hineinragte. Über einen heute verlandeten Binnensee bestand eine schiffbare Verbindung zum Großen Belt. Charakteristisch für alle Anlagen ist ein Ringwall mit regelmäßig im Viereck angelegten großen Häusern im Inneren. Im Unterschied zu den drei anderen Ringwällen verfügte die im Durchmesser von 135 m große Trelleborg über eine Vorburg[348]. Die älteren Deutungen gingen von einer Erbauung um das Jahr 1000 aus, nach den dendrochronologischen Untersuchungen entstand die Anlage jedoch wohl schon um 980/981. Die kurze Bauzeit und das Fehlen von Instandsetzungsarbeiten deuten auf eine sehr kurze Nutzung hin. Brandspuren nach wurde die Anlage vielleicht zerstört. Die Torbereiche scheinen aber für eine Nachbesiedlung genutzt worden zu sein[349]. Wie die Trelleborg befindet sich auch Fyrkat mit seiner Lage Bachtal der Osnild Å, wenige Kilometer vom Mariagerfjord bei Hobro in Nordjütland entfernt, unweit der Ostsee. Ob die Burg zur Zeit ihres Baus zu Schiff erreichbar war, ist nicht sicher. In der Nähe führten aber wichtige Straßen zwischen Viborg und Aalborg vorbei. Die Umwallung stellte dank der Geländeverhältnisse eine starke Befestigung dar, während der nicht fertig-

gestellte, flache Graben fortifikatorisch von untergeordneter Bedeutung war. Die Langhäuser hatten wie in der Trelleborg gebogene Wände. Die Größe der Gebäude und die Verteilung der Feuerstellen deuten darauf hin, dass nicht alle Gebäude bewohnt waren. Gebäude ohne Feuerstelle dürften Lagerräume oder Ställe gewesen sein. In anderen Häusern wurde Gold, Silber, Bronze und Eisen verarbeitet. Viele Funde in der Burg und auch im Gräberfeld belegen die Anwesendheit von Frauen. Wie die anderen Anlagen ist die Erbauung Fyrkats dendrochronologisch zwischen 970 und 980 datiert. Nach kurzer Nutzung brannte die Anlage ab. Nordwestlich von Fyrkat liegt an strategisch wichtiger Stelle am Aggersund nördlich des Limfjords die mit 240 m Durchmesser größte wikingerzeitliche Anlage, deren ehemals 4 m hoher

Zu den wikingerzeitlichen Heerlagern gehört die Trelleborg an der Westküste Sjællands in Dänemark. Das Foto zeigt ein Langhaus (in falscher Konstruktion, den Umgang gab es so nicht, sondern an den Wänden befanden sich schräge Außenstützen sowie ein Tor des Ringwalles). Foto: Dirk Meier.

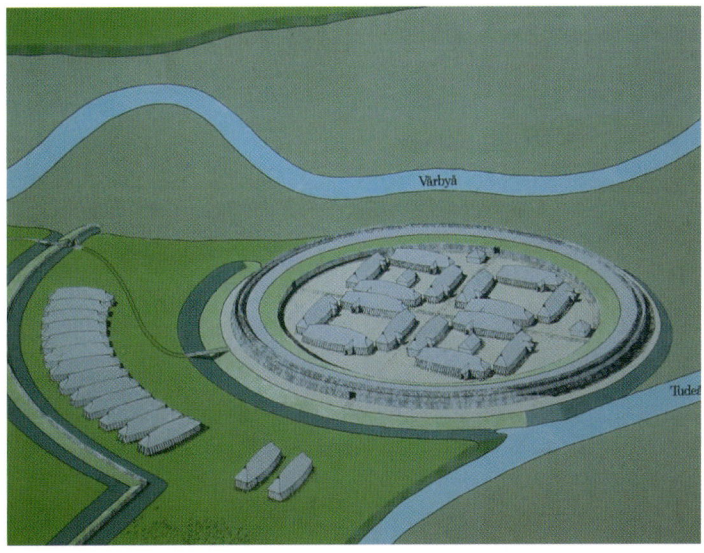

Modell der Trelleborg, die in ihrem Aufbau den anderen Wikingerburgen von Aggersborg und Fyrkat in Nordjütland und Nonnebakken auf Fünen gleicht. Inwieweit diese Anlagen mit maritimen Zügen der Wikinger in Verbindung stehen ist umstritten. Foto: Dirk Meier.

Wall ein Graben umgab und die nur allgemein in das 9./10. Jahrhundert datiert werden kann.

Nach den archäologischen Untersuchungen fällt die Erbauungszeit dieser Burgen in die Regierungszeit der Könige Harald Blauzahns (*910, †987) und Sven Gabelbarts (*965, †1014), der 986 durch die gewaltsame Absetzung seines Vaters Harald König von Dänemark wurde. Aufgrund der Übereinstimmung der Konstruktion und ihrer strategischen Lage entstanden alle diese Anlagen im königlichen Auftrag. Da offenbar auch Frauen in der Burg anwesend waren, ist eine Zahl für die Belegung und die militärische Nutzung jedoch spekulativ. Warum man diese Burgen bauen ließ, ist mangels schriftlicher Quellen nicht bekannt. Sicherlich dienten sie zur Kontrolle des Reiches, vielleicht befürchtete man auch Aufstände gegen die Christianisierung. Ihr strenger geometrischer Aufbau deutet auf Prestigebauten hin. Die kurze Nutzung belegt, das bereits der Sohn Sven Gabelbarts eine andere Linie verfolgte. Hingegen wurden diese Anlagen nicht für die maritimen Nordseeoperationen Knuts des Großen (*1018, † 1035) zur Eroberung Englands errichtet, wie früher vermutet worden war, sondern sind zweifellos älter.

• England

In diesem Jahr [793] erschienen schreckliche Vorzeichen in ganz Northumbrien und verängstigten das Volk sehr. Sie bestanden aus gewaltigen Wirbelwinden und Blitzschlägen, und feurige Drachen wurden am Himmel gesehen. Eine große Hungersnot traf bald nach diesen Zeichen ein, und kurz darauf in demselben Jahr, am 8. Juni, zerstörten die Verheerungen von heidnischen Männern auf schändliche Weise die Kirche Gottes auf Lindisfarne mit Plünderungen und Morden.
Angelsächsische Chronik (9. Jahrhundert).

Was dieser Text der Angelsächsischen Chronik (Anglo-Saxon-Chronicle) beschreibt, ist der erste historisch bezeugte Überfall vermutlich norwegischer Wikinger am 8. Juni 793 auf das vor der Küste Nordenglands gelegene Kloster Lindisfarne[350].

Kontakte zwischen Skandinavien und England hatte es schon vorher gegeben, nun aber begannen die nicht mehr endenden schnellen Überfälle, denen größeren Invasionen folgten. Bereits 792 hatte der König Offa von Mercien (*757, †796), das sich in Mittel- und Südengland erstreckte, die Verteidigung der Südküste gegen nicht näher beschriebene heidnische Krieger angeordnet. Nach dem Bekanntwerden solcher blitzartigen Überfälle war die Reaktion in England zweifellos Entsetzen. Kurz nach der Zerstörung des Klosters Lindisfarne mit der Zerstörung der dem St. Cuthbert geweihten Kirche schrieb der Mönch und Berater Karls des Großen Alkuin (*735, †804) in einem Brief an den Bischof von Canterbury voller Anklage:

Niemals zuvor hat es in Britannien einen derartigen Schrecken gegeben, wie wir ihn jetzt von einem Heidenvolk erlitten haben, und noch nie hat man es für möglich gehalten, dass ein solcher feindlicher Überfall von der See her durchgeführt werden könnte. Sieh, die Kirche des Heiligen Cuthbert ist mit dem Blut der Priester Gottes besudelt und all ihrer Zierde beraubt; ein Ort, der verehrungswürdiger ist als alles andere in Britannien, wird zur Beute von Heidenvölkern.

Ein Jahr nach der Zerstörung Lindisfarnes wurde ein zweites Kloster in Northumbrien, entweder Monkwearmouth oder Jarrow, nach einem Überfall der Nordleute niedergebrannt. Danach konzentrierten sich die Angriffe auf Irland. England konnte dreißig Jahre lang aufatmen, bevor es die Insel umso schlimmer traf. Nach erfolgreichen Überfällen auf die friesisch besiedelte Küste in den heutigen Niederlanden landete 835 eine große dänische Streitmacht an der Insel Sheppey in der Themsemündung. Auch in den kommenden Jahren wurden die südenglischen Küstengebiete immer wieder überfallen.

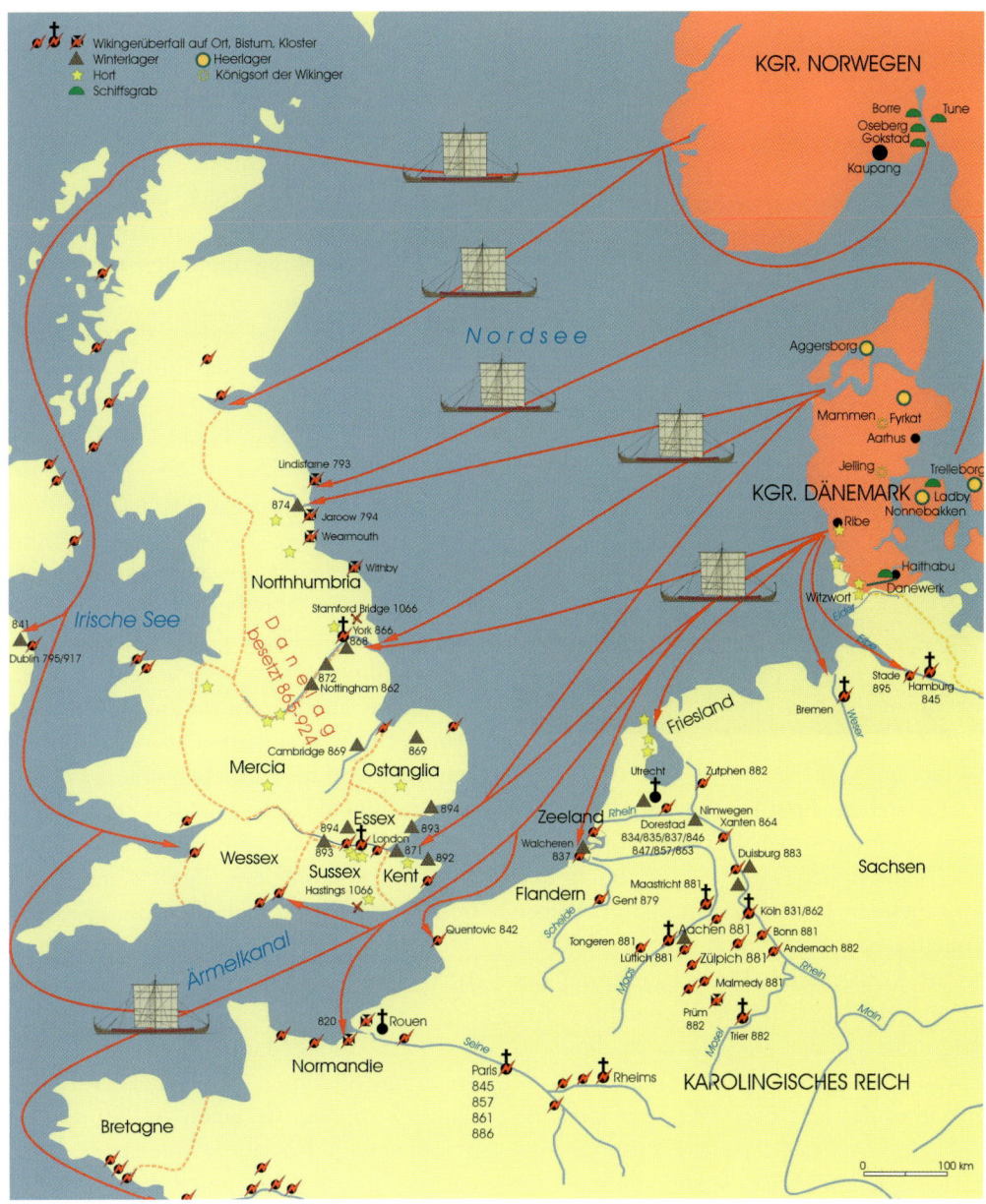

Die Wikingerüber-
fälle begannen 793
mit dem Überfall
auf das Kloster
Lindisfarne vor der
Küste Northumbri-
ens. In den folgen-
den Jahrzehnten
plünderten die Wi-
kinger die engli-
schen und friesi-
schen Küsten sowie
die des Frankenrei-
ches. Im Jahre 850
aber überwinterte
erstmals eine Streit-
macht der Wikinger
auf der Insel Thanet
in der Themsemün-
dung. In den kom-
menden Jahren er-
folgte Angriff über
Angriff, von denen
sich die angelsächsi-
schen Königreiche
durch Bezahlung
des „Danegelds"
freizukaufen ver-
suchten. Nach 866
ließen sich die Wi-
kinger in North-
umbrien nieder und
eroberten das sog.
Danelag bis zur
Themse.
Grafik: Dirk Meier.

Hinter den in den englischen Quellen genannten Plünderern und Eroberern dürften sich Männer unterschiedlicher Herkunft, Organisation und Führung verborgen haben. Bei den ersten Überfällen mögen auf den Schiffen wichtige Anführer und ihre Gefolgsleute gewesen sein, aber es könnten sich auch Gemeinschaften wehrhafter Grundbesitzer zusammengeschlossen haben, um ihr Einkommen aufzubessern. Runensteine berichten von solchen Überfällen auch in Skandinavien.

Dann änderte sich die Strategie der Nordleute. Bisher handelte es sich um saisonale Raubzüge über See, man plünderte im Sommer, und im Winter kehrten die Schiffe nach Skandinavien zurück. Der Erfolg beruhte auf den schnellen Aktionen der flachgängigen Langschiffe, die es ihnen ermöglichten, entlang der Flüsse tief in das Landesinnere vorzudringen, blitzartige Überfälle auszuführen und sich vor einem organisierten Vergeltungsschlag eines überlegenen Heeres mit der Beute zu-

rückzuziehen. Erstmals überwinterte 850 eine Streitmacht der Wikinger auf der Insel Thanet in der Themsemündung. In den kommenden Jahren erfolgte Angriff über Angriff, von denen sich die angelsächsischen Königreiche durch Bezahlung des „Danegelds" freizukaufen versuchten. Erfolgreich war dies nicht immer, denn, so hören wir in der Angelsächsischen Chronik über das Jahr 865: *Das Heer stahl sich unter dem Deckmantel dieses Friedens und des Geldversprechens heimlich des nachts ins Inland davon und verwüstete das ganze östliche Kent.*

Die Größe der gelandeten Heere beschreiben die angelsächsischen Chroniken meist mit 200 bis 300 Schiffen. Selbst wenn diese zweifelhaften Angaben zutreffen, wissen wir nicht, wie viele bewaffnete Krieger sich auf den einzelnen Schiffen befanden, da auch Frachtgut mitgeführt wurde. Auch nichtkämpfende Besatzungsmitglieder mögen Platz beansprucht haben. Wenn die Chroniken ein *here* erwähnen, ist über dessen Größe zunächst nichts ausgesagt. Wie sehr sich dieser Begriff von unserem

Verständnis eines Heeres unterscheiden konnten, belegt das Gesetzeswerk des Königs Ine von Wessex (regierte 688–726) aus dem 7. Jahrhundert, das jede bewaffnete Streitmacht von mehr als 35 Männern als *here* bezeichnet. Mit solch einem kleinen Aufgebot ließ sich zwar ein Kloster oder eine kleine Siedlung überfallen, nicht England aber erobern.

Das sollte sich bald ändern, denn nun erschien das *micel here*, das große, dänische Heer in East Anglia, um dort länger zu bleiben, wie die Angelsächsische Chronik für 866 berichtet: *Und im selben Jahr kam ein Großes Heer nach England, und nahm Winterquartier in East Anglia, und wurde mit Pferden versorgt, und die Einwohner machten Frieden mit ihm.* Vier Jahre später erreichte die Streitmacht die Themse. Die kriegerischen Unternehmungen waren so gut geplant, dass weite Landstriche in die Hände der Dänen fielen. War vorher in den Chroniken noch von bis zu 23 Schiffen die Rede, werden nun Zahlen zwischen 80 und 350 genannt. Wenn wir die kämpfende Besatzung eines Schiffs gewöhnlich auf 30 bis 60 Krieger schätzen, dürften die größeren Armeen des 9. Jahrhunderts kaum mehr als 1000 Mann gezählt haben. Die Schätzungen des *micel here* belaufen sich zwischen 500 und 3000 Mann. Auch das Große Heer, das 892 nach der Angelsächsischen Chronik in zwei Gruppen zu 250 und 80 Schiffen vom Kontinent übersetzte, hatte nach heutigen Schätzungen weit weniger als 10 000 Mann[351].

Diesen gepanzerten skandinavischen Heeren und ihren Milizen standen meist nur in aller Eile aufgestellte angelsächsische Bauern gegenüber, die keine Chance gegen diese organisierten Streiter hatten. Das erste Gebiet, das 866 in die Hände der Wikinger fiel, war Northumbrien. Einfallstor für die Schiffe war hier der Humber und dessen Nebenflüsse Ouse und Trent. Die alte Römerstadt York wurde nun dänischer Stützpunkt. Ausgrabungen an der Coppergate in York lassen vom frühen 9. bis zum 11. Jahrhundert drei Phasen der skandinavischen Besiedlung erkennen[352]. Die Funde belegen aber nicht nur Raub, sondern stammen auch von weitläufigen Handelskontakten. Von York aus wurden in weiteren Feldzügen die angelsächsischen Königreiche von Ostanglien, Mercien und zuletzt auch Wessex überrannt. Dessen geflohenen König Alfred dem Großen (*847/49, †899) gelang es, 878 Wessex und Mercien von dänischen König Guthrum (†890) zurückzuerobern[353]. Der Norden und Osten Englands blieb aber in der Folgezeit unter dänischer Herrschaft und erhielt daher den Namen *Danelag*[354].

Entlang der Flüsse wie der Themse entstanden als wirksame Abwehr gegen die Dänen zahlreiche Befestigungen, die *burhs*. Manchmal wurden eisenzeitliche und römerzeitliche Befestigungen wieder benutzt, in anderen Fällen neue errichtet. Häufig schützten diese Wehranlagen Furten an den Flüssen. Gleichzeitig dienten diese Anlagen als Verwaltungs- und Handelszentren. Alfreds Nachfolger bauten das von ihm angelegte Verwaltungssystem aus, in dem als Kronbeamte Sheriffs an der Spitze eines Shires standen, die Gerichtswesen und Heeresaufgebot organisierten. Alfreds Sohn Eduard fügte den Dänen 910 in der Schlacht von Tettenhall eine weitere schwere Niederlage zu, und war danach in Auseinandersetzungen mit den südlichen dänischen Reichen erfolgreich. 918 erkannten die Könige dieser Reiche ihn als Herren an, später auch die Herrscher Schottlands. Schließlich gelang dem Königreich von Mercien bis 954 die Rückeroberung des Danelag. Die Feldzüge seien hier nicht näher betrachtet, da sie im wesentlichen zu Lande ausgetragen wurden[355].

Ein erneuter dänischer Vorstoß nach England erfolgte 1013 von Sven Gabelbart, an dem auch sein Sohn Knut teilnahm. Dieser wurde als Befehlshaber der Flotte in Gainsborough zurückgelassen. Als Sven Anfang 1014 starb, wurde Knut dessen Nachfolger in England. Da seine Ansprüche auf den englischen Thron nicht anerkannt wurden, musste er sich nach Dänemark zurückziehen, kehrte jedoch im Sommer 1015 mit einer großen Invasionsstreitmacht nach England zurück, mit der er in Wessex einfiel. Im Winter zog er über die Themse und durch Mercia nach Norden, besetzte Northumbria und ließ dessen Earl umbringen. Im Frühjahr 1016 zog er dann zurück nach Süden um mit Unterstützung seiner Flotte London anzugreifen, wo nach Æthelreds Tod Edmund Ironside regierte. Edmund gelang zwar der Ausbruch aus dem belagerten London, er wurde jedoch 1016 bei Ashingdon in Essex von Knut besiegt und erkannte danach Knuts Herrschaft über England mit Ausnahme von Wessex an. Nach Edmunds Tod im November wurde auch diese Einschränkung hinfällig, und Knut wurde zu Weihnachten als König Englands gekrönt. Sein Nordseereich sollte jedoch nach seinem Tode 1035 nicht von langer Dauer sein.

• Irische See und Irland

Wie die englischen Küsten wurde auch die benachbarte Insel Irland das Ziel zahlreicher Überfälle, aber auch planvoller Besiedlung[356]. Auf dem Weg über die Irische See erreichten die Schiffe die kleine Insel Man. Schon von weitem war ein mit Schnee bedeckter Berg dieser Insel erkennbar, dem die Nordleute den Namen *Snaefell* gaben. Archäologischen Funden nach zu schließen, besetzten die Wikinger die Insel und unterwarfen wohl die einheimische christliche Bevölkerung. Die schriftlichen Quellen berichten jedoch über diese Aktivitäten nichts. Während einige der Wikingerschiffe, die seit etwa 790 in der Irischen See aktiv waren, die Küsten von Wales heimsuchten, segelten andere nach Irland. Wales wurde zu einem festen Bestandteil der westlichen Seeroute und einer Zwischenstation für die Handelsschiffe. Dies unterstreichen nahe der Küste vergrabene Silber- und Münzhorte. Zudem deuten die irischen Annalen von Ulster[357] aus dem 15. Jahrhundert an, dass die

Der Hortfund von Cuerdale, Lancashire, ist der größte wikingerzeitliche Silberschatz. Er enthielt etwa 8600 Silberteile und wog 40 kg. Der Hort wurde nach Ausweis der Münzen zwischen 905 und 910 vergraben. Quelle: Meier 2004, 116.

Händler im irischen Dublin im 10. und 11. Jahrhundert mit walisischen Sklaven, Pferden, Honig und Weizen handelten. Diese berichten auch von einem ersten Wikingerüberfall auf die irische Küste im Jahre 795 an einem Ort namens *Rechru*, wohl Rathlin nahe der Nordostspitze Irlands. Das Schema der Überfälle erfolgte nach bekanntem Muster. In den zwanziger Jahren des 9. Jahrhunderts waren es einzelne Überfälle, dann folgten nach 830 Vorstöße ins Inland und 839 die erste Überwinterung eines Heeres. Kurz danach, im Jahre 841, gründeten die Wikinger Dublin.

• Die Küsten des Frankenreiches

Andere Flotten segelten in dieser Zeit entlang der heute französischen Küsten des Karolingerreiches, wo sie zum Schrecken der Bevölkerung wurden. So berichtet um 860 der fränkische Mönch Ermentarius von Noirmoutier:

Die Zahl ihrer Schiffe steigt. Die unzählbare Zahl der Nordmannen wächst an. Allenthalben geschehen Massaker an Christen, Plünderungen, Verwüstungen und Brandschatzungen, wie es, solange das Säculum andauert, mit handgreiflichen Beweisen vor Augen stehen wird. Zu welchen Städten sie auch kommen, sie werden erobert, niemand widersteht. Bordeaux, Périgeux, Saintes, Limoges, Angoulême und Toulouse werden eingenommen; auf gleiche Weise werden Angers, Tours und Orléans zu Grunde gerichtet. …Wenige Jahren später fährt eine fast unzählbare Menge von Schiffen der Nordmannen in die Seine ein. Kein geringeres Übel greift in diesen Gegenden um sich. Sie dringen in Rouen ein, plündern es und äschern es ein; darauf nehmen sie Paris, Beauvais und Meaux ein, und zerstören sogar Meluns starke Festung, Chartres wird eingenommen, sie plündern Evreux und Bayeux, und sie ziehen ebenso gegen jedwede andere Stadt."

Es miraculis S. Filiberti auctore Ermentario. Hrsg. von O. Holder Egger, Monumenta Germaniae Historica. Scriptorum Tomi XV Pars 1. Supplementa Tomorum I–XII Pars III Vitae aliaeque historia minores. Kap. 25 (Hannover 1887) S. 302 zum Jahr 841.

Die Raubzüge folgten einem ähnlichen Muster wie in England. Über die Flüsse als Einfallstore gelangten die Schiffe weit in das Landesinnere. Oft erfolgten die Plünderungen abwechselnd auf beiden Seiten des Ärmelkanals. Um die Wikinger aufzuhalten, erließ Karl der Große Anordnungen, die Flussbrücken als Barrieren gegen die Flotten zu befestigen. In der unruhigen Zeit nach dem Tode seines Sohnes Ludwig des Frommen 841 operierten sogar zwei größere Wikingerflotten in Frankreich, eine auf der Seine, die andere auf der Loire. Auch die friesischen Gebiete suchten die Wikinger heim, Quentowic und Dorestad am Krummen Rhein wurden mehrfach zerstört. Befestigte Flottenbasis war die strategisch günstig gelegene Insel Walchern in der Scheldemündung. Von 838 an verlagerten sich die Überfälle weiter nach Süden entlang der Atlantikküste. Nach der Mitte des 9. Jahrhunderts segelten die hochbeweglichen Wikingerflotten nicht mehr jeden Sommer über die Flüsse ins Frankenreich, sondern zwei größere Heere überwinterten dort ähnlich wie in England[358]. Diese konnten sich durch eine Kombination schneller Überfälle auf reiche Klöster, Handelsniederlassungen und Siedlungen mit der Erpressung von Schutzgeldern nach Art des Danegelds selbst versorgen.

Wie wenig die fränkischen Herrscher gegen diese Überfälle tun konnten, unterstreichen deren Belehnungsversuche mit Wikingern als Schutz vor weiteren Plünderungen[359]. Die erste dieser Landschenkungen erhielt Rorik oder Hrørek (*um 820, †nach 873). Er war ein Sohn von Hemming Halfansson, der 837 auf der Insel Walcheren fiel, und ein Neffe des 827 aus Jütland vertriebenen dänischen Kleinkönigs Harald Klak (*785, †852)[360]. Vermutlich erfolgte die Belehnung mit der Insel Walcheren und anderen Gebieten im

Wikingerüberfall im Schiff. Aus der französischen Handschrift Vita des heiligen Aubin, Abeit Saint-Aubin d'Angers. Der hl. Aubin war Bischof von Angers, Department Main-et-Loire, das im 9. Jahrhundert von den Wikingern überfallen wurde. Quelle: Koch 2008, 29.

Rhein-Maas-Schelde-Ästuar noch 839 unter Ludwig dem Frommen (*778, †840), nach den Fuldenser Annalen sicherlich aber 841 unter Lothar[361]. Nach Aberkennung des Lehens durch den fränkischen Kaiser setzten 846 und 847 die Überfälle erneut ein. Deshalb erhielt Rorik 850 sein Lehen zurück, der Dorestad ebenso wie Gebiete in Zeeland und Westfriesland zu seinem Herrschaftsbereich machte.

Rorik und sein Bruder Harald waren, wie die meisten Mitglieder ihrer Familie, von Horik I. und dessen Brüdern im Verlaufe blutiger Machtkämpfe aus Dänemark vertrieben worden und hatten im Fränkischen Reich Aufnahme gefunden. Harald war dabei schon 826, zusammen mit Harald Klak und dessen Gefolge, in Mainz getauft worden. Ihr Vater Hemming, der mehrere Jahre als Geisel am fränkischen Hof gelebt hatte, erhielt wohl 826 die Insel Walcheren von Kaiser Ludwig dem Frommen als Lehen. Von dort aus überfielen jedoch die Brüder die friesischen Küsten. Nach dem Tod Hemmings 837 konnten seine Söhne ihren Machtbereich in Friesland während der innerfränkischen Auseinandersetzungen zwischen 840–842 erweitern, da sie von Lothar I. – wie erwähnt – zusätzliche Lehen in Friesland als Preis für ihre Unterstützung erhielten, darunter auch den Handelsplatz Dorestad. Rorik nutze die Insel Wieringen in Nordholland für seine weiteren Überfälle, während Harald von Walcheren aus operierte.

Harald fiel um 842 oder bald danach als Gefolgsmann Lothars, und schon kurz darauf wurde Rorik, der jüngere der beiden, wohl zu Unrecht des Verrats bezichtigt und musste ins Ostfränkische Reich fliehen. Um die gleiche Zeit verließ auch Harald Klaks Sohn Gottfried in Unfrieden den Hof Kaiser Lothars, der sein Taufpate war und als dessen Gefolgsmann er seit 826 gedient hatte[362]. Er verbündete sich mit seinem Vetter Rorik, und unternahm mit diesem Überfälle auf Friesland, Flandern und Nordfrankreich. Nachdem sie 850 sowohl Dorestad als auch Utrecht besetzt hatten, sah sich Lothar gezwungen, Rorik die Herrschaft über fast ganz Friesland zu übertragen.

Nach dem Tod von König Horik I. 854 versuchten Rorik und Gottfried, der zwischen 850 und 854 Raubzüge in Friesland, dem Niederrheingebiet und Nordfrankreich unternommen hatte, die Herrschaft in Dänemark zu erlangen. Ermuntert durch Lothar zog 857 Rorik ein weiteres Mal nach Dänemark, wo er Horik II. nötigte, ihm die Herrschaft über Haithabu und das Gebiet nördlich der Eider (*inter mare et Egidarum*) abzutreten[363]. Da während seiner Abwesenheit jedoch Dorestad von anderen Wikingern geplündert wurde, gab er seine Gebiete in Dänemark auf und kehrte nach Friesland zurück. Als 863 eine neue Flotte von Wikingerschiffen rheinaufwärts segelte, ging das Gerücht um, Rorik habe sie dazu ermutigt, nach Xanten zu segeln. Daraufhin schrieb der Erzbischof von Reims an den Bischof von Utrecht, dass er ihm eine große Geldbuße auferlegen sollte. Als 867 viele seiner eigenen Leute mit dem schon erwähnten *Micel Here* in England waren, kam es zu einem Aufstand der Cokingi, der friesischen Seeleute und Bootsbauer, die auf den von ihm genutzten Schiffen, Dienst taten. Es gelang Rorik jedoch, die Erhebung niederzuschlagen. Als Folge des Vertrags von Mersen 870 wurde das Herrschaftsgebiet Roriks zwischen den Reichen Karls des Kahlen und Ludwigs des Deutschen geteilt, und Rorik wurde damit der Lehnsmann sowohl des west- als auch des ostfränkischen Königs. 873 schwor er Ludwig dem Deutschen (*806, †876) den Lehnseid. Er dürfte 882 nicht mehr gelebt haben, als sein Lehen in den Besitz Gottfrieds kam.

Gottfried war wenige Jahre zuvor, 879, als Anführer von Überfällen auf Flandern in Erscheinung getreten und hatte 880 die Sachsen geschlagen, um dann Anspruch auf Lothringen zu erheben. Der ostfränkische König Karl der Dicke (*839, †888) musste schließlich 882 seine Herrschaft über Friesland anerkennen und bestätigte ihn auch als Herrscher über das Rhein- und Maasmündungsgebiet und gab ihm die Tochter des lothringischen Königs, Gisela, zur Frau. Als Gottfried jedoch in der Folgezeit dem mit der Belehnung verbundenen Auftrag der Normannenabwehr nicht genügte und sich 885 mit seinem Schwager Hugo verschwor, wurde er im Juni 885 vom Babenberger Heinrich von Franken bei vorgetäuschten Verhandlungen erschlagen. Sein Mitverschwörer Hugo wurde wenig später aufgegriffen, geblendet und in die Abtei Prüm gesteckt. Gottfrieds Ehefrau Gisela ging ins Kloster und wurde Äbtissin in Nivelles und Fosses. Gottfrieds Tod bedeutete gleichzeitig das Ende der Herrschaft der Wikinger in Friesland und Niederlothringen.

Weitere Belehnungen zur Normannenabwehr erfolgten in der Zeit des westfränkischen Königs Karls III. des Einfältigen (*879, †929). So erhielt der norwegische Heerführer, in den fränkischen Quellen Rollo (*860, †931 oder 932), in den späteren nordischen Sagas *Göngu-Hrólfr* (Läufer-Rolf) genannt, ein Gebiet im Osten der heutigen Normandie. Obwohl Rollo zunächst Wort hielt, drangen seine Gefolgsleute bald wieder tief – über die Flüsse plündernd – in das Frankenreich ein. Als er 924 die Macht seinem Sohn Wilhelm Langschwert übergab, hatte er einen großen Teil der Normandie unterworfen. Wilhelm vollendete 933 die Eroberungen mit der Einnahme der Halbinsel Contentin[364].

Die Besiedlung der Normandie durch die Wikinger hat kaum erkennbare archäologische Spuren hinterlassen. Eine Ausnahme bildet die mit Erdwällen befestigte Anlage bei La Hague an der Spitze der Halbinsel Cherbourg. Vermutlich befand sich hier im 10. Jahrhundert ein Stützpunkt der Wikinger. Aus den Flüssen stammen skandinavische Schwerter, Äxte und Speerspitzen, welche die Gewalttätigkeiten dieser Zeit unterstreichen. Allerdings darf dabei nicht übersehen werden, dass die Skandinavier bald mit der einheimischen Bevölkerung verschmolzen[365].

Auch die Bretagne wurde an der Küste von Überfällen der Wikinger heimgesucht, während das von keltischen Bretonen besiedelte, bis dahin unabhängige Land gleichzeitig von der Landseite her von einer Armee Karls des Großen erobert wurde. Die Schiffe der Wikinger folgten einer vielbefahrenen Route von der Normandie aus entlang der Küste nach Westen bis in die Mündung der Loire. Dort diente das Inselkloster von Noirmoutier nach 836 als Stützpunkt der Invasoren – Heimat jenes Ermentarius, dessen Klagen über die Wikinger schon zitiert wurden[366]. Im frühen 10. Jahrhundert verstärkten sich die Angriffe noch, bevor die ganze Region 914 von norwegischen Wikingern besetzt wurde. Diese war rein auf Raub und Plünderung ausgelegt, Handelsaktivitäten und Landwirtschaft sind nicht nachweisbar. Die bretonische Adelsschicht und viele Kleriker flohen an den Hof des Königs Aethelstans (*894, †939) nach England. Nur mit Gewalt ließ sich das Land aber nicht auf Dauer halten. Aus dem Exil organisierte 936 ein bretonischer Führer mit englischer Unterstützung eine Invasion von der See aus. Dabei ist unklar, ob die jüngst bei Péran nahe St. Brieuc gemachte Entdeckung einer kreisförmigen Wehranlage im frühen 10. Jahrhundert entweder von einer skandinavischen Streitmacht verteidigt oder angegriffen wurde. Es sollten aber bis 939 noch drei Jahre vergehen, bis das letzte Wikingerheer in der Bretagne aufgerieben war.

Die kurze Besetzung der Bretagne hat dennoch ihre Spuren hinterlassen. Auf der kleinen Insel Groix vor der südbretonischen Küste wurde in der ersten Hälfte des 10. Jahrhunderts ein prachtvolles Bootsgrab errichtet. Entlang eines von aufrecht stehenden Steinen begleiteten Prozessionsweges wurde das Langschiff mit einem kleineren Beiboot bis zum Platz des späteren Grabes geschleppt. Zahlreiche Beigaben, Waffen, Pferdegeschirr, Gold- und Silberschmuck, Spielsteine aus Walroßzahn, Schmiedewerkzeuge und landwirtschaftli-

che Geräte wurden zusammen mit den Leichen eines erwachsenen Mannes und eines Jugendlichen im Schiff aufgebahrt, das 24 Schilde umgaben. Dann verbrannte man das Schiff und bedeckte die Asche mit einem Erdhügel.

- **Letzte Vorstöße und das Ende der Wikingerzüge**

Mit dem Herzogtum der Normandie hielt sich eine skandinavische Präsenz noch auf dem europäischen Festland, während ansonsten im 11. Jahrhundert die Überfälle der großen skandinavischen Flotten endeten. Wie weit diese wagemutigen Nordleute auf ihren Raubfahrten segelten, belegen auch die Fahrten entlang der Atlantikküste nach Süden. Einige weitere Nordleute wagten sich auf ihren Schiffen bis nach Spanien vor. So führten im Jahre 859 Björn Eisenseite und Hastein eine Flotte durch die Straße von Gibraltar in das Mittelmeer, wo sie zwei Jahre lang die Küsten Nordafrikas, Südfrankreichs und Italiens plünderten, bevor sie 862 zu ihrer Basis an der Loire zurückkehrten. Der Widerstand der Araber in Nordafrika schreckte jedoch vor weiteren Nachahmungen ab. Nicht nur die Küsten des westlichen Mittelmeeres bedrohten die Normannen. Mindestens zweimal erreichten Kriegsflotten mit Skandinaviern von Kiew aus die Mauern von Byzanz. Ein Fürst der Rus nagelte dabei seinen Schild an die Tore der Stadt und demonstrierte seine Verachtung gegenüber der Macht des Kaisers. An eine Einnahme dieser großen Stadt war aber nicht zu denken[367].

Die letzte Phase der Expansion der Wikinger nach Westen fällt zusammen mit der Entwicklung von staatlichen Formen in Dänemark und Norwegen im 10./11. Jahr-

hundert. Nachdem 954 die letzten Wikingerherrscher aus York vertrieben worden waren, begannen 980 die Überfälle von neuem. Von den Wikingerzentren in Irland aus erfolgten zur gleichen Zeit wieder sporadische Überfälle auf die Küsten von Wales. Die gegen England unter königlichem Kommando aus Norwegen auslaufenden großen Flotten waren gut organisierte Streitkräfte. Olaf Tryggvason, seit 995 König von Norwegen, führte 991 eine Flotte von 93 Schiffen an die Küsten des südöstlichen England. Die Wikinger, teilweise aus Schweden kommend, trafen jedoch bald auf Widerstand und ließen sich daher auf die Zahlung von Danegeld ein. In der Folgezeit wurden die Summen, mit denen die Opfer sich freikauften, immer größer: Im Jahr 1002 waren es 11 800 kg Silber, im Jahre 1012 schon 22 000 kg. Diese Zahlungen kamen wiederum der Entwicklung der skandinavischen Königsmächte zugute.

Der norwegische König Harald Hardråde, dt. Harald der Harte (*1015, †1066), der sich als Nachfolger Knuts des Großen begriff, versuchte noch einmal, eine skandinavische Herrschaft um die Nordsee wiederherzustellen. Erfahren in endlosen Feldzügen gegen Dänemark hielt er seine Pläne geheim. Der englische König Harold Godwinson war zunächst überrascht, als 1066 eine norwegische Flotte von 200 Schiffen die Humbermündung hinaufsegelte und bei Ricall am Fluss Ouse landete. Ermuntert zu diesem Feldzug hatte Harald der Bruder von Harold Godwinson, der ein Jahr zuvor aus England verbannte Tostig. Die Flotten Tostigs und des Jarls der Orkneyinseln stießen nun zur Streitmacht hinzu, die insgesamt vielleicht 300 Schiffe und 9000 Krieger umfasst haben soll. Die Küstengebiete und York gelangten schnell unter die Kontrolle Haralds. Er drang mit

Mit der Eroberung Englands durch William den Eroberer 1066 endet die Wikingerzeit. Der Ausschnitt des Teppich von Bayeux zeigt die Invasionsflotte. Quelle: wikimedia.

seinem Heer 22 km weit nach Süden vor. Als der norwegische König etwa 12 km vor York bei Stamford Bridge sein Lager aufschlug, wurde er von Harold Godwinson überrascht, der mit seinem Heer in einem Gewaltmarsch nach Norden vorgedrungen war[368]. Der norwegische König fiel beim Anführen einer Attacke durch einen Pfeilschuss in die Kehle, und Harold Godwinson gewann die Schlacht. Die Angelsachsen verfolgten die Invasoren die ganze Nacht hindurch bis zu ihren Schiffen, von denen nur 24 mit Verwundeten nach Norwegen zurück kehrten. Der letzte Versuch einer Eroberung der skandinavischen Wikinger war gescheitert.

Doch Harold Godwinson konnte sich seines Sieges nicht lange erfreuen. Denn auch Herzog Wilhelm in der Normandie, Nachkomme der dort angesiedelten Normannen, hatte ähnliche Eroberungspläne geschmiedet. Der gleiche Wind, der die norwegische Flotte zur Küste Yorkshires getragen hatte, hielt die normannischen Schiffe zunächst im Hafen von Dieppe an der Nordküste Frankreichs fest. Als die Flotte am 27. September 1066 Segel setzte, war Harald der Harte bereits bei Stamford Bridge gefallen. Einmal über den Kanal gelangt, konnte die normannische Armee ohne Gegenwehr in England landen und begann sogleich mit der Errichtung eines befestigten Stützpunktes.

Die angelsächsische Armee marschierte nach der Schlacht von Stamford Bridge die 400 km von York zur Südküste in vier Tagen. Ohne Erholung erreichten die etwa 7000 bäuerlichen Krieger die Gegend bei Hastings. Wilhelms Streitkräfte waren zwar zahlenmäßig nicht größer, aber umfassten Hunderte von Bogenschützen und Abteilungen gepanzerter Reiter. Die beiden Heere stießen am 14. Oktober 1066 nahe von Hastings bei dem heutigen Dorf Battle in Sussex zusammen[369]. Die sich nun entbrennende Schlacht ist in einer der bekanntesten mittelalterlichen Bildquellen, dem um 1070 oder 1082 in Südengland

gefertigten etwa 70 m langen Tuchstreifen, dem sog. Teppich von Bayeux[370], eindrucksvoll festgehalten. Das englische Heer war auf einem Hügelkamm aufgereiht, von dem ein guter Blick in das sumpfige Tal möglich war, wo die Normannen postiert waren. Das Zentrum von Harolds Heer bildete seine Leibwache und die Drachenstandarte von Wessex. In der Morgendämmerung rückten die normannischen Streitkräfte vor. Jedoch rutschten im Morast ihre Pferde aus, und auf die Fußsoldaten prasselten von der Anhöhe aus Speere, Äste und Steine. Diese wichen zurück, was eine Panik auslöste. Das Kontingent der Bretonen floh und riss einen Teil der normannischen Truppen mit sich. In Erwartung des Sieges folgte das englische Heer den Fliehenden und verließ den sicheren Höhenkamm. Wilhelm gelang es jedoch, seine Truppen erneut zu sammeln und nun die überlegene Panzerreiter zum Einsatz zu bringen, die im Tal die Hälfte von Harolds Fußtruppen niedermetzelten. Die Engländer mussten sich auf den Kamm zurückziehen. Für das letzte Gefecht scharte sich die Leibwache um ihren König Harold. Zuerst wurden seine Brüder getötet, dann der König selbst durch einen Pfeil ins Auge. Wilhelm der Eroberer aber wurde noch im gleichen Jahr in der Londoner Westminster Abbey zum König von England gekrönt.

Die maritime Invasion Wilhelms war die letzte erfolgreiche Flottenlandung in England. Auch die Norweger, Schweden und Dänen waren nach den jahrzehntelangen Kriegszügen so erschöpft, dass weitere Flottenunternehmungen ausblieben. Einer dänischen Flotte gelang 1069 keine Eroberung Nordenglands, und auch die 1098 vom norwegischen König Magnus Barfuß durchgeführten letzten Plünderungszüge nach Westen endeten nicht in dauerhaften Eroberungen. Norwegische Schiffe mit ihren Mannen, die noch im 13. Jahrhundert die irische Küste plünderten, sind nur noch eine letzte Episode.

Die Entstehung der Hanse

Die Entwicklung der Schiffstypen im hohen und späten Mittelalter an den Küsten der Nord- und Ostsee ist eng verbunden mit strukturellen Veränderungen des Handels. Bis um 1150 konnten niederdeutsche Fernhändler der niederrheinischen, westfälischen und niedersächsischen Städte in der Ostsee nur auf fremden Schiffen Handel treiben, die ihre Heimathäfen in Städten außerhalb des sog. Heiligen Römischen Reiches besaßen, denn entlang der südlichen Ostseeküste siedelten Slawen, während im Norden die Territorialmächte Dänemark und Schweden lagen. Im Norden gelangten deutsche Kaufleute bis nach Schleswig, das seit etwa 1050 Haithabu als Transithandelsplatz abgelöst hatte. Neben Schleswig ließen sich niederdeutsche Kaufleute auch am slawischen Burgwall Alt-Lübeck am Zusammenfluss von Trave und Schwartau nieder. An diesen Orten konnten sie ihre eigenen Waren gegen Erzeugnisse Mitteleuropas wie Tuche, Gerätschaften, Schmuck und Wein oder gegen Rohstoffe des Nordens oder Ostens tauschen und so Pelze, Honig, Wachs und Bernstein erstehen. Möglichweise stießen einige Kaufleute auch auf Schiffen in den Ostseeraum vor. Der Hauptteil des Handels zwischen Schleswig und den Hauptlieferanten der Produkte aus dem Gebiet der Rus und Skandinavien besorgten als Zwischenhändler gotländische Großbauern. Die meisten Waren wurden mehrmals umgeschlagen, bis sie den Endverbraucher erreichten. Dies war im Sinne der Städte, durch die der Handel ging: Sie verpflichteten durchreisende Kaufleute, ihre Waren auf einheimische Schiffe oder Wagen umzuladen oder ihre Güter auf dem Markt anzubieten. An diesem Umschlag waren neben den Kaufleuten vor allem die

Im Stadtrat der Hansestädte geben Kaufleute den Ton an. Urkundlich fassbar werden die Kaufleute der hansa Alman(ie) als eine Schutzgemeinschaft reisender Kaufleute erstmals 1282. Um 1350 erkennen wir zunehmend ein Zusammengehörigkeitsgefühl niederdeutscher Kaufleute. In der Folgezeit entstand ein Bund von Hansestädten, in deren Stadträten Kaufleute – wie auf dieser Darstellung des Hamburger Stadtrechts von 1497 – den Ton angeben. Quelle: Hamburger Staatsarchiv, Meier 2004, 131.

Schiffsbesatzungen, die Prahmleute und die Träger beteiligt. So liefen die Waren durch viele Hände, die alle ihren Teil am Gewinn wollten[371].

Träger des Handels waren die Kaufleute, die sich zu Schutzgenossenschaften mit gleichen Interessen zusammentaten und ihren Einfluss erhöhten. Ähnliche Herkunft und Rechtsgewohnheiten erleichterten dabei ein gemeinsames Handeln. Als Genossenschaft konnte man sich auch in fremden Städten leichter über Betrug beim Geldwechseln, gefälschte Gewichte oder ähnliche Probleme beschweren. So hatten sich die dänischen Fernhändler in den einzelnen urbanen Zentren nach dem Vorbild Schleswigs zu Knutsgilden zusammen geschlossen. In den siebziger Jahren des 12. Jahrhunderts ist auch eine Handelsgilde der Knutsbrüder auf Gotland belegt, die hier – unter dem Schutz des dänischen Königs – zum unmittelbaren Konkurrenten der lübeckschen Gotlandfahrer wurde. Die deutsche Gotlandfahrergenossenschaft besaß zur Identität ihrer Schriftstücke und Urkunden schon früh ein eigenes Siegel. Wie die Gotlandfahrerschaft schlossen sich auch andere Kaufleute „deutscher Zunge" zu Gemeinschaften, zu Hansen zusammen. Urkundlich fassbar werden die Kaufleute der *hansa Alman(ie)* als eine Schutzgemeinschaft reisender Kaufleute erstmals 1282. Um 1350 erkennen wir zunehmend ein Zusammengehörigkeitsgefühl niederdeutscher Kaufleute. Bis dahin hatten im Ostseeraum vor allem gotländische Kaufleutegenossenschaften den Handel bestimmt[372].

Mit zunehmendem deutschen Einfluss an der südlichen Ostseeküste änderten sich auch die ökonomischen und politischen Bedingungen. Infolge des Zustroms deutscher Siedler entstanden neue Städte. In Ostpreußen und Livland wurde der Deutsche Orden zur bestimmenden Macht, der einst zu Hilfe bei der Bekehrung der heidnischen Pruzzen von Herzog Konrad von Masowien ins Land gerufen worden war[373]. So konnten die deutschen Kaufleute nun

in deutschen Häfen an der südlichen Ostseeküste einlaufen und hier den Handel bestimmen. Im 13. Jahrhundert stießen dann deutsche Fernhändler oder deren Kaufgesellen von Lübeck über Gotland zu den baltischen und russischen Märkten vor. Obwohl Gotland weiterhin wichtigster Umschlagplatz für den Russland- und Schwedenhandel blieb, verdrängten seit Anfang des 13. Jahrhunderts niederdeutsche Kaufleute ihre gotländischen Konkurrenten aus dem West- und Osthandel. Schon 1184/85 segelten deutsche Kaufleute zur unteren Düna. Von dort reisten niederdeutsche Fernhändler auf Schlitten nach Pleskau, vermutlich auch bis Nowgorod. Auch in Dänemark ließen sich deutsche Fernhändler im 12. Jahrhundert nieder. Im 13. Jahrhundert erreichten die Schiffe Lübecks auch Norwegen. Getreide aus dem Süden wurde hier gegen Kabeljau und Stockfisch verhandelt[374].

Vom Wikingerschiff zur Kogge

Mit dem anwachsenden Handel wuchs der Bedarf nach immer größeren Schiffen mit mehr Ladekapazität. Historische Zeugnisse belegen für das 12. Jahrhundert weite Fahrten großer Handelsschiffe über die Ostsee. So wird in der Schilderung der Mirakel des Heiligen Thomas Beckett (*1118, †1170), Erzbischoff von Canterbury, aus der Zeit um 1175 ein großes Schiff beschrieben, das vom dänischen König und einem reichen Schleswiger Bürger gebaut wurde. Das Schiff war jedoch so schwer, dass es trotz aller Anstrengungen mit Gleitkissen und Zugtauen nicht vom Stapel gelassen werden konnte. Die Enttäuschung war groß, wie wir erfahren:

… Ein jeder sah danach ein, dass das Schiff abgewrackt werden musste. Damit dem verzagten Schiffseigner seine Mühen und finanziellen Aufwendungen jedoch nicht verloren gingen, beschloss er, die Fürsprache des neuen Märtyrers Thomas von Canterbury einzuholen. Er wandte

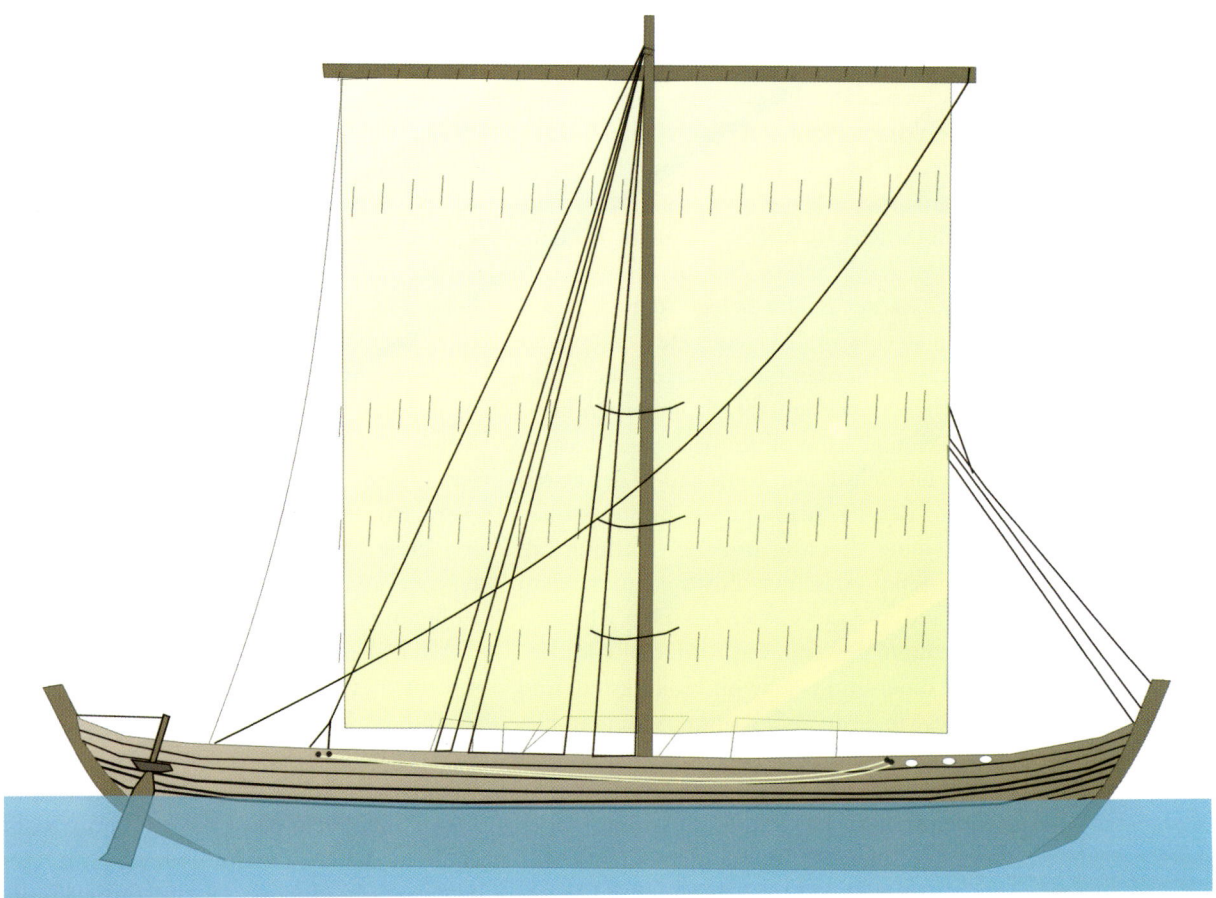

Rekonstruierter Segelplan des Lynæsschiffes, das in Bauart und Größe mit dem Wrack von Karschau an der Schlei vergleichbar ist. Entwurf: M. Gøtche, Nationalmuseets Marinarkæologiske Forskingcenter Roskilde; Grafik: Dirk Meier.

sich an ihn mit den Worten: Schaffe mir den besagten Apparat ins tiefe Wasser, Märtyrer, und ich verspreche dir von jeder seiner Handelsfahrten 100 Pfund Wachs. Mit bloßen Händen und weit geringerem Kraftaufwand als zuvor in Bewegung gebracht, tauchte das Schiff über irgend etwas Glattes gleitend darauf in leichtem Lauf in die Wellen. Und die durch das Gelübde eingegangene Verpflichtung besteht bis in unsere Tage.

Thomas von Froidmont: Die Vita des heiligen Thomas Becket, Erzbischof von Canterbury.

Aber trotz diesen Missgeschicks nahm im 12. Jahrhundert die Größe der Kriegs- und Handelsschiffe im Verhältnis zu denen der Wikingerzeit zu. Schiffbau blieb aber eine Sache persönlicher Erfahrung, dennoch verharrte man nicht im Altüberlieferten, sondern Innovationen brachten diesen voran, wie die weitere Entwicklung dokumentiert.

Zu den archäologisch dokumentierten seegängigen großen Frachtseglern nordischer Bauart, die etwa zwischen 1130 und 1200 gebaut wurden, gehört auch ein Fund aus Karschau an der Schlei in der Nähe von Arnis in Schleswig-Holstein[375]. Dort kamen nach einem Absinken des Wasserstandes Anfang Dezember 1999 Reste eines klinkergebauten mittelalterlichen Schiffes zum Vorschein, das an der damaligen Uferzone gestrandet war. Wie die Ausgrabungen ergaben, handelte es sich um ein etwa 21 m langes und 6,40 m breites Schiff nordischer Bauart mit Rahsegel, mit geklinkerten, durch Eisennieten verbundenen Planken und einer Kalfaterung (Abdichtung) aus Tierfellen. Dieser seegängige Frachtsegler wurde möglicherweise an der Schlei gebaut. Nach dendrochronologischen Altersangaben der Hölzer gehört das Schiff in die Zeit um 1130, damit in eine Epoche des Wachstums und der Neugründung von Ostseehandelsstädten. Das Schiff von Karschau ist wahrscheinlich auf der Hin- oder Rückfahrt von der reichen Handelsstadt Schleswig gescheitert. Vielleicht lief es auf Grund, ging in einem Sturm unter oder wurde absichtlich versenkt. Solche Schiffstrandungen in dem überwiegend schmalen, untiefenreichen Gewässer der Schlei belegt auch das zwischen 1216 und 1241 verfasste Schleswiger Stadtrecht, in dem Gestrandeten alle Güter zugesichert werden, die sie abbergen können. Wenige Jahrzehnte nach dem Untergang des Schiffs von Karschau in der ersten Hälfte des 13. Jahrhunderts büßte Schleswig seine herausgehobene Stellung als Nahtstelle zwischen Nordseeraum, dem Festland und der Ostsee ein. Den jahrhundertealten Verkehrsweg von der Nordsee über Eider und Treene bis Hollingstedt und Schleswig löste die Route zwischen Lübeck und Hamburg ab. Die größeren und tieferen Koggen fuhren nun um die Spitze Jütlands herum. Das in Hollingstedt hergerichtete Ufer der Treene mit seinen hochmittelalterlichen Holzkais geriet in Vergessenheit, nur für das Herzogtum Schleswig besaßen Treene und Eider auch in späterer Zeit noch eine lokale Bedeutung.

Die Kogge

Mit dem Hochmittelalter setzen sich Neuerungen im Schiffbau durch, die ihren Ausdruck in größeren Schiffstypen und einer verbesserten Bootsbautechnik finden. Am Anfang dieser Entwickung steht die Kogge. Der Schiffstyp der frühen Kogge ist ein Produkt zweier verschiedener frühmittelalterlicher Schiffbautraditionen. Ein Entwicklungszweig lässt sich über die koggetypischen Kalfatklammern (Sinteln) nach Friesland verfolgen. Älteste Funde von Sinteln stammen aus der Zeit um 900 n. Chr. aus dem Niederrheingebiet.

Typisch für die Kogge sind ein flacher Boden mit scharfwinklig abgesetzten Bug- und Achtersteven sowie ein Mast in der Mitte des Schiffes für das große Rahsegel. Diese Form hatte sich in Jahrhunderten aus einem einfachen Einbaum mit flachen Boden, steilen Seitenwänden und stevenartig zulaufenden Enden entwickelt, wie er in der friesischen Wattenfahrt um 800 verwendet worden war. Im Laufe der Zeit spaltete man den Einbaum und drückte beide Hälften soweit auseinander, dass sich Bodenplanken einfügen ließen. Auf die Oberkanten der Einbaumhälften wurden in Klinkertechnik mit eisernen Nägeln weitere Planken angebracht. Moos zwischen den Planken machte diese wasserdicht. Mit ihrem flachbodigen Rumpf waren diese Schiffe gut an Fahrten im Wattenmeer mit seinen ständigem Wechsel von Ebbe und Flut angepasst[376].

Als frühester schriftlicher Beleg findet sich in drei Utrechter Urkunden aus dem 9. und 10. Jahrhundert der Begriff *cogsult*, womit die Pflicht verstanden wurde, eine Kogge zur Kriegsfahrt auszurüsten. Der Name *cokingi* für die Friesen gehört wohl auch in diesen Zusammenhang. Im *Liber Summarium Heinrici*, einem mittelalterlichen Nachschlagewerk für die Schule, lesen wir dann von kurzen Schiffen als *kogcho*. Damit dürften flachbodige und kiellose, also wattenmeertaugliche Handelsschiffe gemeint sein, mit denen Waren beispielsweise bis nach Stade an der Unterelbe, Hollingstedt an der Treene oder Haithabu gelangten. Über Hollingstedt und Haithabu, wo wikingerzeitliche Sinteln gefunden wurden, gelangte dieser Bootstyp von dem Nordsee- in den Ostseeraum. In Haithabu erscheinen erstmals solche koggenförmige Schiffe im 9. Jahrhundert auf dort geprägten Münzen. Da hier auch Friesen ansässig waren, waren sie es wohl, die diese Bootsbautradition in den frühmittelalterlichen Handelsort brachten. Auch in ihrer Handelskolonie im schwedischen Birka bauten Friesen seit dem 10. Jahrhundert einfache Koggen. Als Birka um 1000 einging, bildete sich in der Nachfolgestadt Sigtuna eine friesische Handelsgilde.

1   2   3

4   5   6

Die Stadtsiegel von Hansestädten des 13. und 14. Jahrhunderts zeigen, wie weit verbreitet die seegängigen Koggen (1, 2, 4–6) und Holke (3) im Mittelalter waren: Ihre Heimathäfen reichten von der Nord- bis an die Ostseeküste. Siegel von Hansestädten: 1 Lübeck 1226; 2 Elbing 1350; 3 Danzig 1400; 4–6 Stralsund 1329. Quelle: wikimedia.

Zu diesen frühen *kogcho* gehört ein 1978 entdecktes Wrack nahe von Kollerup an der nordwestjütischen Jammerbucht. Dort kamen die gut erhaltenen Überreste einer frühen 20,90 m langen und 4,92 m breiten Kogge zutage, die einen Tiefgang von 1,35 m aufwies. Das verwendete Eichenholz wurde um 1150 in Südjütland, etwa im Raum zwischen Schleswig und Haderslev geschlagen. Dieser Schiffsfund ist der bisher älteste vom Typ einer Kogge und steht zugleich am Beginn einer neuen Zeit, in der aufgrund der Steigerung des Handelsvolumens und dem damit möglich gewordenen Massengutverkehr die bisherigen Schiffstypen nicht mehr ausreichten. Ebenfalls eine frühe Koggenform ist das anhand der Bauhölzer auf die Jahre 1188/89 datierte Wrack aus dem Kolding-Fjord an der Ostküste Jütlands, das mit eine Länge von 16 m rekonstruiert wird[377]. Zu den frühen Koggenformen der Zeit um 1170 gehören auch die Reste eines 1991 beim Bau in der Bremer Schlachte geborgenen Wracks, das bereits ein Heckruder besitzt[378].

Dies war notwendig geworden, da sich die größeren Koggen nicht mehr mit dem Seitenruder der friesischen Koggen steuern ließen. Noch längere Zeit bestanden aber Seiten- und Heckruder parallel, denn noch das Stadtsiegel von Lübeck von 1226 zeigt eine Kogge mit einem seitlichen Steckruder[379]. Ansonsten hielt man zunächst an der Grundkonstruktion der friesischen Kogge fest, baute sie aber länger und hochbordig[380]. Die Stadtsiegel von Hansestädten des 13. und 14. Jahrhunderts zeigen, wie weit verbreitet die seegängigen Koggen im Mittelalter waren: Ihre Heimathäfen reichten von der Nord- bis an die Ostseeküste[381]. Durch Abrundung der ursprünglich kantigen Übergänge wurde sie seetüchtiger. In den Wattenmeergebieten fuhr die Kogge bei Hochwasser möglichst dicht an Land heran, ließ sich trockenfallen und wurde dann entladen. Somit benötigten die frühen Koggen wenigstens im Wattengebiet noch keine Hafenanlagen. Außerhalb der Watten und der übrigen Küsten mit starkem Tidenhub waren die Bedingungen jedoch anders. Im Unterschied zu den Wikingerschiffen konnte die Kogge aufgrund ihres rechteckigen Stevenansatzes nicht mehr auf den flachen Strand auflaufen, da sie sich dort festgerammt hätte. Deshalb ankerten sie im tiefen Wasser und mussten über Beiboote entladen werden („leichtern"). Da dies umständlich und zeitraubend war, wurden Kai- und Hafenanlagen immer dringlicher. Allerdings setzte das Anlegen an solchen Kais eine gute Beherrschung der Segelführung und viele helfende Hände voraus. Als Hilfsmittel dienten lediglich die aus spätmittelalterlichen Bildquellen bekannten langen Stangen. War das Schiff vertäut, ließ man eine Planke für den Personen- und Warentransport herab. Seit der Hansezeit gab es dann Kräne, mit deren Hilfe nach dem Hebelprinzip Schwergut aus den Laderäumen der Schiffe gehoben werden konnte. Dabei mussten die Schiffe nicht ganz ausgeladen werden, sondern potentielle Käufer konnten sich auch an Deck die Waren ansehen.

Aber nicht nur friedlicher Handel, sondern auch Handelskriege trieben die technischen Innovationen voran. Als im späten 13. Jahrhundert die Hanse im Kampf mit Norwegen lag, rüstete sie ihre großen Hansekoggen nach englischem Vorbild mit je einem kastellartigen Kampfturm für die Armbrustschützen am Bug und Heck aus. Darunter befanden sich Kajüten. 1329 zeigt das Siegel von Stralsund erstmals einen solchen Wohnraum im Achterkastell. Seit dem 13. Jahrhundert befanden sich auch Feuerstellen an Bord, die mit der Zubereitung warmer Speisen die Lebensqualität verbesserten. Die Herde bestanden aus hölzernen Kisten mit Sand- oder Lehmfüllung sowie einer Abdeckung mit Steinplatten, auf der sich ein Feuer gut unterhalten ließ. Bei stärkerem Seegang musste die Glut gelöscht werden, damit sie nicht das Schiff in Brand setzte.

Der Prototoyp einer Kogge bildete die 1962 im Schlick der Weser gefundene sog. Bremer Hansekogge[382]. Wie die Ausgrabung und zehnjährige Restauration zeigte,

war die Kogge noch nicht ganz fertig, als sie sich 1380 vom Helgen, dem zum Wasser abschüssigen Schiffsbauplatz, losriss. Da das Schiff keinen Ballast an Bord hatte, kenterte es bald. Das im Deutschen Schifffahrtsmuseum von Bremerhaven wieder aufgebaute Schiff weist eine Länge von 23,27 m und eine Breite von bis zu 7,62 m auf. Die Höhe lag mittschiffs mit 4,26 m etwa doppelt so hoch wie bei den Lastschiffen der Wikinger. Die Schiffswände bildeten jeweils zwölf Planken. Diese waren im Bodenbereich in der neuen Kraweeltechnik auf Stoß gesetzt, während bei den Seitenwänden die herkömmliche Klinkerbauweise beibehalten wurde. Zuerst zimmerten die Schiffbauer die äußere Schale des Schiffes, um dann die Spanten aus gewachsenem Krummholz einzufügen. Zur Kalfaterung der Planken verwendete man Pech und Werg. Ein mächtiger Querbalken trug das Deck. Das Achterschiff besaß ein niedriges Kastell mit einer geschlossenen Kammer und einer Toilette. Hier kam nur die Schiffsführung unter, während die Mannschaft weiterhin im Freien schlief. Am Heck befand sich das nicht mehr erhaltene Ruder. Die für den Schiffsbau verwendeten Eichen waren im hessischen Ziegenhain gefällt und dann die Weser abwärts geflößt worden. An dem 22 m langen Mast ließ sich ein Segel mit etwa 210 m² Segelfläche hissen. Das Schiff wog etwa 55 Tonnen und konnte etwa 90 Tonnen Lasten aufnehmen. Die Laderaumgröße betrug an die 160 m³. Das leere Schiff wies nur einen Tiefgang von 1,25 m, beladen jedoch von 2,25 m auf.

Wie mittlerweile drei Nachbauten zeigen, besitzt die Bremer Kogge erstaunliche Segel- und Manövriereigenschaften[383]. Mit 60–65 Grad konnte sie überraschend hoch an den Wind gehen und bei rauem Wind theoretisch bis zu 10 Knoten schnell segeln[384]. Trotzdem musste sich der Schiffer hüten, auf „Legerwall" zu geraten: Auflandige Winde trieben das Schiff leicht in zu seichte Gewässer und damit auf Grund. So wichtig die Bremer Kogge für die Schiffbaugeschichte ist, so liefert sie doch nur einen Ausschnitt der spätmittelalterlichen Seefahrt. Inzwischen hat sich die Zahl der Koggenfunde erhöht.

Eine dieser Neufunde stellt die 2000 in Doel bei Beveren im belgischen Ostflandern geborgene Kogge dar. Das Eichenholz dieses etwa 20 m langen und 7 m breiten Schiffes, das in einem Scheldearm gesunken war, wurde nach dendrochronologischen Datierungen im Winter 1325/26 in Westfalen geschlagen. Der Rumpf wies noch eine Klinkerbauweise auf. Nach Abschluss der Konservierungsarbeiten wird es im Schifffahrtmuseum in Baasrode, einem Ortsteil der belgischen Stadt Dendermonde ausgestellt werden. In den holländischen Ijsselmeerpoldern der ehemaligen Zudersee sind mittlerweile fast zwei Dutzend Wracks gefunden worden, weitere stammen aus den dänischen und schwedischen Gewässern. Nicht bei allen Funden waren die Masten mittschiffs, sondern teilweise auch vorlich angebracht, auch in weiteren Details unterschieden sich die Schiffe. Die gefundenen Koggen besaßen ganz unterschiedliche Dimensionen. Nach den Gesamtfunden zu urteilen, scheint die Bremer Kogge mit ihren 23,27 m zu den größeren Schiffen in dieser Zeit gehört zu haben. Die größte bisher entdeckte Kogge aus den Niederlanden wies hingegen nur eine Länge von etwa 17 m und eine Breite von etwa 3,50 m auf. 1983 konnten in einem Polder der eingedeichten ehemaligen Middelzee bei Nijkerk die Überreste einer Kogge von 1336 freigelegt werden. Der Fund diente als Vorlage für den 1997er-Nachbau der Kampener Kogge.

Die im Museum für Unterwasserarchäologie in Sassnitz auf Rügen zu sehende, um 1330 gebaute Kogge transportierte auf ihrer letzten Fahrt von der schwedischen Insel Öland wertvolle Steinplatten, die wohl für Stralsund bestimmt waren. Dort sollten sie vielleicht als Fußböden in einer der Kirchen oder Patrizierhäuser verlegt werden. Dazu kam es nicht, weil das Schiff vor

dem Gellen, einer im Mittelalter bestehenden Durchfahrt im Süden der Insel Hiddensee, sank. Während ein Teil der Ladung und Ausstattung der Kogge im Museum in Sassnitz zu sehen ist, gelangten die Kalksteinplatten in die Eingangshalle der Staatskanzlei in Schwerin. Diese Kogge ist schiffsbautechnisch von hohem Wert, denn ihre Erbauer versuchten, die im Ostseeraum altbekannte Klinkertechnik erstmals mit der aus dem Mittelmeerraum stammenden Kraweeltechnik zu verbinden, bei der die Planken auf Stoß miteinander verbunden wurden und sich nicht mehr überlappten. So entstand eine ungewöhnlich dicke, doppelte Bordwand, wie sie bislang keine andere Kogge aufweist.

An der Westküste der Insel Poel in Mecklenburg wurden infolge eines Sturmes Wrackteile einer großen mittelalterlichen Kogge in Klinkerbauweise angespült. Hinweisen ansässiger Fischer ebenso wie der Luftbildprospektion ist dann die Entdeckung des Wracks zu verdanken, das im Winter 1999/2000 geborgen wurde. Die folgenden Untersuchungen zeigten, dass das Schiff um das Jahr 1354 aus geschlagenem Kiefernholz gebaut worden war. Der Rumpf wies in einzelnen Konstruktionselementen deutliche Parallelen zu den Schiffen der Wikinger und Slawen auf. Das 31 m lange Schiff konnte 200 Tonnen Last aufnehmen. Die sehr gute Erhaltung des Wracks ermöglichte eine Rekonstruktion des Schiffes.

Eine viel kleinere Kogge wurde 1990 am Parnu in Estland geborgen. Dieses Schiff wies nur eine Länge von 8,50 m und eine Breite von 3,50 m auf, die nach Radiokarbondatierungen aus der Zeit zwischen 1250 und 1330 n. Chr. stammte, wobei ein Teil der Ladung mit importierter rheinischer Keramik dem 14. Jahrhundert angehörte.

Diese Funde ebenso wie Urkunden und Siegel der Hansestädte belegen die weite Verbreitung der Kogge an Nord- und Ostsee vom 12. bis 14. Jahrhundert. Die Gründe für den Erfolg der Kogge waren aber

Dänische Kogge auf einer Zeichnung in der St. Jørgens-Kirche, Roskilde. Quelle: Mortensøn 1994, 42.

nicht nur die größeren Lastmöglichkeiten – denn auch ein in Bergen gefundenes „großes Schiff" in skandinavischer Klinkerbauweise war in technischer Hinsicht und der Ladekapzität konkurrenzfähig – sondern die politischen und wirtschaftlichen Verhältnisse der Hansezeit. Die Länge der spätmittelalterlichen Koggen, wie der Poeler Kooge, betrug etwa 20–30 m, die Breite 5–8 m. Die Tragfähigkeit reichte entsprechend der unterschiedlichen Größe von 80 bis 200 Tonnen von 40 bis 100 Tonnen Nutzlast. Die Geschwindigkeit betrug nach Versuchen mit nachgebauten Koggen etwa 3,5 Knoten bei Windstärke 3 und 6 Knoten bei Windstärke 6. Bei mäßigem Wind waren sie damit immer noch schneller als Fuhrwerke auf dem Land. Kreuzen war aufgrund der Breite der Schiffe nur bei schwachem Wind möglich.

In die Spätzeit der Koggen gehören Reste der Relingseite eines Schiffs, das 2007 bei einem Neubau auf dem Bremer Teerhof gefunden wurde. Da es im 14. Jahrhundert nicht gehoben werden konnte, trieben die damaligen Bremer Befestigungspflöcke in seine Bordwand, um es als Uferbefestigung weiter zu nutzen. Die Kogge hatte vermutlich eine Länge von 30 m, eine Tragfähigkeit von 200 Tonnen und besaß ein achterliches Kastell, womit sie typologisch in die Übergangsphase zum Holk gehört.

Von der sog. Bremer Kogge[385] existierten drei Nachbauten, die Ubena von Bremen, die Roland von Bremen und die Kieler Hansekogge.

– „Hansekogge"

Der zweite Nachbau der Bremer Hansekogge entstand durch den Verein Jugend in Arbeit Kiel e.V., der von einem Bauleiter und zwei Vorarbeitern unterstützt wurde, in Kiel-Friedrichsort nach alter Bauweise. Dabei wurden etwa 56 m² Eichenholz verbaut; der 25 m hohe Schiffsmast und die Rah bestehen aus Lärchenholz. Die Kogge erwies sich als sehr manövrierfähig, wobei ein Wendemanöver etwa eine Minute dauert. Der Nachbau kann mit halbem Wind segeln und erreicht dabei Geschwindigkeiten von bis zu neun Knoten.

Internet:
http://www.hansekogge.de/
hkwcms/index.php?index
Maße:
Gesamtlänge: 23,27 m; Breite: 7,62 m; Deck über Wasserlinie: 3,14 m; Laderaum: 150 m³; Verdrängung: 84 t; Tiefgang: 2,25 m; Segel (Rahsegel): 100 m² mit 3 Bonnets mit je 33 m².

– „Ubena von Bremen"

Der seit 1986 bestehende Verein Hanse-Koggewerft e.V. baute den ersten Nachbau der Bremer Kogge von 1380 auf einem Schnürboden am Neuen Hafen in Bremerhaven, die 1990 als Ubena von Bremen zu Wasser gelassen wurde. Der Nachbau entstand nach den Plänen des Deutschen Schifffahrtsmuseums unter Aufsicht der Klassifikationsgesellschaft Germanischer Loyd. Am 27. Juli 1991 startete die Kogge zu ihrer Jungfernfahrt, die sie von Lübeck nach Danzig führte. Ihr Stammliegeplatz ist im Bremerhavener Fischreihafen neben einem Museumsschiff des Historischen Museums Bremerhaven. Von den jährlich 4000 bis 4500 gefahrenen Seemeilen legt sie meist 1200 unter Segeln zurück. Das Schiff lässt sich von vier Mann segeln, besitzt aber 16 Kojen.
Internet:
http://www.hanse-koggewerft.de/
Maße:
Länge über alles: 23,23 m; Breite über Rüstbalken: 7,62 m; Deck über Wasserlinie: 3,14 m; Laderaum: 160 m³; Gewicht: 120 t; Tiefgang: 2,25 m; Tiefgang mit Ladung: 1,25 m; Mast: 22 m; Segel (Rahsegel): 200 m² mit 2 Bonnets zu 25 m².

– „Roland von Bremen"

Seit 2000 dient die Roland von Bremen als ein maritimes Wahrzeichen der Hansestadt. Die ersten Planungen erfolgten von der Handwerks- und Ausbildungscooperative Bremen e.V. (AUCOOP). Finanziert mit Mitteln des Senats der Freien Hansestadt Bremen, der Europäischen Union und der Bundesagentur für Arbeit entstand dann zwischen 1996 und 2000 im Dock der Bremer Bootsbau Vegesack (BBV) dieser Nachbau zur EXPO 2000, der seinen Liegeplatz an der Schlachte in Bremen hat. Im Mai 2003 formierte sich der Verein Roland von Bremen e.V. mit dem Ziel, die Kogge zu pflegen und dafür zu sorgen, dass sie ausgedehnte Fahrten unternimmt. Heute ist das Schiff im Besitz der Hal över, Gesellschaft für innovative Stadttouristik GmbH.
Internet:

*Nachbau der
Hansekogge von
Bremen.
Foto: Dirk Meier.*

*Rekonstruktion der
Bremer Hansekogge
von 1380.
Grafik: Dirk Meier.
Nach Ellmers
1998, 111.*

http://www.radiobremen.de/magazin/geschichte/
kogge/roland.html
Maße:
Gesamtlänge: 23,98 m; Breite: 7,18 m; Deck über
Wasserlinie: 3,14 m; Laderaum: 150 m³; Verdrängung: 120 t; Tiefgang: 1,85 m; Segel (Rahsegel):
90 m² mit 3 Bonnets mit je 30 m².

– Poeler Kogge „Wissemara"

Die Poeler Kogge „Wissemara", ist der größte in Europa vorhandene Nachbau einer mittelalterlichen
Kogge, die auf dem Nachbau des Wracks in der Wismarer Bucht vor Timmendorf auf der Insel Poel entdeckt wurde. Die 2006 fertig gestellte Kogge hat ihren Stammliegeplatz im Wismarer Hafen.
Internet:
http://www.poeler-kogge.de/index2.php
Maße:

Gesamtlänge: 31,50 m; Breite: 8,50 m; Deck über
Wasserlinie: 3,65 m; Verdrängung: 120 t; Tiefgang:
2,60 m; Segel (Rahsegel): 276 m² mit 3 Bonnets.

– Die Kampener Kogge

Die Kampener Kogge ist seit 1997 in der Fahrt. Ihr
Heimathafen ist der Nieuwe Buitenhaven in Kam-
pen.
Internet:
http://www.kamper-kogge.nl/
ommelandvaart/de/index.html
Maße:
Länge Rumpf: 21 m; Breite: 7,10 m; Gewicht: 60 t;
Ladegewicht: 80 t; Tiefgang: 2,00 m; Mast: 22,5 m;
Segel (Rahsegel): 140 m².

Der Holk

Der Holk verdrängte im ausgehenden Mittelalter die Kogge[386]. Auch dieser Schiffstyp kann auf eine lange Tradition zurückblicken. Karl der Große ließ seit 795 in seinen nördlichen Hafenorten – in Quentowic bei Etaples, Nordfrankreich, und im ursprünglich friesischen Dorestad bei Utrecht Silberdenare mit einem Holk prägen; weitere Herrscher, wie sein Nachfolger Ludwig der Fromme (*814, †840) folgten

Karl V. besteigt auf seiner Seereise von Antwerpen nach Spanien einen großen Holk oder ein Kraweel. Die exellente Chronike van Vlandern 1531. Staatsbibliothek Antwerpen. Quelle: Mortensøn 1994, 43.

diesem Beispiel. Danach ist der Holk in dieser Zeit ein offenes, bananenförmiges Schiff mit einem Mast, der als Zeichen friedlicher Handelsfahrt das Kreuz trägt. Entsprechend haben die Ufermärkte, die das Schiff anläuft, ein Marktkreuz aufgestellt, das Marktfrieden und Marktrecht symbolisiert.

Um 800 war der Holk das wichtigste Frachtschiff zwischen dem Kontinent und England gewesen, ein Schiffstyp, der bis in das 14. Jahrhundert noch westlich des heutigen Ijsselmeeres heimisch blieb. Der verstärkte Holkboden überstand Grundberührungen, so dass sich das Schiff leicht trockenfallen lassen konnte. Mit seinem runden Bug lief der flache Holk an sanft

geneigten Sandstränden problemlos auf und war somit aufgrund seiner Flachbodigkeit das ideale Boot für den Handel entlang der Nordseeküste zwischen den frühmittelalterlichen Handelsemporien und Langwurten. Allerdings waren die Segeleigenschaften katastrophal. Bei jedem Seitenwind trieb das Schiff hoffnungslos ab. Zwar hatte man deshalb den Mast weit nach vorne gerückt, konnte aber nur achterliche Winde nutzen, weshalb man oft lange in den Häfen auf günstigen Wind warten musste[387].

Im späten Mittelalter entwickelte sich aus dem kleinen Plattbodenschiff ein Großschiff[388]. Schadensklagen und Zollregister geben Aufschluss über Ladekapazität und Fahrleistungen. Danach konnte der Holk in aller Regel 200 bis 300 Tonnen laden und wies eine Besatzung von 35 bis 40 Mann auf. Damit war er gegenüber gleichgroßen Koggen im Vorteil, die weniger Last nehmen konnten. Vielleicht war der Holk des späten Mittelalters auch für Langfahrten besser geeignet und wies eine größere Festigkeit auf, aber das bleibt spekulativ.

Englische Zolllisten bezeugen, dass der Holk (*Hulk*) im Gebiet der südlichen Nordsee und des Ärmelkanals im 11./12. Jahrhundert häufig gesegelt wurde. Ein Siegel der Stadt Hulkesmouth von 1295 bezeichnet das darauf abgebildete koggenähnliche Schiff ausdrücklich als *Hulk*, und auch in hansischen Schriftquellen taucht das Schiff seit 1350 öfter auf. In dieser Zeit hatten die zunächst kleineren Holks schon die Größe der Koggen erreicht. Wie schnell sich der Holk durchsetzte, zeigen zwei historische Überlieferungen: Um 1380 erwähnt das Revaler Pfundzollbuch im Überseeverkehr Koggen und Holke neben unbestimmten Schiffen. Nur zwanzig Jahre später weist die große Flotte des Deutschen Ordens fast ausschließlich Holkschiffe auf. Diese Schiffe segelten vor allem auf der westlichen Route nach Flandern und Westfrankreich. Lübeck, das keinen so häufigen Seeverkehr mit den flandrischen Städten unterhielt wie Danzig, hielt länger an der Kogge fest[389].

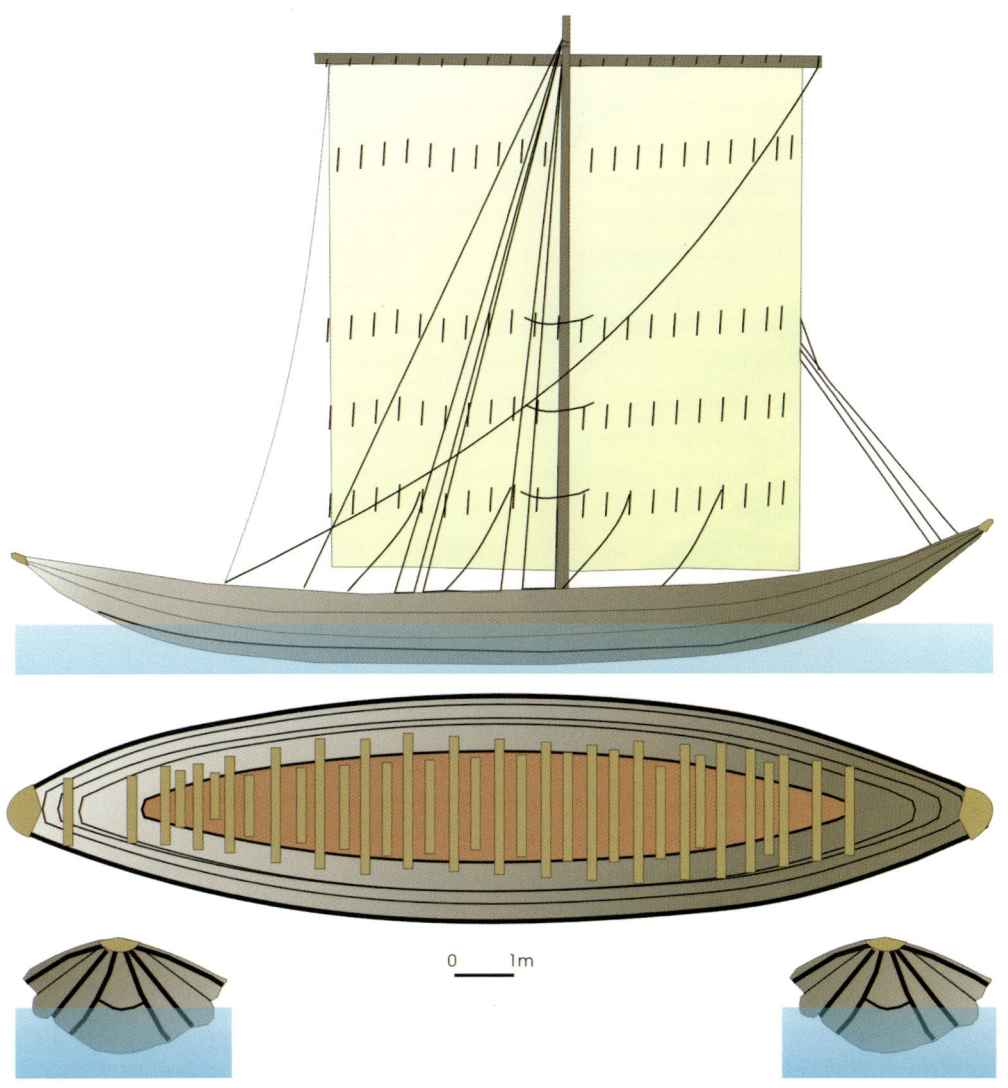

Die Urform des Holks war ein bananenförmiges Schiff der Friesen, das hervorragend für die Fluss- und Wattenmeerküstenfahrt geeignet war. Bereits auf karolingischen Münzen Dorestads ist ein Holk dargestellt. Der dargestellte, 18,40 m lange Holk wurde 1930 im holländischen Utrecht ausgegraben und gehört zu einer Form, die von etwa 800 bis in das 12. Jahrhundert gebaut wurde. Sein im Querschnitt runder Boden bestand aus einem 14,30 m langen Einbaum, den zahlreiche Bodenhölzer verstärkten. Mast und Segel sind rekonstruiert. Grafik: Dirk Meier.

Das Danziger Siegel von 1400 zeigt schon einen Holk. Zusätzlich zur Kogge besaß der Holk nicht nur ein Achterkastell, sondern auch unter dem hoch aufragenden Vorderkastell einen Wohnraum. Ferner befand sich oben am Mast ein weiterer Kampfstand, die sog. „Marse". Ein solches Schiff wurde in der Danziger Chronik von 1465 als eine *große alte Holcke* bezeichnet.

Angeblich ein *hollanse hulck* ist auch auf der *Caerte van de Oosterscher Zee* des Niederländers Jan van Hoirne aus dem Jahr 1526 neben anderen Küstenschiffen zu sehen. Dieser ist von schräg achtern gezeichnet, so dass der Blick auf das Heck und die

Steuerbordseite fällt. Bei der Zeichnung bläst der Wind voller Kraft in die Fock und das Großsegel. Über den Marsen befindet sich noch ein Topsegel. Die Zuordnung als Holk ist jedoch nicht eindeutig. Der achterliche, nicht richtig wiedergegebene Besanmast weist ein Lateinsegel auf. Solche Großschiffe waren dann im 15. Jahrhundert häufig auf der Ost- und Nordsee anzutreffen[390]. Die von Olaus Magnus 1539 herausgegebene *Carta Marina* zeigt mehrere Karavellen und Holke.

Mit festen Unterkünften für die Mannschaften, Kiel, günstiger Unterwasserform und später bis zu drei Masten bedeutete der Holk gegenüber den Koggen zwar ei-

nen erheblichen Fortschritt. Der Holk wies aber wie die Kooge kein wasserfestes Deck auf. Die Unterkonstruktion des Decks ruhte auf großen Querbalken, deren verkleidete Enden durch die Außenwände des Schiffes ragten. Alles auf das Deck gelangte Wasser, Gischt oder Wellen lief daher nach unten und sammelte sich dort. Für die Stabilität des hochgebauten Schiffes war es gut, solange es nicht zuviel war und sich wieder abschöpfen ließ, nicht in Fässern geschützte Waren hingegen wurden nass. Alle diese hochbordigen Schiffe hatten sich ja aus offenen Booten entwickelt und blieben daher recht nasse Schiffe.

Neben den Schrift- und Bildquellen geben auch die archäologischen Funde einen Eindruck dieser Schiffe[391]. Ein 1930 im niederländischen Utrecht ausgegrabener 18,40 m langer Holk gehört zu einer Form, die spätestens von 800 bis in das 12. Jahrhundert hinein gebaut wurde und im vorderen Drittel einen Mast für ein Rahsegel aufwies. Sein im Querschnitt runder Boden bestand aus einem 14,30 m langen Einbaum, den zahlreiche Bodenhölzer verstärkten. Am Bug und achtern schloss sich einer weiterer Einbaumteil an. Dadurch erhielt das Schiff einen starken, ge-

gen Wellenüberschlag schützenden Sprung, also einen Versatz in der Decklinie, da sich Vor- und Achterschiff über die Mitte erhoben. Auf dem abgerundeten Einbaum waren noch drei Planken in Klinkertechnik aufgesetzt und mit hölzernen Dübeln an der jeweiligen unteren Planke befestigt.

Repräsentiert dieser Holk einen frühen Typ, so gelang den niederländischen Schiffsarchäologen in Flevoland die Freilegung eines Großschiffs. Die Bodenplanken dieses Holks waren nachweislich erstmals gesägt, die Seitenplanken hingegen noch aus dem Holz gespalten. Man löste sich somit nun gedanklich von der uralten Einbaumtechnik. Die geklinkerten Planken dieses Schiffs verbanden nicht mehr Holzdübel, sondern eiserne Nieten. Der in Flevoland freigelegte, aus dem 15. Jahrhundert stammende Holk hatte sicher zwei, möglicherweise drei Masten, denn die wachsende Größe der Schiffe erforderte für den Antrieb größere Segelflächen. Die Bedienung mehrerer Segel bedingte wiederum größere Mannschaften, wenn man diese auch zunächst hintereinander bedienen konnte.

Noch ein weiterer Fund bleibt zu erwähnen. In den Jahren 1971 bis 1974 konnten polnische Archäologen in der Danziger Bucht die Reste eines dort im 15. Jahrhundert untergegangenen, geklinkerten Holks mit Achterkastell bergen. Kurz nach Verlassen des Hafens, wo das Schiff Eisenerz, Kupfer, Eisenbarren, Wachs, Fässer mit Teer und Holz geladen hatte, muss auf dem Schiff Feuer ausgebrochen sein, was zum Untergang des Schiffes führte. Der Boden dieses Schiffs war im Unterschied zu dem der Bremer Kogge nicht mehr flach, sondern wies einen profilierten Kiel auf.

Waren Kogge und Holk Schiffsformen, die sich an den Küsten Mittel- und Nordeuropas entwickelt hatten, wirkten sich seit dem späten Mittelalter Einflüsse des mediterranen Schiffbaus auf den nordischen Schiffbau aus.

Der Kraweel

Fortschritte im Schiffbau brachte seit dem späten Mittelalter vor allem der Austausch zwischen den verschiedenen Regionen: So waren portugiesische *Karacken* bis in die englischen Häfen gesegelt, hansische Kaufleute reisten nach Venedig. Seit 1492 hatten Christoph Columbus, Giovanni Caboto und Amerigo Vespucci den Atlantischen Ozean überquert und die Neue Welt erkundet. Ferner waren die Portugiesen dabei, den Seeweg um Afrika herum zu erkunden. Die Erschließung dieser weiten Seewege erforderte nun ständig verbesserte Schiffskonstruktionen. Neben dem Lateinersegel, einem schräg angebrachten Dreieckssegel, setzte sich im Mittelmeerraum nun auch das im Norden schon lange verwendete, rechteckige Rahsegel durch, während der Norden die Kraweeltechnik aus dem Süden übernahm. Die Kraweelbauweise sollte nun die Konstruktion der Holzschiffe bis in die Neuzeit bestimmen. Abgeleitet ist diese Bezeichnung von der Karavelle, einem zwei- bis dreimastigen, mit Lateinersegeln ausgestatteten portugiesischem Schiffstyp, den wir noch behandeln.

Soweit wir die Geschichte der seegängigen Schiffe in Nordeuropa kennen, bestand deren Außenhaut zuerst vor allem aus klinkerweise vernieteten Balken. Erst nach dem Bau der Schiffswände steifte man den Rumpf durch Spanten aus. Auch bei der Kogge verfuhr man in dieser Bauweise, obwohl deren Bodenplanken bereits glatt aneinandergefügt wurden.

Die Kraweeltechnik war ein entscheidender Fortschritt, da bei ihr die Planken nicht direkt untereinander verbunden, sondern jede für sich auf Spanten befestigt sind. Dazu verwendeten die Schiffbauer Holzdübel[392]. Die Schiffe besaßen nun durch miteinander verzapften Außen- und Innenplanken noch stärkere Seitenwände. Den Spanten wurde außerdem je ein Decksbalken zugeordnet. So ließ sich das Deck wasserdicht an die Bordwände an-

schließen. Überlaufendes Wasser leiteten in Deckshöhe in die Außenwand eingeschnittene Löcher (Speigatts) ab, wie sie auf dem Stich von Isabell Meckenem aus dem 15. Jahrhundert zu sehen sind. Dieser zeigt einen Kraweel mit Kastellaufbauten am Bug und Heck. Auf dem Großmast befindet sich eine Marse[393].

Im Laufe des 15. Jahrhunderts gelangte die fortschrittlichere Kraweeltechnik wohl von portugiesischen und spanischen Schiffen aus zunächst in die Niederlande und ab 1470 auch in die Hansestädte an der Ostsee. Im Jahre 1446 gelang es den Bremern erstmals, eine Karacke aufzubringen, die ihnen allerdings zu unförmig, zu hochbordig und mit viel zu vielen Masten ausgestattet erschien. Die ersten Schiffe, die im Norden nach dieser neuen Technik gebaut wurden, entstanden um 1460 in den niederländischen Städten Hoorn am Ijsselmeer und Zierikzee auf Nord-Beveland.

Auf dem Stich von Isabell Meckenem aus dem 15. Jahrhundert ist ein Kraweel zu sehen. Deutlich erkennt man die vorderen und hinteren Kastellaufbauten sowie die Speigatten, um auf Deck gelaufenes Wasser ableiten zu können. Oben auf dem Mast befindet sich eine Marse. Quelle: wikimedia.

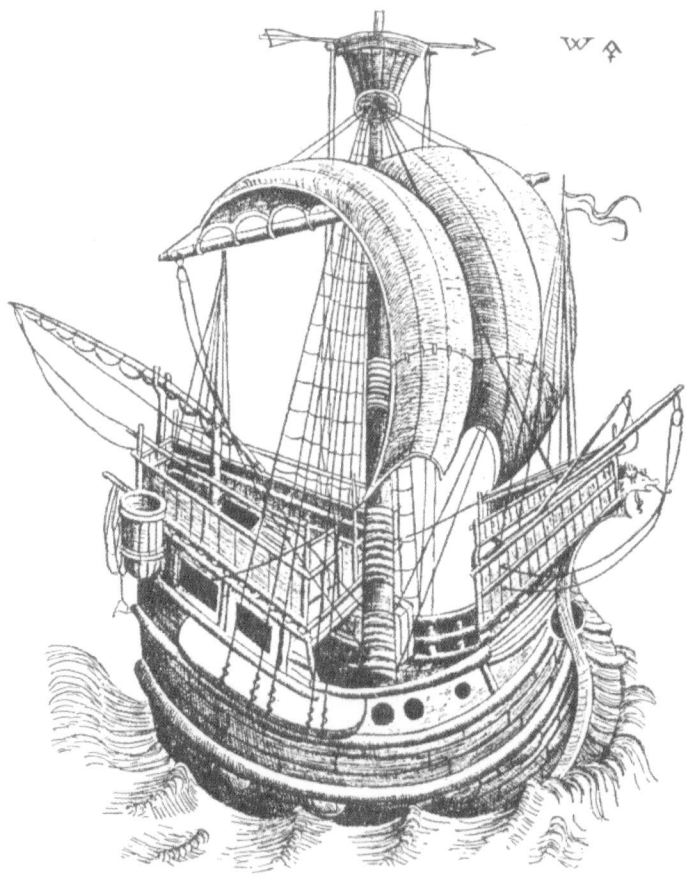

Auf dem Epitaph in der Westwand der Briefkapelle in der Lübecker Marienkirche von 1489, der den Schiffbruch des Bergenfahrers Hans Ben darstellt, ist ein Kraweel zu sehen. Die Besanmasten und der Großmast sind gebrochen. Das Schiff ist steuerlos der Brandung preisgegeben, harte Stöße setzen es immer wieder auf die felsige Riffküste. Quelle: Meier 1994, 161.

Im Jahre 1464 wird in Danzig das Kraweelschiff *Pierre de Rochelle* verpfändet, das in der Bretagne gebaut worden war und 1462 mit Salz von La Rochelle an der französischen Atlantikküste kommend, in Danzig einlief. Da das Schiff nach einem Gewitter reparaturbedürftig und der Schiffseigner Peter de Nautis zahlungsunfähig war, musste sich dieser vom Danziger Kaufmann Rolof Feldstete 1000 Mark borgen. Die Schuld wurde auf das Schiff eingetragen. Nachdem der Eigner gestorben war, ohne die Schuld zu begleichen, beschlagnahmte die Stadt das Schiff. Man setzte es 1470 instand und rüstete es als Kriegsschiff aus. Der umgetaufte *Peter von Danzig* wurde dann in der Beschreibung seines Kommandanten, des Ratsherrn Berndt Pawest, das *groote Kraveel* genannt. Mit 51 m Länge, 12 m Breite, 50 Seeleuten

und 300 Seesoldaten war das Schiff eines der größten seiner Zeit. Die *Peter von Danzig* wies drei Masten auf und konnte sogar gegen den Wind kreuzen. Nur die Befestigung des Ruders bereitete öfter Probleme. Es besaß 17 Geschütze, 15 Armbrüste und eine Wallbüchse.

Das Kriegsschiff wurde im Kaperkrieg gegen England eingesetzt. So hatten die Städte des Wendischen und Preußischen Viertels König Eduard IV. den Krieg erklärt, weil dieser ihre Handelsprivilegien beschnitt. 1471 segelte die *Peter von Danzig* unter dem Kommando des Danziger Ratsherrn Berndt Pawest nach Brügge in Flandern, wo sie gegen Behinderungen des hansischen Handels durch Franzosen und Engländer vorging. Ein Jahr später kauften die Danziger Bürger Johann Sidinghusen, Tideman Valandt und Reinhold Niederhoff das Schiff von der Stadt ab. Ab 1473 führte dann Kapitän Paul Beneke erfolgreich Kaperfahrten gegen das durch innere Unruhen infolge der sog. Rosenkriege geschwächte England durch. Vor der englischen Küste kaperte Beneke das mit kostbarer Fracht beladene englische Schiff St. Thomas. Die mit 60 000 Pfund für damalige Zeit ungeheuer hohe Prise wurde unter dem Schutz des Erzbischof von Bremen, Heinrich II. Graf von Schwarzburg, zwischen den Schiffseignern und der Besatzung aufgeteilt. Unter der Beute befand sich auch das Triptychon *Das jüngste Gericht* von Hans Memling, einer Auftragsarbeit der Medici. Dieses schenkte Reinhold Niederhoff der Marienkirche in Danzig. Da sich die rechtmäßigen florentinischen Eigentümer um Rückgabe bemühten, entspannen sich daraus diplomatische Verwicklungen, die bis zur Androhung des Kirchenbanns durch den Papst führten. Den Seekrieg zwischen der Hanse und England beendete dann 1474 der Frieden von Utrecht. Vier Jahre danach erlitt die *Peter von Danzig* Schiffbruch und wurde abgewrackt[394].

In dieser Zeit hatte Danzig schon die Kraweelbauweise im Schiffbau übernommen. Bis zur ersten Hälfte des 16. Jahrhunderts setzt sich dann der Bau kraweel geplankter Schiffe vollständig durch. Lediglich kleinere Küstenfahrzeuge wurden noch geklinkert. Die neue Kraweeltechnik erlaubte den Bau größerer Schiffe und verbesserte die Dichtigkeit. Mit Heckruder, drei Masten und wasserdichtem Deck besaß das westliche Abendland somit sehr manövrierfähige und seetüchtige Schiffe.

Lange Reisen ließen sich nun einfacher zurücklegen, die Besatzung fand Unterkunft in den Kastellaufbauten. Was nun noch fehlte, war die Wehrhaftigkeit, denn seit der Erfindung des Schießpulvers boten Armbrüste keinen Schutz mehr. Die ersten Büchsen befestigte man an den Außenwänden der Kastelle, aber optimal war das nicht. Die Lösung des Problems waren wasserdicht verschließbare Stückpforten,

Die „Lisa von Lübeck" ist die Rekonstruktion eines Kraweels aus dem 15. Jahrhundert. Foto: Malte Dietrich.

hinter denen man im Unterdeck Schiffsgeschütze aufstellen konnte. Ein derartiges Schiff ist erstmals auf einem Siegel dargestellt, das sich der spätere Kaiser Maximilian 1493 als Präfekt von Burgund ausfertigen ließ.

Wie man sich so einen Kraweel vorstellen kann, vermittelt der Epitaph in der Westwand der Briefkapelle in der Lübecker Marienkirche von 1489, der den Schiffbruch des Bergenfahrers Hans Ben darstellt[395]. Das Bild zeigt den auf die felsige Küste zulaufenden Kraweel, den Wappenschilder am Schanzkleid als Bergenfahrer ausweisen. Die Besanmasten und der Großmast sind gebrochen. Das Schiff ist steuerlos der Brandung preisgegeben, harte Stöße setzen es immer wieder auf die felsige Riffküste. Die Fock flattert im Wind und wird nicht mehr geborgen, denn ein Teil der Mannschaft gelingt über die Großrah die Rettung auf eine Klippe, andere suchen – schwimmend oder an Wrackteile geklammert – dem Tod in den Fluten zu entrinnen. Nur wenige Überlebende dieser Havarie dürfte es gegeben haben. Einer von ihnen oder die Angehörigen, die sich links und rechts neben dem gekreuzigten Jesus verewigten, stifteten das Epitaph. Der Text der beiden Spruchbänder des Gemäldes lautet:

Anno Domini MCCCCLXXXIX des Fridags vor alle gaden Hilgen do bleff Schipper Hans Ben up de Bergenreise vor denn Berksunde mit XXXIII Mann de Got al gne dich si. Pater Noster ver alle Cristen Seelen – und – Och guden Gesellen holdet nicht to Licht er gi to scepe gat gat jo to der Bicht et was so kort ene Tüt dat wy vnser Lebendes wvrden qvid en Pater Noster vor alle Cristen Seelen

Als Nachbau eines Kraweels wurde die „Lisa von Lübeck" gebaut, die im Lübecker Museumshafen am Traveufer der Altstadt ihren Heimatliegeplatz hat. Das Schiff wurde 1999 auf Kiel gelegt und 2004 zu Wasser gelassen. Initiatorin des Projektes von 350 Mitarbeitern war Lisa

Dräger aus Lübeck. Da noch nie ein vollständige Kraweel ausgegraben wurde, wurde der Bauplan in Teilstücken erstellt. Am 14. April 2004 startet die Lisa von Lübeck zu ihrem ersten Auslandstörn nach Danzig.

– Lisa von Lübeck
Internet: http://www.hanseschiff-luebeck. de/LisavonLuebeck/LisavonLuebeck.html
Maße:
Länge über alles: 35,90 m; Rumpfbreite: 9,30 m; Tiefgang: 2,86 m; Gewicht: 200 t; Masttop: 21,15 m; Segelfläche: 276 m² (Focksegel: 1 Bonent, Großsegel: 2 Bonnets; Besan: Lateinersegel).

Schiffbau der Hansezeit

Die Handwerkserfahrung des Schiffsbaus im hohen und späten Mittelalter wurde wie in der Wikingerzeit zunächst vom Vater auf den Sohn weitergegeben. Traditionen, Erfahrungen und Vorbilder bestimmten die handwerkliche Arbeit[396]. So sind seit dem 15. Jahrhundert in vielen Hansestädten Schiffszimmerleute nachweisbar, die sich – wie in Hamburg 1466 – zu Schiffbauerbruderschaften zusammenschlossen. Die einzelnen Schiffbautraditionen unterscheiden sich dabei voneinander in Art und Weise, wie die Planken miteinander und mit den Spanten verbunden sind. Die verschiedenen Plankenverbindungen entsprechen dabei oft den einzelnen Schiffstypen[397].

Mit der Urbanisierung und dem Bedarf nach immer mehr Waren waren die entscheidenden Grundlagen für einen immer professionalisierten Schiffbau in Nordeuropa gelegt. An der Schwelle zur frühen Neuzeit traten mit den Entdeckungen der Portugiesen und Spanier im Schiffbau nun Innovationen aus der Mittelmeerregion hinzu. Lange Zeit beharrten aber die Hansestädte an ihren alten Schiffen[398].

Welche Handwerkstechniken beim spätmittelalterlichen Schiffbau angewendet wurden, zeigt ein Stich von Hartmann Schedel im Buch der Chroniken aus Nürnberg von 1493, das den Bau der Arche Noah zeigt[399]: Mit dem Beil werden hier die für den Schiffbau verwendeten Balken geglättet. Ferner standen den Schiffbauern Äxte, Beile, Dechsel, Sägen, Messer, Schabeisen, Hobel und verschiedene Bohrer zur Verfügung, damit ein Werkzeugarsenal, dass sich bis zur Einführung von Maschinen im 19. Jahrhundert nicht mehr wesentlich ändern sollte.

In Hamburg befanden sich die Schiffbauplätze am Brook in der Nähe des späteren Schiffbauerbrooks. Hier standen die Buden der Schiffbauer, in denen Holz und Werkzeug gelagert wurde. Da die unmittelbar am Wasser gelegenen Schiffbauplätze zu versanden drohten, sollte der Hansetag 1412 eine Beschränkung der Schiffsgrößen einführen. Der Vorschlag wurde jedoch abgelehnt. Schlimm wirkte sich ein anderer Hansebeschluss aus: Das 1426 erlassene Verbot eines Verkaufs hansischer Schiffe in das Ausland. Die Schiffbauer und somit auch der Schiffbau blieben strengen Vorschriften unterworfen. Solche Behinderungen schädigen das Schiffergewerbe und erschwerten die technische Entwicklung. Noch 1843 durften in Hamburg Schiffe nur an Mitglieder der Hanse geliefert werden. Schiffe ohne Genehmigung der Obrigkeit zu bauen war ebenfalls verboten. Immerhin gelang es, die Bestimmungen etwas aufzulockern, so dass im 16. Jahrhundert auch Schiffe für die benachbarten Küstenregionen gebaut werden durften.

Navigation in der Hansezeit

Wie in der Wikingerzeit fuhren auch in der Hansezeit die Schiffe nahe der Küste, überquerten aber auch das offene Meer. Die Himmelsrichtungen bestimmte man mit Hilfe des Sonnenstandes, wobei auch vorherrschende Windrichtungen und Strömungen Orientierungshilfe boten. In der Nacht ließ sich nach Sternen navigieren, aber bei gefährlichen Küsten mit Riffs und Untiefen konnte man nur tagsüber segeln. Die Geschwindigkeit schätze man aufgrund der eigenen Erfahrung. Auch Indizien für Land hinter dem Horizont wie Wolkenformationen und Vogelschwärmen schenkten die Seeleute ihre Aufmerksamkeit[400].

Als weiteres Hilfsmittel bediente man sich im Nordeuropa der Hansezeit vor allem der Segelanweisungen, die nun in Büchern festgehalten wurden und Richtungsangaben, Fahrtdauer und Landmarken enthielten. Im Unterschied zur mediterranen Welt war das nicht besonders fortschrittlich, wie ein Bericht des Gesandten Philipps II. von Spanien, Francisco de Eraso, zeigt, der 1578 von Stralsund nach Kalmar fuhr[401]. Er beklagte sich darin bei seinem Auftraggeber nicht nur über die ungenießbare Verpflegung und den schlechten Zustand des Schiffes, sondern vor allem über die furchteinflößende Art der Navigation: Die Ostseeschiffer hätten weder Karte noch Kompass, sondern steuerten nach einem kleinen Buch.

Bei diesem von Francisco de Eraso erwähnten Buch handelte es sich um eine schriftlich niedergelegte Segelanweisung. In der Commerzbibliothek von Hamburg werden noch heute zwei zusammengebundene Schriften aufbewahrt, bei denen es sich um die beste erhaltene historische Quelle der hansischen Navigation handelt, das „Seebuch"[402]. Dieses beinhaltet Segelanweisungen für Fahrten von der Atlantikküste bis zum Baltikum und erstreckt sich über die gesamte Nord- und Ostsee. Da neben Norwegen auch Lübeck fehlt, dürfte es aus Flandern stammen. Aus den durchaus genauen Segelanweisungen lassen sich Entfernungen in Längenmaßen, Kompasskursen, Lotungstiefen sowie Peilmarken entnehmen. Für die Durchsegelung des Öresundes zwischen Dänemark und Schweden heißt es darin in hochdeutscher Übersetzung:

Item wenn Skagen Riff passiert ist, und ihr bei 14 Faden weichen Grund habt, geht südwärts,

An der Küste halfen die *Kenningen*, natürliche Seezeichen in Form von Landschaftsstrukturen, Bergen, Flussmündungen, Baumgruppen sowie Kirchtürme, Leuchttürme oder für die Seefahrt errichteten Zeichen. Zunächst kennzeichnete man die Einfahrten zu den Häfen. Deshalb errichtete die Hansestadt Hamburg auf der Insel Neuwerk vor der Elbmündung 1299 einen Turm. Seit dem 14. Jahrhundert verbreitete sich wohl von Flandern her eine Befeuerung dieser Zeichen aus. Im Jahre 1316 wird mit dem *custos lucernae* in Travemünde ein erster Leuchtturmwärter erwähnt, der wohl auf einem 1226 von Kaiser Friedrich II. verfassten Privileg, das Lübeck die Reichsfreiheit zusicherte, seinen Dienst versah. Auch die Markierung der Fahrwasser mit Tonnen (Bojen) ging von den flandrischen und niederländischen Küstengebieten mit ihren Tidegewässern aus. Solche lassen sich für die Flüsse und Seegaten Maas, Vlie und Marsdiep schon im 14. Jahrhundert nachweisen[403]. Da die Schiffer nicht jedes Seegebiet kannten, warben sie zur Besatzung Leute mit entsprechenden Erfahrungen an.

Der nächste Schritt für die Verbesserung der Navigation war die Entwicklung eines brauchbaren Kompasses. Die Erkenntnis, dass sich Splitter von Magneteisensteinen in Nord-Süd-Richtung drehen, war in Europa seit der griechischen Antike und in China seit der Zeit der Streitenden Reiche (475–221 v. Chr.) bekannt. Die Chinesen benutzten seit dem 11. Jahrhundert eine schwimmende Kompassnadel, die nach Süden zeigte. Im Laufe der Zeit entwickelten sich daraus spezielle Kompassformen mit einer Einteilung in 24, 32, 48 oder 64 Strichen als genaue Angaben der Himmelsrichtungen. In Europa wurde der sog. nasse Kompass erstmals vom englischen Gelehrten Alexander Neckam als eine magnetisierte schwimmende Nadel in seinen Schriften *De natura rerum* (um 1180) und *De utensilibus* (um 1190) erwähnt, wo es für den Ärmelkanal heißt:

In der Hansezeit segelte man nach Segelbüchern. Entlang der Küsten orientierte man sich an Landmarken und Gebäuden. Der Mann im Mastkorb visiert einen Turm als Landmarke an. Quelle: Meier 1994, 148.

keinen anderen Kurs, solange Læso nordost von euch ist; geht dann nach Südost, bis dass ihr zehn Faden bekommt, werft das Lot und haltet die Kirche von Helsingør und das Backhaus [wohl ein inzwischen verschwundenes Gebäude] *derart, dass ihr zwischendurch sehen könnt, so könnt ihr keinen falschen Kurs segeln beim Lappesand bei 7 Faden.*
Das Seebuch (um 1470).

Als Orientierung dienten oft Inseln wie Gotland, von der aus die Kurse als feste Seestraßen strahlenförmig in alle Richtungen weisen. Auf diesen Kursen konnte man *upp der trade* fahren und *upp den richtschen trat* bleiben. Kam man vom Kurs ab, tat der Schiffer alles, um die Seeroute wiederzufinden, selbst wenn weite Umwege in Kauf genommen wurden.

Wenn nun die Seeleute, die das Meer befahren, den Beistand des Sonnenlichtes zu Zeiten der Bevölkerung nicht spüren, oder auch wenn die Welt verhüllt wird von der Finsternis nächtlichen Dunkels, und wenn sie nicht wissen, auf welchen Punkt der Welt der Bug sich richten soll, dann bringen sie eine Nadel über einen Magnetstein, die sich im Kreise dreht, solange bis die Spitze zum Stillstand gekommen, auf die nördliche Gegend zeigt.

De natura rerum, Buch II, Kap. 28 in der Ausgabe von Th. Wright 1857, A Second Volume of Vocabularies.

Dieses unzuverlässige Instrument, dessen Tauglichkeit die nicht bekannte Missweisung bei Eisengegenständen einschränkte, wurde nur dann angewendet, wenn die herkömmlichen Möglichkeiten der terrestrischen Navigation versagten. Außerhalb Chinas sind die Aufzeichnungen Neckams wohl die frühesten, denn der chinesische Enzyklopädist Shen Kua gab hundert Jahre zuvor in seinem 1088 geschriebenen Buch *Meng ch'i pi t'an* den ersten Bericht von aufgehängten Magnetkompassen. Wahrscheinlich hatte Neckam gehört, dass ein Schiff auch eine über einen Magneten angebrachte Nadel verfügen muss, die nach Norden zeigt. Neckam hielt dabei wohl nur fest, was anscheinend unter vielen Seeleuten der katholischen Welt gängige Praxis geworden war[404].

Dabei handelt es sich wohl um eine unabhängige Entwicklung, die weder von den Chinesen noch den Arabern übernommen worden war. Die erste schriftliche Erwähnung einer „trocken" auf einem Stift spielenden Magnetnadel findet sich in der 1269 verfassten *Epistola de magnete* von Petrus Peregrinus de Maricourt[405]. Die *Epistola* enthält als erstes Werk überhaupt eine detaillierte Untersuchung schwingender Kompassnadeln, die eine fundamentale Komponente des Trockenkompasses bilden und um 1300 dann in der mittelalterlichen Seefahrt und auch auf dem Nordatlantik auftauchen[406]. Weitere Instrumente für die Hochseenavigation sind vor 1450 nicht

nachsweisbar. Die *Epistola* geht wohl auf magnetische Experimente zurück, die bereits zwei Jahrzehnte zuvor durchgeführt wurden. Die Verbindung so eines Kompasses mit einer Windrose gelang wohl erst einem italienischen Seefahrer aus Amalfi, wo noch heute Flavio Gioia als „Erfinder des Kompasses" mit einem Denkmal am Hafen geehrt wird.

Um 1400 bauten europäische Seefahrer die Windrose zusammen mit der trockenen Kompassnadel und Windrose in ein festes Gehäuse ein, um es fest auf ihren Schiffen zu stationieren. Der trockene Kompass war sehr viel genauer als die instabilen schwimmenden Nadeln und verbesserte die Navigation entscheidend. Leonardo da Vinci schlug als erster vor, den Kompasskasten zur Verbesserung der Genauigkeit, in einer sog. Kardanischen Aufhängung zu platzieren. Diese Idee setzte sich jedoch erst im 16. Jahrhundert durch, wodurch europäische Segelschiffe über die beste Kompasstechnik der Zeit verfügten.

Weit fortschrittlicher als im Norden war lange Zeit die Navigation im Mittelmeerraum und dem Indischen Ozean gewesen. Möglicherweise verwendeten arabische Seeleute im 9. und 10. Jahrhundert einen Holzstab oder ein Täfelchen *(kamal)*, um die Höhe des Polarsterns über dem Horizont zu messen. Daneben gab es Astrolabien als Instrumente zur Positionsbestimmung anhand von Himmelskörpern. Diese bestanden aus einem mit Gradzahlen markierten Kreis, dem Kreissegment mit einem beweglichen Schenkel, der drehbar im Kreismittelpunkt befestigt war. Nach Ausrichtung des Nullpunktes am Kreis auf den Horizont ließ sich die Höhe *(Azimut)* jedes Himmelkörpers messen, indem dieser mit dem Schenkel des Gerätes anvisiert wurde.

Das *Astrolabium* wurde vermutlich erstmals von dem griechischen Astronomen Hipparchos im 2. Jahrhundert v. Chr. verwendet[407]. Bis zur Einführung des Sextanten im 18. Jahrhundert blieben kleine Astrolabien die Hauptinstrumente der Na-

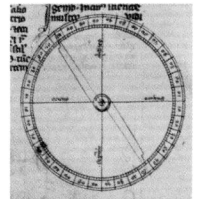

Darstellung eines Trockenkompasses aus einer Abschrift der Epistola de magnete von 1269.

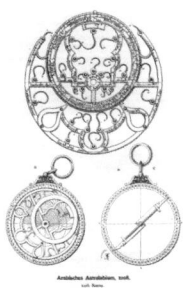

Arabisches Astrolabium um 1208. Quelle: wikimedia.

Jacobsstab zur Sternnavigation nach Laurits Benedict.
Quelle: Mortensøn 1994, 210.

vigation. Die Araber hatten nicht nur vom Erbe der Antike profitiert, sondern die Mathematik und damit auch die Navigation durch Versuche weiterentwickelt. Für die Bestimmung der Gebetszeiten war es wichtig gewesen, die Länge des Schattens zur Mittagszeit zu bestimmen. Die Länge des Mittagsschattens steht aber in Abhängigkeit zur Sonnenhöhe und geographischen Breite. Um diese unterschiedlichen Schattenwürfe zu berechnen, beauftragte der Kalif al-Mamun (198–218 arab. Zeitrechnung/813–833 n. Chr.) eine Kommission mit der Durchführung genauer Messungen der jährlichen Sonnenbewegung in Bagdad 828 und 829 sowie auf dem Berg Qasiyn bei Damaskus. Als Hilfsmittel dienten dazu neben den Astrolabien auch Zirkel, Uhren sowie minutiöse Tafelwerke *(Zidsch)* für astronomische Größen und Winkelfunktionen. Mittels der astronomischen Beobachtung des Sonnenstandes ließ sich der Breitengrad bestimmen, nicht jedoch der Längengrad. Mit diesem Problem hatten noch die Entdecker der europäischen Neuzeit zu kämpfen. Mit Pilotbüchern oder Segelanweisungen und erfahrenen Navigatoren versuchte man, das Problem zu umgehen. Der portugiesische Seefahrer und Entdecker Vasco da Gama etwa hatte einen arabischen Navigator, dem ihn der Sultan von Malindi in Ostafrika mitgab, auf seinem Schiff[408]. In der europäischen Schifffahrt wurden Astrolabien hauptsächlich zwischen dem 15. und 17. Jahrhundert zur Navigation verwendet und bildeten somit Vorläufer der Sextanten. Die Astrulabien waren jedoch für den Gebrauch an Land konstruiert, während die Schiffe bei Seegang jedoch schlingernde Bewegungen machten, was die Benutzung an Bord erschweren konnte. Ab dem frühen 16. Jahrhundert trat dann zur Winkelmessung der Jakobsstab hinzu[409].

Neben den Astrolabien gab es auch Nokturnale (Sternenuhren). Die Instrumente aus der Zeit um 1500 bestanden aus zwei aufeinanderliegenden Scheiben. Die untere mit einem Griff versehene Scheibe enthielt nach den 12 Monaten unterteilte Gradskala, die obere zeigt die Stunden an. Über der oberen Scheibe liegt ein drehbarer, mit dem Zentrum verbundener Zeiger. Durch das Loch wurde der Polarstern angepeilt und der Zeiger auf die beiden Hinterräder des Großen Wagen oder auf andere helle Sterne eingestellt.

Die schwierige Handhabung dieser Geräte an Bord war der Grund dafür, dass bis zur Einführung des Geschwindigkeitsmessers der Navigator einen an einer Leine befestigten Schwimmer über Bord warf und die Anzahl der in regelmäßigen Abständen angebrachten Knoten zählte, die in einer festgesetzten Zeit durch seine Hände glitten.

Was bis zum Ausgang des Mittelalters aber noch fehlte, waren brauchbare Seekarten, wenn man auch seit der Mitte des 15. Jahrhunderts genauere Weltkarten zeichnete, mit denen man den Wissensstand der Antike übertraf[410]. Die bekannteste dieser Karten ist die des venizianischen Mönchs und Kartographen Fra Maro (*um 1385; †1459), der zwischen 1457 und 1459 im Auftrag des portugiesischen Königs Alfons V. eine im Durchmesser 1,96 m große, kreisförmige Weltkarte anfertigte[411]. Diese Karte basierte zwar auf der antiken Geographie des Ptolemaios, verfügte aber schon über entscheidende Verbesserungen. So verwendete er die Berichte über portugiesische Entdeckungsfahrten entlang der afrikanischen Küste und hielt u. a. fest, dass im Gegensatz zum ptolemäischen Weltbild keine Verbindung Afrikas mit einem großen Südland existierte. Seine Karte half somit bei den Versuchen, eine Seereise um Afrika herum fortzusetzen, da sie den Indischen Ozean nicht mehr als Binnenmeer darstellte. Auch war Jerusalem nicht mehr der Mittelpunkt der Welt. Diese Arbeit stellt somit in der Kartographie den Übergang vom Mittelalter zur Neuzeit dar. Die Kenntnisse über die Landschaften im Osten Asiens, die weit über die antiken Vorstellungen hinausgingen, erhielt er wohl von seinem Landsmann Marco Polo oder dem

Venizianer Nicolo di Conti. Ferner verarbeitete er sicher die in den italienischen Städten wie Venedig, Genua, oder Florenz über Jahrzehnte gesammelten topographischen Kenntnisse italienischer Seefahrer sowie das in den Portulanen gesammelte nautische und topographische Wissen der Mittelmeerseefahrt, was sich bei den Entdeckungsreisen bewähren sollte[412]. Neben Pisa und Genua wurden Portulane auch in Spanien, Katalanien, Portugal und Wien gezeichnet[413]. Durch diese Innovationen in der Navigation und im Schiffbau verfügte das christliche Abendland am Ende des Mittelalters über Schiffe, die an Seetüchtigkeit und -ausdauer ebenso wie an Kampfkraft zu den besten der Erde gehörten. Die Verlagerung des Handels auf die Weltmeere sollte aber auch zum Niedergang einer Organisation beitragen, welche an Nord- und Ostsee den Schiffbau sowie die maritime Kulturlandschaft des hohen und späten Mittelalters so nachhaltig bestimmt hatte, die Hanse.

Häfen, Handelsgüter und Verkehrswege

Die Kristallisationspunkte des hoch- und spätmittelalterlichen Seehandels an Nord- und Ostsee bildeten die Häfen der neuen Städte, die sich im Schnittpunkt der See-, Fluss- und Landwege befanden. Nachdem im 12. und frühen 13. Jahrhundert noch einzelne Fernhandelskaufleute den Handel selbst im Ausland abgewickelt hatten, änderte sich dies nun. Die Fernhändler blieben am Heimatort und lenkten von hier aus ihre auswärtigen Handelsgeschäfte über Kaufgesellen und Faktoren. Auch Geschäfte auf Gegenseitigkeit mit auswärtigen Handelspartnern wurden über die Kontore in den Städten geleitet. Zugleich hatte sich die Verfassung der Städte geändert: Im Rat saß immer öfter eine Mehrheit von reichen Kaufleuten, die unabhängig von den Fürsten die Politik durch ihr Geld und ihren Einfluss bestimmte. Seit-

dem sie nicht mehr selbst auf See fuhren, blieb ihnen genug Zeit für ein Ratsherrenamt. Somit war die Wahrnehmung gemeinsamer Interessen im niederdeutschen Handel nicht mehr die Sache einer Gemeinschaft im Ausland tätiger Kaufleute, sondern einer losen Gemeinschaft von Städten mit zeitweise gemeinsamen Handelsinteressen. Die Städte zogen nun mehr und mehr die wesentlichen Entscheidungen an sich. Hamburg und Lübeck stellten 1241 ihre schon seit elf Jahren bestehende enge Zusammenarbeit auf eine vertragliche Basis, aus dem später der Wendische Städtebund hervorging. Fünf Jahre später begannen sich Bünde westfälischer und (nieder)sächsischer Städte zu bilden. Etwa 100 Jahre später entstanden solche preußischer und livländischer Städte. Lübeck und Visby schlossen zusammen mit Riga ein Bündnis, in dem sie ohne Beteiligung der nun bedeutungslos werdenden gotländi-

Auf der Miniatur von Antwerpen (ca. 1515) von Jean Mansel erkennt man Schiffe, Kaianlagen und einen Kran. Mauern umgaben die Stadt. Quelle: Universitätsbibliothek Genf, Meier 2004, cover.

153

Die Kristallisationspunkte des Seehandels bildeten die Häfen der neuen Städte, die sich im Schnittpunkt der See-, Fluss- und Landwege befanden. Hamburg und Lübeck schlossen 1241 einen Vertrag, danach begannen sich schnell weitere Städtebünde zu bilden.
Grafik: Dirk Meier.

schen Genossenschaft den Schutz der deutschen Nowogorodfahrer übernahmen.

Mit den veränderten ökonomischen und politischen Rahmenbedingungen änderte sich auch die Art des Handels. Der bis dahin gebräuchliche Austausch von Luxuswaren wich nun einem Im- und Export unterschiedlichster Massengüter. Städtischer Markt und Geldwirtschaft prägten das Wirtschaftsleben der Hansezeit. So wurde auf den Handelsmessen in Schonen Massen von Heringen umgeschlagen[414]. Die Fische dienten der Ernährung der Bevölkerung in den rasch wachsenden Städten. Für die Konservierung der Heringe in der Fastenzeit benötigte man große Mengen Salz. In einigen Nordseewatten vor der englischen, niederländischen und nordfriesischen Küste wurden salzhaltige

Torfe abgebaut. Besseres Salz lieferten jedoch bald die Salinen wie Lüneburg. Von hier führte die Salzstraße bis nach Lübeck. Aus Schweden kam Bauholz, Kupfer und Eisen. Weiteres Bauholz ebenso wie Getreide wurde aus den Gebieten des Deutschen Ordens in Ostpreußen und Livland bezogen. Aus England kam Wolle, aus Flandern Tuche[415].

Um all diese Waren zu transportieren, waren größere Schiffe ebenso notwendig wie Häfen mit guter Infrastruktur. Die Koggen, Holke und Kraweele legten an Kais aus Holz und Stein an, an denen Kräne zur Entladung von Schiffen standen. Oft waren die Häfen auch – wie in Hamburg – in verschiedene Bezirke eingeteilt. Das Löschen der Ladung konnte nur mit Genehmigung des Rates geschehen, der auch Vorschriften – wie die Hamburger Bursprake von 1359 – für die Reinhaltung der Häfen von Schwemm- und Abfallgut oder Ballast erließ[416].

Nachdem ein Schiff festgemacht hatte, kam der Kaufmann oder dessen Gehilfen an Bord, die in Fässern befindliche Ladung wurde herabgeschafft und in das Kontor gebracht. Schwerere Güter wurden mit Hilfe eines Flaschenzuges, unter Verwendung der Schiffsrahe als Kranhebel oder mit schweren Tretkrähnen aus dem Schiff hochgewunden und auf den Kai oder auf Prahme abgesetzt[417]. Tarife regelten den Lohn der Kranleute und Träger. Dort, wo die Ladung nicht direkt am Kai gelöscht wurde, brachten Prahme die Ware von den auf Reede liegenden Schiffen an Land, welche die Zeichen einzelner Kaufleute trugen. Der Handel ging in niederdeutscher Sprache zu. Neue Waren wurden aus dem Kontor an Bord gebracht und im völligen Laderaum der Kogge verstaut. Man begegnete anderen Kaufleuten, Seeleuten und Handwerkern, aber auch allerlei Gesindel trieb sich in der Nähe des Hafens herum. Abwechslung boten der Markt, Gasthäuser und Bordelle.

Vom Kaufmannsbund zur Städtehanse

Mit dem Machtrückgang der gotländischen Genossenschaft und der rechtlichen Ausgestaltung des Nowgoroder Kontors 1293 hatte sich Lübeck an die Spitze der Kaufleute gestellt. Die Stadt an der Trave war es auch, die 1280 und 1307 ihre Stapelverlegungen von Brügge nach Aardenburg ebenso wie die Handelssperre gegen Norwegen betrieben hatte. 1294 erkannten die Städte an der Ijssel, Kampen und Zwolle, Lübeck als „Haupt und Ursprung aller" ausdrücklich an. Der Regelung des Handels und der Streitigkeiten dienten die Hansetage unter dem Vorsitz Lübecks. Seit 1358 ist dann vom Bund *van der düdeschen Hanse* in den Quellen die Rede. Unter der Führung Lübecks schlossen sich dabei

neue Seestädte und alte Handelszentren zum Schutz ihrer Interessen zusammen. Die Macht Lübecks blieb jedoch begrenzt. Dem Städtebund fehlte die feste Struktur, bestimmende Kraft blieben die Kaufleute. So existierte keine Verfassung des lockeren Bundes, dessen Mitgliederzahl wechselte. Beschlüsse der Hanse – Rezesse genannt – fassten die Hansetage. Die wirksamste Waffe der Hanse war der Boykott eines Hafens oder eines Landes, wie dieses verschiedentlich vorkam. Dazu benötigte die Hanse Schiffe, ebenso, um den Warenverkehr mit den Kontoren in den Städten zu sichern, die nicht zur Hanse gehörten, wie etwa zum Peterhof in Nowgorod, dem Stalhof in London oder der Deutschen Brücke in Bergen.

Kräne in den Städten entluden die Schiffe, wie diese Rekonstruktion von Brügge zeigt, der auf eine Darstellung des Flämischen Stundenbuches zurückgeht. Quelle: Flämisches Stundenbuch (16. Jahrhundert). Faksimileverlag Luzern.

Kaufmann Georg Giese aus Danzig im Londoner Stalhof an seinem Arbeitsplatz (1534, 34 Jahre alt). Ölbild von Hans Holbein d. J. Quelle: wikimedia.

Welchen Rechtsstatus die Hanse einnahm, war und ist durchaus umstritten. Bis um 1350 wuchsen die Städte durch die Teilnahme ihrer Kaufleute am Handel in die Hansegemeinschaft hinein, später stellten sie formale Aufnahmeanträge. Aufnahme, Austritt und Ausschluss aus der Hanse bedeutete nicht die Zulassung bzw. Verweigerung zur Mitgliedschaft eines Städtebundes, sondern zu Privilegien Deutschen Rechts. Ein Beispiel mag das verdeutlichen: Nachdem im Zuge der Auseinandersetzungen zwischen der Hanse und England im Sommer 1468 englische Schiffe im Sund von dänischen Kaperschiffen aufgebracht wurden, machte man in England Danzig und die Hanse dafür verantwortlich. König Eduard IV. nahm die hansischen Kaufleute in London in Arrest und beschlagnahmte ihre Waren. Begründet wurde dieses Vorgehen damit, dass die Hanse eine Gesellschaft bzw. Genossenschaft oder Gemeinschaft von Städten sei und daher gemeinsam für die Vergehen einzelner haftbar sei. Die Hanse stellte in einem eigenen Rechtsgutachten demgegenüber klar, dass sie keine feste Gemeinschaft sei und nicht einmal über eine gemeinsame Kasse verfüge. Sie sei vielmehr ein Bündnis von Städten, die jeweils eigene Handelsinteressen verfolgten. Damit verschleierte die Hanse bewusst ihren Rechtsstatus. Selbst die Hanse hat oft unklar gelassen, welche Städte Mitglieder dieser Organisation waren und welche Kaufleute Privilegien besaßen. Im Juni 1366 war in Lübeck zwar beschlossen worden, dass nur Bürger der Hansestädte die Freiheiten deutscher Kaufleute besitzen sollten, doch wurden bald auch andere Kaufleute in das *kopmanns recht* aufgenommen. Seit dem 15. Jahrhundert lassen Verzeichnisse erkennen, welche Städte an Nord- und Ostsee zur Hanse gehörten, diese Listen sind jedoch nicht immer zuverlässig. Zur Hanse gehörten aber nicht nur Seestädte wie Bremen, Lübeck, Rostock, Danzig, sondern auch Städte an schiffbaren Flüssen wie Köln oder Dortmund oder an Handelswegen wie Lemgo und Minden[418].

In fremden Städten erhielten die Mitglieder der Hanse Stützpunkte und Privilegien wie Zollvergünstigungen, die Befreiung vom gerichtlichen Zweikampf, von der Haftung für Schulden oder Vergehen Dritter. Die Kaufleute lebten dort nach ihrem eigenen Recht und konnten daher eigenmächtig Strafen über ihre Mitglieder verhängen. Ein wichtiges Privileg war das der Schonenfahrt, das nur Hanseschiffen erlaubt war. Hingegen waren in den Hansestädten fremde durchreisende Kaufleute nach dem Stapelzwang verpflichtet, ihre Waren zum Verkauf anzubieten. Dies sicherten den Hansebürgern das Vorkaufsrecht auf viele Waren.

Eine den Nord- und Ostseeraum umspannende Macht der Hanse existierte in Wahrheit nur insoweit, wenn sie sich mit den Interessen der Einzelstädte und Bürgerschaften deckte. Hauptgegner der Hanse wurden die entstehenden Territorialstaaten, vor allem Dänemark. Der dänische König Waldemar IV. hatte 1360/61 Schonen und die Inseln Gotland mit der Hansestadt Visby erobert. Hamburg, Lübeck und mecklenburgisch-pommersche Hansestädte schlossen daher ein Bündnis gegen Dänemark. Die Städte brachten im April 1362 eine Flotte von 52 Schiffen gegen Kopenhagen auf. Allerdings wurde die Flotte ebenso wie die gelandeten Truppen geschlagen, und die Städte mussten einen Waffenstillstand schließen. Neue Auseinandersetzungen endeten dann 1370 mit dem Stralsunder Frieden für die Städte günstiger. Es gelang der Hanse, sich ein Mitspracherecht bei der Wahl zukünftiger dänischer Könige zu sichern. Mit dem Großen und Kleinen Belt sowie dem Öresund kontrollierte Dänemark den Warenverkehr von und in die Ostsee. Die Erhebung dänischer Zölle ebenso wie diese Kontrolle führten zu häufigen Auseinandersetzungen, bis sich 1435 die Hansestädte der südlichen Ostseeküste vom Sundzoll befreien konnten. Lübeck und andere

Hansestädte setzten nach einem neuen Krieg mit Dänemark 1435 sogar durch, das holländischen und englischen Schiffen den Zugang in die Ostsee verwehrt wurde. Der Streit um die maritime Kontrolle der Ostseezugänge und den Seeverkehr bezeugen die Bedeutung der Meere für den Fernhandel[419].

Verkehrsverbindungen zwischen den Hansestädten oder deren Kontoren sicherten oft Geleitbriefe. Das Recht auf die Stellung eines Geleits und die Erhebung eines Geleitgeldes wurde im Heiligen Römischen Reich dem Landesherren zunächst vom Kaiser verliehen, bis es im Laufe des 13. Jahrhunderts zu einem landesherrlichen Hoheitsrecht wurde. So fertigten etwa die Grafen von Oldenburg für die Osnabrücker Kaufleute zum Besuch des Viti-Marktes in Oldenburg einen Geleitbrief aus. Neben dem „lebendigen Geleit" in Form bewaffneter Geleitmannschaften trat im Spätmittelalter das „tote" Geleit als Geleitbrief, das den Kaufleuten den Schutz des Landesherrn zusagte. Die Hansestädte und deren Kaufleute besaßen viele solcher Privilegien, die politische und rechtliche Garantien für die eigene Sicherheit ebenso wie für die Waren boten. Graf Wilhem II. von Holland (*1227, †1256) etwa gewährte den Kaufleuten aus Hamburg und Lübeck gegen die Zahlung von Zöllen freies Geleit durch sein Land. Um zu den reichen Märkten Flanderns zu gelangen, zogen die Kaufleute somit die Fahrt durch die holländischen Binnengewässer entlang der gefährlichen Wattenmeerküste vor. Von der Zuidersee aus konnten die Schiffe über die damals noch vorhandenen großen Binnenseen des Haarlemer, Leidse und Brasemer Meeres über die Grouwe und die holländische Ijssel bis nach Dordrecht gelangen und von hier bis Brügge kommen.

Dass die Hanse eine beherrschende Stellung erhielt, lag neben ihren guten Schiffen auch an den entwickelten Handelstechniken. So waren oft nur die Hansekaufleute allein in der Lage, den Warenaustausch zwischen dem rohstoffreichen Osten und den gewerblich hoch entwickelten Westen zu bewältigen. Auch hatten sie den Absatz der Heringe, die vor Schonen gefangen wurden, in ganz Europa organisiert. Hanseschiffe brachten das zum Einpökeln benötigte Salz und transportierten tausende Heringsfässer nach Süden. Die auswärtigen Niederlassungen der Hanse, die Kontore, in Nowgorod, London, Bergen und Brügge wurden so zu wichtigen Stütz- und Eckpunkten des hansischen Verkehrsraums.

• Hansestädte und Regionen an der Ostsee

Seit die Kaufleute ihre Geschäfte von Kontoren in ihren Heimatstädten abwickelten, wichen in den Hafenbezirken der Städte die kleinen Holzbauten großen Häusern aus Backstein mit Kaufkellern und Speichergeschossen. In diesen Saalgeschossbauten wurden die Kaufleute ansässig und regelten ihre Geschäfte. Buchführung, Kredit- und Kommissionsgeschäfte traten an die Stelle des Tauschhandels. So entstanden sich selbst verteidigende und verwaltende Bürgergemeinden. Dieser neue Städtetypus wurde im späten 13. Jahrhundert zur Seestadt, zur *civitas maritima*. An den Hafen waren eine eigene Befestigung und ein rechteckiger Markt mit Kirche (*ecclesia forensis*) und Rathaus angeschlossen, meist aus Backstein im gotischen Stil gebaut. Der zunehmende Handelsverkehr und größere Schiffe erforderten größere Kaianlagen und Speicher. Kaufleute und Handwerker fanden in der befestigten Stadt Schutz und Platz für ihre Aktivitäten. Markt und Hafen bildeten die wirtschaftlichen Säulen dieser Städte und Rathaus und Kirche zeigten, wer über das Leben der Bürger bestimmte. Dabei waren diese Seestädte teilweise Neugründungen von Siedlern oder Landesherren oder wurden als schon bestehende urbane Zentren den Erfordernissen der ausgeweiteten Schifffahrt angepasst. Deutlich zeigt dies die Entwicklung in Lübeck, dem Vorbild für Städtegründungen der südlichen Ostseeküste wie Wismar, Rostock, Stralsund oder Greifswald[420].

– Lübeck

Die erfolgreiche Handelsgeschichte Lübecks begannn, nachdem Graf Adolf II. (*1128, †1164) von Schauenburg den Erwerb des slawischen Ostholsteins zur Stärkung seiner Macht genutzt und den alten Handelsplatz von Alt-Lübeck flussaufwärts auf die Halbinsel Bucu zwischen Trave und Wakenitz verlegt hatte. Der bereits damals von Slawen besiedelte Hügel bot eine bessere Schutzlage für einen Handelsplatz als der Burgwall von Alt-Lübeck[421]. Zudem gewährte die Trave gute Ankermöglichkeiten. Die Strömung der Trave war noch ausreichend, dass sich die Schiffe nicht losreißen konnten, zudem war der Fluss so tief, dass sich Lübeck von der Ostsee her gut erreichen ließ[422].

Da sich aufgrund der guten Verkehrslage der aufstrebende neue Handelsort zu einem gefährlichen Konkurrenten des herzoglich-sächsischen Bardowick entwickel-te, untersagte Heinrich der Löwe (*1129, †1195) seinem Lehnsgrafen zunächst die weitere Abhaltung eines Fernhandelsmarktes. Eine Feuersbrunst zerstörte zu allem Unglück auch noch Teile des Ortes. Die Einwohner wandten sich nun an den Herzog mit der Bitte um Gründung einer neuen Stadt. Nachdem der schauenburgische Graf auf den neuen Ort verzichtete, änderte Heinrich der Löwe seine Politik und wurde zum maßgeblichen Initiator der weiteren Entwicklung, der Lübeck 1159 die Stadtrechte verlieh. Die schon seit 1143 bestehende Bürgerschaft des Ortes schloss sich nun zu einer Schwurgemeinschaft zusammen, als deren Repräsentanten in einer Gilde agierende Fernhändler fungierten. Ein selbständiger Rat existierte noch nicht. Noch bestimmte der herzogliche Vogt in der Stadt.

Zunehmender Reichtum und Einfluss der Kaufleute zeigt sich jedoch in den Bauten der Stadt: Am alten Ufermarkt der Trave entstanden große Handelshäuser als feste Unterkünfte und Kontore der Kauf-

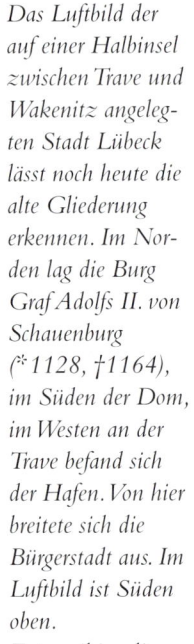

*Das Luftbild der auf einer Halbinsel zwischen Trave und Wakenitz angelegten Stadt Lübeck lässt noch heute die alte Gliederung erkennen. Im Norden lag die Burg Graf Adolfs II. von Schauenburg (*1128, †1164), im Süden der Dom, im Westen an der Trave befand sich der Hafen. Von hier breitete sich die Bürgerstadt aus. Im Luftbild ist Süden oben.
Foto: wikimedia.*

leute. Diese einschiffigen Holzdielenbauten wurden zu den Seiten hin erweitert. Hinzu traten ab 1180 herrschaftliche Kemenaten. Ab 1268 ging man dazu über, mehrgeschossige Dielenhäuser aus Backsteinen zu errichten, die nun als Saalgeschossbauten die Kaufmannsschicht repräsentierten. Mit Öfen beheizbar boten sie nicht nur eine größere Feuersicherheit und Bequemlichkeit, sondern auch eine gesteigerte Speicherkapazität für Massengüter. Im späten Mittelalter bildeten die Giebelhausfronten bereits jene repräsentative Bebauung, wie sie bis heute typisch für Lübeck geblieben ist. Auf dem schmalen Streifen zwischen Kaimauer und Stadtmauer ließen sich nun anders als am alten Ufermarkt keine Waren mehr lagern, die nun in Speichern der Kontore gestapelt oder auf dem Zentralmarkt verkauft wurden. An das Kaufleuteviertel schlossen sich im Norden der Stadt die Handwerkerquartiere an, während im Norden der Stadt adelige Burg und im Süden der Dom weltliche und geistliche Macht dokumentierten. Umfangreiche archäologische Ausgrabungen belegen für die Jahre zwischen 1217 und 1240 einen wahren Bauboom, der ohne die rasante wirtschaftliche, demographische und politische Entwicklung der Stadt nicht zu erklären wäre[423].

1226 gelang es Lübeck, sich als einer der ersten Städte der Macht seines Landesherren zu entziehen und als freie Reichsstadt direkt dem Kaiser unterstellt zu werden. Ihre Verfassung prägte nun die immer stärker werdenden Kaufleuten und deren Bedürfnisse. Lübecks Handels- und Seerecht wurde von vielen Stadtgründungen im Ostseeraum übernommen, was den Kaufleuten innerhalb dieser urbanen Zentren größere Rechtssicherheit gewährte: Wo lübisches Recht galt, gab es Schuld- und Grundbücher, ein ausgefeiltes Konkurs- und Wechselrecht.

– Mecklenburg und Baltikum
Wie in Lübeck entstand nun auch an den anderen Küstengebieten der Ostsee der

Typus der ummauerten Seestädte mit Hafen und Kontoren. In den von der deutschen Ostsiedlung erfassten Gebieten Mecklenburgs, Pommerns und des Deutschen Ordens verdichtete sich dabei bis in das 14. Jahrhundert die Besiedlung. Die erste Stufe der östlich von Lübeck entstehenden Seestädte waren meist kleine Zentren, allenfalls Mittelstädte. In einigen Fällen ging eine Kaufmannssiedlung voraus. Da die Kaufleute den heiligen Nikolaus als Schutzpatron ansahen, weisen Pfarrkirchen mit seinem Namen bis heute oft auf eine ältere Kaufmannskirche an dieser Stelle hin[424].

Der weitere Ausbau der Städte, wie Wismar, Rostock, Stralsund, Danzig, Riga und Reval erfolgte parallel zur prosperierenden Ökonomie, wo sich marktorientierter Hochseefischfang und Fernhandel verban-

Heinrich der Löwe (*1129, †1195) wurde zum maßgebenden Initiator der weiteren Stadtentwicklung Lübecks. Er verlieh Lübeck 1159 die Stadtrechte. Schnell machte sich die Kaufmannschaft jedoch selbständig. Bis 1240 erfolgte eine erste rasante wirtschaftliche, demographische und politische Entwicklung der Stadt. Die Karte vermittelt einen Eindruck von Handel und Gewerbe um 1400. Grafik: Dirk Meier.

den. Sie verfügten über Salz aus Lüneburg und aus der Sülze bei Rostock, womit sich Lebensmittel, vor allem Heringe, konservieren und verhandeln ließen.

Der Hafen in Wismar wurde bereits in der Mitte des 12. Jahrhunderts von den Dänen genutzt. In dieser Zeit diente der Ort als Hafen für den weiter im Binnenland gelegenen abodritischen Burg- und Zentralort Mecklenburg, ebenso dann für den Bischofsitz in Schwerin. An dem Umschlagplatz zwischen See- und Binnenverkehr entstand dann aus dem Zusammenschluss dreier Einzelsiedlungen die neue Stadt. Diese Entwicklung Wismars wurde 1266 mit dem Lübischen Recht bestärkt, das die Vorherrschaft des städtischen Rates zementierte. Die Bürgerstadt umgab eine Mauer, die sie zugleich von der Burg des Landesherren trennte.

Wie in Wismar befand sich auch an der Warnow in slawischer Zeit eine Handelsniederlassung, die jedoch 1160 vom dänischen König Waldemar I. zerstört worden war. Der Fürst von Rostock eröffnete nur wenig später einen Markt und legte damit den Grundstein zu einer weiteren Seehandelsstadt. Für das Fürstentum Rügen wurde Stralsund zum wichtigen Zentrum, das auch den Heringsfang vor der Insel an sich zog. Wenn auch die Verbindungen zur See besonders wichtig waren, so entstanden Anlegeplätze und Häfen vor allem da, wo auch ein guter Anschluss zum nun ebenfalls dichter besiedelten Hinterland bestand. Besonders günstig waren die Bedingungen dort, wo Flüsse in das Meer mündeten, wie auch die Entwicklung der Hansestadt Danzig belegt.

An der Mündung der Mottlau in die Weichsel befand sich bereits in frühmittelalterlicher Zeit eine wichtige slawische Burg mit zugehöriger Siedlung. Im 12. Jahrhundert zogen auch erste deutschen Kaufleute an die Weichselmündung und ließen sich bald ganz dort nieder. Sie waren in einem eigenen Verband zusammengeschlossen und bildeten eine Genossenschaft mit Deutschem Recht. In unmittelbarer Nähe des Marktes entstand 1185/90 eine Kirche, die dem Heiligen Nikolaus als Schutzpatron der Seefahrer geweiht wurde. Die neben dem slawischen Siedlungszentrum unabhängig bestehende deutsche *civitas* erreichte um 1300 ihren Höhepunkt[425].

Den Aufstieg des deutschen Ostseehandels begünstigte auch das Wiederaufflammen der Kreuzzugsbewegung in Europa. Im Ostseeraum wandte man sich vor allem der baltischen Region zu, um Liven, Letten, Kuren und Esten zu christianisieren. An der Dünamündung wurde 1201 Riga als wichtiger Stützpunkt gegründet, dessen Aufstieg zum Fernhandelszentrum von Lübeck gefördert wurde. Handelskontakte der deutschen Fernhandelskaufleute im Ostseeraum reichten sogar bis nach Holland und England.

• **Hansestädte und Regionen an der Nordsee**

Die Nordsee bildete neben der Ostsee das zweite große Seehandelsgebiet der Hanse. An die Stelle des frühmittelalterlichen Dorestad traten im hohen Mittelalter die friesischen Plätze wie Stavoren und Groningen, das an der schiffbaren Ijssel gelegene Deventer, ferner Tiel an der Waal und Utrecht, das im 11. Jahrhundert zum Hauptumschlagplatz zwischen dem Nord- und Ostseeraum wurde. In Utrecht mit seinen

vier großen Märkten im Jahr trafen sich im 12. Jahrhundert vor allem fremde Kaufleute[426]. Da die Niederlande in dieser Zeit aber gewerblich kaum entwickelt waren, erwarben zwar die Kaufleute aus Bremen, Hamburg oder Lübeck im 13. Jahrhundert Schutzbriefe für Fahrten nach Utrecht und in die Grafschaft Holland und Zeeland, doch war das Ziel der Reisenden Flandern mit seinen vielen Städten, insbesondere Brügge, Gent und Ypern. Die Fahrten von Hanseschiffen führten aber auch in das Europäische Nordmeer. So machten Schwefel, Schafwolle, Tran und Fisch Island schon früh zum Ziel[427].

– Hamburg und Stade
Zwischen Lübeck und Hamburg bestanden während der Hansezeit enge Verbindungen. Während sich der Seeverkehr Lübecks in den Ostseeraum bis nach Nowogorod und Skandinavien orientierte und sich der politische Einfluss der Kaufleute auch auf das Hansekontor in Brügge und auf den Londoner Stalhof erstreckte, orientierte sich Hamburg insbesondere auf Nordeuropa und den Nordseeraum. Zwi-

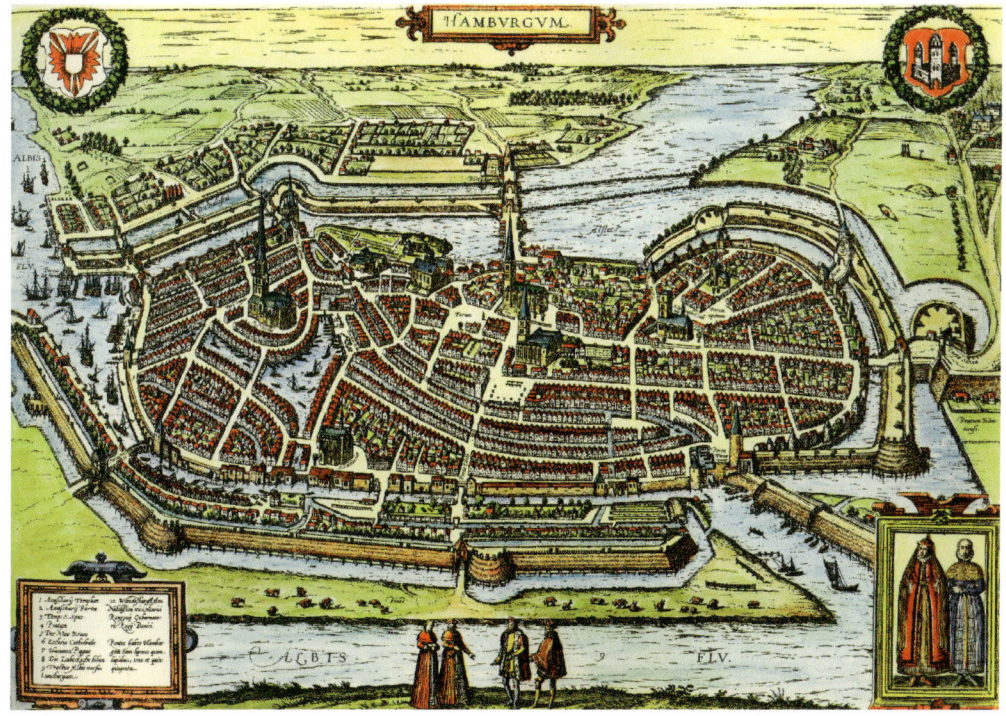

Der Stich von Braun-Hogenberg von 1572 zeigt Hamburg um etwa 1550. Oben im Bild erkennt man die Alster, südlich davon den Dom und das Reichenstraßenfleet. Frans Hogenberg u. Georg Braun, Civitates Orbis Terrarum (Köln 1572).

Der alte Hanse-hafen von Stade. Foto: Dirk Meier.

hauptet. Seit dem späten 12. Jahrhundert dehnte sich die Stadt über ihre alten Grenzen hinaus aus. Aus einer Gründung, deren Hauptbedeutung zunächst eher noch die Landhandelswege bestimmt hatten, entwickelte sich nun eine Stadt, deren Schiffe im Mittelalter die See befuhren. Bereits während des 9. Jahrhunderts befanden sich zu Füßen der Hammaburg auf mindestens einer Länge von einhundert Metern Kaufmannsgrundstücke mit Holzbauten in Blockbauweise parallel der Elbe im Bereich des heutigen Reichenstraßenfleets[428]. Nach 1147 hatte sich der im Westen der Stadt gelegene Fernhandelsmarkt als Ufermarkt nahe des Hafens rasch entwickelt. Nachdem das Ufer über mehrere Jahrhunderte hinweg befestigt worden war und zunächst wohl nur einzelne Landebrücken gebaut wurden, begann nach 1157 der Bau von Kaianlagen. Zahlreiche Reste von Nägeln und Nieten in den Ausgrabungen belegen, dass hier Schiffe gebaut und repariert wurden. Viele dieser Schiffe segelten beispielsweise nach Gotland, dem wichtigen Umschlagsort für Waren aus dem Osten oder zum Schonenmarkt mit den Heringsmessen im südlichen Schweden. Hier trafen sich auch die Kaufleute aus England und den niederländischen Küstenregionen mit denen aus der Ostsee[429]. Hamburg, das um 1500 etwa 15000 Einwohner aufwies, entwickelte sich im 16. Jahrhundert zusammen mit Bremen zu einer starken Konkurrenz der Ostseehäfen. Mit der Portugal- und Spanienfahrt am Ende des 16. Jahrhunderts gewann Hamburg weiter an Bedeutung und zählte 1600 etwa 35000, um 1620 bereits 50000 Einwohner. Mit dem Niedergang der Hanse vermochte Hamburg seinen Standortvorteil mit weltweiten maritimen Verbindungen zu nutzen. Hamburg zog auch den Lübecker Ostseehandel an sich. Mit Stade befand sich eine weitere wichtige Hansestadt an der Unterelbe, die jedoch bald von Hamburg überflügelt wurde. Der Sicherung der Elbe als Zufahrtsweg vom Meer nach Hamburg dienten mehrere Burgen entlang

schen beiden Städten lief der Verkehr über Land auf der Alten Salzstraße und mit dem Binnenschiff über den Stecknitz-Kanal, über den auch das Salz aus Lübeck für die Konservierung von Fischen als eines der wichtigsten Exportgüter Lübecks nach Osten und Norden verhandelt wurde. Zu den wichtigsten Umschlagplätzen des Nordseehandels hatten sich auf Seiten der niederdeutschen Hansestädte Hamburg und Bremen entwickelt. Beide Zentren waren an einem wichtigen Flussübergang entstanden. An der Mündung der Alster in die Elbe hatte sich eine sächsische Siedlung befunden, bevor die Franken den Ort im 9. Jahrhundert befestigten und zum Zentrum ihrer Macht an der Nordgrenze ihres Einflussbereiches machten. Das frühe Hamburg hatte sich dabei gegen verschiedene Überfälle von Wikingern und Slawen bedes Flusses. Meist waren es einfache, mehrstöckige Steintürme wie Neuwerk und Ritzebüttel bei Cuxhaven. Auf der Insel Neuwerk in der Elbmündung sicherte seit 1299 ein Steinturm den Schiffsverkehr, der zugleich den Schiffen als Seezeichen diente. Von diesen Steintürmen aus ließ sich zwar die Flussmündung kontrollieren – beherrschen aber nicht, denn gerade für das bäuerliche Gemeinwesen Dithmarschen, das mit seinem Süderstrand an die Nordseite der Elbmündung grenzte, blieb der Strandraub gestrandeter Schiffe ein altes Gewohnheitsrecht.

– Dithmarschen und Nordfriesland
Die Beziehungen Dithmarschens zur Hanse waren seit dem 13. Jahrhundert aber durchaus ambivalent. Während es mit Hamburg Streitigkeiten um den Strandraub und das Stapelrecht gab, gewann die Verbindung mit Lübeck seit dem 15. Jahrhundert an Bedeutung für das bäuerliche Gemeinwesen. Zwar kamen erstmals 1265 Hamburg und Dithmarschen zu einer Regelung des Strandrechts überein – was besonders die an der Elbe liegenden Kirchspiele Marne und Brunsbüttel betraf – doch trotz dieses Vertrages hielten die Bauern des Süderstrandes am Strandraub fest. Verschärfend kam hinzu, dass die Dithmarscher nicht einsahen, warum sie mit ihren Schiffen aufgrund des der Hansestadt von Kaiser Karl IV. 1359 zugesicherten Aufsichtsrechts an der Unterelbe, erst den Hamburger Hafen anlaufen sollten, wenn sie ihr Korn in den Niederlanden verkaufen wollten. Das 1482 vom Kaiser für Hamburg neu erlassene Stapelrecht forcierte den Streit erneut. Hingegen war sich der Lübecker Rat des politischen und strategischen Werts des nur nominell dem Bremer Erzbistum unterstellten, de facto aber selbständig agierenden Gemeinwesens durchaus bewusst und regelte daher in einem Abkommen mit Dithmarschen 1468 die gemeinsamen Interessen, nachdem schon seit 1375 ein Schutzvertrag Lübecker Handelsgüter existierte, der mit der bedeutenden Dorfwurt Wöhrden in Norderdithmarschen geschlossen war. Gleichzeitig wollten die Wöhrdener die Lübecker Produkte über ihren Hafen in Konkurrenz zu Meldorf umschlagen. Von den Auseinandersetzungen der Hanse mit den Niederlanden seit dem 15. Jahrhunder profitierte Dithmarschen, denn da in dieser Zeit die Durchfahrt in die Ostsee durch den Öresund zwischen Helsingör und Helsingborg für niederländische Schiffe oft gesperrt oder erschwert war, nutzte das bäuerliche Gemeinwesen die damit verbundenen Preissteigerungen für Getreide für ihre Handelszwecke aus, wie ein Vertrag mit Groningen 1443 belegt. Im 16. Jahrhundert versuchten Dithmarscher Vertretungen sogar auf den Hansetagen mehrfach einen Beitritt zur Hanse, das dem Land jedoch trotz der Fürsprache Lübeckes verwehrt blieb, da sich die baltischen Städte immer wieder dagegen wandten[430]. Mit der dänisch-holsteinischen Eroberung Dithmarschens 1559 hatten sich diese Bitten dann endgültig erledigt, da die Fürsten andere Interessen hatten[431].

Weitere Seerouten führten von Hamburg aus in die nordfriesischen Uthlande, vor allem in die Edomsharde nördlich der Halbinsel Eiderstedt. Hier lag mit Rungholt ein Handelsort, dessen Existenz man lange in Frage gestellt hatte, bevor der Name auf einem Hamburger Testament von 1345 auftauchte. Mehrere Urkunden des 13. und 14. Jahrhunderts belegen den Handelsverkehr zwischen Flandern, Bremen, Hamburg und der Edomsharde mit einem dazugehörigen Hafen, der in dem Schriftstück vom 13. Januar 1355 ausdrücklich genannt wird[432]. Aus einer Urkunde vom 1. Mai 1362 lässt sich indirekt entnehmen, dass der Hafen der Edomsharde noch bestand, von dem aus der maritime Seeverkehr abgewickelt wurde[433]. So sollten die Ratsmänner und die Gemeinschaft der Edomsharde allen Hamburger Einwohnern Handelssicherheit gewähren, da die verschiedenen nordfriesischen Harden öfter im Streit miteinander lagen, in

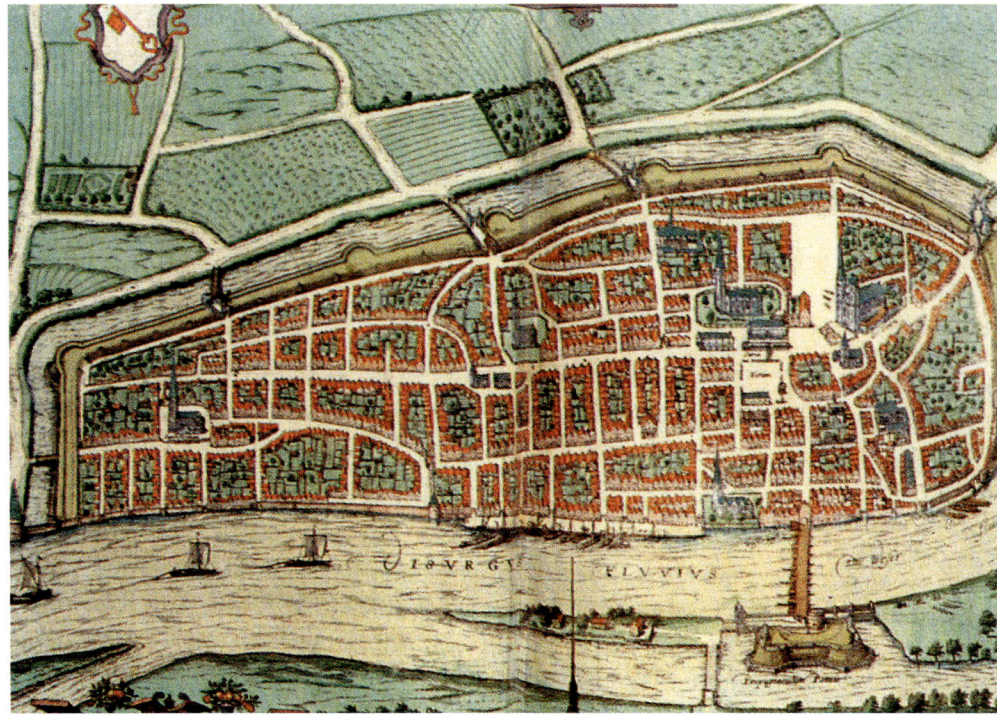

den sich die holsteinischen Grafen nicht hineinziehen lassen wollten[434]. Jedenfalls gingen Rungholt ebenso wie große Teile der Edomsharde 1362 als Folge der Zweiten Marcellusflut unter, und der Ort wurde zur Legende.

– Bremen

Bremen war am Westufer eines wichtigen Weserübergangs entstanden. Hier berührte eine lange Dünenkette den Fluss mit seinen vermoorten Niederungen. Über die Dünenkette verlief von Nordwest nach Südost der einzige Weg durch das sumpfige Niederungsgebiet des Bremer Beckens. Bis hierhin begünstigten die Gezeiten auch die Seeschifffahrt. Von *Bremum* bzw. Bremen hören wir zum ersten Mal anlässlich des Sachsenaufstandes gegen die Franken von 782 in der Lebensgeschichte des Heiligen Willehad (*740, †789)[435]. Günstig auf die weitere wirtschaftliche und politische Entwicklung wirkte sich die Verlegung des Bischofssitzes 845 aus, nachdem Hamburg infolge eines Wikingerüberfalles verwüstet worden war. Bereits 888 erhielt Bremen Münz-, Markt-

und Zollrechte, und 1189 wird erstmals die Bremer Bürgerschaft genannt, die sich alsbald von der Stadtherrschaft des Bischofs befreite. Das Verhältnis zur erstarkenden Hanse war nicht konfliktfrei, da sich Bremer Bürger am Seeraub beteiligten und auch nach Aufnahme in die Hanse den Verkauf geraubter Waren auf ihrem Markt ermöglichten. Nach Zeiten der Krise und der Auseinandersetzungen besserte sich um 1400 die wirtschaftliche Lage der Stadt, wie die Ausgestaltung des Zentrums mit Rathaus und Markt zeigt[436].

• **Kontore der Hanse**

– Brügge

Im 11. und 12. Jahrhundert hatte das flandrische Tuchgewerbe einen enormen Aufschwung erlebt. Brügge war eines der Zentren dieser professionellen Tuchproduktion geworden. Schon im 12. Jahrhundert waren flandrische Tuche vom Mittelmeerraum bis an die Ostsee verbreitet. Zwar gab es Städte in Flandern, die mehr Tuche herstellten als Brügge, das sich jedoch im Unterschied zu den anderen urbanen Zentren von der Nordsee über den Fluss Zwin erreichen ließ. Infolge der Sturmflut von 1134 war die Fahrrinne des Zwin so tief geworden, dass seegängige Schiffe von der Nordsee her in das Landesinnere segeln konnten. Zwar reichte der Fluss nicht ganz bis an die Stadt heran, die restlichen Kilometer wurden jedoch durch die Kanalisierung des Flüsschens Reie überbrückt, das mit kleinen Binnenschiffen (Schuten) befahrbar war. Pero Tafur, ein spanischer Edelmann, berichtete um 1435, dass an manchen Tagen 700 Schiffe Brügge verließen[437]. Aufgrund der Bedeutung der Stadt besaß die Hanse hier ein eigenes Kontor, neben dem Stalhof in London und das in Bergen das dritte an der Nordseeküste[438]. In dem Maße, in dem Brügge zum Weltmarkt des Mittelalters wurde, zogen sich die flandrischen Kaufleute aus dem aktiven Fernhandel zurück und zogen ihren Gewinn aus der Vermittlung des Handels. Damit waren sie aber auf gute Verkehrsbedingungen angewiesen. Als der Zwin versandete und die Stadt ihren Anschluss ans Meer verlor, begann der Niedergang. Ant-

Het Minnewater in Brügge mit den prachtvollen Bürgerbauten und dem hohen Turm der Tuchhalle. Foto: Dirk Meier.

werpen war nun über die Westerschelde besser vom Meer aus zu erreichen und löste Brügge als Hafenstadt ab. Diesem Umstand ist es zu verdanken, dass Brügge sein mittelalterliches Stadtbild fast vollständig bewahrt hat[439].

– London

Die englischen Schiffe, die Antwerpen anliefen, kamen teilweise aus London. In römischer Zeit war die an der Themse gelegene Stadt bereits eine der bedeutendsten Handelsstädte Nordeuropas gewesen. Schon damals hatte der Rhein die wichtige Zulieferstraße für London gebildet. London war der am weitesten flussabwärts gelegene Handelsplatz an der Themse und bildete den Mittel- und Kontrollpunkt eines weitverzweigten, auf die römische Zeit zurückgehenden Straßennetzes. Um 250 n. Chr. verfiel dessen wirtschaftliche Bedeutung, aber um 700 trafen hier wieder viele Menschen zusammen, um Handel zu treiben. Es entstand der schon beschriebene Doppelort *Lundenvic* und *Lundenburth*. Infolge der Raubzüge der Wikinger wurde London besser befestigt. An der Themse entstand ein neuer Hafen mit Kaianlagen. Regelmäßig besuchten Kaufleute aus Flandern, der Normandie, der Île de France und den Städten des Maastals die Stadt. Die besten Privilegien besaß dabei

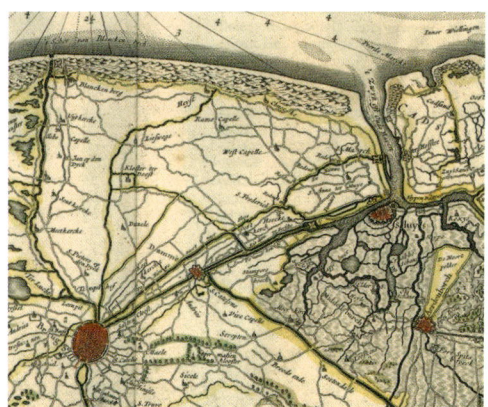

Infolge der Sturmflut von 1134 war die Fahrrinne des Zwin so tief geworden, dass seegängige Schiffe von der Nordsee her fast bis Brügge segeln konnten. Zwar reichte der Fluss nicht ganz bis an die Stadt heran, die restlichen Kilometer wurden jedoch durch die Kanalisierung des Flüßchens Reie überbrückt. Ein spanischer Edelmann, berichtete um 1435, dass an manchen Tagen 700 Schiffe Brügge verließen Ausschnitt der Karte Flanderns von Bleau von 1645. Quelle: wikimedia.

Ausschnitt einer frühen Illustration Londons. Der viereckige Gebäudekomplex in der Mitte ist der Stalhof, das Kontor der Hanse.
Quelle: Curdarle Hoard, Lancishire; Meier 2004, 142.

Flussufer. Am betriebsamen Ufer konnten sich die Kaufleute frei bewegen und im Umkreis ihrer Schiffe und Häuser Handel treiben. Am Uferstreifen vor der römischen Mauer entstanden mit Erde ausgefüllte Holzkais, wodurch das befestigte Ufer immer breiter wurde. So lag das Ufer der Themse 1301 bereits 91 m südlich der Thames Street. Enge Gassen führten durch ein eng bebautes Areal zum Fluss. Aufgrund der hohen Strömungsgeschwindigkeit mussten die nun weiter zum Fluss hin verschobenen Kais in Stein errichtet werden. Spuren einer solche Kaimauer aus dem 14. Jahrhundert wurden bei Grabungen vor dem ehemaligen Westminster-Palast gefunden.

Mit der wieder zunehmenden politischen Bedeutung im Mittelalter wurde London zur zweitgrößten nordeuropäischen Stadt nach Paris, die Bevölkerung stieg auf über 80 000 Menschen. Schriftliche Quellen erwähnen ab 1125 die große Zahl der deutschen Kaufleute und ihre Teilnahme am Getreidehandel. Als weitere Waren wurden Fische, Wein und Produkte des Ostseeraums verhandelt. Um 1250 war die deutsche Gemeinde sprunghaft gewachsen. 1260 garantierte König Heinrich III. auf Bitten des deutschen Kaisers, seines Bruders, den Kaufleuten des Heiligen Römischen Reiches ihr Haus in London, die *gildehall teutonicum*. Es war dasselbe Haus, das früher als Besitz der Kölner bestätigt worden war. Die Kaufleute aus Hamburg und Lübeck erreichten mit dem *Stalhof* ebenfalls eine Etablierung ihrer *hanse*[441].

– Bergen

Neben Brügge und London besaß die Hanse noch in Bergen, das an der norwegischen Westküste am Byfjord lag, ein Kontor, das als „Deutsche Brücke" (Tyskebryggen) bezeichnet wurde. Das um 1070 gegründete Bergen hatte sich zu einem wichtigen Umschlagplatz für Fisch aus dem Norden des Landes und Getreide aus dem Süden entwickelt. Eine erste Han-

die Gilde der rheinischen Kaufleute, später die Hanse[440].

Etwa um 1000 hatten sich vermutlich ausländische Kaufleute ein Stück flussabwärts von der London Bridge angesiedelt. Nach einem zwischen 991 und 1002 verfassten Zolldokument war die Londoner Brücke zu jener Zeit noch der Anlegeplatz kleiner Fischerboote *(bata)*, die auf den Strand liefen. Erst nach 1000 begann hier der Bau von Kaianlagen. Zur Zeit König Edwards (*1048, †1066) wird in London dann ein Hafen *(wharf)* erwähnt. So hatte der Stadtgraf Ulf von London den Hafen zusammen mit dem zugehörigen Land dem Kloster von Westminster vermacht, und der König erlaubte dafür den freien Warentransport von und zu den Schiffen.

Zu Beginn des 12. Jahrhunderts ankerten die ausländischen Schiffe meist an Kais oberhalb der Londoner Brücke. In dem später Vintry genannten Gebiet konzentrierte sich auch der Weinhandel. Vermutlich seit der 11. Jahrhunderts genossen hier Händler aus Rouen Vorrechte in einem Hafen oder Flussarm, der Dowgate genannt wurde. Archäologische Funde in diesem Viertel zeigten, dass es von hier aus rege Verbindungen mit dem Rheinland gab. Unter königlich verbrieftem Schutz ließen sich dort 1175 auch Kaufleute aus Köln selbst nieder. Östlich von Dowgate erwarben sie ein Haus, die Guildhall, am

Bergen. Ausschnitt des Prospectus Hieronimus Scolerus ca. 1570.

delsniederlassung hatte daher die Hanse schon 1343 angelegt. Da Kontore keine selbstständigen Mitglieder der Hanse sein konnten, wurde diese Niederlassung der Hansestadt Lübeck untergeordnet und 1365 dann dem Hansetag unterstellt. Das aus über zwanzig nebeneinanderliegenden Höfen bestehende Hansekontor entwickelte sich schnell zu einem eigenen Wohn- und Handelsviertel. Zur Blütezeit machten die deutschen Kaufleute (Bergenfahrer) und Handwerker ein Viertel der Stadtbevölkerung Bergens aus. Zur Vermeidung von Bränden in dem eng bebauten Viertel waren alle Gebäude unbeheizt. Die einzigen geheizten Räume befanden sich in den rückwärtig gelegenen, aus Stein gebauten Gebäuden, die den Hansekaufleuten auch als Versammlungs- und Gerichtsraum dienten. Beim großen Brand 1702 wurden fast alle alten Holzgebäude der Hansezeit vernichtet und ein weiterer Brand zerstörte 1955 große Teile der Bryggen. Es folgte jedoch in beiden Fällen ein Wiederaufbau im alten Stil. Hauptkirche der deutschen Kaufleute war die Marienkirche am nordöstlichen Rand der Kaufmannshöfe[442].

– Nowgorod

Auch in Nowgorod, der 859 gegründeten Stadt, die von 862 bis 879 vom Warägerfürsten Rurik regiert wurde, befand sich mit dem Peterhof ein Hansekontor. Zur Hansezeit lebten in dieser Stadt der Kiewer

Rus mehrere zehntausend Einwohner. Die Stadt wehrte 1240 die vordringenden Schweden und 1242 den Deutschen Orden ab. Die soziale Struktur bestand aus drei Schichten: reiche Kaufleute und Bankiers (gleichzeitig Grundbesitzer) standen an der Spitze, gewöhnliche Kaufleute waren Vertreter der mittleren Schicht und Handwerker und Tagelöhner gehörten der unteren Bevölkerungsgruppe an. Im Spätmittelalter prägten die Kaufleute endgültig das Geschehen der Stadtrepublik, die gute Beziehungen zur Hanse unterhielt. Nach der Nowgoroder Schra als Gesetz dieses Kontors bildeten Holz, Felle, Honig, Wachs, Met, Bier und Tran wichtige Exportgüter. Im Gegenzug importierte man Silber, Buntmetalle, Tuche, Bernstein, Waffen, Getreide und Gewürze. Lange Zeit stand Nowgorod in Konkurrenz zum aufsteigenden Großfürstentum Moskau, das 1478 Nowgorod besiegte[443].

Binnenschifffahrt im hohen und späten Mittelalter

Viele der Hansestädte an Nord- und Ostsee lagen an Flussmündungen, von wo aus die Waren auf die Binnenschifffahrt umgeschlagen wurden. Diese erlangte jedoch nicht die Bedeutung der Küsten- und Seefahrt, wenn man von der Verbindung nach Nowgorod einmal absieht. Der Mühlenstau, aber auch Fischwehre verhinderten vielerorts ein Durchkommen, so dass zahlreiche Städte im 13. Jahrhundert an den Oberläufen der Flüsse gar keine Häfen mehr besaßen und Fuhrmänner die Aufgaben der Binnenschiffer übernahmen[444].

Nur an wenigen Stellen versuchte man, Flüsse durch Kanäle miteinander zu verbinden. Schon Karl dem Großen war es 793 nicht gelungen, zwischen Altmühl und Rezat einen Kanal zu bauen, und damit die Flussverbindung vom Rhein zur Donau zu verbinden. Der Plan Kaiser Karls IV., die Moldau 1365 mit einer künstlichen Wasserstraße mit der Donau zu verbinden, kam

Beim Fernhandel spielte auch die Flussschifffahrt eine Rolle, wie dieser Stich von Jean de Vavrin, Chronique d'Angleterre (Flandern 1470) zeigt. Quelle: Meier 1994, 13.

nicht zur Ausführung. Lediglich die Hansestadt Lübeck ist dann 1398 mit dem Bau des Stecknitzkanals von der Trave zur Elbe erfolgreich gewesen, da sie schon durch hohen Mühlenstau die Wakenitz bis zum Ratzeburger See schiffbar gemacht hatten und sich mit der Schleusentechnik auskannten[445]. Diese Stauschleusen versorgten an flachen Partien des Flusses den dahinter liegenden Abschnitt vorübergehend mit mehr Wasser. Dazu engte man den Fluss an einer geeigneten Stelle auf etwa 5 m Breite ein und errichtete an jeder Seite eine Wand aus Holz und Steinen. Dem Aufstauen des Wassers diente eine Toranlage mit Brettern in einem Holzrahmen, die durch den Wasserdruck in ihrer Position gehalten wurde. In der Regel dauerte es zwei Tage, bis sich genügend Wasser hinter den Stauschleusen gesammelt hatte. Linentrecker (Linienzieher) zogen die stromaufwärts fahrenden Schiffe mit Tampen (Seilen) durch die Schleuse. Mit dem Wasserschwall gelangten die Schiffe manchmal zur nächsten Stauschleuse oder mussten auf den nächs-

ten warten. Eine Reise zwischen Lübeck in Hamburg konnte so leicht mehrere Wochen dauern. In Flandern erhielten mehrere Städte im 11./12. Jahrhundert ebenfalls schiffbare Verbindungen zur Schelde oder zum Meer. Diese Kanäle konnten aber die Schwierigkeiten nicht ausgleichen, welche den Binnenschiffern zu schaffen machten.

Auf den Flüssen und Seen existierten eine Vielzahl kleiner Boote, Fähren[446], Lastschiffe und Prahme[447], die auf Seen und Flüssen benutzt wurden. Dabei unterscheidet sich die Antriebs- und Steuertechnik der Binnenschifffahrt auf den Flüssen grundsätzlich von der den Seen. Flussschiffe konnten sich mit dem Strom treiben lassen oder wurden gegen den Strom getreidelt, d. h. mit Pferden an Leinen gezogen, was auf Seen nicht möglich war. So eine Leinenfahrt zeigt das Schweizer Bergbuch auf dem Blatt Falkenstein[448]. Deshalb gab es im Mittelalter auf den Flüssen Fahrzeuge, die – wie Flöße – nur für die Talfahrt bestimmt waren. Der ursprüngliche Antrieb der Bergfahrt war meist das Staken mit langen Stangen, wie es beispielsweise das Buch der Chroniken bei einem Schiff auf dem Arno von 1493 zeigt[449].

Dabei gab es viele kleinräumige Sonderentwicklungen, die ihren Niederschlag auch in den unterschiedlichsten Bootsformen finden. Dabei blieb der dickwandige Einbaum bzw. das Stammboot die wichtigste Bootsform[450]. Aus ausgehöhlten Eichen hergestellte Boote, sog. Oberländer, existierten am Rhein, wie ein Fund um 1000 belegt. Für den Bau sägte man den Einbaum der Länge nach in zwei gleiche Hälften, fügte zwei Bodenplanken und eine schräg nach vorn geneigte Bugplatte hinzu. Dabei hielten querliegende Bodenwrangen die Teile zusammen, Spanten stützten Seitenschalen und Setzbord. Achtern schloss das Schiff ein Schott aus mehreren Brettern. Oben auf die Seitenschalen dübelte man eine Planke als Setzbord an, um das Fassungsvermögen des Schiffes zu vergrößern. Ob die Oberländer gepaddelt oder wie eine Gondel fortbewegt wurden, ist nicht bekannt. Größere, aus mehreren Planken gebaute Oberländer besaßen ein Segel[451].

Insgesamt gesehen war die Zeit zwischen 800 und 1400 in der Binnenschifffahrt weder für die Wasserstraßen noch für den Schiffbau innovativ. Neue Impulse setzten erst nach der Entstehung der mittelalterlichen Hafenstädte ein, die zu Ausgangs- und Zielhäfen einer Marktschifffahrt für den Güter- und Personentransport wurden.

Die Entwicklung des Seerechts

Die Ausweitung des Handels in der Hansezeit bedingte auch die Notwendigkeit eines Seerechts, das Fragen der Befrachtung ebenso wie das Verhalten an Bord oder Seenotfälle regelte. Die Rechtssicherheit der Hanseschiffe, vor allem in den ausländischen Häfen, war von grundlegender Bedeutung für eine gute Seefahrt[452]. Auch Fragen der technischen

Schiffssicherheit und der Seetüchtigkeit wurden nun ernster genommen. In den Häfen existierten spezielle Regelungen. So zeigt die Bilderhandschrift des Hamburger Stadtrechts von 1497 zum Schiffsrecht einen Hafen mit einem Kran, mit dem die Waren auf ein Boot verladen wurden[453]. Im engeren Hafenbereich liegen Boote und kleine Schiffe am Kai, im weiter entfernten Bereich die Seeschiffe, zu denen die Waren gebracht wurden. Dies entspricht den damaligen Verhältnissen in Hamburg, wo es einen Binnen- und einen Außenhafen gab, die durch einen Baumstamm im Wasser getrennt wurden. Das Verladen und Löschen der Schiffsladungen im Binnenhafen war nur mit Genehmigung des Rates erlaubt.

Im hansischen Verkehrsraum galt das 1537 gedruckte *Waterrecht*, das auf älteren Bestimmungen der flandrisch-niederländischen Handelszentren basierte[454]. Dieses legte auch fest, wie Schadensersatzansprüche zwischen Schiffer und Reeder zu klären waren. Es berücksichtigte Fragen der Haftung und des Schadenersatzes bei außergewöhnlichen Vorkommnissen während der Handelsreise, so bei Schiffsunglücken, das Überbordwerfen der Ladung während eines Unwetters oder die Verpfändung des Schiffes und der Waren in fremden Ländern. Neben den seerechtlichen Entscheidungen der Hansetage und den Partikularrechten Lübecks und Hamburgs erlangte das *Waterrecht* überregionale Bedeutung als Seerechtsquelle. In 72 Artikeln finden Rechte und Pflichten der Mannschaft eines Schiffes, seiner Befrachter und die Rechtsverhältnisse zwischen Schiffer und Reeder Berücksichtigung.

Vieles beruhte auf einer Versicherung auf Gegenseitigkeit. Seeleute und Reeder waren die Hauptbeteiligten bei der Durchführung des regen hansischen Seeverkehrs. Da sie auf ihren wertvollen Schiffen teure Ladung beförderten, wurden seit dem frühen 13. Jahrhundert Pflichten und Rechte der Seeleute, der Charter und der Schiffer

Anton Woensmann, Ansicht von Köln mit Binnenschifffahrt 1531, Ausschnitt.

Das Stadtbuch von Hamburg von 1487 zeigt, dass der Hafen der Stadt in verschiedene Bezirke eingeteilt war. Für das Löschen der Schiffe gab es genaue Vorschriften. Quelle: Hamburger Stadtarchiv.

geregelt. Diese bestanden oft aus einer typischen mittelalterlichen Mischform aus Geld und Gewinnbeteiligung. Über das Leben der Seeleute erfahren wir einiges aus dem ältesten Hamburger Schiffrecht, dem *Ordelbok*, das um 1270 Charterbedingungen und Charter festlegte[455]. Danach erhielten die Mannschaften wöchentlich ihre *bure* als Heuer (Lohn). Dabei waren im voraus bezahlte Löhne zurück zu zahlen, wenn Seeuntauglichkeit aufgrund ständiger Seekrankheit oder längerer Bettlägerigkeit nachgewiesen werden konnte. Im Unterschied zu späteren Zeiten wurden die Seeleute in den Quellen als „Schiffskinder" oder „Volk" bezeichnet. Von Bestrafungen berichten die Schiffsrechte hingegen kaum.

Sofern nachweislich ein schweres Verbrechen vorlag, konnte der betroffene See-

mann als härteste Strafe auf einer Insel ausgesetzt werden. Verschiedene Regelungen dienten dem kameradschaftlichen Zusammenleben an Bord, der Seemannschaft, sowie der pünktlichen Abfertigung des Schiffes. Wer nachts außerhalb des Schiffes ohne Urlaub erwischt wurde, hatte eine Geldstrafe zu zahlen. Die Seeleute durften sogar kleine Mengen an Kaufmannsgütern mit sich führen. Dieses „Führungsrecht" war finanziell zu entschädigen, wenn der gesamte Laderaum bereits verchartert war.

Trotz der guten rechtlichen Bedingungen für die Mannschaft war deren Dienst hart. Zudem war der Komfort an Bord nicht hoch, nur der Kapitän sowie vielleicht der Steuermann verfügte über eine eigene Kajüte am Ende des Decks, sogar über eine Toilette. Die Mannschaft schlief während der Nacht an Deck. Bei Seegang schlug Gischt über Bord. Kaum ein Stück der Kleidung, das trocken blieb. Verderbliche Frachten, wie Korn oder Salz, waren dabei vor Feuchtigkeit zu sichern. Bei Getreideladungen wurde oft der Laderaum zusätzlich mit Holz ausgeschlagen. Flüssige Produkte, wie Wein und Öl, lagerten in Fässern.

Die Sicherheit auf den Seewegen sollten wie an Land Geleitbriefe erhöhen. Diese waren jedoch meist wertlos, besser schützte man sich in Zeiten des Seeraubs durch das Segeln im Geleit, dessen Schutz bewaffnete „Friedeschiffe" übernahmen.

Gottes Freunde und aller Welt Feinde: Die Vitalienbrüder

Die Geschichte der Vitalienbrüder beginnt 1380 mit einem alltäglichen Schlägerei in einer Schenke der Stadt Wismar. Das dort zwischen 1353 und 1429 geführte *Liber proscriptorum* hielt diese Auseinandersetzung zweier Raufbolde fest[456]. Dieses älteste Wismarer Gerichtsprotokoll oder *Verfestungsbuch* führt zahlreiche Verweisungen (Verfestungen), Beschwerden, Strafen und Begnadigungen auf. Die Eintragung dieser Schlägerei wäre nicht bemerkenswert,

fuffagius.at.xvi. or plattis. Caufucimis. ser
ri eam ostrenço cat in uno ertus Auglictus.
at.7.irele amicet. suuo milse cent consuetos
nes consuerum menop'eat' supuoi est.xvi. or.

wenn nicht einer der Streithähne ein *Nico-
lao Stortebeker* gewesen wäre. Vermutlich
handelt es sich um jenen Klaus Störtebeker,
der als berühmtester Vitalienbruder zur Legende wurde. Die Stadt Wismar gehörte zu
den Städten, von denen diese Seeräuber ihren Ausgang nahm, denn sie stand bei den
mecklenburgisch-dänischen Auseinandersetzungen um die Ostseevorherrschaft auf
Seiten des Mecklenburger Herzoghauses[457].

In Dänemark hatte sich Königin Margarethe im Kampf um die Macht durchge-
setzt und ihren Mann anstelle des Mecklenburger Herzogs Albrecht auf den Thron
gebracht, um dann bald selbst zu regieren.
Das mecklenburgische Herzoghaus konnte
nun keine eigene Kriegsmarine ausrüsten,
sondern suchte seit 1376 oder 1377 unter
den Schiffseignern Verbündete für einen
Kaperkrieg gegen Dänemark. Zum ersten
Mal in den nordischen Auseinandersetzungen bediente man sich dabei der Seeräuber,
wie wir 1392 in Detmars Lübischer Chronik hören[458]:

*In diesem Jahr warf sich ein zügelloses Volk zu-
sammen von Hofleuten, von Bürgern aus vielen
Städten, vom Amtleuten, von Bauern, und die
nannten sich Vitalienbrüder. Sie sprachen, sie
wollten zur Königin von Dänemark ziehen, um
den König von Schweden zu helfen, den sie gefangen hatte, und sie wollten niemanden gefangen
nehmen und berauben, sonder die [Mecklen-*
*burger] mit Gütern und Hilfe gegen die Köni-
gin unterstützen. [Aber sie hielten sich nicht
daran] und bedrohten leider die ganze See und
alle Kaufleute, ob Freund oder Feind, so dass die
Schonenfahrt wohl drei Jahre darniederlag. Darum war in diesem Jahr der Hering so teuer.*
Chroniken der deutschen Städte vom 14.
bis ins 16. Jahrhundert, Bd. 26. Lübeck,
Bd. 2, bearbeitet von Karl Koppmann
(Leipzig 1899), 50 f.

*In demselben Jahr, als die Schiffe von Rostock
und Wismar mit Herzog Johann nach Stockholm unterwegs waren, da ließen die von Rostock
und Wismar ausrufen, dass derjenige, der auf seine freie Beute und auf seine eigenen Kosten sein
Glück versuchen wolle, um die Reiche Dänemark und Norwegen zu schädigen, sich in den
Städten Rostock und Wismar einfinden solle, um
Kaperbriefe zu empfangen, wo es ihnen auch erlaubt sei, frei zu teilen, zu tauschen und die geraubten Waren zu verkaufen. Der Fürst ließ das
Gleiche ausrufen, dass die Häfen Ribnitz und
Golwitz für alle, die die eben genannten Reiche
schädigen wollten, geöffnet werden sollten.*
Detmars lübische Chronik, entstanden um
1350–1395.

Der mecklenburgische Adel ging somit
eine Verbindung mit den vagabundieren-
den und verstreut lebenden Seeräubern
ein, die in den Quellen dieser Zeit durch-
gängig als *sevore* bezeichnet werden. Neben

*Im Ostseeraum ent-
wickelten sich die
Vitalienbrüder zu
einer Gefahr für die
Handelsschifffahrt.
Man beschoss sich
mit Pfeil und Bo-
gen oder Arm-
brüsten und enterte
dann das Schiff.
Zeichnung einer
englischen Hand-
schrift des 14. Jahr-
hunderts.
Quelle: Meier
1994, 145.*

den Vitalienbrüdern kommen auch die Namen Hattebröder und Likedeeler *(Gleichteiler)* in den Schriftquellen vor. Die Armut mancher niedriger Adelsgeschlechter führte zur Unterstützung der Seeräuber, um selber vom Kaperkrieg ökonomisch zu profitieren. So begann die damit verbundene Öffnung der mecklenburgischen Häfen für alle, die die nordischen Reiche schädigen wollten. Allerlei Verbrecher, Tagelöhner, Gesindel, enttäusche Bauern und Bürger liefen in den Städten zusammen und wurden, da sie keinen Sold erhielten, zu Vitalienbrüdern, die ihren Lebenserwerb fortan mit der Aussicht auf Reichtum durch Raub bestritten.

Dies hatte zur Folge, dass sich die Vitalienbrüder zu einer neuen, unberechenbaren Macht entwickelten. Dabei nutzten die Vitalienbrüder die gleichen Schiffe wie die Hanse, vor allem Kogge und Holk, bei ihren jeweiligen Unternehmungen. Da diese meist nicht so schwer beladen waren wie die Handelsschiffe, waren sie oft schneller. Dabei hat vor allem die höhere Zahl der Besatzung zur Überlegenheit der Likedeeler im Vergleich zum gemeinen Kauffahrer gesorgt. Für ein der Bremer Hansekogge etwa gleich großes Schiff ist eine Mannschaft von einem Schiffer sowie zehn Mann überliefert. Hinzu kamen sogenannte *Jungknechte*, also Schiffsjungen, die jedoch nicht zur Mannschaft gezählt wurden. Die Mannschaften der Seeräuber könnten leicht 30 bis 40 Mann Besatzung umfasst haben. Das führte zu Gegenmaßnahmen der Hanse, die mit ihren Friedeschiffen auslief. So ist für 1368 eine Hamburger Kogge mit 20 Seeleuten und 60 Soldaten an Bord bestätigt. Später werden Kriegsschiffe mit bis zu 100 Mann eingesetzt[459]. Die Friedeschiffe waren mit Wurfmaschinen (Bliden) und Armbrüsten als festen Geschützen auf dem Vorder- und Achterkastell der Koggen und Holke ausgerüstet; weitere Armbrüste befanden sich an den Mastkörben. Während die Wurfmaschinen die Schiffe von fern attackierten, wurden die Armbrüste vor allem für den

Enterkampf eingesetzt. Auch Feuerwaffen kamen vor, jedoch fehlte den damit abgefeuerten Geschützen noch der notwendige Drall, um eine stabile Flugbahn zu gewährleisten. Im Enterkampf selbst kämpfte man mit Dolchen, Keulen Schwertern und Beilen. Im Batteriedeck aufgestellte, schwere Schiffsgeschütze kamen erst Ende des 15. Jahrhunderts mit verschließbaren Stückpforten in Gebrauch. Sie spielten also zur Zeit der Vitalienbrüder noch keine ausschlaggebende Rolle[460].

Neben Koggen und Holken kamen auch kleinere Schiffe zur Unterstützung der großen Seglern zum Einsatz. Dazu gehörten einmastige Schniggen, die aufgrund ihrer Wendigkeit und höheren Geschwindigkeit bei Unternehmungen in flachen Gewässern oder bei Landungen zum Einsatz kamen. Zum Enterkampf dagegen waren sie aufgrund ihrer niedrigen Bordwände nicht geeignet. Deshalb sollten sie mit Armbrüsten bestückt auf zu kapernde Schiffe der Vitalienbrüder zutreiben. Zu Kriegseinsätzen konnten Schniggen bis zu 55 Bewaffnete transportieren.

Somit war das Risiko für die Seeräuber nicht gering, waren sie oft einem einzelnen Kaufmannssegler überlegen, hatten sie bei größeren, von Friedeschiffen begleitenden Konvois wenig Chancen. Auch die leider nicht erhaltenen Mecklenburger Kaperbriefe bewahrten gefangene Vitalienbrüder nicht vor schwerer Bestrafung, wie wir in einem Hanserezeß hören[461]:

Es begab sich aber in diesem Jahr [1391], dass etliche von diesen Vitalienbrüdern ein sundisches Schiff [Schiff aus Stralsund] anfielen und es mit Gewalt nehmen wollten, obwohl sie hörten und sahen, dass es nicht Dänen, sondern Deutsche waren. Aber die vom Stralsunder Schiff wehrten sich und überwanden die Vitalienbrüder und brachten mehr als hundert in ihre Gewalt … sie nahmen Tonnen, von denen sie viele geladen hatten, schlugen einen Boden heraus und in den anderen Boden ein so großes Loch, dass der Boden den Hals eines Menschen umSchloss und steckten einen nach dem anderen von den Vitali-

enbrüdern in die Tonnen, so dass der Kopf aus der Tonne herausguckte, und schlugen die Tonne wieder zu. Sie stapelten die Vitalienbrüder auf einen Haufen, wie man Tonnen zu stapeln pflegt, und fuhren sie nach Stralsund. Die Vitalienbrüder blieben auch in den Tonnen so lange, bis man sie mit Wagen an die Stätte fuhr, wo man ihnen die Köpfe abschlagen würde. Diese Art, die Gefangenen zu behandeln, hatten die Stralsunder von den Vitalienbrüdern gelernt, die hatten manchen armen Dänen genauso geschunden und gemartert.

Reimar Kock: Chronik des Franziskaner Lesemeisters Detmar nach der Urschrift und mit Ergänzungen aus anderen Chroniken, hrsg. von F.H. Grautoff, Teil 1 (Hamburg 1829), 494 f.

Die Auseinandersetzungen zwischen den nicht-mecklenburgischen Hansestädten und den Vitalienbrüdern wurden auf beiden Seiten mit unerbittlicher Härte geführt. Zu einer gemeinsamen Aktion der Hanse kam es jedoch zunächst nicht. Die Städtegemeinschaft versuchte vielmehr, in der Anfangsphase des mecklenburgisch-dänischen Konfliktes Neutralität zu wahren und sich nicht in einen kostspieligen Seekrieg verwickeln zu lassen. Auch auf die Beschwerden der preußischen Städte über mecklenburgische Seeräubern reagierte die Hanse beschwichtigend[462].

Eigentlich hätten sich die mecklenburgischen Hansestädte Rostock und Wismar den Maßnahmen der Hanse gegen die Seeräuber anschließen müssen, doch dazu kam es zunächst nicht. Die Hanse ließ zwar einen gewissen Sonderstatus dieser Städte zu, erließ aber im Mai 1377 ein Verbot des Kaufs von Seeräubergut. Rostock und Wismar blieben jedoch bei ihrer Unterstützung für Mecklenburg und seine Seeräuber. Diese waren aber keine Söldner, sondern handelten vielmehr auf eigene Rechnung und brachten nicht nur dänische, sondern auch hansische Schiffe auf. So stellte man bald fest, dass die *sevore* gewaltigen Schaden auf See errichteten. Anfang 1378 beschlossen daher Lübeck, Stralsund und Greifswald

bewaffnete Friedeschiffe ausrüsten zu lassen. Aber aufgrund der hohen Kosten wurden diese Aktionen 1380 wieder eingestellt. Zudem war für kurze Zeit Friede mit Dänemark, da der Herzog Albrecht von Mecklenburg gestorben war. So blieben die hansischen Schiffe ohne den notwendigen Schutz, weshalb viele Koggen von den Seeräubern aufgebracht wurden. Am 27. Januar 1381 kam daher eine Versammlung der Abgesandten von Lübeck, Rostock, Stralsund und Wismar überein, wieder Schiffe auszurüsten. Vier große Schiffe, vermutlich Koggen, und zehn Schniggen als kleine flache, wendige Boote, bestückt mit Mannschaften und Proviant, liefen aus. Die Seeräuber, die nicht mehr von mecklenburgischen Häfen aus operieren konnten, hatten bei dänischen Adeligen Unterschlupf gefunden. Zwar vermittelte Dänemark am 15. September 1381 einen Frieden mit den Seeräubern, aber dieser war nur von kurzer Dauer. In der Folgezeit ging nun auch die dänische Königin Margarethe gegen die Seeräuber vor, da sie im Gegenzug von der Hanse ihre vier Sundschlösser wieder erhielt und erneut Handelsprivilegien für die Hanse in Dänemark erteilte. Den Stralsunder Bürgermeister Wulfan beauftragte dann die Hanse mit der Befriedigung der Ostsee.

Allerdings blieb der Friede auf der Ostsee eine Episode, denn ab 1390 mischte sich Mecklenburg in die Auseinandersetzungen zwischen Dänemark und Schweden ein. Wiederum versuchte man durch Kaperkrieg gegen dänische Schiffe eine Schwächung des Gegners. Schon gab es 1390 die ersten Klagen über aufgebrachte Schiffe, wie die der seit 1361 dänischen Stadt Visby auf Gotland. In dem Brief an die Hanse hieß es: *dass die Hauptleute Rostocks und Wismars seinen Bürgern Schiffe genommen habe.* Im Spätsommer 1392 spitzte sich die Situation so zu, dass nur noch im Flottenverband die Ostseeschifffahrt sicher schien. Zwei einzelne Schiffe aus Elbing wurden von den Vitalienbrüdern bei Bornholm aufgebracht, eines davon hatte das Pech, nach der Freilassung noch in däni-

Bei den Auseinandersetzungen in der Ostsee ging es auch um den Sundzoll. Öresund mit Schloss Kronborg, Braun-Hogenberg, Städte der Welt 1572–1615. Quelle: Mortensøn 1994.

sche Hände zu fallen. Am 22. April 1393 überfielen die Vitalienbrüder sogar Bergen. Die Anführer dieser Aktion waren aber keine gewöhnlichen Hauptleute, sondern wohl aus dem höchsten mecklenburgischen Adel. In einer Chronik der Stadt Lübeck lesen wir über diese Aktion[463]:

In dem selben Jahr..., da fuhren die Rostocker und die Wismarer Vitalienbrüder nach Norwegen und schunden den Kaufmann zu Bergen; sie nahmen viele Kleinode in Gold und Silber und kostbare Kleider, Hausrat und auch Fische. Mit dem großen Schatz fuhren sie dann, ohne aufgehalten zu werden, nach Rostock und verkauften ihn unter den Bürgern ...
Rufus-Chronik (1406–1430) in: Die Chroniken der deutschen Städte vom 14. bis 16. Jahrhundert. Bd. 28, Lübeck Bd. 3., S. 1.

Viele der Vitalienbrüder standen in den Jahren zwischen 1391 und 1395 unter der Führung mecklenburgischer Adeliger und waren auch zusammen mit mecklenburgischen Truppen eingesetzt. Der Unterschied zwischen diesen Gruppen war zweifellos fließend. In den schriftlichen Quellen werden eine ganze Reihe von *capitanei* und *fratres vitualium*, somit Hauptleute der Vitalienbrüder, überliefert. Die Mehrzahl der Vitalienhauptleute der Zeit zwischen 1392 und 1394 entstammt eindeutig niederen mecklenburgischen Adelsgeschlechtern. Aber auch mindestens ein dänischer Adeliger und zwei Bettelmönche aus Visby waren unter den historisch überlieferten Hauptleuten. Klaus Störtebeker und Godeke Michels erscheinen noch nicht in den Urkunden. Die Aktivitäten dieser Vitalienbrüder während des mecklenburgisch-dänischen Krieges führten in den Jahren 1393 und 1394 zu einer fast völligen Einstellung der Hanseschifffahrt auf der Ostsee[464].

Der Chronist Reimar Kock vermerkte für das Jahr 1393, dass *die Vitalienbrüder die See beherrschten und jedem Schaden zufügten, weshalb zu Lübeck die gesamte Schifffahrt ruhte, was für die Bürger kein geringer Schaden war.* Die Preise für Getreide und Fische stiegen.

Der Heringsfang ging auf ein Viertel bis ein Fünftel zurück und der Chronist Detmar aus Lübeck schrieb, die Vitalienbrüder *beraubten beide, Freund und Feind, so dass die schonische Reise für wohl drei Jahre darniederlag. Darum war in dem Jahr der Hering viel teurer.* Die Lübecker Kaufleute brachten aus den Salinen Lüneburgs Salz nach Schonen, mit dem die Salzheringe konserviert wurden. Nun war dieser Handel zum Erliegen gekommen. Dies traf Lübeck ebenso wie Dänemark, da auch die Zolleinnahmen wegfielen, die Königin Margarethe sonst erhob. Ein friedlicher Ausgleich lag im Interesse aller Mächte, weshalb Lübeck zwischen Dänemark und Mecklenburg vermitteln wollte. Um eine bessere Ausgangsbasis für die Friedensverhandlungen zu haben, versuchte Margarethe, Stockholm einzunehmen. Die Fürsten von Mecklenburg sandten 1394 jedoch eine Unterstützungsflotte und vereitelten den Plan der dänischen Königin.

An dieser Flotte waren auch acht Wismarer Schiffe beteiligt, auf denen sich möglicherweise Klaus Störtebeker und Godeke Michels befanden, was sich aus den Schriftquellen aber nicht belegen lässt. Da die beiden aber 1394 erstmals als Hauptleute der Vitalienbrüder genannt werden, könnten sie sich ihre Sporen bei diesem Unternehmen verdient haben. Klaus Störtebeker und Godeke Michels gehören damit in eine Zeit, in der die Vitalienbrüder zwischen 1391 und 1395 zunehmend wieder autonom operierten, während andere von den mecklenburgischen Herzögen als Verstärkung regulärer Truppen hinzugezogen wurden. Für die auf eigene Rechnung segelnden Vitalienbrüder bestand die Bindung an die Mecklenburger Landesherrschaft hingegen nur noch in der Benutzung der Häfen.

Da ein Frieden nicht in Sicht war, beschlossen Lübeck und die verbündeten Hansestädte, das Seeräuberproblem endgültig zu beseitigen, indem man 36 Koggen und vier Rheinschiffe (kleine, bewegliche Frachtschiffe) mit 3500 Bewaffneten aufbieten wollte. Jeder Kogge sollten noch eine Schute und eine Schnigge beigegeben werden. Es war für jene Zeit eine gewaltige Flotte. Allein, es blieb bei diesem Vorhaben, da die preußischen Hansestädte ihre Zusagen immer wieder zurückzogen. Die Verhandlungen über einen Frieden in der Ostsee zogen sich erneut hin. Ein Problem war, dass die im Besitz der dänischen Königin befindliche Insel Gotland von dem Hauptmann von Stockholm, Albrecht von Pecatel, mit einem großen Aufgebot von Vitalienbrüdern erobert worden war. Dadurch verbesserte sich die strategische Position des verbündeten Mecklenburg bei den Friedensverhandlungen, die nun zwischen der Hanse, dem Deutschen Orden, Königin Margarethe und Mecklenburg um den 20. Mai 1395 in Falsterbo und Skanör in Schonen begannen. Der Friedensschluss legte auch fest, dass die Vitalienbrüder bis zum 25. Juli 1395 die Ostsee zu verlassen hatten. Die Seeräuber waren zu einer unkontrollierten Macht, zu einem allgemeinen Risiko geworden, vor allem auch deshalb, weil sie im bottnischen und finnischen Meerbusen am Ende schiffbarer Buchten über Burgen als wichtige Stützpunkte verfügten, von denen aus sie die Seefahrtsrouten beherrschten[465].

Mit dem Frieden von Falsterbo wurde die Situation für die Vitalienbrüder sehr schwierig, da sie ihre Stützpunkte an der Küste zu verlieren drohten. Sie spalteten sich in der Folgezeit in kleine Gruppen auf, von denen einige noch versuchten, ihre Position in der Ostsee zu halten. Da Gotland nach dem Friedensschluss nicht vollständig an Magarethe zurückgegeben worden war und der dänisch-mecklenburgische Konflikt weiter schwelte, begannen die auf Gotland verbliebenden Vitalienbrüder Visby als ihren neuen Seestützpunkt auszubauen. Die Plünderungen von Schiffen blieb ja die Grundlage ihrer Existenz. Der Hauptteil der Vitalienbrüder lag indessen in Stockholm vor Anker, und ein kleinerer Teil war Richtung Finnland gesegelt. Somit bestand nach wie vor eine Gefahr für die Handelsschifffahrt. Zudem war auch den so

lange mit den Vitalienbrüdern verbündetem Mecklenburger Adel die Kontrolle über die Lage auf Gotland entglitten, wo von Visby aus die Seeräuber einen umfangreichen Kaperkrieg gegen alle Kaufleute auf der Ostsee begannen. Damit machten sie sich jedoch alle Mächten zu Feinden.

Es war schließlich der Hochmeister des Deutschen Ordens, Konrad von Jungingen, der eine Invasion auf Gotland vorbereitete. Am 17. März 1398 verließ eine Flotte von 84 Schiffen mit 4000 Mann in Rüstung und 400 Pferden die Weichselmündung und erreichte nach vier Tagen Fahrt Gotland. Bei der anschließenden Belagerung der Vitalienbrüder stellte sich die Überlegenheit der Ordenstruppen heraus, welche die Stadt einnahmen. Ein großer Teil der Vitalienbrüder wurde erschlagen. Nach der Überlieferung brannte man ferner drei „Raubschlösser" auf der Insel nieder. Das Unternehmen war ein voller Erfolg. Gute fünf Wochen nach der Ausfahrt lief die Ordensflotte wieder in die Weichsel ein. Die Macht der Vitalienbrüder, die zwischen 1395 und 1398 die Handelsschifffahrt in der Ostsee so schwer geschädigt hatten, war gebrochen. Da Gotland nun für die Vitalienbrüder verloren war, sie über keine Häfen mehr verfügten und vor allem ihre geraubten Waren nicht mehr absetzen konnten, waren auch die letzten von ihnen gezwungen, die Ostsee zu verlassen. Ein großer Teil von ihnen segelte in die Nordsee[466].

Die Nordsee mit ihren Handelsrouten nach England war ebenso wie die Ostsee für die Vitalienbrüder schon immer ein attraktives Seegebiet gewesen. Nachweislich seit 1395 hatten die Vitalienbrüder hier Schiffe ausgeraubt. Auch die politischen Verhältnisse in der Nordsee waren für ihre auf Plünderung und das Absetzen geraubter Warten ausgerichteten Interessen sehr günstig. Die ostfriesischen Küstengebiete mit ihren ausgedehnten Marschen standen nicht unter einer dominanten Landesherrschaft, sondern waren in verschiedene Landesgemeinden untergliedert, in denen *hovetlinge* als Häuptlinge ihre Macht ausübten[467].

Das fälschlicherweise für Störtebecker gehaltene Portrait des Ratsherren Kunz von der Rosen, Hofmann Kaiser Maximilians I. Kupferstich von Daniel Hofer 1493. Quelle: Wikimedia.

Hinrichtung von Seeräubern in Hamburg. Flugblatt Nachrichtensammlung Wick (1560–1585). Ausschnitt. Quelle. Meier 2004, 156.

Bei diesen handelte es sich ursprünglich um reiche und mächtige Familien. Diese Häuptlinge bekämpften sich untereinander und lagen ebenso in Fehde mit den Grafen von Holland und Oldenburg. Für die alltäglichen Feldzüge Ende des 14. Jahrhunderts ließen sich die Vitalienbrüder gut einsetzen, denn diese waren unabhängig, verfügten über Schiffe, waren kriegserfahren und kosteten nicht viel, da sie auf eigene Rechnung Beute machten. Als Gegenleistung konnten die friesischen Häuptlinge das bieten, was die Vitalienbrüder am meisten benötigten, sichere Häfen, Unterschlupf und Absatzmärkte für geraubte Waren. Edo Wiemken, Keno tom Brok, Hisko von Emden und die Familie der Cirksena in Norden und Greetsiel wurden so zu Verbündeten der *sevore*. Allerdings sollten diese Häuptlinge ebenso wie die Mecklenburger Fürsten bald merken, dass die Vitalienbrüder eben nicht so einfach zu lenken waren. Zudem brachten die Vitalienbrüder die friesischen Häuptlinge noch mehr in Konflikt mit den auswärtigen Mächten. Der stark ansteigende Seeraub in der südlichen Nordsee schädigte die hansische Schifffahrt ebenso und traf insbesondere Hamburg und Bremen mit ihren Exporten nach Westen.

Zu den wohl 1398 in die Nordsee gezogenen Vitalienbrüdern gehörten auch Klaus Störtebeker und Godeke Michels. Wie die Vitalienbrüder bei ihren Raubzügen vorgingen, zeigt ein Bericht des Hansekontors in Brügge[468]:

Die Vitalienbrüder, denen Widzel tom Brok in Friesland [einer der friesischen Häuptlinge] Aufenthalt gewährte, haben vor kurzem in Norwegen ein Schiff genommen mit wismarischem Bier, von dem der Schiffer Egghert Schoeff aus Danzig hieß. Mit diesem Schiff segelten dieselben Vitalienbrüder aus Norwegen vorbei am Zwin [über den Fluss gelangte man vom Ärmelkanal nach Brügge] in die Straße von Calais, und da nahmen sie 14 oder 15 Schiffe, geladen mit allerhand Gütern … Außerdem nahmen sie zu derselben Zeit ein Schiff, das aus

England kam und in den Zwin segeln wollte. In diesem Schiff verloren die Kaufleute unseres Rechts große Mengen an Gold und Gewändern, und dieselben Kaufleute haben sie mit sich geführt nach Friesland, wie wir erfahren haben. Und nachdem sie alle Schiffe nach ihrem Willen genommen hatten, da verkauften sie dem genannten Schiffer Egghert Schoeff dessen Schiff wieder gegen eine Geldsumme, dafür, dass er einen Bürgen und eine Geisel gestellt hatte, die er bei Widzel in Friesland einlösen musste. Auch hat uns der Schiffer Egghert Schoeff zur Kenntnis gegeben, dass ihm die Vitalienbrüder befohlen hatten, uns zu sagen, dass sie Gottes Freunde und aller Welt Feinde wären, außer deren von Hamburg und Bremen, denen sie keinen Schaden zufügen wollten, da sie dort kommen und gehen konnten, wann immer sie dies wollten.
Hanserecesse, I,4, Nr. 453, 431 f.

Hamburg und Bremen waren sicher den Vitalienbrüdern nicht so wohlgesonnen, wie diese annahmen. Die beiden Städte hatten bislang nur wenig unternommen. Der zweite Teil des Spruchs, dass die Vitalienbrüder nur Gottes Freunde und aller Welt Feinde wären, war mehr als anmaßend. Eine endgültige Lösung des Seeräuberproblems musste gefunden werden. Kurz nach diesem Bericht aus Brügge richteten auch andere flämische Städte einen Appell an die in Lübeck vertretenen Hansestädte, energisch gegen die Vitalienbrüder vorzugehen und Hamburg und Bremen den Kauf von Raubgut zu verbieten. Zudem drohte der englische König, englische Verluste durch die Konfiskation von Hansegut in seinem Land auszugleichen. Vergeblich waren die Beteuerungen der Vitalienbrüder, dass sie den Hansestädten keinen Schaden zufügen wollten, Hamburg und Bremen erlaubten den Verkauf geraubter Güter durch die Vitalienbrüder nicht mehr[469].

Die beiden Städte taten noch mehr und brachten 1398 eine erste Aktion gegen die Vitalienbrüder in der Nordsee zustande, denen zwei Jahre später eine größere folgte. So brachen am 22. April 1400 von

Hamburg aus die Schiffe der Hamburger und Lübecker nach Ostfriesland auf. Keno tom Brok hatte den Ernst der Lage erkannt und bereits am 25. Februar 1400 zusammen mit fünf anderen friesischen Häuptlingen gelobt, den Vitalienbrüdern keinen Unterschlupf mehr zu gewähren. Die Flottenexpedition war nach dem Bericht der hansischen Schiffshauptleute ein voller Erfolg[470]:

Am 22. April segelten wir von Hamburg ab und kamen am 5. Mai in die Westerems. Am selben Tage hörten wir, dass Vitalienbrüder in der Osterems waren. Dorthin schickten wir unsere Freunde, und es half uns Gott, als wir einen Teil von ihnen schnell in unsere Gewalt brachten. 80 von ihnen wurden getötet und über Bord geworfen...
Hanserecesse I, 4, Nr. 591, 538 f.

Die ostfriesischen Häuptlinge wurden ebenfalls bestraft. So ankerte am 6. Mai 1400 die Flotte der Hanse im Hafen von Emden. Hisko von Emden übereignete Schloss sowie Stadt der Hanse und erklärte sich zur Mitarbeit gegen die Vitalienbrüder bereit. Am 23. Mai 1400 beurkundeten alle Gemeinden und Häuptlinge Ostfrieslands dann, den Seeräubern im Gebiet zwischen Weser und Ems niemals mehr Aufenthalt zu gewähren. Von den etwa 300 überlebenden Vitalienbrüdern flohen viele nach Holland und nach Norwegen. Die nach Norwegen entkommenen standen unter dem Befehl von Godeke Michels, die in Holland den Schriftquellen nach unter einem *Johan Stortebecker* – vielleicht war es der bekannte Klaus Störtebeker, dessen Name nur falsch aufgeschrieben wurde. Das Verhältnis zwischen den beiden Hauptleuten entzieht sich der schriftlichen Überlieferung.

Somit war zwar die Flottenexpedition der Hanse erfolgreich gewesen, aber den Städten war klar, dass das Seeräuberproblem fortbestand. Auch auf die uneingeschränkte Unterstützung der ostfriesischen Häuptlinge konnte man nicht für alle Zeiten rechnen. Denn sobald die Hanseschiffe Ostfriesland verließen, stand eine Rückkehr der Seeräuber zu befürchten. Andererseits konnte man mit der Flotte nicht in Osfriesland bleiben. Als zusätzliches Problem erwies sich, dass die Vitalienbrüder von dem nahe liegenden, aber mit der Hanse verfeindeten Holland aus ungehindert auf der Nordsee operieren konnten. Wie richtig diese Einschätzung war, zeigt sich darin, dass am 11. November 1400 Herzog Albrecht von Holland einer Schar von Vitalienbrüdern einen Kaperbrief ausstellte.

Am 2. Juli 1400 war die hansische Flotte wieder in Hamburg eingetroffen, um für neue Aufgaben bereit zu stehen. Für die folgenden beiden so entscheidenden Jahre geben die Quellen kaum Auskünfte. Sicher ist, dass Vitalienbrüder aus Holland unter dem Hauptmann Klaus Störtebeker wiederkehrten und sich auf der Insel Helgoland niederließen, deren Bewohner in enger Verbindung zu den ostfriesischen Häuptlingen standen. Damit bestand die Gefahr einer ständigen feindlichen Flottenbasis in der Zufahrt zur Elbe und damit im Vorfeld Hamburgs. Die Hamburger handelten schnell und entschlossen. Unter der Führung der Ratsherrn Hermann Lange und Nikolaus Schoke stach irgendwann zwischen dem 15. August und dem 11. November 1400 eine Hamburger Flotte mit dem Ziel Helgoland in See. Wie die Seeschlacht verlief wissen wir nicht. Die Legende berichtet, dass Simon von Utrecht auf seinem Schiff, der „Bunten Kuh", die Schlacht gewann – nur wurde dieses Schiff erst 1401 fertiggestellt. Verrat sollte den großen *capitaneus* Störtebeker zu Fall gebracht haben. Die Wahrheit ist schlichter, wie wir in der Lübecker Rufus-Chronik lesen[471]:

In demselben Jahr fochten die Englandfahrer der Stadt Hamburg auf der See mit den Seeräubern, die sich Vitalienbrüder nannten, und konnten sie besiegen. Ungefähr 40 von ihnen schlugen

sie tot bei Helgoland und 70 fingen sie. Diese brachten sie mit nach Hamburg und ließen ihnen allen die Köpfe abschlagen; ihre Köpfe setzten sie auf eine Wiese an der Elbe als Zeichen dafür, dass sie auf dem Meer geraubt hatten. Die Hauptleute dieser Vitalienbrüder hießen Wichmann und Klaus Störtebeker.
Rufus-Chronik. Die Chroniken der deutschen Städte, Bd. 28 (Lübeck 1902), S. 25.

Allerdings wird der Namen Klaus Störtebeker in den zuverlässigeren Hamburger Kanzleirechnungen nicht erwähnt, sondern hier findet sich nur ein Hinweis auf die Kosten zweier an der Flottenexpedition beteiligter Herren. Da die nachfolgenden Rechnungen mehrfach Godeke Michels nennen, dürfte er der bekanntere der beiden Vitalienbrüder gewesen sein. Um 1560 berichtet Conrad Tratzinger, Professor der Rechte in Rostock und später Syndikus in Hamburg, über das Jahr 1402:

Im nächsten Jahr, da schrieb man das Jahr 1402, gerieten die Englandfahrer bei Helgoland auf etliche Vitalienbrüder, die in der Westsee noch raubten. Derselben Hauptleute waren Clawes Stortebecker und einer mit Namen Wichmann. Die Hamburger griffen die Seeräuber an und erschlugen 40 von ihnen, etwa 70 wurden gefangen und gen Hamburg geführt, wo sie geköpft wurden und bekamen, was sie verdienten. Nicht lang danach in demselben Jahr fingen die Hamburger noch 80 Vitalienbrüder mit ihren Hauptleuten Godeken Michael und Wigbolden, welcher war ein promovierter Magister in den freien Künsten. Sie wurden daselbst alle gen Hamburg geführt, daselbst enthauptet und ihre Häupter auf das Brok zu den anderen gesetzt.
Lappenberg, J.M. (Hrsg.) 1865: Tratziger's Chronik der Stadt Hamburg (Hamburg 1865).

Die Jahresangabe 1402 für die Flottenexpedition hat die historische Forschung inzwischen auf das Jahr 1400 revidiert. Die Aktion in diesem Jahr war in wenigen Tagen beendet. Bürgerliches Gericht gewährte man den Räubern nicht, die Hinrichtung erfolgte schon kurz nach der Ankunft der Gefangenen in Hamburg. Godeke Michels, der 1401 – sicherlich auf Betreiben des holländischen Herzogs Albrecht – von Norwegen nach Osfriesland zurückgekehrt war, wurde mit seinen letzten Schiffen in der Weser überwältigt[472] und kurz danach hingerichtet. Wir erfahren aus einem Schreiben vom 27. April 1402:

Wir möchten Euch, liebe Freunde, daran erinnern, dass wir euch geschrieben haben, dass Godeke Michels mit anderen Vitalienbrüdern, seinen Helfern, in der See war und dass wir die unsrigen ausgerüstet haben, die denselben Godeke Michels und seine Helfer mit ihrer Kogge überwunden haben.
Hanserecesse Abt. I, Bd. 5, Nr. 54, 32.

Der Rest ist Legende[473].

Das Zeitalter der Entdeckungen

Nachdem in Nordeuropa die Hanse trotz ihrer institutionellen Schwäche und der Uneinigkeit im Inneren vier Jahrhunderte lang den maritimen Seehandel in der Nord- und Ostsee beherrscht hatte, erwuchsen ihr mit dem Erstarken der Territorialstaaten auf Dauer übermächtige Gegner. Auf diese wirtschaftlichen und politischen Veränderungen war die Organisation der Hanse nicht eingestellt. Auch ihre auswärtigen Kontore mussten schließen, wie der Peterhof in Nowogorod 1494 und der Stallhof in London 1598. Als 1699 in Lübeck der letzte Hansetag zusammentrat, waren mehrere Versuche, die Hanse als Städtebund zu organisieren, gescheitert. Was blieb, war das schon 1630 beschlossene Bündnis der Städte Hamburg, Bremen und Lübeck[474]. Zudem änderten sich mit der Entdeckung neuer Seewege und Kontinente die ökonomischen und politischen Konstellationen zuungunsten der Hanse. Seit den Entdeckungsreisen wurden die Verkehrsverbindungen über den Atlantik nach Amerika und entlang der afrikanischen Küste um das Kap der Guten Hoffnung nach Indien und Indonesien wichtiger als der Nord- und Ostseeraum, zumal man nach freien, nicht von Türken und Arabern beherrschten Seewegen zu den märchenhaften Gold- und Gewürzländern suchte. Um diese Entwicklung zu verstehen, sei daher ein kurzes Kapitel über das Zeitalter der Entdeckungen eingefügt, in dem wir die Fortschritte des Schiffbaus und der Navigation untersuchen wollen, da diese auch Auswirkungen auf Nordeuropa hatte.

Welche Ängste und Hoffnungen die wagemutigen Seefahrer erfüllten, die als erste über die weiten Ozeane fuhren, kann man kaum erahnen. Sie wussten nicht, ob sie hinter dem Horizont der Himmel oder die Hölle erwartete. Aberglaube und Religion schürten Ängste, gaben aber auch Zuversicht. Fast 500 Jahre, nachdem die Wikinger erstmals Nordamerika gesichtet hatten, einige Wochen vor Giovanni Caboto (*1450; †1499) und etwa 14 Monate vor Columbus, landete beispielsweise Amerigo Vespucci (*1451/54; †1512) auf dem Festland der Neuen Welt, das seinen Vornamen erhalten sollte. Das dies gelang, war auch den Fortschritten der Navigation zuzuschreiben. So schrieb er 1597: *Wir segelten mit dem Nordwestwind immer an der Küste und in Sichtweite des Landes. Wir sahen während der ganzen Zeit Menschen an der Küste, bis wir nach zwei Tagen einen für die Schiffe ausreichend sicheren Ort fanden. Wir ankerten eine halbe League* [etwa 2,3 km] *vom Land entfernt, auf dem wir Menschen sahen.* Wobei er hinzufügte: *Ich glaube, sie wären so weiß wie wir, wenn sie Kleider trügen*[475].

Von den neu entdeckten Küsten zeichnete man Karten, aber vorher war man kaum in der Lage die Entfernungen und Lage der Kontinente zu erkennen. Christoph Columbus studierte beispielsweise vor seiner berühmten Seefahrt von 1492 die Reisen des Marco Polo. Wie Fra Mauro war aber auch er nicht in der Lage, Irrtümer in Polos Bericht zu erkennen, darunter die fehlerhafte Lokalisierung Japans. Ebenso hatte Columbus neben Martin Behalms (*1459, †1507) Globus-Karte und Paolos Toscanellis (*1397, †1487) Weltkarte die Werke des Ptolemaios studiert, die nach 12 Jahrhunderten wieder in Italien übersetzt wurden[476]. Dieser hatte jedoch ebenso wie Columbus den Erdumfang weit unterschätzt. Deshalb glaubten Cabot und Columbus daran, dass man mit den damaligen Schiffen nach Indien gelangen konnte. Gegen Ende seiner Rückreise von Amerika schrieb Columbus einen Brief an

Das Zeitalter der Entdeckungen verlangte nach einer besseren Navigation und neuen Schiffen. Um etwa die Erkundung Afrikas und andere Entdeckungen zu fördern, gründete Heinrich der Seefahrer (*1394; †1460) um 1420 eine erste Seefahrtschule. Polytriptych von St. Vincent im Nationalen Museum der Künste (15. Jahrhundert).

den Schatzmeister Aragons, der bei der Finanzierung seines Unternehmens geholfen hatte:

Ich schreibe dies, um zu berichten, wie ich dreiundreißig Tage mit der Flotte, die unser ruhmreicher König und seine ruhmreiche Königin, unsere Gebieter, mir gaben, zu den Westindischen Inseln zu segeln, wo ich viele von vielen Menschen bewohnte Inseln fand. … Als ich Juana erreicht hatte, folgte ich der Küste nach Westen und fand sie so lang, dass ich glaubte es handle sich um Festland, dass heißt die Provinz Kathei. Und da ich weder Städte und Dörfer an der Küste fand,…folgte ich weiterhin dem Küstenverlauf. … Ich segelte in einer geraden Linie von Westen nach Osten 107 Leagues [500 km] entlang der Küste von Juana. Ich kann deshalb mit Sicherheit behaupten, dass diese Insel größer als England und Schottland zusammen ist, weil selbst nach diesen 107 Leagues an der Westküste noch zwei Provinzen übrig blieben, dich nicht mehr bereiste. Die eine von ihnen nennen die Eingeborenen Avan, Heimat der Menschen mit Schwänzen[477].

Während Columbus noch bis an sein Lebensende glaubte, Indien erreicht zu haben, äußerte Vicente Pinzón, der auf der ersten Reise 1492 die *Nina* befehligt hatte, und sich bei späteren Expeditionen als Entdecker einen Namen machte, schon früh Zweifel an dessen Behauptung. Neue Entdeckungen, die wiederum zu verbesserten Seekarten führten, sollten diesen Irrtum bald aufklären[478].

Fortschritte der Navigation

Das Zeitalter der Entdeckungen förderte die Navigation und umgekehrt war ohne nautische Kenntnisse die Besegelung der Weltmeere nicht möglich. Waren- und Edelmetallverknappung sowie Preissteigerungen machten sich vor allem in den Staaten bemerkbar, die am äußersten Rand Westeuropas lagen, so vor allem in Portugal. Im Verlauf der siegreichen Feldzüge

der Reconquista waren die Portugiesen unter großen Mühen mit Schiffen bis nach Nordafrika gelangt. Neben diesem Ereignis regten Berichte von Marco Polos Reisen nach China den Prinzen Heinrich der Seefahrer (*1394; †1460) an, 1420 eine erste Seefahrtschule zu gründen, die der Förderung von Entdeckungen zugute kommen sollte[479]. Heinrich schickte Kapitäne aus, die 1432 durch Zufall im Atlantik die Azoren-Inseln entdeckten, und 1441 wurde das gefürchtete Kap Blanco an der afrikanischen Küste umsegelt. Beim Tod Heinrichs 1460 waren 51 Schiffe ausgesandt worden, und seine Kapitäne waren entlang der afrikanischen Küste etwa bis zur Höhe der Gambiamündung vorgedrungen.

Gegen Ende des 15. Jahrhunderts experimentierte man an seiner Seefahrtschule mit der astronomischen Navigation nach Sonne und Polarstern, wobei das am Pendelring gehaltene Astrolab, der Jakobstab als Vorläufer des Sextanten und das Nokturnal verwendet wurden, denn der Humanismus hatte das Augenmerk der Gelehrten auf die antiken geographischen und astronomischen Kenntnisse gelenkt. Jakobstäbe hoher Präzision bezog man oft aus Nürnberg. Nach dort war um 1470 der Humanist und Mathematiker Joahnn Müller aus Franken gekommen, der sich *Regiomontanus* (*1436, †1476) nannte, Vorlesungen hielt und astronomische Tabellen (Ephemeriden) errechnete, aus denen sich der Stand einzelner Himmelskörper für jeden Tag ablesen lässt[480]. Diese ermöglichten eine geographische Ortsbestimmung. Sein Schüler Martin Behain erfand dann den schon erwähnten Jakobstab zur Ablesung von Winkel und Sternenhöhe. Neben den in dieser Zeit gebräuchlichen, aber nicht genauen Wasser- und Sanduhren konstruierte der Nürnberger Peter Henlein (*1479/80, †1542) eine Taschenuhr, die sich gut auf den schwankenden Schiffen einsetzen ließ.

Wie stand es aber mit den geographischen Kenntnissen dieser Zeit? Die dama-

Gegen Ende des 15. Jahrhunderts experimentierte man an der Seefahrerschule Heinrichs des Seefahrers mit der astronomischen Navigation nach Sonne und Polarstern. Zu den auf Schiffen verwendeten Messinstrumenten gehörten vor allem der Kompass und das Nokturnal, Objekte aus der Casa de Colon, Gran Canaria. Foto: Dirk Meier.

ligen Radkarten mit ihren phantastischen Vorstellungen und Fabeln waren für die Seefahrt unbrauchbar. Infolge des Studiums antiker Geographen, der Berichte des Marco Polo und der Erzählungen von Missionaren fertigte 1459 der venezianische Mönch Fra Mauro (*1385, †1459) eine Weltkarte an, die bereits Vorderindien, Marco Polos Angaben über China, Japan sowie die ostasiatische Küste enthielt und über das antike Weltbild hinausging. Schließlich fasste der Florentiner Astronom Paolo da Pozzo Toscanelli (*1397, †1487) alle geographischen Kenntnisse seiner Zeit zusammen und zeichnete eine Weltkarte, die allerdings den Ostrand Asiens etwa auf die Küstenlinie Kaliforniens verlegt, wobei diesem Ostkontinent die Sageninseln *Zipangu* (Japan) und *Antigua* (Westindische Inseln) vorgelagert sind. Wie die anderen Astronomen seiner Zeit war er sich dabei ebenso wie die antiken griechischen Geographen der Kugelgestalt der Erde bewusst.

Neben diesen phantastischen Weltkarten entstanden Portulankarten, welche die seefahrenden Staaten Portugal und Spanien sowie die italienischen Stadtstaaten verwendeten[481]. Ihre Entstehung steht in der Tradition antiker Umschiffungsbeschreibungen (*periploi, limenes*). Die älteste Portulankarte, die „Pisaner Karte", aus dem ersten Viertel des 13. Jahrhunderts entstand etwa zur gleich Zeit wie die *Compasso da navegare*. Diese frühen, auf Tierhaut, später auf Pergament gezeichneten Portolane, die

sich oft in gebundene Atlanten finden, waren meist auf das Mittelmeer und Schwarze Meer beschränkt. Der Begriff Portolan oder Portulan (von ital.: *portolano*, abgeleitet von lat. *portus*, „Hafen"), bezeichnet ursprünglich ein Segelbuch mit nautischen Informationen über Landmarken, Strömungen oder Häfen. Ab dem 16. Jahrhundert wurde dieser Begriff dann auch für die begleitenden Seekarten verwendet. Ein wesentliches Merkmal der Portolankarten ist das sichtbare Liniennetz, das der Kursbestimmung mittels eines Kompasses diente. Dieses Liniennetz besteht aus verschiedenfarbigen Geraden (Rumbenlinien), die sowohl vom Zentrum der Karte als auch von 16 gleichmäßig auf einer Kreislinie verteilten Punkten (Windrosen) ausstrahlen. Die Linien der vier Haupt- und Zwi-

Blick in die Kajüte des Christoph Columbus auf der Santa Maria. In den Halterungen an der Wand liegen mehrere Karten. Nachbau im Museum Casa de Colon, Gran Canaria. Foto: Dirk Meier.

Eine Erleichterung für die Schifffahrt bildeten die Portolankarten, die zunächst oft auf Tierhaut, später auf Pergament gezeichnet wurden. Ein wesentliches Merkmal dieser Karten ist das sichtbare Liniennetz, das der Kursbestimmung mittels eines Kompasses diente. Die abgebildete Karte des Mittelmeeres stammt von Vesconte Maggiolo (1541). Quelle: wikimedia.

schenhimmelsrichtungen sind schwarz, die der Halbwinde grün und die der Viertelwinde rot eingetragen. Die Portolankarten sind nicht immer genordet, sondern der Nautiker drehte sie in die Richtung des jeweiligen Kurses. Gefährliche Passagen wurden in der Karte besonders vermerkt. Die Anlegeplätze waren, je nach ihrer Bedeutung, in verschiedenfarbiger Tinte eingetragen. Reichten die Angaben auf der Karte nicht aus, sah man im Portolanbuch nach. Ab 1500 entstanden dann Weltkarten, die nach Loggen, Messgeräten zur Fahrtgeschwindigkeit mit Leinen, und Quadranten, einem Astrument mit dem sich Höhe und Positionen von Sternen bestimmen ließen, eingeteilt waren. Zudem erfand man die Merkartor-Projektion, eine winkelgetreue Abbildung der Erde[482].

Vom mediterranen Raum gelangten die Portolankarten seit dem 16. Jahrhundert in die Niederlande, wo u. a. die Brüder Harmen (*1540, †1617) und Marten Jansz (*1589/90, †1649/50) Kopien von Karten, wie etwa des Atlantiks anfertigten[483]. Aufgrund der sich hier stetig veränderten Tidegewässer vertrauten die Schiffer lange Zeit allein ihren Segelanweisungen, die für die amphische Landschaft besser angepasst waren als Karten mit statisch eingetragenen Fahrwässern und Küstenlinien. Im Mittelmeer ließ sich hingegen mit Kompass und Seekarte gut navigieren. Aus der Seekarte bestimmt man den Kurs, dem mit Hilfe des

Kompasses gefolgt wird. Mit den schon erwähnten Zeit- oder Fahrtmessmethoden lässt sich die zurückgelegte Entfernung bestimmen, den noch anstehenden Kurs zeigt die Karte. Dieses war möglich, da der Kurs durchs Wasser mit dem Kurs über Grund identisch ist. Auf den atlantischen Schelfmeeren des Nordens setzen die Gezeiten mit ihren Strömen einer Schifffahrt dieser Art unüberwindliche Hürden entgegen, solang die Seekarten nicht in kurzen Abständen mit hoher Genauigkeit immer wieder angepasst wurden, was erst in der Neuzeit der Fall ist.

Angesichts der mangelnden Vermessungskenntnisse blieben die ersten Seekarten in Nordeuropa aber recht ungenau und boten nur Illustrationen der Segelanweisungen und erreichten daher zunächst nicht die Bedeutung der im Mittelmeerraum weit verbreiteten Portulankarten[484]. Nach ihrem Vorbild entwarf um die Mitte des 16. Jahrhunderts der Niederländer Cornelis Anthoniszoon die *Caerte von Oostland*. Aber auch bei dieser Karte sind der Küstenverlauf und die vorgelagerten Inseln der Nordseeküste vereinfacht wiedergegeben worden. Noch in den achtziger Jahren des 16. Jahrhunderts ließ im übrigen die Stadt Amsterdam durch einen nautischen Offizier die in ihrem Verlauf unbekannte Nordseeküste Schleswig-Holsteins bereisen, um eine Seekarte erstellen zu lassen.

Der großformatige, 1584 oder 1585 in Leiden von Lucas Janszoon Waghenaer herausgegebene *Spieghel der Zeevaerdt*, brachte dann eine erste entscheidende Verbesserung. Waghenaer, in Enkhuizen an der Zuidersee (dem heutigen Ijsselmeer) 1534 geboren, hatte mehrere Jahre als Lotse und Steuermann die Meere befahren. Sein Atlas enthält neben zahlreichen Karten eine Beschreibung der wichtigen Küstenlinien und Schifffahrtsrouten von Südspanien bis Norwegen und der Ostsee. Der Atlas wurde von Sir Anthony Ashley übersetzt und 1588 beim Kampf gegen die spanische Armada verwendet. Die Nordseeküste Schleswig-Holsteins erfasst eine Karte des zweiten Bandes des *Spieghels der Zeevaerdt*, die das nordfriesische Wattenmeer mit den Inseln, die Eidermündung, das Dithmarscher Küstengebiet, die Elbmündung sowie die Küste Ostfrieslands wiedergibt. Im südlichen nordfriesischen Wattenmeer ist noch die große Insel Strandt eingezeichnet, die

in der katastrophalen Sturmflut von 1634 in die heutigen Inseln Nordstrand und Pellworm auseinanderbrach. Die Fahrwässer mit ihrem Namen und Tiefenangaben in Faden sind ebenso berücksichtigt wie Wattflächen, Untiefen und Seezeichen. Hingegen ist die Ausgestaltung der Umrisse der Landflächen und Inseln stark sche-

Nach dem Vorbild der Portolankarten entstand der großformatige, 1584 oder 1585 in Leiden von Lucas Janszoon Waghenaer herausgegebene Spieghel der Zeevaerdt mit den Schifffahrtsrouten von Südspanien bis Norwegen und der Ostsee. Der Ausschnitt zeigt das schleswig-holsteinische Nordseeküstengebiet mit Eiderstedt und dem nordfriesischen Wattenmeer. Quelle: Meier 1994, 57.

183

Die „Carta mari-
na" des Schweden
Olaus Magnus
(*1490, †1557),
die früheste, halb-
wegs korrekte Karte
Nordeuropas mit
Darstellung der
Nord- und Ostsee,
ist keine See-, son-
dern eine Land-
karte.
Quelle: wikimedia.

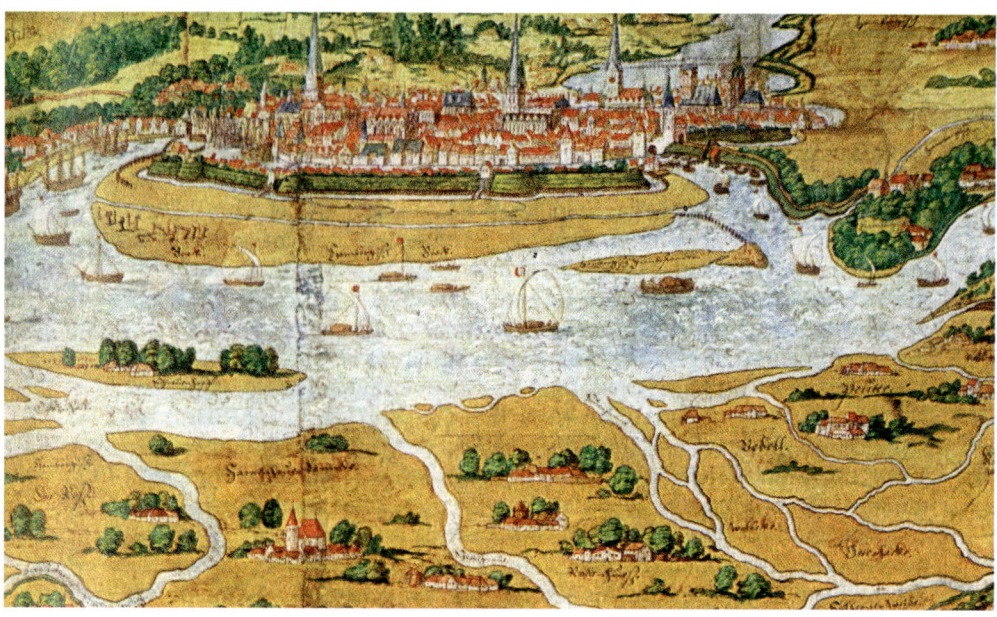

*Bei der Elbkarte des Melchior Lorichs handelt es sich jedoch nicht um eine See-, sondern um eine Prozesskarte zur Festlegung der Fahrwassergrenze vor Gericht. Mit einer für die damalige Zeit hohen Genauigkeit gibt die Karte neben der Elbe mit ihren Fahrwässern und Betonnungen auch die rückwärtigen Uferzonen beiderseits der Elbe mit ihren Landschafts- und Ortsbildern wieder. Der Ausschnitt zeigt Hamburg.
Quelle:WiH 1982, 23.*

matisiert. Die für den Seefahrer uninteressanten küstenferneren Gebiete sind nicht detailliert ausgestaltet, den Seefahrtsrouten und dem Blick vom Meer auf das Land werden eindeutig Vorrang eingeräumt. Am Kartenrand finden sich stattdessen Küstenansichten (*Kenningen*), wie sie sich dem Schiffer von See aus darstellten. Gerade diese nach dem Augenschein gezeichneten Küstenansichten mussten zuverlässig sein, da sie im Vergleich mit der Wirklichkeit die Orientierung erleichtern sollten. Weitere Orientierungen bieten die verschiedenen Kompasslinien.

Hingegen ist die *Carta marina*, die früheste, halbwegs korrekte Karte Nordeuropas mit Darstellung der Nord- und Ostsee, eine Landkarte. Die detailreiche 1,70 m lange und 1,25 m breite Karte wurde von dem Schweden Olaus Magnus (*1490, †1557), einem Anhänger der Gegenreformation, in zwölf Jahren fertiggestellt und 1539 in Venedig kopiert[485]. Dazu entstand die ebenfalls von Olaus Magnus gefertigte *Historia de gentibus septentrionalibus* als dazu gehörendes Kommentarwerk.

Bis zur frühen Neuzeit blieben die ersten Seekarten Beiwerk für die Segelanweisungen. Speziell auf das schleswig-holsteinische Küstengebiet ist auch eine um 1620 von einem unbekannten Zeichner entstandene Seekarte der Eidermündung ausgerichtet. Auf dieser ist das Fahrwasser der Außeneider mit allen Untiefen, Sänden, Wassertiefen sowie Seezeichen zu erkennen.

Die erste taugliche echte Seekarte für die Watten und die Deutsche Bucht gab in den Jahren 1708 bis 1710 Kapitän Mathurin Guitet im Auftrag der niederländischen Admiralität heraus. Er hatte mindestens zehn Jahre Convoyschiffe auf der Wattenfahrt von Bremen nach Hamburg geführt. Hingegen ist auf der sonst vorbildlichen Karte das Dithmarscher und Eiderstedter Küstengebiet nur ungenügend wiedergegeben, da Guitet offensichtlich keine Kenntnisse über dieses Seegebiet besaß.

Auch von der Elbe besitzen wir eine frühe Kartendarstellung. Bei der Elbkarte des Melchior Lorichs handelt es sich jedoch nicht um eine See-, sondern um eine Prozesskarte zur Festlegung der Fahrwassergrenze vor Gericht. Mit einer für die damalige Zeit hohen Genauigkeit gibt die Karte neben der Elbe mit ihren Fahrwässern und Betonnungen auch die rückwärtigen Uferzonen beiderseits der Elbe mit ihren Landschafts- und Ortsbildern wieder[486]. Weitere Prozesskarten, wenn auch weit weniger genau, zeigen auch künstliche Wasserstraßen, wie den 1525 bis 1529 von den Hansestädten Hamburg und Lübeck mit Erlaubnis des dänischen Königs Friedrich I. erbauten Alster-Beste-Kanal[487]. Dieser schuf über die Trave eine direkte Verbindung zwischen den beiden Städten und verband über die Elbe somit auch Nord- und Ostsee miteinander. Kaum war die künstliche Wasserstraße fertig, ging es auch hier um die Einnahmen aus den Zöllen zwischen Hamburg und den Herzog von Lauenburg. Diese Prozesskarten waren aber nicht für die Schiffer gemacht, sondern waren vielmehr Einzelstücke, die ebenso wie die Seekarten bis zur Verbesserung der Drucktechniken mit der Hand gezeichnet wurden und deshalb selten und teuer blieben.

Schiffstypen des 15. und 16. Jahrhunderts

• Die Karavelle und Nao

Der wichtigste Schiffstyp der Entdeckerzeit war die Karavelle (portugies. *caravela*, franz. *caravelle*)[488]. Ihre Namensdeutung geht auf kleine arabische Fischerboote mit Lateinersegeln (*qârib, carib*) zurück, von denen das portugiesische *cáravo* hergeleitet wird. Aber auch an den Atlantikküsten der iberischen Halbinsel gab es kleine Schifferboote mit Lateinersegeln. Die Karavelle war das erste europäische Segelschiff, das sehr hoch am Wind segeln konnte, was das Kreuzen vereinfachte und die Fahrzeit verkürzte. Allerdings war sie für achterliche Winde schlecht geeignet. Sie zeigte sich nicht nur den Wind- und Strömungsverhältnissen im Atlantik gewachsen, sondern eignete sich auch zum Befahren größerer Flussmündungen. Karavellen erscheinen seit dem Beginn des 13. Jahrhunderts in der historischen Überlieferung, so in einem Dokument über die Eingliederung einer portugiesischen *caravela* in eine englische Flotte, die in die Gascogne zurückkehrte. Der Terminus *caravela* taucht ferner in einem 1255 in einem durch den portugiesischen König Alfons III. erlassenen *foral* (Freibrief) für die am Rio Douro gelegene Stadt Vila Nova de Gaia auf. In beiden Fällen handelte es sich wohl um die an der Atlantikküste genutzten Küstenfrachter und Fischerboote mit Lateinersegel.

Somit scheint gesichert, dass die auf der iberischen Halbinsel entwickelte *caravela* auf Schiffstypen zurückgeht, die über Jahrhunderte in der Fischerei und in der Fluss- und Küstenschifffahrt sowie später auch in der Hochseeschifffahrt genutzt wurden. Allerdings lässt sich kaum ein einheitlicher Grundtyp beschreiben, allgemein gesprochen war die Karavelle ein Zweimaster mit meist Lateinersegeln und Achterkastell, durchgehendem Deck, geringem Tiefgang und einer Tragfähigkeit von 40 bis 60 *toneladas* (in Portugal des 15. und 16. Jahrhunderts ca. 32–47,5 Tonnen), der eine Besatzung von 20 Mann benötigte. Die 20 bis 25 m langen Schiffe waren kraweel beplankt. Im letzten Viertel des 15. Jahrhunderts wurden die Karavellen mit leichter Artillerie bestückt. Der portugiesische Chronist Gomes Eanes de Zuara belegt im Kapitel XI seiner *Crónica do descobrimento e conquista da Guiné* erstmals 1440 den Einsatz von Karavellen auf den portugiesischen Expeditionen auf den Weltmeeren.

Dieser Schiffstyp wurde schon bald zum Standardschiff der portugiesischen und spanischen Entdeckungsfahrten, mit denen der Seeweg südwärts entlang der afrikanischen Westküste erforscht, das *Cabo Tormentoso* (Sturmkap, später Kap der Guten Hoffnung genannt) 1487/88 von Bartolomeu Diaz umrundet und die Atlantiküberquerung realisiert wurde, wie die 1491 in Andalusien auf Kiel gelegten Pinta und Niña als Begleitschiffe des Columbus belegen[489]. Auf einer späteren Überfahrt nach Südamerika ging das Schiff von Diaz am 29. Mai 1500 vor der Küste Namibias unter und er selbst ebenso wie seine Besatzung starben den Seemannstod. Dessen

Rekonstruktion einer Karavelle mit Lateiner-Segeln des 15. Jahrhunderts (caravela latina). Grafik: Dirk Meier.

Wrack wurde von der namibischen Diamantengesellschaft NAMDEB 2008 zufällig entdeckt[490].

Die sog. *Santa Maria*, das Flaggschiff der ersten Entdeckungsfahrt von Christoph Columbus von 1492 bis 1493, lief am Weihnachtstag 1492 auf eine Sandbank vor dem heutigen Haiti auf und musste aufgegeben werden. Ihr Holz wurde zum Bau der ersten spanischen Siedlung auf amerikanischen Boden, La Navidad, verwendet. Da über die *Santa Maria* keine genauen zeitgenössischen Aufzeichnungen existieren, lässt sich nur vermuten, dass es eine 25 m lange und über 8 m breite Karacke war, die von Columbus jedoch als Nao (Nau) bezeichnet wird. Columbus vermerkte, dass die Santa Maria, trotz ihrer Geschwindigkeit von ca. 9 Knoten, sehr träge und für solch eine Expedition nicht geeignet gewesen sei[491].

Die Nao (von lat. *navis* für Schiff) war ein der Kogge und Karavelle ähnlicher, jedoch größerer und schwererer Zwei- oder Dreimaster, der von Portugiesen und Spaniern über einen längeren Zeitraum entwickelt wurde. Die Entwicklung der Nao beeinflussten Schiffstypen der italienischen Mit-

telmeerseefahrt, portugiesische und katalanische Küstenseglern und vor allem die nordwestfranzösische Nef, des bevorzugten Transportschiffs der Kreuzritter im 11. und 12. Jahrhundert. Im 14. Jahrhundert fuhr die Nao zumeist als Zweimaster, danach als dreimastiges Schiff. Naos waren schmaler und kürzer als Koggen mit einer ungünstigeren Rumpfform in Kraweelbauweise. Sie waren zudem erheblich leichter und billiger zu bauen. Das Flaggschiff Vasco da Gamas (*1469, †1524), die *São Gabriel*, wie auch die zuletzt verbliebene *Victoria* Ferdinand Magellans (*1480, †1521) waren ebenfalls Naos.

Vasco da Gamas Aufgabe bestand darin, für Portugal einen Seeweg um Afrika herum und den Indischen Ozean zu finden. Die portugiesische Krone übertrug ihm dafür das Kommando über vier Schiffe und 170 Seeleute. Die Schiffe waren mit Rationen für drei Jahre versehen und hatten Handelsgüter und Schmuck an Bord, die man gegen Gold und Gewürze tauschen wollte. Im Unterschied zu seinen Vorgängen segelte Vasco da Gama auf seinem Weg 1497 nach Süden mit seiner Flotte nicht nahe der westafrikanischen Küste, sondern schlug einen westlichen Kurs ein, um so die Windströme zu nutzen. Auf der Rückfahrt seiner mehr als 43 400 km langen Reise um das Kap der Guten Hoffnung und nach Indien hatte Vasco da Gama zwei seiner Schiffe aufgeben müssen bzw. verloren. Von dieser Expedition kehrten 54 Seeleute nach Portugal zurück, einer der 1499 auf See geblieben war, war Paolo, Vasco da Gamas älterer Bruder, der ein Schiff befehligt hatte[492].

Grund für die Reise Magellans war der Versuch Spaniens, am lukrativen Handel mit Indien und den Gewürzinseln beteiligt zu werden, da der 1494 abgeschlossene Vertrag von Tordesillas Portugal den Zugang zu diesem Markt von Osten aus erlaubte, was Vasco da Gama und später Cabral erfolgreich genutzt hatten. Deshalb versuchte Spanien, diese Gebiete von Westen her zu erreichen. Magellans Zuversicht, diesen Seeweg zu bewältigen, gründete sich auf seinen navigatorischen Studien. Kartographen hatten ihm von der Möglichkeit berichtet, dass man die Südspitze der Neuen Welt umrunden könnte. Der Astronom und Astrologe Rui Falero hatte ihn in seine Kenntnis der Breitengrade eingeweiht. Magellan nahm 24 Portolane und Pergamentkarten sowie eine Anzahl von Kompassen, Quadranten, Astrolabien, Sanduhren und ein Exemplar von Faleiros Werk über die Breitengrade mit. Von Beginn der Reise an kam es jedoch zu Spannungen zwischen den portugiesischen Offizieren und Kapitänen, zu denen auch Magellan gehörte, und den spanischen Mannschaften. Magellan entdeckte die nach ihm benannte Meeresstraße an der Südspitze Südamerikas und überquerte 1521 den Pazifik. Nach vielen Wochen auf See meuterten die Mannschaften und Magellan warf alle seine Karten und Messinstrumente über Bord, um damit zu demonstrieren, wie sehr er Gott vertraute. Schließlich ging die Flotte 1521 bei der Inselgruppe der Philippinen vor Anker, wo Magellan beim gewaltsamen Versuch der Missionierung der Eingeborenen auf Mactan am 27. April 1527 ums Leben kam[493].

Bald nach dem misslungenen Angriff auf Mactan sagte der schon bekehrte König von Cebu sich vom Christentum los und ließ die Spanier angreifen, wobei 35 Seeleute ums Leben kamen. Die Spanier entkamen zwar, doch waren sie nun so wenige, dass sie die *Concepción* selbst versenkten und die Überlebenden auf die *Trinidad* und *Victoria* verteilten. Mit ihren beiden verbliebenen Schiffen segelten sie daraufhin weiter nach Borneo und verbrachten 35 Tage in Brunei. Am 6. November erreichten sie die Molukkeninsel Tidore, wo sie im Tauschhandel mit dem Sultanat Gewürze erhielten. Am 21. Dezember segelte die *Victoria* mit 47 Europäern und 13 Ostindern los, während die *Trinidad* aufgrund von Reparaturen zunächst dablieb, später Richtung Südamerika segelte und dann

von den Portugiesen gekapert wurde. Nur fünf Seeleuten gelang 1525 die Rückkehr nach Spanien.

Am 11. Februar durchquerte die *Victoria* unter schwierigen Witterungsbedingungen den Indischen Ozean, so dass sie erst nach 12 Wochen das Kap der Guten Hoffnung am 6. Mai 1522 umsegelte. Am 4. Juli erreichte sie die Kapverden, wobei sie nach 21 Wochen auf See ihren Vormasten sowie 21 Besatzungsmitglieder verloren hatte. Die Portugiesen nahmen bei Santiago 13 Besatzungsmitglieder gefangen. Aufgrund des schlechten Schiffszustandes sowie seiner kostbaren Gewürzfracht, verzichtete dessen Kapitän Elcano auf eine Rettungsoperation und verließ den Hafen bevor die portugiesische Flotte eintraf. Am 6. Sep-

Die Karavelle wurde zum Standardschiff der portugiesischen und spanischen Entdeckungsfahrten. Sie zeigte sich nicht nur den Wind- und Strömungsverhältnissen im Atlantik gewachsen, sondern eignete sich auch zum Befahren größerer Flussmündungen. Foto: wikimwdia.

Rekonstruktion einer Karavelle mit Rahsegeln an Fock- und Großmast des 16. Jahrhunderts (caravela redonda). Grafik: Dirk Meier.

tember des Jahres 1522 erreichte die *Victoria* schließlich Sanlúcar, den spanischen Ausgangshafen. Lediglich 18 Männer der einst aufgebrochenen 256 gingen an Land, begleitet von drei Ostindern. Die erste Weltumseglung hatte zwei Jahre, elf Monate und zwei Wochen gedauert. Die *Victoria* hatte von den Molukken 520 Quintals (ungefähr 26 Tonnen) Gewürze heimgebracht, welche einen Reingewinn von etwa 500 Golddukaten erbrachten. Somit hatte eine Schiffsladung den finanziellen Verlust der vier anderen Schiffe vollständig entschädigt[494]. Die Mannschaften der Karavellen und Naos hatten unglaubliches vollbracht.

Ende des 15. Jahrhunderts spaltete sich die Entwicklungslinie der so erfolgreichen Karavelle auf[495]. Zum einen entwickelte man die *caravela latina* mit Lateinersegel weiter. Neben Zweimastern wurden auch Dreimaster mit einer Tragfähigkeit von bis zu 80 toneladas (ca. 63,5 Tonnen) und ca. 30 bis 35 m Länge gebaut, auf denen bis zu 60 Mann Besatzung fuhren. Diese kleinen, schnellen und wendigen Schiffe dienten in den Marinen Portugals und Spaniens bis in die zweite Hälfte des 18. Jahrhunderts hauptsächlich als Meldeschiffe, Aufklärer, als schnelle Frachtsegler und leichte Transportschiffe. Daneben entstand die *caravela redonda* als Quersegelkaravelle. Gebaut als Drei- und sogar Viermaster führte sie nur an Fock- oder an Fock- und Großmast Rahsegel und an den anderen Masten weiterhin Lateinersegel. Ende des 16. Jahrhunderts wiesen Quersegelkaravellen eine Tragfähigkeit von bis zu 200 toneladas (ca. 158,5 Tonnen) auf, waren größer und stabiler als die frühen Karavellen, oft gut mit Artillerie bestückt und wiesen eine beachtliche Feuerkraft auf. Einige dieser Schiffe verfügten bereits über zwei Decks sowie über Achterkastelle mit 2,5 Decks. Die *caravela redonda* orientierte sich dabei stärker an der Nao als an der Lateinerkaravelle. Die Fortsetzung dieser Schiffsbautechnik endet dann in der Galeone. Die Quersegelkaravelle blieb bis in das 18. Jahr-

hundert hinein als bewaffnetes Transport- und Kriegsschiff in Gebrauch. Die Portugiesen setzten diese als Eskorte auf der Brasilien- und Indienroute sowie zum Schutz des Schiffsverkehrs mit den Atlantikinseln ein, ferner dienten solche Schiffe als *caravela armada* zur Überwachung der Meerenge von Gibralta, zum Küstenschutz und der Piratenbekämpfung. *Caravelas redondas* bildeten Bestandteil der portugiesischen Indiengeschwader und nahmen 1511 unter Afonso de Albuquerque an der Eroberung von Malakka.

- **Die Karacke**

Die Karacke (abgeleitet von flämisch *kraeck*) tauchte erstmals in der ersten Hälfte des 14. Jahrhunderts in Genua als *carraca* auf und wurde bis zum Anfang des 17. Jahrhunderts als Handels- und Kriegsschiff genutzt. Die Karacke hat sich aus dem Nef, einem einmastigen Frachtschiff, wie es

Neben der Karavelle war die Karacke ein weiterer wichtiger Schiffstyp der Entdeckerzeit. Sie wurde als Kriegs- und Handelsschiff genutzt. Karacke aus dem Mittelmeerraum um 1495, Teil aus Ursula-Zyklus von Vittorio Carpaccio. Quelle: wikimedia.

auch die Kreuzfahrer benutzten, und dem Kraweel entwickelt[496]. In der zweiten Hälfte des 15. Jahrhunderts ähnelte sie dem spanisch-portugiesischen Schiffstyp Nao (Nau) und dem nordeuropäischen Holk. Sie war wesentlich größer und schwerer als die Karavelle, besaß einen bauchigen Rumpf und Bug sowie ein Vorder- und zweideckiges Achterkastell mit einer Gallerie. Karacken wiesen Längen bis zu 40 m auf und besaßen eine Tragfähigkeit bis ca. 500 Tonnen. Typisch für die Karacke war die Kraweelbauweise mit auf Stoß gesetzten Planken. Im 14./15. Jahrhundert gab es Dreimasten, im 16. Jahrhundert auch Viermaster. Der Bugspriet der Karacke trug ein Sprietsegel, der Fockmast ein Rahsegel und der Großmast ein oder zwei Lateinsegel. Karacken waren es, die im frühen Entdeckungszeitalter des 15./16. Jahrhunderts einen großen Teil des Seeverkehrs zwischen Spanien und Portugal einerseits sowie der Neuen Welt und Indien abwickelten.

Zu den bekannten Karacken gehört das 1418 gebaute Flaggschiff Heinrichs V., die *Grace Dieu*, die *Santa Maria*, das Flaggschiff von Christoph Columbus von 1492, die La Charente, die mit 1200 Soldaten und 200 Geschützen versehen war sowie die Santa Anna, ein Kriegsschiff des Johanniterordens 1522. Die *Grace Dieu* (franz. Gnade Gottes) war während des Hundertjährigen Krieges das Flaggschiff Heinrichs V. von England. Erbaut im Jahr 1418, ging sie 1439 infolge eines Blitzschlages in der Nähe von Southampton unter. Mit 67 m Länge und 2750 Tonnen Wasserverdrängung galt sie als das größte Schiff des Mittelalters, zweifellos ein technischer Höhepunkt des Schiffbaus bis dahin. Das Wrack wurde 1874 wiederentdeckt und 1974 unter Denkmalschutz gestellt.

Eine weitere Karacke, die *Santa Anna*, lief am 21. Dezember 1522 in Nizza vom Stapel, einen Tag bevor die Johanniter-Ritter bei der Belagerung von Rhodos durch die Türken gegen Gewährung freien Abzugs vor den Türken kapitulierten[497]. Als erstes

Schiff war ihr Unterwasserrumpf vollständig mit Bleiplatten beschlagen und auch oberhalb der Wasserlinie waren zwei der sechs Decks mit Bleiplatten gepanzert, die mit Bronzenägeln an den hölzernen Schiffskörper geschlagen waren. Die Bewaffnung der *Santa Anna* war für 500 Soldaten ausgelegt, und der Offiziersbereich wies Essräume und Messen auf. Im Schiff war ferner eine Schmiede untergebracht. Das Schiff besaß sogar eine eigene Windmühle und hatte Backöfen an Bord, mit denen die Besatzung mit frischem Brot versorgt wurde. Ein Garten mit Pflanzen und aufgehängte Blumenkästen entlang der Heckgalerie machte die *Santa Ama* zu einem Schmuckstück. 1535 war die *Santa Anna* am erfolgreichen Angriff der spanischen Flotte unter Karl dem V. auf Tunis beteiligt, bei dem mehr als 100 Schiffe der maghrebinischen Korsaren erbeutet wur-

Die sog. Santa Maria, das Flaggschiff der ersten Entdeckungsfahrt von Christoph Kolumbus von 1492 bis 1493 – hier ein Nachbau vor der Küste Madeiras – war wohl eine etwa 25 m lange und über 8 m breite Karacke, die von Kolumbus jedoch als Nao (Nau) bezeichnet wird. Foto: Adrian Michael.

Rekonstruktion der Santa Maria im Museum Casa de Colon, Gran Canaria. Foto: Dirk Meier.

Die Nao (von lat. navis für Schiff) war ein der Kogge und Karavelle ähnlicher, jedoch größerer und schwererer Zwei- oder Dreimaster, der von Portugiesen und Spaniern über einen längeren Zeitraum entwickelt wurde. Die Victoria Ferdinand Magellans (*1480, †1521) war ebenfalls ein Nao. Foto: wikimedia.

nen Getreide an Bord nehmen konnte. Nur achtzehn Jahre nach ihrer Indienststellung wurde das einst prachvolle Schiff 1540 auf Befehl des Johannitergroßmeisters Juan de Homedes abgewrackt.

Gelangen mit Karavellen, Naos und Karracken auch Fahrten über die Ozeane, so blieben diese doch immer ein Wagnis. Nicht nur die Navigation steckte noch in den Anfängen, sondern vor allem die Lebensbedingungen für die Seeleute waren hart. Etwas Komfort gab es nur für den Kapitän. Schwierig blieb die Versorgung auf den langen Reisen mit frischem Wasser und gesunden Lebensmitteln. Hauptnahrung bildeten Pökelfleisch und Schiffszwieback. So war oft Skorbut die häufigste Todesursache bei Seeleuten, das Schiff des Vasco da Gama beispielsweise verlor auf einer Reise von 160 Mann allein 100 durch diese Mangelerkrankung[498].

den. Zeitweilig diente das Schiff auch als Weizenfrachter, wobei sie bis zu 900 Ton-

Jaun de la Coas (*1449/1460, †1510) war Anteilseigner der sog. Santa Maria auf der ersten Reise des Christoph Kolumbus 1492 und begleitete noch andere Seefahrten als Kartograph. Von ihm stammt diese Portolan-Weltkarte, auf der Europa, Nord- und Südamerika (links grün), Afrika und Teile von Asien eingezeichnet sind. Das Original befindet sich im Museo Naval in Madrid. Quelle: wikimedia.

Der Aufschwung der Kolonialmächte, Auswanderung, Handels- und Grönlandfahrt

Mit dem Zeitalter der Renaissance und der Entdeckungen des 16. Jahrhunderts hatte sich in Nordeuropa ein ökonomischer Aufschwung vollzogen, von dem vor allem die Territorialstaaten des Nordseegebietes, England und die Niederlande, als „global player" profitieren sollten[499]. Flandern und die Niederlande waren seit dem späten 15. Jahrhundert durch Erbschaft in die Hände der Habsburger gelangt. Der seit dem Ende des 15. Jahrhunderts stark angestiegene Warenverkehr zwischen dem Norden mit seinen Agrarprodukten und dem für damalige Verhältnisse sehr überbevölkerten Textilerzeugungsgebieten in Flandern, Holland und Nordfrankreich gewann immer größere Bedeutung. Infolge des ständigen Einströmens von Edelmetallen aus der Neuen Welt jenseits des Atlantiks setzte sich in Westeuropa endgültig die Geldwirtschaft durch, womit aber eine Verteuerung der Agrarprodukte einherging. Von Antwerpen strahlte die städtische Kultur in den Nordseeraum aus, das Brügge als Wirtschaftszentrum abgelöst hatte und bis zur Eroberung während des Niederländischen Freiheitskampfes durch die Spanier 1585 führend blieb, bevor Amsterdam zum größten Handelszentrum heranwuchs[500]. Im 16. Jahrhundert verdoppelte sich fast die Bevölkerung und vermehrte sich von 30 auf 50 Einwohner pro km² in Holland, dem am dichtesten besiedelten Gebiet Europas.

Parallel zu dieser demographischen und wirtschaftlichen Entwicklung vollzog sich seit 1564 die Loslösung der Niederlande mit ihrer größtenteils der Reformation verbundenen Bevölkerung von der spanisch-habsburgischen Oberherrschaft. Die Bemühungen Phillips II. von Spanien (*1527, †1598), einheitliche Steuern und Gesetze zu erlassen, waren Auslöser des Aufstands. Unter Wilhelm von Oranien (*1533, †1584), schlossen sich mit Holland, Zeeland, Groningen, Utrecht, Friesland, Gelderland und Overijssel sieben Provinzen 1579 zur Utrechter Union zusammen, die nach dem Dreißigjährigen Krieg 1648 als Staat anerkannt wurden.

Bereits während des Achtzigjährigen Krieges mit Spanien (1568–1648) begannen die Niederlande mit der Jagd auf Wale sowie einem groß angelegten Überseehandel durch die 1602 gegründete Vereinigde Oostindische Compagnie (VOC, Vereinigte Ostindische Kompagnie) mit Indien und Indonesien und der Gründung von Kolonien. Holländische Schiffe segelten ferner nach Afrika, Nordamerika und Brasilien. Rationalisierung und neue Techniken belebten Handel und Gewerbe. Tuch- und Wollindustrie, Färbereien, Töpfereien, Keramik- und Glasproduktionen sowie die

Der Stich zeigt Amsterdam um 1540.

Seit 1570 wuchs Amsterdam zum größten Handelszentrum heran. Im 16. Jahrhundert verdoppelte sich fast die Bevölkerung und vermehrte sich von 30 auf 50 Einwohner pro km² in Holland, dem am dichtesten besiedelten Gebiet Europas. Die Stadt an der Amstel dehnte sich über ihren mittelalterlichen Kern aus, Gracht um Gracht entstand. Foto: Dirk Meier.

Herstellung von Kacheln erlebten einen steilen Aufschwung. Entsprechend dieser Entwicklung wuchs die Stadt, die um die Grachten herum ausgebaut wurde. Während des holländischen Goldenen Zeitalters von 1585 bis 1672 war Amsterdam zeitweise der größte Hafen Europas und die Stadt selbst war mit 100 000 Einwohnern weit größer als etwa Kopenhagen mit 20 000[501]. So besaßen die Niederlande 1532 etwa 400, etwa 100 Jahre später schon an die 2500 Schiffe[502]. Träger dieser Entwicklung war das Bürgertum einer finanzkräftigen städtischen Oberschicht. In den Räten der Handelsstädte saßen die für Freiheit und Selbstverwaltung eintretenden großen Kaufleute, Reeder und Bankiers. Größere Schiffe beförderten mehr Waren und Passagiere als jemals zuvor. Für den See- und Flussverkehr dienten zahlreiche Schiffstypen, wobei man immer noch im Schiffbau experimentierte[503]. Niederländische Kultur und Schiffsbauten, wie die Fleute, der Bojer oder die Schmak sowie verbesserte Segeltechniken verbreiteten sich entlang der Nordsee[504]. In der holländischen Handelsschifffahrt und Marine dienten viele friesische und dänische Seeleute. Niederländisch wurde zu einer wichtigen Seefahrtssprache.

Zahlreiche großformatige Atlantendarstellungen – wie der 1570 in Antwerpen

gedruckte *Teatrum orbis terrarum* von Ortelius –, Seekarten, Glasbilder oder Ölmalerei von Cornelis Anthoniszoon, Adam Willaerts, Hendrick Cornelisz Vroom, Andries van Eertvelt, Simon de Vlieger oder Abraham de Verwer entstanden. Gobelins, Kupferstiche und Modelle geben Schiffe und Häfen des 16./17. Jahrhunderts wieder, wenn diese auch hinsichtlich schiffsbautechnischer Details ebenso wie die Städtebilder des *Civitatis orbis terrarum* von Braun und Hogenberg, der in Amsterdam 1572–1618 erschien, nicht unkritisch übernommen werden dürfen[505].

Von Vlieland, Terschelling und anderen Wattenmeerinseln besegelten kleinere Schiffe in das Landesinnere führende Flüsse und Meeresarme. Tonnen, Leuchtfeuer, Segelanweisungen und Seekarten optimierten die Navigation. Kanäle verbesserten die Schifffahrt zu landeinwärts liegenden Städten, wie Alkmaar, Franeker, Leeuwarden oder Groningen. Vielerorts entstanden Sielhäfen, so um 1400 Spaarndam, Delfshaven, Broekerhaven und Kolhorn in Holland sowie seit 1505 in Nord-Holland, Groningen und Ostfriesland. Kleinere Kanäle gab es auch in Ostfriesland und Eiderstedt[506].

Nachdem 1650 der Statthalter Wilhelm II. von Oranien starb, ging es mit der Macht der Generalstaaten bergab, und diese mussten 1651 in der Navigationsakte anerkennen, dass Waren nach England nur noch mit englischen Schiffen transportiert werden durften. Es folgten zwischen 1652 und 1674 drei wirtschaftlich belastende Kriege mit der neuen Kolonialmacht England. Unter Elisabeth I. (*1533, †1603) erstarkte dabei London als Handelszentrum, wo zahlreiche Gewerbebetriebe und Webereien florierten. In diese Periode fiel die Gründung der Britisch-Ostindischen Kompagnie (1600). Hingegen verlor die Hanse in England jeden Einfluss und nach der Zerstörung Antwerpens durch die Spanier 1572 stieg London zum wichtigsten Nordseehafen auf. Zählte London 1530 nur 50 000 Einwohner, waren es 1605 schon 225 000[507]. Auch die Pestepidemien von 1665 und 1666 sowie der große Brand 1666, die katastrophale Auswirkungen auf das urbane Leben hatten, konnten den weiteren Aufstieg Londons nicht dauerhaft beeinträchtigen. Ende des 17. Jahrhunderts wurde London, auch infolge des Zuzugs vertriebener Hugenotten, anstelle von Amsterdam zum bedeutendsten Finanzzentrum der Welt. Um 1700 gingen etwa 80 Prozent der englischen Importe und 69 Prozent der Exporte über den Hafen von London. Um diesen Warenverkehr zu bewältigen, war flussabwärts der mittelalterlichen Kais 1696 ein neues Dock gebaut worden, das Platz für 120 Schiffe bot. Dieses Howland Great Dock bildete dann das Vorbild für weitere Hafenerweiterungen, wie u. a. das West India Docks (1802) und East India Docks (1805), denen bis 1921 weitere folgten (Docklands). Neue Brücken (Westminster Bridge, Blackfriars Bridge) über die Themse, welche die London Bridge entlasteten, erlaubten eine Ausdehnung Londons nach Süden, das im 19. Jahrhundert zur größten Stadt der Welt wurde[508].

Obwohl London als Hauptstadt des Britischen Weltreiches Amsterdam überflügelt hatte und in den Niederlanden am Ende dieses Goldenen Zeitalters die Bevölkerung bis zur Mitte des 18. Jahrhunderts stagnierte, beeinflussten holländische Innovationen, Kunst und Kultur den Nordseeraum[509]. Die Niederländer waren lange Zeit auch führend im Walfang. Nachdem der Holländer Willem Barents bei der Suche nach dem Seeweg nach Indien 1596 Spitzbergen entdeckt hatte[510] und von einer ähnlichen Erkundungsreise der Engländer Henry Hudson 1607 die Nachricht mit nach Europa brachte[511], dass es dort viele Robben, Walrosse und Wale gäbe, sandten 1612 die Engländer und 1613 die Niederländer Fangschiffe aus. Da man Spitzbergen zunächst für Grönland hielt, sprach man noch lange von der Grönlandfahrt. Die Schiffslisten von Hamburg enthalten wohl auch deshalb erst 1719 Aufzeichnungen über den Fang von Walen in

der Davis-Straße vor Grönland. Viele der Besatzungen der holländischen Schiffe waren Nordfriesen, die – wie Martens 1671, Zorgdrager 1720 und Jens Jacob Eschels 1835 – von ihren Fangfahrten berichteten. In der Blütezeit des Walfangs fuhren etwa 3000 Männer von den nordfriesischen Inseln ins Eismeer, woran sich Jungen von 11 Jahren, wie Jens Jakob Eschels von Föhr, bis hin zu alten Leuten bis an die 70 Jahre beteiligten. Allein von der Insel Föhr kamen 1760 von etwa 4500 Einwohnern 1450, darunter 64 *Commandeure* (Schiffsführer), 229 Steuerleute und Harpuniere und 1122 Matrosen. In der Zeit von 1670 bis 1725 sind von Holland aus 7891 und von Hamburg aus 2692 Schiffe ausgefahren, die 34 447 bzw. 10 441 Wale fingen. Von Hamburg aus fuhren 1787 bis 1800 im Ganzen 367 Schiffe, die in dieser Zeit 1026 Wale erlegten. Der Föhringer Commandeur Mathias Petersen (*1632, †1706) erhielt aufgrund seiner Fangquote von 373 Walen in den Buchten Spitzbergens den Namen *Glücklicher Matthias*[512]. In der Winterzeit erteilten oft die älteren nordfriesischen Commandeure angehenden Seeleuten Unterricht und vermittelten navigatori-

Viele der holländi-
schen Schiffe waren
mit Besatzungen
und Commandeu-
ren von den nord-
friesischen Inseln
bemannt. Dieser
Grabstein stammt
vom Föhringer
Commandeur Mat-
thias Petersen
(*1632, †1706),
der aufgrund seiner
Fangquote von
373 Walen in den
Buchten Spitzber-
gens den Namen
„Glücklicher Mat-
thias" erhielt.
Foto: Dirk Meier.

sche Kenntnisse. Aber trotz der besseren Navigation gingen bei der Grönlandfahrt zahlreiche Schiffe unter, und viele Seeleute verloren ihr Leben. Während der Fangperioden von 1670 bis 1725 sind 317 holländische Schiffe im Eis geblieben. Bei der Insel Mayen wurde 1777 sogar eine ganze holländische und englische Flotte vom Eis eingeschlossen und mit dem Eis an der Küste Grönlands entlang getrieben, bis es im Winter dem größten Teil der Besatzungen gelang, die ostgrönländische Küste zu erreichen. Eine Anzahl der Männer wollte durch das Inlandeis zu den dänischen Siedlungen an der Westküste gelangen – man hat nie wieder was von ihnen gehört[513]. Gefährlich war auch der Walfang selber, da von den Schiffen aus kleine Ruderboote ins Wasser gelassen wurden. Bei der Jagd auf die Wale mit Harpunen konnte das verwundete Tier oft ganze Bootsbesatzungen beim Tauchen unter Wasser ziehen, wenn diese die Leinen der Fanggeschosse nicht kappten.

Auch auf der Fahrt nach Holland kam es zu Katastrophen auf der Nordsee. So berichtet C. P. Hansen 1845 in seiner Chronik, dass am 23. März 1711 der Schiffer Peter Heiken aus Morsum auf Sylt auf seiner Schmack (Schmak), einem einmastigen Küstensegler, mit 85 Sylter Seefahrern als Passagieren nach Amsterdam absegelte, die dort Schiffsdienste suchten. In einem Sturm strandete das Schiff jedoch vor dem niederländischen Ameland, wobei die gesamte Besatzung und die Passagiere den Tod fanden. Ein weiteres Unglück ereignete sich am 10. Oktober 1797, als das Boot des Schiffers Boy Paulsen von Wyk in der Hever unterging, das 72 Föhrer Seefahrer, vor allem Walfänger auf der Heimreise aus Holland an Bord hatte. Grönlandfahrer, die glücklich heimkehrten, brachten neben der Heuer Arbeiten aus Walknochen oder Walrosszahn ebenso wie holländische Importe, vor allem Kacheln, auf die Inseln. Als am Ende dieses Goldenen Zeitalters des Walfangs der Grönlandwal (Balaena mysticetus) fast ausgerottet war, kamen die Fangfahrten ab 1800 fast zum Erliegen.

Nachdem die Grönlandfahrt schon seit der zweiten Hälfte des 18. Jahrhunderts nicht mehr den sonst üblichen Profit abgeworfen hatte, verdingten sich viele Nordfriesen auf Handelsfahrten nach Ost- und Westindien, wo die Niederlande, England und Dänemark Stützpunkte ihrer Handels-compagnien unterhielten. Von den Ostindienfahrten der holländischen VOC brachten die Seeleute Gewürze mit nach Hause. Anders als bei der Grönlandfahrt blieben die Kapitäne und Mannschaften jetzt viel länger von zu Hause fort. Nach der Chronik von C. P. Hansen zählte man 1792 auf Sylt 378 Seefahrer und auf Föhr etwa 1000. Über die Fahrten berichten Kirchenbücher, Aufzeichnungen und Inschriften auf Grabsteinen, so steht auf dem Grabstein des Rörd Knuten (*1730, †1812), dass dieser mit 14 Jahren zur See ging und 36 Jahre lang bis 1744 auf Grönlandfahrt und Handelsreisen die nördliche Halbkugel befahren hat[514].

Ein weiteres Geschäft, das etwa seit 1680 aufkam und 1807 in England verboten wurde, war der Atlantische Dreieckshandel[515]. Dabei fuhren die Schiffe von Europa aus mit Feuerwaffen, Bronze- und Stahlbarren, grobem Tuch, billigen Glasperlen und Manufakturprodukten an die westafrikanische Küste, wo die Ladung gegen Sklaven auf Märkten von lokalen Händlern gekauft oder getauscht wurden. Man vermied lange Liegezeiten, so dass die Segler schon ab Anfang Dezember mit Kurs auf die Karibik in See stachen, wo sie vom Erlös der Sklaven landwirtschaftliche Exportgüter, vor allem groben Zucker, Zuckersirup (Melasse), Rum oder Baumwolle an Bord nahmen und damit ab April in ihre Heimathäfen zurücksegelten, um die Ladung im Frühsommer auf den europäischen Märkten mit Gewinn zu verkaufen. An diesem Handel waren französische, niederländische, deutsche und englische Gesellschaften beteiligt, vor allem aber die *English Royal African Company*, die den verschiedenen Kolonien Sklaven verkaufte. Tatsächlich aber liefen nur rund zwei Drittel der europäischen Afrikafahrten im Rahmen des Dreieckshandels ab. Zudem war vor 1700 Gold und nicht Sklaven das wichtigste afrikanische Exportgut. Auch segelte nicht ein Schiff alle drei Routen, sondern einzelne Reeder spezialisierten sich auf Teilseewege.

Seylen in 't Ys, en soeken na de Walvis. | Das Seeglen ins Eys und suchen des Walfisches.

Diese Umorientierung der europäischen Handelsströme nach Westen und das zunehmende Eindringen niederländischer Schiffe in die Ostsee sowie das Erstarken der nordischen Territorialstaaten Dänemark und Schweden, die beide die Vorherrschaft im Ostseeraum (*dominium maris baltici*) anstrebten[516], führte zu einem erheblichen Bedeutungsverlust für den Lübecker Fernhandel. Dies vermochte auch der ab 1665 verstärkt aufgenommene, aber risikoreiche Walfang nicht zu ändern. Schon vier Jahre später, 1669, fand der letzte Hansetag in Lübeck statt. Die drei Städte Lübeck, Hamburg und Bremen wurden zu Sachwaltern der Hanse und ihres Restvermögens eingesetzt.

Im nördlichen Teil des Herzogtums Schleswig war am Ende des 12. Jahrhunderts das Grundgefüge des späteren Städtewesens in Form von Markt- und Seehandelssiedlungen gelegt worden. Zwischen 1235 und 1300 fällt die große Zeit der Stadterhebungen in Schleswig-Holstein. Innerhalb der aufstrebenden Städte bildeten Stadtherren und Vögte der holsteinischen Grafen, schleswigschen Herzöge und dänischen Könige die herrschaftliche Komponente. Die Steuern, welche die Städte zahlten, waren regelmäßige Geldein-

Nachdem der Holländer Willem Barents bei der Suche nach dem Seeweg nach Indien 1596 Spitzbergen entdeckt hatte und von einer ähnlichen Erkundungsreise der Engländer Henry Hudson 1607 die Nachricht mit nach Europa brachte, dass es dort viele Robben, Walrosse und Wale gäbe, sandten 1612 die Engländer und 1613 die Niederländer Fangschiffe aus. Da man Spitzbergen zunächst für Grönland hielt, sprach man noch lange von der Grönlandfahrt. Der Kupferstich von Adolf van der Laan (1690–1742) zeigt „Das Segeln in das Eis und das Suchen der Walfische". Quelle: wikimedia.

künfte für den Landesherrn. So erreichte außer Lübeck und Hamburg keine der schleswig-holsteinischen Städte wirkliche Autonomie. Reges Interesse an dieser Entwicklung hatten aber auch die sich in Gilden (rechtlich durch Schwur verbundene Gemeinden gleichgestellter Bürger) zusammengeschlossenen Fernhandelskaufleute. Deutlich zeigt dies die Entwicklung in Flensburg, das in der frühen Neuzeit zu einer der wichtigsten Handelsstädte Dänemarks wurde.

Der am Ende der gleichnamigen Förde gelegene Ort hatte 1284 Stadtrecht erhalten und profitierte von der nachlassenden Bedeutung Schleswigs. Die Stadt hatte sich aus Siedlungen um die späteren Kirchen St. Johannes am östlichen Fördeufer sowie St. Marien und St. Nikolai am westlichen Ufer im inneren Teil der Flensburger Förde seit 1200 rasch entwickelt. Dafür gab es mehrere Gründe, so bot der Hafen im inneren Winkel der Flensburger Förde aufgrund der bis fast 65 m hohen Moränen Schutz vor Winden und war tief genug für die größten Schiffe der Zeit. Zudem konnten hier die Waren auf die Landtrassen des Ochsenweges von Jütland nach Hamburg sowie auf weiteren Wegen nach Nordfriesland und Angeln umgeladen werden. Ferner gab es in der Förde zahlreiche Heringe.

Nach dem Schema einer norddeutschen Gründungsstadt, wie sie seit Heinrich dem Löwen üblich war, entstand in dem von dänischen Kaufleuten der Knudsgilde bewohnten Viertel der St.-Marien-Kirche unterhalb eines mittelalterlichen Edelsitzes am westlichen Fördeufer ein rechteckiger Markt mit rechtwinklig einmündenden Straßen. Die in Gilden unter Leitung eines Ältermanns organisierten Kaufleute standen einander bei, übten Blutrache aus und waren bewaffnet.

Von St. Marien führte eine lange Straße parallel des Fördeufers nach Süden zu dem im 13. Jahrhundert sicher bestehenden Viertel St. Nikolai. Entlang der Förde erstreckten sich die Kaufmannshöfe, die ihre Hofenden durch Abfallaufschüttung immer weiter zum Wasser hin vorschoben. Oberhalb der Stadt, auf dem Marienberg, errichtete die dänische Königin Magarethe I. im Zuge von Auseinandersetzungen um das Herzogtum Schleswig 1411 die Duburg. Doch nicht lange sollte Flensburg unter dänischer Herrschaft stehen, denn verbündet mit der Hanse gelang dem Schleswiger Herzog und seinen Anhängern die Eroberung der Burg. Das Machtgewicht hatte sich im Ostseeraum zugunsten der Hanse und damit der Kaufmannschaft verschoben. Wie in anderen Städten waren auch in Flensburg nur die Erdbürger (*Husbonde*) Mitglieder der Ratsversammlung (*Bything*). Die im Rat vertretenen Kaufleute stießen schon bald mit den Interessen der Herzöge aneinander, der in der Stadt durch einen Vogt vertreten war. Auch innerhalb der Kaufmannschaft vollzogen sich Wandlungen, indem seit dem 14. Jahrhundert die Knudsgilde ihre Bedeutung zugunsten von Kaufleuten verlor, die in Kontoren wohnten und vom Ostseehandel der Hanse profitierten.

Dabei erwies es sich als Vorteil, dass Flensburg bei allen Landesteilungen in Schleswig-Holstein an die königliche Linie fiel, denn den dänischen Regenten lag viel daran, die bedeutendste Seehandelsstadt ihrer Länder, mit der das aufstrebende Kopenhagen noch nicht konkurrieren konnte, zu fördern. Die Flensburger Kaufleute wurden 1571 im Norwegenhandel mit den Reichseinwohnern Dänemarks gleichgestellt. So wuchs die Handelsflotte

Im skandinavischen Raum wurde Flensburg im 16. Jahrhundert zu einer der bedeutendsten Handelsstädte. Flensburg mit Duburg und Marienkirche (links). Epitaph von Georg Beyer in der Marienkirche. Ölmalerei. Foto: Dirk Meier.

Flensburgs. Ende des 16. Jahrhunderts wurden 200 große und kleine Schiffe gezählt, während Kopenhagen 1688 nur 88 Schiffe besaß. Besonders wichtig war für die Flensburger Kaufleute der Handel mit Getreide und anderen Agrarprodukten (Malz, Bier, Talg, Speck, Fleisch, Butter) des Hinterlandes und des Ostseeraums sowie Holz aus den Gebieten von Narva, Riga, Königsberg und Danzig mit den Niederlanden. Die Waren wurden von Flensburg aus mit Wagen über den kurzen Landweg nach Husum gebracht. Der von Bergen in Norwegen bezogene getrocknete und gesalzene Fisch ging von Flensburg aus nach Hamburg, Bremen, Emden und Holland[517]. Sichtbares Baudenkmal des Schiffergelags, die sich 1581 von den Kaufleuten als eigene Genossenschaft selbständiger Schiffer trennten, ist bis heute das 1602 gebaute Kompagnietor[518]. Entsprechend der Zunahme der Schiffe wurde die Schiffbrücke im 16./17. Jahrhundert ausgebaut. Die Schiffbrücke beaufsichtigte der Brückenvogt mit seinen Wächtern, bei denen die einlaufenden Schiffer ihre Waren zu deklarieren hatten[519]. Die Flensburger Schiffe waren oft im Besitz von Unternehmergemeinschaften, wobei größere Geschäfte meist von Kompagnien abgewickelt wurden.

Bis an das Mittelmeer, nach Grönland und später in die Karibik reichten die Aktivitäten Flensburger Kaufleute. Die wichtigsten Handelswaren waren neben den Heringen zunächst Zucker und Tran, ferner kam auf der Grönlandfahrt der Walfang hinzu. Der Dreißigjährige Krieg beendete mit dem Einfall der kaiserlichen Truppen nach Jütland 1627 und 1628 ebenso wie die dänisch-schwedischen Kriege zwischen 1643 und 1660 den Wohlstand der Stadt. Dank des Rumhandels erlebte Flensburg im 18. Jahrhundert eine zweite Blütezeit[520]. Der Rohrzucker wurde aus den dänischen Westindischen Kolonien, den heutigen Jungferninseln, vermutlich im Rahmen des Dreieckshandels importiert und in Flensburg raffiniert. Erst im Zuge der Industria-

lisierung seit dem 19. Jahrhundert konnten sich die Flensburger Zuckerraffinerien nicht mehr gegen die Konkurrenz von Kopenhagen und Hamburg behaupten. Der in Flensburg verschnittene Rum war dann ein Ausweichgeschäft im Westindienhandel, von wo er eingeführt und von Flensburg aus in ganz Europa vertrieben wurde. Immerhin bestritten die Flensburger Kaufleute zwischen 1780 und 1784 ein Zehntel des Kopenhagener Westindienhandels[521]. Daneben lieferten Flensburger Kaufleute Hanf, Teer und Holz nach Bordeaux und Lissabon, von wo sie Rotweine, Backobst, Wallnüsse, Papier, Terpentinöl, Weinessig, Branntwein, Likör, Aquavit und Konfitüren bezogen[522]. Auch der Norwegenhandel erreichte wieder seine Bedeutung wie vor dem Dreißigjährigen Krieg. Entsprechend der Prosperität der Stadt wuchs deren Einwohnerzahl von 5000 im Jahr 1720 auf 10 700 im Jahr 1803. Aufgrund des regen Betriebes, so hatte sich zwischen 1776 und 1805 die Handelsflotte verdreifacht, mussten die Schiffe der Reihenfolge nach an der weiter ausgebauten Schiffbrücke anlegen, wobei die Liegezeiten sich nach den Lasten richteten, wurden diese überschritten, kappte man die Taue. Schiffe mit 10 Lasten konnten 8 Tage liegen, die mit 20 bis 14 Tage und mit 30 an die drei Wochen[523]. Bis 1864 blieb Flensburg nach Kopenhagen der zweitgrößte Hafen im Dänischen Gesamtstaat.

Kopenhagen hatte sich aus einer im 12. Jahrhundert am Öresund angelegten Burg entwickelt, die den kleinen Handelshafen mit Verkehr zur Insel Amager und nach Schonen sichern sollte. Aufgrund seiner günstigen Lage zwischen dem Bischofssitz Roskilde und dem Erzbischofssitz im damals dänischen Lund wuchs die Ansiedlung rasch, die den Namen *Køpmannæhafn* (Kaufmännerhafen) erhielt und 1254 von Bischof Erlandsen Stadtrechte erhielt. Obwohl Stadt und Burg 1369 von der Hanse zerstört wurden, ließ sich die weitere Entwicklung nicht aufhalten: 1416 wurde die wiederaufgebaute Stadt königliche Resi-

Löschen der Fracht mit kleinen Booten in Kopenhagen. Detail eines Stiches von Hafnia 1611. Quelle: Mortensøn 1994, 114.

Hafen von Kopenhagen. Stich von Braun-Hogenberg aus dem 16. Jahrhundert (Ausschnitt). Foto: Dirk Meier.

Kopenhagen von der Seeseite um 1620. Bonaventura Peters, Køpenhavns Bymuseum. Quelle: Mortensøn 1994, 18.

denz, und 1443 übernahm sie von Roskilde die Funktion als Hauptstadt Dänemarks. Vor allem in der ersten Hälfte des 17. Jahrhunderts blühte Kopenhagen unter Christian IV. (*1577, †1648) auch infolge des Öresundzolls auf, der 1602 etwa 141 863 Reichstaler betrug. Der König ließ die Stadt 1619 um Christianshavn erweitern und neue Bauten, wie die Börse, errichten[524]. Mit dem Absolutismus konzentrierte sich dann mehr und mehr die Wirtschaft des Dänischen Gesamtstaates in Kopenhagen. Schiffe beförderten einheimische Produkte wie Korn, Mehl, Brot, Öl, Fische, Kalk, Ziegelsteine oder Eisenwaren ebenso wie Importgüter aus weiter entfernten Regionen[525]. Größere, oft 100 und mehr Lasten tragende Segelschiffe fuhren nach Schweden, zu den Häfen der südlichen Ostsee, Russland, nach England und mit der Island- und sog. Grönlandfahrt in das Europäische Nordmeer zum Walfang oder nach Ostindien[526].

Charakteristisch für die Organisation des Handels in Dänemark im 16. Jahrhundert waren zahlreiche staatliche Regelungen und Privilegien, wobei auch bestimmte Regionen, wie Blekinge oder Halland, privilegiert sein konnten. Diese dezentrale Organisation des sog. *Skude*-Handels kleiner seefahrender Unternehmer änderte sich, nachdem Schweden zur beherrschenden Ostseemacht wurde und teilweise

die privilegierten Region Halland und Blekinge ebenso wie die traditionellen Anlaufhäfen an der mecklenburg-vorpommerschen Küste teilweise in schwedische Hand gerieten[527].

Zu einer starken Konkurrenz der Ostseehäfen hatten sich seit dem 16. Jahrhundert Hamburg und Bremen entwickelt. Mit der Portugal- und Spanienfahrt am Ende des 16. Jahrhunderts gewann Hamburg weiter an Bedeutung und zählte 1600 etwa 35 000, um 1620 bereits 50 000 Einwohner. Auch nach dem Niedergang der Hanse, die ansonsten nicht von dem Überseehandel der Territorialmächte Portugal, Spanien, der Niederlande und England profitieren konnte und deren Seehandelsvolumen abnahm, vermochte Hamburg seinen Standortvorteil aufgrund der in die Nordsee mündenden Elbe für weltweite maritime Verbindungen zu nutzen. Durch profitablen Handel mit den Kolonialmächten Spanien und Portugal war die Stadt in der Lage, sich im 17. Jahrhundert mit Zahlungen von Zugriffsversuchen der benachbarten Territorialstaaten Schweden und Dänemark im Norden regelmäßig freizukaufen. Anders als die meisten deutschen Städte erlebte Hamburg während des Dreißigjährigen Krieges keine Verheerungen und damit auch keinen dauerhaften wirtschaftlichen Niedergang. Stattdessen profitierte die Stadt von der Einwanderung von Niederländern sowie von der dänischen Regentschaft im nahen Altona andererseits. Die Hamburger Kaufleute gründeten 1619 eine Girobank zur bargeldlosen Abwicklung ihrer Geschäfte und 1623 entstand auf Empfehlung der Kaufmannschaft das Admiralitäts-Kollegium zur Sicherung der Handelsschifffahrt gegen Seeräuber. Dieses Kollegium übernahm später auch die Aufsicht über den Hafen und das Lotsenwesen sowie richterliche Befugnisse in Schifffahrts- und Versicherungsangelegenheiten. Die Einrichtung war dringend erforderlich, da die Fahrten nach Spanien und in das Mittelmeer gefährlich waren. So wurden im Juni 1662 Hamburger Schiffe mit

Kurs nach der Iberischen Halbinsel, unweit der Elbe von Seeräubern der nordafrikanischen Barbareskenstaaten genommen, deren Schiffe schneller segelten und größere Kanonen besaßen. Deren Piraten stießen bis in das 18. Jahrhundert sogar in die Nordsee vor, wenn auch vor allem die Küsten Spaniens, Portugals und Italiens das Ziel waren[528]. Daher segelten die Hamburger Schiffe von nun an nur im Geleit. Für diese Konvoischifffahrt, die bis 1747 dauerte, waren zunächst zwei Fregatten beschafft worden, 1668 die „Wappen von Hamburg" mit 58 Kanonen und die „Leopoldus Primus". Infolge der Konvoifahrt stieg der Seeverkehr mit Spanien und Portugal, so fuhren von 51 Schiffen 1690 mit 48 Schiffen die meisten zur Iberischen Halbinsel, 1702 waren es von 59 Schiffen 31, wobei 28 nach England segelten[529]. Auf der „Wappen von Hamburg" brach am 10. Oktober 1683 aus ungeklärter Ursache vor Cadiz ein Feuer an Bord aus. Trotz verzweifelter Versuche, die Flammen zu löschen, griff das Feuer schließlich auf das Munitionslager über. Infolge der Explosion starben von 220 Menschen an Bord 42 Seeleute, 22 Soldaten sowie der Admiral Berent Jakobsen Karpfanger, der seine Ausbildung beim holländischen Admiral de Ruyter bekommen hatte.

Die Stadt profitierte auch von dem auf der Elbe eingeführten Lotsenzwang und entwickelte sich in der zweiten Hälfte des 17. Jahrhunderts neben dem dänischen Altona zum Zentrum des deutschen Walfangs.

Bereits 1675 gingen 75 Hamburger Schiffe auf *Grönlandfahrt*[530]. Nach Hamburg begann der benachbarte, damals zu Dänemark gehörende Ort Altona, wo 1685 die Gröndlandcompagnie gegründet wurde, mit dem Aufbau einer Flotte. Vom kleinen Elbort Glückstadt startete 1671 das erste Schiff. Die erfolgreichen Walfangflotten mussten allerdings während der englischen Kontinentalblockade während der napoleonischen Kriege ihren Fang einstellen und erholten sich nicht mehr. Auf einem

durchschnittlichen Walfänger arbeiteten etwa 40 bis 50 Personen. Die Schiffe führten sechs bis sieben Schaluppen mit sich, die mit je sechs Seeleuten bemannt waren. Die eigentliche Arbeit begann erst mit dem Beginn der Jagd. Der Kommandant des Schiffes war meist auch als Harpunier registriert. Die weiteren Offiziere waren der Steuermann, der Speckschneider, der Speckschneidermaat, der Bootsmann, der Zimmermann, der Oberküper und der für das Stauen der Speckfässer zuständige Schiemann.

Die Interessen der Seekaufleute vertrat seit 1665 die Commerzdeputation als Interessenvertretung. Nach dem Ende des Amerikanischen Unabhängigkeitskrieges 1783 setzte sich der wirtschaftliche Aufschwung fort. Waren die Hamburger Kaufleute bislang durch die englische Navigationsakte vom Direkthandel mit der Übersee ausgeschlossen gewesen, so erreichten nun Kolonialwaren wie Tabak, Reis und Indigo ihren Weg nach Hamburg. Das Handelsembargo, das die Französische Republik nach Ausbruch des ersten Koalitionskrieges 1793 gegen Hamburg verhängte, traf die Stadt hart und infolge des zweiten Koalitionskrieges von 1799 gingen in der Stadt 152 Handelshäuser in Konkurs. Während der französischen Besatzung setzte sich der wirtschaftliche Niedergang fort, da dieser den Handel mit England unterbrach. Nach den napoleonischen Kriegen gewann Lateinamerika eine zunehmende Bedeutung für die Handelsaktivitäten der Stadt, die jedoch nach den langen Kriegen in Europa hoch verschuldet war. Bis Ende des 19. Jahrhunderts stieg Hamburg dann aufgrund des raschen Aufstiegs des Deutschen Reiches zur wichtigsten Seehandelsstadt des Kontinents auf. Entsprechend der Vergrößerung der Stadt wuchs auch der Hafen im Laufe seiner Geschichte.

Ausgehend vom mittelalterlichen Hafen am Reichenstraßenfleet zwischen Alster und Bille war ein Elbhafen im Bereich des Baumwalls noch ohne Kaianlagen entstan-

Holländischer Brook in Hamburg um 1895 mit Lagerhäusern. Postkarte.
Quelle: wikimedia.

den, der um einen Binnenhafen mit einem öffentlichen Kran „An den Mühren" erweitert wurde[531]. An der Elbe lagen die Schiffe zunächst im Strom an Duckdalben, in den Grund eingerammte Pfähle, um einen Angriff auf die Stadt von See aus zu verhindern. Die Ladung wurde mit schiffseigenem Ladegeschirr umgeschlagen und auf kleinere Schiffe und Schuten zu den Empfängern über Fleete transportiert. Bis Ende des 19. Jahrhunderts stieg Hamburg infolge der Gründung des Deutschen Reiches von 1871 zur bedeutendsten Seehandelsstadt des europäischen Festlands auf. Im Hamburger Hafen waren 1842 etwa 200 Seeschiffe beheimatet, 1893 wurden schon 631 gezählt. Im Jahre 1847 entstand das Schifffahrtsunternehmen „Hamburg-Amerikanische-Packetfahrt-Actien-Gesellschaft" (HAPAG). Nach der Gründung des Deutschen Reiches 1871 und nachdem schon 1833 der Druck des Deutschen Zollvereins auf die Stadt zugenommen hatte, einigte man sich 1888 auf die Errichtung eines Freihafens mit einer kontrollierten Außengrenze. Mit der Einrichtung des Freihafens entstanden die Lagerhäuser der Speicherstadt, in denen Tee, Gewürze, Kaffee und andere Exportgüter aus Übersee gelagert wurden. Seit dem ausgehenden 19. Jahrhundert erweiterte man den Hafen dann zwischen der Nord- und Süderelbe, indem man die hier liegenden Inseln in den Ausbau mit einbezog. Seit 1850 stieg zugleich die Bedeutung des Hafens für die Auswanderung nach Übersee.

Die frühen Auswanderungen nach Übersee waren mit dem Anbruch des modernen Industriezeitalters erfolgt, wobei die europäische Überseewanderung eng mit der demographischen Entwicklung verknüpft ist. Zu den ersten deutschen Auswanderern nach Nordamerika gehörten 13 Familien aus Krefeld, die sich schon 1683 in der Nähe von Pennsylvania in *Germantown* bei Philadelphia niedergelassen hatten. Emigranten zog es aus religiösen Gründen schon im 18. Jahrhundert in die Vereinigten Staaten von Amerika, um unter der dort gewährten Religionsfreiheit ohne Repressalien leben zu können. Aufgrund religiöser Unterdrückung und einer großen Hungersnot verließen 1709 etwa mehr als 10000 Pfälzer ihre Heimat, um sich in Nordamerika eine neue Existenz aufzubauen. Von der Pfalz aus breiteten sich weitere Emigrationen in Südwestdeutschland aus. Gründe hierfür waren vor allem eine Überbevölkerung, wie sie in anderen deutschen Ländern erst zu Beginn des 19. Jahrhunderts verzeichnet wurde. Auslösender Faktor des europäischen Bevölkerungswachstums war die Steigerung der landwirtschaftlichen Produktivität und das Fortschreiten der Industrialisierung. Auch der sanitäre und medizinische Fortschritt trug zu einer fallenden Sterblichkeitsrate bei. Aufgrund einer Massenarmut und Arbeitslosigkeit in den deutschen Ländern nahm die Auswanderung von Südwestdeutschland nach Amerika seit 1750 ständig zu und griff über den Westen auch auf den Norden und Nordosten Deutschlands über. Ursache hierfür waren die nach dem Wiener Kongress von 1814/15 gelockerten bzw. später aufgehobenen Auswanderungsverbote. Der Auswanderungsstrom schwoll jedoch erst nach 1820 stark an. Grund waren nicht nur die wachsenden Geburtenüberschüsse, sondern auch der technologische Fortschritt im Schiffbau durch die Einführung von Dampfschiffen, was zu einer schnelleren und oft weniger gefahrvollen Atlantiküberquerung führte. Zudem ging infolge der Industrialisierung das Heimgewerbe zurück. Werbekampagnen von Landeignern in den Zielländern sowie von Reedern und Kapitänen, die an der Überfahrt verdienen wollten, begünstigten ebenfalls eine vermehrte Massenauswanderung. Zudem verursachten die Ausgewanderten selbst einen Zuwachs der Migranten, da sie Angehörige und Freunde in die Neue Welt nachholten (Kettenmigration). Im Zielland bot sich den Emigranten freier Boden, freie Menschen, nationale Sicherheit und wirtschaftliche Unabhängigkeit in einer Zeit wachsender Industrialisierung.

Im 19. Jahrhundert erreichte die Auswanderung im deutschsprachigen Raum einen Höhepunkt. Es kam verschiedentlich zu Massenauswanderungen, die eng mit der konjunkturellen und demographischen Entwicklung zusammenhingen. Meist kann man drei Phasen der Massenauswanderung unterscheiden:

Die erste Auswanderungswelle von 1816/17 erfolgte nach schlechten Ernten infolge nasser und kalter Sommer, die durch den Ausbruch des Vulkans Tambora in Indonesien, einem der stärksten bekannten Vulkanausbrüche überhaupt, verursacht worden war. In Südwestdeutschland schifften sich viele Menschen auf der Donau ein und siedelten sich in Südrussland (bei Odessa und Tiflis in Bessarabien im Kaukasus) an. Ein kleinerer Teil der Emigranten suchte in den Vereinigten Staaten eine neue Heimat.

Die zweite Auswanderungswelle von 1845–1855 war wiederum Folge einer Wirtschaftskrise, welche die größte Massenemigration des 19. Jahrhunderts auslöste. Als Teil der Auswanderungswelle wanderten auch Tausende Deutsche in die englischen und australischen Kolonien aus. Ihre Zahl wird auf etwa 70- bis 80 000 bis zum Ersten Weltkrieg geschätzt. Die meisten Auswanderer fuhren jedoch auf Schiffen über den Atlantik in die Vereinigten Staaten, wo weite Landstriche von den Immigranten erschlossen wurden. Einen zusätzlichen Anreiz zur Auswanderung bildeten die Nachrichten von Goldfunden in Kalifornien seit 1848. Neben der wirtschaftlich motivierten Auswanderung zog es politische Emigranten nach der Märzrevolution von 1848 in die USA, die dort meist als *Forty-Eighters*, d. h. „Achtundvierziger" bezeichnet werden. Nach 1855 ließ die Stärke der Auswanderung nach und kam während des amerikanischen Bürgerkrieges (1861–1865) fast vollständig zum Erliegen.

Die dritte Auswanderungswelle von 1880–1900 schließlich erfolgte nach dem Ende der Gründerzeit. Wiederum zog es

Emigranten betreten ein Dampfschiff mit dem Ziel New York. Quelle: wikimedia.

Tausende von Menschen in die Vereinigten Staaten, die jedoch nicht mehr die Stärke der anderen Emigrantenbewegungen erreichte. In diese Phase gehört u. a. der Untergang des Auswandererdampfers *Cimbria* 1883 nordwestlich von Borkum[532]. Erst um 1900 nimmt in Deutschland die Überseewanderung infolge des Endes der freien Landnahme in den Vereinigten Staaten und dem Aufstieg der deutschen Industrie ab. Die USA blieben jedoch während des gesamten 19. und beginnenden 20. Jahrhunderts das Hauptziel deutscher Auswanderer. In der Periode von 1850 bis 1890 stellten die Deutschen sogar die größte nationale Immigrantengruppe. Von den 5,9 Millionen Menschen, die in der Zeit von 1820 bis 1928 ihre deutsche Heimat verließen, gingen fast neun Zehntel in die USA (5,3 Millionen), die übrigen zog es nach Brasilien (200 000), Argentinien (120 000), Australien (50 000) und Südafrika (50 000); hingegen kaum in die Deutschen Kolonien[533].

Die soziale Zusammensetzung veränderte sich dabei während der Zeit. Während bis 1865 im Rahmen der Familienauswanderung selbständige Kleinbauern und Kleinhandwerker zunächst aus dem Südwesten, später aber auch aus anderen Teilen Deutschlands nach Übersee zogen, folgten später Einzelauswanderer. Wanderten auch zunächst mehr Männer (ca. 60 %) als Frauen aus, so zeigt der verhältnismäßig hohe Anteil von Kindern unter 10 Jahren (ca. 20 %), dass meistens ganze Familien die Heimat verließen. Zwischen 1865 und 1895 verstärkte sich mit der Auswanderung unterbäuerlicher und unterbürgerlicher Schichten aus Norddeutschland die Einzelwanderung allmählich: Nur noch ein geringer Teil der Auswanderer übte einen selbständigen Beruf aus, der Anteil der Kinder ging stark zurück. Seit etwa 1890 bildeten Einzelpersonen den Hauptteil der Auswanderer. Daran waren nicht mehr nur Männer, sondern zunehmend auch Frauen beteiligt. Zwischen 1895 und 1914 waren es dann vor allem Industriearbeiter.

Die Situation an Bord für die Auswanderer war hart. In den 1830er Jahren waren sie in den muffigen Laderäumen der Schiffe eingesperrt. Mit dem Einbau von Zwischendecks erhielten sie immerhin eine Schlaf-, mitunter auch eine Kochstelle. Beim Übergang von den Segel- zu den Dampfschiffen verkürzte sich die Reise nach Übersee etwa um die Hälfte. Aufgrund des Konkurrenzdrucks der verschiedenen Reedereien erfolgten dann vor allem seit dem Beginn des 20. Jahrhunderts entscheidende Verbesserungen für die Auswanderer. Erst in den 1870er und 1880er Jahren setzten sich allgemeine Verbesserungen durch. Auf den nun größeren Schiffen gab es Kabinen mit vier oder sechs Betten sowie einen sauberen Speisesaal. Für die Auswandererschiffe wurden Verordnungen und Gesetze erlassen, die den Raumbedarf je Passagier, die Verpflegung, Schlafplätze, Ventilation, Beleuchtung, sanitäre Einrichtungen, medizinische Betreuung, Rettungsausrüstung und die wasserdichte Unterteilung der Schiffe durch Schotten regelten. Nach dem Untergang der *Titanic* 1912 wurde es dann Pflicht, dass jeder an Bord einen Platz im Rettungsboot hatte und diese nicht mehr nur den gehobenen Klassen vorbehalten blieben. Die starke Konkurrenz zwischen den Reedereien führte jedoch oft dazu, dass man diese Vorschriften umging und auch bei schlechten Witterungsbedingungen fuhr, wie der Untergang der *Cimbria* 1883 im dichten Nebel nordwestlich von Borkum dokumentiert[534].

Neben Hamburg war Bremen der wichtigste Auswandererhafen. Bremen hatte als Handelsstadt in der frühen Neuzeit ebenso wie Hamburg von den Kolonialmächten Niederlande und England profitiert. Die Bremer Kaufleute handelten vor allem mit Getreide, Fisch, Stein, Holz und Bier[535]. Ferner wirkte sich der Niedergang der Bergenfahrt der Ostseehansestädte unter Führung Lübecks positiv für den Aufschwung der Bremer Bergenfahrergesellschaft seit 1550 aus. Die Kaufleute der Stadt hatten sich schon 1451 als Älterleute eine Satzung gegeben. Mit den Statuten für die „kopmann tho Bremen" begann die organisierte Selbstverwaltung der bremischen Wirtschaft, aus der 1849 die Bremer Handelskammer entstand. Trotzdem war die Behauptung Bremens als Stadt maritimer Geltung schwierig, da das Fahrwasser der Weser es den immer größer werdenden Schiffen oft nicht erlaubte, bis in die Stadt zu gelangen. Diese mussten deshalb am Blexer Tief oder bei Brake auf kleine Weserschiffe umladen, die dann zur sog. Schlachte oder der Balge in Bremen fuhren. Dennoch wies aber die Bremer Handelsflotte um 1560 etwa 65 Schiffe auf, wobei die Anzahl der Schiffe zum Ende des 16. Jahrhunderts auf 107 zunahm[536]. Die Weser versandete jedoch zunehmend und für die Handelsschiffe wurde es immer schwieriger, in der Stadtmitte an der Schlachte anzulegen. Daher wurde von 1619 bis 1623 im flussabwärts gelegenen Vegesack von holländischen Konstrukteuren der erste künstliche Hafen Deutschlands angelegt, den das Haus der Seefahrt bezahlte und verwaltete. Um sich den Zugang zum Seehandel zu erhalten, erwarb Bremen 1827 vom Königreich Hannover ein Gelände an der Wesermündung und gründete den Hafenort Bremerhaven, der 1851 zur Stadt erhoben wurde. Der nach

Plänen des holländischen Wasserbaumeisters Jacobus Johannes van Ronzelen 1830 fertiggestellte Hafen sollte sich neben dem Seehandel zu einem der größten Auswandererhäfen entwickeln. Zwischen 1832 und 1960 verließen über sieben Millionen Auswanderer über Bremen und Bremerhaven Europa. Ab 1847 wurde Bremerhaven dann Ausgangspunkt der ersten Dampferlinie von Europa nach Amerika. In Bremen wurde ferner 1857 die Reederei Norddeutscher Loyd gegründet, die bald ihre Fracht- und Passagierdienste weltweit ausdehnte und neben der HAPAG in Hamburg zur größten deutschen Reederei aufstieg.

Neben dem Ausbau der Häfen verbesserten Kanäle die Binnenschifffahrt. So verband der 43 km lange, 1777 bis 1784 errichtete Schleswig-Holsteinische Canal (Eiderkanal) die Ostsee bei Kiel mit der Eider bei Rendsburg, von wo aus kleinere Schiffe in die Nordsee gelangen konnten. Der Kanal erwies sich doch dem wachsenden Schiffsverkehr bald nicht mehr gewachsen, zumal der lange Weg durch das Wattenmeer ungünstig war[537]. Teile des Kanals mit den Schleusen, wie die Rathmannsdorfer Schleuse von 1781, die bei Krummwisch von 1777–84 und die von Bovenau-Kluvensiek von 1777–1837, sind heute noch erhalten ebenso wie die Packhäuser in Kiel-Holtenau und Tönning. Ihn ersetzte dann der 1887 bis 1895 errichtete Nord-Ostsee-Kanal.

Weitere Fortschritte der Navigation

Erst mit dem 18. Jahrhundert gelangen weitere beachtliche Forschritte in der Nautik. Der lange schon bekannte Breitengrad ließ sich anhand des höchsten Sonnenstandes oder auf der Nordhalbkugel anhand der Höhe des Polarsterns über dem Horizont bestimmen, was noch fehlte, war eine zuverlässige Ermittlung der Längengrade. Erstmals hatte in der Antike der Mathematiker und Astronom Hipparchos (ca. *190, †120 v. Chr.) die Erde in in ost-westlicher Richtung in 360 Grad eingeteilt[538] und Claudius Ptolemaius den Nullmeridian festgelegt. Dies gelang erst mit Hilfe der Messung der Monddistanzen zu den Sternen und mit genauen Uhren.

So entwickelte der Uhrmacher John Harrison (*1735, †1759) vier genaue Chronometer, die für die Navigation ebenso wichtig wurden wie die zwischen 1731 und 1740 erfundenen Spiegelsextanten. Mit der im März 1762 fertiggestellten vierten Uhr, die aus nahezu reibungsfreien Kugellagern und gegen Temperaturschwankungen resistenten Metallen bestand, konnte Harrison den jeweiligen Längengrad exakt bestimmen[539]. Das hierfür von der Längenkommission des britischen Parlaments ausgelobte Preisgeld von 20 000 Pfund (ein Arbeiter verdiente etwa 10 Pfund) erhielt Harrison erst nach einem Erlass des Königs Georgs III. 1773. Harrison hatte aber noch keinen brauchbaren Chronometer geliefert, sondern nur bewiesen, dass Uhren mit einer Gangunsi-

Zur Navigation dienten auf den Segelschiffen der frühen Neuzeit Oktanten und später Sextanten. Das Foto zeigt einen Oktant.
Quelle: wikimedia.

Anordnung der Navigationsinstrumente, vor allem des Kompasses, auf einem niederländischen Ostindienfahrer.
Foto: Dirk Meier.

Seeleute bei Arbeiten auf dem Bugspriet. Kriegsschiff Friedrich. Ausschnitt eines Ölgemäldes von Gaunø Slot.
Quelle: Mortensøn 1994, 231.

cherheit von nur wenigen Sekunden bezogen auf einen Tag möglich sind, was Fachleute bisher vehement bestritten hatten. Andere Uhrmacher entwickelten wenig später billigere Uhren, die dasselbe leisten konnten. Hatte die Kendell 1 (eine Kopie der H 4) 500 £ gekostet, so gelang es den Uhrmachern John Arnold und Thomas Earnshaw, die Produktion so zu vereinfachen, dass Chronometer um 1790 nur noch 70 £ kosteten, was immer noch sehr teuer war.

Die erste exakte Bestimmung der Entfernung der Erde zur Sonne verdanken wir der ersten Südseereise von James Cook (1768–1771), der diese Expedition auf Empfehlung der Royal Society unternahm, um vor allem im Rahmen eines international angelegten Großprojekts den Durchgang des Planeten Venus vor der Sonnenscheibe (Venustransit) am 3. Juni 1769 auf Tahiti zu beobachten[540]. Cooks Aufgabe bestand u. a. darin, eine Anzahl von Wissenschaftlern und Astronomen mit ihren Instrumenten nach Tahiti hin und zurück zu bringen. Dafür erwarb die Admiralität den Kohletransporter *Earl of Pembroke,* der von einer Bark zu einem Vollschiff umgebaut wurde und als *Endeavour* in See stach. Nachdem Cook 1775 von seiner zweiten Weltreise heimkehrte[541] und die Qualität der Kendell 1, der exakten Kopie der H 4,

bestätigte, galt das Längenproblem als gelöst, wenn die Chronometer auch teuer blieben. Deshalb hatte erst ab etwa 1840 jedes Schiff der Royal Navy ein Chronometer an Bord.

Das Bezugssystem der Längengrade war jedoch lange Zeit uneinheitlich. Je nach Nation bezogen sich Koordinatennetze auf Nullmeridiane in London, Paris oder St. Petersburg, bevor auf der Internationalen Meridiankonferenz 1884 der Nullmeridian in Greenwich bei London weltweit festgelegt wurde, da britische Seekarten weltweit verwendet wurden. Nachdem der Bostoner Kapitän Thomas Summer 1837 die astronomische Höhenstandlinie messen konnte, fehlten zu den heutigen Navigationsprinzipien nur noch die Funknavigation ab dem Ende des 19. Jahrhunderts, die in der ersten Hälfte des 20. Jahrhunderts entwickelte Trägheitsnavigation und schließlich das satellitengestützte Global Position System (GPS), was aber als eine Kombination von Astro- und Funknavigation definiert werden kann.

Leben an Bord

Die Seefahrer an Bord waren eingeteilt in Schiffsjungen, Matrosen, Segelmacher, Zimmerleute, Maate und Offiziere oder Soldaten auf den Orlogschiffen. Die Schiffsjungen mussten jede Arbeit an Bord ausführen, während die Matrosen überwiegend für das Segelsetzen oder Wachgänge eingesetzt waren oder die Ladung verstauten und Reparaturen ausführten[542]. Auf einzelnen Stichen sind sie etwa zu sehen, wie sie die Segel auffieren oder die Wanten hochklettern[543]. Sie waren zusammen mit den Schiffsjungen auch auf den Segelschiffen der frühen Neuzeit einfach untergebracht, es gab kaum Platz für persönliche Habe und man schlief in Hängematten. Nur die Schiffsoffiziere hatten als ausgebildete Seeleute meist Kabinen. Die Zahl der Besatzung richtete sich nach der Größe und der Art des Schiffes. Größere Schiffe hatten oft Besatzungen von 50 bis 60 Mann. Die Disziplin an Bord der Handels- und Kriegsschiffe war gleichermaßen streng, die Verpflegung einfach, meist gab es gesalzenes Fleisch und Schiffszwieback, daneben aber auch mal Fisch, wie Hering. Als Proviant für die Besatzung hatte 1551 ein kleines Küstenschiff, was zwischen Sjælland, Halland, Blekinge, Skåne und Møn verkehrte, u. a. Fleisch, Butter, Sild, Bier und Fisch an Bord[544]. Oft fehlte es an Vitamin C, was Skorbut nach sich zog. Auf Herdstellen konnten an Bord warme Speisen zubereitet werden, auch kleine Küstensegler besaßen oft kleine aus Ziegeln gemauerte Kochgelegenheiten, auf die man einen Kessel stellen konnte. Das Geschirr bestand aus Tongrapen, Töpfen, Holzschüsseln und Holztellern für die Mannschaft[545]. Mit der Hygiene stand es nicht zum Besten, die Notdurft wurde meist über Bord verrichtet und aller Unrat über Bord geworfen[546]. Die Kleidung der einfachen Seeleute war einfach und bestand aus grobem Tuch, Leder oder Wolle[547]. Sie trugen Wollmützen, die Offiziere im 16. Jahrhundert breitkrempige Hüte. Der soziale Aufstieg in der Seefahrt hing in der frühen Neuzeit vor allem von der sozialen Herkunft ab und gelang nur wenigen wie dem Flensburger Klavs Petersen, der 1597 auf Seefahrt nach Norwegen, Spanien und Portugal ging und 1611 das dänische Kapitänspatent erhielt[548]. Die Heuer der Seeleute bestand je nach Rang aus Geld, aber zusätzlich auch aus Naturalien[549].

Schiffstypen des 17. bis 19. Jahrhunderts

Entsprechend der weiter gestiegenen Anforderungen der Seefahrt bildeten sich seit dem 17. Jahrhundert die unterschiedlichsten Schiffstypen aus, die für die Handelsfahrt im Küstengebiet, die Grönlandfahrt oder die weiten ozeanischen Verbindungen benötigt wurden. Um die Kolonien und ozeanischen Seerouten zu schützen, be-

durfte es für die Kolonialmächte starker Kriegsflotten und neuer Schiffstypen. Gut ausgerüstete, mit schweren Kanonen beladene Kriegsschiffe galten auch als Prestige.

So vornehm speisten nur die Offiziere auf einem Ostindienfahrer. Foto: Dirk Meier.

• Die Galeone

Seit der ersten Hälfte des 16. Jahrhunderts hatte sich die Galeone herausgebildet, die zu Beginn des 17. Jahrhunderts zu großen Kriegsschiffen mit zahlreichen Kanonen weiterentwickelt wurde[550]. Wesentliches Merkmal der Galeonen ist das Galion, eine Plattform am Bug der Schiffe zur leichteren Bedienung des Blindensegels am Bugspriet. Der Ursprung der Galeone liegt im Dunkeln. Vielleicht wollte man die Kampfkraft der großen Karacken mit den guten Segeleigenschaften der kleineren Karavellen kombinieren. Im Vergleich zu den älteren Karacken besaßen die Galeonen einen schlankeren Rumpf. Ihr Verhältnis Länge über alles – Kiellänge – Breite betrug etwa 4:3:1, bei den Karacken etwa 3:2:1. Am Bug und Heck befanden sich bei der Galeone Aufbauten, die sich nach oben hin stark verjüngten und den Linien des Rumpfes folgten. Sie waren auch weit niedriger als die blockhaft vorspringenden Vorder- und Achterkastelle der Karacken. Während das Heck der Karacken rund gestaltet war (Rundgatt), besaßen die Galeo-

Rekonstruktion der Kleidung der Schiffsbootsmänner der Vasa 1628. Quelle: Mortensøn 1994, 237.

*Wesentliches Merk-
mal der Galeonen
ist das Galion, eine
Plattform am Bug
der Schiffe zur
leichteren Bedie-
nung des Blinden-
segels am Bugspriet.
Galeonen auf ei-
nem Ölbild von
Henry Cornelisz.*

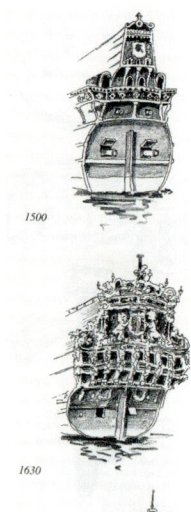

1500

1630

1650

*Das Heck der
Schiffe von 1500
bis 1650 war reich
verziert. Entwick-
lung der Verzierung
nach Mortensøn
1994, 210.*

nen wie die Karavellen ein Plattgatt bzw. Spiegelheck. Im 16. Jahrhundert waren die Galeonen oft mit einfachen geometrischen Mustern in verschiedenen Farben bemalt und trugen Wappenschilde an der Reling. Seit dem 17. Jahrhundert wurde das Heck immer prächtiger und war teilweise mit vergoldeten Schnitzereien verziert. Drei-mastige Galeonen trugen an Fock- und Großmast Rahsegel, am Besanmast ein La-teinersegel. Bei viermastigen Galeonen kam ein weiteres Lateinersegel am hinte-ren Mast hinzu. Ferner besaßen Galeonen zumindest an den vorderen Masten Mars- oder Bramsegel.

Zur Bauzeit der frühen Galeonen wiesen die Kanonen noch kleine Kaliber auf und waren nicht sehr treffsicher. Seeschlachten entschied der Enterkampf, wobei die Kämpfer auf einem größeren und höheren Schiff deutlich im Vorteil waren. Daher waren auch die älteren Galeonen – wie die der spanischen Armada – mehr in die Höhe gebaut, was sie allerdings wie die Karacken schwerfällig und weniger seetüchtig mach-te. Als sich gegen Ende des 16. Jahrhunderts Kanonen durchsetzten, deren Kugeln auch eine Schiffswand durchschlagen konnten, waren die Zeiten des Enterkampfschiffes vorbei. Ein Schiff mit überlegener Artille-rie konnte seinen Gegner auf Abstand hal-ten, so dass dessen möglicherweise größere

Entermannschaft gar nicht erst zum Ein-satz kam. Deshalb wurden Galeonen nun niedriger gebaut und erhielten eine stärke-re Geschützbestückung.

Galeonen waren zunächst in Spanien, Portugal und England verbreitet. Zu den prunkvollsten Schiffen dieser Zeit gehörte zweifellos die *Mary Rose*, ein 45 m langes, 11,66 m breites und 700 Tonnen schweres englisches Kriegsschiff, das 1509 bis 1511 im Auftrag des englischen Königs Hein-rich VIII. in Portsmouth gebaut und nach dessen Schwester benannt wurde[551]. Sie wies überwiegend eine kraweele Bauweise auf, auch wenn Teile noch geklinkert wa-ren. Obwohl sie 1536 modernisiert wurde, sank die *Mary Rose* am 19. Juli 1545 bei einem Seegefecht gegen die französische Flotte während des Italienischen Krieges (1512–1546) auf dem Solent, einem Sei-tenarm des Ärmelkanals zwischen der Insel of Wight und Southampton. Man hatte die Kanonenluken geöffnet, um Kampfbereit-schaft zu signalisieren. Vermutlich bei ei-nem Wendemanöver geriet das Schiff in Schlagseite, wodurch die nicht verzurrten Kanonen ebenso wie viele der Soldaten ins Rutschen kamen, was die Kränkung noch verstärkte, so dass Wasser durch die offenen Stückpforten eindrang und das Schiff sehr schnell sank. Der König und zahlreiche an-dere Augenzeugen im Stadtteil Southsea mussten zusehen, wie fast die ganze Besatzung im aufgepeitschten Meer ertrank. Von den etwa 700 Menschen an Bord überlebten nur 35. Große Teile des Wracks wurden seit 1982 geborgen und werden seitdem im Museum in Portsmouth konserviert und ausgestellt[552].

Eine andere Galeone war die *Golden Hinde* (ursprünglich Pelican genannt)[553], das Flaggschiff des bekannten Freibeuters Sir Francis Drake, mit dem er 1577 zur ersten Weltumsegelung aufbrach, die drei Jahre dauern sollte. Diese Reise diente nicht nur Forschungszwecken, kaperte er doch die 120 Tonnen schwere *Cacafuego* 1579 vor der Küste Kolumbiens[554]. Die *Golden Hinde* war vergleichsweise schlank gebaut und besaß jeweils ein niedriges Achterdeck und ein noch niedrigeres Vordeck. Die Außenwände bildeten zwei Schichten von Planken mit einer Teerschicht dazwischen. Die Bewaffnung bestand wahrscheinlich aus 18 Kanonen, die auf je sieben Luken an jeder Seite und vier weiteren im Bug verteilt waren. Zu Beginn seiner Weltumsegelung waren etwa 60 Mann an Bord. Ein Nachbau der *Golden Hinde* befindet sich in Brixham, Devon[555].

Wie die Engländer benutzten auch die Spanier Galeonen, um Truppen sowie Ausrüstung über den Atlantik zu ihren Kolonien und Stützpunkten zu transportieren und mit Goldschätzen zurück zu kehren, was englische und französische Freibeuter anzog. Auch die Armada, mit der Phillip II. von Spanien 1588 England angriff, bestand neben geruderten und gesegelten Galeassen, einer Weiterentwicklung der mediterranen Galeere, teilweise aus Galeonen. Da die kleineren englischen Galeonen wendiger und seetüchtiger waren und ihre überlegenen Kanonen besser zum Einsatz bringen konnten, bedeutete dies das Ende der bereits von Stürmen geschwächten spanischen Kriegsflotte. Diese hatte zudem mit ungünstigen Winden zu kämpfen und musste sich auf die Entertaktik verlassen, die im mediterranen Bereich so erfolgreich gewesen war. Trotz des Desasters gelang es

Die Mary Rose in der Anthony Roll von 1546, dem Flottenverzeichnis Heinrichs VIII. Quelle: wikimedia.

Spanien, die meisten hochseetauglichen Schiffe wieder nach Hause zu bringen und in der Folgezeit sogar eine neue Kriegsmarine für die Weltmeere aufzubauen[556].

Mit dem *Adler von Lübeck* besaß auch die Hansestadt Lübeck ein großes, für die Zeit modernes Segelschiff, das 1565 von Schiffbaumeister Sylvester Franke (auch: Francke) auf einem Bauplatz an der Trave auf Kiel gelegt wurde. Auftraggeber war die Hansestadt Lübeck, die sich im Nordischen Krieg mit Schweden befand, und nach dem Verlust ihres bisherigen Flaggschiffs ein neues benötigte. Genaue Bauzeichnungen sind bislang nicht bekannt und Modellnachbauten weichen stark voneinander ab. Da sich im 16. Jahrhundert die Schiffsbaumeister noch auf ihre Erfahrung verließen, hat es vielleicht überhaupt keine

Die Golden Hinde, das Flaggschiff des bekannten Freibeuters Sir Francis Drake, mit dem er 1577 zur ersten Weltumsegelung aufbrach, war eine Galeone. Nachbau in Brixham, England. Foto: wikimedia.

Auch die Armada, mit der Phillip II. von Spanien 1588 England angriff, bestand neben geruderten und gesegelten Galeassen, einer Weiterentwicklung der mediterranen Galeere, teilweise aus Galeonen. Im Vordergrund ist eine geruderte und gesegelte Galeasse zu sehen. Gemälde aus dem 16. Jahrhundert, National Museum, London.

für die Maße gelten kann. Anhand dieser Quellen lassen sich die Maße des Schiffes wie folgt angeben: Die Länge über alles betrug 78,30 m und die Breite 14,50 m. Die Wasserverdrängung lag bei 2000, vielleicht auch 3000 Tonnen. Damit war die *Adler* zu ihrer Zeit nicht nur das größte Schiff Lübecks, sondern sicherlich das größte Europas.

Die viermastige Takelage erreichte schon die Dimensionen der späteren Linienschiffe. Die Takelung wies außer dem Vor-, Groß- und Besanmast noch einen weiteren Besanmast auf, einen Bonaventura-Besan. Zusammengesetzt aus Untermast, Marsstenge, Bramstenge und Flackenstock besaß der Großmast eine Länge von 62,15 m über Kiel. Der ebenfalls zusammengesetzte Fockmast und der Großmast waren rahgetakelt, während die achterlichen Besan- und Bonaventuramasten ein Lateinersegel führten. Unter dem Bugspriet befand sich als dessen Halterung ein schnabelförmiger hölzerner Vorbau am Bug. Insgesamt konnten etwa 1800 m² Segelfläche gesetzt werden.

Vermutlich wurde die *Adler* in der damals üblichen Skelettbauweise hergestellt, bei der aufgrund der Größe des Schiffes diese mit der Beplankung des Schiffes mitwuchsen und nicht mehr aus einem Stück gefertigt waren. Der Rumpf war kraweel beplankt, nur im Achterschiff schlossen sich darüber an beiden Schiffsseiten geklinkerte Planken an. Zusammen mit denen des Vorder- und des Achterkastells waren sechs Decks vorhanden und im Achterschiff befanden sich wohl zwei Kajüten. Schiffe des 16. Jahrhunderts waren nur sparsam bemalt, da dauerhafte Farben teuer waren, doch wies das Lübecker Schiff im Vorderteil und im geklinkerten Heckbereich einen waagerecht wechselnden Anstrich in Rot und Weiß auf, den Stadtfarben Lübecks.

Bereits im März 1566 wurde das Schiff vom Stapel gelassen und nach Fertigstellung im folgenden Jahr in Dienst gestellt. Sie war vor allem für den Geleitschutz der

Pläne gegeben. Wie fast alle Schiffe jener Zeit ist die *Adler* keinem bestimmten Schiffstyp zuzuordnen, da Baumeister häufig gute Teile anderer Bauartkonstruktionen übernahmen und so Mischformen entstanden. Nach den Konstruktionsmerkmalen ist die *Adler* eher ein Schiff des Übergangs. So rührt die Klinkerbeplankung am oberen Achterschiff noch aus der nordeuropäischen Bautradition des 15. Jahrhunderts her, während das Spiegelheck, das hinter den Vordersteven zurückgezogene vordere Kastell, der niedrigere achterliche Aufbau und der unterteilte Groß- und Fockmast Entwicklungen des ausgehenden 16. und 17. Jahrhunderts vorwegnahmen. Insgesamt lässt sich die *Adler von Lübeck* wohl am ehesten dem Typus einer frühen nordeuropäischen Galeone zurechnen, obwohl noch einiges an eine späte Karacke erinnert.

Mehrere Quellen des 16. und 17. Jahrhunderts, vor allem die Chroniken der Lübecker Stadtschreiber von Hoevelen (1565), Heinrich Rehbein (1568–1619/29) und Detlef Dreyer (um 1600) sowie der Chronist Johann Peter Willbrand (seit 1750) berichten über dieses Schiff[557]. Eine wichtige Quelle stellt die Schifffahrtsgeschichte von Peter van der Horst dar, die neben dem Geschützbuch[558] als Grundlage

Handelsschiffe auf Ost- und Nordsee vorgesehen. Der Oberbefehl als neues Flaggschiff lag bis 1569 in den Händen des späteren Bürgermeisters Johann Brockes und ab 1570 beim Ratsherr Johann von Wickede. Für den Seekrieg verfügte die *Große Adler* über eine Mannschaft von 350 Mann und 138 Geschütze verschiedenen Kalibers. Mit ihren drei Geschützdecks hatte das Kriegsschiff fast die Feuerkraft der späteren Dreidecker. Für den Nah- und Enterkampf konnten zusätzlich 650 Soldaten an Bord genommen werden. Der Neubau wurde dringend benötigt, da in der Zwischenzeit die Lübecker Admiralität im Juli 1566 nach einem Gefecht mit den Schweden die *Morian* mit Bürgermeisteradmiral Bartholomeus Tinnappel sowie 12 weitere Schiffe vor Gotland verloren hatte, bei dem die Anker nicht gehalten hatten. Nach diesem Unglück war die Flotte der Hansestadt nur noch bedingt einsatzfähig. Da die Kriegsparteien jedoch 1570 den Frieden von Stettin geschlossen hatten, kam die *Adler* nicht mehr zum Einsatz[559]. Ohne je in einen Seekrieg verwickelt gewesen zu sein, wurde das Schiff zum Frachtsegler umgebaut und für Fahrten zur Iberischen Halbinsel eingesetzt. Infolge der Wegnahme etlicher Geschütze wurde dabei die Ladekapazität von 1250 Tonnen (625 Lasten) auf etwa 1600 Tonnen (800 Lasten) erhöht. Da sie für den Frachtbetrieb zu aufwendig gebaut war, sich für die Salzbefrachtung als ungeeignet erwies und das Schiff zuviel Wasser nahm, da sich der Kielbalken vermutlich nach oben bog, waren ihre Tage gezählt. Auf einer Rückfahrt von Lissabon schlug die *Adler von Lübeck* 1581 etwa 200 km vor der Tejomündung leck und wurde zur portugiesischen Hauptstadt geschleppt. Nach Begutachtung des Schadens wurde das Schiff für rund 2000 Dukaten verkauft und abgewrackt. Derzeit plant jedoch die Deutsche Museumswerft in Lübeck einen originalgetreuen Nachbau.

Von einer weiteren Galeone, der *Batavia* der Vereenigden Oostindische Compagnie (VOC) existiert ein Nachbau in Lelystad. Die ursprüngliche *Batavia* wurde 1628 auf der Amsterdamer Peperwerft gebaut. Die 56,60 m lange und 10,50 m breite *Batavia* mit ihren drei Masten, die drei Rahsegel an Fock- und Großmasten sowie ein Latein- und Rahsegel am Besanmast trug, war mit 550 Tonnen Ladekapazität der Prototyp der niederländischen Ostindienfahrer bis in das 18. Jahrhundert. Das Schiff

Mit dem „Adler von Lübeck" besaß die Hansestadt seit 1566 eine frühe, als Kriegsschiff konzipierte Galeone, wenn auch noch manches an eine späte Karacke erinnert. Der Rumpf war kraweel beplankt, nur im Achterschiff schlossen sich darüber an beiden Schiffsseiten geklinkerte Planken an. Zusammen mit denen des Vorder- und des Achterkastells waren sechs Decks vorhanden und im Achterschiff befanden sich wohl zwei Kajüten. Charakteristisch war ein rot-weißer Anstrich am Achterschiff und Heck. Foto: Dirk Meier.

brach am 29. Oktober 1628 von Texel unter dem Kapitän Adriaan Jakobsz zu seiner ersten Reise auf. Die Leitung der Expedition oblag dem kommerziell verantwortlichen Oberkaufmann der VOC, Francisco Pelsaert, der auch dem Kapitän Weisungen erteilen konnte. Bereits vor dem Erreichen des Kaps der Guten Hoffnung schmiedeten der Kapitän zusammen mit dem Unterkaufmann Jeronimus Cornelisz Plänc zu einer Meuterei. Sie beabsichtigten mit etwa 40 Vertrauten das Schiff zu übernehmen, den Rest der Mannschaft über Bord zu werfen und in die Piraterie einzusteigen. Am 14. April 1629 erreichte das Schiff das Kap der Guten Hoffnung, blieb dort acht Tage, um neue Vorräte aufzunehmen und stach dann wieder in See. Infolge der damaligen unzulänglichen Navigationsmöglichkeiten und der noch nicht verzeichneten Küstenverläufe näherte sich das Schiff zu weit der australischen Küste und lief dort am 4. Juni 1629 auf ein Riff der Wallabi-Inseln, etwa 60 km vor der Westküste Australiens auf. Bei der Havarie kamen 20 Menschen ums Leben. Der Oberkaufmann,

der Kapitän und einige Seeleute brachen anschließend auf dem besseren der zwei Beiboote in das gut 900 Meilen entfernte Batavia (Jakarta) auf Java auf. Bei den unter Wassermangel leidenden Zurückgebliebenen übte der Unterkaufmanns Jeronimus Cornelisz eine grausame Terrorherrschaft aus, um sich für den Fall einer Rettung die wertvolle Ladung der *Batavia* zu sichern. Die meisten Überlebenden des Schiffbruchs, insgesamt mehr als einhundert, wurden mit Hilfe der bereits auf dem Schiff angeworbenen Meuterer ermordet. Nachdem der Oberkaufmann Monate später mit einem Rettungsschiff aus Java zurückkehrte, wurde der Unterkaufmann hingerichtet. Der Rest der Meuterer landete zusammen mit dem Kapitän im Gefängnis von Java[560].

Ebenso eindrucksvoll wie die *Batavia* ist die nach ihrer Auffindung 1956 und Bergung 1961 im Vasa-Museum in Stockholm zu besichtigende *Vasa*, die am 10. August 1628 auf ihrer Jungfernfahrt sank. Auftraggeber war Gustav II. Adolf von Schweden, der dieses Kriegsschiff 1625 für den Schutz schwedischer Interessen gegen Po-

Die 56,60 m lange und 10,50 m breite Batavia der Niederländisch-Ostindischen Kompagnie (Vereenigde Oostindische Compagnie, VOC) wurde 1628 auf der Amsterdamer Peperwerft gebaut und lief 1629 im Indischen Ozean auf ein Riff. Die Batavia mit ihren drei Masten, die drei Rahsegel an Fock- und Großmasten sowie ein Latein- und Rahsegel am Besanmast trug, war mit 550 Tonnen Ladekapazität der Prototyp der niederländischen Ostindienfahrer bis in das 18./19. Jahrhundert. Das Foto zeigt einen Nachbau des Schiffes in Lelystad. Foto: Batavia Werft.

len während des Dreißigjährigen Krieges auf Kiel legen ließ. Der Bau des Schiffes mit 64 Kanonen, die der Feuerkraft der gesamten polnischen Flotte gleichkommen sollte, war auch ein Prestigeobjekt. Die mit über 700 Statuen verzierte *Vasa* war etwa 69 m lang, 12 m breit und am Großmast fast 52 m hoch. Die gesamte Segelfläche betrug etwa 1300 m². Nachdem Gustav Adolf erfuhr, dass der Feind ein ähnlich großes Schiff bauen ließ, ließ er 1627 zur Steigerung der Feuerkraft auf dem oberen Batteriedeck Kanonen in gleicher Zahl und vom gleichen Kaliber wie auf dem unteren Batteriedeck installieren, um die Feuerkraft weiter zu erhöhen. Dadurch geriet jedoch die Statik des Schiffes, die Ballaststeine im Rumpf kontrollierten, außer Kontrolle[561]. Zuerst bugsierte man die *Vasa* von der Werft zum Ufer vor der königlichen Burg Tre Kronor. Der Vizeadmiral Klas Fleming ließ das Schiff einrichten und die Stabilität testen. Dabei zeigt sich, dass – wenn nur 30 Mann der Besatzung von einer Seite des Schiffes zur anderen rannten – das Schiff so sehr schwankte, dass man den Versuch abbrach. Dennoch lichtete die *Vasa* unter Salutschüssen mit vier gesetzten Segeln am 10. August 1628 die Anker. Nach 20 Minuten Fahrt ließ der erste stärkere Windstoß das Schiff kentern, wobei 30 bis 50 Mann ihr Leben verloren. Ursache des Untergangs war der geringe Ballast des Schiffes und die geöffneten unteren Kanonenluken, durch die bei der Krängung zuviel Wasser eindrang.

Zu den prachtvollen Galeonen des 17. Jahrhunderts gehört ferner die *Sovereign of the Seas*, die vom englischen König Charles I. 1634 an den bekannten Schiffsbaumeister Peter Pett in Auftrag gegeben worden war. Das mit 1522 Tonnen und mit 90 Kanonen (1660 auf 100 Kanonen aufgerüstet) mächtigste Schiff seiner Zeit lief 1634 vom Stapel und hatte 65 586 Pfund gekostet, was zum Beginn jener Finanzkrise mit der Einführung einer Schiffssteuer führte, die Charles Krone und Leben kostete. Das 39 m lange und 14,20 m breite

Heck der Batavia, Nachbau. Foto: Batavia Werft.

Schiff diente ebenso als Propagandainstrument wie als Kriegsschiff und wurde in diesem Sinne auch von Oliver Cromwell und Charles II. weiter genutzt[562]. Es war an mehreren Seegefechten wie u. a. während der englisch-holländischen Seekriege 1673 an der Seeschlacht vor Texel beteiligt. Nach größeren Reparaturen 1685 folgten 1690 die Battle of Beachy Head und 1692 die Battles of Barfleur und La Hogue gegen die französische Flotte. Nicht eine Seeschlacht zerstörte die prachtvolle Galeone, sondern eine umgefallene Kerze, die 1696 einen Brand auslöste.

Auf ihrer Jungfernfahrt sank am 10. August 1628 die Galeone Vasa, ein Kriegsschiff Gustav Adolfs II. von Schweden, der dieses im Dreißigjährigen Krieg zum Schutz schwedischer Interessen auf Kiel legen ließ. Die Statik des Schiffes war jedoch für die zu vielen Kanonen nicht geeignet. Das 1961 geborgene Schiff ist heute in einem eigenen Museum in Stockholm wiederaufgebaut. Foto: wikimedia.

Dieses schwere Schiff hatte aber auch seine Nachteile. So besaßen die niederländischen Schiffe gegenüber den englischen und französischen Galeonen oft den Vorteil des geringeren Tiefgangs. Die großen Schiffe der niederländischen Flotte waren ferner in der Wasserlinie breiter, was ihnen eine ruhigere Lage im Wasser verlieh. Während andere Schiffe ihre untersten Stückpforten oft bei Seegang schließen mussten, konnten die niederländischen Schiffe auch die im untersten Deck aufgestellten schwereren Geschütze einsetzen. Ferner erlaubte eine ruhigere Lage im Wasser auch ein ruhigeres Abfeuern der Geschütze, was die Möglichkeit eines Treffers erhöhte. Allerdings waren die niederländischen Linienschiffe meist kleiner als ihre Gegner. Weniger Geschütze und Mannschaften mussten durch hohe Motivation der Seemanschaften wettgemacht werden. Bekanntestes niederländisches Linienschiff war die 1664/65 gebaute 46,14 m lange und 12,14 m breite *De Zeven Provinciën* des Admirals van Ryter mit 2250 m² Segelfläche und einer Wasserverdrängung von 1600 Tonnen, das derzeit auf der Batavia Werft nachgebaut wird[563]. Der Zweidecker mit 80 Geschützen wurde im Rahmen eines von den Generalstaaten 1664 aufgelegten Flottenbauprogramms gebaut. Sie diente im Zweiten Holländischen Seekrieg (1665–1667) und im Dritten Holländischen Seekrieg (1672–1678) als Flaggschiff der gesamten niederländischen Flotte. In den Gefechten wurde sie oft schwer beschädigt. Neben den Zerstörungen am Rumpf und der Takelage fehlte nach dem Verlust des Großmastes auch die große Flagge im Topp als Orientierung für den Rest der Flotte. In der Schlacht von Barfleur gegen die Franzosen 1692 wurde sie schwer beschädigt und 1694 abgewrackt.

• **Die Fleute**

Die Fleute (*Fluite, Fluit, Fluyt, Fliete, Vliete* von „fließen") war ein langes Handelsschiff holländischen Ursprungs mit rundem Achterschiff, das stark eingezogene Seitenwände im Achterkastell aufwies[564]. Dieser sich schnell ausbreitende Schiffstyp ließ sich mit geringer Besatzung fahren. Daher wurde die Fleute so etwas wie ein Symbol der selbständig gewordenen niederländischen Generalstaaten. Typisch für die Fleute war ihre langgestreckte, bauchige Form mit einem flachen Boden. Achterschiff und Bug waren dagegen stark gerundet. Das Verhältnis Länge zu Breite betrug 4,5 bis 6:1 anstelle der sonst üblichen 3:1. Diese sich seit dem Ende des 16. Jahrhunderts entwickelnde Schiffsform nahm in der europäischen Handelschifffahrt bis ins 18. Jahrhundert eine führende Stellung ein. Als Handelsschiff war die Fleute nach ökonomischen Gesichtspunkten konstruiert und daher weniger repräsentativ. Aufgrund ihres relativ geringen Tiefgangs eignete sie sich für flache Küstengewässer besonders gut. Mit einer nach innen gezogenen Bordwand war das Deck der Fleuten bei fast gleichem Volumen des restlichen Rumpfes deutlich schmaler, was niedrige Hafengebühren bedeutete, die nach der Breite des Hauptdecks berechnet wurden. Typisch für die Fleuten ist auch der sehr

Der englische Schiffsbaumeister Peter Pett (*1610, †1672) und die „Sovereign of the Seas", die mächtigste Galeone ihrer Zeit, die vom englischen König Charles I. in Auftrag gegeben worden war. Sie war so teuer, dass sie zur Finanzkrise des Königs beitrug, der einen Anlass zum englischen Bürgerkrieg gab, in dessen Folge Charles Krone und Leben verlor. Ölbild von Peter Lely, 1637. Quelle: wikimedia.

schmale Heckspiegel, der sich über die gesamte Höhe kaum in der Breite ändert. Nur das Heckboot wies als Sonderform der Fleute einen breiteren Heckspiegel auf, was der Schiffsführung deutlich mehr Raum bot. Gleichzeitig wurde das Schiff durch das niedrigere Heck weniger topplastig. Später wurden die Berechnungsgrundlagen für die Hafengebühren geändert und die Fleuten breiter. In Lübeck lief erst 1618 eine Fleute vom Stapel[565].

Auch viele der Walfänger waren Fleuten, so die *Lagoda*, die 1841 nach 15 Dienstjahren in der Handelsschifffahrt als Walfänger umgebaut wurde. An ihrem wannenförmigen Eichenrumpf hingen fünf Fangboote an Davits über die Reling. Ursprünglich als Vollschiff getakelt, wurde sie als Bark umgeändert, die nun am Besanmast ein Schratsegel führte. Diese Takelung wurde bei Walfängern bevorzugt, da so mehr Seeleute zur Bemannung der Fangboote zur Verfügung standen. Von ihrer ersten Fahrt brachte sie bereits die Ausbeute von 2700 Fass Öl und ca. acht Tonnen Fischbein heim. Unter verschiedenen Kapitänen diente sie 50 Jahre lang und brachte in dieser Zeit 31 409 Fass Öl und 121 Tonnen Fischbei ein. Nachdem sie 1890 in einem Sturm im Nordpazifik stark beschädigt wurde, erreichte sie noch Yokohama, wo das Schiff bis zu seiner Abwrackung blieb.

- **Pinasse und Pinassschiff**

Die Pinasse (frz. Pinasse, abgeleitet vom lat. *pinus* für Kiefer) war ursprünglich ein Bootstyp aus Kiefernholz, das auf den Gewässern um Arachon zwischen Gironde und Bayonne am Golf von Biscaya für die Sardinen-, Austern- und Aalfischerei gebaut wurde. Das schmale Boot ist 7 bis 12 m lang mit stark gebogenem Vorsteven, hochgezogenem Bug und spitzgattigem Heck. Diese Pinassen waren meistens offene Boote, besaßen ein Luggersegel und ein Schwert. Auf englischen Kriegsschiffen und Schiffen der VOC befanden sich frü-

her Pinassen oft als Beiboote oder für Kurierdienste. In den Niederlanden, England und an der deutschen Nordseeküste entwickelten sich diese Boote im 17. Jahrhundert auch zu hochseetüchtigen, meist 35 bis 45 m langen Schiffen mit meist drei Masten. Diese besaßen am Fock- und Großmast zwei oder drei Rahsegel, während der Kreuzmast mit einem Lateiner- sowie einem Rahsegel getakelt war. Da diese Pinassschiffe hauptsächlich für die Handelsfahrt in süd- und südostasiatische Gewässer eingesetzt waren, wurden sie auch Ostindienfahrer genannt. Sie wiesen zwei durchgehende Decks, ein oft verziertes Spiegelheck mit Galerie, eine Back und ein achterliches Halbdeck auf. Die sehr stabil gebauten Schiffe besaßen 18 bis 35 Geschütze, so dass sie ihre kostbare Fracht gegen Piraten auch verteidigen konnten. Umgebaut als Kriegsschiffe entstanden aus ihnen Fregatten oder Linienschiffe.

- **Das Linienschiff**

Ein Linienschiff war das schwerste Kriegsschiff des 16. bis 19. Jahrhunderts. Der Name geht darauf zurück, dass man damals bei einem Seegefecht in Kiellinie hintereinander segelte, um Breitseiten abzufeuern (Ship of the line). Das Linienschiff war schwerer als eine Fregatte und hatte die durchschlagsstärksten Kanonen. Seit Erfindung der Stückpforte um 1500 war es

Die Fleute war ein langes Handelsschiff holländischen Ursprungs mit rundem Achterschiff, das stark eingezogene Seitenwände im Achterkastell aufwies. Typisch für die Fleute war ihre langgestreckte, bauchige Form mit einem flachen Boden. Achterschiff und Bug waren dagegen stark gerundet. Die Radierung von Wenzel Hollar, 1647, zeigt holländische Fleuten. Quelle: wikimedia.

Pinassen waren meistens offene Boote mit einem Luggersegel, einer Weiterentwicklung des Lateinersegels. Auf englischen Kriegsschiffen und Schiffen der holländischen ostindischen Kompagnie (VOC) befanden sich früher Pinassen oft als Beiboote oder für Kurierdienste. Das Bild von Auguste Mayer (1805–1890) zeigt im Vordergrund eine Pinasse, dahinter ein französisches Linienschiff mit drei Decks. Quelle: wikimedia.

möglich, Geschütze, die eine zunehmende Bedeutung im Seekampf bekamen, relativ dicht über der Wasseroberfläche in den Zwischendecks zu positionieren. Mit den englisch-niederländischen Seekriegen ab 1652 wurde die Linie als Kampfformation reglementiert und vorgeschrieben, wobei sich in den Seeschlachten des 17. Jahrhunderts die Flotten teilweise über mehrere Kilometer erstreckten und manchmal tagelang aufeinander Breitseiten abfeuerten. Da deren Wirkung zunächst noch gering war, zielte man vor allem auf die Takelage. Bekannt wurde vor allem das Durchbrechen der feindlichen Linie, das sog. *Crossing the T*, das Admiral Horatio Nelson in der Seeschlacht von Trafalgar 1805 anwandte. Bei den Schiffen der Linie legte man weniger Wert auf Geschwindigkeit als vielmehr auf Kampfkraft. So entstand aus der Galeone das Linienschiff, bei dem 54 bis 130 Kanonen über mehrere Decks verteilt waren und das deshalb als Zwei-, Drei- oder Vierdecker bezeichnet wurde. Dabei bildeten nicht die repräsentativen Drei- und Vierdecker, sondern die hinsichtlich ihrer Bewaffnung, Segeleigenschaften und

Kosten ausgewogenste Konstruktion der Zweidecker das Rückgrat der Linienstreitkräfte. Gegen Ende des zweiten Jahrzehnts des 19. Jahrhunderts führte die Royal Navy die Kreuzspantenbauweise ein, wodurch die Schiffe länger wurden und damit der Zweidecker zur wichtigsten Linienschiffsform wurde. Nachdem die Dampfmaschine erfunden worden war, rüstete man gegen 1845 bereits vorhandene Segellinienschiffe mit bis zu 1000 PS starken Dampfmaschinen aus. Seit 1850 plante und baute man solche Schiffe aber auch von Beginn an mit Schraubenantrieb, bis diese dann seit 1860 durch die Einführung stahlgepanzerter Kriegsschiffe als überholt galten.

Das bekannteste Linienschiff ersten Ranges der britischen Marine, die *Victory*, wurde 1759–1765 gebaut. Ihr Bau erfolgte im Rahmen eines Programms gegen Ende des für England siegreichen Siebenjährigen Krieges, das 1758 den Bau von 12 neuen Linienschiffen vorsah. Aus der Euphorie der Siege in den Land- und Seeschlachten taufte man das 1759 auf Kiel gelegte und am 30. Oktober 1760 in die Liste der Royal Navy eingetragene Schiff *Victory*. Der

Kiel bestand aus dicken Ulmenstämmen, auf dem die Spanten angebracht waren, die mit einer inneren und äußeren Beplankung (three-ply hull) abgedeckt wurden. Schon 1765 wurde sie wieder ausgedockt, da man ein Schiff dieser Größe nicht benötigte und ihr Bau ebenso wie der Unterhalt teuer war. Von 1768 bis 1778 war sie im Reservedienst in Chatham stationiert, danach wieder an verschiedenen Seegefechten beteiligt, darunter der Seeschlacht von St. Vincent am 14. Februar 1797. Im Oktober 1797 wurden bei einer Inspektion des Schiffes so große Schäden festgestellt, dass man es außer Dienst stellte und bis 1799 als Lazarettschiff verwendete. Dann ließ das Marineministerium sie während der napoleonischen Kriege von 1800 bis 1803 überholen und umbauen, so dass sie nun eine Länge von 69,30 m, ein Gewicht von 2162 Tonnen, eine Wasserverdrängung von 3225 Tonnen und 5440 m² Segelfläche aufwies und für 850 Mann Offiziere und Mannschaften vorgesehen war[566]. Von 1803 bis 1805 diente sie im Mittelmeer unter Admiral Lord Nelson und nahm von Mai bis August 1805 an der Verfolgung der französischen Flotte in die Karibik und zurück teil. In der am 21. Oktober 1805 ausgetragenen Seeschlacht vor Trafalgar, bei der Admiral Nelson fiel, wurde die *Victory* schwer beschädigt und kehrte anschließend über Gibraltar nach England zur Reparatur zurück. Von 1806 bis 1808 leistete sie Routinedienst auf dem Medway und wurde zu einem Linienschiff 2. Ranges herabgestuft. Nachdem sie 1808 bis 1812 noch in der Ostsee und als Truppentransporter eingesetzt war, wurde sie 1812 ausgemustert. Pläne, sie als Schiff 1. Ranges wieder in Dienst zu stellen, kamen nach dem Sieg über Napoleon 1815 bei Waterloo nicht mehr zur Ausführung. Danach war sie Flaggschiff des Hafenadmirals von Portsmouth oder diente der Verwaltung. Seit 1889 diente sie als Flaggschiff des Flottenbefehlshabers in Portsmouth und später des Commander in Chief der Naval Home Command. Es ist heute das älteste im Dienst befindliche Marineschiff und befindet sich im Trockendock in Chatham[567].

Nicht nur bei Gefechten auf See, sondern auch gegen Landbatterien kamen Linienschiffe zum Einsatz. So begann nach dem Waffenstillstand von Malmö vom 26. August 1848 in der Bucht vor Eckernförde die zweite Phase der schleswig-holsteinischen Erhebung gegen den Dänischen Gesamtstaat, nachdem Dänemark die Verhandlungen abgebrochen hatte. Am Abend des 4. April 1849 lief ein dänisches Geschwader unter Kommandeurkapitän Fredrik August Paludan in die Eckernförder Bucht ein und ging außerhalb der Schussweite der Küstenbatterien vor Anker. Auftrag des Geschwaders mit 1315 Mann Besatzung war der Angriff auf die Stadt. Trotz des ungünstigen Ostwindes, der die Angreifer auf den Strand zu treiben drohte, griff Paludan am folgenden Morgen des Gründonnerstags an. So gingen das Linienschiff *Christian VIII.* und die Fregatte *Gefion* zwischen der Norder- und der Süderschanze vor Anker und eröffneten das Feuer auf die beiden Küstenbatterien.

Ein Linienschiff war das schwerste Kriegsschiff des 16. bis 19. Jahrhunderts. Sein Name geht darauf zurück, dass es damals üblich war, bei einem Seegefecht in Kiellinie hintereinander zu segeln (Ship of the line). Es war schwerer als eine Fregatte und hatte die durchschlagsstärksten Kanonen. Das Bild zeigt die „Victory", das Flaggschiff Nelsons in der Schlacht von Trafalgar 1805. Quelle: wikimedia.

Die Schlepptrosse zwischen Gefion und Geiser wird während des Gefechtes von Eckernförde am 5.4.1849 zerschossen. Ölbild (Ausschnitt) von Wilhelm Petersen, Frederiksborgmuseet.

Die Schlepptrosse zwischen Gefion und Geiser wird während des Gefechtes von Eckernförde am 5.4.1849 zerschossen. Ölbild (Ausschnitt) von Wilhelm Petersen, Frederiksborgmuseet.

Paludan wollte mit seinen 146 Geschützen die nur 16 schleswig-holsteinischen niederkämpfen, die von Hauptmann Julius Jungmann kommandiert wurden. Die Südbatterie leitete der 27-jährige Unteroffizier Ludwig Theodor Preußer. Aufgrund der schlechten Ausbildung der dänischen Kanoniere schossen diese nur Breitseiten, deren Treffer sich im Pulverqualm nur schlecht beobachten ließen. Die Landbatterien hingegen konzentrierten ihr gezieltes Einzelfeuer auf die Schiffe. Obwohl die Schiffe Anker gesetzt hatten, trieben diese immer näher auf die Batterien zu, so dass letztere die Ankertrosse der *Gefion* durchschossen. Deshalb versuchten zwei Dampfer der *Christian VIII.* und der *Gefion* zur Hilfe zu kommen, konnten jedoch diese nicht aus dem Feuerbereich ziehen. So baten die Dänen gegen 13 Uhr um einen Waffenstillstand. Um 16.30 Uhr nahm Jungmann das manövrierunfähige Geschwader mit glühenden Kugeln unter Feuer. Zudem war eine zusätzliche Batterie am frühen Nachmittag am Ufer in Stellung gegangen. Zunächst fing die *Gefion*, dann die *Christian VIII.* Feuer und strich ihre Fahne. Allerdings kannten die Soldaten an Land dieses seemännische Zeichen für die Kapitulation nicht, so dass sie weiter feuerten. Erst nachdem unter Lebensgefahr ein dänischer Offizier an Land gegangen und auf den ungleichen Kampf hingewiesen hatte, stellten die Landbatterien das Feuer ein. Gegen 18 Uhr schwiegen die Waffen. Die Schiffe hatten bis dahin 5680 Schuss abgefeuert, die Landbatterien 900.

Doch es sollte für die Dänen noch schlimmer kommen. So ging der schleswig-holsteinische Unteroffizier Preußer an Bord des Flaggschiffs und forderte die Mannschaft zum Verlassen des brennenden Schiffes auf. Nach dem späteren Bericht von Paludan soll das Feuer an Bord zu diesem Zeitpunkt jedoch gelöscht gewesen sein. Dennoch explodierte das Linienschiff *Christian VIII.* gegen 20 Uhr. Die Ursache – eine übersehene glühende Kugel oder Sabotage – ist bis heute unklar. Unter den Opfern befand sich auch Preußer. So fiel den Schleswig-Holsteinern nur die *Gefion* als Prise zu, die Eckernförde an die 1848 gegründete Deutsche Reichsflotte (Deutsche Marine) übergab[568]. Ein dänisches Kriegsgericht verurteilte zunächst Paludan, der jedoch nach der Begnadigung durch den König zu „leichter Festungshaft" von drei Monaten nie wieder ein Seekommando führen durfte. Preußer wurde posthum zum Leutnant, Jungmann zum Major befördert. Militärisch war die Schlacht nebensächlich. Zudem wendete sich nach dem Abfall Preußens als Verbündeten und dem Gefecht von Frederica die Lage gegen die Schleswig-Holsteiner.

- **Die Fregatte**

Fregatten tauchten seit dem Ende des 16. Jahrhunderts als kleine, schnelle Kriegsschiffe auf, die keine hohen Aufbauten besaßen, um die Seeeigenschaften nicht zu beeinträchtigen. Ansonsten bildeten sie noch keinen einheitlichen Schiffstypus. Ein frühes Beispiel ist die unter Heinrich VIII. gebaute *Tygar*. Das Kriegsschiff trug seine Geschütze auf einem durchlaufenden Deck ohne Vorder- noch Achterkastelle auf. Da jedoch im Nahkampf niedrige Schiffe leichter zu entern waren, kehrte man zu Ungunsten der Segeleigenschaften zu kleineren Vorder- und Achterkastellen zurück.

Zu den im 17. und 18. Jahrhundert eingesetzten Fregatten an der deutschen

Nordseeküste gehörte die *Wappen von Bremen* der Freien Reichsstadt Bremen, die zum Schutz Bremer und neutraler Handelsschiffe vor allem auf der Seeroute nach England eingesetzt wurde[569]. Nachdem der Bremer Rat im 15. bis 17. Jahrhundert immer wieder kleinere Schiffe zum Schutz der Wesermündung eingesetzt hatte, wurde mit Beginn des Pfälzischen Erbfolgekrieges (1688–1697) die Anschaffung größerer, hochseetauglicher Konvoischiffe erforderlich, da in der Nordsee französische Kriegs- und Kaperschiffe den Seehandel bedrohten. Deshalb war schon 1689 von Bremer Kaufleuten ein privat finanziertes Konvoischiff, die Fregatte *Goldener Löwe*, ausgerüstet und auf der England-Route eingesetzt worden. Dieses Schiff war jedoch zu klein, um den Handel auf dieser wichtigen Strecke zu sichern. Aufgrund von Bitten der Kaufmannschaft beschloss der Rat daher am 17. Dezember 1690, dass *nur ein, jedoch tüchtiges und zur defension capables Schiff ehistens erkauffet und angeschaffet* werden solle[570]. Dieses sollte dann Anfang 1691 auf Kosten der Konvoikasse die *Wappen von Bremen* sein, die als stärkeres Konvoischiff ausgerüstet wurde. Die *Wappen von Bremen* war eine dreimastige Fregatte, die mit dem 1684 fertiggestellten kurbrandenburgischen Konvoischiff *Friedrich Wilhelm zu Pferde* vergleichbar war[571]. Das etwa 34 m lange und 9 m breite Schiff war vermutlich 1674 in den Niederlanden gebaut worden. Neben den großen Rahsegeln verfügte es über kleine Zusatzsegel (Blinden) unter- und oberhalb des Bugsprits, Segel an der seitlichen Verlängerung der Rahen (Leesegel) und über ein Lateinersegel am Heckmast. Bewaffnet war die *Wappen von Bremen* mit 42 Kanonen, davon achtzehn 12-Pfünder. Etwa 30 Geschütze waren auf dem Batterie- und Hauptdeck angeordnet, zwei zielten nach hinten, und die restlichen befanden sich auf dem Puppdeck und Backdeck. Das Schiff verfügte über drei Beiboote. Die Kapitänskajüte war dem Geschmack der Zeit entsprechend luxuriös ausgestattet. Als Schiff des Konvoiführers

zierten das Heck nach Admiralsrecht drei Prunklaternen. Kapitän des Schiffs wurde der Holländer Jürgen Brake aus Amsterdam. Zur Besatzung gehörten 200 bis 250 Seeleute und etwa 50 gut bewaffnete Seesoldaten. So verzeichnet die Inventarliste der *Wappen von Bremen* von 1698 einen Bestand von 42 Musketen, 46 Pistolen, 180 Granaten, Entersäbel, Enterbeile und Hellebarden sowie 40 Fass Pulver[572]. Über die Konvoifahrten der *Wappen von Bremen* im Einzelnen ist wenig bekannt. Gemäß Verfügung des Rates sollte das Schiff *„hauptsächlich zur sicherheit der Engelschen negotien"* bestimmt sein und *„zu keinem andern Zweck, wodurch jener einigermaßen verhindert oder troubliret werden kann, gebrauchet und employret werden."* Nach Ende des Pfälzischen Erbfolgekriegs wurde die *Wappen von Bremen* vom Rat außer Dienst gestellt und 1698 bei einer Versteigerung für 6000 Taler verkauft. Nachdem wenige Jahre später mit dem Spanischen Erbfolgekrieg (1701–1714) wieder Gefahr für den Seehandel bestand, stellte der Rat 1704 die *Roland von Bremen* als neues Konvoischiff in Dienst. Die Bremer Kaufleute, welche die *Wappen von Bremen* erworben hatten, rüsteten diese ebenfalls wieder zu einem Konvoischiff für

Zu den im 17. und 18. Jahrhundert eingesetzten Fregatten an der deutschen Nordseeküste gehörte die „Wappen von Bremen" der Freien Reichsstadt Bremen, die zum Schutz Bremer und neutraler Handelsschiffe vor allem auf der Seeroute nach England eingesetzt wurde. Das etwa 34 m lange und 9 m breite Schiff verfügte über kleine Zusatzsegel (Blinden) unter- und oberhalb des Bugsprits, Segel an der seitlichen Verlängerung der Rahen (Leesegel) und über ein Lateinersegel am Heckmast. Bewaffnet war die Wappen von Bremen mit 42 Kanonen. Modellfoto: Till F. Teenck.

Der klassische Fregattentyp bildete sich erst in den 1740er Jahren heraus. Bis dahin bezeichnete man eine Vielzahl verschieden ausgelegter Kriegsschiffe als Fregatte, allgemein verstand man unter diesen solche mit einer außergewöhnlich hohen Geschwindigkeit. Obwohl diese zwei durchlaufende Decks besaß, aber nur ein bewaffnetes, wurde sie als Eindecker klassifiziert. Das Ölbild zeigt den Kampf des englischen Linienschiffs „HMS Tremendous" und einer britischen Fregatte gegen die französische Fregatte La Canonnière, 1806. Quelle: wikimedia.

eine Fahrt in das Mittelmeer aus. Über diese Reise und den weiteren Verbleib des Schiffs nach dessen Rückkehr ist nichts bekannt.

Der klassische Fregattentyp bildete sich erst in den 1740er Jahren heraus. Bis dahin bezeichnete man eine Vielzahl verschieden ausgelegter Kriegsschiffe als Fregatte, allgemein verstand man unter diesen solche mit einer außergewöhnlich hohen Geschwindigkeit. Obwohl diese zwei durchlaufende Decks besaßen, aber nur ein bewaffnetes, wurden sie als Eindecker klassifiziert. Die Kanonen befanden sich dabei auf dem Oberdeck, dem Achterdeck und der Back. Nach der Zahl der Kanonen wurden Fregatten als 28er, 32er, 36er, 38er oder 40er bezeichnet. Ende des 18. Jahrhunderts wurden in den USA besonders schwere Fregatten wie die *Constitution* gebaut[573], die praktisch Zweidecker waren. Die Verbindung von schwerer Bewaffnung und hervorragenden Segeleigenschaften verlieh diesen Schiffen eine Überlegenheit, die sie im Seekrieg von 1812 den britischen Schiffen beweisen sollte. Noch erhaltene hölzerne Segelfregatten sind neben der *Constitution* in den USA die *Unicorn* von 1824[574] und die *Trincomalee* in Großbritannien. Bei der Kirche von Mårup befindet

sich der Anker der britischen Fregatte *Crescent*, die vor der gefährlichen Küste Nordjütlands bei einem Sturm mit 220 Menschen an Bord am 5. Dezember 1808 sank[575]. Getakelt waren die Fregatten grundsätzlich als Vollschiffe.

Seit 1830 erhielten einzelne Fregatten zusätzlich zur Besegelung eine Dampfmaschine mit Schaufelrädern. Bei diesen Schiffen wurde oft die Takelage reduziert. Der Platzbedarf der Schaufelräder verringerte die Bewaffnung auf dem Batteriedeck. Solche Dampffregatten trafen im Rahmen der schleswig-holsteinischen Erhebung am 4. Juni 1849 vor Helgoland aufeinander. Hier stieß ein Verband unter Admiral Karl Rudolf Brommy, der aus der Dampffregatte *Barbarossa* und den Dampfkorvetten *Lübeck* und *Hamburg* bestand, auf die feindliche Segelkorvette *Valkyrien*, die zu den dänischen Blockadeschiffen gehörte. Zwischen den deutschen Schiffen und der dänischen Korvette entwickelte sich ein kurzes Feuergefecht. Die technische Überlegenheit der deutschen Schiffe zwang den dänischen Kapitän Andreas Polder, Kurs auf das damals britische Helgoland zu nehmen. Das neutrale England gewährte der Korvette Aufenthalt vor der Insel. Die Bastion auf der Insel feuerte darüber hinaus Warnschüsse auf den deutschen Verband ab. Polder wartete hier unterdessen die Ankunft des Raddampfers *Gejser* unter dem Befehl von Kapitänleutnant Jørgen P. F. Wulff ab. Vor dem moderneren Schiff drehte Brommy ab, da er befürchtete, dass ihm weitere Verstärkungen folgten. Die dänischen Schiffe verfolgten den deutschen Verband bis in die Elbmündung und kehrten dann wieder auf ihre Blockadepositionen zurück.

Ab etwa 1850 erhielten diese Kriegsschiffe dann einen effektiveren Schraubenantrieb. Von ihrer Funktion her dienten die Segelfregatten ebenso wie die in dieser Zeit entstandenen etwas kleineren Korvetten als Kreuzer und Aufklärer für Linienschiffsgeschwader, als Begleitschiffe für Konvois oder zur Störung des feindlichen Handels. So sollten 1863 im Krieg des Deutschen Bundes gegen Dänemark die dänische Schraubenfregatte *Niels Juel* und die Schraubenkorvette *Dagmar*, die am 18. März vor Texel den hamburgischen Schoner *Tekla Schmidt* aufgebracht hatte, die Seeblockade gegen den Deutschen Bund auf der Nordsee sicherstellen. Preußen musste aufgrund seiner schwachen Kriegsmarine Österreich um Hilfe bitten. Deshalb lief Anfang März 1864 vom Mittelmeer aus ein Geschwader unter Linienschiffskapitän Wilhelm Freiherr von Tegetthoff mit den beiden Fregatten *Schwarzenberg* und *Radetzky* sowie dem Kanonenboot *Seehund* aus. Dänemark erweiterte sein Nordseegeschwader mit der schon erwänten *Dagmar*, der Schraubenkorvette *Hejmdal* unter Orlogskapitän Edouard Suenson. Aufgabe des Geschwaders sollte der Schutz dänischer Handelsschiffe, das Aufbringen deutscher Schiffe und das Bekämpfen feindlicher Kriegsschiffe in der Nordsee sein. Die *Dagmar* wurde später von der Schraubenfregatte *Jylland* abgelöst. Anfang Mai erreichte das österreichische Geschwader mit Ausnahme der bei einem Unglück beschädigten *Seehund* die Nordsee und vereinigte sich vor Texel mit dem preußischen Raddampfer

In der Seeschlacht vor Helgoland am 9. Mai 1864 stieß das dänische Geschwader auf den Feind. Kupferstich mit mehreren Fregatten.

Preußischer Adler und den beiden Kanonenbooten *Basilisk* und *Blitz*. Kurz nach 10 Uhr entdeckte das von Norden her laufende dänische Geschwader die fünf feindlichen Schiffe in südwestlicher Richtung. Die beiden Geschwader nahmen Kurs aufeinander, und die *Schwarzenberg* eröffnete um 13.15 Uhr das Feuer. Die Dänen erwiderten die Kanonade erst bei deutlich geringerem Abstand. Die Österreicher nahmen daraufhin einen mehr westlichen Kurs, da sie vor den dänischen Schiffen das Fahrwasser kreuzen wollten. Letztere drehten jedoch etwas nach Backbord ab. Während die Kanonenboote zurückblieben, passierten sich die übrigen feindlichen Schiffe unter heftigem Beschuss in einem Abstand von etwa 1800 m. Tegethoff wendete sofort, um zu verhindern, dass die Kanonenboote abgeschnitten würden. Während sich die *Niels Juel* und die *Schwarzenberg* beschossen, konzentrierte sich das Feuer der *Jylland* und der *Hejmdal* auf die *Radetzky*. Das Feuer der zu weit entfernten preußischen Kanonenboote blieb wirkungslos. Gegen 15.30 Uhr fing die *Schwarzenberg* Feuer und musste den Kampf abbrechen. Deshalb zog sich das österreichisch-preußische Geschwader in die neutralen Gewässer der zu Großbritannien gehörenden Insel Helgoland zurück. Da in dem Moment das dänische Flaggschiff *Jylland* einen Treffer in die Kapitänskajüte erhielt, der die Ruderanlage beschädigte, konnte man dieses Absetzmanöver nicht mehr verhindern. Das dänische Geschwader hatte 14 Tote und 55 Verwundete zu beklagen, das österreichische 32 Tote und 59 Verwundete. Im Schutze der Dunkelheit zogen sich die österreichischen und preußischen Schiffe dann nach Cuxhaven zurück und das dänische Geschwader wurde nach Kopenhagen zurückbeordert. Die 1908 außer Dienst gestellte Fregatte *Jylland* kann heute in Ebeltoft besichtigt werden, sie ist mit 71 m Länge und 13 m Breite das größte erhaltene Schiff ihres Typs[576]. Die *Jylland* hat als Vollschiff drei vollständig rahgetakelte Masten und wurde mit einer – heute nicht mehr vorhandenen – Dampfmaschine ausgestattet, die als zusätzlicher, windunabhängiger Antrieb diente. Die Besatzung betrug 430 Mann. Technologisch war die *Jylland* bereits zum Zeitpunkt ihres Stapellaufs 1860 veraltet, da man schon Panzerschiffe aus Eisen kannte.

• Der Klipper

Der Klipper (engl. *Clipper*) wurde in den USA entwickelt und hatte seine Vorläufer in kleinen Postfrachtern, die durch ihre hohe Geschwindigkeit im Amerikanischen Unabhängigkeitskrieg Blockaden durchbrechen konnten. Diese Baltimore Klipper waren meist zweimastige, selten dreimastige Toppsegelschoner mit Rahtopp an beiden Masten. Auch in Großbritannien entstanden seit 1839 erste Vorformen der Klipper, wie die *Scottish Maid*. Anfang des 19. Jahrhunderts machten Schiffseigner aus Neuengland mit ihren kleinen, schnellen Schiffen ein Vermögen, indem sie diese im Sommer mit Eis aus ihren Eiskellern beluden, dann mit hoher Geschwindigkeit in die Karibik segelten, wo reiche Plantagenbesitzer diese Fracht hoch bezahlten. Mit dem Klipper kamen schlanke, stromlinienförmige Schiffsrümpfe auf, die einen scharfen, nach innen gekrümmten Klipperbug (*clipping the waves*) besaßen[577]. Bisher wiesen die Frachtschiffe eine eher völlige Fischform auf, die nach hinten schlank zulief. Diese Form machte die Schiffe zwar

Der Klipper (engl. Clipper) wurde in den USA entwickelt und hatte seine Vorläufer in kleinen Postfrachtern, die durch ihre hohe Geschwindigkeit im Amerikanischen Unabhängigkeitskrieg Blockaden durchbrechen konnten. Diese Baltimore Klipper waren meist zweimastige, selten dreimastige Toppsegelschoner mit Rahtopp an beiden Masten. Foto: wikimedia.

Mit den Klippern wurden Rekordjagden nach immer kürzeren Fahrzeiten auf den wichtigen Seerouten durchgeführt. Zwischen London und China kam es zu regelrechten „Great Tea Races". Legendär wurde das Rennen zwischen der „Thermophylae" und der 1869 gebauten Cutty Sark, das letztere 1872 mit einer Woche Vorsprung gewann. Dieser letzte Teeklipper liegt in Greenwich, London.
Foto: wikimedia.

sicher, indem der breite Bug das Wasser beiseite schaufelte und die Decks trocken blieben, doch waren solche Schiffe langsam.

Die 1845 gebaute *Rainbow* gilt als erster echter Klipper. Klipper waren meistens Vollschiffe, seltener Barken. Die berühmte *Great Republic* vom Schiffbauer Donald McKay aus East-Boston wies sogar vier anstelle der sonst üblichen drei Masten auf. Er entwarf auch weitere bekannte Klipper, wie die *Flying Cloud* (1851), die mit ihren 1783 Bruttoregistertonnen 433 Seemeilen (etwa 800 km) in 24 Stunden segelte. Seine *Flying Fish* (1851) schaffte 1852/53 eine Rekordfahrt von New York nach San Franciso in 92 Tagen[578].

Nachdem amerikanische Klipper in englischen Docks gelegen hatten, veränderten sich auch in England die Schiffslinienrisse. Mit den Klippern, die schon bald in Großbritannien nachgebaut worden waren,

wurden Rekordjagden nach immer kürzeren Fahrzeiten auf den wichtigen Seerouten von der Ostküste der USA um das Kap Hoorn nach San Franscico, für den Guanotransport, einem phosphorsauren Vogelmist, von Chile, von und nach Australien (Clipper-Route), wo sie Wolle an Bord nahmen, oder nach Indien und China (Teefahrten) durchgeführt. Zwischen London und China kam es zu regelrechten „Great Tea Races". Das Schiff, das die erste Ladung der neuen Tee-Ernte aus China in England anlanden konnte, erzielte einen sehr guten Preis für die Fracht und eine Prämie. Legendär wurde das Rennen zwischen der 1869 gebauten, 85,35 m langen *Cutty Sark* mit ihren 3000 m² Segelfläche[579] und der 1868 gebauten 88,40 m langen *Thermophylae*, das letztere 1872 mit einer Woche Vorsprung gewann. Die *Cutty Sark* hatte allerdings ihr Ruder verloren. 1895 war diese dann schneller als die *Thermophy-*

223

lae. Letztere wurde 1897 abgetakelt und 1906 versenkt. Da sie aufgrund des Profitstrebens und ihrer starken Belastung immer am Limit segelten, war ihre Lebensdauer meist nicht sehr hoch. An Stelle des rar gewordenen Bauholzes begann Großbritannien verstärkt Eisen beim Klipperbau einzusetzen, was die Lebensdauer erhöhte. Die *Cutty Sark* ist heute als Museumsschiff in Greenwich zu besichtigen. Sie ist ein sog. Kompositklipper, bei dem Kiel, Spanten und Verbände aus Eisen waren, während die Außenhaut noch mit Holz beplankt wurde[580]. Nachdem 1869 der Suezkanal eröffnet worden war, der Seglern aufgrund ungünstiger Windverhältnisse keinen Vorteil brachte, war es mit der kurzlebigen Zeit der Klipper vorbei. Zudem liefen ihnen Dampfschiffe den Rang als Teeschiffe ab.

• Der Windjammer

Die kurzlebige Zeit der Klipper war zwar Ende der sechziger Jahre des 19. Jahrhunderts vorüber, aber sie beeinflussten doch die nachfolgende Generation großer frachttragender Segler, die heute als Höhepunkte des Segelschiffbaus gelten[581]. Sie waren zunächst aus Holz und Eisen, seit 1882 aus Eisen und Stahl gefertigte, auf Tragfähigkeit, Handhabung und Wirtschaftlichkeit ausgelegte Großsegler, die technisch stetig verbessert wurden. Das elastische Material fügte sich den Spanten hervorragend an. Auf dem Kiel befestigte man die Spanten aus mehreren Lagen Profilstahl, wobei Längstringer für die Festigkeit sorgten. Darauf wurde die stählerne Außenhaut genietet. Etwa 20 Prozent der Verdrängung entfielen auf das Eigengewicht, während es bei Holz mindestens 46 Prozent waren. Trotzdem waren Stahlschiffe stabiler. Zudem ließen sich aus Stahl größere Schiffe als aus Holz bauen. Die neuen stählernen Segler waren mit 90 bis 100 Metern etwa doppelt so lang wie die Klipper. Stahl bildete auch das Material für Masten und Rahen, Stahltrossen dienten als stehendes Gut. Die stählernen Stage

und Wanten waren wie Saiten gespannt, die der Wind zum Singen brachte. Davon und an ihrer Eigenschaft, hoch an den Wind gehen zu können, leitet sich ihr Name vom englischen *to jam the wind* ab. Von den Klippern übernahmen sie auch die grundlegende Linienführung. Englische Werften haben ihren Vorsprung beim Bau stählerner Segelschiffe lange halten können. Auch Werften auf dem Kontinent kauften ihre Windjammer in England. Deutsche Reeder gehörten lange zu den Kunden der englischen Werftindustrie und stellten sich erst um, nachdem die deutsche Regierung seit 1871 Werften im eigenen Lande suchte, die stählerne Kriegsschiffe bauen konnten. Beim Bau dieser Kriegsschiffe blieb es zunächst, eiserne Handelsschiffe wurden weiterhin in England gebaut[582].

Winden mit konischen Trommeln erleichterten das anstrengende Segelbrassen. Während auf Klippern, die 1500 Tonnen trugen, noch Mannschaften von 50 bis 60 Mann benötigt wurden, ließ sich ein 2500 Tonnen tragender Windjammer mit 30 Mann befahren[583]. Infolge der kleineren Besatzungen konnten weniger Männer an den Segeln arbeiten, weshalb man die Flächen der einzelnen Segel verkleinerte, um sie leichter bedienen zu können. Diese wurden nun aufgrund der längeren Rahen zwar breiter, aber nicht mehr so hoch wie noch zu Zeiten der Klipper. Während diese noch mit einem Bram- und Marssegel gefahren wurden, befanden sich bei den Windjammern je ein Ober- und ein Unterbramsegel sowie zwei Marssegel[584]. Anders als bei den übertakelten Klippern verteilten sich bei den Windjammern, den Viermastvollschiffen und Viermastbarken auch die großen Segel besser auf die Masten, die im Unterschied zum Klipper aber eine ähnliche Größe aufwiesen, während die beim Klipper am Großmast dominierten. Dazu entfielen die aufwändig zu bedienenden Leesegel.

Aber auch die Takelage veränderte sich. Die ersten Windjammer der achtziger und neunziger Jahre des 19. Jahrhunderts waren noch überwiegend Vollschiffe gewesen, doch dann stellte man fest, dass ein Schiff, das am hinteren Mast ein Gaffelsegel fuhr, fast ebenso schnell wie ein Vollschiff war, sich aber leichter manövrieren ließ und weniger Besatzung benötigte. So wurde die Bark praktisch zum Standardschiff jener Zeit. Die Bark mit drei oder vier Masten war in der zweiten Hälfte des 19. Jahrhunderts als Hochseefrachtschiff weit verbreitet und besaß an den vorderen Masten Rahsegel und am hinteren Mast ein Gaffelsegel. Auch das 1958 in Dienst gestellte Segelschulschiff *Gorch Fock* der Bundesmarine[585] ist eine Dreimastbark, die russische *Krusenstern*, 1926 als Frachtschiff *Padua* F. Laeisz gebaut, eine Viermastbark. Im Unterschied zu den Vollschiffen mit ihren rahgetakelten Masten wiesen sie ein besseres Verhältnis zwischen Geschwindigkeit und Segelfläche einerseits und der Mannschaftsstärke andererseits auf.

Ein früher Windjammer war die 1853 als Viermastklipperbark gebaute *Great Republic* vom Klipperbauer Donald McKay mit ursprünglich 4445 Bruttoregistertonnen, vier Decks und 125 Mann Besatzung. Solche Schiffe hatten daher einen vergleichsweise rechteckigen Rumpf mit weiten, für Massengut von Salpeter, Kohle, Guano, Weizen oder Zement ausgelegten Laderäumen und eine Besegelung, die von wenigen Matrosen bedient werden konnte. Im Unterschied zu den Klippern verdreifachte sich etwa die Tragfähigkeit. Auch empfindliche Güter, die man nicht der Erschütterung der Dampfmaschinen aussetzen wollte, waren eine übliche Fracht. Die *Preußen* hatte etwa auf ihrer letzten Fahrt Klaviere an Bord.

In den USA gab es eine Reihe riesiger Windjammer aus Holz mit Metallverstärkungen und später aus Stahl, die man nach ihrer Herkunft aus Neuengland „Down Easter" nannte. Diese kamen vorwiegend von der Werft und Reederei Arthur Sewall & Co. aus Bath Maine. Diese Segelschiffe waren Bauten der Industrialisierung und

besaßen neben ihren Stahlrümpfen Stahlseile und Stahlwinden an Deck zur Arbeitserleichterung sowie Hilfsdampfmaschinen zur Bedienung von Ladegeschirr und Pumpen. Ein gemischter Antrieb mit Segel und Maschine bewährte sich nicht. Neben Waren nahmen diese Segelschiffe auch Auswanderer an Bord. Auf eine solche Bark, die 30 m lange und 5,50 m breite *Johanne*, die auf einer Werft an der Unterweser erbaut und erst am 21. Oktober 1854 in Dienst gestellt worden war, gingen am 29. und 30. Oktober in Bremen 216 Auswanderer, davon 94 Männer, 77 Frauen, 32 Kinder unter 10 Jahren und 13 Säuglinge mit dem Ziel New York an Bord. Dem Kapitän unterstanden 15 Mann. Die am 2. November 1854 begonnene Reise behinderte schlechtes Wetter. Die meisten Passagiere befanden sich bei relativer Enge, stickiger Luft und ohne Licht unter Deck. Kojen gab es nur für die Passagiere, die sich das leisten konnten, und waren begrenzt; das Gepäck war ebenfalls in den Passagierdecks verstaut. In der Nacht vom 4. auf den 5. November entwickelte sich ein starker Sturm. Beim Festmachen des Bramsegels ging ein Matrose über Bord, der ertrank. Infolge dreier Grundseen, kurzer steiler, überbrechender Wellen im flachen Wasser, verlor das Schiff am 5. November die Stagsegel. Infolgedessen strandete die *Johanne*

Nach dem Ende der kurzlebigen Klipperära kamen in der zweiten Hälfte des 19. Jahrhunderts die Windjammer auf. Sie waren vorwiegend aus Holz, seit 1882 aus Eisen und Stahl gefertigte, auf Tragfähigkeit, Handhabung und Wirtschaftlichkeit ausgelegte Großsegler, die technisch je nach dem Stand der Zeit verbessert wurden. Die alte Postkarte zeigt Windjammer um 1900 im Hafen von Hamburg. Quelle: Congress Bibliothek Washington, wikimedia.

Zu den letzten drei Frachtgroßseglern – alle Viermastbarken – gehörten die beiden ehemaligen Flying-P-Liner Pamir und Passat der Hamburger Reederei F. Laeisz. Das Foto zeigt die Passat in Travemünde. Foto: Stephan Peters.

ber nach Bremerhaven abreisten und von dort ärmer als zuvor nach Süddeutschland zurückkehrten. 77 der Auswanderer hatten ihr Leben verloren, darunter 18 Männer, 34 Frauen, 18 Kinder unter 10 Jahren und 7 Säuglinge. Die Toten der „*Johanne*" wurden auf dem Friedhof der Ertrunkenen am Ostrand des Dorfes von Spiekeroog beigesetzt. Das Wrack versank allmählich im Mahlsand und die geborgenen Teile der Ausrüstung wurden im Folgejahr verkauft.

Der Untergang der *Johanne* führte zu einem starken Presseecho. Forderungen nach der Einrichtung von Rettungsstationen wurden laut. Nachdem dann aber am 10. September 1860 vor Borkum die englische Brigg *Alliance* strandete und keine Versuche zur Rettung unternommen wurden, war die Empörung der Presse groß. Nach diesen Unglücken entstanden seit 1861 die ersten Seenotrettungsstationen an der deutschen Küste, die 1865 zur Gründung der Deutschen Gesellschaft zur Rettung Schiffbrüchiger (DGzRS) führte.

Die größten Vollschiffe waren sieben Fünfmastrahsegler in der Welthandelsflotte, bis auf die *Preußen* als Vollschiff waren diese alle als Fünfmastbarken getakelt. Sie besaßen bis auf die *France I* (1901 vor Brasilien gesunken), *Potosí* (1925 ausgebrannt) und *Preußen* eine Dampf- oder mit Diesel betriebene Hilfsmaschine. Die 1902 gebaute 147 m lange *Preußen* der Reederei F. Laeisz, Hamburg[586] kollidierte am 6. November im Ärmelkanal mit dem englischen Dampfer *Brighton*, der vorschriftswidrig vor dem Bug des Seglers kreuzte[587]. Als man den beschädigten Segler mit drei Schleppern in den Hafen von Dover bringen wollte, rissen die Trossen aufgrund aufkommenden Sturms, und die *Preußen* strandete nach dem vergeblichen Versuch, sich selbständig freizusegeln, auf den Klippen. Nicht einmal 12 Schleppern gelang es, das Schiff zu befreien.

drei Stunden vor Eintritt der Flut am 6. November vor Spiekeroog und kenterte zur Seeseite hin. Nachdem der Befehl des Kapitäns ergangen war, die Rahen und Masten zu kappen, fiel die Takelage von oben herab; ein Übriges tat die Brandung. Dadurch wurden auch die Rettungsboote der Bark zerschlagen. Ein Mast zerstörte ein Deckshaus und führte zu ersten Toten und Schwerverletzten. Das stürmische Meer spülte weitere Menschen über Bord, die im eisigen Wasser ertranken. Da die Bewohner der Insel Spiekeroog keine Rettungsboote besaßen, mussten sie dem Unglück hilflos zusehen. Erst bei Niedrigwasser konnten die überlebenden Schiffbrüchigen gerettet und die Toten geborgen werden. Die Inselbewohner nahmen die Geretteten auf, bevor diese am 14. Novem-

Diese Segler konnten mit 6200 bis 8000 Tonnen das Anderthalb- bis Zweifache einer mittleren Viermastbark transportieren. Sie kamen aber zu spät, da Dampfer immer

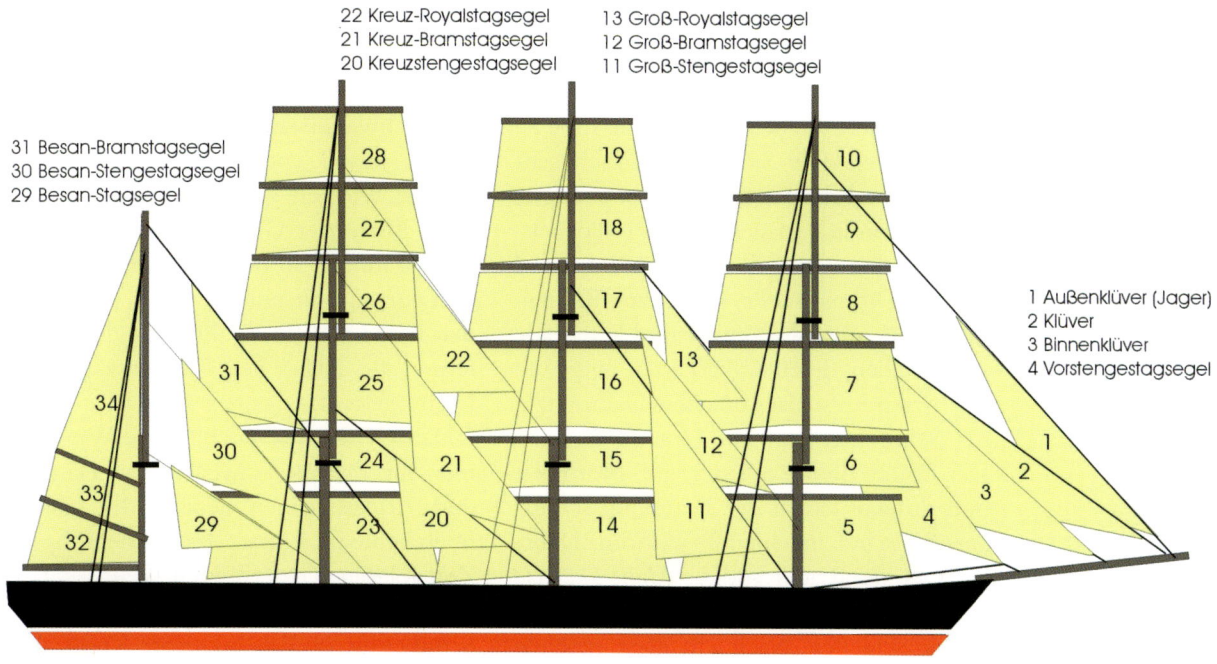

22 Kreuz-Royalstagsegel
21 Kreuz-Bramstagsegel
20 Kreuzstengestagsegel

13 Groß-Royalstagsegel
12 Groß-Bramstagsegel
11 Groß-Stengestagsegel

31 Besan-Bramstagsegel
30 Besan-Stengestagsegel
29 Besan-Stagsegel

1 Außenklüver (Jager)
2 Klüver
3 Binnenklüver
4 Vorstengestagsegel

34 Besantoppsegel	28 Kreuz-Royal	19 Groß-Royal	10 Vor-Royal
33 Besan-Bramstagsegel	27 Kreuz-Oberbramsegel	18 Groß-Oberbramsegel	9 Groß-Stengestagsegel
32 Unterbesan	26 Kreuz-Unerbramsegel	17 Groß-Unterbramsegel	8 Vor-Unterbramsegel
	25 Kreuz-Obermarssegel	16 Groß-Obermarssegel	7 Vor-Obermarssegel
	24 Kreuz-Untermarssegel	15 Groß-Untermarssegel	6 Vor-Untermarssegel
	23 Bagien	14 Großsegel	5 Fock

Segelanordnung eines Windjammers. Grafik: Dirk Meier.

profitabler wurden und Segler in immer kleiner werdende Nischen drängten. Die Domäne der Großsegler blieben längere Zeit noch überlange Distanzen, die wegen des Brennstoffproblems durch Dampfer zunächst noch nicht ökonomisch bedient werden konnten. Dazu zählte vor allem die Salpeterfahrt von Chile um das Kap Hoorn nach Europa oder der Weizentransport nach Australien.

Als Tiefwasserschiffe waren Windjammer für Fahrten in küstennahen Gewässern nicht geeignet. Da sie aufgrund ihrer Takelung mit Rahsegeln schlecht kreuzen konnten, blieben sie hier auf Schlepper angewiesen, während sie auf den Ozeanen ihre Routen anhand der vorherrschenden Winde wählen konnten. Allerdings konnten einige Rahsegler wie die *Preußen*, *Pitlochry*, die *Herzogin Ceclie* oder die *Mir* höher an den Wind gehen als andere. Die mangelnde Manövrierfähigkeit im Küs-

tengebiet sollte auch der *Marie Hackfeld* zum Verhängnis werden. Das 1893 in England gebaute Vollschiff – ein Rahsegler mit drei Masten und einem Besan – hatte im Auftrag der Bremer Reederei Pflüger 1893 manche Reise bis nach Honolulu gemacht. In den Morgenstunden des 12. November 1909 verließ die *Marie Hackfeld* mit Hilfe eines Schleppers den Hamburger Hafen. Bis Cuxhaven an der Elbmündung brieste der Wind auf, und der Schlepper vermochte kaum, das große Vollschiff bis zum Leuchtschiff *Elbe I* zu schleppen. In der Nacht vom 12. zum 13. November drehte der Sturm auf Nordwest. Noch hatte das Schiff kein Segeltuch gesetzt, und die ersten Brecher schlugen über Bord. Der Schlepper versuchte noch, die *Marie Hackfeld* weiterzuschleppen, doch 15 Seemeilen südwestlich von Helgoland brach die Schlepptrosse. In dem zum Orkan gewordenen, nun aus Norden blasenden Sturm ließ sich die Schleppverbindung nicht wiederherstellen. Mit nur wenig Segel versuchte Kapitän Grube, das treibende Vollschiff auf südöstlichem Kurs in die Elbe zu manövrieren. Die Sicht war jedoch sehr schlecht und das Feuerschiff *Elbe I* wurde zu weit nördlich passiert. Der Wind drückte das Vollschiff auf den großen Vogelsand an der Dithmarscher Küste zu. Kapitän Grube erkannte die Gefahr und ließ beide Anker fallen, deren Ankerketten aufgrund des harten Aufschlags brachen. Dann setzte das Schiff hart auf den Untergrund auf. Der Wind drehte wieder auf Nordwest und drückte das in der Brandung schlingernde Schiff in einen Prielstrom. Dabei zerbrach das Ruder und die *Marie Hackfeld* schlug quer zur See. Der Kapitän ließ Notsignale schießen. Nachdem diese gesehen wurden, konnten Mannschaft und Kapitän sich nach mehreren Stunden auf herangeeilte Schlepper und Rettungsboote retten. Das Wrack ist heute durch eine Wracktonne auf der Seekarte verzeichnet (54,4° Nord, 3,32° Ost). Die Masten des Schiffs sprengte man 1914.

Insgesamt wurden nach 1870 über 1500 Dreimastrahschiffe gebaut, 440 Viermastrahschiffe (ca. 400 Barken und 40 Vollschiffe) sowie sieben Fünfmastrahschiffe. Die zuletzt in Deutschland gebauten Viermastbarken waren meist 110 m lang, besaßen um die 3200 Bruttoregistertonnen sowie 4000 Tonnen Tragfähigkeit und umfassten 30 Mann Besatzung. Während die damals führende Schifffahrtsnation Großbritannien sehr schnell ihre Handelsflotte auf Dampfer umstellte, blieben Windjammer in Frankreich und Deutschland – hier vor allem die Flying-P-Liner der Hamburger Reederei F. Laeisz – länger in Gebrauch[588]. Im Ersten Weltkrieg gingen viele Windjammer verloren. Als Letzter unterhielt der finnische Reeder Gustav Erikson noch bis nach dem Zweiten Weltkrieg Windjammer für die Frachtfahrt. Die letzten drei Großsegler – alle Viermastbarken – waren die beiden ehemaligen Flying-P-Liner *Pamir*, *Passat* und die *Drumcliff*. Nachdem die 1905 bei Blohm & Voss gebaute *Pamir* mit Seekadetten an Bord in einem Orkan am 21. September 1957 sank[589] und ihr Schwesterschiff, die *Passat*, einem Orkan knapp entkam[590], wurde Letztere wenige Wochen später außer Dienst gestellt. Als letzter Großsegler in Fahrt sank am 26. Juni 1958 die 71 Jahre alte *Omega* ex *Drumcliff* mit einer Ladung Guano vor der Küste Perus. Als Frachtsegler wurde ferner die *Padua* bei F. Laeisz 1926 in Dienst gestellt.

Danach wurden noch einige Windjammer für Schulungszwecke der Handels- und Kriegsmarinen gebaut, die vielfach noch heute im Einsatz sind. In der jüngsten Zeit folgten wieder einige Neubauten als Ersatz für die in die Jahre gekommenen Schulschiffe und als luxuriöse Kreuzfahrtschiffe wie die *Royal Clipper*. Heute werden die Windjammer fast nur noch als Museumsschiff oder Segelschulschiffe der Marine verwendet, wo sie zu den Höhepunkten der Seglertreffen wie der Kieler Woche, der Travemünder Woche, der Baltic Sail oder der Hanse Sail gehören.

• Der Schoner

Bei den Schonern ist die Segelanordnung eine grundsätzlich andere als bei den Windjammern, da sie keine Rahbesegelung aufweisen. So führen zwei- und dreimastige Schoner trapezförmige Schonersegel am ersten Mast, Großsegel am zweiten Mast und, falls vorhanden, Besangroßsegel am dritten Mast. Zusätzlich zum Bugspriet kommen Binnen- und Außenklüver vor. Diese Segelführung erlaubte eine schnellere Fahrt vor dem Wind. Der Ursprung dieser Takelungsart ist wohl von holländischen Küstenschiffen des 17. Jahrhunderts abgeleitet. Der erste belegte Stapellauf eines Schoners erfolgte 1713 in Gloucester, Massachusetts, USA. Ein Zuschauer soll beim Stapellauf vermerkt haben: *There she scoons* („Da gleitet sie hin"). Der Kapitän des Schiffes, Andrew Robinson, soll dann das Wort „Schooner" (engl.

to scoon, gleiten) geprägt haben. Die Schoner waren als schnelle Schiffe vor allem im Kurierdienst eingesetzt. Nach 1880 entwickelte sich der reine Gaffelschoner mit meistens zwei oder drei, aber auch bis zu sieben Masten. Diese Schoner führten ausschließlich Schratsegel (Gaffelsegel, Gaffeltoppsegel, Stagsegel) ohne Rahen, was nur eine kleine Mannschaft erforderte. Kleinere Schoner dienten zur Fischerei oder für den Lotsendienst, Vier-, Fünf- und Sechsmastschoner zur Frachtbeförderung. Der größte Schoner war die 1902 aus Stahl gebaute *Thomas W. Larwson* mit sieben Masten, 25 Segeln und etwa 18 Mann Besatzung. Sie strandete 1907 aufgrund eines Navigationsfehlers in einem felsigen Seegebiet der Scilly Inseln vor der Westküste Großbritanniens[591]. Ihre Last, Öl, führte zur ersten Ölverschmutzung des Meeres. Als größter hölzerner Schoner diente die 3730 Bruttoregistertonnen große *Wyoming*. Sie lief 1909 in Maine vom Stapel und diente für den Kohletransport, bevor das Schiff 1925 bei einem Sturm vor der Küste von Massachusetts sank, wobei die gesamte Besatzung ums Leben kam[592]. Das spanische Schulschiff *Juan Sebastian de Elcáno*, ein Viermastmarssegelschoner von 1927, ist derzeitig der größte Schoner auf See.

• **Kleine Küstenschiffe**

In der frühen Neuzeit gab es eine Vielzahl unterschiedlicher kleiner Küstenschiffe holländischer Schiffbautradition, von denen hier nur die wichtigsten Typen aufgeführt sind[593].

– Bojer
Ein Bojer (Boj, Boier, Boeijer, Boeyjer, Booyer) ist ein aus Holland stammendes, rundgebautes Wattenmeer- und Küstensegelschiff mit flachem Boden und Seitenschwertern[594]. Anfänglich einmastig, nur mit Mast- und Sprietsegel versehen, wurde der Bojer zum „Anderthalbmaster" mit Spriet- und Lateinsegel weiterentwickelt. Als solcher Anderthalbmaster zählte der Bojer zu den am weitesten verbreiteten Küstenseglern in nordeuropäischen Gewässern des 16. Jahrhunderts. Ein in einer

Bei den Schonern, wie der Atene auf dem Foto, ist die Segelanordnung eine grundsätzlich andere als bei den Windjammern, da sie keine Rahbesegelung aufweisen. Über den Gaffelsegeln an den Masten befinden sich jeweils ein Toppsegel. Am Bugspriet erkennt man vier Vorsegel (Fock und Klüver) Foto: Nordevent GmbH.

isländischen Quelle beschriebener Bojer dieser Zeit wies eine Länge von 20 m auf und konnte 50 Lasten aufnehmen[595]. Diesen größeren, seegehenden Bojer-Typ kennzeichnete ein weniger flacher Schiffsboden, der Wegfall der Seitenschwerter, ein plattes Spiegelheck sowie eine kleine Kabine auf dem Deck. Später wurde am Großmast noch ein Topprahsegel gefahren, während der kleine Besanmast das Lateinsegel beibehielt. Am Bugspriet befand sich eine Blinde. Anfang des 17. Jahrhunderts ersetzte man das Spriet- durch ein Gaffelsegel. Die breite, füllige Form der Bojer beeinflusste die nachfolgenden Schiffstypen wie die Galiot, die Tjalk und den Kuff. Eng verwandt mit dem Bojer ist auch die Schmak[596].

Galiot als gaffelgetakelte Ketsch. Dictionnaire de la Marine von de Willaumez 1831.

– Galiot

Galioten sind seegehende, flachbodige Rundgattschiffe niederländischen Ursprungs, die seit dem 17. Jahrhundert nachweisbar sind und sich gut im Wattenmeergebiet manövrieren ließen[597]. Je nach Größe und Zeit waren Galioten als Spriet-, Ketsch- bzw. Huker-, Brigg-, Bark- oder Vollschiff getakelt. Es gab zahlreiche regionale Varianten, wie die Eidergaliot, die Kuffgaliot oder den Galiotewer. Vielen dieser Begriffe lassen sich jedoch keine bestimmten Konstruktionen mehr zuordnen. Einige Galiotformen besaßen Seitenschwerter. Im Laufe des 19. Jahrhunderts erhielten die Galioten einen schärferen Bug und die Linien wurden schlanker. Seit dem Ende des 19. Jahrhunderts baute man Galioten in der traditionellen Form aus Stahl. Galioten waren vor allem Handelsschiffe, die aber im 17. Jahrhundert auch als kleinere Kriegsschiffe Verwendung fanden. Gegen Ende des 17. Jahrhunderts entstand in Frankreich auf Basis der Galiot als Kriegsschiff die *galiote à bombe*, ein Mörserschiff.

Bojer. Kupferstich Navium Hollandarium. Staatliches Museum für Kunst. Quelle: Mortensøn 1994, 45.

– Tjalk

Die Tjalk ist ein historischer holländischer Schiffstyp, der besonders gut für das Wattenmeer, Kanäle, Flüsse und Priele angepasst war. Die Tjalken entwickelten sich aus dem holländischen Bojer. Erstmals tauchte die Bezeichnung *tjalk* 1673 in einem friesischen Dokument auf. Die Tjalk wies einen gänzlich flachen Boden ohne Balkenkiel auf, so dass sie sich bei Ebbe trockenfallen lassen konnte. Ferner besaß sie wie alle Plattbodenschiffe Seitenschwerter. Infolge ihrer im Verhältnis zur Länge großen Breite und Völligkeit hatten Tjalken nur ein geringen Tiefgang. Die Takelung bestand aus einem großen Gaffelsegel mit kurzer Gaffel, langem Großbaum sowie einem Klüver als Stagsegel sowie einem Focksegel. Um 1900 wurden in Norddeutschland noch ca. 160 hölzerne und 28 eiserne See- und Binnentjalken gezählt. Besonders gut bewährten sich die ausschließlich auf holländischen Werften gebauten eisernen Tjalken. 1928 gehörten noch 128 eiserne Tjalken mit einer durchschnittlichen Tragkraft von 140 t zur deutschen Binnenflotte. Auch heute gibt es noch Tjalken als mehr oder minder gut erhaltene Traditionsschiffe[598].

Zu den archäologisch dokumentierten Tjalken des 17. Jahrhunderts gehören zwei Wracks von der schleswig-holsteinischen Nordseeküste. Der Hedwigenkoog in Norderdithmarschen, an dessen Deich das eine Schiff auflief, wurde 1696 eingedeicht. Dieser ist heute von jüngeren Kögen umgeben, reichte aber im ersten Viertel des 18. Jahrhunderts mit seinem Vorland bis an die Eidermündung und im Westen bis an die offene See. Der in gerader Linie angelegte westliche Seedeich wurde in den schweren Sturmfluten von 1717 bis 1720 mehrfach beschädigt. Etwa 200 m südlich der „großen Wehle" – heute ein Staubecken – lag die „kleine Wehle", in der das Schiff am 31. Juli 1969 gefunden wurde. Die Wehle wurde 1970 verfüllt und ist heute nicht mehr zu erkennen. Wie die Ausgrabungen ergaben, handelte es sich um das gut erhaltene Wrack eines 14,50 m langen und 4,50 m breiten Küstenseglers. Dieser wurde zwar

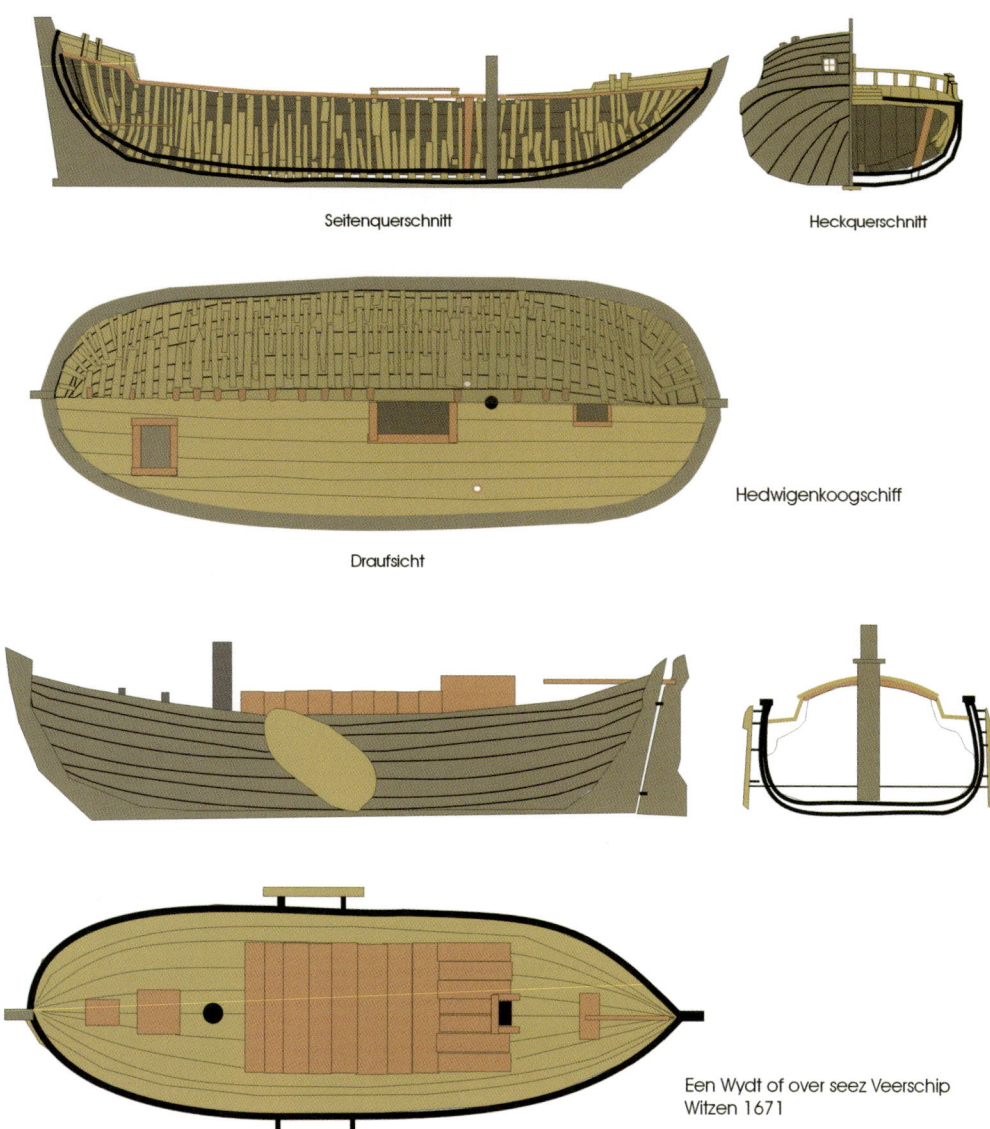

Seitenquerschnitt

Heckquerschnitt

Draufsicht

Hedwigenkoogschiff

Een Wydt of over seez Veerschip
Witzen 1671

Im Hedwigenkoog, Dithmarschen, wurde 1969 ein Küstenschiff der Zeit nach 1690 ausgegraben, das vermutlich bei der Sturmflut 1720 an dessen Deiche strandete. Die Bauweise lässt sich nicht auf ein Jahrzehnt festlegen, sondern entspricht der niederländischen Schiffsbautradition des 17. Jahrhunderts. Typologisch gehört es zu den Tjalken. Als Vergleich dient eine Umzeichnung „Een Wydt of overseez Veer Schip" von Nicolaes Witsen, Architektura navalis et reginem nauticum. Ofle Aaloude en Hedendaagsche Scheepsbouw en Bestier… (Amsterdam 1671) Pl. LXIII u. LXIX dargestellt. Grafik: Dirk Meier.

durch das Archäologische Landesamt geborgen und dokumentiert, doch die finanziellen Mittel erlaubten keine Konservierung des Schiffs[599]. Nur einzelne Schiffsteile gelangten daher in das Dithmarscher Landesmuseum in Meldorf.

Bis zum frühen Morgen des 25. Dezember 1717 hatte der Deich allen Stürmen standgehalten, dann jedoch überspülte infolge des starken Sturmwindes aus West und Nordwest das Wasser alle Deichlinien des Kooges und riss den Seedeich auf einer Länge von 2,87 km ganz fort. Diese Weihnachtsflut schädigte auch andere Bereiche

des nordwestdeutschen Küstengebietes in hohem Maße. In der folgenden Eisflut vom Februar 1718 rissen drei Wehlen in den Deich ein. Nachdem man den Koog fast aufgeben wollte, begann man 1720 mit der Verstärkung der westlichen Deichlinie. Die Silvesterflut vom 31. Dezember 1720 beschädigte den Deich jedoch erneut und riss die erwähnte „große Wehle" ein. Es dauerte bis 1723, bevor der instandgesetzte Deich um die beiden Wehlen herum verlegt werden konnte. Es liegt somit die Vermutung nahe, dass die Wehle, in der das Hedwigenkoogschiff gefunden wurde, sich zusammen mit der „großen Wehle" während der Silvesterflut 1720 bildete.

Vermutlich lief das Schiff nach einem vergeblichen Ankermanöver vor Legerwall auf den Deich auf, der dann brach. Das Schiff wurde in die entstandene Wehle gerissen und strandete dort mit dem Bug zur See entweder am 25. Dezember 1717 oder in der Silvesterflut von 1721. Neben einer Schiffshavarie, die am wahrscheinlichsten ist, könnte das Schiff auch bei ruhigem Wetter durch die Deichbruchstelle gesegelt oder absichtlich versenkt worden sein. So gibt es Berichte, dass nach der Weihnachtsflut 1717 kleine Schiffe über das überschwemmte Binnenland gesegelt sind. Deren Besatzungen wollten ihre Mitmenschen berauben, andere hatten die Obrigkeiten organisiert, um für Versorgung der notleidenden Menschen zu sorgen sowie die Ordnung aufrechtzuerhalten. Auch ein Schiff mit geringem Tiefgang wie das gefundene Wrack hätte sich im überschwemmten Koog theoretisch bewegen können. Aber die eingesetzten Schiffe waren meist kleiner. Eine absichtliche Versenkung des Schiffes in der Wehle wäre auch denkbar. Diese hat es öfter gegeben, und da am Hedwigenkoogschiff alle nicht niet- und nagelfesten Gegenstände einschließlich des Mastes fehlen, könnte das Schiff planmäßig außer Dienst gestellt und in der Wehle versenkt worden sein. Solche Schiffe wurden aber in aller Regel parallel des Deichverlaufs in der Wehle versenkt, um diese am besten auszufüllen, nicht mit dem Bug zur See wie das Hedwigenkoogschiff. Zudem wurde über dem Schiff kein Material aufgeschüttet. Auch die Ladung geschlachteter Schellfische, von der sich Spuren fanden, spricht gegen eine planmäßige Versenkung des Schiffs. In den Akten Norderdithmarschens findet sich ebenfalls kein Hinweis auf ein absichtlich versenktes Schiff. Zudem war das Schiff zu gut erhalten, um es außer Dienst zu stellen.

Bei seiner Entdeckung lag das mit Ballast gefüllte Heck etwa einen Meter tiefer als der Bug. Im Inneren waren keine Gegenstände mehr zu finden. Vielleicht blieb nach der Havarie und dem Abklingen des Sturms noch genug Zeit, das Schiff auszuräumen und abzutakeln. Das Heck des Schiffes sackte immer tiefer in den Grund der Wehle als das mastlose, nunmehr leere und daher leichtere Vorschiff. Durch den Wechsel zwischen Ebbe und Flut verbreiterte sich die Wehle und versandete schließlich, so dass das Schiff wieder zugänglich wurde und ausgeraubt werden konnte.

Der Umstand, dass Mast und Takelage fehlen, während der Schiffsrumpf fast unversehrt war, könnte auch rechtliche Gründe haben. Denn die für dieses Gebiet maßgebliche herzogliche Strandordnung vom 15. August 1712 regelte das Eigentumsrecht an der Fracht. So hatten der Schiffer und seine Leute bestenfalls drei Ebben und drei Fluten, also etwa 36 Stunden, die Verfügungsgewalt über ihr Schiff. Aber in der Eile, von Bord zu kommen, war dazu nicht mehr die Zeit. Zwar erwähnen die histo-rischen Quellen diese Strandung nicht, wie aber Schiffe in dieser Region in Wehlen versanken, beschreibt der Wesselburener Pastor Heinrich Wolf 1788[600]. Da die Wehle 1723 wieder bedeicht wurde, versandete das Hedwigenkoog-Schiff zunächst nicht ganz. Während eines trockenen Sommers in der zweiten Hälfte des 18. Jahrhunderts wurde es noch beobachtet, bevor die Zeit über das Wrack hinwegging.

Bei dem im Hedwigenkoog gesunkenen Schiff handelt es sich um ein Küstenschiff, wie es vor allem in den Niederlanden gebaut wurde. Das Schiff ist nach dendrochronologischer Untersuchung nicht vor 1690 gebaut worden. Die Bauweise lässt sich nicht auf ein Jahrzehnt festlegen, sondern entspricht der niederländischen Schiffsbautradition des 17. Jahrhunderts. Die kraweel nebeneinander liegenden Planken wurden bei Küstenfahrzeugen – wie dem Hedwigenkoogschiff – erst nachträglich mit inneren Bauteilen (Bodenwrangen, Kimmstücken und Auflangern) zusammengehalten und ausgesteift. Kiel, Steven, Außenhaut, Spanthölzer, Decksbalken und Biten bestanden aus Eichenholz, während das Schiffsinnere mit Nadelhölzern ausgekleidet war. Der nicht aufgefundene Mast stand ehemals in einem Mastschuh auf einer besonders verstärkten Planke (dem „Kielschwein") im vorderen Teil des Schiffs und trug wohl ein längs angebrachtes Schratsegel. Als Großsegel kam ein Spriet- oder Gaffelsegel in Frage. Der sehr völlige, also breite und ausladende Rumpf wies bei einem Tiefgang von 1,50 m eine Tragfähigkeit von 38,5 Tonnen auf. Im Schiffsinneren befanden sich außer der achterlichen Kajüte mit zwei Fenstern der Laderaum und im Bug der Vorpiek mit offenem Herd.

Den geladenen Schellfischen nach zu schließen, führte die Fahrt des Hedwigenkoogschiffs von einem Hafenort mit Fanggrund, beispielsweise Helgoland, zu einem Marktort für geschlachtete Schellfische, wie Tönning, Friedrichstadt, Büsum, Altona oder Hamburg. Historisch belegt ist für den Zeitraum des Hedwigenkoog-Schiffes ein reger Frachtverkehr zwischen den niederländischen Häfen, vor allem Amsterdam, mit denen an Ems, Jade und Weser sowie Hamburg, Husum und Ribe in Jütland. Den Handel dominierten die Niederländer, deren Schiffe während des Nordischen Krieges und der dadurch verursachten Gefährdung des Seeverkehrs von niederländischen Convoischiffen geschützt wurden.

Aufgrund seiner U-förmigen Spantform, Völligkeit und Größe gehört das Hedwigenkoogschiff aus heutiger Sicht zu den Tjalken. Der Name „Tjalk" als Oberbegriff setzte sich aber erst im 19. Jahrhundert für die niederländischen völligen, flachbodigen Küsten- und Binnenschiffe mit Rundheck durch. Diese trugen 16 bis 40 Tonnen und mehr Lasten. Bis zu 30 Lasten wurden sie von nur einem Schiffer und einem weiteren Mann bedient. So dürfte es auch bei dem Hedwigenkoogschiff gewesen sein; bei Frachtfahrten waren kaum mehr als drei Personen an Bord.

Im Jahre 1797 stellten die Tjalken bereits die Mehrzahl der an der nordfriesischen Küste beheimateten Fahrzeuge. Da sich zu dieser Zeit Kaperungen auf der offenen Nordsee wieder häuften, bildeten wattentaugliche Schiffe ideale Verkehrsmittel. Denn diese konnten aufgrund ihres geringen Tiefgangs dicht unter der Küste manövrieren. Um sie trotz des flachen Bodens gegen das Abtreiben zur Seite zu sichern, hatten solche Schiffe oft bewegliche Seitenschwerter, die sich je nach Wassertiefe einsetzen oder nach oben drehen ließen.

Tjalken wie auch die in den Schriftquellen des 18. Jahrhunderts genannten Schmal- und Weitschiffe (Smalship, Wijtschip) unterschieden sich der Größe nach dadurch, ob sie die Schleusen der holländischen Stadt Gouda, einem wichtigen Verkehrsknotenpunkt, durchfahren oder umsegeln mussten. Die Schleusen besaßen eine Durchfahrtsbreite von 4,68 m, für das 4,50 m breite Hedwigenkoogschiff wäre das also sehr knapp gewesen. Die breiteren Weitschiffe, die den Umweg durch die Zuiderzee nehmen mussten, glichen ihren Nachteil durch eine größere Seefestigkeit und Tragfähigkeit aus. Im niederländischen Friesland wurden Küstenfahrzeuge in der Bauart der Schmal- und Weitschiffe auch Schmacken genannt. Ab der zweiten Hälfte des 18. Jahrhunderts wird dann der Begriff für „Tjalk" als größeres Plattbodenschiffe mehr und mehr üblich.

Der zweite Küstensegler, den man zur Gruppe der Tjalken zählen kann, ist ein Wrack, das 1994 bei Bauarbeiten am Deich des Uelvesbüller Kooges zutage kam[601]. Den Kleinfunden nach gehört dieses Schiff in die erste Hälfte des 17. Jahrhunderts. Im Unterschied zum Hedwigenkoogschiff wurde es nach seiner Strandung teilweise abgewrackt, so dass nur der größte Teil des kraweel beplankten Rumpfes ohne das Deck erhalten ist. Auch der Vorsteven des Schiffes fehlte. Bei einem geraden Steven könnte die Länge dieses 3,60 m breiten Schiffes etwa 13 m betra-

*Bei Ausgrabungen in Uelvesbüll, Eiderstedt, kam 1994 ein Küstenfrachter des 17. Jahrhunderts zutage.
Foto: Dirk Meier.*

gen haben. Aufgrund des nicht mehr vorhandenen Stevens ließ sich der Schiffstyp nicht mehr exakt bestimmen. Vor dem Mast befand sich ein Querschott, das Logis und Lagerraum trennte. Wie das Hedwigenkoogschiff besaß auch das Schiff von Uelvesbüll einen Herd in Form einer mit Ziegelsteinen ausgefüllten Holzkiste im Vorpiek, der durch ein Schott vom Frachtraum abgeteilt war. Seiner vorlich gelegenen Mastspur nach trug es wohl ebenfalls einen Mast mit Schratsegeln. Anders als das Hedwigenkoogschiff besaß dieses Wrack aber Schanzkleidstützen, an denen eine erhöhte Bordwand um das Deck herum befestigt gewesen war. In Höhe des Mastes befanden sich Lenzpumpen, um eingelaufenes Wasser abzupumpen. Obwohl das Schiff durch die Strandung und Strandräuber erheblich beschädigt wurde, war ein Teil der Ausrüstung und des persönlichen Besitzes der Seeleute an Bord geblieben. So fanden sich der Anker mit gebrochenem Schaft, Tauwerk, ein mit Eisen beschlagener Holzspaten sowie Reste von Tongefäßen, Werkzeuge, Teile von Kleidungsstücken, Pfeifen sowie Reste einer kleinen Dudelsackpfeife. Den deutlichen Abnutzungsspuren nach zu schließen, war das Schiff zum Zeitpunkt seiner Strandung schon älter.

Die besten Entsprechungen findet der Fund neben dem Hedwigenkoogschiff in einem Wrack aus dem Flevoland bei Lelystad, einem Polder (oder Koog) in der ehemaligen Zuiderzee. Dort wurde 1980 ein 18 m langes und 5,50 m breites Börtschiff *(beurtship)* freigelegt, das um 1620 gesunken war. Ähnlich wie das Hedwigenkoogschiff und der Fund von Uelvesbüll wies dieses kleine Frachtschiff Vorpiek, Kajüte und Laderaum auf. Das Deck fasste ein Schanzkleid ein, an dem vermutlich Seitenschwerter hingen.

– Ewer

Als Ewer (holl. *envarer* = Einfahrer) bezeichnet man ursprünglich einen kleineren, aus Friesland stammenden Segelschiff-

typ in Knickspantenbauweise mit einem Flachkiel sowie einem Mast (Giekewer) oder zwei Masten (Besanewer). Bei zweimastigen Ewern ist der achtern stehende Besanmast deutlich kürzer als der vor ihm stehende Großmast. Die Segel sind gaffelgetakelt. Vor dem Großmast fahren die Ewer meist einen Klüver oder eine Fock. Seitenschwerter sollen beim Ewer bei Amwind- und Halbwindkursen eine Abdrift des Flachbodenschiffes verhindern. In der frühen Neuzeit fand der Ewer große Verbreitung entlang der Nordseeküste und findet sich seit 1800 auch an der Unterelbe und Unterweser, wo er als Frachtschiff in der Küsten- und Flussschifffahrt genutzt wurde oder zur Fischerei diente.

– Kuff

Der Kuff war im 18. und 19. Jahrhundert entlang der Nordseeküste verbreitet und besaß anderthalb Masten, eine füllige Form, einen flachen Schiffsboden sowie ein stark gerundetes hochgezogenes Heck und ebenfalls einen hohen, gerundeten Bug.

– Kutter

Der Kutter (engl. *cutter* für schneiden) entstand gegen Ende des 18. Jahrhunderts und wurde zunächst an dem einzig vorhandenen Mast mit allen möglichen Segeln, sogar mit Rahsegeln gefahren. Die Schiffe wiesen Rumpflängen zwischen 10 und 25 m auf. Die heutige, bedienungsfreundliche Schratbesegelung war zur Entstehungszeit des Schiffstypes noch nicht die Regel. Erhalten geblieben ist der Kutter in seiner Rumpfform als robustes, seetüchtiges Beiboot mit bis zu 12 m Länge.

• **Küstenfahrt und Fischfang**

Viele dieser kleinen Boote, vor allem Kutter wurden an den Küsten auch zur Fischerei eingesetzt. Zwar zeigen archäologische Funde, dass bereits die Bewohner der Marschensiedlungen aus den ersten nachchristlichen Jahrhunderten den Fischreichtum der Nordsee nutzten, doch lebten sie vor

Als Ewer (holl. en-varer = Einfahrer) bezeichnet man ursprünglich einen kleineren, aus Friesland stammenden Segelschifftyp in Knickspanten-bauweise mit einem Flachkiel sowie einem Mast (Giek-ewer) oder zwei Masten (Besan-ewer). Seitenschwer-ter sollen beim Ewer bei Amwind- und Halbwindkursen eine Abdrift des Flachbodenschiffes verhindern. Das Foto zeigt den Ewer „Jonas". Foto: J. Müllerchen.

allem von Viehhaltung und etwas Acker-bau[602]. Dort, wo im Nordseeküstengebiet Landwirtschaft nicht mehr gewinnbringend war, wie auf den nordfriesischen Geestinseln im 14. und 15. Jahrhundert, spielte der Fischfang als Nebenerwerb eine größere Rolle. Hauptfangplatz des Herings in der Nordsee waren in dieser Zeit die Gründe vor Helgoland. Der Fischfang wurde überwiegend in offenen Fahrzeugen, wie den schon erwähnten Ewern oder Schniggen, ebenfalls flachbodige Boote mit meist einem Mast mit Seitenschwertern, betrieben. Nach der Chronik von C.P. Hansen von 1845 sollen die Sylter 1611 nur noch vier Fischewer besessen haben, nachdem 1607 beim Schollenfang 14 Ewer mit 45 Mann untergingen. Gewerbsmäßig in größerem Stil handelte vor allem – wie erwähnt – die Hanse, deren Kaufgesellen auf den Schonenmärkten regelmäßig anzutreffen waren[603].

Spezialisierte Fischerorte gab es jedoch zunächst nur wenige. Noch aus dem Zollregister der an der Ostseeküste liegenden kleinen Stadt Haderslev erfahren wir, dass der kleine Hafen 1539 von Schiffen eines regionalen Küstenverkehrs angelaufen wurde, weniger von Fischerbooten. Der Frachtverkehr reichte von Haderslev aus bis zu den dänischen Inseln Fyn, Æro, Langeland, Lolland und Falster sowie nach Eckernförde in Schleswig-Holstein und Wismar in

Fischerei von Barth, Mecklenburg. Braun-Hogenberg, Städte der Welt 1572–1615. Quelle: Mortensøn 1994, 134.

235

Der Gaffelkutter „Magaretha" von 1911 des Museumshafenvereins Büsum wurde 1911 aus Eichenholz in Hamburg-Finkenwerder mit einer Segelfläche von 120 m², einer Länge von 12,82 m über alles (mit Klüver 16 m) und einer Breite von 3,80 m gebaut. Foto: Dirk Meier.

noch zur Selbstversorgung betrieben. An der Spitze der dörflichen Fischflotte standen die Schiffer oder Steuermänner, die auch Eigentümer der Boote waren. Sie organisierten den Fischfang und verhandelten den Fisch auf den Märkten der nahe gelegenen Städte. Neben dem Steuermann wiesen die einfachen Fischerboote eine Besatzung von meist zwanzig Männern auf. Anfangs waren die Fischer noch Teilhaber der Steuermänner. Jeder Fischer brachte ein eigenes Netz mit und behielt einen Teil des Fangs. Dieser bestand neben Heringen meist aus Meerengel, Katzenhai, Rochen, Stachelrochen, Kabeljau, Schellfisch, Weißling, Knurrhahn, Scholle und anderen Plattfischen sowie Thunfisch. Auch Süßwasserfische aus den Flüssen, so Aale, Hechte, Rotfedern und Karpfen wurden gefangen. Zu einem Schiff gehörten oft mehr als 50 Treibnetze. Im Jahre 1480 waren beispielsweise in dem Fischerdorf von Walraversijde 16 Steuermänner mit eigenem Schiff und eigener Besatzung ansässig, in der nahe gelegenen Stadt Oostende waren es 50[606].

Von den Fischerdörfern aus fuhren die Fischer zur See. Der Seefang wurde noch an Bord ausgenommen, an Land gebracht und auf den Märkten der Hafenstädte wie Nieuwport und Damme verkauft. Seit dem 15. Jahrhundert erlaubten größere Boote eine weite Ausdehnung der Fischfangfahrten. Nun segelten die Fischer bis Schottland, nahmen die gefangenen Heringe an Bord aus und lagerten sie in Salz. Die Steuerleute dieser Schiffe arbeiteten für städtische Händler. Nach einer langen Zeit eines wirtschaftlichen Aufstiegs an der flandrischen Küste kündigte sich ab 1370 eine Krise an. In den Städten kam es zu Unruhen der Unterschichten, und auf dem Lande lehnten sich arme Bauern gegen die etablierte Ordnung auf. Diese Umbrüche betrafen auch das Küstengebiet. Viele Schiffer konnten ihre Schulden bei den reichen städtischen Händlern nicht mehr bezahlen. Einige Schiffer wurden daher zu Seeräubern und plünderten fremde Schiffe

Mecklenburg[604]. Seit dem 19. Jahrhundert verlor aber die Frachtschifffahrt mehr und mehr an Bedeutung, nun nimmt die Fischerei in Häfen wie Büsum, Friedrichskoog, Husum oder Tönning an der schleswig-holsteinischen Nordseeküste zu[605].

Dort, wo im Hinterland der Küstengebiete viele Städte lagen, war die Fischerei hingegen schon im Mittelalter von größerer Bedeutung. Dies galt insbesondere für Flandern, wo Heringe einen wichtigen Teil des bezahlbaren Essens in den städtischen Haushalten bildeten. An der Küste zwischen Oostende und Nieuwport lagen daher zahlreiche Fischersiedlungen, deren Bewohner Viehhaltung und Ackerbau nur

vor der flandrischen Küste aus. Zudem verursachten mehrere schwere Sturmfluten, wie die von 1394, schwere Schäden an der Küste. Die starken Westwinde hatten zur Folge, dass sich die Küstendünen weiter nach Westen verlagerten und das Fischerdorf Walraversijde mit Sand überdeckten, das heute nach Ausgrabungen als Museumsdorf teilweise wiedererstanden ist.

Auch entlang der Förden der Ostsee finden wir in der frühen Neuzeit spezialisierte Fischersiedlungen, wie Maasholm oder Arnis an der Schlei, oder Niederlassungen von Fischern in Städten, wie am Holm an der Schlei in Schleswig[607]. In diesem langen Meeresarm wurden mit Kähnen und Fangzäunen Fische gefangen. Als Wasserfahrzeuge kamen hier einfache Kähne mit geklinkerter Außenhaut und flachem, kraweel gebauten Boden zum Einsatz. Reste eines solchen Kahns aus dem 16./17. Jahrhundert fanden sich 1997 im Netz eines Fischers[608]. Ähnliche, von sechs bis acht

Männern bediente Kähne waren noch im 20. Jahrhundert an der Ostseeküste von Flensburg bis Mecklenburg ebenso üblich wie im nordfriesischen Wattenmeer. Mit solchen Kähnen wurden nach dem Fang die Netze bis an das seichte Ufer gezogen und erst dort die Fische geborgen. Diese „Frühjahrswade" galt dem zum Laichen in die Schlei ziehenden Hering mit Netzen, die von Booten ausgelegt wurden. Neben den Holmer Fischern betrieben auch die Gutsbesitzer an der unteren Schlei Fischfang in großem Stil. Sie besaßen eigene Fischrechte und errichteten an den bevorzugten Laichgebieten der Heringe, Lachse und Brassen feste Fangzäune aus Pfahlwerk und Buschwerkpackungen, wie sie heute noch in Kappeln erhalten sind. Auch in den Prielen an der Nordseeküste gab es vereinzelt ähnliche Einrichtungen in der frühen Neuzeit, wie Funde von Fischwehren von der niederländischen Küste und dem Watt vor Eiderstedt zeigen[609].

Nach dem Zollbuch der Stadt Hadersleben stammten 1539 die meisten Frachtschiffe im Hafen aus Eckernförde. Die Küstenfahrten reichten von den südlichen dänischen Inseln bis nach Eckernförde, nur selten weiter. Nach B. Poulsen, Dansk Søfarts Historie 1. Grafik: Dirk Meier nach J. Andersen, Haderslev Museum.

Von der Bronze- und Eisenzeit bis in das 19. Jahrhundert haben wir die Seefahrt und die Entwicklung der maritimen Kulturlandschaft verfolgt, sahen, wie sich Küsten- und Hochseefahrt in Nordeuropa entwickelten. Von den großen Ruderbooten der Eisenzeit führt die Entwicklung weiter zu den ersten segelbaren Schiffen. Wann das Segeln im Norden aufkam, haben auch wir nicht beantworten können, doch ist sicher, dass es spätestens mit der Wikingerzeit seit dem 8. Jahrhundert segelbare Schiffe gab, die alles überboten, was der Norden bis dahin gekannt hatte. Gleichzeitig mit der Verbesserung der Schiffstypen begann ein ökonomischer Aufstieg, in dem sich Fernhändler an Handelsorten niederließen und ihre bisherige ländliche Siedlungsweise aufgaben. Ausgehend vom Rhein liefen die Verkehrswege seit 700 n. Chr. um die südliche Nordsee, das *Mare Frisicum*, und von hier aus weiter entlang der friesisch besiedelten Nordseeküste nach Norden, in die Elbmündung hinein, in die Eider und bis hin nach Ribe. Weitere Gemeinschaften friesischer Kaufleute stießen in die Ostsee vor, wo seit dem 9. Jahrhundert ein System vieler Handelsemporien und Schiffsländen entstand. Friesen, skandinavische Wikinger und Slawen wurden hier zu Trägern des Handels, deren Routen sich über die russischen Flüsse tief in das Land der Rus, gar bis ans Schwarze Meer und nach Byzanz erstreckten. Handel im frühen Mittelalter bedeutete aber mehr als friedlicher Warenaustausch, man verstand darunter auch das Überreichen von Geschenken, vor allem von Luxusgütern, aber viele dieser Güter wechselten auch durch Raub ihren Besitzer. So suchten, angefangen von der Plünderung des Klosters Lindisfarne, Wikingerüberfälle die englischen und friesischen Küsten heim,

bis sich Nordleute sogar in England selber niederließen. Allmählich erlahmte die Kraft dieser maritimen Vorstöße.

Auf den in der Wikingerzeit gelegten Handelsstrukturen konnte die Hanse aufbauen, ein Bund von Kaufleuten, aus dem allmählich ein Bund von Städten an Ost- und Nordsee erwuchs. Neue und größere Schiffe beförderten Massengut, wie Koggen, Holke und Kraweele. Aus den seefahrenden Kaufleuten waren Händler in Kontoren geworden, und die Häfen erhielten eine Infrastruktur aus Wohnhäusern, Kontoren und Lagern. Kaufleute bestimmten mehr und mehr die Geschicke bürgerlicher Städte wie Lübeck, Hamburg oder Bremen.

Bleiben die mittelalterlichen Quellen in ihrer Aussagekraft oft beschränkt, erfahren wir wenig vom Leben an Bord oder lassen sich Wracks namentlich bekannten Schiffen kaum zuordnen, wird das historische Material seit der frühen Neuzeit viel zahlreicher. Aber oft ist es schwierig, einzelne Wracks bestimmten Schiffstypen zuzuweisen, zu groß war die Vielfalt.

Mit der Verbesserung von Schiffen und Nautik, der Entdeckung des Seeweges um Afrika und der Neuen Welt veränderten Portugal und Spanien auch die nordische Welt, die Kraft der Hanse schwand und neue, seefahrende Kolonialmächte traten an ihre Stelle. Wiederum waren es Schiffe, die hier das Netzwerk der maritimen Kultur verknüpften. Galeonen und Windjammer, Linienschiffe und Fregatten, Segelschiffe in nie gesehener Vielfalt und Größe bestimmten das Bild der europäischen maritimen Kultur und umsegelten die Welt. Nicht immer war die Entwicklung friedlich, sondern technischer Fortschritt im Schiffbau war auch eng verbunden mit der Frage nach Seemacht und Seeherrschaft.

Fast bis an das Ende des 19. Jahrhunderts dominierten Segelschiffe die Handelsschifffahrt, bis diese langsam von Dampfern verdrängt wurden[610].

Das erste funktionsfähige Dampfschiff hatte zwar 1783 der Franzose Claude de Jouffroy d'Abbans erfunden und 1788 ließen sich Isaac Briggs und Wiliam Longstreet das erste Dampfschiff patentieren, doch erst der Amerikaner Robert Fulton patentierte am 11. Februar 1809 einen wirtschaftlich erfolgreichen Entwurf. Sein 1807 gebauter Raddampfer *North River Steam Boat* (viel später *Clermont* genannt) war noch mit Segeln bestückt und wurde mit seiner Geschwindigkeit von etwa 4,5 Knoten (8,3 km) zwischen New York und Albany als Linienschiff eingesetzt. Der technische Übergang vom Segelschiff zum Dampfer dauerte jedoch Jahrzehnte. Der erste wirklich hochseetaugliche Dampfer ohne Segel, die 20 Knoten schnelle *Teutonic*, wurde erst von Alexander Carlisle 1889 in Dienst gestellt. Noch war der Aufwand zum Betreiben der Dampfkessel enorm, höhere Leistung und Geschwindigkeit forderte größere Maschinen und höheren Dampfverbrauch, was wiederum mehr Kessel erforderte. Nur Industrienationen konnten sich das leisten.

1885 beschloss die Deutsche Reichsregierung das Dampferförderungsgesetz, das deutsche Reeder mit Subventionen anreizte, ihre Schiffe auf deutschen Werften bauen zu lassen. Zwei eingesessene Segelschiffswerften beschritten diesen Weg: Tecklenborg und Rickmers im Unterweserraum. Sie bauten aber nicht nur Dampfer, sondern nun auch Segelschiffe aus Stahl. Diese Windjammer zeigten schon auf ihren ersten Reisen ihre Qualitäten, indem sie die generationslange Erfahrung im Bau von Segelschiffen mit Erkenntnissen aus der Klipperära und neuesten Baustoffen vereinten. In einer Zeit, in der sich die Handelsflotte Großbritanniens auf Dampfschiffe umstellte – der letzte englische Windjammer lief 1905 vom Stapel – wuchs die deutsche Windjammerflotte: 1898 hat-

te Deutschland nur 25 stählerne Segelschiffe, 1905 waren es 58[611].

Diese Entwicklung war eine Folge der raschen industriellen Entwicklung und des Bevölkerungswachstums. In die aufblühenden industriellen Ballungszentren zog es immer mehr Menschen, die auch mit Nahrungsmitteln versorgt werden mussten. Daher luden die Windjammer vor allem Guano aus Südamerika. Außerdem brauchte die Industrie vor allem Salpeter aus Chile, der jedoch eine gefährliche Ladung war, da sich dieser entzünden konnte. Die Verluste unter den Salpetersegeln waren so hoch, dass die Versicherungen 1912 die Prämien für diese Ladung bis um 30 Prozent erhöhten[612].

Wie lange noch Frachtsegler und Dampfschiffe im Hafen parallel nebeneinander lagen, zeigen folgende Angaben des Flensburger Hafens: 1861 dominierten 112 Segler vor nur 3 Dampfschiffen, 1873 waren es 35 Segler mit 3882 Nettoregistertonnen (NRT) und 12 Dampfer mit 3969 NRT. Allerdings konnten die Dampfer weit mehr Fracht aufnehmen. 1878 waren es 35 Segler mit 4594 NRT und 18 Dampfer, die aber schon 8633 NRT besaßen. Von nun an verringerte sich die Frachtschifffahrt unter Segeln stetig: 1893 waren es noch 9 Segler mit nur noch 1787 NRT, aber schon 58 Dampfer mit 30 062 NRT und 1908

Mehr als 1000 Jahre hatte es Segelschiffe in Nordeuropa gegeben, mit dem Beginn der Dampfschiffe zeichnete sich langsam das Ende der Frachtsegelschifffahrt ab. Am Asien Kai des Hamburger Hafens dominieren um 1900 noch Windjammer vor Dampfschiffen. Quelle: wikimedia.

nur noch ein Segler mit 35 NRT gegenüber 96 Dampfern mit 72 835 NRT[613].

Schnelldampfer verfeuerten täglich mehrere hundert Tonnen bester Steinkohle, der Rohstoffhunger war gewaltig. Die Dampferzeugung erforderte ebensoviel Personal wie Segelschiffe, wenn nicht mehr. Diese hohen Personalkosten und der Wettbewerb in der Schifffahrt vor allem über den Nordatlantik erzwangen den Umbau der Kessel auf Ölfeuerung. Wasserrohrkessel erzeugten bei kompakter Bauweise und geringerem Gewicht mehr Dampf bei geringerem Personalaufwand. Nach dem Zweiten Weltkrieg neigte sich auch die im Vergleich zu den Segelschiffen kurzlebige Zeit der Dampfer ihrem Ende zu, dieselbetriebene Schiffe traten an ihre Stelle. Alle maschinengetriebenen Schiffe haben gegenüber den Segelschiffen den Vorteil, dass sie unabhängig vom Wind sind, aber ist das wirklich nur ein Vorteil? Maschinen bedürfen Energie. Rohstoffe wie Kohle und Öl sind endlich und werden immer teurer, Wind aber ist eine natürliche Antriebskraft. Schon experimentiert man wieder mit dem Einsatz von Segeln auf Handelsschiffen. Die Zeit der Segelschiffe wird das nicht zurückbringen, das sollte man nicht bedauern, denn der Dienst auf Koggen, Karavellen, Galeonen, Klippern und Windjammern war hart, nicht romantisch.

Viele Wracks in den Tidegewässern der Nordsee bezeugen, wie gefahrvoll die Schifffahrt in dieser Küstenregion vom frühen Mittelalter bis heute war. Im Zuiderseegebiet in Holland sind bislang Wracks von über 350 Schiffen des 13. bis 19. Jahrhunderts entdeckt worden; im nordfriesischen Wattenmeer mit seinen Tiden, sich ständig veränderten Prielen und Sänden fand man zwischen Eiderstedt und Sylt über 500 Schiffe. Auch in der Deutschen Bucht, entlang der jütländischen Küste, besonders in der Jammer Bucht, dem Skagerrak, auf der Route um die Nordspitze Jütlands, im Kattegat und entlang der schwedischen Schärenküste gingen zahlreiche Schiffe unter oder liefen auf Grund. In der Elbmündung strandeten aufgrund des sich ständig verändernden Fahrwassers viele Schiffe. Viele dieser Strandungen verliefen tragisch, besonders etwa an den Küsten der nordfriesischen Inseln. Infolge der hohen Brandung bei Stürmen, der schwierigen Strömungsverhältnisse und der Untiefen sind die Westküsten der Inseln Sylt und Amrum bis heute Gefahrenzonen der Schifffahrt.

Auszüge aus den Strandprotokollbüchern von Sylt belegen, dass vom Beginn der Einträge 1788 bis 1923 etwa 202 Schiffe in der Nähe der Insel strandeten. Außer den Seeleuten, die dabei untergingen, verloren auch viele der Rettungsleute ihr Leben. Viele der auf dem Meer verunglückten Seeleute wurden auf den Inselkirchhöfen bestattet und erhielten teilweise reich geschmückte Grabsteine. Von den Schicksalsschlägen kündet die Chronik der friesischen Utlande von P. Hansen. Hier lesen wir für das Jahr 1777 über die Schiffskapitäne von Sylt:

Jürgen Balzers starb im Eismeer, Jens Groot im Kattegat, Peter Greiken strandete auf der Elbe, Teide Bleiken verlor Schiff und Leben bei Ameland, Peter Prott starb zu Marseille, Hans Möller erlitt Schiffbruch bei Island, Bleik Erken verlor Schiff und Leben bei Fanöe, Peter Andresen strandete auf Anholt, Knut Knuten verlor ebenfalls sein Schiff im Kattegat, das Schiff des Erk Schwennen sank bei den Azoren, Jakobi Kappen verlor Schiff und Leben an der französischen Küste, Bunde Hansen strandete im Kanal.

Hansen, C. P.: Chronik der friesischen Utlande (2. Aufl. Garding 1877).

Vier Mann verloren ihr Leben, als im September 1872 bei einem Orkan das holländische Segelschiff *De Spruit* bei Wenningstedt strandete. In dem gleichen Sturm strandeten noch drei weitere Schiffe nahe der Insel. Bei dem Unglück der *Horus* auf einer Sandbank vor Amrum suchten trotz schwerer Brandung vier Insulaner Hilfe zu

Die Karte lokalisierter Schiffstrandungen und Wracks zeigt mit ihren Häufungen die besonders gefährlichen Seegebiete an der jüti-schen Halbinsel. Grafik: Dirk Meier.

bringen. Zwei Rettungsboote kenterten, bevor sie das Schiff erreichten, und die Rettungsmänner ertranken.

Tragisch verlief auch der Untergang der schon kurz erwähnten *SS Cimbria* der „Hamburg-Amerikanischen Packetfahrt Actiengesellschaft" (HAPAG). Die 3037 Bruttoregistertonnen große und 12,5 Knoten schnelle Dampffregatte mit ihren 1500 PS, die zusätzlich noch Segel besaß, wurde 1868 bei J. Caird & Co., Geenock/Schottland gebaut. Bei einer Besatzung von 120 Mann war sie für 678 Passagiere ausgelegt. Am 19. Januar 1883 kollidierte das mit Auswanderern besetzte Schiff mit dem von Capt. Cuttil geführten englischen Dampfer *Sultan* nahe der deutschen Nordseeinsel Borkum. Im dichten Nebel fuhren beide Schiffe aufeinander zu. Zwar hörte man auf der *Cimbria* das Nebelhorn eines anderen Schiffes, konnte dessen Position aber nicht bestimmen. Dann tauchte plötzlich in einer Entfernung von 30 m aus dem Nebel die *Sultan* der britischen „Hull and Hamburg Line" auf, die kurz darauf die *Cimbria* an der Backbordseite rammte. Dabei riss deren Bordwand unter der Wasserlinie auf und sie sank schnell. Die *Sultan* war so schwer beschädigt, dass sie sich nicht um die *Cimbria* sowie deren Passagiere und Besatzung kümmern konnte. Auf der *Cimbria*, die neben der Besatzung 402 Passagiere, meist Auswanderer aus Russland, Preußen, Österreich und Ungarn, einige französische Seeleute und in die USA zurück-

reisende Chippewa-Indianer an Bord hatte, verloren 437 Menschen ihr Leben. Von den 72 Frauen und 87 Kindern wurde kaum jemand gerettet. In den Rettungsbooten fanden nur 56 Menschen Platz, die vom Bremer Schiff *Diamant* und von der englischen Bark *Theta* an Bord genommen wurden. Ein drittes Boot erreichte mit neun Überlebenden die Insel Borkum. Seit Mai 2007 hat die Cimbria Operation Ltd. & Co KG unter Leitung von Andreas Peters das Schiffswrack untersucht[614]. Dieses Ereignis belegt, dass bei Nebel die Schifffahrt auf stark befahrenen Seerouten gefährlich blieb.

Schifffahrt war und ist immer auch Wagnis. Mit einem Zitat aus der Egils Saga des großen Seefahrers Björn, *der zeitweise und auf Wikingfahrt, zeitweise auf Handelsfahrt war* und der dänischen Königshymne, welche die Seeschlacht auf der Kolberger Heide von 1644 gegen die Schweden glorifiziert, haben wir das Buch begonnen, mit einem Zitat von Gorch Fock möge es enden: „Seefahrt ist Not!" Nicht der Gewalt auf den Meeren soll dieses Buch jedoch dienen, sondern dem Schutz des maritimen Kulturerbes und der friedlichen Seefahrt, welche erstmals die Welt verband.

Die folgende Liste enthält Schifffahrtsmuseen sowie Museen mit maritimen Abteilungen und Exponaten. Sie erhebt keinen Anspruch auf Vollständigkeit.

• Belgien

Scheepvaartmuseum Baasrode
Sint Ursmarusstraat 137
B-9200 Dendermonde-Baasrode
http://www.kunstbus.nl/adres/
scheepvaartmuseum+baasrode.html
Das Schifffahrtsmuseum in Baasrode, Vlanderen/
Belgien, vermittelt einen Überblick über die
Schifffahrt an der Schelde und den Schiffbau in
Flandern.

• Dänemark

D.S.I. Fregatten Jylland
Fregatøen
S.A. Jensensvej 2
DK 8400 Ebeltoft
http://www.fregatten-jylland.dk/
Die dänische Schraubenfregatte, das größte erhaltene Kriegsschiff ihrer Art, kann in Ebeltoft besichtigt werden. Das Schiff nahm 1863 am Seegefecht vor Helgoland teil.

Kronborg
Palaces and Properties Agency
Løngangstræde 21
DK-1468 København K
DENMARK
Tel. +45 33 92 63 00
Fax +45 33 93 17 16
E-mail sesmail@ses.dk
http://www.kronborgcastle.com/

Das Schloss, das auf eine Burg um 1420 zurückgeht, im Stil der niederländischen Renaissance im 16. Jahrhundert umgebaut und nach einem Brand 1629 neu erbaut wurde, bewachte den Öresund. Bis 2010 soll das Schloss zu einem attraktiven Museum umgebaut werden.

Vikingeskibsmuseet Roskilde
Vindeboder 12
DK 4000 Roskilde
http://www.vikingeskibsmuseet.dk/
tägl. 10–17 h
Am Roskildefjord in Roskilde liegt das Vikingeskibsmuseet, das vor allem die Wikingerschiffe der Seesperre von Skuldelev ausstellt. Zum Museum gehört ein Museumshafen, wo man auch mit alten Wikingerschiffen segeln kann. Das Vikingeskibsmuseet in Roskilde ist das wichtigste Museum und Forschungsinstitut zur wikingerzeitlichen Schifffahrt.
Zu Nachbauten von Wikingerschiffen siehe auch:
http://home.online.no/~joeolavl/viking/index.htm

• Deutschland

Altonaer Museum für Kunst und Kulturgeschichte
Museumstr. 23
22765 Hamburg
Tel. (0 40) 4 28 11 35 82
Fax (0 40) 4 28 11 21 22
info@altonaer-museum.hamburg.de
www.altonaer-museum.de
Di.–So. 10–18 h, Do. bis 21 h
Bedeutendes Museum zur Kulturgeschichte Norddeutschlands, das 1898–1901 erbaut wurde. Es besitzt eine Abteilung zur Elbe-, Küsten- u. Seeschifffahrt.

Archäologisches Landesmuseum und Wikinger-Museum Haithabu
Schloss Gottorf
24837 Schleswig

http://www.schloss-gottorf.de/alm/index.php
Archäologisches Landesmuseum:
Apr.–Okt. 10–18 h; Nov.–Mär. Die.–Fr. 10–16 h,
Sa., So., Feiert. 10–17 h
Wikinger-Museum Haithabu
Apr.–Okt. 9–17 h; Nov.–März 10–16 h
ohne Häuser.
Das Archäologische Landesmuseum, in dessen
Nydam-Halle das eisenzeitliche Nydam-Schiff
ausgestellt ist, gehört zur Stiftung Schleswig-Hol-
steinische Landesmuseen. Das Wikinger-Museum
Haithabu als Teil der Stiftung Schleswig-Holsteini-
sche Landesmuseen behandelt die Archäologie und
Geschichte Haithabus. Es liegt in unmittelbarer
Nachbarschaft des wikingerzeitlichen Handelsplat-
zes, an dem innerhalb des Halbkreiswalls einige
Häuser und ein Anleger nachgebaut sind. Das
Museum behandelt u. a. die Themen Bebauung,
Handwerk, Bekleidung, Ernährung und Bestattung. In der Schiffshalle wird ein Langschiff aus
dem Hafen von Haithabu präsentiert.

Deutsche Gesellschaft zur Rettung Schiffbrüchiger (DGzRS), Bremen

Werderstr. 2
28199 Bremen
Tel. (04 21) 5 37 07-0
Fax (04 21) 5 37 07-6 90
info@dgzrs.de
www.dgzrs.de
Mo.–Fr. 10 und 14 h; Tel. Anmeldung erforderlich.
Die Zentrale der Deutschen Gesellschaft zur Rettung Schiffbrüchiger (DGzRS) befindet sich in
einem modernen Verwaltungsgebäude am Weser-
Ufer. Zu besichtigen sind Schiffsmodelle und
der Museumsseenotrettungs-Kreuzers „H.-J.
Kratschke", ferner wird eine Filmvorführung im
hauseigenen Kino und eine Führung angeboten.

Deutsches Schifffahrtsmuseum

Hans-Scharoun-Platz 1
27568 Bremerhaven
Tel. (04 71) 48 20 70
Fax (04 71) 4 82 07 55
info@dsm.de
www.dsm.de
Apr.–Okt. tägl. 10–18 h; Nov. bis März Di.–So.
10–18 h, Außenexponate nur Apr.–Okt.

Das Deutsche Schifffahrtsmuseum (DSM) ist das
größte maritime Museum Deutschlands und wurde 1975 eröffnet, seine Forschungsarbeit begann
allerdings schon vier Jahre früher. Neben der umfangreichen Sammlung aus allen Epochen der
Seefahrtsgeschichte wird seit 2000 die restaurierte
Bremer Hansekogge präsentiert. Zu dem Museum
gehört ein Museumshafen, wo u. a. die Bark „Seute
Deern" liegt.

Deutsches Sielhafenmuseum Carolinensiel

Pumphusen 3
26409 Wittmund (-Carolinensiel)
Tel. (0 44 64) 86 93-0
Fax (0 44 64) 86 93-29
info@dshm.de
www.dshm.de
Apr.–Okt. u. Weihnachtsferien tägl. 10–18 h
Der Außenbereich des Museums bildet mit seinem
hist. Sielhafen, den drei hist. Museumsgebäuden
sowie weiteren alten Dorf-Häusern ein einmaliges
stimmungsvolles Ensemble.

Deutsches Museum München, Abt. Schifffahrt

Museumsinsel 1
80538 München
information@deutsches-museum.de
www.deutsches-museum.de
Tel. (0 89) 21 79-1
Tägl. 9–17 h.
Die Schifffahrtsabteilung des Deutschen Museums
befasst sich mit nahezu allen Aspekten der weltweiten Schifffahrt, auch auf anderen Erdteilen.

Deutsches Technikmuseum Berlin (Abt. Schifffahrt)

Trebbiner Str. 9
10963 Berlin (-Anhalt)
Tel. (0 30) 9 02 54-0
Fax (0 30) 9 02 54-1 75
info@dtmb.de
www.dtmb.de
Di.–Fr. 9 –17.30 h; Sa., So. 10–18 h
Eines der größten Technik-Museen Deutschlands
mit 6600 m² m großer Schifffahrtsabteilung in
einem Neubau.

Flensburger Schifffahrtsmuseum
Schiffbrücke 39
24939 Flensburg
Tel. (04 61) 85 29 70
Fax (04 61) 85 16 65
Schifffahrtsmuseum@flensburg.de
www.Schifffahrtsmuseum.flensburg.de
Apr.–Okt. Di.–So. 10–17 h;
Nov.–März Di.–So. 10–16 h
Im historischen Zollspeicher von 1842 befindet
sich das Flenburger Schifffahrtsmuseum mit seinen
zahlreichen Modellen und Exponaten, darunter ein
großes Stadtmodell. Vor dem Museum sind mehre-
re Schiffe im Museumshafen zu sehen.

Focke-Museum
Schwachhauser Heerstr. 240
28213 Bremen
Tel. (04 21) 69 95 00-0
Fax (04 21) 69 96 00-66
post@focke-museum.de
www.focke-museum.de
Die. 14–21 h; Mi.–So. 10–17 h (wissenschaftl. Auskünfte jeden ersten Die. des Monats 14–17.30 h)
Das Museum ist in einem modernen Flachbau mit
separaten Moorkaten eingerichtet. Es besitzt u. a.
zahlreiche alte Schiffsmodelle.

Hamburgmuseum
Holstenwall 24
20355 Hamburg
Tel. (0 40) 42 81 32-23 80
Fax (0 40) 42 81 32-31 03
info@hamburgmuseum.de
www.hamburgmuseum.de
Die.–Sa. 10–17 h; So. 10–18 h
Das 1922 eröffnete Museum ist das größte stadtge-
schichtliche Museum Deutschlands. Dem Thema
der Schifffahrt ist eine eigene Abteilung gewidmet.

Heimatmuseum „Dykhus"
Roelof-Gerritz-Meyer-Str.
26757 Borkum
Tel. (0 49 22) 48 60
kurverwaltung@borkum.de
www.borkum.de
Apr.–Okt. Die.–So. 10–12/15–17 h;
Nov.–März Di. u. Sa. 15–17 h

Heimatmuseum der Insel in einem alten Wohnhaus
mit Anbau. Die ca. 30 Modelle sind durchweg
Hobby-Arbeiten.

Historisches Museum Bremerhaven
An der Geeste
27574 Bremerhaven
Tel. (04 71) 30 81 60
Fax (04 71) 5 90 27 00
Museumsschiff „Gera": Fischereihafen
info@historisches-museum-bremerhaven.de
www.historisches-museum-bremerhaven.de
Museum: Di.–So. 10–18 h;
Museumsschiff: Apr.–Okt. tägl. 10–18 h
Großes stadthistorisches Museum mit sehr schöner
Präsentation in modernem Neubau.

Internationales Maritimes Museum Hamburg
Koreastr. 1 (Kaispeicher B)
20457 Hamburg
Tel. (0 40) 3 00 92 30-0
Fax (0 40) 3 00 92 30-45
www.internationales-maritimes-museum.de
info@peter-tamm-sen.de
Di.–So. 10–18 h; Do. bis 20 h
Für die bekannte maritime Sammlung Peter Tamms
wurde der 1878/79 gebaute 10-geschossige Kaispei-
cher B umfassend renoviert. Umfang und Art der
Präsentation verdienen höchste Beachtung. Der
Schwerpunkt liegt auf der Seeschifffahrt und der
Marine.

Kieler Schifffahrtsmuseum
Wall 65
24103 Kiel
Tel. (04 31) 9 01 34 28
Fax (04 31) 9 70 97 28
www.kiel.de
stadt-undSchifffahrtsmuseum@lhstadt.kiel.de
15. Apr.–14. Okt. tägl. 10–18 h;
15. Okt.–14. Apr. Di.–So. 10–17 h
In einer historischen Fischhalle aus dem Jahre 1909
werden Aspekte der Seeschifffahrt dargestellt.
Davor befindet sich ein Museunmshafen mit drei
Schiffen.

Museum am Meer

Hafenbecken 2, 25761 Büsum
http://www.museum-am-meer.de/
Die.–Fr. 11–17 h, Mo. Geschlossen; Sa. 13–17 h; So.
und an Feiertagen 11–17 h und nach Vereinbarung
Das Museum am Meer in Büsum widmet sich
neben dem Tourismus vor allem der Fischereige-
schichte Büsums.

Museum Nationalparkhaus Butjadingen-Fedder-
wardersiel

(mit DGzRS-Boot und -Schuppen)
Am Hafen 4
26969 Butjadingen (-Fedderwardersiel)
Tel. (0 47 33) 85 17
Fax (0 47 33) 85 50
nlph.museum.fed-siel@nwn.de
www.museum-fedderwardersiel.de
15. Mär.–Okt. tägl. 10–18;
Nov.–14. März Di.–So. 10–16 h
Dieses Wattenmeer-Museum ist in zwei ehemaligen Zollamtsgebäuden von 1846 eingerichtet.

Museum der Seefahrt

Stadtplatz 7
94333 Geiselhöring
Tel. (0 94 23) 15 70 oder (01 60) 95 74 24 24
www.museen-in-bayern.de
Di.–So. 10–12/15–17 h u. n.V.
Umfangreiche Privatsammlung mit fast allen Gebieten der Schifffahrt. Schwerpunkte sind Columbus, Lord Nelson und Graf Luckner.

Museumshafen Büsum

http://www.museumshafen-buesum.de/
Im Hafenbecken I von Büsum liegen mehrere
Schiffe des Museumshafens Büsum, vor allem alte
Kutter und ein Seenotrettungskreuzer.

Museumshafen Emden

http://www.museumshafen-emden.de/
Gründer des Vereins waren mehrere Eigner von
Traditionsschiffen, vor allem von Küstenseglern,
darunter alte Ewer oder Haikutter.

Museumshafen Flensburg

http://www.museumshafen-flensburg.de/
Der 1979 gegründete Museumshafen e.V. hat sich
zur Aufgabe gemacht, traditionelle Segelschiffe
wiederherzustellen. Vor dem Schifffahrtsmuseum in
Flensburg liegen am alten Holzkai des Museumshafens mehrere Segler, ferner verfügt der Verein
über eigene Schiffe, vor allem kleine Küstenfracht-
segler.

Museumshafen Lübeck

http://www.museumshafen-luebeck.org/
Der 1981 gegründete Verein Museumshafen
Lübeck besitzt mehrere Segelschiffe, darunter
Galeassen und Kutter, die ihren Liegeplatz am
Rand der historischen Altstadt haben.

Museumshafen Övelgönne

http://www.museumshafen-oevelgoenne.de/
museumshafen-oevelgoenne/index.html
Im Hamburger Museumshafen Övelgönne liegen
u. a. mehrere alte deutsche und holländische Plattbodenschiffe.

Museumshafen Kappeln

http://www.modellskipper.de/Archive/Museen/
Dokumente/Museumshafen_Kappeln/Museums-
hafen_Kappeln.htm
Der Museumshafen Kappeln verfügt über kleine
und große Fischereifahrzeuge.

Museumsschiff „Cap San Diego"

Überseebrücke
20459 Hamburg
Tel. (0 40) 36 42 09
Fax (0 40) 36 25 28
info@capsandiego.de
www.capsandiego.de
tägl. 10–18 h
Der Frachter von 1962 kann besichtigt werden.
Die Mannschaftsmesse dient als Bordrestaurant.

Museumsschiff Schulschiff Deutschland

Zum alten Speicher 15
28759 Bremen (-Vegesack)
Tel. (04 21)6 58 73 73
Fax (04 21)6 58 73 74
www.schulschiff-deutschland.de

info@schulschiff-deutschland.de
Die.–Fr. 10–17h, Sa., So. 10–18 h.
Dieses nicht mehr segelbare Vollschiff von 1927
kann am Vegesacker Hafenmund von außen und
innen besichtigt werden. Auch Übernachtungen an
Bord sind möglich.

Museumsschiff Gorch Fock I

An der Fährbrücke
18439 Stralsund
www.gorch-fock-stralsund.de
info@tallshipfriends.de
Apr.–Sept. tägl. 10–18 h; Okt.–März tägl. 10–17 h
Das 1933 gebaute und 82 m lange Segelschulschiff
wurde 2003 aus der Ukraine zurück erworben. Auf
der sehenswerten Bark ist ein Museum eingerichtet.

Museumsschiff Passat

http://www.ss-passat.com/
Die 1911 gebaute Passat, ein Flying P-Liner der
Reederei Laeisz, wurde 1959 von der Stadt Lübeck
gekauft und 1960 als Museumsschiff und Jugend-
herberge eingerichtet. Das unter Denkmalschutz
stehende Schiff ist das Wahrzeichen Travemündes.

Museumsschiff „Rickmer Rickmers"

St.-Pauli-Landungsbrücken
20359 Hamburg
Tel. (0 40) 3 19 59 59
Fax (0 40) 31 50 27
info@rickmer-rickmers.de
www.rickmer-rickmers.de
Tägl. 10–18 h
Stählernes Vollschiff von 1896 mit maritimer Ausstellung.

Museum Schloss Schönebeck

Im Dorfe 3
28757 Bremen(-Vegesack)
Tel. (04 21) 62 34 32
Fax (04 21) 62 34 32
museum.schloss.schoenebeck@nwn.de
www.bremen.de
Die., Mi., Sa. 15–17 h, So. 10–12.30 h/15–17 h
Der Barockbau des Schlosses Schönebeck enthält
ein Heimatmuseum mit einer Abteilung zur Schifffahrt, das teilweise hochwertige Exponate besitzt.

Schiffbau- und Schifffahrtsmuseum Rostock im Traditionsschiff „Typ Frieden"

IGA Park (Parkplatz Werftallee)
18106 Rostock(-Schmarl)
Tel. (03 81) 1 28 31-3 64 oder -3 61
Fax (03 81) 1 28 31-3 66
www.schifffahrtsmuseum-rostock.m-vp.de
schifffahrtsmuseum@iga2003.de
Apr.–Okt. Die.–So. 10–18 h;
Nov.–März Die.–So. 10–16 h
Eines der führenden deutschen Schifffahrtsmuseen,
das mit Großexponaten in und vor dem Traditions-
schiff „Typ Frieden" (Bj. 1957) eingerichtet ist.
Das Museum ist Teil eines Freizeit-Parks.

Schifffahrtsmuseum Nordfriesland

Zingel 15
25813 Husum
Tel. (0 48 41) 52 57
Fax (0 48 41) 66 53 33
Schifffahrtsmuseum-nf@t-online.de
www.Schifffahrtsmuseum-nf.de
Tägl. 10–17 h.
Umfangreiche Sammlung zur nordfriesischen
Küstenschifffahrt und Präsentation des Wracks von
Uelvesbüll aus dem 17. Jahrhundert.

Schifffahrts-Museum Nordhorn

Lingener Str. 132
48531 Nordhorn
Tel. (0 50 21) 30 71 41
Fax (0 50 21) 30 71 42
www.Schifffahrts-museum-nordhorn.de
info@Schifffahrtsmuseumnordhorn.de
Di.–Do. 9–12 h
Privates Schifffahrtsmuseum mit den Schwerpunk-
ten See und Marine.

Schifffahrtsmuseum der oldenburgischen Unter-weserhäfen Brake

a. Breite Str. 9 (Bürgerhaus)
b. Kaje (Telegraph)
26919 Brake/Unterweser
Tel. (0 44 01) 67 91 oder 43 83
Fax (0 44 01) 52 66
Schifffahrtsmuseum-brake@t-online.de
www.Schifffahrtsmuseum-brake.de

Apr.–Okt. Die.–So. 10–17 h;
Nov.–März Die.–Sa. 10–12 h/14–17h, So. 10–17 h
Stilvolles Schifffahrtsmuseum für die Unterweser
in zwei getrennten historischen Gebäuden.

Schiffsmuseum Duhnen
Wehrbergsweg 7
27476 Cuxhaven(-Duhnen)
Tel. (0 47 21) 4 81 58
www.schiffsmuseumduhnen.de
Ende März–Mitte Okt. tägl. 10–13/15–18 h
Privates Museum mit Exponaten.

Technik Museum Speyer
Am Technik Museum 1
67346 Speyer
Tel. (0 62 32) 6 70 80
Fax (0 62 32) 67 08 20
speyer@technik-museum.de
www.technik-museum.de
Mo.–Fr. 9–18 h; Sa., So. 9–19 h
Auf einem ausgedehnten Kasernengelände mit
zugehörigem Flugplatz werden verschiedene
Verkehrsmittel ausgestellt, darunter auch viele
Schiffe.

Verkehrsmuseum Dresden
Augustusstr. 1
01067 Dresden
Tel. (03 51) 86 44-0
Fax (03 51) 86 44-1 10
www.verkehrsmuseum-dresden.de
info@verkehrsmuseum-dresden.de
Di.–So. 10–17 h
Der ehemalige kurfürstliche Pferdestall „Johanne-
um" von 1586 dient zur Präsentation dieses Museums mit eigener Binnenschifffahrtsabteilung.

• Großbritannien

Museum Mary Rose
Portsmouth Historic Dockyard an der Victory
Gate.
http://www.maryrose.org/visit/index.html
Im Museum kann man u. a. die Rekonstruktions-
und Konservierungsarbeiten der Mary Rose be-
wundern, ein großes Kriegsschiff aus der Regie-

rungszeit Heinrichs VIII., das bei einem Gefecht
gegen die französische Flotte 1545 im Ärmelkanal
nahe der Insel Wight sank.

National Maritime Museum
National Museum, Greenwich, London SE 10 9NF
+44 (0)20 8858 4422
+44 (0)20 8312 6565
bookings@nmm.ac.uk
http://www.nmm.ac.uk/
tägl. 10–17 h
Ausführliche Homepage des Britischen Nationalen
Maritimen Museums mit umfangreicher maritimer
Literatur.

• Niederlande

Batavia
http://www.bataviawerf.nl/
Homepage mit ausführlichen Informationen zum
Nachbau der Galeone *Batavia* in Lelystad, die
zwischen 1985 und 1995 gebaut wurde und 2000
nach Sydney segelte. Das Original lief 1628 vom
Stapel und lief 1629 auf seiner Jungfernfahrt nach
Niederländisch Ostindien auf ein Riff vor der
Ostküste Australiens.

Nederlands Scheepvaartmuseum Amsterdam
Postbus 15443
1001 MK Amsterdam
+31 (020) 52 32 222
http://www.scheepvaartmuseum.nl/
Das niederländische Schifffahrtsmuseum im ehemaligen Zeughaus der Admiralität in Amsterdam
ist das größte maritime Museum der Niederlande,
das derzeit umgebaut wird. Es informiert über die
niederländische Seefahrt und die Seekriege. Vor
dem Museum im Hafenbereich von Amsterdam
befindet sich der Nachbau des VOC Ostindienfah-
rers „Amsterdam", der 1749 im englischen Kanal
sank.

Stichting Maritiem Museum Rotterdam
Leuvekaven 1
3011 EA Rotterdam
+31 (010) 413 26 80
http://www.maritiemmuseum.nl

Das maritime Museum Rotterdam bietet u. a. eine Multimediapräsentation des Rottderdamer Hafens. Zum Museum gehört ein Marineschiff von 1868.

Zuiderzeemuseum

http://www.zuiderzeemuseum.nl/
Das Zuiderzeemuseum in Enkhuizen an der Zuiderzee verfügt über ein Freilichtmuseum und ein Indoor Museum. Beide Einrichtungen lassen das Leben an der ehemaligen Zuiderzee lebendig werden. Im Museum sind auch alte Schiffe ausgestellt, wie sie auf der Zuiderzee gesegelt wurden.

- **Norwegen**

Museumsinsel Bygdøy

Auf der Museumsinsel Bygdøy befinden sich das Norwegische Volkskundemuseum (http://www.norskfolke.museum.no/), das Norwegische Maritime Museum (Norsk Sjøfartsmuseum), das Fram Museum des Pioniers Roald Amundsen und der anderen Polarforscher (http://www.fram.museum.no/), das Wikingermuseum mit den Schiffen von Oseberg, Gokstad und Tune sowie das Kon-Tiki-Museum (http://www.kon-tiki.no/) des Forschers Thor Heyerdahl.

Norsk Sjøfartsmuseum

Bygdøynesveien 37
N-0286 OSLO
Norge
Telefon: +47 24 11 41 50
Telefaks: +47 24 11 41 51
Epostadresse:fellespost@norsk-sjofartsmuseum.no
http://www.norsk-sjofartsmuseum.no
15. Mai – 31. August: tägl. 10.00–18.00 h; 1. September–14. Mai: Mo, Di, Mi, Fr, Sa, So: 10.30–16.00, Do: 10.30–18.00 h
Das Norsk Sjøfartsmuseum, gegründet 1914, informiert umfassend über die norwegische Seefahrtsgeschichte. Neben originalen Holzbooten gibt es u. a. einen Film über die norwegische Küste, eine Gemäldesammlung und viele Schiffsmodelle.

- **Schweden**

Vasa Museum

http://www.vasamuseet.se
2. Jan. bis 31. Mai u. 1. September bis 30. Dez. 10–17 h, Mitt. 10–20 h; 1. Juni bis 31. Aug. 8.30–18 h; 1. Jan., 23 –25. Dez., 31. Dez. geschlossen.
Das Vasa Museum ist ein Teil des schwedischen nationalen Schifffahrtsmuseums. Das auf Anordnung von Gustaf II. Vasa gebaute Schiff sank bereits kurz nach seinem Stapellauf 1628 vor den Augen des Königs. Das Schiff wurde 1956 wieder entdeckt, geborgen und in vielen Jahren konserviert. Heute ist es in einem eigenen Museum ausgestellt.

GLOSSAR SEEMÄNNISCHER BEGRIFFE

Abdrift (ndl. *drijven* = treiben) bezeichnet ein seitliches Versetzen (Abtreiben) von Schiffen, somit eine Abweichung vom Kurs, infolge Seitenwinds, Strömung oder Seegang. Bei Schiffen wirkt ein großer Tiefgang und die Form des Unterwasserschiffes der Abdrift entgegen. Bei Segelschiffen tritt die größte Abdrift bei Kursen am Wind auf. Bei Halbwindkursen ist die Abdrift deutlich geringer, bei Raumwindkursen kaum noch vorhanden (→ Segeln).

Achtern (niederdt.): ist alles, was auf einem Schiff achterlicher als querab liegt (hinter der Mitte; vorn ist der Bug, hinten das Heck oder Achterschiff).

Anker: dient dem Festmachen eines Schiffes über Grund. In der Wikingerzeit und im Mittelalter dienten oft für das Ankertau durchlochte Steine als Anker. Der auf größeren Segelschiffen mitgeführte Stockanker hielt vor allem durch sein Gewicht.

Astrolabium (griech. *Sternnehmer*): Winkelmessgerät zur Lösung astronomischer, geographischer und astrologischer Messungen; von den Arabern erfunden; fand bis in das 17. Jahrhundert Verwendung

Außenhaut: äußere Planken eines Wasserfahrzeugs.

Beplankung: Hülle aus Planken, die im Holzschiffbau auf dem Skelett aus Kiel und Spanten aufgebaut wird und so den Schiffsrumpf bildet. Im frühen nordeuropäischen Schiffbau herrschte die Klinkerbauweise (→) vor (Wikingerschiffe, Koggen), bevor sie im späten Mittelalter durch die Kraweelbauweise (→) abgelöst wurde, die im Mittelmeerraum schon seit der Antike vorherrschend war.

Beisegel: werden anstelle oder zusätzlich zu den Hauptsegeln gefahren. Sie werden bei besonderen Windbedingungen (Leichtwind oder Sturm) oder bei bestimmten Kursen zum Wind (→ Segeln) gesetzt.

Backbord: bezeichnet auf einem Schiff vom Heck zum Bug schauend die linke Seite.

Bilge: tiefste Stelle im Schiff oberhalb des Kiels bzw. der Schiffsplanken, in der sich das Bilgewasser sammelt.

Blinde: Als Blinde wird ein Segel bezeichnet, das bei rahgetakelten Segelschiffen unter dem Bugspriet (→) angeschlagen wurde. Dieses diente dazu, den bei seitlichem Wind schwierig zu steuernden Schiffen zusätzlichen Vortrieb zu geben. Dadurch verbesserte sich die Ruderwirkung und die Manövrierfähigkeit. Kam der Wind aber von Achtern, war die Blinde beinahe nutzlos, ebenso bei starkem Seegang, wenn der Bug ins Wasser tauchte. Daher verzichtete man bei neuzeitlichen Segelschiffen seit 1850 meist auf Blinden.

Boje: auf dem Grund verankerter Schwimmkörper als Seefahrtszeichen.

Bonnet: Stoffstreifen zur Vergrößerung der Segelfläche.

Brandung: Überstürzen (Brechen) der auf das Festland zulaufenden Meereswellen in der Brandungszone.

Brasse: Eine Brasse gehört zum laufenden Gut eines Rahseglers. Die Brassen sind an Backbord (→) und Steuerbord (→) eines Schiffes an der sog. Rahnock der jeweiligen Rah (→) angeschlagen und dienen dazu, diese horizontal um den Mast zu drehen, damit das an der Rah angeschlagene Segel entsprechend dem Wind gestellt werden kann, um so den besten Vortrieb zu erzeugen.

Bruttoregistertonne (BRT): ist ein (seit 1969 in Deutschland, in Österreich später) Raummaß für die Größe von Handelsschiffen. 1 BRT = 100 Kubikfuß = 2,8316846592 m³

Bug: Vorderteil eines Schiffrumpfes.

Bugspriet: eine fest mit dem Schiff verbundene, über den Vorsteven bzw. das Galion hinausragende Spiere (→), die das Vorstag zum Abstützen des Fockmastes trägt. Bei historischen Schiffstypen, wie der Fleute oder dem Pinassschiff, wurde unter dem Bugspriet die Blinde (→) als Rahsegel gesetzt und am Sprietmast, einem auf den Bugspriet aufgesetzten kleinen Mast, wurde als kleines Rahsegel (→ Segel) die Oberblinde, gefahren. Auf den Windjammern ist der Bugspriet mit dem Klüverbaum verbunden. Zwischen Fockmast und Bugspriet bzw. Klüverbaum können ein oder mehrere Stagsegel gefahren werden.

Deck: oberer, horizontaler Abschluss des Schiffrumpfes, das durch die Decksplanken getragen wird.

Dollbord: Längsverband eines offenen Holzbootes, wie eines Ruderbootes, das auf der Innenseite des Bootes auf den Spanten liegt. Im Dollbord können Dollen als Auflaufe für die Riemen (→) angebracht werden.

Dollen: Befestigung des Riemens (→) auf dem Dollbord.

Ducht: Sitzbrett auf einem Ruder- oder Segelboot.

Ebbe: Fallen des Wasserspiegels im Gezeitenmeer vom Tidehochwasser zum nachfolgenden Tideniedrigwasserstand.

Fallen: Taue, mit denen das Segel gesetzt wird.

Flut: Steigen des Wasserspiegels im Gezeitenmeer vom Tideniedrigwasser zum nachfolgenden Tidehochwasserstand.

Freibord: ist der mittschiffs senkrecht nach unten gemessene Abstand von der Oberkante des Decks bis zur Oberkante der entsprechenden Lademarke oder der tatsächlichen Wasserlinie. Ein gewisses Freibord ist auch bei beladenen Schiffen erforderlich, damit bei Seegang keine Wellen über das Deck schlagen.

Gaffelsegel/Gaffeltakelung: Der Begriff Gaffel (ndl. für „Gabel") bezeichnet eine verschiebbar an einem Mast befestigte, schräg nach oben ragende Spiere (Rundholz), aufgrund der die Gaffeltakelung eindeutig identifizierbar ist. Diese Takelung entstand im 17. Jahrhundert in den Niederlanden und wurde in der ersten Hälfte des 20. Jahrhunderts durch die Hochtakelung ohne Spiere abgelöst.

Gezeiten/Tiden: Schwingungen des Wassers der Ozeane und Randmeere der Erde unter Einwirkung der Anziehungskräfte und der Bewegung der Gestirne Sonne, Mond und Erde.

Halse: Kursmanöver, bei dem das Schiff durch den Wind geht und die Segel anschließend auf der anderen Schiffsseite geführt werden.

Heck: Hinterteil eines Schiffrumpfes.

Helgen: schräg zum Wasser abfallendes Gelände einer Schiffswerft, auf dem Schiffe gebaut und dann auf einer Ablaufbahn zu Wasser gelassen werden (Stapellauf).

Kalfatern: die Fugen in einem Bootsrumpf mit Teer oder Pech abdichten.

Keipen: Widerlager für die Riemen bei Ruderbooten.

Kiel: bezeichnet den wichtigsten, mittschiffs im Boden angebrachten Längsverband eines Schiffes oder Bootes, an dem die querstabilisierenden Spanten (→) angebracht sind. An seinen Enden geht der Kiel in die Steven (→) über. Neben der Stabilisierung des Rumpfes dient der Kiel der Erhöhung der Kursstabilität und der Verringerung der seitlichen Abdrift von Segelschiffen.

Kielschwein: bezeichnet im Schiffbau einen baulichen Längsverband. Dieser gibt dem Rumpf Längssteifigkeit und bindet die Spanten oder Bodenwrangen an.

Kimm (Kimmstücke): Linie der stärksten Krümmung der Spanten, über die der Schiffsboden in die aufrechte Bordwand übergeht.

Klinkerbauweise: Bei der Klinkerbauweise werden die Planken nicht Kante an Kante sondern überlappend angebracht, wobei jeweils die obere Planke die untere etwas überlappt. Die untere Planke wird angeschmiegt (schräg angehobelt), um eine gute Verbindung zwischen den Planken sowie bessere Wasserdichtigkeit zu erreichen. Um diese zu gewährleisten, wird oft ein Baumwollfaden zwischen den untereinander vernieteten Planken eingelegt. Bei den Spanten muss für jede Planke eine entsprechende treppenförmige Aussparung vorhanden sein. Die Längskanten, die dabei entstehen, sorgen für eine gute Seitenführung des Schiffs.

Knie: winkelförmige Holzversteifung an den Ecken.

Knoten: Geschwindigkeitsmaß der Seefahrt, das auf der Nautischen Meile bzw. Seemeile beruht. 1 Knoten = 1 Seemeile/h = 1,852 km/h = 0,51444 m/s. Die Bezeichnung leitet sich aus den Knoten her, die beim ursprünglich seemännischen Messverfahren zur Markierung in der Leine dienten und beim Absenken gezählt wurden.

Kompass: Messgerät zur Richtungsbestimmung. Die älteste Ausführung ist der Magnetkompass, der anhand des Erdmagnetfeldes die Bestimmung der magnetischen Nordrichtung und der anderen Himmelsrichtungen erlaubt. Ein Kompass mit Peilvorrichtung wird auch Bussole genannt.

Kraweelbauweise: Bei der Kraweelbauweise (von portugiesisch Caravela) werden die Planken Kante an Kante gesetzt, wodurch der Rumpf eine glatte Oberfläche erhält. Um die Rundung des Rumpfes gleichmäßig bedecken zu können, sind die Planken am Bugbereich und achtern verjüngt. Der Wasserdichtigkeit diente die Kalfaterung zwischen den Planken. Die Kraweelbauweise setzte sich bei großen Schiffen gegenüber der Klinkerbauweise aufgrund der höheren Belastbarkeit der Gesamtkonstruktion letztlich durch. Diese Technik stammt aus dem Mittelmeerraum, wurde schon in Ägypten angewendet und hat sich über die Antike erhalten. Im ausgehenden Mittelalter erhielten erstmals portugiesische Karavellen diese Art der Beplankung.

Kreuzen: Ziele im Wind können beim Segeln nicht direkt erreicht werden. Es sind daher Kreuzschläge erforderlich, bei denen mehrfache Wendemanöver gefahren werden müssen. Um das Ziel zu erreichen, wird nach jeder Wende möglichst hoch am Wind auf Steuer- oder Backbordbug gesegelt. Die Anzahl der notwendigen Kreuzschläge hängt vom günstigsten Winkel zwischen zwei Wenden ab. Diese Kreuzeigenschaft besagt, wie hoch am Wind das Schiff noch gut Fahrt macht. Liegt das zu erreichende Ziel nicht direkt gegen die Windrichtung, ergeben sich Kreuzschläge unterschiedlicher Länge, die *Holebug* (kürzere Strecke) bzw. *Streckbug* (längere Strecke) genannt werden. Auf dem kürzeren *Holebug* wird ‚Höhe geholt‘, ohne dass man sich dem Ziel nähert. Beim Kreuzen vor dem Wind (→ Segeln) wird statt Kreuzkursen eine Folge von Halsen (→) gesegelt.

Küstenlinie: Berührungslinie zwischen Land und Meer.

Kurs: in Grad angegebenen Winkel zwischen einer Bezugsrichtung und der Bewegungsrichtung eines Schiffs. Kurse in Bezug zum geographischen Nordpol werden als rechtweisend, in Bezug zum magnetischen Nordpol als missweisend bezeichnet. Die Winkel werden dabei im Uhrzeigersinn gezählt.

Last: Gewichtseinheit für die Tragfähigkeit von Schiffen. Die Last bezeichnete in der Hansezeit ursprünglich die Menge an Getreide, die ein von vier Pferden gezogenes Fuhrwerk transportieren konnte. Die Last wurde jedoch schon bald zur Messgröße der Transportfähigkeit von Schiffen. Diese konnte regional und nach Warenart unterschiedlich sein, vereinfacht entspricht eine Last 2 Tonnen, 2000 Kilogramm oder 4000 Pfund. Die Lasten waren dabei im Mittelalter eher ein Raummaß als ein Gewichtsmaß, so dass die Lasten entsprechend der Ladung unterschiedlich sein konnten.

Lateinersegel: Das Lateinersegel entstand im frühen Mittelalter im mediterranen Raum und wurde als erstes bekanntes Schratsegel (→) in Richtung der Schiffslängsachse gesetzt. Damit konnte man *höher an den Wind* gehen (→ Segeln) und Raum nach Luv (→), somit in die Windrichtung gewinnen. Aus dem Lateinersegel entwickelte sich über das Luggersegel im 17. Jahrhundert das Gaffelsegel (→). Aus diesem entstand im 19. Jahrhundert das bis heute übliche, dreieckige Hochsegel, das günstige *Am-Wind-Kurse* (→ Segeln) erlaubt.

Lee → Luv und Lee

Legerwall: Gefahrenküste bei Wind zur Landseite hin bei auflandigen Winden. Ein Schiff, das sich nicht freikreuzen kann, droht die Strandung auf Legerwall.

Leichtern: über Beiboote die Laste des Schiffes entladen.

Log: Ein Log (von engl. *log* = [ursprüngl.]Holzscheit ist in der seemännischen Navigation ein Fahrtmessgerät. Die ursprüngliche Messmethode bestand darin, ein an einer Leine befestigtes, bleibeschwertes Holzbrett in Form eines Viertelkreisausschnittes, von einem fahrenden Schiff aus ins Wasser zu werfen: Das Holz bleibt etwa an derselben Stelle im Wasser liegen. Nach einer gewissen Zeit (die früher mit einer Sanduhr, dem *Logglas*, ermittelt wurde) wird die Länge der abgelaufenen Logleine bestimmt und danach alles wieder an Bord gezogen. Die gemessene Geschwindigkeit wurde dann zusammen mit dem angezeigten Kompasskurs (→ Kurs) zur Ortsbestimmung von Wasserfahrzeugen benötigt. Die Standortbestimmung anhand der Addition einzelner per Log, Zeit und Kompass gemessener Wegstücke nennt man Koppeln.

Lot: Messgerät zur Tiefenmessung. Das Handlot ist ein Senkblei von 5 kg Gewicht mit einer Höhlung an der Unterfläche für das Gewinnen einer Bodenprobe vom Meeresgrund. Die gemessene Tiefe (Tiefenlinie) erlaubt zusammen mit der Kenntnis der Grundbeschaffenheit eine Möglichkeit der Ortsbestimmung. In die Lotleine (etwa 20 m) sind alle 2 m farbige Marken oder Knoten eingeflochten. Außerdem sind alle 10 m Lederstreifen mit der entsprechenden Anzahl Löcher eingelassen. Das Handlot kann nur bei geringer Schiffsgeschwindigkeit und geringeren Tiefen genutzt werden. Das Lot gehört zu den ältesten Messgeräten der Schifffahrt.

Luggersegel: Weiterentwicklung des Lateinersegels und vereinfachte Gaffelbesegelung. Vor allem in Nordfrankreich weit verbreitete Takelung.

Luke: verschließbare Decksöffnung.

Luv und Lee (ndl.): Als Luv (*loefzijde*) bezeichnet man die dem Wind zugekehrte Seite, Lee (*lijzijde*) ist die vom Wind abgewandte Seite.

Mast: der Mast als vertikale Konstruktion aus Holz dient auf Schiffen zur Befestigung der Segel. Der Mast steht auf dem Kiel, wird durch das Deck (Mastloch) geführt und dort mit dem Mistkragen wasserdicht verschlossen. Auf Großseglern sind die Segel an den Rahen befestigt. Je nach Schiffsgröße und -typ unterscheidet man vom Vorschiff- bis zum Achterschiff: Vormast, Großmast, Kreuzmast und Besanmast.

Nokturnal: Messinstrument zur Beobachtung des Polarsterns.

Normalnull (NN): Amtlich 1879 in Deutschland festgesetzte Bezugsebene für alle Höhenmessungen, die dem damaligen Mittelwasserstand am Amsterdamer Pegel entsprach.

Oktant: nautisches Gerät zur Winkelmessung. Sein Name bezieht sich auf den Umfang der angebrachten 45°-Skala, einem *Achtel*-Kreis. Der Messumfang beträgt aber aufgrund der Spiegelung im Strahlengang das Doppelte, somit 90°. Der Oktant wurde vom englischen Astronomen und Mathematiker John Hadley zusammen mit seinen Brüdern George und Henry entwickelt und 1731 der Royal Society vorgestellt. Da der Oktant nur Winkel bis zu 90° messen kann, somit bei der Längenbestimmung durch die sog. Monddistanzen nicht gut brauchbar war, wurde er im späten 18. und frühen 19. Jahrhundert durch den Sextanten verdrängt.

Pegel: Ortsfeste Wasserstandsmessanlage. An der Deutschen Nordseeküste wurde 1935 das Pegelnull als Nullstand aller Pegel eingeführt, der auf einer Tiefe von NN -5 m liegt.

Quadrant: Peilgerät für die Navigation, Vorläufer des Sextanten. Mit ihrer Hilfe maß man die Höhe und Position eines Sterns über dem Horizont. Der Quadrant besteht aus einem Viertelkreis mit Gradeinteilung, Ablesevorrichtung, Visier und Senklot. Das zu bestimmende Gestirn wurde anvisiert und die Stellung des herabhängenden Lotes am Viertelkreis gab dann den Höhenwinkel an.

Planken: wasserdicht verbundene Längshölzer der Schiffsaußenwand oder des Decks.

Rah (auch Raa oder Rahe): Rahen bestehen aus Rundhölzern (Spieren), die quer zur Fahrtrichtung am Mast angebracht sind und an der die Rahsegel befestigt sind. Üblicherweise sind die Rahmen mit ihrer Mitte waagerecht an einem *Rack* an der Vorderseite des Mastes befestigt, das eine Drehbewegung (*brassen*) und eine senkrechte Bewegung (*auftoppen*) ermöglicht. Eine Rah wird um den Mast gedreht, bis das Rahsegel optimal zur Windrichtung steht und maximalen Vortrieb erzeugt.

Rahsegel: sind viereckige Segel, die an einer waagerechten, an der am Schiffsmast quer zur Schiffslängsrichtung angeschlagenen Rah befestigt sind. Sie sind die ältesten bekannten Segel. Ihr Vorteil liegt in ihrer einfachen Herstellbarkeit und guten Eigenschaften auf *Vor-Wind-Kursen*, ferner können bei höheren Masten mehrere Rahsegel übereinander angeschlagen werden. Schiffe mit Rahsegeln können jedoch nicht so hoch am Wind (je nach Bauart des Rahseglers 60°–80°) gesegelt werden wie mit Schratsegeln (35°–50°). Ein weiterer Nachteil des Rahsegels ist der hohe Personalbedarf beim Setzen und Reffen (Verkleinern) des Segels. Größere Rahsegler, wie der Klipper oder der Windjammer, führen auch etliche Schratsegel (→), was die Segeleigenschaften enorm verbessert. Dazu gehören das Besansegel (als Gaffelsegel auf Vollschiffen zusätzlich am letzten Mast, auf Barken am eigenen Besanmast, auf Briggs am Großmast) sowie Stagsegel zwischen den Masten und als Vorsegel. Die Rahsegel werden nach dem Mast und ihrer Position bezeichnet. Dabei trägt das jeweils unterste Segel (Untersegel) den Namen des Mastes (Focksegel, Großsegel, Kreuzsegel). Die Namen der weiteren Segel sind jeweils von oben nach unten: Mondsegel, Skysegel, Royalsegel, Bramsegel, Marssegel, Untersegel. Die europäischen Windjammer des ausgehenden 19. und beginnenden 20. Jahrhunderts fuhren meist geteilte Mars- und Bramsegel sowie Royalsegel.

Reffen: mit Hilfe des Reffens verkleinert man das Segel durch Einrollen.

Reling: Geländer um das Deck.

Ruder: Das Ruder dient zur Steuerung des Schiffs, das der Steuermann bedient.

Riemen: Riemen dienen der Fortbewegung von Ruderbooten.

Sandbank: Durch Brandung und Strömung aufgehöhte Sandablagerung, bis über dem Mittleren Tidehochwasser aufragend.

Schanzkleid: Erhöhung der Bordwand oberhalb des Decks als Schutz gegen Wellen.

Schot: eine Schot ist beim Segeln eine Leine zum Bedienen des Segels und gehört zum sog. laufenden Gut. Mit einer Schot wird bei Schratsegeln (→) der Anstellwinkel der Segel (→) zum Wind verändert, bei Rahsegeln (→) übernehmen Brassen (→) diese Funktion. Eine Schot trägt dabei den Namen des

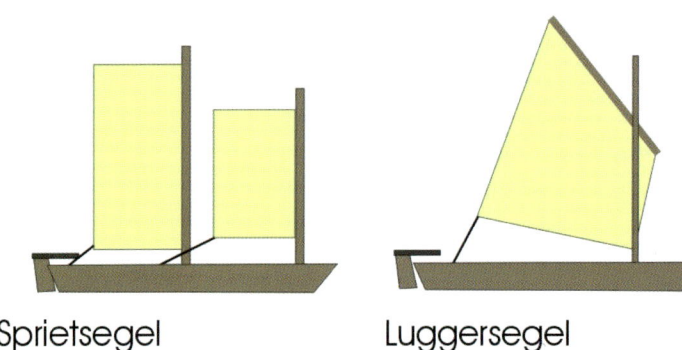

Sprietsegel   Luggersegel

Gaffel- und Stagsegel

Segels, an dem sie befestigt ist, also Großschot, Vorschot oder Fockschot. Die Ecke des Segels, an der die Schot befestigt ist, heißt Schothorn.

Schratsegel: sind drei- oder viereckige Segel, die in Schiffslängsrichtung mit ihrer Vorliek (Vorderkante) in der Mittschiffsebene am Mast befestigt sind; sind sie am Stag befestigt, nennt man sie Stagsegel. Schratsegel erlauben höhere Kurse zum Wind (→ Segeln), mit ihnen lässt sich ein Schiff schneller und leichter wenden als mit Rahsegeln. Schratsegel sind heute meist dreieckig, waren früher aber oft viereckig (Gaffelsegel, Sprietsegel). Probleme bereiteten bei großen Seglern unkontrolliertes Halsen, wenn das Segel mit dem Baum über die Längsachse bewegt wurde. Die Stellung eines Schratsegels zum Wind wird durch eine Schot eingestellt. Je nach ihrer Anbringung und Form unterscheidet man bei den Schratsegeln bestimmte Namen wie Fock, Klüver, Gaffel- und Gaffeltopsegel sowie Spitz- und Hochsegel. Zu den bekanntesten Schratsegelschiffstypen gehören u. a. der Schoner, der Ewer, die Galiot, der Kutter oder die Tjalk.

Seegang: Oberflächenerscheinung der Ozeane und Meere in Form von Wellen. Der Seegang wird vom Wind erzeugt (Windsee) und von anderer Stelle hereingetragen (Dünung) und bezeichnet eine unregelmäßige, statistisch verteilte Bewegung der Wasseroberfläche. Die Wellenhöhe definiert sich als der vertikale Abstand zwischen Wellental und Wellenscheitel und ergibt sich aus der Stärke des Windes, der Winddauer und der Wirkung des Windes über dem Wasser. Entsprechend zur Windstärke existiert eine Seegangskala, die 1927 von dem deutschen Kapitän Peter Petersen eingeteilt und 1939 international anerkannt wurde.

Seegat: Enge Öffnung zwischen zwei Inseln oder Sänden am seeseitigen Rand des Wattenmeeres, durch die ein Wattenstrom (Prielstrom) in das offene Meer mündet.

Seemeile/Nautische Meile: Längeneinheit in der Schifffahrt. 1 SM = 1852 m.

Segel: Ein Segel (von althochdt. *segal*, abgeschnittenes Tuchstück) dient dem Antrieb von Segelschiffen durch den Wind. Man unterteilt Segel in zwei Hauptgruppen, die Rahsegel (→) und Schratsegel (→). Segelschiffe mit Rahsegeln werden vor allem durch den achterlichen Wind vorwärts getrieben, können aber schlecht gegen den Wind kreuzen (→). Segler mit Schratsegeln können höher an den Wind gehen und somit schräg zum auftreffenden Wind fahren. Die Vorderkante eines Segels wird als *Vorliek*, die Unterkante als *Unterliek* und die Hinterkante als *Achterliek* bezeichnet. Die Ecken des Segels werden als *Kopf* (obere Ecke), *Hals* (untere vordere Ecke) und *Schothorn* bezeichnet.

Segeln: ist die Fortbewegung eines Segelschiffs unter Nutzung der Windenergie. Dabei unterscheidet man den Kurs des Schiffes nach dem Einfallswinkel des scheinbaren Windes (den an Bord wahrgenommenen Wind) in Bezug zur Längsachse des Schiffes, der sich aus dem atmosphärischen Wind und dem Fahrtwind ergibt: *Am Wind* (auch beim Wind) ist ein Kurs, bei dem der Einfallswinkel des scheinbaren Windes weniger als 90° beträgt. Der kleinste noch segelbare Winkel wird hoch am Wind oder hart am Wind genannt. Voll und bei ist der schnellste Kurs nach Luv, bei dem der Steuermann etwas abfällt und auf einen vollen Stand der Segel achtet. Auf

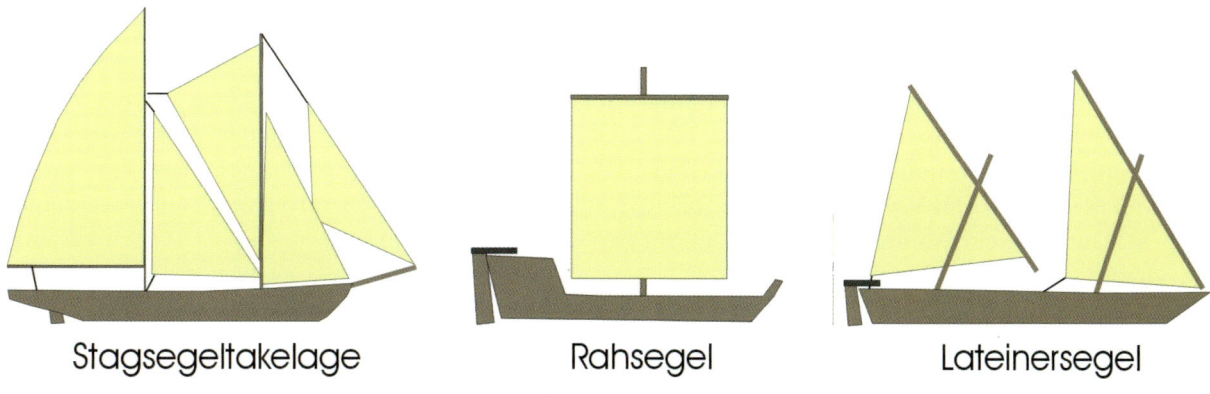

Stagsegeltakelage   Rahsegel   Lateinersegel

einem Am-Wind-Kurs wird der Vortrieb durch Strömung am Segel erzeugt. Dazu werden die Segel dichtgeholt, also zur Mitte des Schiffes bewegt, und flach getrimmt. Rahsegler können kaum am Wind fahren, da sie ihren Vortrieb hauptsächlich aus Winddruck im Segel beziehen. *Aufschießer:* Wird der höchstmöglich segelbare Winkel zum Wind unterschritten, wird kein Vortrieb mehr erzeugt. Das Boot steht dann im Wind, und die Segel killen. Das Segelmanöver, bei dem der Bug des Schiffs zum Aufstoppen in den Wind gedreht wird, wird Aufschießer genannt. *Halber Wind* bezeichnet einen Kurs, bei dem der scheinbare Wind also mit ungefähr 90° zum Schiff hin einfällt. Die Segel werden im Vergleich zum Am-Wind-Kurs etwas geöffnet (gefiert). Auf einem *Raumschots-* oder *Raumwindkurs* fällt der scheinbare Wind *achterlicher als querab* (schräg von hinten) ein. *Vor dem Wind* heißt ein Kurs, bei dem der scheinbare Wind von achtern, also genau von hinten, einfällt. Auf diesem Kurs wird der Vortrieb ausschließlich durch Winddruck und nicht mehr durch Strömung am Segel erzeugt. Auf welchem Kurs zum Wind Segelfahrzeuge am günstigsten segeln bzw. ihre höchste Geschwindigkeit erreichen, lässt sich nicht verallgemeinern, da dies von der Schiffskonstruktion, der Rumpfgeschwindigkeit, der Windgeschwindigkeit, dem Wellengang und dem Schiffstyp abhängt. Gegen den Wind kann man nicht segeln, sondern muss kreuzen (→).

Sextant: ist ein nautisches und optisches Messinstrument, mit dem man den Winkel zwischen den Blickrichtungen zu weit entfernten Objekten, insbesondere den Winkelabstand eines Gestirns vom Horizont messen kann. Der Name *Sextant* rührt vom Geräterahmen her, der einen Kreissektor von etwa 60° (ein Sechstel eines Kreises) darstellt, womit aufgrund des Spiegelgesetzes Winkelmessungen in doppeltem Umfang, somit um 120° möglich sind. Der Sextant hat deshalb eine Skala von mindestens 120°, der ältere Oktant von etwa 90°. Der Rahmen des Sextanten umfasst etwa ein Achtel eines Kreises, also 45°. Hiervon leitet sich – analog zum Sextanten – sein Name ab. Hingegen ist der Quadrant (→) ein Winkelmesser.

Seitenschwerter: vorlich der halben Schifflänge befestigte Holzbretter bei Plattbodenschiffen, über

eine quer zur Fahrtrichtung angebrachte Achse bei Bedarf ins Wasser gelassen, vermindern diese die Abdrift.

Spanten: sind tragende Bauteile zur Verstärkung des Rumpfes bei Booten und Schiffen, die Spanten zugleich die Planken tragen. Bei Schiffen gibt es Querspanten, die quer zu Rumpf und Kiel liegen, und Längsspanten, die parallel zum Kiel oder der Fahrzeughauptachse liegen. Die Spanten werden durch die Außenhaut des Schiffes miteinander verbunden.

Speigat: Löcher in der Schiffswand, die überlaufendes Wasser ableiten.

Spiere: jede Art Rundholz mit Ausnahme des Schiffsmastes.

Sprung: Verlauf der Deckslinie. Beim positiven Sprung liegen Bug und Heck höher als der mittlere Teil des Schiffes.

Stage: Absteifungen in Längsrichtung des Schiffes bezeichnet, dazu gehören das Vorstag/Fockstag vom Mast zum Bug und das Achterstag vom Mast zum Heck. Sie gehören zum stehenden Gut.

Standard-Tonne (von englisch: *ton standard*; Einheitszeichen: ts)**:** Maßeinheit für die Wasserverdrängung, die im Schiffbau verwendet wird. Sie entspricht mit 1.016,05 kg einer Britschen Tonne und dient zur Angabe der Masse des durch ein Schiff verdrängten Wassers.

Steuerbord: bezeichnet auf einem Schiff vom Heck zum Bug schauend die rechte Seite.

Steven: Bestandteile des Schiffrumpfes als vorderer und hinterer, nach oben gezogenen Verlängerung des Schiffkiels. Der vordere Steven ist der Vorder- oder Bugsteven, der hintere der Hinter- oder Achtersteven. Konstruktive Verstärkungen im Verbindungsbereich zwischen Kiel und Steven werden als „Stevenknie" bezeichnet.

Sturmflut: Durch Windkräfte ausgelöster Sturm mit hohen Wasserständen und Wellen an der Küste (→ Wind- und Windstärke).

Strand: flacher Küstenstreifen aus Sand, Kies oder Geröll im Wirkungsbereich der Gezeiten.

Takelage: Die Takelage (von engl. *rig*) bezeichnet zunächst nur das Tauwerk, das die Masten hält, also das stehende Gut (Wanten, Stage) und das zur Bedienung der Segel notwendige laufende Gut der Fallen und Schoten. Mittels einer *Takel (Talje)*, eines schweren mehrscheibigen Blocks als Flaschenzug, werden die Fallen und Schoten der Takelage bedient. Weiterhin gehören zur Takelage die Segel, Masten, Spieren, Blöcke und Beschläge. Unter *Takelung* versteht man hingegen die Art, welche Masten und Segel eines Segelschiffs aufweist, woraus sich die unterschiedlichen Segelschifftypen ergeben.

Tide: Zeitraum, der vom ablaufenden zum auflaufenden Wasser, von Ebbe und Flut vergeht. Der Tidenhub ist der mittlere Höhenunterschied zwischen Tidehochwasser und den beiden folgenden Tideniedrigwasserständen. Das Tidehochwasser ist der obere Grenzwert des Tidewasserstandes zum Ende der Flut.

Topp: Spitze eines Mastes.

Völligkeit: im Schiffbau das Verhältnis zu einer beliebig geformten Fläche zur Fläche des umschreibenden Rechtecks und zu der eines beliebig geformten Körpers zum Rauminhalt des umschreibenden Quaders.

Vorpiek: spitz zulaufender vorderster Raum unter Deck.

Vorsegel: sind bei mehrmastigen Segelschiffen alle Segel, die sich vor dem Großmast oder am Bugspriet befinden.

Wanten: Seile, die den Mast zu beiden Schiffsseiten hin verspannen. Sie gehören zum stehenden Gut.

Wasserverdrängung: Die Wasserverdrängung entspricht der Masse des Schiffes und wird in Standardtonnen (→) gemessen.

Welle: Schwingung der Wasseroberfläche (Seegang) infolge der Einwirkungen des Windes.

+ Flaches Übergangsgebiet zwischen Festland und Meer an einer Gezeitenküste, das im Ablauf der Gezeitenbewegung abwechselnd mit Wasser überdeckt wird oder trocken fällt. Das Bodenmaterial besteht aus Tonen, Sanden oder Schluffen.

Wind und Windstärken: Wind ist eine durch die unterschiedlichen Temperaturen der Erdoberfläche und der Luftschichten ausgelöster Vorgang der Luftströmung. Die Windgeschwindigkeit bzw. die Windstärke wird nach der Beaufort Skala (Bft.) eingeteilt. Diese zwölfstufige Skala wurde von Sir Francis Beaufort 1806 während seines Kommandos auf der *Woolwich* entwickelt. Als Messinstrument diente ihm dabei das Gesamtverhalten der Segel: 0 Flaute/Windstille, glatte See; 1 leiser Zug, ruhige See; 2 leichte Brise, schwach bewegte See; 3 schwache Brise, schwach bewegte See; 4 mäßige Brise, leicht bewegte See; 5 frische Brise, mäßig bewegte See; 6 starker Wind, grobe See; 7 steifer Wind, sehr grobe See; 8 stürmischer Wind, hohe See; 9 Sturm, sehr hohe See; 10 schwerer Sturm, sehr hohe See; 11 orkanartiger Sturm, außergewöhnlich hohe See; 12 Orkan, außergewöhnlich hohe See.

Wetter (von althochdt. *wetar* = Wind, Wehen**):** bezeichnet man den spürbaren, kurzfristigen Zustand der Atmosphäre an einem bestimmten Ort der Erdoberfläche.

Zoll: (von mittelhochdt. *zol*, abgeschnittenes Stück Holz; vgl. Zollstock) bezeichnet eine Vielzahl von alten Maßeinheiten im Bereich von zwei bis vier Zentimetern. Meist ist es der zwölfte Teil eines Fußes, der in 12 Teillinien unterteilt ist, aber auch die 1/2, 1/4 1/8 oder dezimale Teilung ist belegt. Eduard II. von England erklärte im Jahre 1234 die Länge von einem Zoll zum Längenmaß anhand der Länge dreier hintereinander gelegter Gerstenkörner. Ähnlich alte Maßeinheiten sind Schritt (einen Schritt lang), Elle (vom Ellbogen bis zur Mittelfingerspitze), Fuß, Spanne (eine gespreizte Hand) oder Klafter (Maß zwischen den ausgestreckten Armen eines erwachsenen Mannes).

LITERATURVERZEICHNIS

Quellen

Adam von Bremen: Magistri Adam Bremensis gesta Hammaburgensis ecclesiae pontificum/Adam von Bremen. Bernhard Schmeidler (Hrsg.), Hamburgische Kirchengeschichte (3. Aufl., Unveränd. Nachdr. [der Ausg.] (Hamburg und Leipzig, Hahn 1917, Hannover 1993).

King Alfred's Orosius (Ed. H. Sweet). Early English Text Society 79 (London 1883). Deutsche Übersetzung K. Körner, Angelsächsische Texte. Einleitung in das Studium des Angelsächsischen II (Heilbronn 1980).

Anglo-Saxon-Chronicle: The Anglo-Saxon Chronicle. Hrsg. von G.N. Garmonsway (London ²1972).

Annales regni Francorum. Die fränkischen Reichsannalen. Quellen zur karolingischen Reichsgeschichte 1. Ausgewählte Quellen zur Deutschen Geschichte des Mittelalters 5 (Berlin o. J.).

Ívarr Bárðason: Grønland annáll. In: Rafn, C., Grønlands historiske Mindesmærker. 3 Bände 1838–1845 (Fotografischer Neudruck 1976).

Beda Venerabilis: Kirchengeschichte des englischen Volkes/Beda der Ehrwürdige. Übers. von Günter Spitzbart (Darmstadt 1997).

Cook, J.: Captain James Cook: „Entdeckungsfahrten im Pacific". Die Logbücher der Reisen 1768–1779. Hrsg. von A. Grebfell Price (Edition Erdmann 1983).

Detmar Chronik: Detmar Chronik. In: Die Chroniken der deutschen Städte 19 bearbeitet von R. Koppmann (Lübeck/Leipzig 1884).

Dicuil: Diculi Liber de mensura orbis terrae (Hrsg. J. J. Tierney). Scriptores Latini Hibernae 6 (Dublin 1967).

Die Edda. Götterdichtung, Spruchweisheit und Heldengesänge der Germanen. Ins Deutsche übertragen von Felix Genzmer (Düsseldorf 1981).

Ementarius von Noirmoutier: Ex miraculis S. Filiberti auctore Ermentario. Hrsg. Von O. Holder Egger Monumenta Germaniae Historica Scriptorum XV (Hannover 1887).

Eriks Raudes saga (Hg. J. Larsen, v. Henriksen). Norroen Saga 5 (Oslo 1990).

Erikssaga (Eiríks saga rauða): Grönländer Geschichten. In: Grönländer und Färinger Geschichten. Übs. von Felix Niedner (Düsseldorf 1965).

Eschels, Jens Jacob 1835: Lebensbeschreibung eines alten Seemanns von ihm selbst und zunächst für seine Familie geschrieben (Altona 1835).

Eutrop: Eutropii breviarium ab urbe condita – Eutropius, Kurze Geschichte Roms seit Gründung (753 v. Chr.–364 v. Chr.). Einleitung, Text und Übersetzung, Anmerkungen, Index, nominum, a) geographicorum, b) historicorum, hrsg. von F.K. Müller (Stuttgart 1995).

Ibn Fadlan, A. Zeki Validi Togan. Ibn Fadlan's Reisebericht 85. Abhandlung über die Kunde des Morgenlandes, cap. 24:3 (Leipzig 1939).

Færeyínga Saga: Færeyínga Saga eller Færøboernes Historie i den islandske Grundtext med færøisk og dansk Oversættelse. Hrsg. Von C. Chr. Rafn (Kopenhagen 1832), Neuauflage von E. Thomsen (Tórshavn 1972).

Gregor von Tours: Fränkische Geschichte. 3 Bände. Nach der Übersetzung von Wilhelm von Giesebrecht neu bearbeitet von Manfred Gebauer (Essen 1988).

Groenlendingesaga: Groenlendingesaga. Larsen, J. u. Henriksen, V. (Hrsg.), Norroen Saga 5 (Oslo 1990).

Hanserecesse: Hanserecesse Abt. I, Bde. 2–5 hrsg. von K. Koppmann (Leipzig 1872–1880).

Hansen, C.P. 1845: Die Insel Sylt in geschichtlicher und statistischer Hinsicht (Kiel 1845).

Helmold von Bosau: Chronik der Slaven. Übers. Von J.M. Laurent u. W. Wattenbach. Historiker des deutschen Altertums. Hrsg. von A. Heine (Essen u. Stuttgart 1986).

Julianus: Juliani imperatoris epistulae, leges, poematia fragmenta varia. Les belles lettres, hrsg. Von J. Bidez u. F. Cumont (Paris 1922).

Königsspiegel (Konungs skuggsjá): Der Königsspiegel. Konungsskuggsjá. Übs. von Rudolf Meissner (Halle/Saale 1944).

Landnámabók: Das Besiedlungsbuch. In: Islands Besiedlung und älteste Geschichte. Übs. von Walter Baetke (Düsseldorf 1967).

Liber glossarum und Summarium Heinrici: Meineke, B., Zu einem Münchner Neufund. Akademie der Wissenschaften Göttingen, Historische Klasse, Folge 3, Nr. 207 (Göttingen 1994).

Magnus, Olaus: Die Wunder des Nordens. Erschlossen von E. Balzamo u. R. Kaiser. Werksauswahl, mit einem Nachdruck der «Carta marina» von 1539. (Frankfurt am Main 2006).

Martens, F. 1675: Fridrich Martens vom Hamburg Spitzbergische oder Groenlandische Reise Beschreibung gethan im Jahr 1671 (Hamburg 1675).

Nestor Chronik: Die altrussische Chronik zugeschrieben dem Mönch des Kiewer Höhlenklosters Nestor, in der Redaktion des Abtes Silvester aus dem Jahre 1146, rekonstruiert nach den Handschriften Lavent'evskoja; Radzivilovskaja, Ipat'evskaja u. Chlebnikovskaja. Dt. Übersetzung L. Müller, Handbuch zur Nestorchronik 4. Forum Slavicum 56 (München 2001).

Orosius, Paulus: Historiarum adversum paganos libri. In: C. v. Zangmeister (Hrsg.), Corpus der Lateinischen Kirchenväter Bd. 5 VII. (Wien 1882) 149–157; (²Hildesheim 1967) 1–600.

Ptolemaios: Handbuch der Geographie: griechisch – deutsch; Einleitung, Text u. Übersetzung, Index. Hrsg. von Alfred Stückelberger und Gerd Graßhoff. Unter Mitarb. von Florian Mittenhuber. 4 Bücher (Basel 2006).

Pytheas: Die Fragmente: Über das Weltmeer, Pytheas von Marseille. Übersetzt u. erläutert von D. Stichtenoth. Die Geschichtsschreiber der deutschen Vorzeit 103 (Köln 1959).

Rufus Chronik: Die Chroniken der deutschen Städte 28, bearb. von K. Koppmann (Lübeck 1902).

Strabon: Strabons Geographika. 10 Bde. Hrsg. von S. Radt (Göttingen 2003 ff.), Bd. 8–10 noch nicht erschienen.

Tacitus, Cornelus: Germania. Übersetzung, Erläuterungen von Manfred Fuhrmann (Stuttgart 1971).

Tacitus, Cornelius:. Agricola. Lateinisch/Deutsch. Übersetzt, erläutert und mit einem Nachwort hrsg. von Robert Feger (Stuttgart 1973).

Þormóður Torfason: Historia Vinlandiae diae antiquae (Kopenhagen 1705).

Trutziger's Chronica der Stadt Hamburg. Hrsg. von J.M. Lappenberg (Hamburg 1865).

Vita Anscarii: Das Leben des Heiligen Ansgar von seinem Nachfolger Rimbert. Hrsg. von W. Schamoni (Düsseldorf 1965).

Waghenaer, Lucas: Spieghel der Zeevaerdt. Two volumes. Facsimile edition of the first printed sea-atlas (Amsterdam 1964).

Zorgdrager, C.G. 1728: Groenlandische Visschery (Amsterdam 1728).

Literatur

Abel, H. (Hrsg.) 1969: Die Bremer Hanse-Kogge. Ein Schlüssel zur Schifffahrtsgeschichte. Fund, Konservierung, Forschung. Monographien der Wittheit zu Bremen 8 (Bremen 1969).

Abels, R. 1998: Alfred the Great. War, Culture and Kingship in Anglo-Saxon England (London 1998).

Ackroyd, P. 2000: London. The biography (London 2000).

Almgren, B. 1980: Lebendige Vorzeit – Felsbilder der Bronzezeit aus Schweden. Sonderausstellung im Helmsmuseum (Hamburg 1980).

Ambrosiani, B. u. Clarke, H. (Hrsg.) 1992: Investigations into the Black Earth. Vol. 1, Birka Studies 1 (Stockholm 1992).

Andersen, H. H. 1993: Nye Danevirke-undersøgelser. Sønderjysk månedsskrift 11, 1993, 307–312.

Andersen, S. W. 2006: Trelleborg. In: Reallexikon der Germanischen Altertumskunde 31 (Berlin 2006) 157–160.

Aner, E. 1962: Zur Schwedenherrschaft in Haithabu. Zeitschrift der Gesellschaft für Schleswig-Holsteinische Geschichte 87, 1962, 37–56.

Angermann, N. u. Friedland, K. (Hrsg.) 2002: Nowgorod. Markt und Kontor der Hanse (Köln 2002).

Austin, D. u. Alcock (Hrsg.) 1990: From the Baltic to the Black Seas: Studies in Medieval Archaeology (London 1990).

Baasch, H. 1896: Hamburgs Convoyschiffahrt und Convoywesen: ein Beitrag zur Geschichte der Schiffahrt und Schiffahrtseinrichtungen im 17. und 18. Jahrhundert (Hamburg 1896).

Bade, K. J. 1993: Deutsche im Ausland – Fremde in Deutschland. Migration in Geschichte und Gegenwart, (München 1993).

Baetke, B. 1951: Christliches Lehngut in der Sagareligion. Das Svoldr-Problem: Zwei Beiträge zur Sagakritik. Berichte über die Verhandlungen der Sächsischen Akademie der Wissenschaften zu Leipzig, phil.-hist. Kl., Bd. 98, Heft 6 (Berlin 1951).

Baltes, W. u. Köhler, K. o.J.: Auf dem Wege in die „Neue Welt". Der Untergang des Auswandererschiffes Cimbria. Hrsg. von W. Baltes (Witten, Ruhr o.J.).

Bantelmann, A. 1955: Tofting, eine vorgeschichtliche Warft an der Eidermündung. Offa-Bücher 12 (Neumünster 1955).

Bantelmann, A. 1975: Die frühgeschichtliche Marschsiedlung beim Elisenhof in Eiderstedt. Landschaftsgeschichte und Baubefunde. Studien Küstenarchäologie Schleswig-Holstein Ser. A, Elisenhof 1 (Bern – Frankfurt 1975).

Basset, St. (Hrsg.) 1989: The Origins of Anglo-Saxon Kingdoms. Leicester University Press (Leicester 1989).

Batey, C. E. 2003: Orkneyinseln. In: Reallexikon der Germanischen Altertumskunde Bd. 22 (2003) 215–217.

Baumann, P. 1992: Abenteuer Hanse-Kogge: Logbuch einer Seereise in die Geschichte (Stuttgart 1992)

Baykowksi, U. 1992: Die Kieler Hansekogge: der Nachbau eines historischen Segelschiffes von 1380 (2. Aufl. Kiel 1992).

Bemmann, G. u. Bemman, J. (Hrsg.) 1998: Der Opferplatz von Nydam – Die Funde aus den älteren Grabungen Nydam-I und Nydam-II (Neumünster 1998).

Bents, H. (Hrsg.) 1990: Störtebeker. Dichtung und Wahrheit (Norden 1990).

Berendsen, H. J. A. u. Stouthamer, E. 2001: Palaeogeographic development of the Rhine-Meuse delta (Assen 2001).

Bergmann, W. 1985: Innovationen im Quadrivium des 10. und 11. Jahrhunderts. Studien zur Einführung von Astrolab und Abakus im lateinischen Mittelalter. Sudhoffs Archiv Bd. 26 (Stuttgart 1985).

Besteman, J.C. 1997: Vikingen in Noord-Holland? De Zijlverschat van Wieringen in het licht van de Noormannenenvallen. Archeologische publicatie Provincie Noord-Holland 1 (Amsterdam 1997).

Besteman, J. C., Bos, J. M., Gerrets, D. A., Heidinga, H. A. u. Koning, J. de 1999: The Excavation at Wijnaldum. Reports on Frisia in Roman and Medieval times. Vol. 1 Frisia Project (A. A. Balkemar, Rotterdam, Brookfield 1999).

Bigelow, G.F. (Hrsg.) 1990: The Norse in the North Atlantic. Acta Archaeologica 61 (Kopenhagen 1990).

Bjørkvik, H. 1965: „Leidang". In: Kulturhistorisk leksikon for nordisk middelalder Bd. 10 Sp. 432–442 (Kopenhagen 1965).

Blok, D.P. 1978: De Wikingen in Friesland (Haarlem 1978).

Blok, D.P. 1979: De Franken in Nederlande (Harlem 1979).

Bolland, J. 1974: Die Hamburger Elbkarte aus dem Jahr 1568, gezeichnet von Melchor Lorichs, Hamburg. Veröffentlichungen aus dem Staatsarchiv der Freien und Hansestadt Hamburg 8 (Hamburg 1974).

Bohmbach, J. (Red. 1994): Stade. Von den Siedlungsanfängen bis zur Gegenwart (Stade 1994).

Bracker, J. (Hrsg.) 1989: Die Hanse. Lebenswirklichkeit und Mythos. Katalog der Ausstellung des Hamburger Museums für Geschichte (Hamburg 1989).

Bracker, J. 1989a: Bremen. In: Bracker (1989) 238–240.

Bracker, J. 1989b: Hamburg. In: Bracker (1989) 241–245.

Bracker, J. 1989c: Maritime Alltagserfahrungen der Hamburger Schiffsrechte. In: Bracker (1989) 580–582.

Bracker, J. 1989c: Störtebeker, der Ruhm der Hanseaten. In: Bracker (1989) 661–666.

Brandt, K. E. 1991: Die mittelalterlichen Wurten Niens und Sievertsborch (Kreis Wesermarsch), Probleme der Küstenforschung im südlichen Nordseegebiet 16, 1991, 89–140.

Brandt, K. 2004 (Hrsg.): Haithabu und die frühe Stadtentwicklung in Mitteleuropa (Neumünster 2002).

Brandt, K. u. Kühn, H.-J. (Hrsg.) 2002: Der Prahm aus dem Hafen von Haithabu. Beiträge zu antiken und mittelalterlichen Flachbodenschiffen. Schriften des archäologischen Landesmuseums, Ergänzungsreiche 2 (Schleswig 2002).

Brandt, K., Müller-Wille, M. u. Radke, Chr. (Hrsg.) 2002: Haithabu und die frühe Stadtentwicklung im nördlichen Europa. Schriften des Archäologischen Landesmuseums. Bd 8. (Neumünster 2002).

Brennecke, J. 1984: Windjammer. Der große Bericht über die Entwicklung, Reisen und Schicksale der „Königinnen der Sieben Meere" (Herford ³1984).

Brennecke, J. 1986: Geschichte der Schifffahrt (Künzelsau ²1986)

Brennecke, J. u. Dummer, K. O. 1986: Viermastbark Pamir – ihr Schicksal im Zentrum des Hurrikans „Carrie" (Herford 1986).

Brøgger, A. W. u. Shetelig, H. 1950: Vikingeskipene. Deres forgjengere og etterfølgere [Wikingerschiffe. Deren Vorläufer und Nachfolger] (Oslo 1950).

Broelmann, J. 1997: Entwicklungsstand der Schiffbautechnik. In: Lindgren (1997) 371–372.

Bruce-Mitford, R. 1975: The Sutton Hoo Ship-Burial I (London 1975).

Bruin, J. R. 1997: De 7 Provinciën. Een nieuw schip voor Michiel de Ruyter. Uitgeverij Van Wijnen (Franeker 1997).

Buchholz, R. u. Krücken, W. 1994: Die Mercator-Projektion. Zu Ehren von Gerhard Mercator (1512–1594) (Velten 1994).

Burkhardt, M. 2006: Das Hansekontor in Bergen im Spätmittelalter – Organisation und Struktur, in: Hansische Geschichtsblätter 124, 2006, 22–71.

Busch, A. 1995: Domplatzgrabung in Hamburg. Veröffentlichungen Hamburger Museum für Archäologie und die Geschichte Harburgs. Helms-Museum 70 (Hamburg 1995).

Busch, R. 1997: Die Stadtentstehung Hamburgs, Deutschland. In: Boe, G. de u. Verhaeghe, F. (Ed.), Urbanism in Medieval Europe. Papers Medieval Europe Vol. 1. (Zellik 1997) 133–139.

Callmer, J. 1994: Urbanization in Scandinavia and the Baltic Region ca. AD 700–1100: Trading Places, Centres and Early Urban Sites. In: Ambrosiani, M. u. Clarke, H. (Hrsg.): Developments around the Baltic Sea in the Viking Age. Birka Studies 3. The Twelfth Viking Congress (Stockholm 1994).

Capelle, T. 1985: Geschlagen in Stein. Skandinavische Felsbilder der Bronzezeit (Hannover 1985).

Carver, M. O. H. 2005: Sutton Hoo: a seventh-century princely burial ground and its context. Reports of the Research Committee of the Society of Antiquarians in London 69. British Museum Press (London 2005).

Cieślaka, E. 1978: Historia Gdańska. Tom 1 do ruku 1454 (Gdansk 1978).

Cieślaka, E. 1985: Historia Gdańska. Tom I do ruku 1454 (Gdansk 1985)

Coles, J., Fenwick, v. u. Hutnchinson, G. (Hrsg.): A Spirit of Enquiry. Essays for Ted Wright (Exeter 1993).

Cook, James u. Forster, G.: Die Suche nach dem Süd-land – Die Tagebücher von Cooks zweiter Reise (Hamburg/Norderstedt 2008).

Coupland, S. 1998: From poachers to gamekeepers: Scandinavien warlords and Carolingian kings. Early Medieval Europe. 7, 1998, 85–114.

Cropp, W.-U. 2000: Goldrausch in der Karibik – Auf den Spuren von Sir Francis Drake (Bielefeld 2000).

Crumlin-Pedersen, O. 1988: Schiffe und Schifffahrts-wege im Ostseeraum während des 9. – 12. Jahrhun-derts. Berichte der Römisch-Germanischen-Kom-mission 69, 1988, 530–563.

Crumlin-Pedersen, O. (Hrsg.) 1991: Aspects of mari-time Scandinavia AD 200–1200. Proceedings of the Nordic Seminar on Maritime Aspects of Archaeol-ogy, 13th–15th March 1989 (Roskilde 1991).

Crumlin-Pedersen, O., Porsmose, E. u. Thrane, H. (Hrsg.) 1996: Atlas over Fyns kyst i jernalder, vi-kingetid og middelalder (Odensee 1996).

Cunliffe, B. (Hrsg.) 1996: Illustrierte Vor- und Früh-geschichte Europas (Frankfurt-New York 1996).

Dahl-Jensen, D., Mosegaard, K. u. Gundestrup, N. 1998: Past Temperatures Directly from the Greenland Ice Sheet. Science, Vol. 282, Nr. 5387, 268–271.

Dash, J. 2004: Die Jagd nach dem Längengrad (München 2004).

Dash, M. 2007: Der Untergang der Batavia (München 2005).

Davis, R.C. 2003: Christian slaves, Muslim masters. White slavery in the Mediterranean, the Barbary Coast and Italy, 1500–1800 (Basingstoke 2003).

Degn, Chr. 2000: Die Schimmelmanns im atlanti-schen Dreieckshandel: Gewinn und Gewissen (³Neumünster 2000).

Dickinson, T. u. Griffiths, D. (Hrsg.) 1999: The Mak-ing of Kingdoms. Anglo-Saxon Studies in Archaeo-logy and History 10 (Oxford 1999).

Dreyer, F. A. 1974: Winkelinstrumente. Vom frühen 16. bis zum 19. Jahrhundert (Berlin 1979).

Düwel, K., Jankuhn, H., Siems, H. u. Timpe, D. (Hrsg.) 1988: Untersuchungen zu Handel und Verkehr der vor- und frühgeschichtlichen Zeit in Mittel- und Nordeuropa. Teil III, Der Handel des frühen Mit-telalters. Abhandl. Akad. Wiss. Göttingen. Phil. Hist. Kl. F. 3, Nr. 144 (Göttingen 1987).

Dudszus, A. u. Köpcke, A. 1995: Das große Buch der Schiffstypen: Schiffe, Boote, Flöße unter Riemen und Segel, Dampfschiffe, Motorschiffe, Meeres-technik (Augsburg 1995).

Ehlers, G. 1922: Hamburgs Vergangenheit. Eine Ge-schichte der Heimat (Hamburg 1922).

Ellis, E. 1993: Mensch und Wal, Die Geschichte ei-nes ungleichen Kampfes (München 1993).

Ellmers, D. 1972: Frühmittelalterliche Handels-schifffahrt in Mittel- und Nordeuropa (Neumün-ster 1972).

Ellmers, D. 1985: Die Entstehung der Hanse. Hansi-sche Geschichtsblätter 103, 1985, 3–40.

Ellmers, D. 1989: Die Archäologie der Binnenschiff-fahrt in Europa nördlich der Alpen. In: Jankuhn, H., Kimmig, W. u. Ebel, E. (Hrsg.), Untersuchungen zu Handel und Verkehr der vor- und frühgeschichtli-chen Zeit in Mittel- und Nordeuropa. Teil V, Der Verkehr, Verkehrswege, Verkehrsmittel, Organisati-on. Abhandlungen Akademie der Wissenschaften Göttingen, Phil.-hist. Klasse, Folge 3, 180 (Göttin-gen 1989).

Ellmers, D. 1997: Binnenschifffahrt im Mittelalter. In: Lindgren (1997) 337–344.

Ellmers, D. 1998: Wikingerschiffe, Koggen, Holken und Dreimaster. Menschen auf See im Mittelalter. In: Spindler, K. (Hrsg.): Mensch und Natur im mit-telalterlichen Europa. Archäologische, historische und naturwissenschaftliche Befunde. Schriftenreihe Akademie Friesach 4 (Klagenfurt 1998). 101–128.

Ellmers, D. 2005: Die Schiffe der Hanse und der Seeräuber um 1400. In: Ehbrecht, E. (Hrsg.), Stör-tebeker: 600 Jahre nach seinem Tod (Trier 2005) 153–168.

Ellmers, D. u. Evers, D. 1981: Schiffe der Jäger und Bauern – Vorgeschichtliche Felsbilder aus Skandi-navien = 7. Bildmappe des Deutschen Schifffahrts-museums (Bremerhaven 1981).

Ellmers, D. u. Schnall, U. 1997: Schiffbau und Schiffs-typen im mittelalterlichen Europa. In: Lindgren (1997) 353–370.

Elmshäuser, K. 2002: Häfen – Schiffe – Wasserwege. Zur Schifffahrt des Mittelalters. Schriften des Deutschen Schifffahrtsmuseums, Band 67 (Kuden 2002).

Engels, P. 1991: Der Reisebericht des Ibrahim ibn Ya'qub (961/966). In: Euw, A. u. Schreiner, P. (Hrsg.), Kaiserin Theophanu. Begegnungen des Ostens und Westens um die Wende des ersten Jahrtausends, Bd. 1 (Köln 1991) 413–422.

Englert, A. 1997: Das neuzeitliche Wrack aus dem Hedwigenkoog, Kr. Dithmarschen. Universitätsforschungen zur Prähistorischen Archäologie 41 (Bonn 1997).

Englert, A., Fischer, J., Hartz, S., Kühn, H. J. u. Nakoinz, O. 2000: Ein nordisches Frachtschiff des 12. Jahrhunderts in der Schlei von Karschau, Kreis Schleswig-Flensburg. Ein Vorbericht. Archäologische Nachrichten aus Schleswig-Holstein 11, 2000, 34–57.

van Es, W.A. u. Verwers, W.J.A. 2002: Aufstieg, Blüte und Niedergang der frühmittelalterlichen Handelsmetropole Dorestad. In: Brandt, K., Müller-Wille, M. u. Radtke, Chr. (Hrsg.), Haithabu und die frühe Stadtentwicklung im nördlichen Europa (Neumünster 2002) 281–301.

Ewe, H. 1972: Schiffe auf Siegeln (Rostock 1972).

Fabech, C. 1999: Organising the Landscape. A matter of production, power and religion. In: Dickinson u. Griffiths (1999) 11–47.

Falk, F. 1912: Altnordisches Seewesen. Wörter und Sachen Bd. 4 (Heidelberg 1912).

Fehring, G. P. 1994: Stadtarchäologie Lübecks 1973–1993. Zeitschrift für Archäologie des Mittelalters 22, 1994, 129–180.

Fenger, N. P. 2007: Hjortspring: Das Kriegsschiff aus dem Opfermoor. Hrsg. vom Archäologischem Museum Frankfurt im Auftrag des Magistrats der Stadt Frankfurt a. M. (Frankfurt 2007).

Filipowiak, W. 1986: Wolin – Vineta. Ausgrabungen einer versunkenen Stadt (Rostock – Stralsund 1986).

Findeisen, J.-P. u. Husum, P. 2008: Kleine Geschichte Kopenhagens (Regensburg 2008).

Flensburger Gesellschaft für Stadtgeschichte 1966: Flensburg. Geschichte einer Grenzstadt (Flensburg 1966).

Flensburger Gesellschaft für Stadtgeschichte 1979: Das Flensburger Schiffergelag in Vergangenheit und Gegenwart. Kleine Reihe der Gesellschaft für Flensburger Stadtgeschichte 3 (Flensburg 1979).

Fliedner, S. 1969: „Kogge" und „Hulk". Ein Beitrag zur Schifffahrtsgeschichte. In: Abel (1969) 39–121.

Förster, Th. 2008: Große Handelsschiffe des Spätmittelalters. Untersuchungen an zwei Wrackfunden des 14. Jahrhunderts vor der Insel Hiddensee und der Insel Poel. Schriften des Deutschen Schifffahrtsmuseums, Band 67 (Kuden 2008).

Friedrich, H. 1990: Die Eissee. Die letzte Reise des Willem Barent (Berlin 1990).

Fritze, K. u. Krause, G. 1997: Seekriege der Hanse – Das erste Kapitel deutscher Seekriegsgeschichte (Berlin 1997).

Gardiner, J. u. Allen, J. M. 2005: Before the mast: life and death aboard the Mary Rose. The archaeology of the Mary Rose 4, 2005. Mary Rose Trust (Portsmouth 2005).

Gebühr, M. u. von Carnap-Bornheim 2000: Nydam und Thorsberg. Opferplätze der Eisenzeit; Begleitheft zur Ausstellung. Archäologisches Landesmuseum. Verein zur Förderung des Archäologischen Landesmuseums e. V., Schloss Gottorf (Schleswig 2000).

Gerdau, K. 1982: Cimbria. Drama bei Borkum Riff (Herford 1982).

Goldmann, K. 1985: Zur Funktion des Ko-Grabens bei Haithau (Unveröffentlichtes Manuskript 1985).

Goldmann, K. u. Wermusch, G. 1999: Vineta. Die Wiederentdeckung einer versunkenen Stadt (Bergisch Gladbach 1999).

Graham-Campbell, J. 1980: Das Leben der Wikinger. Krieger, Händler und Entdecker (Berlin 1980).

Graham-Campbell, J. 1998 (Hrsg.): Die Wikinger. Bildatlas der Weltkulturen (Augsburg 1998).

Grobecker, K. 1982: Passat. Das abenteuerliche Leben eines Windjammers (Lübeck 1982).

Grohs, N. u. Peters, A. 2008: Cimbria N. eine deutsche Titanic. Ihr Schicksal und die Geschicke eines jungen Unternehmens (²Oldenburg 2008).

Haarnagel, W. 1955: Die frühgeschichtliche Handels-Siedlung Emden und ihre Entwicklung bis ins Mittelalter. Jahrbuch Gesellschaft für bildende Kunst u. vaterländische Altertümer Emden. Bd. 35 (Aurich 1955)

Haarnagel, W. 1965: Die Grabung auf der Heidenschanze bei Wesermünde im Jahre 1958. In: Rafael v. Uslar (Hrsg.): Studien aus Alteuropa II. (Köln-Graz 1965) 142–178.

Haarnagel, W. 1979: Die Grabung Feddersen Wierde. Methode, Hausbau, Siedlungs- und Wirtschaftsformen sowie Sozialstruktur (Wiesbaden 1979).

Halbertsma, H. 1963: Terpen tussen Vlie en Ems (Groningen 1963).

Hall, R. A. 1984: The Viking Dig: The excavations in York (York 1984).

Hall, R.A. 1990: Viking Age Archaeology in Britain and Ireland (Risborough 1990).

Hall, Th. 2005: The T. W. Lawson – The Fate of the World's Only Seven-Masted Schooner (Scituate 2005).

Hamecher, H. 1993: Fünfmast-Vollschiff „PREUSSEN", Königin der See. Der Lebensweg eines Tiefwasserseglers. Hamecher Eigenverlag (Kassel 1993).

Hammel-Kiesow, R. 2004: Die Hanse (München ³2004).

Harck, O. 1990: Die Ausgrabungen in den römerzeitlichen Erdwerken Archsumburg, Tinumburg und Trælbanken an der Westküste Schleswigs. Studien Küstenarchäologie in Schleswig-Holstein Serie B, Archsum 3 = Römisch-Germanische Forschungen 50 (Mainz 1990).

Harding, A. 1996: Neuordnung in Europa nördlich des Mittelmeeres 1300–600 v. Chr. In: Cunliffe 1996, 341–374.

Heidinga, H.A. 1997: Frisia in the First Millenium. An outline (Utrecht 1997).

Heinsius, P. 1986: Das Schiff der hansischen Frühzeit. Quellen u. Forschungen zur hansischen Geschichte, N.F. 12 (Köln 1986).

Helbich, W. J. 1988: Briefe aus Amerika. Deutsche Auswanderer schreiben aus der neuen Welt, 1830–1930 (München 1988).

Heller, K. 1993: Die Normannen in Osteuropa (Berlin 1993).

Henn, V. 1989a: Was war die Hanse? In: Bracker (1989) 15–21.

Henn, V. 1989b: Entfaltung der „Hansen" auf den niederländischen Märkten. In: Bracker (1989) 42–45.

Henningsen, H.-H. 2000: Rungholt. Der Weg in die Katastrophe. Aufstieg, Blütezeit und Untergang eines bedeutenden mittelalterlichen Ortes in Nordfriesland. Bd. II: Das Leben der Bewohner und ihre Einrichtungen, die Landschaft, der Aufstieg zu einem Handelsplatz, Rungholts Untergang, der heutige Zustand von Kulturspuren, der Mythos von Rungholt und ein Epilog: Die Geschichte im Zeitraffer (Husum 2000).

Hepper, D. J. 1994: British Warship Losses in the Age of Sail. Jean Boudriot Publications (Cruickshank 1994).

Herrmann, J. (Hrsg.) 1982: Wikinger und Slawen. Zur Frühgeschichte der Ostseevölker (Neumünster 1982).

Herrmann, J. 1984: Reric – Ralswiek – Groß Raden. Seehandelsplätze und Burgen an der südlichen Ostseeküste. Lübecker Schriften zur Archäologie u. Kulturgeschichte 9, 1984, 91–96.

Herrmann, J. 1985: Die Slawen in Deutschland. Geschichte und Kultur der slawischen Stämme westlich der Oder und Neiße vom 6. bis 12. Jahrhundert. Veröffentl. Zentralinstitut für Alte Geschichte u. Archäologie der Akademie der Wissenschaften der DDR 14 (Berlin 1985).

Herrmann, J. (Hrsg.) 1986: Welt der Slawen: Geschichte, Gesellschaft, Kultur (München 1986).

Herrmann, J. 1988: Zur Struktur von Handel und Handelsplätzen im südwestlichen Ostseegebiet vom 8.–10. Jahrhundert. Berichte der Römisch-Germanischen Kommission 69, 1988, 720–739.

Hertzberg, E. 1924: Ledingsmandskabets størrelse i Norges Middelalder. In: Norsk historisk tidsskrift 5 R II (1924) 243–276.

Hill, Th. 1989: Der Schonenmarkt – die große Messe im Norden. In: Bracker (1989) 536–538.

Hirte, Chr. 1989: „...quarum quaedam et triginta homines ferunt"? Bemerkungen zu Befund und Funktion der kaiserzeitlichen Stammboote von Vaale und Leck. Offa 46, 1989, 111–136.

Hirte, Th. u. Wolf, Th. 1989a: Der Holk. In: Bracker (1989) 570–574.

Hirte, Th. u. Wolf, Th. 1989b: Das Kraweel und die weitere Entwicklung der Seeschiffe. In: Bracker (1989) 575–577.

Hjálmarsson, J. R. 1994: Die Geschichte Islands von der Besiedlung bis zur Gegenwart (Reykjavik 1994).

Hoffmann, E. 1963: Flensburg von der Reformation bis zum Ende des Nordischen Krieges 1721. In: Gesellschaft für Flensburger Stadtgeschichte (Hrsg.) 1966, Flensburg. Geschichte einer Grenzstadt (Flensburg 1966) 73–168.

Hoffmann, E. 1980: Der Aufstieg Lübecks zum bedeutendsten Handelszentrum an der Ostsee im 12. und 13. Jahrhundert. Zeitschrift der Gesellschaft für Schleswig-Holsteinische Geschichte 105, 1980, 27–65.

Hoffmann, E. 1989: Lübeck und die Erschließung des Ostseeraums. In: Bracker (1989) 32–41.

Hoffmann, G. u. Schnall, U. (Hrsg.) 2003: Die Kogge – Sternstunde der deutschen Schiffsarchäologie. Schriften des Deutschen Schifffahrtsmuseums 60 (Hamburg 2003).

Holmquist, W. 1976: Bildsteine der Völkerwanderungszeit bis Wikingerzeit. Reallexikon der germanischen Altertumskunde. Bd. 2 (Berlin – New York ²1976) 561–570.

Hube, H.-J. 2005: Beowulf: Das angelsächsische Heldenepos. Neue Prosaübersetzung. Originaltext, versgetreue Stabreimfassung (Wiesbaden 2005).

Ingstad, H. 1985: The Norse Discovery of America. Vol. 2 (Oslo 1985).

Jankuhn, H. 1963: Haithabu. Ein Handelsplatz der Wikingerzeit (4. Aufl. Neumünster 1963).

Jankuhn, H., Schietzel, K. u. Reichstein, H. (Hrsg.) 1984: Archäologische und naturwissenschaftliche Untersuchungen an ländlichen und frühstädtischen Siedlungen im deutschen Küstengebiet vom 5. Jahrhundert v. Chr. bis zum 11. Jahrhundert v. Chr. 2 Handelsplätze des frühen und hohen Mittelalters (Weinheim 1984).

Janin, V. L. 1986: Ladoga und Nowgorod. In: Herrmann (1986) 210–215.

Jansson, J. 1994: Skandinavien, Baltikum och Rus' under vikingatiden. In: Det 22. nordiske historikermøte. Rapport I: Norden og Baltikum (Oslo 1994).

Jenkis, A. 1985: Karl der Große, Siegfried von Dänemark und Gottfried von Dänemark. Zeitschrift der Gesellschaft für Schleswig-Holsteinische Geschichte 110, 1985, 11–26.

Jensen, S. 1991: Ribe zur Wikingerzeit (Ribe 1991).

Jöns, H., Lüth, F. u. Müller-Wille, M. 1997: Ausgrabungen auf dem frühgeschichtlichen Seehandelsplatz von Groß Strömkendorf, Kr. Nordwestmecklenburg. Erste Ergebnisse eines Forschungsprojektes. Germania 75, 1997, 1. Halbband, 193–221.

Jørgensen, L. 1995: New investigations of the Kanhave canal. Maritime Archaeology Newsletter 5, 1995, 9–15.

Kay, B. 2000: Der Navigator (Bergisch Gladbach 2000).

Mc Kay, J. 1989: The 100-gun-ship Victory (Conway Maritim Press 1989).

Keene, D. 1989: Ein Haus in London: Von der Guildhall zum Stallhof. In: Bracker (1989) 46–50.

Keller, Chr. 1989: The Eastern settlement reconsidered. Some analyses of Norse Medieval Greenland. 2 Teile (Oslo 1989).

Kighly, Ch., Pieters, M., Tys, D. u. Ervynck o.J.: Walraversijde. Die Blüteperiode eines Fischerdorfs an der südlichen Nordseeküste. Archeologisch Patrimonium – Provincie West-Vlaanderen o.J.

Kirsch, P. 1988: Die Galeonen. Große Segelschiffe um 1600 (Koblenz 1988).

Klapheck, Th. 2008: Der heilige Ansgar und die karolingische Nordmission (Hannover 2008).

Kleßmann, E. 2000: Geschichte der Stadt Hamburg. Die Hanse (Hamburg 2002).

Klingbeil, P. 2000: Flying P-Liner – Die Segelschiffe der Reederei F. Laeisz (Hamburg ²2000).

Knoll, E. 1993: De noordnederlandse Kustlanden in de vroege Middeleeuwen (Groningen 1993).

Koch, A. (Hrsg.) 2008: Die Wikinger. Historisches Mujseum der Stadt Speyer (München 2008).

Koehn, H. 1954: Die Nordfriesischen Inseln. Die Entwicklung ihrer Landschaft und die Geschichte des Volkstums (Hamburg 1954).

Kramer, E., Stoumann, I. u. Greg, A. (Hrsg.) 2000: Könige der Nordsee 250–850 n. Chr. (Museumsverbund Nordfriesland, Husum 2000). (Frankfurt a.M. 1985).

Kretschmer; K. 1962: Die italienischen Portolane des Mittelalters: ein Beitrag zur Geschichte der Kartographie und Nautik. Nachdruck der Ausgabe Berlin 1909 (Hildesheim 1962).

Krotz, M. 1993: Die Kogge: Herkunft, Konstruktion und Funktion eines mittelalterlichen Schifftyps. Magisterarbeit Universität Kiel (Kiel 1993).

Kühn, H. J. 1995: Ein Schiffswrack des frühen 17. Jahrhunderts aus dem Uelvesbüller Koog, Kr. Nordfriesland. Ein Vorbericht. Archäologische Nachrichten aus Schleswig-Holstein 6, 1995, 68–77.

Kühn, H. J. 1999: Gestrandet bei Uelvesbüll. Wrackarchäologie in Nordfriesland (Husum 1999).

Lahn, W. 1992: Die Kogge von Bremen. Bd. 1 Bauteile und Bauablauf. Schriften Deutsches Schiffahrtsmuseum 30 (Hamburg 1992).

Lampen, A. 2000: Fischerei und Fischhandel im Mittelalter. Wirtschafts- und sozialgeschichtliche Untersuchungen nach urkundlichen und archäologischen Quellen des 6. bis 14. Jahrhunderts im Gebiet des Deutschen Reiches. Diss. Universität Kassel = Historische Studien 461 (Husum 2000).

Langen, G. J. de 1992: Middeleeuws Friesland. De economische ontwikkeling van het gewest Oostergo in de vroege en volle Middeleeuwen (Groningen 1992).

Lehmann, G.A. 1996: Umbrüche und Zäsuren im östlichen Mittelmeerraum und Vorderasien zur Zeit der „Seevölker" – Invasionen um und nach 1200 v. Chr. Neue Quellenzeugnisse und Befunde. In: Historische Zeitschrift 262, 1996, 1–38.

Lengen, H. van 1973: Geschichte des Emsingerlandes vom frühen 13. bis zum späten 15. Jahrhundert I (Aurich 1973).

Lindgren, U. 1998: Europäische Technik im Mittelalter 800–1400. Tradition und Innovation (Berlin 1998).

Lindquist, S. O. (Hrsg.) 1941–42: Gotlands Bildsteine. Bd. I und II (Uppsala 1941–1942).

Lingenberg, H. 1983: Der Strukturwandel in der Entwicklung Danzigs vom 12. bis zum 13. Jahrhundert. In: Arnold, U. (Hg.): Die Stadt in Preußen. Schriftenreihe Nordostarchiv 23 (Lüneburg 1983).

Linwood Snow, R. u. Lee, Capt. Douglas K. (Hrsg.) 2005: A shipyard in Maine, Percy & Small and the Great Schooners (Gardinger 1999).

Marquardt, K. H. 2006: Anatomy of the Ship. The 44-Gun Frigate USS Constitution "Old Ironsides" (London 2006).

Marschalck, P. 1973: Deutsche Überseewanderung im 19. Jahrhundert (Stuttgart 1973).

Martin, C. u. Parker, G. 1988: The Spanish Armada (London 1988).

Matheus, M. 1997: Mittelalterliche Hafenkrane. In: Lindgren (1997) 345–348.

Mattingly, G. 2002: The Defeat of the Spanish Armada (London 2002).

Mehl, H. u. Schlüter, H. 1999: Fischer, Boote, Netze. Geschichte der Fischerei in Schleswig-Holstein (Heide 1999).

Meier, D. 1993: Alt Lübeck. Die Ergebnisse der Ausgrabungen 1947–1950 (Teil 3) und die 1956–1972 im nördlichen Burgbereich sowie erreichter Forschungsstand. Lübecker Schriften zur Archäologie und Kulturgeschichte 23, 1993, 7–46.

Meier, D. 1997: Welt, eine frühmittelalterliche Dorfwurt im Mündungsgebiet der Eider. Archäologisches Korrespondenzblatt 27, Heft 1, 1997, 171–184.

Meier, D. 2003: Siedeln und Leben am Rande des Meeres. Von der Steinzeit bis in das Mittelalter. Sonderband Archäologie in Deutschland (Stuttgart 2003).

Meier, D. 2004: Seefahrer, Händler und Piraten im Mittelalter (Ostfildern 2004).

Meier, D. 2005: Süderbusenwurth. Vorbericht der Ausgrabungen einer Marschensiedlung der Römischen Kaiserzeit in Dithmarschen. Studien zur Sachsenforschung 15, 343–363.

Meier, D. 2006: Die Nordseeküste. Geschichte einer Landschaft (Heide 2006; ²2007).

Meier, D. 2007a: Das Eidermündungsgebiet im Wandel der Zeit – Von der Steinzeit bis zum frühen Mittelalter (Teil 1). Dithmarschen. Landeskunde – Kultur – Natur, Heft 3, 2007, 62–71.

Meier, D. 2007b: Das Eidermündungsgebiet im Wandel der Zeit – Vom hohen Mittelalter bis zur Neuzeit (Teil 2). Dithmarschen. Landeskunde – Kultur – Natur, Heft 4, 2007, 94–109.

Meißner, R. 1935: Norwegisches Recht. Das Rechtsbuch des Gulathings. Germanenrechte Band 6 (Weimar 1935).

Meißner, R. 1939: Norwegisches Recht. Das Rechtsbuch des Frostothings. In: Germanenrechte Bd. 4 (Weimar 1939).

Mett, R. 1996: Regiomontanus. Wegbereiter des neuen Weltbildes (Stuttgart – Leipzig 1996).

Meyer, J. 1998: Zwei neue Wrackfunde aus der Schlei. Archäologie in Schleswig – Arkæologie i Slesvig 6, 1998, 50–67.

Millard, A. 1993: Eric the Red: The Vikings sail the Atlantic (London 1993).

Milne, G, 1993: The Port of Roman London (London 1993).

Mißfeldt, J. 2000: Die Republik Dithmarschen. In: Verein für Dithmarscher Landeskunde (Hrsg.), Geschichte Dithmarschens (2000) 121–166.

Mithen, J. 1996: Das Mesolithikum. In: Cunliffe 1996, 93–154.

Möller-Wiering, S. 2002: Segeltuch und Emballage. Textilien im mittelalterlichen Warentransport auf Nord- und Ostsee. Internationale Archäologie 70 (Rahden/Westf. 2002).

zu Mondfeld, W. 1981: Wasa. Schwedisches Regalschiff von 1628. Bd. 1 Textband, Bd. 2 Plansatz (München 1981).

Moravcsik, M. u. Jenkins, R.J.H. 1985: Constantine Porphyrogenitus, De Administrando Imperio. Überarbeitete Aufl. Dumbarton Oaks Center for Byzantine Studies (Washington 1985).

Morillo (Hrsg.), St. 1996: The Battle of Hastings, sources and interpretation (Woodbridge 1996).

Mortensøn, O. 1994: Renæssances Fartøjer. Sejlads og søfart i Danmark 1550–1650. Meddeleser fra Langelands Museum (Rudkøbing 1994).

Mührenberg, D. 1993: Der Markt zu Lübeck. Ergebnisse archäologischer Untersuchungen. Lübecker Schriften zur Archäologie und Kulturgeschichte 23, 1993, 83–154.

Müller, H. 1975: Untersuchungen zur bremischen Reederei im 17. Jahrhundert, in Bremisches Jahrbuch, Band 53 (Bremen 1975).

Müller, F. L. 1995: Eutropii breviarium ab urbe condita – Eutropius, Kurze Geschichte Roms seit Gründung (753 v. Chr.–364 n. Chr.). Einleitung, Text und Übersetzung, Anmerkungen, Index, nominum, a) geographicorum, b) historicorum (Stuttgart 1995).

Müller-Wille, M. 1968/69: Bestattung im Boot. Studien zu einer nordeuropäischen Grabsitte. Offa 25/26, 1968/69, 5–203.

Müller-Wille, M. 1976a: Das Bootkammergrab von Haithabu. Mit Beiträgen von O. Crumlin-Pedersen u. M. Dekówna. Berichte über die Ausgrabungen Haithabu 8 (Neumünster 1976).

Müller-Wille, M. 1976b: Das wikingerzeitliche Gräberfeld von Thumby-Bienebeck (Kreis Rendsburg-Eckernförde). Teil 1. Offa-Bücher 36 (Neumünster 1976).

Müller-Wille, M. 1987: Das wikingerzeitliche Gräberfeld von Thumby-Bienebeck (Kreis Rendsburg-Eckernförde). Teil 2. Mit Beiträgen von D. Heinrich,

W. Henke, W. Lieske, K.-H. Willroth u. R. Zölitz. Offa-Bücher 62 (Neumünster 1987).

Müller-Wille, M. (Hrsg.) 1989: Oldenburg, Wollin, Staraja Ladoga, Nowgorod, Kiew: Handelsverbindungen im südlichen und östlichen Ostseeraum während des frühen Mittelalters. Berichte der Römisch-Germanischen Kommission 69 (Mainz 1989).

Näsmann, U. 1999: The Ethnogenesis of the Danes an the Making of a Danish kingdom. In: Dickinson u. Griffiths (1999) 1–10.

Nørlund, P. 1937: Wikingersiedlungen in Grönland – Ihre Entstehung und ihr Schicksal (Leipzig 1937).

Nylen, E. u. Lamm, J. P. 1991: Bildsteine auf Gotland (Neumünster ²1991).

Olechnowitz, K.-F. 1960: Der Schiffbau der hansischen Spätzeit. Abhandlungen zur Wirtschafts- und Sozialgeschichte 3 (Weimar 1960).

Olsen, O. u. Crumlin-Pedersen, O. 1990: Fünf Wikingerschiffe aus Roskilde Fjord. Übersetzt von Walter Jürgensen. Nationalmuseum, Kopenhagen – Vikingeskibshallen, Roskilde (Roskilde ²1990).

Olsen, O., Skanby-Madsen, J. u. Rieck, F. (Hrsg.) 1995: Shipshape. Essays for Ole Crumlin-Pedersen. On the occasion of his 60th anniversary February 24th 1995 (Roskilde 1995).

Pálsson, H. 1987: Lexikon der altnordischen Literatur (Stuttgart 1987).

Pazzis Pi Corrales, M. 1998: La comisión del capitán Francisco de Eraso a Suecia: una posible alternativa al conflicto con Flandes. In: Millán, J. (Hrsg.). Europa y la monarquía catolica. Bd. 2, 1998, 617–634.

Pelc, O. 2005: Seeräuber auf Nord- und Ostsee. Wirklichkeit und Mythos. Kleine Schleswig-Holstein-Bücher 56 (Heide 2005).

Pferdehirt, B. 1995: Das Museum für Antike Schifffahrt. Ein Forschungsbereich des Römisch-Germanischen Zentralmuseums I (Mainz 1995).

Piet, C. E. (Hrsg.) 1988: Wirtschaft und Handel der Kolonialreiche. Hrsg. von Piet C. Emmer unter Mitarbeit von Th. Beck. Dokumente zur europäischen Expansion Bd. 4 (München 1988).

Popham, M. 1996: Der Zusammenbruch der ägäischen Zivilisation am Ende der Jungbronzezeit. In: Cunliffe 1996, 312–340.

Poulsen, B. 2003: Den sene middelalder-tiden 1430–1544. In: Ethelberg, P., Hardt, N., Poulsen, B. u. Sørensen, A.B. 2003, Det Søndejyske Landbrugs Historie. Jernalder, Vikingetid og Middelalder. Udgivet af Haderslev Museum og Historisk Samfund for Sønderjylland (Haderslev 2003) 538–712.

Prange, C. 1989: Die Organisation der Schiffbauer. In: Bracker (1989) 508–511.

Puhle, M. 1994: Die Vitalienbrüder. Klaus Störtebeker und die Hansezeit (Frankfurt – New York ²1994).

Randles, W. G. L. 1993: The Alleged Nautical School Founded in the Fifteenth Century at Sagres by Prince Henry of Portugal, Called the ‚Navigator‘. Imago Mundi, Vol. 45, 1993, 20–28.

Randsborg, K. 1995: Hjortspring. Warface and sacriface in early Europe (Aarhus 1995).

Raudonikas, W.J. 1930: Die Normannen der Wikingerzeit und das Ladogagebiet (Stockholm 1930).

Reincke, H. 1968: Die Bilderhandschrift des Hamburger Stadtrechts von 1497. Neu hrsg. von J. Bolland. Veröffentlichungen aus dem Staatsarchiv der Freien und Hansestadt Hamburg 10 (Hamburg 1968).

Renaud, J. 1989: Les Vikings et la Normandie (Rennes 1989).

Ringtved, J. 1999: The gepgraphy of power: South Scandinavia before the Danish kingdom. In: Dickinson u. Griffiths (1999) 49–63.

Rohr, Chr. 2003: Kompass, Papier und Schießpulver (Salzburg 2003).

Ross, Sir E. D. u. Power, E. (Hrsg.) 1926: Pero Tafur Travels and Adventures 1435–1439 (Routledge 1926).

Rybakov, B.A. 1982: Die Kultur des mittelalterlichen Nowgorod. In: Herrmann 1982, 239–262.

Sarfataij, H. 1983: Mittelalterliche Seehandelszentren in den nördlichen Niederlanden nach den archäologischen Befunden. In: Lübecker Schriften zur Archäologie und Kulturgeschichte 7, 1983, 63–67.

Sarfatij, H. 1990: Verborgen Steden. Stadtsarcheologie in Nederland (Amsterdam 1990).

Sauer, A. 2002: Das „Seebuch". Das älteste erhaltene Seehandbuch und die spätmittelalterliche Navigation in Nordwesteuropa. Schriften des Deutschen Schifffahrtsmuseums 44 (Hamburg 2002).

Schecker, U. 1928: Das Konvoyschiff „Das Wappen von Bremen". In: Historische Gesellschaft des Künstlervereins (Hrsg.), Bremisches Jahrbuch, Band 31 (Bremen 1928) 268–280.

Scheurlen, U. 1989: Bremen und die Seeräuber. In: Bracker (1989) 620–626.

Schich, W. 1997: Der Ostseeraum aus der Sicht der mittelalterlichen Siedlungsgeschichte – mit besonderer Berücksichtigung der „Seestädte" an der südwestlichen Ostseeküste. Siedungsforschung. Archäologie – Geschichte – Geographie 15, 1997, 53–80.

Schier, K. (Hrsg.) 1996–1999: Saga – Bibliothek der altnordischen Literatur. 8 Bände (München 1996–1999).

Schier, K. 1996: Egils Saga. Die Saga von Egil Skalla-Grimsson (München 1996).

Schietzel, K. 1981a: Stand der Siedlungsarchäologischen Forschung in Haithabu – Ergebnisse und Probleme (Neumünster 1981).

Schietzel, K. 1984a: Die Topographie von Haithabu. In: Jankuhn, H. u. a. (1984) 159–162.

Schietzel, K. 1984b: Hafenanlagen von Haithabu. In: Jankuhn, H. u. a. (1984) 184–191.

Schmidt, U. 1984: Lieps. Eine slawische Siedlungskammer am Südende des Tollensesees. Beiträge zur Ur- und Frühgeschichte der Bezirke Rostock, Schwerin und Neubrandenburg 16 (Berlin 1984).

Schmiedke, D. 2005: Die Vasa. Geschichte des schwedischen Prunkschiffes (Leipzig 2005).

Schmitz, S. (Hrsg.) 1983: Hermes Handlexikon: Große Entdecker und Forschungsreisende. Eine Geschichte der Weltentdeckung von der Antike bis zum 20. Jahrhundert in Biographien und Bildern (Düsseldorf 1983).

Schnall, U. 1975: Navigation der Wikinger. Schriften des Deutschen Schifffahrtsmuseums 6 (Hamburg 1975).

Schnall, U. 1997: Navigationstechniken. In: Lindgren (1997) 373–380.

Schnall, U. 1989a: Die Bedingungen hansischer Schifffahrt. In: Bracker (1989) 564–566.

Schnall, U. 1989b: Die Kogge. In: Bracker (1989) 567–569.

Schnall, U. (Hrsg.) 2003: Die Kogge: Sternstunde der deutschen Schiffsarchäologie. Die Kogge von Bremen 2. Schriften des Deutschen Schifffahrtsmuseum 60 (Hamburg 2003).

Schoknecht, U. 1977: Menzlin. Ein frühgeschichtlicher Handelsplatz an der Peene. Beiträge zur Ur- und Frühgeschichte der Bezirke Rostock, Schwerin und Neubrandenburg 10 (Berlin 1977).

Scholz, B. 2000: Von der Chronistik zur modernen Geschichtswissenschaft. Die Warägerfrage in der russischen, deutschen und schwedischen Historiographie (Wiesbaden 2000).

Schubert, E. 2002: Novgorod, Brügge, Bergen und London: Die Kontore der Hanse. Concilium medii aevi 5, 2002, 1–50.

Schütt, H.-F. 1966: Flensburg in der Zeit des Gesamtstaats. In: Flensburger Gesellschaft für Stadtgeschichte, Flensburg. Geschichte einer Grenzstadt (Flensburg 1966) 169–234.

Schulze-Wegener, G. 1998: Deutschland zur See . 150 Jahre Marinegeschichte (Hamburg 1998).

Schwarzwälder, H. 1991–95: Geschichte der Freien Reichsstadt Hansestadt Bremen, 5 Bde. (Bremen 1995).

Semmler, J. 1993: Navigatio Brendani. In: Wunderli, P. (Hrsg.), Reisen in reale und mythische Ferne. Reiseliteratur in Mittelalter und Renaissance. Studia Humanora 22 (Düsseldorf 1993) 103–123.

Simek, R. 1995: Lexikon der germanischen Mythologie (Stuttgart 1995).

Simek, R. 2006: Götter und Kulte der Germanen (München 2006).

Simrock, K. (Hrsg.) 1876: Die Edda, die ältere und jüngere, nebst den mythischen Erzählungen der Skalda (Stuttgart 6. Aufl. 1876).

Sjølvold, Th. 1985: Die Wikingerschiffe in Oslo. Universitetets Oldsaksamling (Olso 1985).

Sherratt, A. 1996: Die ersten Eliten: Europa während der älteren Bronzezeit. In: Cunliffe 1996, 276–311.

Sølver, K. V. 1953: The Discovery of an Early Bearing-Dial. Journal of the Institute of Navigation 6, 1953, 196–294.

Steffen, U. 2004: Matthias der Glückliche und seine Zeit (Bräist/Bredstedt 2004).

Stenberger, M. 1977: Vorgeschichte Schwedens. Nordische Vorzeit Bd. 4 (Neumünster 1977).

Steuer, H. 1987: Der Handel der Wikingerzeit zwischen Nord- und Westeuropa aufgrund archäologischer Zeugnisse. In: Düwel u. a. 1987, 113–197.

Stolz, G. 1989: Der alte Eiderkanal − Schleswig-Holsteinischer Kanal. Hrsg. anlässlich des 200. Jahrestages seiner Inbetriebnahme am 17. Oktober 1784. Kleine Schleswig-Holstein-Bücher 34 (Heide 4. Aufl. 1989).

Stümpel, H. u. Borth-Hoffmann, B. 1983: Seismische Untersuchungen im Hafen von Haithabu. Archäometrische Untersuchungen im Hafen von Haithabu. Archäometrische Untersuchungen. Berichte Ausgrabungen Haithabu 18, 1983, 9–28.

Tebel, R. 2008: Das Schiff im Kartenbild des Mittelalters und der Frühen Neuzeit. Kartographische Zeugnisse aus sieben Jahrhunderten als maritimhistorische Bildquellen. Schriften Deutsches Schiffahrtsmuseum 66 (Kuden 2008).

Timmermann, G. 1952: Schiffskundliche Betrachtungen zum Hjortspringboot. Nordelbingien 21, 1953, 20–30.

Therberger, Th. 2006: Paläolothikum und Mesolithikum. Germanica. In: von Freeden, U. u. von Schnurbein, R., Germanica. Unsere Vorfahren von der Steinzeit bis zum Mittelalter (Frankfurt 2006) 60–109.

Thorvildsen, K. 1982: Das Wikingerschiff von Ladby. Dt. Übersetzung von Majke Poulsen. Das dänische Nationalmuseum (Kopenhagen ³1982).

Thrane, H. 1992: Das Reichszentrum Gudme in der Völkerwanderungszeit Fünens. In: Hauck, K. (Hrsg.), Der Historische Horizont der Götterbilder-Amulette aus der Übergangsepoche von der Spätantike zum Frühmittelalter. Bericht über das Colloquium in Bad Homburg 1988. Abhandlungen der Akademie der Wissenschaften in Göttingen Philologisch-Historische Klasse (Göttingen 1992) 299–380.

Thrane, H. 1993: Guld, guder og godfolk. Nationalmuseet (København 1993).

Tomany, M.-C. 2007: Destination Viking und Orkneya saga (München 2007).

Uebach, Chr. 2003: Die Landnahmen der Angelsachsen, der Wikinger und der Normannen in England. Eine vergleichende Analyse (Marburg 2003).

Ufer, U. 2008: Welthandelszentrum Amsterdam: Globale Dynamik und modernes Leben im 17. Jahrhundert. Stuttgarter Historische Forschungen 8 (Köln - Weimar - Wien 2008).

Ulriksen, J. 1997: Anløbspladser. Beseijling og bebyggelse i Danmark mellem 200 og 1100 e.Kr. Een studie af søfartens pladser på baggrund af undersøgelser i Roskilde Fjord (Roskilde 1988).

Venzke, A. 1996: Tagebuch des Heinrich Hasebeck. Gasparan oder Die letzte Fahrt des Francis Drake (Zürich 1996).

Verlinden, Ch. u. Schmitt, E. 1986: Dokumente zur Geschichte der europäischen Expansion. Bd. I. Die mittelalterlichen Ursprünge der europäischen Expansion (München 1986).

Villiers, A. 1971: The Cutty Sark, Last of a Glorious Era (London, 1971).

de Vries, K. 1999: The Norwegian Invasion of England in 1066 (Woodbridge 1999).

Wardle, K. A. 1996: Die Palastkulturen des minoischen Kreta und des mykenischen Griechenland. In: Cunliffe 1996, 230–275.

Westerdahl. Chr. 1997: Maritime Kulturlandschaften am Beispiel des Ostseeraumes. Einführung in die

Tagungsproblematik. Siedlungsforschung. Archäologie – Geschichte – Geographie 15, 1997, 33–52.

Wiese, E. 1997: Männer und Schiffe vor Kap Horn (Hamburg 1997).

Wigal, D. 2007: Historische Seekarten (London 2007).

Wietrzichkowski, F. 1993: Untersuchungen zu den Anfängen des frühmittelalterlichen Seehandels im südlichen Ostseeraum unter besonderer Berücksichtigung der Grabungsergebnisse von Groß Strömkendorf. Wismarer Studien Archäologie u. Geschichte 3 (Wismar 1993).

Wilson, D. H. 1985: Der Teppich von Bayeux (Frankfurt a.M. 1985).

Winter, H. 1970: Das Hanseschiff im ausgehenden 15. Jahrhundert (Rostock 1970).

Witt, R. 1982: Die Anfänge von Kartographie und Topographie Schleswig-Holsteins 1475–1652 (Heide 1982).

Witt, R. 2002: Untersuchungen kaiserzeitlicher und mittelalterlicher Tierknochen aus Wurtensiedlungen der schleswig-holsteinischen Westküste. Dissertation Universität Kiel (Kiel 2002).

Wolf, H. 1788: Berichte aus Norderdithmarschen und der Nachbarschaft. Schleswig-Holsteinische Provinzialberichte 2, 1788, Bd. 2, 259–260.

Wolf, Th. 1989: Befrachtung und Umschlag – Faktoren für die Abwicklung des hansischen Seeverkehrs. In: Bracker (1989) 583–587.

Wolter, K. 1975: Die Schiffsrechte der Hansestädte Hamburg und Lübeck und die Entwicklung des Hansischen Seerechts – unter besonderer Berücksichtigung der rechtlichen Bestimmungen über Reisenotlagen und Schiffskollisonen. Dissertation (Hamburg 1975).

Wood, I. 1983: The Merowingian North Sea (Alingsås 1983).

Wood, F. 2007: Entlang der Seidenstraße. Mythos und Geschichte (Stuttgart 2007).

Würth, S. 2003: Orkneyinga saga. In: Reallexikon der Germanischen Altertumskunde Bd. 22 (2003) 210–214.

Young, G. V.C 1979: From the Vikings to the Reformation. A Chronicle of the Faroe Islands up to 1538 (Isle of Man 1979).

Zettel, H. 1977: Das Bild der Normannen und Normanneneinfälle in westfränkischen, ostfränkischen und angelsächsischen Quellen des 8. bis 11. Jahrhunderts (München 1977).

Ziegler, U. 2003: Kreuz und Schwert. Die Geschichte des Deutschen Ordens (Köln 2003).

ANMERKUNGEN

1 Ausführlich dazu: Meier 2006.
2 Meier 2007, 32 ff.
3 Therberger 2006, 95.
4 Mithen 1996, 121.
5 Mithen 1996, 121.
6 Hirte 1989, 111 ff. Weitere bei Hirte 1989 aufgeführte Funde von Stammbooten der Eisenzeit stammen aus dem See von Bederkesa, Ldkr. Cuxhaven, aus Haale, Kr. Rendsburg-Eckernförde, Ritsch im Land Kehdingen, dem Rüder Moor, Kr. Schleswig-Flensburg und von Egernsund an der Flensburger Förde.
7 Der Brief ebenso wie die anderen Unterlagen zum Fund befinden sich im Archäologischen Landesmuseum, Schloss Gottorf, Schleswig.
8 Hirte 1989, 121.
9 Tacitus, Germania Buch XLIV, Übersetzung von Chr. Hirte 1989, 129.
10 Meier 2005, 361; Witt 2002.
11 Zur Diskussion solcher Boote als Kriegsboote siehe Hirte 1989, 129 ff.
12 Wardle 1996, 230 ff.; Sherratt 1996, 276 ff.
13 Sherratt 1996, 302 ff.
14 F. Kolb, Handelsmetropole – Handelsstadt – Stadt? Überlegungen zu den wirtschaftlichen Grundlagen Trojas und seiner Funktion im Handelssystem des 2. Jahrtausends v. Chr. Troja Debatte Anlage 5. http://www.uni-tuebingen.de/alte-geschichte/personen/kolb/kolb_troia2_anlage5.html.
15 Popham 1996, 312 ff.
16 Popham 1996, 324.
17 Auszug aus der Inschrift in Medinet Habu von Ramses III. Übersetzung der Inschrift (Zeilen 16–17): J. Wilson in: J. B. Pritchard, Ancient Near Eastern: Texts relating to the Old Testament (³Princeton 1969) 262.
18 Allg. zu den neuen Forschungsergebnissen der Seevölker: Lehmann 1996.
19 Sherratt 1996, 276 ff.
20 Capelle 1985, 27 ff.; 31 ff.; allg. zu den skandinavischen Felsbildern u. a.: Almgren (1980); Ellmers u. Jevers 1981.
21 Capelle 1985, 26.
22 Timmermann 1953, 20 ff.; Randborg 1995. Die Maße des Bootes werden in der Literatur je nach Rekonstruktion anders angegeben.
23 Randsborg 1995.
24 Harding 1996, 365.
25 Meier 2006, 47–50.
26 Pferdehirt 1995, 40.
27 Pferdehirt 1995.
28 Tacitus, Germania.
29 Ptolemaios, Geographicae 2, 11, 7, 31.
30 Eutrop, ab urbe condita 9, 21;
31 Eutrop ebd.
32 Julianus, epistulae; Orosius, Historiarum adversum paganos 1/34 D.
33 Beda Venerabilis, Kirchengeschichte; Heidinga 1997, 9 ff.
34 Pferdehirt 1995, 25.
35 Pferdehirt 1995, 25.
36 Haarnagel 1965.
37 Harck 1990.
38 Haarnagel 1979.
39 Bantelmann 1955.
40 Fabech 1999, 11; Crumlin-Pedersen u. a. 1996; Thrane 1992, 299–380; 1993.
41 Fabech 1999, 39.
42 Ringtved 1999, 52.
43 Fabech 1999, 41.
44 Fabech 1999, 42, 43; Ringtved 1999, 49–63.
45 Ringtved 1999, 52–56.
46 Publikationen von Engelhard: Thorsberg Mosefund (Kopenhagen 1863); Nydam Mosefund 1859–1863 (Kopenhagen 1865); Kragehul Mosefund (Kopenhagen 1867); Vimosefundene (Kopenhagen 1869); Das Museum für Nordische Alterthümer in Copenhagen (Kopenhagen 1872).
47 Bemmann u. Bemmann 1998; Gebühr u. von Carnap-Bornheim 2000.
48 Fabech 1999, 37–47; Näsmann 1999, 5–9, 6 Abb. 3a/b; Ringtved 1999, 49–63.
49 Bruce-Mitford 1975.
50 Allg. zu den Bildsteinen siehe: Holmquist 1976, 561–570; Nylen u. Lamm 1991.
51 Lindquist 1941–42.
52 Hube 2005.
53 So soll *Hygelac* möglicherweise mit dem von Greogor von Tours (*538/39, †594) in der Fränkischen Geschichte bezeugten Wikinger *Chlochilaicus* identisch sein, der zwischen 516 und 522 in Gallien einfiel und dort starb. Offa war ein sagenhafter König der Angeln, von das altenglische Gedicht Widsyth (6./7. Jh.), Saxo Grammaticus in seiner Dänischen Geschichte und die Vita duorum Offarum (um 1200) berichtet.
54 Näsmann 1999, 5; Wood 1983.
55 Zur nordischen Mythologie allgemein Simek 2006.
56 Simrock 1876, Edda; Simek 1995, Edda.
57 Heidinga 1997.
58 Knol 1993, 113 ff.
59 de Langen 1992.
60 Halbertsma 1963.
61 Näsmann 1999, 4.
62 Zur Ausbreitung friesischer Händler siehe: Näsmann 1999, 4, 5.
63 Zur maritimen Kulturlandschaft des Mittelalters allg.: Meier 2004.
64 Zu den kleinen Handelsniederlassungen gehören Nesse, Groothusen, Grimersum, Oldersum, Hatzum, Jemgum in

Niedersachsen sowie Termunten, Garreweer, Westerem-
den, Holwerd und Berlikum in den Niederlanden.

65 Egilsson, S. 1831: Lexicon poeticum antiquae linguae
septentrionalis – Ordbog over det norsk-islandske Skjal-
desprog (2. Aufl. Kopenhagen 1831); Baetke, B. 1987:
Wörterbuch zur Altnordischen Prosaliteratur (Berlin
1987). Egils saga Kap 1:... er han var á ungaldri lá hann í
víkingu ok herjaði (= in seiner Jugend war er auf Wiking
und heerte).

66 Heidinga 1997; Näsmann 1999, 5.

67 u. a. Näsmann 1999, 4.

68 Vita Sancti Bonifatii.

69 Meier 2001a/b; 2006, 69–88.

70 Elisenhof: Bantelmann 1975; Welt: Meier 1997; Wellinghusen, Hassenbüttel: Meier 2001a/b; Niens: Brandt
1991; Wijnaldum: Besteman u. a. 1999.

71 Blok 1978; 1979.

72 Zu den Sagas allg. Kristjánsson 1988; Schier, K. 1996–
1999; Simek u. Pálsson 1987.

73 Im isländischen ist Buch feminin, wird hier aber in deutscher sächlicher Form wieder gegeben.

74 Schier, Egils Saga (1996).

75 Die Edda. Götterdichtung, Spruchweisheit und Heldengesänge der Germanen. Ins Deutsche übertragen von
Felix Genzmer (Düsseldorf 1981).

76 Zur Sagakritik besonders: Baetke, 1951.

77 Bjørkvik, H. 1965: „Leidang". In: Kulturhistorisk leksikon for nordisk middelalder. Bd. 10, Sp. 432–442 (Kopenhagen 1965).

78 Bjørkvik 1965, Anm. 77, Sp. 434 mit Nachweisen aus der
nordischen Literatur.

79 Hertzberg 1924, 247.

80 Meißner 1935, 1939.

81 Meißner 1939.

82 Königsspiegel, Kap. 22.

83 Königsspiegel, Kap. 22.

84 Jónsbók § 4.

85 Leidangschiffe nannte man Schiffe, die der König von
seinen Gefolgsleuten nach dem Gesetz verlangte.

86 Falk 1912, 14.

87 Siehe Bylov IX, 9.

88 Querini schreibt: „So segelten wir von da 15 Tage beinahe
ständig mit gutem Wind, und immer steuerten wir nach Warten
ganz oben auf den Inseln, die das beste und tiefste Fahrwasser
anzeigten. Zitiert nach Schnall 1975, 59.

89 Schnall 1975, 129.

90 Falk 1912, 21.

91 Falk übersetzt das Wort pendulas in der Historia Norwe-
giae mit Lot. Aber zum einen heißt Lot pendulum und ein
feminines Substantiv ist nicht nachweisbar, zum anderen
wird hier ein Geschehen auf hoher See beschrieben, wo
ein Lot nicht zum Einsatz kommt. Schnall (1975, 52) hält
es für ein Adjektiv, das hier zu undas gehört und das er mit
„ungewissen Wogen des Meeres" übersetzt. Andere übersetzen das Wort sókn im norwegischen Königsspiegel als
Senkblei. Aber die Belegstellen für sókn bezeichnen eher
einen Suchhaken, mit dem Gegenstände aus dem Wasser

an Bord geholt werden können. Das Lexicon Poeticum von
Finnur Jónsson meint, das blývarða im Gedicht Lilja von
Eysteinn Ásgrímsson (14. Jahrhundert) ist ein Bleilot.
Aber dieses Wort kommt sonst nirgends vor und dürfte
eine Neubildung aus Gründen der Formgesetze sein.
Diese Stelle schildert zudem den blitzartigen Sturz der
aufsässigen Engel wie Blei in die Tiefe schildert, womit als
„Blei" als Gewicht gemeint ist, ein Bezug zur Tiefenmes-
sung besteht nicht.

92 Schnall 1975, 49.

93 Liber II, cap. 12 und Liber XII, cap. 19.

94 Die älteste Version des Landnámabók, das Sturlubók von
Sturla Thóðarson (1214–1284), entstand vermutlich zwischen 1275 und 1280. Es ist das einzige, was vollständig
erhalten blieb. Die zweite Version, das Hauksbók, wurde
zwischen 1306 und 1308 von Haukr Erlendsson († 1331)
zusammengestellt, ist aber nicht ganz vollständig. Die
dritte Version, das Melabók, kann nur mit einer gewissen
Unsicherheit Snorri Markússon (1313) aus Melar in Me-
lasveit zugeschrieben werden. Es ist zwar nur fragmentarisch in zwei Pergamenthandschriften erhalten, überliefert aber den Urtext am reinsten. Siehe: Simek, R. u. Pálsson, H. 1987: Lexikon der altnordischen Literatur (Stuttgart 1987) 222–223.

95 Schnall 1975, 130 ff.

96 Schnall 1975, 135.

97 Schnall 1975, 148.

98 Schnall 1975, 145.

99 Schnall 1975, 160.

100 Es handelt sich um die regelmäßige Ablösung beim Rudern und die Strecke, nach der die Ruderer abgelöst werden. Die Strecke wird heute auf vier bis fünf nautische
Seemeilen angesetzt.

101 Grönlands historiske Mindesmærker III, S. 238 ff.

102 Grænlendinga saga, Kap. 2: þá tók af byrina ok lagði á nor-
rænur ok þokur, ok vissu þeir eigi, hvert at þeir fóru, ok skipti þat
mörgum dægrum.

103 því at þá hoðu hafsiglingearmenn engir leiðarstein í ðann tíma í
Norðrlöndum. Landnámabók Kap. 2.

104 Alexander Neckam erwähnt einen „Wegstein" zwar in
der Schrift De utensilibus von 1187; diese ist aber nicht sicher überliefert. Ein weiterer Beleg findet sich in seiner
Schrift De naturis rerum Buch 2 Kap. 98. Es gibt noch jüngere Erwähnungen, wie die Beschreibung des Franzosen
Guiot de Provins (um 1206), wonach eine Eisennadel mit
Hilfe eines Magnetsteins magnetisiert und der Länge
nach durch einen Halm gesteckt wurde, der dann auf
dem Wasser schwamm. Dieser wurde aber nur dann verwendet, wenn auf Grund des Wetters die astronomische
Navigation unmöglich war, was auf die Missweisung zu-
rückzuführen ist. Der magnetische Nordpol lag um 1000
etwa bei Sewernaja Semlja, so dass die Nadel in Trondheim nach N-O zeigte (Schnall 1975, 82).

105 Schnall 1975, 83.

106 Sølver 1953, 196 ff.

107 Als Azimut bezeichnet man den Winkel zwischen der
Merdianebene und dem Schnittpunkt des Vertikalkreises

eines Gestirns oder Punktes auf der Eroberfläche und dem Horizont.

108   Zur Diskussion siehe Schnall 1975, 187 ff.

109   Winthers, N. C.: Færøernes Oldtidshistorie (1875).

110   Schnall 1975, 91.

111   Schnall 1975, 90.

112   Die „Grænlendinga saga", „Grænlendinga þáttr", „Grœnlendinga saga" oder „Die Saga von den Grönländern" ist eine der Isländersagas. Sie beschreibt die Entdeckung Grönlands und Neufundlands durch eine Familie isländischer Seefahrer und Kaufleute. Überliefert ist sie nur in der Handschrift „Flateyjarbók" aus dem 14. Jahrhundert. Der Anfang der Saga ist nicht überliefert.

113   Schnall 1975, 105–111.

114   Schnall 1975, 171, 173.

115   Olavs saga helga, Kap 158.

116   Schnall 1975, 173.

117   Kormáks saga, Kap. 15.

118   Landnámabók, Kap. 2.

119   Landnámabók, Kap. 5.

120   Naturalis historia VI, 22.

121   Falk 1912.

122   Die isländische Egils saga wurde 1220–1240 niedergelegt. Die Autorenschaft von Snorri Sturlusons ist umstritten.

123   Brøgger u. Shetelig 1950, 287.

124   Brøgger u. Shetelig 1950, 208.

125   Falk 1912, 97.

126   Brøgger u. Shetelig 1950, 208.

127   Falk 1912, 97.

128   Brøgger u. Shetelig 1950, 213.

129   Falk 1912, 97.

130   Zur Kritik der Schlacht bei Svolder siehe allg, Baetke 1951.

131   Heimskringla. Ólafs saga Tryggvasonar. Kap. 101. Übersetzt von Felix Niedner.

132   Þorbjörn Hornklofi in Heimskringla, Haralds saga hárfagra. Kap. 18.

133   Heimskringla. Magnúss saga góða. Kap. 7.

134   Heimskringla. Ólafs saga helga. Kap. 50.

135   Heimskringla. Ólafs saga helga. Kap. 147.

136   Heimskringla. Ólafs saga helga. Kap. 147.

137   Heimskringla. Ólafs saga helga. Kap. 158.

138   Heimskringla. Ólafs saga Tryggvasonar. Kap. 72.

139   Heimskringla. Ólafs saga helga. Kap. 144.

140   „... en að lyktum tóku menn Magnúss konungs hann með skipsögn sína ..."() Magnúss saga berfætts (Die Geschichte von Magnus Barfuß). Kap. 9.

141   Falk 1912, 97.

142   Brøgger u. Shetelig 1950, 273.

143   Brøgger u. Shetelig 1950, 209.

144   Eine *læst* entspricht ungefähr 2 Tonnen.

145   Brøgger u. Shetelig 1950, 287.

146   Brøgger u. Shetelig 1950, 285.

147   Brøgger u. Shetelig 1950, 286.

148   Brøgger u. Shetelig 1950, 287.

149   Falk 1912, 90.

150   Diplomatarium Islandicum Bd. I, 597.

151   Diplomatarium Islandicum Bd. II S. 635.

152   Laxdœla saga, Kap. 68.

153   Falk 1912, 91.

154   Falk 1912, 91.

155   Landslov VII, 45.

156   Falk 1912, 95.

157   Falk 1912, 95.

158   Brøgger u. Shetelig 1950, 210.

159   Sjølvold 1985.

160   Falk 1912, 31.

161   Die Skalden verwenden *fura* (Kiefer, Föhre, Fichte) als Schiffsbezeichnung und in der Grágás kommt in I. 46 und II. 59 der Ausdruck *fljótandi fura* vor.

162   *lindihjörtr* als poetischer Ausdruck für Schiff.

163   Das Schiff von König Ingi heißt *Bökisúð*.

164   *stýris birki* als Schiffsbezeichnung.

165   *sævar hlynr* als Schiffsbezeichnung.

166   *askr* als Schiffsbezeichnung.

167   Gulathingslov § 306.

168   Falk 1912, 44.

169   Falk 1912, 49 mit Nachweisen.

170   Falk 1912, 47.

171   Brøgger u. Shetelig 1950, 223.

172   Frostathingslov I; Landslov III, 2.

173   Hermann 1985, 149 Abb. 60.

174   Falk 1912, 55 ff.

175   Falk 1912, 61.

176   Falk 1912, 61.

177   Lindquist 1941–42.

178   Möller-Wiering 42–45.

179   Möller-Wiering 109.

180   Möller-Wiering 47; Wilson 1985.

181   Möller-Wiering 33.

182   Falk 1912, 82.

183   Falk 1912, 80.

184   Falk 1912, 71.

185   Falk 1912, 72.

186   Brøgger u. Shetelig 1950, 153.

187   Falk 1912, 75.

188   Falk 1912, 80.

189   Der Anker des Oseberg-Schiffes, Norwegen, wiegt nur 9,8 kg. Der Anker des Ladby-Schiffes, Dänemark, wiegt ca. 20 kg. Auf der *Kristúðin*, einem Schiff des Königs Håkon Håkonsson befanden sich acht Anker.

190   Bylov des Königs Magnus IX, 18.

191   Örvar-Odds saga Kap. 9. Dass die Saga selber zwar keine historisch belegten Ereignisse wiedergibt, ist für die Glaubwürdigkeit dieses technischen Details bedeutungslos.

192   Frostathingslov VII, 5.

193   en að lyktum tóku menn Magnúss konungs hann með skipsögn sína ..."() Magnúss saga berfætts (Die Geschichte von Magnus Barfuß). Kap. 9.

194   *var Eindriði drepinn og öll hans skipshöfn* (wurde Eindriði getötet und seine ganze Schiffsmannschaft) Flateyarbók I, 448.

195 *Þá gekk sjálfur Magnús konungur með sína sveit upp á skipið.* Magnúss saga góða. (Die Geschichte von Magnus dem Guten) Kap. 30.

196 *Vóru þá skipverjar engir sjálfbjarga nema Skald-Helgi* (Da war von der Mannschaft keiner, der sich hatte retten können außer Skald-Helgi) Skáld-Helga saga. Kap. 7.

197 Gulathingslov, § 229 ff.

198 Gulathingslov § 299; Frostathingslov VII, 7.

199 Landnámabók Kap. 164.

200 Schnall 1975, 10.

201 Frostathingslov VII, 13; Bylov III, 11; Landslov III, 10.

202 Heimskringla. Ólafs saga Tryggvasonar. Kap. 75.

203 Heimskringla. Ólafs saga helga. Kap. 22.

204 König Sverre Sigurdsson, Kap. 54.

205 Falk 1912.

206 Brøgger u. Shetelig 1950, 58.

207 Falk 1912, 97.

208 Brøgger u. Shetelig 1950, 274.

209 Falk 1912, 5.

210 Bylov IX, 16.

211 Falk 1912, 5.

212 Frostathingslov II 37.

213 Falk 1912, 8.

214 Nur so bekommt der Text: „*Þá hljóp konungr ór lyptingunni, ok varð hann svá reiðr, at hann hljóp út um skarirnar.*" (Da lief der König aus seinem Zelt, und er war so wütend, dass er durch die Zelttür außenbords lief) einen Sinn. (*spretta skörum* = die Bänder, mit denen das Zelt verschlossen ist, lösen). Falk 1912, 12.

215 Sjølvold 1985, 37 ff.

216 Falk 1912, 6.

217 Heimskringla. Ólafs saga Tryggvasonar. Kap. 41.

218 Falk 1912, 9.

219 Heimskringla. Ólafs saga Tryggvasonar. Kap. 109.

220 Müller-Wille 1968/69; 1976a/b; 1987.

221 Nylen, E. u. Lamm, J. P. 1991.

222 Carver 2005. Bede bezeichnet Raedwald in seiner angelsächsischen Chronik als *Bretwalda*. Der Titel, den Bede im 9. Jahrhundert nennt, ist komplex, bildet eine Art oberster König, aber andererseits versuchte der Chronist die alten angelsächsischen Lokalkönige in seine Chronologie einzubauen. Siehe: Basset 1989.

223 Müller-Wille 1968/69.

224 Stenberger 1977.

225 Brøgger u. Shetelig 1950; Sjølvold 1985, 10 ff.

226 Brøgger u. Shetelig 1950, 177 ff.; Sjølvold 1985, 56–70.

227 schwedisches Königsgeschlecht, aus dem aber nur vier historisch bezeugte Könige aus der Zeit von 970 bis 1060 bezeugt sind.

228 http://www.aftenposten.no/english/local/article1709020.ece

229 Brøgger u. Shetelig 1950, 190.

230 Sjølvold 1985, 71–72.

231 Thorvildsen 1982.

232 Müller-Wille 1976a.

233 Aner 1962, 37 ff.; Müller-Wille 1976a, 142.

234 Andersen 1993, 307–312.

235 Jørgensen 1995.

236 Näsman 1999, 5; Olsen u. Crumlin-Pedersen 1978.

237 Olsen u. a. 1995.

238 Zur Landschaftsentwicklung und Siedlungsgeschichte der Nordseeküste siehe: Meier 2006.

239 Ellmers 1972; Düwel u. a. 1987; Kramer u. a. 2000; Meier 2004, 55 ff.; Steuer 1987, 113–197.

240 Meier 2006, 69.

241 Heidinga 1997.

242 Tacitus, Germania, Kap. 30.

243 Tacitus, Germania, Kap. 34 u. 35.

244 Beda, Historia ecclesiastica gentis Anglorum, Kirchengeschichte des englischen Volkes.

245 Meier 2006, 69 ff., 84 ff.

246 van Es u. Verwers 2002; Meier 2004, 59 ff..

247 Zur Landschaftsgeschichte des Deltas siehe: Berendsen u. Stouthammer 2001.

248 Meier 2004, 62 ff.

249 van Es u. Verwers 2002; Meier 2004, 62 ff.

250 Meier 2004, 64 ff.

251 Coupland 1998, 85–114.

252 Meier 2004, 66.

253 Meier 2004, 66.

254 Meier 2004, 67.

255 Zu den Ausgrabungen des römischen Hafens in London siehe: Milne 1993.

256 Meier 2004, 69.

257 Hall 1984; 1990; Meier 2004, 69.

258 Hall 1990; Meier 2004, 69.

259 Meier 2004, 70.

260 de Langen 1992, 196 ff.; Meier 2004, 71; Sarfataj 1983, 63–67.

261 Haarnagel 1955; Meier 2004, 71.

262 17 Küren, Kap. 51.

263 Meier 2004, 72; 2006, 69 ff., 73 ff.

264 Meier 2006, 73 ff.

265 Die Ausgrabungen wurden von dem Stader Stadtarchäologen Andreas Schäfer durchgeführt. Hinweis in der Dithmarscher Landeszeitung vom 25. September 2007.

266 Zur Geschichte Stades siehe: Bohmbach 1994.

267 Busch 1995; 1997, 133 ff.

268 Busch 1997, 133 ff.

269 Meier 2004, 73; 2006, 78 ff.

270 Meier 2006, 78 ff.

271 Meier 2006, 84 ff.

272 Bantelmann 1975.

273 Brandt 2004; Brandt u. Kühn 2002; Jankuhn 1963; Jenkis 1985, 11 ff.

274 Jenkis 1985, 11 ff.

275 Meier 2007a, 62 ff.; 2007b, 92 ff.

276 Goldmann 1985.

277 Jensen 1991; Meier 2004, 74.

278 Herrmann 1982, 87, 123, 132, 138, 142, 344; Meier 2004, 75.

279 Callmer 1994; Crumlin-Pedersen 1988, 530 ff.; 1991; Düwel u. a. 1987; Herrmann 1988, 720–739.; Meier 2004, 77 ff.

280 Ulriksen 1998.

281 Solche Bootshäuser gab es beispielsweise auf der Insel Adalsö im Mälarsee.

282 Allg. siehe u. a. Herrmann 1982, 10–17.

283 Brandt u. a. 2002; Jankuhn 1963; Schietzel 1981; 1984a/b.; Stümpel u. Borth-Hoffmann 1983.

284 wie Anm. 246 u. Meier 2004, 78 ff., 80 ff.

285 Adam von Bremen.

286 Meier 2007a, 62 ff.

287 Klapheck 2008; Meier 2004, 82, 83.

288 Ambrosiani u. Clark 1992.

289 Meier 2004, 83 ff.

290 Meier 1993, 7 ff.; Meier 2004, 84.

291 Jöns u. a. 1997; Herrmann 1984, 91 ff.; Meier 2004, 85, 86.

292 Wietrzichkowski 1993; Jöns u. a. 1997.

293 Hermann 1985, 146 ff.

294 Herrmann 1985, 148 ff.

295 Herrmann 1985, 126 ff.

296 Schoknecht 1977; Herrmann 1985, 238, 239.

297 Schmidt 1984.

298 Herrmann 1985, 241–243.

299 Herrmann 1985, 230, 231, 240.

300 Helmold von Bosau, I/6; II/108.

301 Herrmann 1985, 242.

302 Filipowiak 1986; Meier 2004, 87.

303 Engels 1991.

304 Glodmann u. Wermusch 1999.

305 Filipowiak 1986.

306 Filipowiak 1986, 13.

307 Filipowiak 1986, 25 ff.

308 Filipowiak 1986, 9 ff.

309 Filipowiak 1986, 29 ff.

310 Cieślaka 1985.

311 Austin u. Alock 1990; Graham-Campbell 1998, 188–198; Heller 1993; Herrmann 1986; Meier 2004, 92 ff.; Müller-Wille 1989.

312 Meier 2004, 92; Scholz 2000. Siehe auch: G. Schramm 2003, Rus und Russland. In: Reallexikon der Germanischen Altertumskunde. Bd. 25 Berlin 2003. 609–616.

313 Ibn Fadlan, Risalat. M. Canard: Ibn Fadlân, In: Encyclopedia of Islam (Leiden 2003) III:759a.

314 Graham-Campbell 1998, 190, 191; Janin 1986, 210 ff.; Jansson 1994; Meier 2004, 94; Müller-Wille 1989; Raudonikas 1930.

315 Angerman u. Friedland 2002; Graham-Campbell 1998, 192, 193; Rybakov 1982, 239–262.

316 Graham-Campbell 1998, 194.

317 Moravcsik, M. u. Jenkins, R.J.H. 1985: Constantine Porphyrogenitus, De Administrando Imperio. Überarbeitete Aufl. Dumbarton Oaks Center for Byzantine Studies (Washington 1985).

318 Meier 2004, 98.

319 Meier 2004, 98, 99.

320 Zur Seidenstraße siehe: Wood 2007.

321 Bigelov 1990; Meier 2003, 44 ff.; 2004, 101 ff.

322 Olsen u. Crumlin Pedersen ²1990; Olsen u. a. 1995.

323 Das Werk beruht auf der ‚Mensuratio orbis‘, die 435 im Auftrag des byzantinischen Kaisers Theodosius II. entstand, und von der ein Exemplar seinen Weg an den karolingischen Hof fand.

324 Meier 2003, 45 ff.; 2004, 102.

325 Tacitus, Agricola, Kap. 10, Abs. 4.

326 Olafs saga helga

327 Würth 2003, 210–214. Batey, 2003, 215–217.

328 Batey, 2003, 215–217.

329 Tomany 2007, 74 f. mit weiterer Literatur.

330 Meier 2003, 46.; siehe auch: http://www.shetland-heritage.co.uk/brochures/area_pages/south_mainland/jarlshof_&_scatness.htm

331 Semmler 1993, 103 ff.

332 Die Färingasaga entstand im 13. Jahrhundert in Island und wurde wohl von einem Schüler Snorri Sturlusons verfasst. Sie handelt von der Zeit der Landnahme im 9. Jahrhundert bis bis zur Christianisierung der Färöer im 11. Jahrhundert. Im 19. Jahrhundert wurde die Saga in ihrer heute üblichen Form zusammengestellt.

333 Young 1979.

334 Tacitus, Agricola, Kap. 10, Abs. 4.

335 Sveinbjörnsdóttir, A. E., Heinemeier, J. u. Gudmundsson, G. 2004: ^{14}C-dating of the settlement of Iceland. Radiocarbon, 46/1, 2004, 387–394.

336 Das Wort *papar* stammt aus dem Irischen: *pob(b)a* oder *pab(b)a* für Einsiedler oder Mönch. Die Iren wiederum entlehnten den Begriff aus dem Lateinischen: *papa* für Vater.

337 Schnall 1975, 140.

338 Zur Geschichte Islands siehe allg.: Hjálmarsson 1994; Meier 2003, 49 ff.

339 Meier 2003, 52 ff.; Millard 1993.

340 Dahl-Jensen, D., Mosegaard, K u. Gundestrup, n. 1998, 268–271.

341 Meier 2004, 104.

342 Keller 1989; Nørlund, 1937.

343 Nach der Saga von den Grönländern brachte Eriks Sohn Leifr um das Jahr 1000 das Christentum nach Grönland. Gleiches berichtet auch die Ólafs saga Tryggvasonar in der Heimskringla.

344 Dahl-Jensen u.a. 1998, 268–271.

345 Doch gibt es auch andere Meinungen, wie etwa von Niels Lynnerup: The Greenland Norse: A Biological-Anthropological Study 1989.

346 Praeterea unam adhuc insulam recitavit a multis in eo repertam occeano, quae dicitur Winland, eo quod ibi vites sponte nascantur, vinum optimum ferentes. Nam et fruges ibi non seminatas habundare, non fabulosa opinione, sed certa comperimus relatione Danorum.

347 Ingstad 1985; Keller 1989; Meier 2003, 60 ff.; 2004, 105.

348 Andersen 2006, 157–160.

349 Graham-Campbell 1980, 202 ff.

350 Meier 2004, 107 ff. Zum Bild der Wikinger in der historischen Überlieferung: Zettel 1977.

351 Uebach 2003, 90.

352 Hall 1984; 1990..

353 Abels 1998.

354 Vertrag von Wedmore nach 878, Anglo-Saxon Chronicle; Graham-Campbel 1998, 133 ff., 141 ff.

355 Zusammenfassend: Graham-Campbell (Hrsg.) 1998, 122 ff. Zur Landnahme der Wikinger siehe: Uebach 2003.

356 Meier 2004, 110.

357 D. P. Mc Carthy, The Chronology of the Irish Annals, aus den Proceedings of the Royal Irish Academy, Band 98C (1998) 203–255

358 Meier 2004, 111 ff.

359 Bestemann 1990, 91 ff.; 1997; Blok 1978; 1979.

360 Lexikon des Mittelalters, Band IV Sp. 1928. Siehe auch Annales Regni Francorum.

361 Annales Fuldenses 841, 26.

362 Lexikon des Mittelalters, Band IV, Sp. 1597.

363 Annales Fuldenses 857, 47.

364 Zettel 1977, 282.

365 Meier 2004, 113.

366 Meier 2004, 113; Renaud 1989.

367 Meier 2004, 114 ff.

368 de Vries 1999.

369 Morillo (Hrsg.) 1996.

370 Wilson 1985.

371 Ellmers 1985, 3–40; Meier 2004, 118.

372 Zur Gotlandgenossenschaft: Hoffmann 1989, 32–41. Zur Hanse allg. u. a.: Bracher 1989; Hammel-Kiesow 2004.

373 Zur Geschichte des Deutschen Ordens siehe u. a.: Ziegler 2003.

374 Meier 2004, 119; Schich 1997, 53–80.

375 Englert u. a. 2000, 34 ff.

376 Krotz 1993; Meier 2004, 38 ff.; Mortensøn 1994, 42; Schnall 1989b, 567–569; 2003.

377 Die Wrackteile werden im Museum Koldinghus, Dänemark, konserviert.

378 http://www.dsm.museum/MA/schlachte.htm

379 Baumann 1992, 97.

380 Zu den Schiffen der hansischen Frühzeit siehe: Heinsius 1986.

381 Ellmers 1998, 101 ff.; Zu Schiffen auf Siegeln siehe: Ewe 1972; zur Hanse allg. siehe: Bracker 1989.

382 Abel 1969; Hoffmann u. Schnall 2003; Lahn 1992; Meier 2004, 40–41.

383 Baykowski 1992.

384 Baumann 1992, 67.

385 http://www.dsm.museum/MA/kogge.htm

386 Fliedner 1969, 39 ff.; Hirte u. Wolf 1989, 570–574.

387 Mortensøn 1994, 42–44; Meier 2004, 43.

388 Siehe allg. zu den Handelsschiffen des Mittelalters: Förster 2008; zum Holk: Mortensøn 1994, 44–45.

389 Meier 2004, 43–45.

390 Meier 2004, 44.

391 Meier 2004, 45–46.

392 Hirte u. Wolf 1989, 575–577.

393 Meier 2004, 46–48; Mortensøn 1994, 40.

394 Brennecke 1986, 62.

395 Meier 2004, 157. Das Bild ist in der Marienkirche im allg. nicht öffentlich zugänglich.

396 Broelmann 1997, 371–372; Ellmers u. Schnall 1997, 353–370; Olechnowitz, K.-F. 1960; Prange 1989, 508–511. Schnall 1989a, 564–566.

397 Zu den Seitenwandkonstruktionen siehe: Ellmers u. Schnall 1997, 354.

398 Winter 1970.

399 Ellmers u. Schnall 1997, 360.

400 Schnall 1997, 373–380.

401 Meier 2004, 51, 52; Pazzis Pi Corrales 1998, 617–634.

402 Meier 1994, 52; zum Seebuch siehe: Sauer 2002.

403 Schnall 1997, 375.

404 Zur Geschichte des Kompasses siehe: Rohr 2003.

405 Barbara M. Kreutz, Mediterranean Contributions to the Medieval Mariner's Compass. Technology and Culture, Bd. 14, Nr. 3., 1973, 371.

406 Schnall 1997, 377.

407 Zur Einführung des Astrolabiums im 10. Jahrhundert siehe: Bergmann 1985.

408 Wigal 2007, 85.

409 Dreyer 1979.

410 Zur Geschichte der Seekarten allg. siehe: Tebel 2008; Wigal 2007.

411 Verlinden u. Schmitt 1986, 66–70; Wigal 2007, 8–11. Die Karte ist heute im Bestand der Biblioteca Maricana.

412 Zur Geschichte der Portulane siehe: Wigal 2007, insbesondere 53–141.

413 Wigal 2007, 38–52.

414 Zum Schonenmarkt siehe: Hill 1989, 536–538.

415 Elmshäuser 2002; Meier 2004, 120; Wolf 1989, 583–587.

416 Zur Bilderhandschrift des Hamburger Stadtrechtes siehe: Reincke 1968.

417 Matheus 1997, 345–348.

418 Henn 1989a, 15–21; Meier 2004, 123.

419 Meier 2004, 123 ff.

420 Meier 2004, 131 ff.; Schich 1997, 53–90.

421 Meier 1993, 7–46.

422 Meier 2004, 134 ff.

423 Hoffmann 1980, 27–76; Mührenberg 1993, 83–154.

424 Zu den Städen an der südlichen Ostseeküste siehe allg. u. a. Schich 1997, 53–80 mit Literaturangaben.

425 Cieślaka 1978; Lingenberg 1989.

426 Henn 1989b, 42–45. Zur Archäologie der niederländischen Städte siehe: Sarfatij 1990.

427 Meier 2004, 138 ff.

428 Busch 1997, 133–139.

429 Meier 2004, 138 ff.

430 Mißfeldt 2000, 134, 135.

431 Bracker 1989b, 241–245; Meier 2004, 140.

432 Henningsen 2000, 84; Hansisches Urkundenbuch III, Nr. 320, 239.

433 Hansisches Urkundenbuch IV, Nr. 20, 10.

434 Henningsen 2000, 84.

435 Ekkart Sauser: Willehad. In: Biographisch-Bibliographisches Kirchenlexikon. Bd. 13 (Herzberg 1998) Sp. 1316–1317.
436 Bracker 1989a, 238–240; Meier 2004, 139.
437 Ross u. Power 1926.
438 Schubert 2002, 1–50.
439 Meier 2004, 141.
440 Meier 2004, 141, 142.
441 Keene 1989, 86–50; Schubert 2002, 1–50.
442 Burkhardt 2006, 22–71.
443 Angermann u. Friedland 2002.
444 Ellmers 1989; 1997, 338.
445 Ellmers 1997, 337.
446 http://www.dsm.museum/MA/faehren.htm; http://www.dsm.museum/MA/hameln.htm
447 http://www.dsm.museum/MA/leine.htm; http://www.dsm.museum/MA/aschaff.htm
448 Lindgren 1997, 349.
449 Ellmers 1997, 338.
450 Ellmers 1997, 341.
451 http://www.dsm.museum/MA/oberl.htm
452 Bracker 1989c, 580–582. Wolter 1975.
453 Reincke 1968.
454 Meier 2004, 125.
455 Meier 2004, 129.
456 Puhle 1994, 22, 23.
457 Zur Geschichte der Vitalienbrüder siehe: Puhle 1994.
458 Meier 2004, 144; Puhle 1994, 43 ff.
459 Ellmers 2005, 163.
460 Ellmers 2005, 153–168.
461 Meier 2004, 144, 145; Puhle 1994, 43, 44.
462 Meier 2004, 145 ff.
463 Meier 2004, 147; Puhle 1994, 52.
464 Meier 2004, 147; Puhle 1994, 52 ff..
465 Puhle 1994, 65 ff.
466 Meier 2004, 149, 150; Puhle 1994, 95 ff.
467 Zur Geschichte des Emsinger Landes siehe: van Lengen 1973; zu den Vitalienbrüdern in der Nordsee: Puhle 1994, 103 ff.
468 Meier 2004, 151; Puhle 1994, 107.
469 Zu Bremen siehe: Scheurlen 1989, 620–626.
470 Meier 2004, 152; Puhle 1994, 119.
471 Meier 2004, 153; Puhle 1994, 131.
472 Pelc 2005, 41 Abb. 16.
473 Bracker 1989c, 661–666; Pelc 2005; Puhle 1994, 160 ff.
474 Meier 2004, 143.
475 Wigal 2007, 56 nach: Amerigo Vespucci´s Account of His First Voyage (London 1885).
476 Wigal 2007, 60.
477 Wigal 2007, 66. The Letter of Columbus to Luis Sant Angel Announcing His Discovery, veröffentlicht von Hart u. Channing, American History Leaflets.
478 Wigal 2007, 66, 85–98.
479 Randles 1993, 20–28.
480 Mett 1996.
481 Kretschmer 1962.
482 Buchholz u. Krücken 1994.
483 Wigal 2007, 90.
484 Zur Bedeutung der Seekarten siehe allg.: Tebel 2008.
485 Olaus Magnus: Die Wunder des Nordens. Erschlossen von E. Balzamo u. R. Kaiser. Werksauswahl, mit einem Nachdruck der «Carta marina» von 1539 (Frankfurt am Main 2006).
486 Bolland 1974; Witt 1982, 23, 24.
487 Witt 1982, 19.
488 Dudszus u. Köpcke 1995; zum Begriff siehe: Online Etymology Dictionairy.
489 Zu den Entdeckungsreisen siehe Schmitz 1983.
490 http://tauchen.nullzeit.at/Content.Node/news/2008/05/namibia--portugiesisches-schatzschiff-gefunden.de.php
491 Dudszus. u. Köpcke 1995.
492 Wigal 2007, 82.
493 Wigal 2007, 110–112.
494 Zu Magellan siehe: Kay 2000.
495 Dudszus u. Köpcke 1995.
496 Zu den Schiffstypen siehe allg.: Dudszus. u. Köpcke 1995.
497 Brenecke 1986, 138.
498 Wigal 2007, 81–83.
499 u.a. Mortensøn 1994, 25–32.
500 Zur Geschichte Amsterdams im 17. Jahrhundert siehe: Ufer 2008.
501 Mortensøn 1994, 48.
502 Mortensøn 1994, 47.
503 Meier 2004, 62 ff.; Mortensøn 1994, 46–59.
504 Mortensøn 1994, 46–59, insbesondere 52–59.
505 Mortensøn 1994, 12–24.
506 Meier 2006, 113 ff.
507 nach N. Pevsner, London I. The cities of London and Westminster, S. 48.
508 Zur Geschichte Londons allg. Ackroyd 2000.
509 Mortensøn 1994, 46–61.
510 Friedrich 1990.
511 Hudson stach 1610 zu einer weiteren Fahrt ins Eismeer auf, das Schiff wurde eingeschlossen und auf dem Rückweg 1611 setzte ihn und seinen Sohn die meuternde Besatzung aus, nachdem die Lebensmittel knapp wurden. Sie wurden in ein Boot gesetzt und blieben verschollen. Siehe dazu: Wigal 2007, 171–174.
512 Koehn 1954, 157; Steffen 2004. Auf seinem Grabstein auf dem Friedhof von St. Laurentius auf Föhr ist die Zahl von 373 Walfischen vermerkt.
513 Koehn 1954, 158.
514 Koehn 1954, 161; Taf. 127.
515 Zum Dreieckshandel: Degn 2000; Zur Wirtschaft der Kolonialstaaten: Piet 1988.
516 Mortensøn 1994, 26–28.
517 Hoffmann 1966, 73 ff.
518 Flensburger Gesellschaft für Stadtgeschichte 1966.
519 Hoffmann 1966, 155.
520 Schütt 1966, 169 ff.
521 Schütt 1996, 226.
522 Schütt 1966, 169 ff.
523 Schütt 1966, 228.

524 Zum Öresundzoll: Mortensøn 1994, 67–72.
Zur Geschichte Kopenhagens: Findeisen u. Husum 2008.

525 Mortensøn 1994, 129–140.

526 Mortensøn 1994, 145–161.

527 Mortensøn 1994, 95–107, 162–166.

528 Davis 2003.

529 Baasch 1896; Ehlers 1922, 145 ff.

530 Zur Geschichte des Wallfangs siehe u. a. Ellis, E. 1993;
Mortensøn 1994, 155–157.

531 Zur Geschichte Hamburgs siehe: Kleßmann 2002.

532 Baltes u. Köhler o.J.; Grohs u. Peters 2008.

533 Zur Auswanderung siehe u.a.: Bade 1992; Helbich 1988;
Marschalck 1973.

534 Grohs u. Peters 2008.

535 Zur Bremer Geschichte siehe Schwarzwälder 1995. Bd. 1,
Von den Änfängen zur Franzosenzeit.

536 Untersuchungen zu Bremer Redereien im 17. Jahrhundert siehe Müller: 1975.

537 Stolz 1989.

538 Die beste antike Quelle zu Hipparchos ist der Alamgest
des Ptolemaius. Weitere Informationen finden sich in den
Arbeiten von Pappos von Alexandria und Theon von
Alexeandria, in der Geographica von Strabo und der Naturalis Historia von Plinius d. Ä.

539 Dash 2004.

540 Wigal 2007, 201–214.

541 Captain James Cook: „Entdeckungsfahrten im Pacific"
Die Logbücher der Reisen 1768–1779. Hrsg. von A.
Grebfell Price (Edition Erdmann 1983); Cook, James/
Georg Forster: Die Suche nach dem Südland – Die Tagebücher von Cooks zweiter Reise (Hamburg/Norderstedt
2008).

542 Mortensøn 1994, 234.

543 Mortensøn 1994, 229, 231.

544 Mortensøn 1994, 240.

545 Mortensøn 1994, 240–242.

546 Mortensøn 1994, 244.

547 Mortensøn 1994, 236, 237.

548 Mortensøn 1994, 229.

549 Mortensøn 1994, 235, 236.

550 Dudszus u. Köpcke 1995; Zur Geschichte der Galeone
siehe insb. Kirsch 1988.

551 Gardiner u. Allen 2005.

552 http://www.maryrose.org/

553 Venske 1996.

554 Zur Weltreise von Drake und zu seiner Biographie siehe:
Cropp 2000. Zu Drake und den Portulanen der Zeit: Wigal 2007, 141–151, 163–169.

555 http://www.goldenhind.co.uk/

556 Martin u. Parker 1988; Mattingly 2002.

557 Peter van der Horst, Beschreibung von der Kunst der
Schifffahrt. Zum andernmahl auffgeleget und mit einem
Anhang vermehret, worin beschrieben wird der Anfang
und Fortgang der Schifffahrt (²Lübeck 1676).

558 Hans Frese, Artilleriebuch der Adler von Lübeck. Archiv
der Hansestadt Lübeck.

559 Zu den Seekriegen der Hanse siehe: Fritze u. Krause
1997.

560 Dash 2007.

561 zu Mondfeld 1981; Schmiedke 2005.

562 http://www.thesovereignoftheseas.com/

563 Bruin 1997.

564 Mortensøn 1994, 119–121.

565 Meier 2004, 48.

566 Mc Kay 1989.

567 http://www.hms-victory.com/

568 Zur Geschichte der Deutschen Marine: Schulze-Wegener 1998.

569 Schecker 1928.

570 Baasch 1896, 371.

571 Schecker 1928, 268.

572 Vgl. Inventarliste Der Wappen von Bremen bei Schecker
1928, 275–280.

573 Marquardt 2006.

574 http://www.frigateunicorn.org/

575 Hepper 1994; http://de.geocities.com/kperscha/gesunken.html.

576 http://www.fregatten-jylland.dk/

577 Wiese 1997, 23 ff.

578 Wiese 1997, 29 ff.

579 Villiers, A. 1971.

580 Wiese 1997, 36.

581 Zu den Windjammern allg. u. a. Brennecke 1984; Wiese
1997, 35 ff.

582 Wiese 1997, 39.

583 Wiese 1997, 37.

584 Wiese 1997, 37.

585 http://www.marine.de/portal/a/marine

586 Klingbeil 2000.

587 Hamecher 1993.

588 Klingbeil 2000.

589 Brennecke u. Dummer 1986.

590 Grobecker 1982.

591 Hall 2005.

592 Linwood Snow u. Lee 2005.

593 Ausführlich dazu: Mortensøn 1994, 52–59.

594 Mortensøn 1994, 52–54, 117–118.

595 Mortensøn 1994, 53.

596 Mortensøn 1994, 55, 118–119.

597 Mortensøn 1994, 59.

598 http://www.museumsweg.de/immanuel.htm

599 Zur Fundgeschichte und Auswertung des Fundes siehe
Englert 1997.

600 Heinrich Wolf, Berichte aus Norderdithmarschen und
der Nachbarschaft. Schleswig-Holsteinische Provinzialberichte 2, 1788, Bd. 2, 259–260.

601 Der Fund wurde vom Deich- und Sielverband der Arbeitsgruppe Küstenarchäologie gemeldet, der Verf. verständigte das Archäologische Landesamt (ALSH), sicherte und dokumentierte den Befund. Dr. H.-J. Kühn
vom ALSH grub das Schiff dann aus. Kühn 1995;
1999.

602 Witt 2002.

603 Koehn 1954, 156.

604 Poulsen 2003, 678.

605 Zur Geschichte der Fischerei in Schleswig-Holstein siehe Mehl 1999.

606 Kighly, Pieters, Tys u. Ervynck o. J., Walraversijde.

607 Zur Fischerei im Mittelalter siehe allg. Lampen 2000.

608 Meyer 1998, 50–67.

609 Dokumentation durch den Verfasser, Aufsatz im Druck.

610 Zur klassischen Geschichte des Schiffbaus siehe u. a.: John Fincam, A History of Naval Architecture (London 1851; Nachdruck London 1979); A Textbook of Naval Architecture for the Use of the Royal Navy (London 1889).

611 Wiese 1997, 40.

612 Wiese 1997, 40.

613 Flensburger Gesellschaft für Stadtgeschichte 1979, 136.

614 Baltes u. Köhler o. J.; Gerdau 1982; Grohs u. Peters 2008; www.cimbria-1883.de.

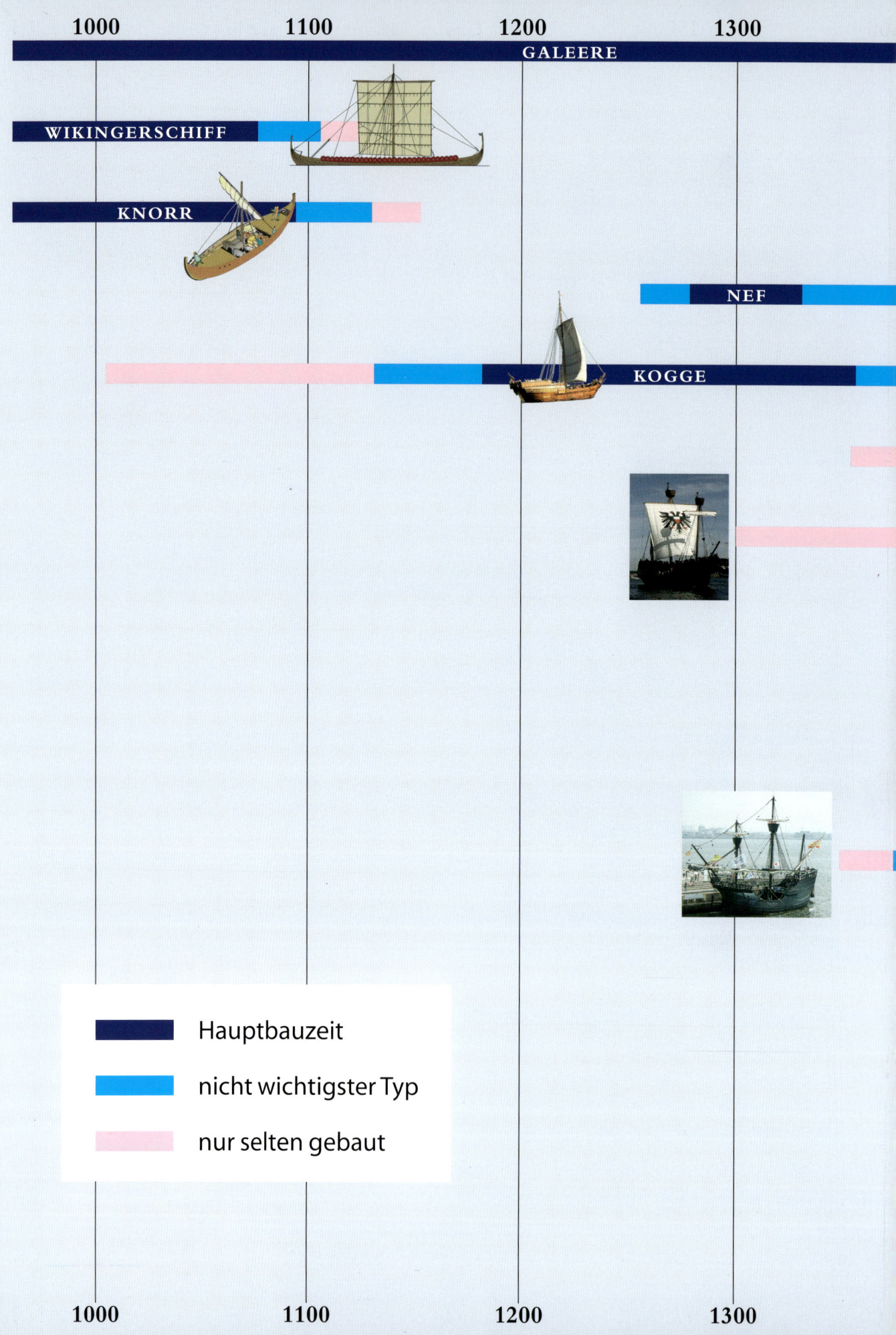

| | 1000 | | 1100 | | 1200 | | 1300 | |

GALEERE

WIKINGERSCHIFF

KNORR

NEF

KOGGE

Hauptbauzeit

nicht wichtigster Typ

nur selten gebaut

| | 1000 | | 1100 | | 1200 | | 1300 | |